以科学的体例囊括经济学的全貌

以通俗的文字诠释深奥的经济学理论

让你一本书读懂经济学

经济学一本全

欧俊——编著

江西美术出版社
全国百佳出版单位

图书在版编目（CIP）数据

经济学一本全 / 欧俊编著 . -- 南昌 : 江西美术出版社 , 2018.5
ISBN 978-7-5480-5996-7

Ⅰ . ①经… Ⅱ . ①欧… Ⅲ . ①经济学－通俗读物
Ⅳ . ① F0-49

中国版本图书馆 CIP 数据核字 (2018) 第 026165 号

出 品 人：周建森
责任编辑：陈军　廖静
责任印制：谭勋

经济学一本全　欧俊　编著

出　版：江西美术出版社
社　址：南昌市子安路 66 号 邮编：330025
电　话：0791-86566274
发　行：010-88893001
印　刷：三河市金元印装有限公司
版　次：2018 年 5 月第 1 版
印　次：2018 年 5 月第 1 次印刷
开　本：850mm × 1180mm 1/32
印　张：22
ISBN：978-7-5480-5996-7
定　价：39.80 元

前言

经济学又称为经济科学，即经世济民的科学，是研究人类个体及其社会在自己发展的各个阶段上的各种需求和满足需求的活动及其规律的学科。经济学的产生和发展具有十分悠久的历史，在资本主义以前的各个历史时期，就有不少思想家对当时一些经济现象和经济问题发表见解，形成某种经济思想，如古希腊色诺芬的《经济论》、柏拉图的社会分工论和亚里士多德关于商品交换与货币的学说。

随着资本主义生产方式的产生和发展，在西欧各国逐渐形成了资产阶级经济学，并经历了重商主义、古典经济学、历史学派、边际效用学派、新古典经济学、制度学派等不同发展阶段，其间涌现出许多杰出的经济学家，如亚当·斯密、李嘉图、门格尔、维塞尔、帕姆·巴维克、杰文斯、瓦尔拉斯、帕雷托、范勃伦、康蒙斯、米切尔等，他们各自著书立说，为后人留下了丰富的经济学思想和著作。

时至当代，随着商品经济的发展和社会分工的深化，人类经济活动的内容愈来愈复杂、丰富，专业化程度愈来愈细密；同时，各种经济活动之间、经济活动与其他社会活动之间相互依存、相互渗透的联系，也愈来愈紧密。与之相应，经济学的研究范围也愈来愈扩展，不断分化出带有应用性的独立的部门经济学、专业经济学等分支学科，并且还出现了经济学科内部各个分支相互交叉的学科，以及经济学科与其他社会科学，以至自然科学学科之间彼此联结的边缘学科。这样，就在社会科学中逐步形成了一个庞大的、门类分支繁多的经济学科体系。

面对古今中外浩如烟海的经济学著作、艰深抽象的经济学理论，以及门类繁多的经济学支派，作为非经济学专业的普通读者，如何才能在短时间内对经济学有一个通盘的了解呢？

也许有人会说，学习经济学只是那些从事资源配置的政府官员的分内之事，普通老百姓只需知道如何赚到钱维持生计就足够了。其实不然，作为普通老百姓，虽然不必要像经济学家或主管经济的政府官员那样把经济学研究作为职业，但是，要更深刻地了解那些存在我们身边的、关乎我们幸福和成功的生活现象背后的本质和真相，以便让我们在面临某些问题时能够更加睿智，少投入一些沉没成本，也就是减少一些不必要的、没有任何意义和回报的浪费，不学经济学、不懂经济学是不行的。更重要的是，我们只有构建起和经济学家一样的思维方式，才能游刃有余地应对庞杂生活中的一切问题，在充满复杂博弈的谈判、体力的角逐和智力的较量中获得最大的收益，成为更精明的消费者、投资者、企业管理者，才能更理智地进行各项人生选择，获得最终的成功。正如我国著名经济学家茅于轼先生所说的那样："经济学知识是一门每个做大事或做小事的人都需要懂得一点的学问，只有那些准备上荒岛去开荒且不与外界社会往来的人，学习经济学才会成为多余的事。"总之，经济学是一门研究如何抉择的学问。它所研究的对象，既包括政策制定者如何"经国济世"的大谋略，也包括一家一户怎样打醋买盐的小计划。所以无论你是鲜衣华盖之辈，还是引车贩浆之人，经济学都与你息息相关。可以说，经济学是一门生活化的学问，懂得一些经济学知识，可以帮助你在生活中轻松地做出决策，过上有清晰思路的生活。比如，你决定将要在学校里待多少年，你决定支出和储蓄的比例，你对你所管理的企业的产品怎么定价。所有这些，正如有一句话说的那样：经济学也许不能使你免为乞丐，但是它可以告诉你：为什么你站在乞丐的队伍里。

既然学习经济学对于生活在现代社会的每一个人都是如此必要，为了帮助非经济专业的普通读者快速掌握经济学的基本知识和原理，我们精心编写了这部《经济学一本全》，书中用通俗易懂的语言对经济学的本质、经济学独特的思考方式以及经济学的基本概念和规律进行了系统而深入浅出的讲解，并通过大量的生活案例，从政治生活、日常生活、教育、职场、消费、投资、管理、人际关系、爱情婚姻、家庭、社会文化等方面，全面剖析了经济学在社会生活各个领域的广泛应用以及经济学规律对生活的巨大作用，帮助广大读者通过一本书读通经济学，学会像经济家一样思考，用经济学的视角和思维观察、剖析种种生活现象，指导自己的行为，解决生活中的各种难题，更快地走向成功，尽享财富人生。

目录

第二章 日常生活中的经济学

第三章 教育中的经济学

第四章 职场中的经济学

第九章 消费中的经济学

第十章 投资中的经济学

第一篇

经济学的本质

第一章

什么是经济学

经济学是使人幸福的学问

萧伯纳，英国著名的戏剧家、文学家和社会主义宣传家，1925年诺贝尔文学奖获得者，曾经说过这样一句话："经济学是一门使人幸福的艺术。"经济学的研究对象是人，那么研究人类的幸福也应该是经济学的必由之路和归宿点。从经济学如何教人致富，如何合理利用人类稀缺的资源等问题来看，它的确如此。

这种幸福感在经济学大家身上可见一斑。美国著名非主流经济学家加尔布雷斯幸福地生活了97年，新自由主义大师弗里德曼幸福地度过了94年的时光。"从这两位大师的身上，我们可以感受到经济学的魅力，可以感受到真正的经济学精神对于我们社会的建设性作用。"经济学家卢周来这样评价两位大师。

美国马克思主义经济学家保罗·斯威齐也是94岁高寿，中国经济学家薛暮桥生活了101年，这似乎可以得出一个结论：经济学思想巨匠普遍长寿。回想起开头萧伯纳说的那句话，我们可以认识到献身经济学研究的人是幸福的，这种幸福的来源在于经济学家用经济学这个工具认清了这个纷繁复杂的世界。

经济学，其最基本的功能就在于给人们提供了一种认识世界的平台、分析世界的方式和改造世界的方法。在我们今天所处的这样一个扑朔迷离而又快节奏的社会里，用经济学的眼光和方法去思考问题、分析问题，会让一切事物真实地呈现在自己面前，这就是真正意义上的“看破红尘”，由此看来，经济学家普遍长寿也就不足为奇了。

研究经济学一定要有哲学家的头脑，经济学的任务应该是透过表面现象来研究和揭示经济规律、经济现象、经济关系。正是由于经济学家们对世界“心如明镜”，才使得他们心情愉悦，得享高寿。

诺贝尔经济学奖获得者、英国著名经济学家约翰·梅纳德·凯恩斯认为，经济学“不是一种教条，而是一种方法，一种心灵的器官，一种思维的技巧，帮助拥有它的人得出正确结论”。一个优秀的教练员未必比运动员实战水平更高，但他却能够给运动员以理论、经验和方法，使他的技能得到提高。一个优秀的经济学家未必是一个理财能手、成功的企业家或政府官员，但他却能给一个理财能手、成功的企业家或政府官员非常重要的指导。

经济学不仅能揭示一个国家经济运行发展的规律趋势，而且还能解决人们生活中存在的种种问题。所以，“使人幸福的经济学”不是高高在上的阳春白雪，也绝不是停留在经济学家的鸿篇巨制、经济评论家的艰深高论和难辨真假的媒体评论上，它是使平常人触手可及的学问，而使社会大众幸福则正是经济学的宗旨所在。

当经济学成为一种生活方式

做研究是一种生活方式，做经济学研究是经济学家的生活方式。

经济学认为，不同的人有不同的禀赋，所以，不同的人有不同的比较优势，分工合作就能够提高社会的总产出。孔子曰：“三人行，必有我师焉”，如果每个人都这样去想，不同的人就可以相互学习与合作。分工合作是经济学最为朴素的智慧，但即使是读经济学的人也并不一定真正领会到其中的含义。

在通常情况下，每一个人创造的价值都可以由市场来评判，于是每个人根据自己产品的市场价格来决定生产什么，社会分工自然就形成了。但这套机制放在学术研究里就不行，道理非常简单—而且又是个经济学的朴素原理—知识是没有竞争性的市场的，因此也难以定价。正是基于这些朴素的道理，经济学家坚持与学生一起通过专题讨论会的方式来学习新的论文，讨论那些与当代中国经济与社会相关的问题。也正因为如此，经济学家会利用一切机会请国内外的学者与之交流研讨。

经济学的另一个原理是，对于公共产品的提供，每个人都有搭便车的倾向，这使得公共产品将陷于供给不足的局面。经济学家应该最明白这个道理。学术研究的合作实际上就是一个创造（对合作各方而言的）公共产品的过程。因此，在学术研究的合作中，经济学家必须克服自己的惰性，先做一个愿意奉献的好人。

经济学还有一个简单的原理是供给应该适应需求，否则，会给生产者带来亏损，在更为宏观的层面，则是资源的误配置和经济衰退。这就涉及“研究什么”的问题。经济学作为一门社会科学，它必须在内容上适应需求，特别是来自于当代社会的需求。经济学应该去研究有利于人类福利的重大问题，这就要求经济学家超越个人的喜乐、得失去关注整个社会的前途和命运。一个好的经济学家如果没有强烈的人文关怀和社会责任感，就难以做出出色的研究，因为他关注的问题可能对大多数人都不重要。作为中国的经济学家，应了解自己生长的这片土地，了解中国，应了解中国作为一个发展中的大国所面临的各种各样的问题和挑战，第一要务是为中国的政治、社会和经济的全面发展提供经济学的智慧。

知识的生产是否符合需要还与知识生产的方式有关。在目前的中国，经济学的普及程度不会好于40年前的美国。因此，经济学家还需要借助于各种现代的手段来普及经济学的知识，包括教材、媒体和“内参”。经济学的又一条原理是，不同的生产要素如果是互补的，那么，多种生产要素的互补就可以提高单一生产要素的边际生产率。从这一意义上来说，无论是论文，还是教材，抑或是博客，都是生产和传播经济学的“生产要素”。这些“生产要素”并不是天然互补的，如果用得不好，如果它们被用来生产与知识无关的东西，那么，它们相互间的互补性就无从谈起。利用各种方式的“互补性”

来生产和传播经济学的知识，这是一门艺术，更是一种生活方式。

经济学是一种选择

不要以为经济学是那些高居庙堂的经济学家们才玩的游戏。经济学其实存在于每个人的日常行为中，每个人在生活中都在有意无意地运用经济学道理进行选择和取舍，企图以最小的成本获得最大的收益。

经济学卸下了人们头上浪漫的生活光环，让人们走出虚幻的精神圣殿，走进柴米油盐，走进利益纷争。红尘浮世，人间冷暖，成败得失，背后都有一股利益暗流的涌动。这个利益不仅是物质利益，也有精神利益、感情利益，更有许多日常选择面临抉择的智慧。

一位刚从某高校工商管理专业毕业的女大学生，想到自己找到工作的经历仍然感到很得意。她的简历对自己的能力及不足来了个“明码标价”，乍一看，就像一个“价目表”。她说：“这一招助我一路拼杀，找到了现在非常满意的工作！”

基本价值：1800元—作为一个国家直属重点大学的本科毕业生，在16年的求学生涯中耗费了父母大量的金钱和感情，需要足够的物质支持来回报家人和提供个人生活基本费用，并用于支付工作技能的进一步的发展。

技能价值：-500元—明白自己作为一个管理学专业的学生缺乏“一技之长”，所能干的工作似乎任何专业的人都可以胜任，但我的优势只有在进入某单位经过一段时间的磨炼后才能有所发挥。为了感激贵单位给予这个“进门”的机会，认为应该减去500元的月薪。

性格价值：100元—开朗活泼幽默的性格，能最大限度地使一个团体士气高昂，在愉快的氛围中保持工作的高效。

经验价值：-500元，深知自己的经验欠缺，没有独立地完成过一次完整的学术研究，也没有组织过大型的社会活动，但是请相信，作为一个具有扎实的专业知识和较高的综合素质的社会新人，能很快完成从学生到管理工作者的过渡。

…………

和其他毕业生的简历相比，她的简历更像一份报价单。她对自己的各项素质进行了具体而客观的评价，分别给出了或正或负的价值数额。最后，她给自己评定的市场价值是2500元。

这位同学就是以经济学的眼光看待自己，衡量自己。也许她并不懂得经济学，但她的行为却符合经济学原理。如果把求职看为一种市场行为，这位同学就是卖方，企业则是买方。这位同学对自己的特点一一介绍并明码标价，她的优劣让企业一看便知。这和商家推销产品是一个道理，这种产品是干什么用的，有什么特点，价值多少，让人清清楚楚。有些同学对自己的评价，尽是“本人刻苦努力，成绩优良，尊敬老师，团结同学，积极参加各种社会活动，只要贵单位能给我一次机会，我一定努力工作”之类，至于他到底是怎样一个人，擅长什么，能干什么工作，该拿多少钱，则让人云里雾里，难以知晓。

我们从小就接受这样的教育：长大后要奉献社会，实现自己的人生价值。我们实现自己的人生价值了吗？怎样才算实现了自己的人生价值？自己的价值有多大？好多人未必清楚。在经济学家的眼里，人生的价值是有价码的，这个价码可用金钱为媒介的价格来标示。10多年前，巩俐在一则广告里笑了一下，价值100万元人民币；今天，巨星姚明的身价据说超过了5亿美元；而世界首富比尔·盖茨不仅掌握着世界上近千亿美元的财富，而且推动了一个时代的发展，不知道有多少人从他身上获得了启发而变成大富翁。我们凡夫俗子，日出而作，日落而息，用微薄的薪水养活着自己和家人。有人贪赃枉法、杀人放火、盗窃抢劫，造成社会财富的巨大损失。经济学让不同的人的人生价值清晰地呈现在人们面前。

用经济学的方法，为我们如何客观地看待自己、看待他人提供了一种思维方式和方法。经济学是研究人的行为的一门科学，而经济学对人的自身选择的判断与评价更理性、更客观、更具体，是什么就是什么，有多少就是多少，一点也不含糊，不像其他社会科学，比如伦理学，对一个人的评判就很模糊。我们常常说，某某是好人，就是对这个人的道德评判，但这个人好到什么程度，则无法给出清晰的答案。道德还常常以动机来评判人，明明做了坏事，却以“出于好心”为由为其辩护。

现实世界是复杂多变的，一个人也常常会迷失自我，找不着北。经济学可以让人正确认识自己、认识世界，帮助人进行理性选择和决策，少走弯路，少受损失。

经济学是一门选择的学问，选择是为了正确的决策，决策的目的是为了更合理地进行资源配置，合理配置资源的目的是为了实现利益的最大化，即以最小的成本获得最大的收益。这个利益不仅包括物质利益，也包括精神利益、感情利益等。而正确的选择来自于对自己和周围世界的正确估价。

经济学主要研究社会如何管理自己的稀缺资源。在大多数社会里，资源不是由一个中央计划者来配置，而是通过千百万人的共同行动来配置的。因此，经济学研究人们如何做出决策：他们工作多少，购买多少，储蓄多少，以及如何把储蓄用于投资。经济学还研究人们如何相互交易。例如，经济学研究一种物品众多的买者与卖者如何共同决定该物品的价格和销售量。最后，经济学分析影响整个经济的力量和趋势，包括平均收入的增长，人口中找不到工作的人口比例，以及价格上升的速度等。

2001 年诺贝尔经济学奖获得者、美国经济学家斯蒂格利茨在其《经济学》一书中指出：“经济学研究我们社会中的个人、企业、政府和其他组织如何进行选择，以及这些选择如何决定社会资源的使用方式。”每一个社会和个人必须做出选择。欲望有轻重缓急之分，同一资源又可以满足不同的欲望，选择就是用有限的资源去满足什么欲望的决策。

从经济学的角度来说，每一个人都是一份资源（现代已有人力资源的概念），“人贵有自知之明”，就是能正确估价自己这份资源。不能正确估价自己的人，不是把自己看得过高，就是太低，因而不能把自己和社会资源（环境、职业、工作、配偶等）进行合理的配置。现实中有不少男人怀才不遇，不少女人红颜薄命，大都是不能正确估价自己造成的，最终，男人耽误了事业，女人耽误了终身。

经济学的无穷魅力

经济学是一门理性而中性的学问。它既有模型、又有理论，但不像文学，争鸣过程中的不确定性总让人觉得一头雾水。

经济学的魅力在于可以解释大多数的社会现象。如：

（1）房价为什么这么贵？

（2）房价到底会不会降？

（3）为什么大米又贵了，鸡蛋又涨价了，为什么通货膨胀又来了？

（4）大学为什么要扩招，“毕业生为什么一毕业就失业”？

（5）汽车为什么一直在降价？

（6）人民币为什么一直在升值？

（7）股市会出现长期的牛市和春天吗？

（8）春运的车票为什么那么紧张？

（9）收入差距为什么这么大？

（10）老百姓看病会越来越容易吗？会越来越便宜吗？

这些问题都能从经济学那里得到解答。经济学有一些最基本的术语，如成本、收益、利益、资源，等等。我们可以用机会成本来解释人生的选择，用沉没成本来形容不能挽回的过去；用投入和产出来衡量我们的收益，用资源禀赋来对自己进行客观评价；很多曾经美好的东西，随着岁月流逝而不再，那是因为边际效应递减。

很多问题的根源在于利益，利益的基础在于资源。我对你有权力，在于我具备你想要得到的资源。所以我们想要提升自己的魅力，首先要创造别人所需要的东西。经济学领域中的前辈们已经讨论得很多，感情就是如此—想要一个人对你好，不在于你对他有多好，而是你有能够吸引、抓住他的地方，有别人所不具备的优点和魅力。

资源这种东西，我们一定要恰到好处地利用它。如果你放着资源不用，那必然是一种浪费；如果你滥用资源，也许有一天会耗竭；如果你无私地奉献自己的资源，那么就会沦为“公共资源”，无人珍惜。

我们时刻要记住：世界上没有免费的午餐，这是一个基本的游戏规则。我们都是社会人，在这个社会中与身边的人结成了各种各样的社会关系或契约关系，包括同事、上下级、朋友、夫妻，我们在这个社会求生存、求发展，必然要付出相应的代价，这个代价既包括自己的艰辛努力，也包括自己的感情和灵魂。那么父母对子女的爱呢？从心理层次上（撇除感情因素）探讨，父母对子女的爱是出于自己发自内心的需求，是他们与生俱来的心理需要。子女对父母的爱永远赶不上父母对子女的爱。同样，当子女长大成人以后，他们又会有自己的子女。同样，慈善家对穷人的捐赠，表面上是无偿的捐献，但实际上他们通过捐赠得到了心理上的满足，所以这个“免费”不仅仅包括物质，还应该包括精神。

另外，卡尼尔的“幸福经济学”把经济学和心理学结合起来，试图破译财富与幸福的密码。人们对于“幸福”和“不幸”的感知能力是不同的，如果把幸福量化，幸福为正值，不幸作为负值，在绝对值相等的情况下，所带给人的感受却不是相反的等值关系。

记得《红楼梦》里扮演惜春的演员说过一个故事：她的女儿曾经对《红楼梦》一无所知也毫无兴趣，近来却开始频频和妈妈探讨《红楼梦》里的情节和人物个性了，那是为什么呢？孩子眼中艰深晦涩的“古董”《红楼梦》怎么会突然引发她的兴趣了呢？那是电视红楼选秀的功效，那是古典名著通俗化、大众化的功效。恰如美丽高贵的公主下嫁到民间，和老百姓打成一片。

再举几个大家都知道的图书行业的例子，易中天《品三国》为什么那么红？于丹《论语》为什么长期走俏？完全草根的当年明月的《明朝的那些事儿》为什么受到大众喜爱？因为他们不仅够档次、够文雅，更是够通俗、够风趣、够平民化。

通俗和平民化不是浅薄的表现，恰恰相反，高深到极致的东西反而更加朴实，印度最具成就的灵性大师克里希那穆提曾说过：真理往往是最朴实无华的。表面的艰深晦涩也许是扮演学问高人的人为自己套上的一件虚假外衣。

因此，学习经济学便于提高自己对幸福的感受能力—幸福是这一端，不幸是那一端，经济学知识可以帮你用自己的感受刷亮灰色的区域。

经济学的出世，是以世俗的科研精神—尽管有些不彻底不充分—反对神学，是以观察和分析现实社会的经济基础反对所谓的“信仰”和“文化”。经济学的魅力正在于它首先是一门科学，而且应该越来越科学。

不可否认，经济学要展现这一魅力异常艰难曲折，因为它要触到人们最直接的利益。这就使一些人想把它弄成“文化”以远离实际，也使一些人在经济学中玩弄非科学、非理性以期搅乱人们的思维。但也必然会有人在科学的艰难道路上奋斗前进，以科学真理造福人类。

现实中，人们终究感受到了这一魅力，这就是：社会主义市场经济。作为一门完整的科学，还有待继续努力来建立，但其真正价值，不仅已被有科学精神的学者所认识，更已被广大人民深切体验。这里面所表现出的实事求是、尊重科学、追求共同富裕的精神才真正贯通了传统文化中的优秀成分和自五四以来的新文化，也融合了西学中的优秀文化，包括吸纳了经济自由主义中的合理成分。这种精神才是经济学的魅力源泉。

第二章

经济学的思考方式

你身边的外部性

一个人的行为对旁观者福利的影响称为外部性。如果对旁观者的影响是有利的，就称为“正外部性”（也称外部经济）；如果对旁观者的影响是不利的，就称为“负外部性”（也称外部不经济）。

教育经常被认为是具有正外部性的典型例子。虽然教育的收益人是被教育的个人，他付费并享受受教育的权利，但社会作为一个整体也因为其有教养的公民而受益，如社会生产率和政治参与率的提高。外部性的概念使政府有充足的理由生产、资助或补贴教育。

污染是负外部性的典型例子。假如个人或公司将当地的空气或水作为排放废气废物的场所，他将给下游或下风向的公司或个人施加成本，包括疾病的发生、生产率下降乃至丧生。如果政府不进行干预，商品的购买者没有负担全部的成本，将导致过度生产的低效率。

汽车废气有负外部性，因为它产生了其他人不得不吸入的烟雾。政府努力通过规定汽车的排放废气标准来解决这个问题，政府还对汽油征税，以减少人们开车的次数。

狂吠的狗引起负外部性，因为邻居受到噪音干扰，狗的主人并不承担噪音的全部成本，因此很少谨慎地防止自己的狗狂吠。地方政府通过规定“干扰平静”为非法行为来解决这个问题。

外部性通常是政府采取干预行为的正当理由：即鼓励正外部性

的生产，禁止或遏止负外部性的生产。当外部性存在时，将会影响买卖双方的决策。如果一个商品或一项服务的成本没有完全包含在价格中时，它将被过度生产；同样的，商品的价格不能完全反映它给社会带来的全部收益时，它的生产将不足。经济学家认为，这两种情况将扭曲资源的有效配置，从而产生低效率。

著名的科斯定理认为，当外部性存在时，如果牵涉的双方能以零成本进行谈判，则资源的扭曲配置就不会发生。在某些情况下，如大片地区被污染，组织谈判的交易成本非常高，政府的干预就是合适的。政府干预的成本很高，却未必会比自由的市场经济更好地解决问题。经济学家哈丁曾提出警告，如果个人不把他们的行为对他人的损害考虑在内，将会带来潜在的灾难。人们越来越意识到这种行为在国内乃至国际上的影响：酸雨、臭氧层破坏、砍伐森林、河流盐度增高和其他环境效应将产生长期的影响，而人们才刚刚开始意识到这种影响并试图解决它。如何解决外部性的问题还没有完美的答案。考虑如何解决外部性问题时要兼顾效率与公平，既分析政府干预的收益—成本，又要考虑谁收益谁受损的价值判断问题。

需求大都是好事吗

的确，只要市场上有一种需求，而这种需求又能够给商家带来利润，就一定会有这种供给，即使这种需求未必文明，这种供给未必合法。比如由对毒品的需求导致的对毒品的供给就是较极端的例子。即便社会采用各种严厉的惩罚措施，但因为满足对毒品需求的供给可以导致暴利，毒品供给者就是冒着上绞刑架的危险也要生产并贩卖毒品。惩罚至多只是抬高了毒品的生产与销售成本，但生产者与贩卖者转而又将这种风险成本以提高价格的方式转嫁给毒品消费者。这就是需求的力量！

某种程度上，这种欲望就是人类的贪婪。人的欲望是产生各种需求的源泉，而欲望又具有无限性的特点，即人们的欲望永远没有完全得到满足的时候。一个欲望满足了，又会产生新的欲望。“人心不足蛇吞象”这句中国俗语就揭示了这个道理。中国传统道德观把人的欲望看成罪恶之源，主张“存天理，灭人欲”。其实，正是人类欲望的无限性推动了社会不断进步。但是人的欲望要用各种物质产品或劳务来满足，物质产品或劳务要用各种资源来生产。但谁都知道，自然赋予人们的资源是有限的，一个社会无论有多少资源，总是一个有限的量，相对人们的欲望，资源量总是不足的，物质产品或劳务也总是不足的。人类欲望的无限性造成了资源的稀缺性。

经济物品的稀缺性并不意味着它是稀少的，而是指它不可以免费得到。因此，通常所说的稀缺性是相对稀缺，即相对于人们的无限欲望，某些资源与物品总是有限的，也即这些资源与物品是稀缺的。要得到这样一种物品，必须自己生产或用其他物品来加以交换。

稀缺性是人类面临的永恒问题，它与人类社会共存亡。当穷国政府为把有限的财政收入是用于基础设施建设还是用于教育方面而争论不休时，富国政府也为把收入是用于国防还是用于社会福利发愁；当穷人为一日三餐担心时，富人正在考虑是打桥牌还是打高尔夫球。

稀缺性的概念在整个经济学理论中起着至关重要的作用，一些经济学家认为稀缺性是经济学存在的前提条件，所以往往用稀缺性来定义经济学。由于稀缺性的存在，决定了人们在使用经济物品中不断做出选择，如决定利用有限的资源去生产什么，如何生产，为谁生产，以及在稀缺的消费品中如何进行取舍及如何用来满足人们的各种需求，而这些问题被认为是经济学所研究的主题。只有当物品稀缺时，才能被认为是社会财富的一部分。

从人类可利用能源的角度看，似乎还没有什么限制。但从另外的角度看，人类为此付出的代价却已经够大的了。

鲸鱼油的使用以及后来的匮乏，没有难倒人类，却使鲸鱼几近遭遇灭顶之灾；煤的使用以及匮乏，没有难倒人类，却把一个好端端的地球挖得百孔千疮，地质构造的变形引发了无穷的地质灾害；石油的利用与最终可能的匮乏，也许还难不倒人类，但其后果除了地质灾害外，人类将更贪婪地扑向下一种可能出现的替代品……

同时，我们还必须注意到，所谓没有极限的增长，目前只发生于这个世界上的少数中心国家。而支撑这些国家没有极限的增长的假象的，却是大量的外围国家日益面临实质性枯竭的资源。

森林是另外一个例子。1990 年到 2000 年，世界森林的面积平均每年减少 940 万公顷。

有人算了这样一笔账：占世界人口 1/20 的美国，耗费着世界 1/3 的资源。即使将全世界可能开发的资源都利用起来，并且重新分配资源，全世界的人也不能按照美国人的方式生活。

看来，需求的力量是一种伟大的力量，不断创造着供给；但也是一种毁灭性的力量，使人类在表面进步的同时，正面临着因资源的最终匮乏导致的大崩溃。

什么是恩格尔系数

恩格尔系数用来表示居民家庭食物的支出在总支出中所占的比例。它是以 19 世纪德国统计学家恩斯特·恩格尔的名字命名的。其计算公式是：

恩格尔系数=食物支出的总额 / 总支出的金额

恩格尔系数是根据恩格尔定律得出的。恩格尔定律是恩格尔根据统计资料，对消费结构的变化提出的一种观点。其内容如下：一个家庭的食物支出在总支出中的比例是与该家庭的总收入变化成反比例的。即一个家庭的收入越少，家庭收入中或家庭支出中用来购买食物的支出所占的比例就越大；而随着家庭收入的增加，家庭收入中或家庭支出中用来购买食物的支出将会下降。恩格尔定律已被许多事实所证实。

“吃了吗？”这是中国人见面后再熟悉不过的口头用语。那用意几乎相当于国际流行的“你好吗”。渐渐地，“吃了吗”这个口头语我们听得越来越少了，因为吃对于中国人越来越不像过去那样重要了。换句话说，“吃”在中国人生活中所占的比重越来越小了。

此现象在经济学上就叫做“恩格尔系数”降低。

根据中国商业联合会发布的2002年《中国零售业白皮书》显示，到2001年底，城镇居民消费的恩格尔系数由1997年的46.4%下降至37.9%。这是居民消费结构改善的主要标志。它说明，我国人民以吃饱为标志的温饱型生活，正在向以享受和发展为标志的小康型生活转变。

就吃而言，城镇居民吃好、吃精、注重营养、追求方便的倾向更加明显。除了吃之外，居民生活质量的提高还表现在居住条件、交通通信条件的改善，以及耐用消费品、用于陶冶情操增进身心健康的文化艺术、健身保健、医疗卫生、子女非义务教育和自身再教育的支出大幅度提高。

恩格尔系数对于经济研究有重要价值。（1）用来判定家庭的富裕程度。联合国粮农组织提出了一个划分贫困与富裕的标准，即恩格尔系数在59%以上为绝对贫困，50%～59%为勉强度日，40%～50%为小康水平，30%～40%为富裕，30%以下为最富裕。（2）分析不同消费者的消费情况。高收入阶层花在奢侈品和劳务上的金额，相对或绝对地要比低收入阶层多。（3）判定一个国家的经济发展水平和人民生活的富裕程度。在经济增长的条件下，衣着和住宅等其他基本生活必需品的支出，在不断增长的家庭收入中所占的比重是递减的。高收入家庭花在奢侈品和劳务上的费用，则随着收入的增长而不断地增加。在较富裕的国家，消费者支出的相当大一部分，是用在那些对物质福利并非必需的物品和劳务上，也就是说，消费者有一定的可自由支配收入，存在着随意消费的倾向。

麦当劳挨着肯德基的玄机

经常光顾麦当劳或肯德基的快乐一族们不难发现这样一种现象：麦当劳与肯德基这两家店一般在同一条街上选址，或在相隔不到100米的对面或同街相邻的门面。不仅麦当劳与肯德基的布局如此，大多类型相似的商场、超市的布局也同样存在这样的现象，如在北京的北三环两侧不到15公里的道路两侧，已经驻扎了国美、苏宁、大中三大连锁家电的8家门店。从一般角度考虑，集结在一起就存在着竞争，而许多商家偏偏喜欢聚合经营，在一个商圈中争夺市场。这样选址会不会造成资源的巨大浪费？会不会造成各超市或商家利润的下降呢？

假定市场上有甲、乙两个超市，他们向消费者提供的是相同的商品和服务，两者具有优势互补关系；假定甲、乙两个超市的行为目标都是为了在理性的基础上谋求各自的利益最大化；假定甲、乙两个超市的经营成本是一致的并且没有发生“共谋”；假如甲乙都选择分散经营，他们各自经营所获得的利润各为3个单位，如果甲选择与其他超市聚合经营，乙选择分散经营，他们各自经营所获得的利润分别为5个单位和1个单位。总效用还是6个单位。

这是因为聚合经营能够聚集“人气”，形成“马太效应”，从而能够吸引更多的消费者前来购买，进而企业获得更多的利益。分散经营使企业无法获得与其他企业的资源共享优势，从而市场风险明显增大，所以导致其获利能力下降。同理，若甲选择分散经营，乙选择聚合经营，他们各自经营所获得的利润分别为1个单位和5个单位，而甲乙两家超市都选择聚合经营时，由于两家企业具有优势互补，所以，两者的利润都会增加为8个单位。

聚合选址不可避免地存在着竞争，竞争的结果是企业要生存和发展就必须提升自己的竞争力，连锁企业有个性，才有竞争力。在超市经营上要有特色，方显个性，这就要求明确市场定位、深入研究消费者的需求，从产品、服务、促销等多方面进行改善，树立起区别于其他门店类型和品牌的形象。如果聚合的每一个连锁超市都能够做到这一点，就可以发挥互补优势，形成“磁铁”效果，这样不仅能够维持现有的消费群，而且能够吸引新的消费者。在北京南桥镇聚集了永乐、苏宁、国美三巨头连锁家电超市，聚合的市场使三巨头在激烈竞争的同时也寻求着特色发展之路。永乐电器以CDMA手机营销模式促进CDMA手机普及，推出了以退换保障、质量保障、价格保障和额外支出保障为基础的四大保障体系，以服务和价格的双重优势吸引顾客。国美电器率先在其连锁店内开设了各类音像制品的销售，从而拓展了经营业务范围，同样也起到了招揽更多客户的作用；同时推广“普惠制”，让各类电器的消费者都能够实实在在地得到经济上的优惠，而不是某一类家电的购买者。苏宁电器则倡导“天天促销”，让消费者能够每天都得到实惠，并根据刚刚迁入新居客户的实际住房条件和经济条件，为客户量身定制出一套合适的家电配置方案，为苏宁带来了销售额的直接增长。

另外，商业的聚集会产生“规模效应”，一方面，体现所谓的“一站式”消费，丰富的商品种类满足了消费者降低购物成本的需求，而且同业大量聚集实现了区域最小差异化，为聚集地消费者实现比较购物建立了良好基础；另一方面，经营商为适应激烈的市场竞争环境，谋求相对竞争优势，会不断进行自身调整，在通过竞争提升自己的同时让普通消费者受益。正因为如此，聚合选址使商家能够充分发挥自己的优势，吸引更多的消费者。

而且商家在选址时一般较注意同类型竞争者的选址，往往愿意与它们聚合经营。其实，商家在选址时可以考虑差异化聚合选址，如食品超市，聚合对象可选择生鲜超市、日用品超市；综合超市可以选择家具超市、家电超市、医药超市、建材超市等，这种聚合更能发挥聚合效应。现在随着国内居民小区的发展，商场、诊所、银行、邮局、餐厅等配套服务设施的健全备受居民关注。所以连锁超市也可以选择诊所、银行、邮局、餐厅等作为聚合对象，这样在连锁门店的经营上就不存在什么强的竞争，同时又为小区居民提供了便利。

什么叫“看不见的手”

你是否注意到这样一个细节：当你所在的小区的菜摊上西红柿从 2.20 元 / 斤上涨到 2.50 元 / 斤时，你会发现全市的所有菜市场的西红柿都是 2.50 元 / 斤，这就是市场机制的奇妙作用：仿佛一声令下一样，什么都改变了。

西红柿的价格为什么能神速地统一起来？人们为什么能以合理的方式完成繁杂的社会分工？经济学的中心任务之一就是解释复杂的经济规律是如何运行的。为什么某些人做这些事，某些人做那些事？信息是如何在人群中交流的？决策又是如何做出的？这些问题涉及经济的协调机制。不同的经济社会有不同的协调机制，从而形成了不同的经济体制。

其中一种协调机制是计划经济体制。即由一个集中的中央体系发布行政命令，指挥经济的运行与协调。生产什么，如何生产，为谁生产的决策都由中央计划机构做出，每个居民和企业只能执行上级的命令。这种协调机制通过垂直的等级体系由上而下渗透，各经济主体按上级的指令进行经济活动。计划经济体制具有很大的弊端，一是抑制经济主体的积极性，二是很难对成千上万种产品的供给与需求做出正确的计划。资源配置的效率低下，政府官员权力过大，容易滋生腐败与寻租行为。

另一种协调机制是市场经济体制。它是在产权确定的条件下，由价格调节单个经济主体的决策。它像一个非常精巧的机构，通过价格和市场体系，无意识地协调着生产者及消费者的活动。它还是一部传达信息的机器，把千百万个经济主体的偏好和行为汇集在一起，很好地解决了生产什么、如何生产、为谁生产这些基本的经济问题。生产什么？在市场经济体制下，资源会自动流向获利最高的产业和产品，人们的逐利动机像雷达一样的敏锐。如何生产？取决于生产者之间的竞争，为了在竞争中获利，生产者必然会选择效率最高的生产方式，把成本降到最低点。为谁生产？取决于生产要素的供给与需求，要素市场决定于工资、地租、利率和利润的多少。谁应该享有生产的成果，谁应该获得较多的收入，取决于谁是否掌握了较多的生产要素以及这些要素的稀缺程度。市场价格调节着商品的供求，而利润与亏损是胡萝卜加大棒，驱使企业有效率地生产出消费者满意的商品。

"看不见的手"这个经济术语是现代经济学的开山祖师亚当·斯密提出的，它形容在价格机制起作用的情况下，追逐私利的人如何实现人与人之间的合作，从而使社会财富更加充裕。借助于这只"看不见的手"配置资源，效率高、成本低。政府只需保证市场机制正常运转，就可以获得产品充裕、生产者与消费者皆大欢喜的效果。

按照凯恩斯的理论：几乎每一样东西都存在相应的市场，市场是买者和卖者相互作用并共同决定商品和劳务的价格和交易数量的机制。市场通过它自身的内在逻辑体系，使得资源向最优化配置的方向流动。它通过价格和市场体系对个人和企业的各种经济活动进行协调。

市场的运行具有它本身的特性，经济学之父亚当·斯密将市场的运行规律归结为"看不见的手"。他认为，当个体自私地追求个人利益的同时，他就像被一只看不见的手引导着去实现公众的最佳福利。而且在所有可以出现的结果中，这个结果是最好的。亚当·斯密在其经典著作《国富论》中写道："每一个人都力图利用好他的资本，使其产出能实现最大的价值。一般来说，他并不企图增进公共福利，也不知道他实际上增进的公共福利是多少，他所追求的仅仅是他个人的利益和所得。但在他这样做的时候，有一只看不见的手，在引导着他去实现另一种目标，这种目标并非是他本意所要追求的东西。通过追逐个人利益，他经常增进社会利益，其效果比他真的想促进社会利益所能够得到的那一种更好。"

另一只手

同样是西红柿的价格，当市场价格高出人们的可接受范围之外时，政府就会出面干预：西红柿价格不得高于某个价格。2004年中国"非典"时期政府对粮油价格的限制就是一个很好的例子。说起政府干预，不得不说起凯恩斯编造的一个寓言。

一个国家处于一片混乱之中，整个社会的经济处于完全瘫痪的境地，工厂倒闭，工人失业，人们无家可归，饿殍遍野。这个时候，政府采用了一个经济学家的建议，雇用200个人挖了一个很大很大的鱼塘。

这200人开始购买200把铁锹，于是，生产生产钢铁的企业、铁锹的企业、生产锹把的企业相继开工了，接下来工人开始上班、吃饭、穿衣……于是，交通部门、食品企业、服装企业也相继开工了，大坑终于挖好了；然后，政府又雇用200个人把这个大坑再填埋上，这样又需要200把铁锹……萧条的市场就这样一点点复苏了，启动起来了。经济恢复之后，政府通过税收，偿还了挖坑时发行的债券，一切又恢复如常了，人们在灿烂的阳光下过着幸福的生活……

这就是凯恩斯编造的一个经济学寓言，它说明了一个深刻的道理：国家的经济陷入危机的时候，国家要担当起自己的责任，应该采用宏观调控的办法干预经济生活，使经济走上正常的轨道。

20世纪初，在亚当·斯密所说的那只“看不见的手”的指引下，英国的经济首先呈现出高速的发展，然后美国、欧洲的经济都获得了空前的发展。但是到了1929年，形势急转直下，世界范围内爆发了一场空前的经济危机。这个时候人们才发现，亚当·斯密的那只“看不见的手”失灵了，这就是人们常说的“市场失灵”。与此同时，在经济生活中，人们意外地发现了另外一只手，发现有一只人们“看得见的手”在挥舞着，它开始频繁地进入人们的经济生活，这只“看得见的手”究竟是什么呢？其实这只“看得见的手”就是指“国家对经济生活的干预”。就像上述的寓言中所说的那样，在整个社会经济形势不好的时候，国家积极地进入了角色，开始干预经济生活，稳定社会的经济。

国家干预经济生活的理论来源于英国经济学家凯恩斯的一本著作，即著名的《就业、利息和货币通论》，著名的经济学寓言“挖坑”，正是出于这本书中。这个寓言告诉人们，面对市场的失灵，政府并不是无所作为的，政府不能坐而视之，而应该通过适当的干预，刺激市场，启动市场，解决社会存在的经济问题。

第二次世界大战结束后，凯恩斯的这只“看得见的手”开始在人们的经济生活中频频挥舞，它使整个资本主义经济从危机的泥沼中走出来，并使资本主义社会的经济在世界范围内蓬勃发展。

那么国家是通过什么办法调控整个社会的经济呢？

财政政策是政府干预经济的手段之一，它不是现代社会中才有的，只要有国家、有政府，就有许多必需的支出，就有财政政策。传统财政政策的任务就是为政府的各种支出筹资，实现收支平衡是财政政策的最高目标。但在20世纪30年代凯恩斯主义出现之后，财政政策发生了质的变化。为政府支出筹资仍然是财政政策的任务之一，但调节经济实现稳定成为财政政策的主要任务。

综观战后国家干预经济的历史，尽管有许多失误，但国家对经济的调节仍然是利大于弊。与战前相比，战后的经济更为繁荣和稳定，这部分要归功于国家宏观经济政策（包括货币政策）。

政府通过运用财政手段来影响和调节国民经济运行的宏观经济政策，包括财政收入政策和财政支出政策两大类。财政收入政策主要是税收政策；财政支出政策主要包括政府投资、政府购买和政府转移支付等政策。政府通过财政政策调节国民经济运行的目的，主要是为了提高社会总需求水平，以克服经济衰退或通货膨胀，实现经济的稳定增长。

具体采取哪种财政政策需视国民经济的运行状况而定：当总需求小于总供给时，政府可以通过积极的财政政策来刺激总需求水平，如降低税率、增加政府购买和转移支付，甚至直接扩大政府的直接投资以弥补私人投资的不足等；当总需求大于总供给时，经济中存在通货膨胀的压力，政府可以通过增加税收、减少财政支出等紧缩手段来遏制过热的经济发展势头。

同政府的另一重要工具—货币政策相比，财政政策是更为直接有力的经济干预手段，历来备受人们的重视。凯恩斯主义经济学特别强调赤字财政政策在刺激总需求、实现充分就业中的重要作用。

财政政策主要有鼓励消费、扩大投资、增加出口三驾马车；货币政策就多了，比如汇率的变动、利息率的变动、货币发行量的变动、发行国债，等等，都会对一国的经济走势起到宏观调控的作用。

也就是在凯恩斯主义盛行的时代，各国分析和预测经济问题的视角发生了彻底的转变。过去人们重视微观经济问题，也就是个人、家庭、企业对社会经济的影响，而现在人们更看重宏观经济的问题了。比如在股市上，人们虽然注重各种股票的业绩分析、学会了看企业发布的公告和各种消息，但是更重要的是人们学会了观察国民经济的大势，学会了观察利息率、汇率和货币发行量等对股市的影响。人们知道，当国民经济的宏观走势下行的时候，股票的业绩再好也不可能有大的利好消息，因为股市是脱离不了宏观形势的大势的，孙悟空有再大的本事也跳不出如来佛的手掌心，就是这个道理。

一个经济学家这样比喻：比如在电影院里看电影，当一两个人站起来的时候，这相当于微观经济，在座的观众自己说了算；当全场的人都站起来的时候，就是宏观经济了，这个时候任何人都无法左右全场的局面，他只能想办法去适应这个局面。这个时候只有国家伸出它的那只大手才能发挥作用。

“同居时代”的背后

越来越多的青年情侣同居了，而且他们不急于结婚，或者近期并没有结婚的打算。这是青年们的一种明智选择吗？选择的背后有什么玄秘吗？

常理来说，婚姻的机会成本非常高，爱情这种纯粹精神的东西在物欲横流的现代社会越来越受到物质财富的冲击。而且现在的生存条件和生活环境越来越严峻，购买房产要按揭贷款，毕业之后的去向也是一个未知数，而且现在一对夫妻只有一个孩子……能不能留在一个城市里也是一个现实的问题。结婚带给人们的难题越来越多，而外部世界的诱惑也越来越多，人们在生活中面临的变数越来越大，生活压力越来越大。

在这种情况下，人们选择了一个折中的办法—同居。两个人可以享受婚姻生活带给人们的一切乐趣和好处，但是没有一纸结婚证书的约束，人们面临选择的时候更加灵活，不必要承担婚姻的后果，机会成本小，也没有更多的沉没成本。

首先，人们对未来生活缺乏理性规划。市场经济下，人们的流动性也大，工作不稳定，企业绝大部分实施的是全员聘任制；居住地不再是终生不变的了；人们对未来经济收入的预期也不明朗。这些因素使人们对结婚充满了一种恐惧感。这种背景下，过早结婚反而成了彼此的拖累。

其次，女性经济上的独立也是一个原因。对经济独立的女性而言，她们不再需要通过婚姻这个长期的契约来捆绑住彼此的自由，不需要彼此为对方承担责任。就是说双方没有长期的正规的契约关系，可以说只是一种合作的“意向”，双方都更灵活。所以，在这种条件下，人们更喜欢选择同居这种生活方式。

再次，男女结识成本低。人们结识的途径和方式越来越多，越来越容易，这也是现代男女喜欢同居这种生活方式的一个原因。认识的成本低，所以认识得快，熟悉得也快，分手更快。认识和熟悉的成本不过是一餐便饭、一次聚会或者是一次网上聊天……因为在一起容易，彼此也就不够珍惜，分开也容易。这种条件下双方最合适的选择就是同居。

另外，不容忽视的是社会的进步，生儿育女、传宗接代、养儿防老等观念在现代人的头脑里正日益淡化，这些已经不是男人和女人在一起的目的，男人和女人在一起的目的是追求快乐、愉悦。没有了孩子的拖累，两个人不需要承诺，处得好就在一起，处不好就分手。

还有，经济基础决定上层建筑，随着经济的快速发展，经济条件的变化必然要影响到人们思想意识的变化，人们对同居现象也越来越宽容了。

哲学家说，存在即合理。事实上，这是理性经济人的一种理智的选择，这也没有什么不好，因为人们付出的机会成本低，相对来说，收益就要更高一些。

“谷贱伤农”是哪般

中国有句古语叫“谷贱伤农”，意思是丰收了，由于粮价的下跌，农民的收入减少而遭受损害。其原因就在于粮食是生活必需品，需求的价格弹性小。也就是说，人们不因为粮食便宜而多吃粮食，由于丰收了而造成粮价下跌，并不会使需求量同比例的增加，从而总收益减少，农民蒙受损失。

这里所说的需求价格弹性是表示商品需求量对商品价格变动反应程度的指标。弹性系数（需求的价格弹性系数）等于需求量变动百分比除以价格变动的百分比。具体计算百分比时，分子取新老需求量的平均数，分母取新老价格的平均数，不计负号。

市场经济中出现把诸如牛奶等农产品毁掉的现象，究其原因也在于农产品的需求缺乏弹性，降价不会使需求量大幅度增加，因而会减少总收益，所以企业把这些农产品毁掉反而会减少损失。

为什么企业的老板们不把牛奶分给那些还喝不上牛奶的人们呢？其实，他们把牛奶倒掉是有一定的经济学道理的。如果他们把牛奶无偿分给了居民，那么，有些人因为获得了牛奶，在以后一段时间内甚至在以后牛奶供给相对平衡时，也许也不再买牛奶了，无形中降低了牛奶的需求。另外，如果他们今年无偿地得到了牛奶，那么明年他们又怎么想呢？那些有“守株待兔”思想的人肯定会等着企业的牛奶过剩，等着再次喝上“免费的牛奶”。

事实上，关于过剩的解释，经济学上有“绝对过剩”和“相对过剩”这两个概念。绝对过剩是指社会生产出来的东西在让所有需要它的人的需求都得到最大的满足之后还有所剩余。相对过剩是指该种商品的过剩是相对于一定的时间和空间而言的，是相对于人们的购买能力的过剩。也就是说，社会的供给超过了具有购买能力的人的需求。而与此同时，还存在许多买不起该种商品的人。我们说，绝对过剩是以社会生产力的极度发展为基础的，是一种很难达到的境界，而相对过剩则是时常出现的事情。无论是国外的许多发达国家，还是在我国国内的一些地区，都存在相对过剩的现象。并且相对过剩的发生在一个行业内还具有一定的周期性。牛奶的过剩，就属于相对过剩。正如前边所说，相对过剩的商品，从厂商的长远经济利益来说，是不适合免费发送给那些没有购买力的人群的。毕竟，经济规律是“无情”的。

香烟是一种需求价格弹性较小的商品，对于吸烟上瘾的人来说，价格上涨不会减少消费，对不吸烟的人来说，香烟的价格再低他也不会消费。吸烟对本人、对社会都是不利的，因此为限制香烟的消费，政府对香烟征收重税，但是烟厂的利润依然相当可观，因为抽烟者对香烟有需求，生产者因此可以将其税负转嫁给抽烟者。香烟的税主要由抽烟者来承担。

家用电器是一种需求价格弹性较大的商品，价格上涨会减少消费，价格下跌会增加消费。在当前买方市场的情况下，各个家电企业竞争非常激烈，如果税负转嫁给消费者，就会使价格上涨，价格上涨会减少消费，不利于提高市场占有率，因此家电产品的税负主要由生产者负担。由此得出，需求富有弹性则税负主要由生产者负担，需求缺乏弹性则税负主要由消费者负担。

我们说，物品之所以成为商品，不一定在于它本身具有多大价值，而更主要是看它是否存在一定的需求和供给。没有供给的商品是没有意义的，如“桃花源”。同样，没有需求的东西是没有价格的，因为根本没有人花钱去买它。所以，商品的价格是由需求和供给两方面共同决定的。水的需求大，但是供给也很大，这样，需求价格弹性和供给价格弹性共同作用，水的价格低廉。

回到开头的“谷贱伤农”，本来粮食丰收了，农民的收入应该会更高些，应该高兴才对。可是，由于全体农业的丰收，造成了粮食产量的增加，供给急剧上升，超过了需求量。这样一来，粮食的价格就会下降，农民的收入反而减少了。这是由于农业生产周期性造成的。由于农产品的储存、加工、保鲜等特殊问题，农产品一般都不能存放太长时间。这样一来，在市场交易时，就给农民带来了天然的讨价还价的劣势。商家会想：“反正你一定要急着卖出去，否则就会坏掉。那么你对交易的要求比我要迫切。”于是利用这种心理，拼命地压低价格。而在供给量相对过剩的情况下，农民达成交易的要求就会更迫切，则价格就会被压得更低。

需求定理有例外吗

《读者》杂志曾经刊登一篇经济学家卢周来的文章《点评乡下姑姑的来信》，开头是这样写的：前年我家养了三头猪，那时猪很值钱，一斤毛猪四块多钱，年底姑父把猪卖掉，换了两千多块钱。但去年猪不值钱了，一斤毛猪就两块多钱。我们又没别的挣钱的法子，又要应付度日，只好多养了两头，一共五头猪，到了年底卖出去，勉强维持了前年的收入。

这里出现了一个一般经济学供求定理无法解释的现象。按一般供求定理，市场上某种商品价格高时，供应商会增加供给；价格低时，会减少供给。但文中的姑姑却反其道而行之，猪价格低下来了，反倒增加了供给，由原来的养三头猪，增加到养五头猪。这个现象很值得思考。

那篇文章中还提到一个案例：在非洲撒哈拉地区，当地人唯一的生活资源是养羊，唯一可用来换成货币的也是羊。于是，出现了这样的现象：哪年是灾年，羊的死亡率高，当地人放养的羊头数越多；哪年羊最不值钱，当地人为了维持货币收入不下降，放养的羊也最多。

一般是价格下跌供求下降，但是也出现上面的特例。卢周来认为是有条件的：首先是可供给的品种是初级产品，要么猪，要么羊；其次是供给者没有可替代的货币收入来源。作者的姑姑与非洲牧羊人都一样，只能将全部的货币收入寄托在猪或羊身上；最后，一定的货币收入对供给者来说不可或缺，作者的姑姑必须有可支配的收入供开支。

著名的经济学家M.P.托达罗在其《第三世界的经济发展》一书中，就曾用模型论证过这样一个道理：这个世界上80%以上的购买力，掌握在20%以下的少数人手里；而世界上80%的人口，其购买能力对于市场需求来说其实无足轻重！在这样的情况下，追求利润最大化的厂商，自然会将市场开拓的重中之重放在少数富人身上。所以，那些广告自然也主要是对着富人打出的，而与大多数穷人无关。

一般需求定律称：某种商品的需求量与其价格呈反方向变动。也就是说，这种商品价格越高，其需求量就越低；而价格越低，需求量就越高。对于穷人，一分钱都难，所以，商品价格每涨一点，穷人在购买时都会多掂量掂量，只能少买一些，故这个需求定律的确对穷人管用。前面我们说过“恩格尔系数”，不管经济学定义如何规范，说白了，就是一个人用于维持生存的钱—主要是吃饭的钱—占其总收入的比例。比如一个月挣100元钱，如果花了90元用于吃饭了，其“恩格尔系数”就是0.9。显然，如果一个社会阶层恩格尔系数高，那么这个阶层就越贫困，意味着这个阶层收入中用于维持生存的钱占了绝大部分；反之则相反。而经济学规律又说明，当某种（些）商品在消费支出中所占的比重越大，其价格变化时，需求量变化越大；反之亦相反。这就完全可以推导出这样的结论：因为穷人的恩格尔系数远高于富人，用于维持生存的生活必需品支出在所有消费支出中占的比重越大，所以，一旦这些消费品价格上涨，穷人只能勒紧腰带过日子；除非这些消费品价格下降，穷人才有可能增大需求量。但富人完全不同，因为在他们每日挥金如土的过程中，用于柴米油盐的钱所占总收入的比重少得几乎可以忽略不计，所以这些生活必需品价格上涨他们根本不计较，更不会影响到他们的需求数量。这一穷一富，正应了时下流行的那句话：穷人看着钱买东西，富人看着东西花钱！

穷人买跌不买涨，富人不问跌还是涨，这种现象已经非常普遍，证明一般需求定律在某些领域内对于富人不管用。

长相与收入有关吗

你听说过靓女先嫁吗？如果你有过找工作的经历，相信你一定不陌生，你的同学里面、竞争对手里面，通常是长相英俊、漂亮的更容易受到青睐。

美国联邦政府的一项研究报告指出，人生际遇和长相密切相关，俊男靓女比普通人更有机会获得高收入。美国一项最新调查表明，长相漂亮不仅收入高，升迁的机会也大，长相丑的人待遇比一般人低9%，长相漂亮的人待遇比一般人高5%。此外，身材也会影响收入，胖女人比一般人的收入平均低17%，身材高者，每高1寸，收入平均增加2%～6%。

无独有偶。美国经济学家曼昆在《经济学原理》一书中提到了“漂亮的收益”，他根据其他经济学家的研究得出长相导致收入差别的结论。

无论是理论和现实都说明了收入和长相有关系。我们该如何看待这个现象？

漂亮能产生更多的收益。在市场经济中，商品的价格都取决于供求关系，漂亮的需求来自企业，这种需求的大小决定了漂亮的收入有多少，而需求大小又取决于漂亮给企业带来的效益。简言之，漂亮能得到多少收入取决于它给雇主企业带来的效益。应该说，漂亮的确能给企业带来高效益。有些高效益的行业，如演艺界、电视主持、模特，只有漂亮的人才能从事。脸蛋和身材在这些行业中是至关重要的。在其他行业中，漂亮对成功也相当重要，例如，服务员漂亮的饭店来的客人更多，漂亮的老师更受学生欢迎，病人对漂亮医护人员的服务更满意，漂亮的记者更容易得到更多新闻，连领导开记者招待会，漂亮记者得到提问的机会也更多。在社会上，漂亮是一张成功的通行证。爱美之心人皆有之，人们也就更愿意为漂亮付费，这种付费就成为企业的效益。企业对漂亮的需求大于漂亮人数的提供，供小于求，俊男靓女收入高就正常了。

长相好是先天优势的一个方面。而且，漂亮还会影响人的成功机会。漂亮的人让人喜爱，成功机会就更多。这就是调查报告中所说的，提升的机会多。

但是，长相普通的人也没有必要抱怨父母没有给自己一个好脸蛋和好身材，因而自暴自弃。因为决定一个人成功与否的绝不仅仅是长相。那些成功人士，如政治家、科学家并不见得多么英俊、多么漂亮。

最重要的是，漂亮往往是主观感受，每个人的审美标准并不完全相同。赵本山的“猪腰子脸”并不影响老百姓对他的喜爱。

什么是真正的漂亮，仅仅是长相好就能称为漂亮吗？一般来说，漂亮是内在美和外在美的综合。一个外貌美的人如果缺少气质、内在修养，举止粗俗，也很难成为得到高收入的人。相反，一个外貌普通的人若很有修养、很有内涵，人见人爱，人缘很好，取得高收入也不是奇怪的事。

另外，一个长相普通，甚至有点丑的人，可以通过提高内在美来提高自己的整体形象指数。更为重要的是，外在的美是暂时性的，是青春饭，内在的美才是永久的、散发永恒魅力的。

名牌背后的秘密

很多人都有这样一种想法：要搬新家了，通常会换一套新的家具家电。拿电视机来说，到了商场一看，同样尺寸的不同厂家的液晶彩电，价格相差很大，但很多人买的并不是价格便宜的，而是价格高的名牌产品。这个现象让人很困惑，据行家说，国内家电特别是电视机产品质量相差不大，用的都是进口显像管。

那为什么人们选择价格高的名牌产品呢？因为名牌产品给人信赖感。如果其他产品的质量不如名牌的，这种选择无可厚非，但在产品质量相同的情况下，这种选择显然是不公平的。

人们对电视产品的质量的认识，并不是通过实践得来的。电视不像日常低值易耗品那样经常更换，购买一台电视通常要用上几年甚至十几年，因此人们无法积累感性经验。居民的购买行为大多受报纸上公布的评比和调查结果影响，如哪种电视销量最大，哪种电视评比第一，哪种电视寿命最长等。

这种现象在不同的场合、不同的领域都可以见到。清华大学的一般毕业生和其他一般高校的拔尖学生比，其专业水平不一定高，但在人才市场上，用人单位大多选择前者。这种并非由产品质量而是由其他因素引起的排斥现象，称为经济领域的歧视。

在人才市场上，由于各校的评分标准不同，用人单位很难根据各校提供的学习成绩单对学生进行评估和比较，只能根据社会对学校的认识和统计结果来选择学生。大量统计资料表明，清华大学毕业生平均生产率比其他一般高校毕业生高，因此用人单位必然选择清华的毕业生。

当歧视扭曲了某些团体的工作努力和人力资本投资激励的时候，它就特别地有害于经济。歧视的损害效果首先表现在商品和劳务的供给者，他们花费同样的成本，生产出同样质量的产品，却无法按同样的价格卖出去，甚至根本卖不出去。

那么歧视对购买者是否有利呢？得出的结论应该是否定的，因为购买者购买同样质量的产品却要花费更多的钱，最为可悲的是绝大多数购买者没有认识到这一点，反而乐此不疲。

商品的歧视迫使被歧视的企业花费大量的精力和费用去做广告，宣传自己的产品，使企业的成本大为增加。

因此，虽然企业的品牌建立起来了，但它们的成本都追加到了消费者身上，因此那些名牌彩电能卖得更贵。一旦成为名牌，自然就有了名牌的价格，也就有了高昂的利润。

这就是名牌背后的秘密。

赌博会赚到钱吗

赌博能赚到钱吗？看似非常简单的逻辑，许多人却常常栽在其中。典型的例子就是赌徒在输钱后，总是想翻本。输掉的钱就是沉没成本，它已经永远不可能再收回来，新的“选择”决策是：我是不是还要继续再赌下一盘，我再赌下一盘的收益风险是多少呢？

毫无疑问，纯粹的赌博是不存在理性上的投资收益的。这个问题数学家、经济学家做了无数次的数学模型实验，赌博只不过是数学里的离散游戏而已，只是概率论和经济博弈论的运用而已，每一次玩的输赢概率都是一样的，在概率论数学里称为“伯努利事件”。

所以，为这种傻事去做投资是只有傻子才会去做的事。所以我们的“选择”应该是即使我第一局赌输了，第二局我也不会再继续玩了，妄图翻本，就像一个傻子天真地妄想自己是世界首富一样的荒谬。

聪明人从来不会把投资回报放在一个小概率事件上，妄图创造所谓的“奇迹”，所以我们常说的一句话就是“世界上没有比去赌博更愚蠢的事情了”。所以当你听到人们把某地的股市或其他市场称为“赌场”时，那就意味着这个市场已经没有任何投资价值了。

当然赌博也不是完全没有投资收益的可能，某些赌博还是可能有永久稳定的回报的，但必须满足 4 个条件：

其一，庄家凭经验设计的赔率有漏洞。

其二，这是一个一局多项投注的游戏，就是一次开盘，有很多种投注项目玩法。

其三，你能够非常精密地利用不同的赌项间的赔率差做一个投资组合数学模型，并且只有你一人知道。为什么只能你一人知道呢？等你读完全书后自然会明白，但这里可以告诉你的是，所有你看到的、学到的投资组合模型都已经没有任何意义了，因为别人也知道了啊！

其四，你必须耐心地按同样数额的投注组合进行无数次投注。当你投注次数趋向于无穷大时，理论上可能出现赢利。

但事实上，有两个条件是很难满足的，一个就是庄家设计的赔率有漏洞，另一个就是你能否发现其中的漏洞并设计出你自己的投资组合模型。对于后者，很遗憾，如果你不是数学建模方面的奇才是很难做到这一点的，要知道华尔街的那些投资银行、基金公司都雇用了大量的数学、金融博士，这些人每天都在做着作为公司一级商业秘密的各种投资组合数学模型，来保证他们在股市、汇市、期货期权等各种金融投资市场中必然赢利的可能性。而这种工作绝非那种拿着计算器东按按、西按按，然后得出个连自己都不知道怎么得出的答案的简单工作。对于把成功总是寄希望于小概率事件的赌徒，只能再用一句“傻子，你走好”来满足其幸灾乐祸的虚荣心！

可以毫不夸张地说，目前比较流行的什么六合彩、牌九、大小、麻将、24点、赌球、赌马等都不存在长期投资必然赢利的任何可能性，否则那些华尔街金融投资家早就进入了。因为这些赌博都不符合我们上面所说的4个条件，所以妄图靠这种赌博来博取一夜暴富，或者挣点零花钱什么的，实在很荒谬，纯属无稽之谈。

贝克汉姆的发型

世界杯是一个帅哥驰骋的舞台，帅哥出众的面孔、精湛的技能，再配上经典的发型，让人们想不记住都难。贝克汉姆就是其中一个，除了一脚优美的“贝氏弧线”之外，他那变幻的发型恐怕是吸引球迷的一个更加关键的因素。

有“万人迷”之称的贝克汉姆已不再是单纯的足球运动员，自从和维多利亚在一起之后，他正逐渐成为一个时尚界的明星，他对于时尚的敏感度和品位都在逐渐地发生变化—从文身、眉毛故意剃掉一半、莫西干头到染指甲、戴太阳镜等，不一而足，尤其是他的发型更是变化多端。

球星们的闪亮登场不仅仅是为了单纯的吸引眼球，更多的是经济的因素。因为关注球赛的不仅仅是球迷，还有广告商。广告商们更多考虑的是经济的作用。经济学家们说这是一种新的经济模式，叫做注意力经济，俗称眼球经济。

对于球迷来讲，是“从精神上支持你”，但这是没有经济效益的，而一旦被开发商开发出一个广告来，眼球经济马上就会发挥效力。例如芙蓉姐姐，虽然她本人没有挣到钱，但是某些网站可以靠她的几张图片赢得点击率，一些网站靠几个视频赢得了收视率。

当我们在“精神上支持你”的时候，球星的价值和我们的注意力之间发生了交换，这种交换跟货币交换没有什么两样。在将来，这种注意力的交易的发生不会比现在货币之间的交易来得更容易。人们渐渐开始衡量付出的注意力所换回来的价值，当然，注意力并非那么简单，并非上面所说的点击量、收视率、发片率那么粗浅，它们表现丰富，例如，投诉你也就是投资你，那就是一种注意力资产。

亚里士多德曾说过：美是比任何介绍信更有力的推荐。美的东西，自然会产生更强的注意力，有注意力，就会有商机。这就是“注意力经济”日渐风靡的道理。

“注意力经济”还可以延伸为名人效应。要不然，市场上怎么会出现如此多的以名人名字命名的品牌，诸如“邓亚萍”、“李宁”、“乔丹”、“逸飞”，等等。

当然，并不是所有的名人都会产生这样的效应，也不是所有的商家请了名人后都能脱胎换骨，甚至起死回生。

明星的发型可以解释为性格独特，喜欢标新立异、卓尔不群，因此发型也要与众不同。这种解释有一定的道理，但恐怕不是真正的原因。真正的原因也许是出于经济上的考虑。发型独特，才能吸引球探、球迷、媒体尤其是广告商的眼球，在当今强调“注意力经济”的时代，谁吸引的眼球多，谁的身价自然就高。且不说转会身价和转会后的薪水，单是担任某个产品的广告形象代言人，那广告收入就很可观。世界杯之后，铁杆的球迷们可能还会记住球星们的球技，但大部分业余球迷却根本记不住，但这并不影响业余球迷像铁杆球迷那样牢记住球星们的怪异发型。谁会忘记威斯特的朝天辫，谁又会忘记马西斯的“莫西干”发型和那么多锃亮的光头呢？在球技基本相当、声望基本相同的情况下，请发型独特的球星做广告，和请一个发型平庸的球星做广告，哪个广告效果更佳，这是不言自明的，也许这就是球星们的发型经济学。

第三章

经济理性能力的培养

适度的非理性有时是一种理性

从经济人的行为来说，我们的每个行为都是一种积累。这种积累是多方面的：知识的积累；人际关系的积累；信用资源的积累……为了分析人们过去的积累和非理性在何种意义上是一种资源，我们来分析一下信用资源意味着什么。

我们从朋友那里借钱（这个时代最难借的就是钱），说好归还日期，我们如期归还，至少在这个朋友那里建立了信守承诺的信用。当你答应某个人帮他一个忙，你如期为他将事情办成了。在他看来，你是守信用的……

信用是一种资源，意指信用可以当做资源来使用。如果我们需要一笔钱来从事某种投资服务，我们会去找银行。银行里有钱，但银行不会随便把钱借给你。银行需要抵押，抵押是银行抵御借贷风险的有效方法。如果我们的投资亏本了，贷款还不上，若没有抵押，银行将受损失；而如果有抵押，银行会将抵押变成它的财产。

如果你没有抵押，银行不会借钱给你。然而，由于你有良好的信用资源即信誉，你的朋友、同事或者亲戚会借钱给你，尽管人们常说，千万别借钱给他人—既损失金钱，又失去了朋友。因为，他们知道你急需钱，你会还钱给他们。他们相信你，因为他们从你过去的行为中归纳出“你是一个守信用的人”，尽管你过去守信用不代表你将来也必定守信用。你平时积累的信誉等同于一笔可以抵押的资产，即信誉是你的资源。

信誉可以成为一种可资利用的资源，你的非理性行为同样可以成为一种可以利用的资源。

人们进行博弈思维的基础是人具有的理性。然而，在某些情况下，理性思维不能使自己的利益最大，甚至阻碍利益的获得，而非理性思维反而能够获得极大的利益。

一个典型的例子是“最后通牒”博弈：两人分一份总量固定的钱，比如 10 元。规则是：一人提出方案，另外一人表决；如果表决的人同意，那么就按提出的方案来分，如果不同意，两人将一无所得。比如 A 提方案，B 表决。A 提的方案是 7 ∶ 3，即 A 得 7 元，B 得 3 元。如果 B 接受这个方案，则 A 得 7 元，B 得 3 元，如果 B 不同意，则两人将什么都得不到。

A 提方案时，他要猜测 B 的反应。A 会这样想：根据“理性人”的假定，A 无论提出什么方案，B 都会接受，除了将所有 10 元留给自己而一点不留给 B 这样极端的情况。因为 B 接受了还有所得，而不接受将一无所获—当然此时 A 也将一无所获。此时理性的 A 的方案可以是：留给 B 一点点比如 1 分钱，而将 9.99 元归为己有，即方案是：9.99 ∶ 0.01。B 接受了还会有 0.01 元，而不接受将什么也没有。

如果你是 B，对方考虑到你是理性人，他可能只在桌上留下 1 分钱，他考虑到你会接受这个分配。此时你只有接受这 1 分钱的分配。

但如果你是非理性的，分配就有所不同。

当对方给出这个分配时，如果你是“非理性的”，你会认为这是“不公平的”，而将不接受这个分配方案。对方知道你的这个“非理性”特点，他担心你会拒绝，为了不让你拒绝，他不会提出只给你 1 分钱的方案。此时，你的所得取决于你的“胃口”，或者取决于你的非理性的程度。

在实际中，人们如何进行人际来往取决于每个人的非理性的程度。在这个博弈中，比的就是“狠”劲。在生活中，流氓之间往往“斗狠”：其实就是看谁更非理性，够狠的人往往做老大。

在实际进行这个游戏时，人们均有一定程度的非理性，并且这也是人们的共识。这也是为什么实际的游戏结果并不会出现 9.99 ：0.01 的分配结果。

由此可见，非理性有时会成为人们在博弈中的一个“资源”。这个资源如同人们拥有的其他资源一样，可以利用它来获取好处。俗语“会哭的孩子有奶吃”就是这个道理。在最后通牒博弈中，你的“非理性”资源与否决权一道构成你进行博弈的基础。

无论我们作为什么样的角色，适度地建立自己的“非理性资源”是有利的。但这不是一朝一夕的事情。人们在积累这样的资源的过程中要付出代价。在你与其他人的博弈中，你的非理性使得你的利益受损，当然别人也受损。这样一来，其他人会“记得”你的秉性，或者他们会“归纳”出你的秉性，其他人与你再次打交道时，便不敢“小视”你，会正视你的非理性特点。

适度的非理性能够带来好处，这一点最能体现在谈判过程之中。谈判是多方之间进行的一场博弈，其中经常发生的是两方之间进行的谈判。谈判是一个合作性的博弈，双方（我们这里分析的只是两方进行的谈判过程）合作比不合作能够获得更大的好处，但如何分配这个合作带来的好处？这是一个讨价还价的过程，在这个博弈过程中，如果双方均是不可缺少的，即任何一方均不能够抛弃另外一方而另寻其他合作伙伴时，这个谈判结果取决于双方的“非理性”的程度，当然，这个非理性的程度要成为双方的“公共知识”。

光有理性也不行

对于人而言，钱并不总是最重要的，人的利益并不总是表现为钱，人的利益是多元化的，心理的满足、精神上的快乐也是人的利益所在，人的行为也不总是那么合乎逻辑的，也不总是那么具有明确目的性的，这就是人，一种时而会变得白痴可笑，时而又智慧无比的动物！

人类从全身毛茸茸的猿猴进化到高度智慧的现代人，经历数百万年的时光，在这如此漫长的进化过程中，人类依靠什么来战胜群兽和恶劣的自然环境呢？那就是强烈求生的本能。

正因为人具有与生俱来的求生本能，人和所有动物一样总是要保护自己，寻求着对自己有利的事物而规避对自己不利的事物，这是所有物种的本能。但人有发达的大脑，依靠这一强大的智力武器，人保护自己的能力得到了突破性的质的飞跃，最终战胜了群兽和恶劣自然环境而顽强地生存至今，并主宰了这个世界。

所以人的“理性”首先便是“人的自利性”，乍看之下，总感觉不怎么舒服，“自私自利”历来都是贬义词，用来讽刺批评那些一心为己、绝不为人的甘为堕落的腐败分子。但不得不承认的是，人脱离不了动物的本性，趋利避害是每个人的本能，这是由人类数百万年进化下来的“物竞天择”的基因决定的。但人的自利又不是单纯的食物、衣物等物质上的自利，随着人类生产力的发展、物质财富的积累，精神思想上的自利变得更为显著。

你可能会去为遭受印度洋海啸袭击的灾区捐款，你可能会去帮助一个失学儿童，你甚至可能倾家荡产去从事环保事业，那你是不是就不自利了呢？

其实，你还是自利的，你之所以甘愿放弃一些甚至全部的物质财富而去从事其他毫无物质收益的事情，仅仅就是因为你在从事这些所谓的“利他、善事”活动中使自己内心得到了满足，得到了快乐，得到了愉悦，而你正是自利地要去满足你自己的这些心理的满足、快乐、愉悦甚至贪婪，从而甘愿去做那些“利他、善事”的事情，所以你还是自利的。这就是人的自利本性，尽管这是一个残酷得让人难以接受的甚至令人发指的事实，但我们只能说，事实上我们只是在保护自己这个动物不被别的动物吃掉而已。

除了“自利性”这个让人难以接受的事实以外，“理性”还有一个特性就是“追求最大化的利益”。古训“害人之心不可有，防人之心不可无”，生活在利益丛林里，还是小心行事为好。

“理性”简单地说就是所有正常的人都是如此想的，即“自利”

和“追求最大利益”。人在自私的同时，不必太担心人的自私自利会肆无忌惮。因为决定人真正的行为除了“理性”以外，还有一个称为“心智”的东西。

“心智”，也许你可以理解成道德，正是在它的制衡下，人们有了“选择”的思维方式，来约束人们非常个人化的主观意识，使用这种“选择”的思考方法来帮助人们更好地、最大化地来满足自己的主观“价值”的目标。

陀思妥耶夫斯基在《死屋手记》里描述过这样一个人，他说：为什么我要理性地活着？为什么我要往理性的道路去谋生，一天到晚地为金钱努力？为什么我不反其道而行之呢？我就要像飞蛾那样，就为了那一次光辉的体验，我要扑到火上，然后烧死自己。这样生活又怎么了？错了吗？反正我们早晚都会被遗忘，早晚都要遗忘，包括死亡。

当然还有其他很多无意识状态，比如梦等，绝大多数情况是理性与非理性的制衡，所以人才能生存延续。求生是人和所有动物的本能，所以那只是些非理性的极端特例而已，我们不必为此愁眉苦脸，你完全可以让心智、让感性自由飞翔，让心底阳光起来。

要相信自己的思考

巴菲特在股市上一帆风顺，几乎每买一只股票，都能赚取丰厚的利润。其成功的理念之一，就是“绝不盲目从众”。他告诫所有的投资者要相信自己的选择，坚持走自己的路，不要人云亦云。他说：跟着别人，就走不出自己的路来。

巴菲特特立独行的作风在业界早已有口皆碑。而他曾经说过，他之所以近乎固执地坚持自己的判断和选择，缘于他的老师格雷厄姆对他讲的一则寓言。

有一位石油勘探者在升上天堂时，上帝告诉他一个不好的消息：天堂已经客满，再也无法安插人了。石油勘探者没有放弃升入天堂的信念，他请求上帝允许他对天堂里的人说一句话。上帝答应了他的请求。于是，石油勘探者大声地对着天堂喊道：“地狱里发现石油了。”话音刚落，一大群人蜂拥而出，奔向地狱寻找石油，以求发财。上帝见天堂空空如也，就请石油勘探者进入天堂，但是石油勘探者却犹豫了。因为他听见一大群人都在喊叫：“地狱发现石油了。”他忘记了这是自己编造的谎言，所以对上帝说：“我还是到地狱去吧。”

格雷厄姆的寓言深刻地揭示了那些投资者的盲目跟风、人云亦云的心态。巴菲特对此心领神会并引以为戒。在以后的投资生涯中，巴菲特还发现，绝大多数的投资者都有盲目从众的心态。他把这些人的行为比喻成自然界的旅鼠迁徙。

旅鼠喜欢群居，但每隔三四年，它们都会有一次大规模的集体迁徙并跳海自杀的行动。这种迁徙行动往往由一只旅鼠带头，其他的旅鼠以为灾难来临，便跟着逃跑。于是旅鼠们越聚越多，一路惊慌失措，争先恐后，最后它们集体逃向大海，死于非命。

这样的比喻非常深刻。在华尔街，虽然拥有大量受过高等教育且有着丰富经验的专业投资人员，但他们大多数不具备特立独行的作风和处变不惊的心态，因而没有办法在市场上凝聚成一股合乎逻辑和理性的力量。华尔街常常因为他们的“望风而逃”而引起股价的大幅波动。对此，巴菲特评价说：“股价的大幅波动，跟机构投资人旅鼠般的盲目行为有着很大的关系。股市的剧烈变动，产生盲目从众效应。”

巴菲特之所以超凡脱俗，是因为他具有一种特殊的能力，能够在关键时刻保持清醒的头脑，权衡突发事件对企业经营的影响程度，因而可以力排众议，做出明智的决定。

其实，不仅投资如此，其他事情亦是如此。任何事情需要的理性都是相通的。

随着信息经济学和博弈论的发展，经济学家注意到：信息的不对称性和预期的不确定性，对人类行为的影响甚大。

他们认为，人类有限的理性、对信号的观测及识别的较差能力都是“羊群效应”产生的根源。“羊群效应”是指市场上存在的那些没有形成自己的预期或没有获得一手信息的投资者，他们将根据其他投资者的行为来改变自己的行动。实际上是对个体经济自发性、盲目性以及自然趋势的最真实写照。

在商品经济尚不发达、市场形成的初级阶段，羊群行为是很难避免的。

大多数学者对羊群行为持否定态度，其实，对待羊群行为要辩证地看。由于没有足够的信息或者搜集不到准确的信息，通过模仿他人的行为来选择策略并无大碍，在发展初期，许多企业和行业在模仿策略下都取得了很大进步。

羊群行为产生的主要原因就是信息不完全，由于未来状况的不确定，导致了人们的判断力出了问题，因而才有了从众的盲动性。

正确全面的信息是决策的基础。在这个时代，信息的重要性是不言而喻的，不重视信息收集的企业和个人无异于自取灭亡。

要找到正确的方向，敏锐的判断力也是必不可少的。

很少有人天生就拥有明智和审慎的判断力，实际上，判断力是一种培养出来的思维习惯。因此，每个人都可以通过学习或多或少地掌握这种思维习惯，只要下功夫去认真观察、仔细推理，就可以培养出来。

收集信息并敏锐地加以判断，能使人们减少盲从行为，更多地运用自己的思考，这是锻造理性的最好方法。

能屈能伸，理性地看待创富路上的挫折

创富路上不如意事十之八九，大多数的人对于自己的境况都是不满意的。更糟糕的是，不见得每一个人的难题或困境，都能在短时间之内解决，于是，就必须调整自己的心态，学会如何去适应无常的变化。不管你创富挫折程度如何，感受上如何的沮丧、消极、痛苦，请记住一点：要能屈能伸，以屈为伸。认清创富路的艰难，得之不喜、失之不忧，如此的心理素质定能跨过人生旅途中的坎坷波折。

一滴水，单纯而透明，把一滴水用火焰炙烤，它会化为流云；

把一滴水冻结成冰，它将更加坚不可摧；把一滴水弃之脚下，它会渗入土壤滋润大地；把一滴水摔碎了，它只会化成更多滴水；把一滴水放进容器，只要存在丝毫缝隙，它都会悄无声息地溜走；把一滴水流放进大海，它会一路欢歌而去，在无数的水滴中永葆本色。一滴水，虽然渺小，却有无穷大的力量，这便是一滴水的生存法则：能上下、能屈伸、能聚散，韧性十足。

人，也需要学习一滴水的生存智慧。创富路上的挫折有很多种，例如，遭人拒绝、生意失败等。遭人拒绝时，不必太刚太硬，那样容易挫伤锐气，不如避其锋芒，如楔巧入；生意失败时，不要灰心丧气，那样会丧失自信心。

能屈能伸的人是一个强调和谐与平衡的人，即使心里很讨厌一个人，也绝不会表现在脸上，不让对方或大家知道，因为他希望保持人与人之间和平的感觉，这就是能屈能伸的和谐原则。能屈能伸的人遇到不愿意去做的事情时，会充分表达自己的意见，说出自己不想参与的理由，但如果别人一再相劝，他就会为了顾全大局而妥协，放弃自己原有的坚持，一切遵循民意。

能屈能伸不仅有利于人际交往，更是成大事的必备条件，大丈夫能屈能伸方能成就大业。

人生是复杂的，“屈”与“伸”也是多方面的。在工作中受到领导批评，不妨先“屈”一“屈”，冷静下来找出差距和不足，及时改正，然后再图“伸”，切不可一味地意气用事，与领导顶撞或匆匆辞职，以免铸成大错。与朋友同事发生矛盾，也不妨先采取“屈”势退让，待矛盾化解后自会和好如初。

这个世界是相对完美的，绝对的完美根本不存在，人生中的确有不如意的时候，受点委屈是很正常的事。此时，与其在那儿怨天尤人，不如学会化委屈为动力，因为还有比委屈更为重要的事，比如，你在人生道路上的创富。但愿每个人都能够善待人生中的屈与伸，学会并熟练运用这个技巧，顺利到达创富成功的彼岸。

第二篇

经济学的基本概念及规律

第一章

选择中的成本与收益

人生之路是一条选择之旅

人的一生，只有一件事不能由自己选择—自己的出身。其他的一切，皆是由自己选择而来。

人生不过是一连串选择的过程，从你早上起来要穿哪一套衣服出门开始，你在选择；中午要去哪里吃饭，你又在选择；女孩子有众多的追求者，在考虑结婚的时候，到底是哪一位男士比较适合自己，要选择；男生找工作时要从多家大企业中选择。以上的选择有大有小，但每日、每月所有的选择累积起来，影响了你人生的结果。

一个选择对了，又一个选择对了，不断地做出正确的选择，到最后便产生了成功的结果。一个选择错了，又一个选择错了，不断地做出错误的选择，到最后便产生了失败的结果。若想有一个成功的人生，我们必须降低错误选择的概率，减少做错误选择的风险。这就必须预先明确你人生中想要的结果是什么，明确你人生想要的结果是什么—这本身又是一个选择。

首先，选择决定生活状态。今天的生活是由 3 年前我们的选择决定的，而今天我们的选择将决定我们 3 年后的生活。我们要选择接触最新的信息，了解最新的趋势，从而更好地创造自己的未来。要知道，我们的人生只有 3 天，昨天、今天、明天。你的今天是你的昨天决定的，你的明天将由你的今天来决定。

昨天的日子，我们过得太正常了。我们和大部分人一样，过着正常的、没有追求的生活。因为太正常了，心态一直是消极的、失败的。大部分人只要有一只饭碗在手里，哪怕是一只破碗、泥碗，哪怕碗里只有一口粥、一口汤，都舍不得，也没有勇气把它扔掉。因为我们依赖于在习惯的环境里过日子。人在习惯中死亡，在不习惯中生存！

我们每个人的生活圈子都是个小世界，在我们生活的小圈子里，你总会发现，有些人不管大事小事，总是比较容易获得成功。他们挣更多的钱，过高品质的生活，有健康的身体和良好的人际关系，而更多的人忙忙碌碌，却只能维持生计。他们的差别究竟在哪里呢？

不是智力上的差别，人在智力上是有差别，但是差别很小，智力超常和智力低下的都占极少数，不到3%。不是学历上的差别，学历只是对书本知识的一种认可，与成功没有直接关系。情况往往是，书本知识学得越好的人，越喜欢给别人打工。学校的老师和教授们，不能教给你当老板的方法，不能教你做百万富翁。如果他们能教你做百万富翁，那么他们自己早就是百万富翁、千万富翁了。就像一个打工的人，永远也没有资格去教一个百万富翁如何去挣钱，因为他没有这种经历和经验。

其次，选择内容决定结果。有选择就有改变。每个人都有自己的缺点和优点、短处和长处，只有经过不断的学习和改变，才能使自己变成一个出色的、专业的人员。改变从自身开始，不要试图改变别人，在改变的过程中，我们第一个要战胜的就是我们自己。改掉坏习惯，养成好习惯，这是一个人生至关重要的问题。

在你的人生中，因为没有做出正确的选择，你曾经错失过多少获得成功的机会？如果你可以洞悉未来，你愿意付出什么代价？如果你能够预见未来，你又能否把握机会？有什么股票你应该卖却没有卖？有什么商品你应该买却没有买？有什么机会你应该把握而又错失？你一生中又能遇到多少机会呢？这个时代可能是你最后的机会，你要格外留神。

每10年就会有一些与时代潮流相对应的伟大商机出现。20世纪 80 年代下海，90 年代炒股票，在那个年代把握住机会的，有不少已成为百万富翁。在未来几年中，也一定会出现这样的机会，你一定要留心你的选择！

非多考个证不可吗

当前最流行的是尽可能多的拥有几个证，毕业证、四六级证就不说了，还有什么口语证、听力证、驾驶证……多种从业证书，很多人想把它们作为拥有好工作的条件之一。现在我们从经济学成本与收益的角度分析一下多考证件的选择问题。

曾经流行 IT 热，从事 IT 业就代表着高薪一族，所以大家都一窝蜂地去学计算机，但很多人最后发现自己学得很苦、很累，最要命的是自己刚刚学会某一种基础编程语言，突然发现这种语言已经被淘汰了，新的又出来了。你还没把前面用来学习的包括机会成本在内的总成本收回来，你又需要不断地去追加学习培训的成本，如此恶性循环，最终导致的就是你的学习培训总成本被无限地增大，由于总成本的增大，你必然希望要通过获得更高的回报来弥补这一投入的成本。众所周知，成本越高，市场竞争力就越弱，这样导致你在人才市场上的竞争力就会进一步减弱，这样你就会越痛苦，这就是非理性“选择”职业的必然结果。

人若对自我没有足够清醒而坚定的认识，也就是我们所说的对自己的“比较优势”的认识，便不能自主，而要经常受到外界的影响。听到别人的一句赞美，便得意扬扬；别人的一句嘲笑，便勃然大怒，自己的喜怒哀乐，都建立在别人的评价里，完全丧失了自我。这样的人最容易随波逐流、盲目跟风，别人说好的，自己也跟着说好；别人说热门的，自己也就跟着踏进去；别人说流行的，自己也就稀里糊涂地去跟风……

一个连自己都不知道自己整天在为什么而喜怒哀乐的人又何谈“创新”，又何谈“立业”，又何谈持久“幸福”，何谈持久“快乐”呢？如果一个民族、一个国家的人们都是如此乐此不疲地去追逐这所谓的“流行”、“时尚”、“热门”、“热点”的话，那将是一件多么可怕的事情。真正的“流行”、“时尚”、“热门”、“热点”，是靠自己的“比较优势”来创造的，而不是跟在别人后面捡垃圾。

所谓流行的资格证书考试，什么计算机一级、二级、三级、四级考试，英语四级、六级考试，普通话标准考试，会计上岗证考试，CCNA，MCSE，日语四级、三级、二级、一级考试，公务员录用资格考试，TOEFL 考试，雅思考试，GRE 考试……无穷尽！

人们之所以会去考这么多证书，原因就是一个，“多张证书，多点机会”，但事实真的是这样吗？

我们已经知道了做任何“选择”都是有机会成本的，你去学习并参加了一项证书考试，必然要放弃相当一部分在你自己最擅长的、最喜欢的领域所投入的时间、精力、金钱等资源。

我们也很容易发现，任何一种学习都是开始的时候收效很大，但学到较高的程度后都会觉得要再获得进步就比较困难了，需要花费比原来更多的时间、精力等资源才能进步一点点。任何一门证书的学习也是一样，尽管它主要消耗的是时间资源，但这种时间资源的投入越来越高，而收效却是越来越少，如果你不是真的日常工作需要如此大量使用这项技能的话，你的这些投入基本上是没有意义的，除非这是你的兴趣爱好，那另当别论。

你要想在某一学科获得进步，就必须更多地投入时间以及与之配套的金钱、精力等资源，这样势必进一步挤占本来具有“比较优势”的另外一门学科的学习资源。如此恶性循环，最终导致的结果是，你早先投入某项学习里的成本所形成的比较优势，在逐步缺乏学习资源支持的情况下也在逐步流失，而你原本不具有“比较优势”的“一项证书的考核”却吸收了你极大的学习资源。因为如果你是学英语专业的，与金融学专业的学生相比你在“金融精算师”方面不具有任何“比较优势”，所以你要达到和他们一样的专业水平的话，必须要付出更为高昂的投入总成本，成本越高，越不具有市场竞争力。与此同时，由于你在你原本具有“比较优势”的英语方面学习投入的减少，导致你与其他英语专业的同学相比，你的英语的“比较优势”也在丧失，最坏的结果就是，两边的比较优势都在下降。

我们保持我们自己的“比较优势”，不能随便地受到周围的浮夸宣传的影响，一会儿去考什么会计资格证书，一会儿去考什么计算机二级，这样只会无谓地浪费自己的时间、精力、金钱，抬高自己包括机会成本在内的总成本，使自己进一步丧失市场竞争力。教育培训的投入要有的放矢，以进一步提高自己的“比较优势”为目的，而不是盲目的，随波逐流的。

其实，每个人都有自己最独特的一面，发掘自己这种独特的一面，进而充分发挥出自己的比较优势，你就可以扭转乾坤，立于不败。没有一个人在所有方面都是杰出的，人总有擅长与不擅长的地方，正所谓术业有专攻，没必要为自己的短处而闷闷不乐甚至自卑，发挥自己的比较优势，让自己展现应有的光芒。

“霍布斯的选择”

也许理想的人生，就是“有机会选择”。

什么是选择？可以看做一个判断和舍弃的过程，在多种可能性中找到最理想的一个，标准是效用（机会收益减掉机会成本）最大。

在作选择的时候你最好知道自己想要什么。收益最大的结果也许并不是最有利的选择—如果它的风险也太大的话，比如在肯定得到1万元和只有1/10的可能得到10万元之间做出选择，你会怎么做？

经济学中有一个名词—“霍布斯的选择”，据说这个名词来自中世纪英国一位叫霍布斯的马场老板。无论谁来买马，他都答应，但是每次他只卖最靠近门口的那匹马，不允许挑三拣四。其实，“霍布斯的选择”就是“没有选择”。

在商业竞争不发达的社会，“霍布斯的选择”很常见，随着竞争的发展，这种不可选择的现象较之过去大大减少了。可是另外的烦恼又出现了：太多的选择叫人眼花缭乱。当然，这总比没有选择要好多了，可是要从诸多选择中找到最优选择也并非易事。

如果选择只是限于买衣服、吃东西之类的小问题倒也无关紧要，可是小至人生道路的选择、企业经营战略的设定，大至国家大政方针的制定，都要有一个选择最佳策略的问题。

选择不容易，所以才有在两堆稻草之间饿死的毛驴。每个人都希望有选择，而且希望做出正确选择—即使不是最好的，至少也是比较好的，那么有没有一些方法帮助我们呢？

明智的选择，需要清楚正确地计算成本和收益，评估风险，更重要的，是明白自己到底想要什么。

选择的形成共有 5 个步骤，每个步骤都极其简单：

（1）列出所有可以采取的行动，包括不采用的行动也要列出来，而决策就是从各种可能的行动方案中选出一个来。

（2）尽可能列出每个行动的可预见后果。

（3）尽量评估每种结果可能发生的概率，这一点常被忽略，因此要仔细加以讨论。

（4）试着表达你对每种结果的渴望或恐惧程度。

（5）最后把列出来的所有因素全部放在一起考量，做出合理的决策。

如果根本没办法列出选择方案或可能的结果，那么你一定得先解决这两个问题，毕竟决策的本质就是从众多选择中挑出一个最好的，其目的就是要达到最佳结果；如果你连选择方案都说不出来，更别想做出任何决策了。人生就是一个不断选择的过程，而作选择，首先你要明确目标（知道你要做什么）；然后是计算成本和收益（值得不值得做）；最后才是策略选择。

最好的选择来自理性的比较

在这个世界上，每个人都在追求自己的幸福。但如果问什么是幸福，不同的人有不同的看法。

有人可能会说，幸福就是跟自己相爱的人在一起；有的人会说，幸福就是能周游世界；还有的人会说，幸福是天天睡懒觉；一个乞丐会说，幸福就是能吃到山珍海味；一个赌徒会说，幸福是整天都打麻将；一个游戏迷会说，幸福是能自由自在地玩电子游戏……

但这些回答正确么？

如果我们有机会到幼儿园去问小朋友：“什么东西最好吃？”很多小朋友会回答：“巧克力最好吃。”如果我们拿来很多巧克力，让小朋友们吃个够，再接着问：“什么东西最好吃？”这时候小朋友们肯定不会说是巧克力，回答可能是水、瓜子或者其他东西。可见“什么最好吃”这个问题并没有一个简单的答案，因为对每个人来说，最好吃的东西是不断变化的。

我们再问相类似的问题：什么最好听……什么最好看……什么最好玩？这些问题都没有一个固定的答案。鲁迅在他的小说《社戏》中，描写过他和小伙伴们一起看社戏的故事。在舞台上，演员们不停地翻跟头，刚开始时小朋友们都觉得很精彩，但是看的时间一长，大家就觉得没有意思了。

可见，因为边际收益递减规律的存在，对于每个人来说，不管做什么事情，时间一长都难以为继。再好吃的东西，吃多了也会腻味；再好玩的游戏，玩久了也会厌烦；哪怕是休息，保持某种姿势时间太长也会觉得不舒服。所以一个人要使自己的生活得到最大满足，就要在不同的活动中进行变换。他不但要睡觉、吃饭，还要看电视、听音乐、旅游，等等。总之，一个人活在世界上，为了满足自己的欲望，实现自己的幸福，就要对自己的时间进行分配，要在不同的活动中进行选择。所以最好的选择来自理性的比较。

如果你运用“排除法”，还是无法做最后的决定，比如选到最后，选来选去，排除 A 也不是，排除 B 也不是，令人难以选择。这时候，你可以运用“比较法”。

方法很简单，你只要拿出一张纸，把两个要选择的选项分别写在两边，然后各自在这两个选择的底下，列出它们的优缺点。等你列好之后，你该选择哪一项，通常便可以一目了然了。

正所谓不怕不识货，就怕货比货，将你的备选答案进行客观的比较之后，正确的选择就如拨云见日般地出现在你的眼前。

国内某著名大学的一个女生跳楼自杀，据称其在自杀之前，也曾用比较法为自己的“活着”还是“死去”作了一番选择。她生前在网上写帖子说：我在“死去”的下面写了许多好处，而在“活着”的下面却一片空白。于是，她选择了纵身跃出窗台。

众多天之骄子的自杀，引起了许多人对当今教育的一片唏唏嘘与反思。这些天之骄子在人生生死抉择的十字路口，用生与死各自的好处进行了比较再做决断，可谓有一定的理性，此为“得”。但其“失”之处在于比较的不客观：死真的能一了百了吗？活着真的没有欢乐与希望吗？事实上，死去原知万事空，活着则一切皆有可能。

造成上面这位女生的悲剧的根源，不在于其运用了“比较法”，而在于其运用“比较法”时未能做出客观公正的评判与比较，结果也就谬以千里。因此，人们在运用“比较法”做选择时，一定要尽量做到客观公正地评价与比较备选答案，不要预设立场，钻入错误选择的死胡同。

收益就是你的标尺

人们在做决定之前，心里一定有一个标尺—也就是所谓的成本和收益，这个标尺用来丈量、比较和判断哪一个选择更符合自己的实际。然而，这种标尺有很多种，因此才造成了选择时的困惑。

比方说你约朋友去外面吃饭，你选择去川菜馆，因为你考虑到朋友是四川人—这时，你心里的标尺是“利他”；反过来，若你选择的标尺是“利己”—假设你是广州人—则你一定会毫不犹豫地选择粤菜馆。同时，你还会面临高档与低档、坐公交车去还是打的去等一系列的选择。面对这些选择，你若不拿出一个统一的标尺，则很难做出一个决定。

到了川菜馆，朋友点了几份素菜，而你点的是高热量的蘑菇炖小鸡。朋友正在减肥，不想吃高热量的食物，素菜是他最佳的选择。你却因为整天熬夜，身体疲惫，想补充一些营养，因此对荤菜情有独钟。

在点菜的问题上，朋友心中的标尺是低热量，你心中的标尺是高营养。

人们在做一个选择时，先要有成本和收益的概念。一旦这个标尺建立，就可以很明确地去判断我们选择的答案是好或不好、对或不对，而标尺判断的实际过程，是将你心中的想法一一拿出来比对被选择的答案。譬如你会考虑自己胆固醇太高、太油腻可能对健康不利，天气太热，湘菜大多又辣又烫，会不会吃得满身大汗？附近有哪几家湘菜馆？距离会不会太远？今天是周末假期，路上到处都是车子，到了餐馆有没有位子……你会对应所有的需要逐一去比较、判断。

当然，考虑因素的多寡因人而异，有些人天生就比较注重菜色及气氛，所以拼了老命也要去高级一点的餐厅，其他距离、健康、时间成本、交通等因素就不会那么在意；有些人天生比较精打细算，一旦评估了所有的因素，可能就推翻了出去吃的决定，改成干脆在家将就吃点算了。

每个人的判断标尺不一样，很难说谁的选择一定是对的、十全十美的。个人品位及需求不同，人与人之间很难有一个共同的标尺。希腊哲学家普洛塔高勒斯说“人是万物的尺度”，此话不愧为一句真理之言。

有些人常在做出一些决定前犹豫不定，就是因为心中拥有好几把“标尺”，“想吃蛋糕又怕身体太胖，不吃蛋糕又不甘心”；“星期六下午想去看电影，又想和朋友去爬山，也想和女朋友去跳舞，又想……”类似这种矛盾，相信在我们的生活中常常出现。

事实上，不管每个人心中的标尺有几把，每个人的价值标准差异有多大，每个人在做判断型模式的思考时，方法和理论其实都大同小异，只是有些人反复在更换自己的“标尺”罢了。不管我们有多少把“标尺”，无论我们有多少选择，最后只能有一个决定。

因此，了解了自己在做判断时的“标尺”，统一了自己的“标尺”，有助于我们更迅捷地下决定，不会在犹豫中浪费时间，伤透脑筋。

每个人心中都有一把标尺，当我们在比较事物、权衡利害得失时，这把标尺是判定一切的标准。

虽然我们心中的这把标尺是根据自身的需求打造出来的，但是这把标尺有很多不合逻辑之处，甚至和现实背道而驰。所谓的现实逻辑就是现实世界中的各项事实及定律，像是酗酒和抽烟对身体不好，却有无数烟民与酒鬼乐此不疲；违法犯纪必定会受到法律的制裁，却不乏前仆后继的以身试法者等。

有时候，我们做决定时，除了自己是阻碍自我效益原则的因素外，外在的客观因素也是一大阻碍。最常见的现象，就是一个人下决定时所依据的标尺，竟然是用“别人的”标尺。这种做法等于是放弃自己选择人生的权力，在这种情况下所做出来的决定，不见得是符合自身效益的。

最常见的例子就是“和自己不喜欢的人结婚”。当事人在做决定时，可能以别人、父母亲友、社会或道德的标尺来作为判断依据，如此情况下所做的决定，很难是个好决定，是否符合自身的利益也很令人怀疑。因为只有你自己知道自己需要什么，只有你自己知道自己的效益点在哪里。

还有一个常见的情形便是高考后的选填志愿，本来要选择什么专业什么学校应该是由自己根据自己的兴趣和专长来选择的，然而大部分的学生却会受到社会价值观、父母的期望等因素影响而做了错误的选择。常常听到因为兴趣不合所以念得很辛苦的例子，适应力强的会继续念下去，也有人幸运地念出兴趣来了，但也有不少人浪费了宝贵的光阴。

如果当初能够以自己的兴趣为标尺，或许可以少走些冤枉路。与其花时间去适应没兴趣或不擅长的事物，还不如把精力放在自己喜欢的事情上，收获必定会更多，心情也会更自在开朗。不过，很多事可能要在你做了选择之后才会发现吧！

或许有人会觉得，发生这种情况也是不得已的，做决定的人有太多的苦衷和无奈，或许这种决定才是完美的决定，能够使大家皆大欢喜。这种想法可说是大错特错，就像“世上没有不死的人”一样，世上也没有“完美的决定”。记住，你永远无法同时满足众人的要求，只有符合自身效益的决定，才是正确的决定。

第二章

机会成本

何为机会成本

在这世界上，你选择了一种东西就意味着你需要放弃其他的一些东西。

现实生活中我们每天都要面对很多的选择，因此，为了做出合理的决策，我们必然要考虑到可供选择方案的成本和收益。但是，在许多情况下，某种行动的成本并不像乍看时那么明显。比如，当你在面临是工作还是继续读书的选择时，如果你选择了继续读书，你要付出的成本将不仅仅是用于学费、住房和伙食的钱的总和，还有如果你当时选择了工作，每个月的工资就是现在你选择读书所要担负的机会成本。可见，机会成本就是为了得到某种东西所必须放弃的东西，或者说是指由于选择一种方案而放弃另一方案的收益，又被称为择机代价或替换成本。

比尔·盖茨在创业与学业之间也曾做出了一个大胆的选择。比尔·盖茨于 1973 年进入哈佛大学法律系，19 岁就退了学，与同伴创办电脑公司。这样他就没有能够拿到哈佛大学的毕业证书。1999 年 3 月 27 日，比尔·盖茨应邀回母校参加募捐会，当记者问他是否愿意继续学习拿到哈佛大学的毕业证时，他向那位记者笑了一下，没有回答。

看来比尔·盖茨是不愿意拿哈佛大学的毕业证了。我们可以想象，如果当年他把大学读完，也许世界首富就不会是他了。盖茨是电脑奇才，他在36岁时就成为世界上最年轻的亿万富翁。1999年《福布斯》评选世界富豪，盖茨居世界亿万富翁首位，净资产850亿美元，被《时代》周刊评为在数字技术领域影响重大的50人之一。如果用机会成本分析，他拿到哈佛大学毕业证的机会成本就是世界首富的地位。

机会成本是经济学中的一个重要术语，那就是为了得到某种东西所必须放弃的东西。也就是在一个特定用途中使用某种资源，而没有把它用于其他可供选择的最好用途上所放弃的利益。机会成本是因选择行为而产生的成本，所以也被称为选择成本。

机会成本的概念对分析资源的有效使用具有重要作用。资源的稀缺性是一个不可否认的事实，任何一种资源都可以有多种用途，把资源用于某种用途就会在同时放弃其他选择。要使稀缺的资源得到最有效的运用，就要把它用于生产最能满足社会需要并能使产量达到最大化的商品的生产。

机会成本可以分析很多领域，生产的选择、消费的选择，生活中到处存在着机会成本。如每个人的时间安排也都存在机会成本，把时间安排于某一项活动，就放弃了把时间用于另一项有价值活动的机会。而善于利用机会成本分析利弊做出效用最大化的选择是理性人的首选。

吃苹果的学问

记得小时候，同学之间经常问这样一个问题：两箱苹果，一箱又大又鲜，另一箱由于放得久了，有一些已经变质了，问先吃哪箱，即先吃好的还是先吃坏的？这道题的目的在于测试回答者是乐观的人还是悲观的人。

最典型的吃法有两种：第一种是先从烂的吃起，把烂的部分削掉。这种吃法的结局往往就是要吃很长一段时间的烂苹果，因为等你把面前的烂苹果吃完的时候，原本好端端的苹果又放烂了。第二种是先从最好的吃起，吃完再吃次好的。这种吃法往往不可能把全部的苹果都吃掉，因为吃到最后的烂苹果实在是烂得没法吃了，就都给扔了，形成了一定的浪费。但好处是毕竟吃到了好苹果，享受到了好苹果的好滋味。按照当时的测试点：选择前一种吃法的人是悲观的人，后一种则是乐观的人。

通常喜欢第一种吃法的人，觉得第二种吃法容易造成浪费。喜欢第二种吃法的人，觉得享受好苹果的味道更要紧，扔掉几个烂苹果不算什么。

两种吃法，各有各的道理。在实际生活中，究竟先吃哪个苹果，对个人其实没有太大的影响。但先吃哪个苹果的选择，在其行为背后，却别有一番深意。对于经济学上的理性人来说更愿意采取第二种吃法。吃苹果不同于吃饭，不是为了果腹，而为了品尝其味道，吸收其营养。从这个意义上讲，先吃好的比较理性。用经济学的语言来说，这种吃法的机会成本相对较少一些。

经济学认为，人的任何选择都有机会成本。机会成本的概念凸显了这样一个事实：任何选择都要“耗费”若干其他事物—其他必须被放弃的替代选择。在实际生活中，对被放弃的机会，不同的人会有不同的预期和评价，这取决于他们的主观判断（主观的机会成本）。具体到先吃哪个苹果的问题上，两种吃法，代表的实际上是两种观念，两种对机会成本的主观判断。第一种吃法的主观判断是浪费的机会成本大于好苹果味道变差的机会成本，第二种吃法的主观判断是味道变差的机会成本大于浪费的机会成本。

在我们的日常生活中，经常都要面对“先吃哪个苹果”的选择。我们每天都要自觉不自觉地对各种机会成本进行比较。

个人对机会成本的感觉会有偏差，这给人的启示是：要善待自己，也要善待他人；既要尊重自己的感觉和选择，也要尊重他人的感觉和选择；每当遇到纯属个人的选择时，在决策上，应尽可能地由自己做出，而不要由他人或集体做出，因为只有自己才了解自己的主观机会，而别人和集体决策者却缺少充分的信息。

“面子”经济学

所谓“面子”，其实就是别人对你的评价。“面子”的实质是本我人格的外在化表现。

从经济学角度看，“面子”属于精神产品的范畴，人们爱“面子”的实质是一个人对精神产品消费效用的偏好。社会对一个人的评价本质属于一个人的无形资产和精神财富。这种评价对个人而言，更多体现为一种心理满足。“面子”不讲究实惠，讲究形象，“面子”直接体现的是一种精神收益，而不是物质收益。某人很有钱，有钱本身会带给他“面子”，但这里“面子”是指由其物质财富而衍生的精神收益，并不是指物质财富本身。

人们为什么喜欢“面子”？首先，因为人是效用最大化的追求者。这里的效用最大化是指一个人一生总效用的最大化。而一个人的总效用水平来自物质产品和精神产品两个方面，是消费物质产品效用与消费精神产品效用之和。“面子”本身是精神产品，所以，有了“面子”，也就直接增加了一个人的精神收益，从而也就直接增加了一个人的生活总效用水平。

其次，“面子”也会产生间接经济价值。“面子”是一个人的“品牌”和形象。和一般人相比，人们更乐于和有“面子”的人打交道和进行各种交易。在这种情况下，有“面子”的人就比一般人有着更多的谋利机会，并且交易成功的可能性也较大。所以，从长远看，“面子”本身也具有潜在的经济价值，能够为一个人带来物质收益。

一般而言，人们喜欢“面子”的程度有差异，这主要取决于其效用偏好。有些人注重物质性收益，有些人注重精神性收益；有些人偏好生理需求的满足，而有些人偏好内心感受的体验；有些人更多考虑个人实际感觉，而有些人更多考虑社会评价。生活在世界中的人，每个人的效用偏好都是不同的。毕达哥拉斯说过：生活就像奥林匹克运动会，聚到这里来的人们通常抱有 3 种目的：有些人摩拳擦掌以折桂，有些人做买卖以赢利，但还有一些人只是单纯做参观者，冷眼静观这一切。这里反映出的就是效用偏好的不同。

“面子”对个体而言毕竟是一种约束，所以也就客观上提高了个体利益向公共利益转化的可能性和渠道。同时，如果社会上每一个人都重视“面子”，社会经济运行会降低许多交易成本。一个人讲“面子”，会带动一部分人讲“面子”，从而产生精神的扩散效应和乘数效应，这将进一步直接和间接促进社会经济效率的提高。

当然，“面子”毕竟是“面子”，不是“里子”。“面子”反映的是表面现象，而“里子”才是真实的本质。人前是一套游戏规则，人后又是另一套游戏规则，这种双重规则会加重社会成员的决策成本和监督成本，不利于社会经济效率的提高。另外，“面子”本身也蕴藏着人的一种机会主义本能。当“面子”与“里子”不统一时，机会主义便会应运而生。而机会主义又会引发诚信缺失等许多问题，并将直接导致社会秩序建设成本的增大。

关注考研的机会成本

毕业两年了，小张依然每天出现在校园里，在图书馆、自习室里打发时间。两年里，她共参加了 3 次研究生考试，“起初，只是想多过几年学校里风调雨顺的日子，结果现在考研都快成了我的工作了，如果这一次还考不上的话，真不知道是否应该继续考下去。”其实，在每一所大学里，都晃荡着很多与小张境遇相似的迷茫身影。面对就业的巨大压力，一些应届、往届的大学毕业生，仅仅出于不想过早工作的目的就加入了考研大军，踏上了一条被动的考研之路。类似的事情，就发生在我们的周围。在为他们的拼搏和毅力叫好的同时，不禁要问：付出这么大的成本考研值得吗？

按经济学观点，做任何事情都需要一定的成本，考研也不例外。先算一下经济方面的机会成本。众所周知，如今的考研一定程度上来说就是考“钱”。据报道，一个应届大学毕业生的考研费一般在2000 ~ 4000元之间，在职考研者的花费也不会少于这个数字。所有考研者的经济成本都大于其直接的经济支出，而且考研的次数越多，其经济成本就越大。

还有心理压力成本。几乎每个考研过来的人都认为那段时间（复习时间）人简直成了读书机器，来自社会、家庭以及自身的压力都很大。特别是家庭状况不是很好的考生，意味着不能为家里创收还要花费家里的钱。

考研的机会成本是比较高的，如果对自己能够承受的代价没有充分的心理准备，或者无法学以致用，考研反而会成为一种负担。

这并非危言耸听。不久前，两名工商管理硕士到泉州某IT企业应聘，这家公司的老总认为，他们理论有余，而务实不够：“我们需要的是踏实做事的人，而不是花费无谓的高薪给公司找麻烦。”

再算算其他方面的机会成本。时间方面，考研者的时间成本都大于其直接用于考研的时间。考的次数越多，时间成本也越大。相反的例子莫过于比尔·盖茨了。他停学创业，而不是继续求学。如果真选择后者，说不定他也错过了时机，成就不了今日的微软。从某种意义上说，那些考研者是不是错过了很多机遇呢？

大学毕业时，你面对的是“就业难”，但本科生仍然还有一定的“含金量”，因为毕竟就业率在50%左右；研究生期间，如果你继续过着舒服安逸的生活，每天优哉游哉学无所长，那么，研究生相对于本科生而言，就是“不进则退”，而3年之后研究生毕业时，工作机会却并没有增长多少（据相关数字统计，研究生的就业率在60%左右），而本身的能力却是“水降船低”。

再假设一下，如果说大学毕业时你有幸成为找到工作的那50%，那么你获得的将是3年的工作资历和经验。而若不幸成为没有找到工作的那50%，那也会是你一生受用的挫折教育，一笔宝贵的人生财富。

如果说当你大学毕业时，因为害怕“找不到工作”而选择考研，那么3年之后，你仍然要面对“工作不好找”这个现状。3年的研究生生涯，是为想做研究做学问的人提供的一个良好的深造机会，如果仅仅将其视为逃避压力的避风港，那么，读研也就失去了其应有的意义。

近年来，研究生的扩招，让研究生的教育质量下滑，一些企业不承认其“含金量”，只因其“缩水量”过大。研究生期间，如果贪图安逸享受，不去学些有用的知识，不去为自己将来的人生规划做打算做设计，不去想毕业后自己仍然要面对的就业问题，那么，社会在你静止的时候又加速向前发展，不会等着你。那时你面对的将是比3年前更“可怕”的社会，更巨大的就业压力—那么，你该怎么办？继续躲？接着逃？考博士吧，然而博士之后呢？之后的之后呢？

算清了这些方面的成本之后，理性的考生们还应该明确一个目标。飞机航行，要有明确的目的地，大海行船，要清楚地知道自己前进的方向。做事情都要有自己的目的，考研也是一样。

我们并不否认考研的积极意义，也不是说优秀人才不需要考研，而是说国家的发展需要一定的成本，这种成本是个人发展成本的累加。因此，如果每个青年都不计成本地考研，不就大大增加了我们这个并不很发达的国家的发展成本吗？何况，并非每个专业都一定得硕士才能胜任，考研也不是个人发展的唯一出路。

第三章

逆向选择

什么是逆向选择

逆向选择是指在信息不对称的前提下，交易中的卖方往往故意隐瞒某种真实信息，使得买方最后的选择，并非最有利于买方自己，这时候买方的这种选择就叫做逆向选择。

美国经济学家阿克洛夫 1970 年提出了著名的旧车市场模型，开创了“逆向选择”理论的先河。

在旧自行车市场上，买者和卖者之间对自行车质量信息的掌握是不对称的，卖者知道所售自行车的真实质量。一般情况下，潜在的买者要想确切地了解旧自行车市场上车的质量好坏是困难的，他最多只能通过外观、介绍及简单的现场试验等，来获取有关自行车质量的信息。

然而，从这些信息中很难准确判断出自行车的质量。因为自行车的真实质量只有通过长时间的使用才能看出，但这在旧车市场上又是不可能的。

所以，旧自行车市场上的买者在购买自行车之前，并不知道哪辆车是高质量的，哪辆是低质量的，他只知道旧自行车市场上自行车的平均质量。

在这种情况下，典型的买者只愿意根据平均质量支付价格。但这样一来，质量高于平均水平的卖者就会将他们的自行车撤出旧自行车市场，市场上只留下出售质量低的自行车的卖者。

结果是，旧车市场上自行车的平均质量降低，买者愿意支付的价格进一步下降，更多的较高质量的自行车退出市场。由此，高质量自行车被低质量自行车排挤到市场之外，市场上留下的只有低质量自行车。也就是说，高质量的自行车在竞争中失败，市场选择了低质量的自行车。

这违背了市场竞争中优胜劣汰的选择法则。平常人们说选择，都是选择好的，而这里选择的却是差的，所以把这种现象叫做逆向选择。

从上述分析过程还可以看出，产品的质量与价格有关，较高的价格诱导出较高的质量，较低的价格导致较低的质量。逆向选择使得市场上出现价格“决定”质量的现象。

买者无法掌握产品质量的真实信息，这就为卖者通过降低产品质量来降低成本，因而出现低价格导致低质量的现象。

逆向选择对经济是有害的：高质量的卖者和需要高质量产品的买者无法进行交易，双方效用都受到损害；低质量的企业获得生存、发展的机会和权利，迫使高质量的企业降低质量，与之“同流合污”；买者以预期价格获得的却是较低质量的产品。

如同“道德风险”一样，“逆向选择”这一术语也起源于保险行业，因为保险市场上的逆向选择现象相当普遍。以医疗保险为例：不同投保人的风险水平不同，有些人可能有与生俱来的高风险，比如他们容易得病，或者有家族病史；而另一些人可能有与生俱来的低风险，比如他们生活有规律，饮食结构合理，或者家族寿命都比较长。

这些有关风险的信息是投保人的私人信息，保险公司无法完全掌握，因此保险公司对所有投保人制定统一的保险费用（这属于总体保险合同）。由于保险公司事先无法辨别潜在投保人的风险水平，这个统一的保险费用，只能按照总人口的平均发病率或平均死亡率来制定。所以，它必然低于高风险投保人应承担的费用，同时高于低风险投保人应承担的费用。

这样，低风险投保人会不愿负担过高的保险费用，退出保险市场，这时，保险市场上只剩下高风险的投保人。简单地说，这时，高风险投保人驱逐低风险投保人的逆向选择现象便发生了。其结果是保险公司的赔偿概率，将超过根据统计得到的总体损失发生的概率，保险公司出现亏损甚至破产的情况必然发生。我们称保险市场上的逆向选择为道德风险。

资本市场上也存在着逆向选择。比如对于银行来说，其贷款的预期收益既取决于贷款利率，也取决于借款人还款的平均概率，因此银行不仅关心利率，而且关心贷款风险，这个风险是借款人有可能不归还借款。

一方面，通过提高利率，银行可能增加自己的收益；另一方面，当银行不能观测特定借款人的贷款风险时，提高利率将使低风险的借款人退出市场，从而使得银行的贷款风险上升。

结果，利率的提高可能降低而不是增加银行的预期收益。显然，正是由于贷款风险信息在作为委托人的银行和作为代理人的借款者之间分布并不对称，导致了逆向选择现象。

信息不对称下的逆向选择

信息不对称是造成逆向选择的重要因素。在商品市场上，买者和卖者了解的信息是不一样的。卖者比买者更清楚产品实际的质量、性能和相应的成本。这种情况在经济学中称为买者和卖者的“信息不对称”。信息不对称是一个相对的概念，因为双方中必然有一方对信息掌握得多一点。因为经济学中所说的理性人都是追求自身利益最大化的，信息相对充分一方的所作所为将会为你带来一种风险，叫做逆向选择。

《三国演义》里的“空城计”故事可谓是把信息不对称发挥到极致的经典例子。

在诸葛亮与司马懿西城大战期间，司马懿和诸葛亮都成功地利用信息不对称，通过逆向选择给对方制造了很大的麻烦。最后，司马懿杀了孟达，诸葛亮吓跑了司马懿。一胜一负，两人打了个平手。

诸葛亮和降魏原蜀将孟达商议好，孟达在新城举事反魏，准备一起攻取洛阳，诸葛亮率蜀军主力攻取长安。当诸葛亮听说司马懿官复原职，在宛、洛起兵，于是派人提醒孟达，一定要谨慎小心司马懿，不能轻视。孟达觉得不必害怕司马懿，宛城离洛阳大约 800 里，到新城有 1200 里。司马懿要是知道自己想反魏举事，一定会向魏主禀报的。这样一来，时间至少需要一个多月，那时，我孟达已把城墙加固好了，司马懿就是来了也没有什么用了。“人言孔明心多，今观此事可知矣”，他认为诸葛亮真是多虑了。

司马懿知道孟达准备反魏，便想到如果先上奏魏王，待魏王回复来回要一个月，那时早已无济于事了。于是他来了个逆向选择，日夜兼程，通宵达旦，不到 10 日便赶到新城擒获了孟达。

在这个回合中，司马懿胜就胜在利用信息的不对称而“出其不意，攻其不备”。孟达没有料到司马懿的心机，诸葛亮要高出孟达许多，熟悉司马懿的思维方式。司马懿利用逆向选择赢了孟达，诸葛亮却“以彼之道，还施彼身”。在西城，空城计的成功同样归功于孔明的逆向选择。

在空城计这一回合中，司马懿对诸葛亮的了解也就是孟达的水平。在他眼里，诸葛亮就是一个不见兔子不撒鹰的主。

而这次诸葛亮偏不这样，他来了个逆向选择。司马懿认为我不弄险，我偏给你弄个大的险看看。只见西城 4 个城门大开，不见一兵一卒，孔明披鹤氅，戴纶巾，在城上敌楼前，凭栏而坐，焚香操琴，结果呢，司马懿退兵了。

在真实的生活中，信息相对不充分的一方也会做出有利于自己的选择。比如说，经济学大师阿克洛夫最早研究了二手车市场，他发现一辆即使是今天买了明天就卖的车，价钱也会比原值低得多。买次品车的人对车的熟悉程度肯定不如车主，信息是严重不对称的。

他们的理性选择就是认定所有的旧车都是次品车，只愿意出最低的价格。这样好的车也不会在这里销售了，最后，买者和卖者的利益都受到了损失。信息不对称的双方都出于自身利益的考虑，彼此做出了不利于对方的选择，结果导致了双败的局面。经济学的理论已经证明了合作是最优的，众人拾柴火焰高，信息的不完全使我们失去了很多本来属于我们的东西。

为什么企业偏爱“名牌生”

一些企业招聘会上专设“入场资格审核区”，非名牌大学毕业生连入门的资格都没有。

审核官们审核的程序非常简单：首先看学校，如果不是名校出身，马上就被拒绝。

对此，一位资格审核官明白地告诉记者，此次招聘会只是面向名校学生：“我们此前在报纸上的广告已声明，只接待全国排名前20名的高校学生……像北大等名牌大学的学生肯定能进场。”

该企业的做法，引起了许多学生的不满，他们对该企业这种只认“牌子”的做法非常气愤，认为是歧视。

“连面试的机会也不给我，怎么知道我的水平？”一位同学说，自己的成绩很好，而且有丰富的社会实践经验，“但门还没进就给拦下来，这公平吗？”

这确实不公平，但是企业有他自己的道理，而且在一定意义上这些道理并非完全牵强附会。

企业这样做也是有苦衷的，因为他们一直被找不到合适的人选困扰着。他们也表示，限制名校确实是无奈之举。这还要从信息不对称说起。因为应聘者往往比企业更清楚地知道自己的能力。设想市场上有两种应聘者—高能者和低能者，二者都积极地向雇主传递自己能力很强的信息，尤其是低能者要想方设法把自己伪装成一个高能者。这时候，教育程度和受过什么样的教育就成为一种可信的传递信息的工具。那些上过名牌大学的人一般要比普通学校的学生更聪明更勤奋，也更专注、更有自制力。当然，高学历也不一定就意味着高能力，名牌大学有时候也会出现一些能力及水平较差的学生，但是在没有更好的选择的情况下，企业只能相信学历所传递的信号。

信息传递的模型是哈佛大学教授迈克尔·斯宾塞提出的，他因此与阿克洛夫同获2001年度的诺贝尔经济学奖。

当斯宾塞在哈佛大学读博士的时候，他观察到一个很有意思的现象：很多MBA的学生在进哈佛之前很普通，但经过几年哈佛的教育再出去，就能比教授多挣几倍甚至几十倍的钱。这使人禁不住要问，哈佛的教育难道真有这么厉害吗？斯宾塞研究的结果是：教育不仅仅具有生产性，更重要的是教育具有信号传递的作用。

这就是名牌的作用。名牌大学或明星企业也可能出现次品，但这样的概率相对来说要低得多。而且，一个名牌的建立，是其多年有效信息费用累计的结果，没有人愿意轻易地毁掉自己的信誉，所以，即使出现了问题，解决的成本也相应要低。

所以，在市场经济中，在企业眼中，品牌是最有效的信息传递手段。

所以，任何一个政府，都应该努力打击各种假冒伪劣，把这些“劣币”从市场上驱逐出去。否则，格雷欣法则将生效，我们将失去“良币”。

所以，他们认可名牌。从某种意义上说，这对于非名牌学校的学生有失公允，最合理的办法就是双方开诚布公，加强交流。特别是非名牌大学生面对这种“歧视”时，要应使自己的信息公开，使企业注视到你。这就是另外一个话题了。

惊人的彩礼钱

现在的乡下仍保留着送彩礼的习惯。男子娶亲时，不仅要给女方一定数额的钱，多则上万，少则几千，视男方的家庭状况而定；另外必不可少地要准备一定数量的猪肉给女方，此肉称为“礼肉”

或“离娘肉”，这是数十种彩礼中必不可少的一种。

“离娘肉”的选择很有讲究，一般是整头猪或一半。有些地区送肉的数量要根据新娘亲戚的数量来决定，像新娘的外祖母、姨、舅、叔、伯、爷等亲属，每家都有享受一块礼肉的权利。

但是这种风雅而有趣的“彩礼”现在是越来越少了。如今中国人结婚时的“彩礼”都是直指金钱，动辄几千上万，让那些穷困而盼媳妇的家庭不堪重负，甚至因此而闹出打官司的事情来。湖北荆州就发生了这么一件事，结婚仪式已经举行，但岳父刘老汉却因女婿没给5000元彩礼而不准女儿回婆家，并让女婿回家拿钱来才放人。男方盖房、结婚已花光了积蓄，一时无法凑这么多现金，刘老汉就一直把女儿留在娘家。女婿一怒之下把老丈人给告了。

一般而言，在农村结婚，房屋是必需的，此外，还需要一系列家用电器（包括彩电、冰箱、音响等）、日常生活用品以及大量的衣物和婚宴酒席费用。这样平均算起来，在农村结婚所需的全部费用在5～7万元。这笔钱在城市工薪阶层中也不是一个小数目，何况是经济落后的农村。大部分人为了这件人生中的头等大事都背上了沉重的债务，伤透了脑筋。

为什么索要“彩礼”的行为成风？经济学为我们解开了这个秘密。

从经济学的角度来看，婚姻是一桩交易，交易双方为男方和女方，其中男方为需求方，女方为供应方。供与求，双方必然涉及信息的因素。城市中讲求自由恋爱，男女双方在交往过程中具备充分了解的机会，信息较为对称；而农村中大多数人还沿袭着古老的传统—经人介绍，然后步入婚姻。男女双方几乎没有经历过真正意义上的恋爱阶段，存在着严重的信息不对称现象。

信息不对称，就会导致交易双方对对方的情况出于某种原因而了解不充分，因此也会导致供求双方在交易中不能真正体现自己的意图。根据现实条件，通过自由恋爱、正常交往来了解男方的可能性不大。在由媒妁之言促成的婚姻中，媒婆似乎成了信息传递的唯一渠道。但媒人在促成一门亲事后还大有利益可图，因此通过媒人来了解男方，也不能尽识男方“庐山真面目”。那么，男女双方的信息不对称现象很难消除，在这种情况下，根据信息不对称理论，在人品、性格、素质良莠不齐的男性群体中，女性出于保护自身的动机，宁肯以综合素质中等偏下的男性个体来取代其对男性整体的客观评价，这就是经济学中常讲的“次品车”现象。

从男性角度来分析，由于信息不对称会导致逆向选择，即婚姻关系确立之前男女双方互相博弈的结果会使男性群体出现“劣币驱逐良币”、“以次充好”的现象，造成男性在婚前信誓旦旦，而婚后往往实现不了的问题。而且，在婚姻这一纸契约成立以后，逆向选择的结果易形成道德风险。婚后男性的生活能力以及精神上对女性的关怀程度都是女性在婚前必须要考虑到的，而这些又都是不确定的，为了弥补这可能造成的损失，女性在婚前通过彩礼预先得到补偿，无疑是非常明智的。而且彩礼本身作为信息传递的工具，也促使了交易的达成，即婚姻关系的确立。

爱情中的逆向选择

爱情里的逆向选择表现为好女子总是嫁了比较差的男子，有句俗话“好汉无好妻，赖汉娶个花枝女”，说的就是这个意思。在大学校园里，我们也经常慨叹，一对对恋人是那么的不协调。这种结果就是逆向选择造成的。但我们每个人在选择自己的另一半时可不是这样，我们总是希望找到理想中的好对象，也总是喜欢把自己的优势表现得完美，以引起好女子或好男子的青睐。通常我们看到的征婚广告，都是这么介绍自己的：“年轻美貌、身体健康、才华丰富、爱好广泛，对爱情执着，对缘分珍惜。”

爱情本身也是一场交易，男女双方各取所需的一场交易。在当代的信息社会里，如何才能实现一宗公平的交易呢？首先需要双方的诚信，需要双方都拥有足够的共同信息，互通有无，彼此了解，因为在信息大爆炸的时代，假信息实在太多了，只有获得的信息是真实而可靠的，买卖双方的最终决策，才是最好的“抉择”。

但事实是很多情况下，卖方知道的信息内容，买方不一定知道，而买方的价格底线，卖方也不知道。

甚至，卖方有时候为牟取暴利，故意隐瞒某种对自己不利的信息，由于信息不对称，买方无法排除干扰，做出逆向选择，买方的利益受到损害。

电影《情归阿拉巴马》里的女主人公叫梅兰妮，在纽约，没有什么人知道她的来历，只知道她漂亮、聪明、做事干练、惹人爱怜。

其实，梅兰妮出生在美国南部的阿拉巴马，从小就向往繁华的都市生活，所以她来到纽约寻找自己的未来。单身女郎的她，事业上顺风顺水，上帝更是偏袒她，让全纽约“万人迷”的单身贵族安德鲁疯狂地爱上了她。两个人已经到了谈婚论嫁的地步，但是随着幸福的一步步靠近，梅兰妮心里的不安和焦急却一天天加剧。

原来，梅兰妮并不是真正的单身女郎，在家乡的时候，她已经和一个名叫杰克的小伙子结婚有一段时间了，如今她又接受了安德鲁的求爱，但家乡的杰克却始终拒绝和她在离婚协议上签字，不得已，梅兰妮亲自回到阿拉巴马，劝自己的丈夫离开自己……

俗话说：从西京到东京，买家不如卖家精。但在爱情婚姻市场上，当你是卖家的时候，你一定会刻意隐瞒一些对自己不利的信息，而只把那些最出彩的精华部分提供给对方。因为爱情的市场经济也是契约经济，契约经济讲究合同关系，所谓合同就是结婚证，以领取结婚证的时间为界限，在这之前，所有的爱情都会存在“逆向选择”的问题，也就是在契约达成之前，买卖双方总是想绞尽脑汁瞒骗对方。

不过，信息不对称导致的“逆向选择”有好也有坏，有利也有弊，它既保护你也伤害你。因为在寻觅爱情的时候，是你自己主动出击，你是卖方市场，这样的话你就会隐瞒自己的某些真实信息。而一旦你寻觅到爱情，两个人真正进入恋爱期的时候，双方的位置就进化成互为卖方市场，就他爱上的并不是100%真实的你这一点来推论，他也不可能是100%真实的他。

但爱情有时候需要“逆向选择”，不是因为信息不对称，而是故意“反其道而行之”，这和穿衣服是一个道理，虽然今年流行长裙，有的人却选择一条超短裙。这时候的“逆向选择”可以避开潮流，可以凸显自己的标新立异，最大限度吸引公众眼球。当然，爱情还是需要更多的诚实，哪怕是从经济学的角度分析，诚实也比不诚实的收益显著。

招聘里的逆向选择

逆向选择在招聘场合也是经常发生的现象，所以才会有那么多的人找不到合适的工作，而单位又慨叹招不到合适的人才。我们看到招聘会里人头攒动，人声鼎沸；我们又看到企业求贤若渴，迫不及待。两相对比的反差，正是招聘里逆向选择的规律在起作用。很多企业总是发愁，一个个求职者的简历五花八门，漂亮非常，好不容易筛选出一份简历来，面试过关了，一工作，却没有实际能力，给企业造成浪费和损失。尤其是高层次人才，讲起话来滔滔不绝，使听者觉得他见多识广，经验也好像非常丰富，可是一工作起来，总是漏洞百出。

A集团公司的业务蒸蒸日上，但是最近老总却陷入烦恼之中。公司准备投资一项新的业务，已经通过论证准备上马了，但是几位高层在事业部总经理的人选上产生了很大的分歧。一派认为应该选择公司内部的得力干将小王，而另一派主张选用从外部招聘的熟悉该业务的小李，大家各执己见，谁也不能说服对方，最后还是需要老总来拍板。那么，究竟哪一种选择更好呢?

就经验而言，外聘的小李显然经验要丰富得多，小李到此工作属于空降，而本公司的小王更具有本土优势，对业务也十分熟悉，但人事这一块，应该还是外聘较好吧，因为老总觉得自己公司活力不足，应该填充些新鲜血液。最终老总拍板，决定用外聘的小李。小李开始正式走马上任，小李的优势很明显，美国著名高校的MBA学历，完全的西式经营理念。而小王不过中专学历，从底层一步步熬上来的。老总对小李寄予厚望，小李也很努力，开始认真地对公司的人力资源进行诊断，并煞有介事地挑出了一堆毛病。老总一看，心里担忧了，这些毛病要整改掉，自己公司将会垮掉！时间一久，小李只知道挑毛病，却没有对公司进行任何实际操作，弄得公司人人自危，怨声载道。老总一看，这样不行，于是迫不得已又把小李辞退了，而此时的小王却因为没有得到老板的重视，已经跳槽去别的单位了，A 集团花费了大量的时间、精力和金钱，最终不但没有给公司带来效益，反而使公司发生了危机。

A 集团所碰到的问题就是典型的逆向选择。正是因为彼此的信息是不对称的，老板不知道小李的实际操作能力，却只看到了小李的海外镀金背景，结果弄得自己很被动。其实老板应该给小王和小李每人一段试用期，试用期内的工资就算是了解信息的成本。如果这个成本也不愿花，那就应该选择小王，因为小王毕竟是本公司的员工，老板可能更加熟悉，对小王的信息掌握得更加充分。小王虽然可能达不到老板的预期目标，但至少也不会带来什么损失。但外聘的人，老总知道的信息就比较少了，需要花费成本来了解，所以为了避免逆向选择，信息是必要的判断依据。

小人得志与怀才不遇

在社会上，小人得志与怀才不遇的现象也是人生里的逆向选择的表现，有的人努力一生，却一无所获；有的人几乎不用任何努力，便有机遇垂青。在学习上努力可以让你的成绩倍增，但在社会上，努力与结果并不总是正比例关系，你努力了，不一定会有结果。

中国怀才不遇的鼻祖可以说是屈原了。屈原是我国古代战国末期的大诗人，《史记》有传，屈原初辅佐怀王，做过左徒、三闾大夫，学识渊博，主张彰明法度，举贤授能，联齐抗秦。后被谗去职，顷襄王时被放逐于沅湘流域。都城郢被秦兵攻破后，他既无力挽救楚国的危亡，又深感政治理想无法实现，遂投汨罗江自尽。

“怀才不遇”是有真才而没有施展才华的平台、机会和空间，是千里马找不到伯乐。

王先生，原先是一个跨国公司的营销副总监，有丰富的营销和管理经验，能力非常强，业绩也很突出。某企业花了半年时间把王先生挖了过来，并任命他为营销总监。这位王总监花了 3 个月的时间把工作搞得有声有色，颇有成绩。然而，就在大家普遍看好这位年轻的营销总监时，他却毅然决然地辞职而去。

主要原因有 4 点：

1. 企业不信任，不放权，有总监之名，无总监之实，基本上相当于一般的区域经理，总监的工作无法正常有效地开展实施。

2. 在讨论企业重大决策时，视王总监的建议为抵触和不服从的表现。

3. 在王总监推行公司已经认可的改革而危及部分人的利益时，公司领导不支持，甚至将计划放在一边不闻不问。

4. 在王总监出现小的工作失误时，公司领导对其全盘否定。

在这种情况下，王总监毅然离去，就是基于“怀才而不遇伯乐”的原因，有力无处使，有力无法使。出于良心和职业道德，王先生 3 个月来努力把工作开展得“颇有成绩”；但出于长远的考虑，怀才不遇的王先生还是走为上策。

今天，我们身处这个人才全球自由流动的时代，面对“怀才不遇”的古老话题，情况也今非昔比了。许多单位在选人、用人方面的观念、制度上都发生了翻天覆地的变化，人才流动的渠道前所未有的宽畅、自由、公正、透明。可以说在这种新的环境下，怀才不遇的现象有了很大改善。另外，人们面对“怀才不遇”时，不应该抱怨“明珠埋没”，而是要做出新的思考。比尔 · 盖茨说：“生命是不公平的，但你要去适应它。”是的，“怀才”者也要适应环境，否则只能“不遇”了。如果某一环境确实让自己感到“怀才不遇”，就尽快地离开那里，外面的天地无限广阔。所谓“才”，当然也包括了适应环境、克服困难、脱颖而出的能力。

金无足赤，人无完人。每个人都有自己的核心优势和竞争力，也有自己固有的缺点和劣势。才非天生，绝大多数的才能为后天所学，由于天赋等各方面的条件，人各有其才，只不过是“大才”还是“小才”而已。在大多数情况下，“才”无非是人们谋求生存的一个技能。一般的人，只要不自我夸大所怀之才，又能满足自己的生存状态，就不会常常有“怀才不遇”的感叹。怀才之人与社会需求的关系其实就是“供”与“求”的关系。聪明的人，面对多变的市场需求，不在感叹中浪费时间，而是多学几种技能，使自己更加充实，这些人才是真正的“怀才”之人。

与怀才不遇相反的情况是“小人得志”，一般而言，在“怀才不遇”的君子眼里，得志的都是小人。比如小人善于拍马溜须，善于吹喇叭抬轿子。但是，为什么偏偏这些人就容易得志？很简单，没有人不喜欢被赞美。高处不胜寒，位置高高在上的人也希望得到关心，所以，清高的“才子”当然比不过比较有人情味的“小人”了。

所以小人得志也好，怀才不遇也好，虽然这属于人生里逆向选择的表现，但处理这类问题的关键还是要看自己的心态。人的成功是一辈子的事情，有的人少年事业有成，却晚景凄凉；有的人年轻碌碌无为，但却大器晚成。与其面对人生里的逆向选择枉自嗟叹，倒不如学学姜太公，踏踏实实地钓鱼。真金不怕火炼，只要你本领过硬，并用心等待时机，总有一天会成功的。

如何避免逆向选择

造成逆向选择的原因只有一个，就是信息隐匿，所以要摆脱逆向选择只有一个途径，就是最大限度地去挖掘信息，尽量多掌握有利于自己的信息，做到知己知彼。

在社会上，谁掌握了信息，谁就掌握了优势资源，如果信息闭塞，那么就会陷入逆向选择的困境。例如，你用很少的钱买了一箱银圆，你觉得自己占了便宜，那么此箱银圆是真是假的判断就至关重要。一旦是赝品，哪怕它被铸造得再逼真，你也彻底赔掉了，除非你还可以把银圆再卖给别人。在信息不对称的情况下，也就是大家对银圆都不知道真假，都没有判断银圆真假的技术的情况下，这箱银圆便会在市场上流通。如果你碰见一个专业高手或者碰见一个检察机关的工作人员，那么你就可能赔了夫人又折兵。再比如，选择一个项目进行投资时，要求花最少的钱带来最大的利润，但市场上充斥着大量这样的项目，每一个寻求投资的人都会把自己的项目吹嘘得天花乱坠，从项目的技术、团队、市场前景分析到赢利，仿佛只要稍微投点资金，大量的利润便会滚滚而来，你可能会觉得自己捡了个大便宜。等你忙不迭地投资时，你会发觉项目并不像你们原来谈判的那样，它存在着大量的问题，可能还没有与当地的政府协调好，开工不久，就被通知停工。这是投资里的逆向选择。这是由于信息隐匿造成的，因为对项目信息没有全面而深刻地把握和了解。

在生活中，所有成就大事业的人，无不是对信息有特别敏感的人，他们往往信奉信息决定一切，掌握了信息也就掌握了世界，所以在他们的事业发展过程中，经常是一片坦途，很少发生逆向选择的触礁事故。著名的世界金融大亨罗斯柴尔德就是这样一个人物，他对信息有着极强的敏感性，而且这一传统也传给了他的家族，正是如此，他的家族事业才长盛不衰。

信息是罗斯柴尔德家族的成功法宝。老罗斯柴尔德在父母去世之后便放弃了学业，一直没有找到合适的工作。后来，他偶然听说伙伴们喜欢到当地垃圾场去寻找古钱币。说者无心，听者有意，他灵机一动，便决定收集已经不再流通的硬币、勋章和绶带，经过清洁后出售。可以毫不夸张地说，19 世纪最伟大的金融世家是靠拾垃圾发家的。这个腼腆的少年受到法兰克福当地古董商的关注，他们纷纷与他合作，并把他推荐给同伴。罗斯柴尔德的经商之路从此一帆风顺，后来，他开了自己的古董店。

有其父必有其子，他的儿子同样具有灵敏的商业嗅觉。在拿破仑战争时期，老罗斯柴尔德的儿子内森获知英国打算给予威灵顿将军所在的部队庞大的财政支持，而此时正好赶上一家公司要出售大量金条，内森当机立断，全部买进。英国政府得知后，马上找到内森，希望购入这批黄金，这是战争时期唯一不会贬值的硬通货。内森还负责将黄金送到联军，并得到极为丰厚的酬劳。

不过，众多的投机之举也为罗斯柴尔德家族树敌不少。一次，他的竞争对手截获了罗斯柴尔德家族成员之间的重要信件，他们以为会从信中发现什么秘密，找到的却是一些神秘的符号和晦涩难懂的句子。罗斯柴尔德家族对商业秘密的保护可见一斑。

最令人津津乐道的是，1815 年，正当欧洲债券市场随着滑铁卢战役的发展而动荡起伏时，内森在商业界上演了空前绝后的一幕。由于内森在交易所里是举足轻重的人物，而在交易时他又习惯靠着厅里的一根柱子，所以大家都把这根柱子叫“罗斯柴尔德之柱”。

1815 年，英国和法国之间进行了关系两国命运的滑铁卢战役。如果英国获胜，毫无疑问英国政府的公债将会暴涨，反之必将一落千丈。

因此，交易所里的每一位投资者都在焦急地等候着战场上的消息，只要能比别人早知道一步，哪怕半小时、10 分钟，也可趁机大捞一把。

战事发生在比利时首都布鲁塞尔南方，与伦敦相距非常遥远。

因为当时既没有无线电，也没有铁路，除了某些地方使用蒸汽船外，一般要靠快马传递信息。而在滑铁卢战役之前的几场战斗中，英国均是败仗，所以大家对英国获胜抱的希望不大。这时，内森面无表情地靠在“罗斯柴尔德之柱”上开始卖出英国公债了。“内森卖了”的消息马上传遍了交易所，于是，所有的人毫不犹豫地跟进，瞬间英国公债暴跌，内森继续面无表情地抛出。

正当公债的价格跌得不能再跌时，内森却突然开始大量买进。交易所里的人给弄糊涂了，这是怎么回事？内森玩的什么花样？追随者方寸大乱，纷纷交头接耳，正在此时，官方宣布了英军大胜的消息。

交易所内又是一阵大乱，公债价格持续暴涨。而此时的内森却悠然自得地靠在柱子上欣赏这乱哄哄的一幕。无论内森此时是激动也好或者是陶醉在胜利的喜悦中也好，总之他发了一笔大财！

表面上看，内森似乎在进行一场赌资巨大的赌博。如果英军战败，他岂不是损失一大笔钱？实际上这是一场设计精密的赚钱游戏，滑铁卢战役的胜负决定英国公债的行情，这是每一个投资者都十分明白的，所以每一个人都渴望比别人抢先一步得到官方情报。唯独内森例外，他根本没有想依靠官方消息，他有自己的情报网，可以比英国政府更早了解到实际情况。

罗斯柴尔德的5个儿子分布在西欧各国，他们视信息和情报为家族生存的命脉，所以很早就建立了横跨全欧洲的专用情报网，并不惜花大价钱购置当时最快最新的设备，从有关商务信息到社会热门话题无一不晓，而且情报的准确性和传递速度都超过英国政府的驿站。正是因为有了这一高效率的情报通讯网，才使内森比英国政府抢先一步获得滑铁卢的战况。

可见信息在任何时候都起着关键作用，如果你能掌握及时和全面的信息，就能防止逆向选择的发生。即使在逆向选择表现得最为突出的保险领域，信息的优势一样可以避免逆向选择。如果你事先了解了投保人的情况，知道他之所以投保是因为出事的概率比较大，你就可以要求他增加投保费或加上其他的附加条款以减少自己的损失。

第四章

偏好与效用

萝卜白菜各有所爱

经济学的很多术语所包含的道理其实都体现在日常生活一些常用的语言中，比如“萝卜白菜，各有所爱”就体现了经济学中偏好的含义。

偏好是微观经济学的一个基础概念。它是指消费者按照自己的意愿对可供选择的商品组合进行的排列。消费者消费的商品组合称为商品束，商品束可以是多种商品，也可以是两种商品。偏好是主观的，也是相对的概念。主观是因为它是个人对于事物的评价，只表示某个人认为一物优于另一物；相对是因为一个人的主观偏好会随时间的推移而变化。

经济学中的偏好关系具有两个重要的性质，即非对称性与传递性。所谓非对称性是指若某人认为物品 A 优于物品 B，就不能同时又认为 B 优于 A；所谓传递性是指若某人认为物品 A 优于物品 B，而物品 B 优于物品 C，那么物品 A 肯定优于物品 C。

在经济学中，偏好是对一种货物、事件或项目的喜好，其程度高于对一种或多种其他货物等的喜好。每个人在一生中，由于受各种因素的影响，其效用偏好结构并不是固定不变的，而是一个时间的函数。虽然一个人一生的效用偏好结构随时间的变化而变化，但时间本身并不是一个人效用偏好结构改变的实际决定因素。

改变一个人效用偏好结构的因素主要有：

1. 原有的习惯

效用偏好结构的改变具有路径依赖性，是长久的习惯作用下的产物，新的效用偏好结构要受到原有习惯冲击力的影响。

2. 身体条件的变化

一个人身体条件的改变将直接影响其效用偏好结构的改变，如有的人得了肝病，则原来饮酒的偏好将会随之改变。

3. 工作环境的变化

一个人在一生中，很少只从事一个行业，更换行业是常有的事，有的人一生中可能会更换五六种行业。不同的行业必然具有不同的环境和模式，相应的一个人的效用偏好结构这时也会有所变化，以适应这种新情况。

4. 社会环境影响

它主要是指一个人所处的社会环境及社会潮流、主流文化对一个人效用偏好结构的改变所产生的作用。一个广州人，如果到哈尔滨去定居，其效用偏好结构肯定会发生变化，因为出于生活的需要，他只有在生活方式上融入当地主流社会，才有可能更好地实现他的人生价值。同样，由于社会潮流也在不断变化，所以，即使一个人处在同一城市中，他也会为了适应形势和潮流而不断改变自己的效用偏好结构。从众心理的普遍性为人们改变效用偏好结构提供了一定的行为基础。

5. 自然环境影响

不同的自然环境，必然会为人们提供不同的行为模式。人们选择的过程也就是一个适应和改变的过程，在这种人与自然环境的互动关系中，人自身的效用偏好结构必然会随所处自然环境的改变而改变。

子非鱼，安知鱼之乐

在经济学里，“效用”这个概念与偏好有关。萝卜白菜，各有所爱，因此，同样的东西，对不同的人就有不同的效用。就此而言，“效用”其实就是一种感觉。我们初学这个经济学概念时，教师经常举的例子是：同样大小的一个馒头，一个饿极的人吃了，觉得效用特大，特别的满足；一个快吃饱的人，吃不吃这个馒头无所谓，所以效用就很小；而对于一个吃撑着了的人，让他再吃这样一个馒头纯粹是浪费，效用是负的。在爱情中，两个人一见倾心、相互爱慕，相互拉拉手就激动得浑身颤抖；而换成另外一个人，却视若无睹，全然没有感觉。这就是效用的不同。

20世纪80年代中期，日本电视连续剧《血疑》曾热播于神州大地。剧中主角信子和她父亲大岛茂的故事赚足了观众的眼泪，而精明的商人却从中赚足了钱。一家服装厂推出了信子裙，另一家服装厂推出了大岛茂风衣，但结果很不一样。信子裙的厂家大获其利，大岛茂风衣的厂家却亏本了，其原因就在于不同消费者的不同行为。效用理论正是解释消费者行为的。

消费者购买物品是为了从消费这种物品中得到物质或精神的满足，这种满足被称为效用。消费者消费行为的目的是为了实现效用最大化。效用不同于物品本身的使用价值，使用价值产生于物品的属性，是客观的；效用是消费者消费某种物品时的感受，是主观的。某种物品给消费者带来的效用因人而异，效用大小完全取决于个人偏好，没有客观标准。庄子说：子非鱼，安知鱼之乐乎？鱼在水中畅游是苦不堪言，还是悠然自得、其乐无穷，只能由鱼自己感受到。这形象地说明了效用的主观性。同样，都是根据一个故事而开发的衣服却有不同的命运，就是因为女中学生与中年男子从衣服中得到的效用不同。女中学生崇尚信子，认为穿信子裙可以得到极大的心理满足；中年男子虽然尊敬大岛茂这样的父亲，但并不以穿同样的衣服为荣，大岛茂风衣对他们并没有什么特殊效用。

女中学生认为信子裙带来的效用大，即主观评价高，所以愿意用高价购买，厂家当然获利。但中年男子并不认为大岛茂风衣有什么效用，即主观评价低，所以不愿意出高价，当厂家的定价高于他们的需求价格时风衣就卖不出去，只能赔本。可见，能否对消费者心理做出深度分析和准确判断是商家经营成败的重要因素。

在消费领域，效用这一概念用来衡量消费者获得满足或幸福的程度。一种商品对消费者是否具有效用，取决于消费者是否有消费这种商品的欲望，以及这种商品是否具有满足消费者欲望的功效。

根据功利主义的看法，效用是所有公共和私人行动的最终目标，政府的正确目标是使社会每一个人的效用总和最大化。

偏好在先，效用在后

其实，效用的概念并不仅仅用来衡量人获得某种物品或服务时的满意程度，效用是一个非常复杂的概念。

说它复杂，主要是因为它是主观的东西而不是客观之物，而且，效用也会因人、因地、因时而异。

同样是一杯水，对于长途跋涉、口干舌燥的人来说，他感到的满足程度肯定会大于一个随处都可以喝到水的人；又同样是一包香烟，对于烟民来说，具有很大的效用，而相对于不吸烟的人来说，根本就没有任何效用可谈。

由此还可以看出，效用与个人的偏好也有着密切的关系。消费自己偏好的商品，得到的效用会比消费自己不喜好的商品多很多。

一次，动物们觉得无聊，决定开个研讨会，来讨论一下什么东西最好吃。鸡、鸭、羊争论得特别起劲，互相不服坚持己见，大家都是一副很认真的样子。鸡一边刨地，一边自信地说道：“我觉得米是最好吃的东西，那可是我的点心，而且从营养的角度来说也算上品。所以米无疑是最好吃的东西了。”鸭子迈着方步，慢吞吞地说：“小鱼的滋味可真令我神魂颠倒，吃一条太少了，如果能放开肚量，大吃上一顿最称心，论营养属上品，我对鱼的感情最深。”小猫喵喵叫着，捋着胡须提出自己的理论：“经过这么多年实践的检验，我觉得老鼠的肉味鲜美，超过八珍，我每夜吃这点心，特别兴奋。”山羊翘着胡子，摇摇头，不愿再沉默：“吃荤杀生违背佛法，青草多好吃啊，又鲜又嫩。”狗是这次研讨会的主持人，它有条不紊地说：“你们的观点都没有推陈出新。你们可知道带肉的骨头多好吃？那味道别处难寻……”大家不赞同地摇着头，议论纷纷，各说各的理由，都不承认别人说的正确。最后，主持人也有点头脑发昏，整个研讨会不了了之。

动物们的讨论，把偏好与效用的原理诠释得清清楚楚，每个人的偏好不同，对效用的评价也不一样，自己喜欢的东西肯定多吃多拿，自己不喜欢的则避而远之，这就是偏好。

偏好与效用的关联就在于，效用的大小取决于偏好程度，对某个事物偏好程度大，它的效用就大，反之亦然。

1 元钱对于穷人和富人的效用差别

一天，小区里的保洁工和邻居阿姨对话，阿姨说现在城市中的钱越来越不值钱。保洁工感慨地说：现在稻子不值钱，一担谷子就 40 来元钱。1 万元钱，我们要卖 250 担谷子才能换到，等于我几年的收成。城里人一顿饭钱，在我们乡下，可以干多少事情啊。

同样是 1 万元钱，在城里富人手中，可能只是一顿饭钱；而在乡下保洁工那里，却是个惊人的数目，几年的收成，可以干非常多的事。如果用经济学原理解释这种现象，可以这样说，同样是 1 元钱，对于一个富裕的城里人和一个贫穷的乡下人，其边际效用是大不不同的。

经济学上所谓边际，就是增加的 1 个单位；效用，就是消费某种物品给人带来的主观满足程度。边际效用，就是增加 1 个单位某种物品的消费给人带来的主观心理满足程度的增加。1 元钱的边际效用对于不同的人是不同的。比如一个亿万富翁，你给多加 1 元钱，这增加的 1 元钱在他眼里根本不算什么，也就是说，增加的这 1 个单位的钱，没有给他带来多少满足程度的增加；但对于一个沿街乞讨的乞丐，你给他 1 元钱，他会高兴老半天。

假定边际效用可以用数字表达，那么，这 1 元钱给穷人增加的满足程度如果说是 100 个单位，而给富人增加的满足程度也许就只有 1 个单位。假设一个国家由一个穷人和一个富人组成，今年国家税收比去年多了1元钱，我们来研究这1元钱应该给谁，才使得社会总福利增加最多。显然，如果依上面的理论，这多收入的1元钱应该给穷人。因为给了穷人，社会总福利增加了100；而如果给了富人，社会总福利仅增加1。所以，从这个道理出发，社会收入分配应该偏向于穷人而不是富人才对。

著名的福利经济学创始人庇古提出收入均等理论。他认为，增加社会总福利的方法之一，就是将钱从富人手中向穷人手中转移。因为即使是社会总收入未增加，从富人手中拿出1元钱，福利损失是1；而这1元钱到了穷人手中，增加的福利是100，两者相抵，社会总福利仍增加了99个单位。只有全体社会成员收入相等了，1元钱对于社会全体成员边际效用相等了，这种财富的转移才因为没有增加社会总福利而变得没有意义。

但是，事物推理往往具有两面性。从1元钱对于穷人与富人效用的不同，也可以得出与上述偏向于穷人结论完全相反的结论：一切都更应该偏向于富人。

因为“人人生而平等”，人人都要追求个体的效用最大化，穷人和富人都有追求自己增加的效用最多的权利。因为1元钱给穷人增加100个单位的效用，而给富人只增加1个单位的效用，因此，穷人容易满足，富人的满足度要达到和穷人一样，必须收入是穷人的100倍才行。那么，结论就是给穷人每增加1元钱，就应该给富人增加100元钱。

于是，一些经济学家认为，庇古的理论是错误的。因为每个人都是平等的利己的经济人，真要讲平等，应该是满足程度的平等，也就是幸福程度的平等，而不应该是钱财上的平等。因此，富人本身就应该拥有比穷人更多的钱，而且也应该比穷人更在乎钱。

更有一些中庸经济学家认为，效用本身就没有可比较性。无论是穷人还是富人，他们幸福与否，只有他们自己最清楚。社会没有办法将他们的效用进行排序，也没有办法协调他们之间的不同的利益。

社会有了穷人与富人之分，也许就注定了经济学本身的分化，即使是前提一致，最后的结论也因为有了穷人与富人而完全不同。在穷人争的是穷人与富人的平等，而富人争的也是富人与穷人的平等。不过两个平等的含义各不相同而已。

无论有多少经济学家主张经济学对穷人与富人没有什么区别，但社会却一日也不可不在穷人与富人之间进行选择；而社会上的穷人与富人之间的不同，也就是1万元钱对于富裕的城里人与清贫的乡下保洁工之间的不同。

黑玫瑰的命运

张涛响应国家号召，回家创业。他和家人细心地经营着一个很大的玫瑰园，倾注了他所有的精力，科学地按时浇水，定期施肥。当然，玫瑰园的玫瑰长势也很好，而且玫瑰的品种齐全，五颜六色，有红、黄、绿、紫、白玫瑰，煞是好看。张涛定期到集市上去卖玫瑰，喜欢玫瑰的人都喜欢在这里买，因为张涛种植的玫瑰是最漂亮的。而且张涛从不漫天要价，价格相对要合理得多，每株玫瑰的价格在1~2元之间。

令人惊诧的是，不知什么时候，张涛的玫瑰园里竟然长出了一些黑玫瑰，张涛发现了这些黑玫瑰，差点慌了神，这下肯定没人买它，谁会要黑玫瑰呢！但是张涛舍不得毁掉，在玫瑰园里点缀一下，也是一个特色。但是，其他颜色的玫瑰们都瞧不起黑玫瑰，鄙夷地说："黑不溜秋的，像个丑八怪！肯定没人喜欢，怎么配生长在我们中间！"黑玫瑰感到非常委屈，但它还是坚强地活下来，不仅枝繁叶茂，而且花朵开得十分出色。

后来，一位植物学家听说了，惊喜地叫起来："黑玫瑰！这是旷世稀有的品种啊！"植物学家为了研究黑玫瑰，保存和繁衍这个珍贵品种，便想购买这些黑玫瑰。他问张涛："你把黑玫瑰卖给我吧，每株我出10元，怎么样？"张涛连忙说："太好了，我在集市上，1元也很少有人买，你给我这个价格，我很乐意接受。"张涛没想到，黑玫瑰竟然给他带来了意想不到的财富，远远超过了他的预期收入。

当黑玫瑰离开玫瑰园时，它依依不舍地向同伴们告别，特别向辛勤培育它的张涛表示了衷心的感谢。黑玫瑰离开了玫瑰园，其他的玫瑰们并没有因为它们中间没有了这个“丑八怪”而感到欢悦，相反，它们都感到十分羞愧和懊悔。

后来，当人们知道了黑玫瑰是旷世稀品后，争相购买，张涛供不应求，种的黑玫瑰占了玫瑰园的一半。最初张涛的黑玫瑰由于颜色不合人们的偏好，并没有得到大家的接受，价格十分低廉，所以张涛把黑玫瑰的价格定得很低，一株只卖 1 元。但是，他没有想到黑玫瑰对于植物学家有如此大的研究价值，卖到了意想不到的价格。后来随着人们对黑玫瑰偏好的改变，张涛反而扩大了黑玫瑰的生产规模。

这个故事说明了人们的偏好对于市场、对于商品的决定程度。反过来，企业和商人应该主动去开发、发现消费者的一些偏好。

企业还可以投顾客之所好来安排生产，设计生产出满足顾客需要的产品，企业收益自然丰厚。就像电脑一样，原来的 DOS 系统操作烦琐，实用性不强，为了满足顾客喜欢简单实用的偏好，才有了广泛使用的 WINDOWS 系统和鼠标。

戒烟难，难于上青天

戒烟，一件对于健康有利的大好事，为什么实施起来这么难呢？

试看一下吸烟者态度的顽固吧！

不认为“吸烟有害健康”是科学结论。说吸烟致癌吗？其实吸烟不吸烟都可能得癌，生活中的偶然因素太多了，吸烟长寿的不也有很多吗？还有，据说用了过滤嘴，致癌物就被过滤掉了，诸此等等，还可以举出很多很多。

还有一种强调吸烟的神奇作用：“吸烟能够增进灵感。”“一些相当著名的医学和科学权威关于紧张理论的研究证明，许多人如果不用吸烟来解除紧张和痛苦，便会陷于非常糟糕的境地。”

林语堂幽默地说，戒烟难，不是指生理上的奋斗，那种“怪难堪似痒非痒的感觉”三天便可以消灭了。戒烟难，难在灵魂。

一谈起戒烟，烟民们有说不完的理由：政治上，社交上，道德上，生理上，或者心理上，不吸烟违背良心，不能达到那心旷神怡的境地。态度的顽固性，于戒烟之难可见一斑。

经济学从个人的主观偏好出发，认为一个人吸烟，表明他从这种消费中获得了净“效用”。许多吸烟者声称：他们想戒烟，但就是戒不掉。但在经济学家的眼里，这只是空谈，他们实际上还是选择了吸烟。这表明，在考虑了所有的代价和利益后，吸烟者还是更偏好吸烟，上面的一堆理由也足以说明。每天都有许多的证据表明，某人对烟草“上瘾”只是因为他喜欢，而不是烟对他纠缠不放。

撇开戒烟者的一堆理由不谈，我们来看看经济学家是怎样分析吸烟者为什么戒不了烟的。一位获得过诺贝尔奖的经济学家格雷·贝克提出的“理性上瘾”理论，把上瘾行为放到了理性选择的领域内来考虑。上瘾性商品是这样的：它的效用是以前的消费结果，你消费越多，你就越想享用它，比如说酒、毒品、音乐、电视等。人们对某物上瘾，是因为在考虑了他们自己的情况后做出了利益要高于代价（包括可能的戒除代价）的判断。你可以通过检验上瘾者是否会为了满足自己对上瘾性商品的需求而考虑将来的代价，来验证理性上瘾理论（正如一个理性人所做的那样，因为他可能会不得不偿付未来更高的代价）。

企业的用人之道

企业领导人在经营过程中，如何设计一个有效的激励机制，必须抓住的关键就是如何理解员工的偏好。当人力资源主管在建立各种各样的激励机制时，必须能够预见到激励对象对此会做出怎样的反映，无论是设计薪酬制度，还是出台招聘、解雇、职称、职位、工作环境等政策，只有深入理解他们的偏好，才能找到符合企业发展需求的最优方案。

按照传统经济学有关个人偏好的假定，即人们喜欢“收入越多越好，工作越少越好”，并且收入越多，收入的边际效用越低；工作越多，工作的边际成本反而越高。正因为一个人工作需要付出成本，所以要给予补偿，也正因为他在乎收入，所以企业才可以调动他的积极性，才有办法监督、制约他。

从这些简单的假定中，一名合格人力资源主管应该至少可以读出薪酬激励的3种含义：一是工资水平必须随着工作量的增加而递增。当工作量、工作时间、努力程度等工作成本不断增加时，多出部分的工资率一定要相应地越来越高，通常加班费高于正常工资就是这个道理。二是收入越高激励成本也就越高。收入水平越高，要调动其积极性就越困难。如果员工的工资水平越高，企业为他提供的预期收入也就应该越高。三是确定的收入和不确定的风险收入不是等价的，承担风险越大的人需要得到的补偿越多。

理解了这些，企业在用人时要注意，把害怕风险的人放在固定薪水的位置上，而把愿意承担风险的人放在收入波动较大的位置上，这样可以使企业的平均工资水平下降。创业阶段企业面临的风险特别大，因此创业型企业在招聘人才时需要支付的风险成本就相对高，但随着企业逐步进入成熟期，创业者们的收入越来越稳定，这时他们的平均工资虽然在绝对值上是上升的，但增长速度可以降低了。同样在企业内部，当上马新项目、开拓新市场、销售新产品时，企业要支付给相关人员的预期收入就应该相对较高，而在非常成熟、客户稳定的市场中，相关人员就可以接受相对较低的收入。

以色列心理经济学家丹尼尔·卡尼曼对偏好的假设有所不同，正因在“研究不确定状态下人们如何做出判断和决策”方面做出的突出贡献，卡尼曼和实验助手得出一个结论：人们收入水平低于预期时的痛苦指数大大高于投入水平高于预期时的快乐指数。

所以企业的薪酬制度应有标准可依，让员工心里有底，俗话说得好：家里有粮，心里不慌。

另外，如果员工喜好稳定，并比较在乎日常制度、日常细节，那么不易对这些做出强烈刺激，采用处罚的办法要比奖励的办法更见效；当然，如果决定采用升职、加薪等奖励的办法，在做出这种决策时务必要特别谨慎。

通常人们最在乎的是自己已经得到的东西，而且占有的时间越长，失去时的痛苦就越大。所以如果某个位置空缺，你可以先给他一个代理职务，如果不合适还可以随时撤换，但如果是正式任命，想换掉就要颇费心思了。同样，在制定薪酬制度时，收入波动较大的企业如果想把浮动的收入变成固定的收入，也一定要有谨慎的考虑，否则当业务进展不利时再想把固定收入降下来就会非常困难，企业在这方面的灵活性就会受到限制。

在了解员工偏好和通晓管理基本常识的基础上，制定出来的制度是双赢的，对员工和企业都是一个胜利。

商家、消费者的效用博弈

一种商品对消费者是否具有效用，取决于消费者是否有购买这种商品的欲望，以及这种商品是否具有满足消费者欲望的能力。从这个意义上，消费者购买商品就是为了从购买这种商品中得到物质或精神的满足。效用不同于商品本身的使用价值，使用价值产生于商品的属性，是客观的；效用是消费者消费某物品时的感受，本身就是一个主观的、抽象的、虚无的概念，而不是一个客观的尺度。而且某种商品给消费者带来的效用因人而异，效用大小完全取决于个人偏好，没有客观标准。

为什么经常出现“跳楼价”、“出血价”，商家往往在商品上标明“原价××，现价××”。商家这样做无非是想通过所谓的“原价”增加商品的预期效用，即使“原价”从来没有出现过，同时较低的现价会使消费者认为用较低的支出会得到效用较高的商品，销售量自然增加，同时增加消费者的消费者剩余。价格对消费者有反作用，是决定消费者预期效用函数的一个变量。“越贵越买”，消费者的信息劣势是一个很重要的前提。

消费者追求高效用，并希望能以最低的成本达到这一目的。但在一些情况下，比如信息不完全，我们无法在使用之前清楚地判断其价值，或者这么做的交易成本较高（询问、调查让许多人不胜厌烦）。按质优价高的一般规律，我们会在这样的情况下做出逆向的判断，尽管是经验的，却并非没有道理。

如果在使用商品之前不清楚商品的效用，我们就会反过来根据价格判断商品的效用。“便宜没好货”就说明这个道理。事实上，我们首先是产生了购买欲望后才去市场中搜寻相关商品，然后才是讨价还价，很少有人仅仅根据价格去搜寻商品，于是就会有价格越高，我们对它的评价就越高，在我们的预算内，我们购买的欲望就越强，购买的人就越多，这就形成了“越贵越买”现象。当然贵到一定程度商品就成了奢侈品，买的人就会少了。衣服有其特殊性，我们每次买的不一样，这时候经验不起作用，因此对其效用的估计一个重要的参考因素是价格，况且很大部分的人不是把衣服价格作为主要考虑的因素，甚至有人把衣服的价格作为炫耀的资本。

珠宝首饰也是如此，特别对于玉器、玛瑙等需要专业鉴别知识的商品，我们判断它们的预期效用更依靠价格，所以常常有人高价买来假货。在实际生活中，在消费者面对成千上万的产品种类的各种不同的搭配组合的情况下，要想准确表达自己的偏好是不现实的。但我们注意到，消费者在一段时期内购买商品时，总是在满足了生活必需品的需求之后才考虑购买非生活必需品。中国有句老话：开门七件事，柴米油盐酱醋茶。另外，即使在满足同一个需求层次的同一类别的商品中，作为一个正常的消费者对商品的偏好也仍然存在一定程度的标准。例如，绝大多数消费者会认为购买彩电带给他们的效用比购买黑白电视机更大，饮用干净的水比饮用浑浊的污水带给他们的效用更大。

总而言之，效用的衡量是由各个不同的消费者偏好来决定的。对于任何商品组合，消费者总是可以表达自己的偏好程度，即判断出效用的大小问题。

乡下人，懒并快乐着

我们经常会回忆起儿时乡下的情景：一个有月亮的晚上，村头晒谷场上，天还没有黑的时候，村里男女老少都陆陆续续来到这里纳凉，拉家常。小孩子听大人讲故事，大人听小孩子唱白天从小学校里学来的歌。到了冬天，只要出太阳，大人小孩挨着谷场上金黄色的草堆或蹲或坐，边晒太阳，边继续扯怎么也扯不完的家长里短，十分惬意。

现在的乡下已是另一番景象，年富力强的人出去打工，只剩下老人和孩子，不管是城里的还是乡下的人都是一样的忙碌。这忙与闲、勤与懒之间到底发生了一些什么呢？哪种生活方式更好呢？

前面说了，效用即消费者消费某种商品时的满足程度，其实是一种主观的东西。就拿生活方式来说，是“懒惰”地过一种低水平却能充分享受闲暇自在的生活？还是“勤劳”地过一种可以换来现代社会必不可少的金钱但每天要工作 16 个小时、没有任何自由的生活？哪种生活幸福，不在于可换算的金钱有多少，而在于主观感受。就人的本性来说，“只要有可能，就不愿意被强制”，所以，人们更倾向于选择前一种生活方式。佩罗曼就说，爱尔兰妇女“厌恶在工厂工作。她们不愿放弃她们假想中的独立，情愿选择贫困，而不愿选择被工厂雇佣，禁锢和忍受一成不变的日常工作”，爱德蒙·摩根也注意到，在殖民地弗吉尼亚，尽管经常存在饥饿和营养不良，人们宁愿选择更悠闲的经济方式来维持生计。这样看来，17 世纪之前的欧洲农民，20 世纪 80 年代中期以前的中国农民，他们愿意选择“懒惰”、低水平但有享受的生活，作为鼓吹市场给人带来选择的自由、鼓吹崇尚个性的经济学家与学界精英们，似乎不应该群起而谴责，相反还应该给予足够的理解。经济学家认为经济人的目的在于使自己的效用最大化，所以，经济学家也应该尊重农民对生活方式的选择。因为你无法知道他们在不同的生活方式下的主观满足程度，更不能先验地以自我的标准认为，农民生活方式很“懒惰”，很落后。

第五章

边际效用

边际主义的诞生

卡尔·门格尔（Carl Menger，1840 ~ 1921 年）是近代著名的资产阶级经济学家，奥地利学派的创始人。门格尔出生于奥匈帝国的加利西尼一个缙绅之家，父亲是律师。他 1859 年进入维也纳大学学习，次年转学到布拉格大学学习法学和国家学，1867 年获克拉科夫大学博士学位。毕业后，先从事法律事务，接着进入奥地利国务总理办公室的新闻机关。这时他写些市场报告，并开始对价格理论有所涉及。1868 年门格尔取得维也纳大学讲师资格，他开始阅读大量经济学文献。1871 年底，他完成并发表了其成名作《国民经济学原理》。1876 ~ 1878 年，任奥地利皇太子的私人教师，陪同皇太子鲁道夫周游欧洲。1879 年返回维也纳大学任政治经济学教授。门格尔的长期目标是出版一本关于经济学的系统性著作和一部关于社会科学一般特征与方法的专著。1883 年门格尔发表《经济学和社会学方法论研究》，挑起了同施穆勒的方法论论战。1884 年发表《德国历史主义的错误》，他还写过《资本理论》（1881 年）、《货币》（1892 年）两篇论文。1900 年成为奥匈帝国议会上议院终身议员。1903 年他辞去教授职务，全身心地研究和写作，他的经济学理论讲座由奥地利学派另两名干将维塞尔和庞巴维克继承，1921 年逝世，享年 81 岁。

门格尔是奥地利学派的创始人，在经济学上的主要贡献在于对边际效用价值理论的阐述，同时也在于他在研究经济问题时所使用的经济学方法。《国民经济学原理》中的“边际效用价值论”补充了19世纪上半期萨伊提出来的“效用价值论”的缺点，以“稀少”摆脱了“效用价值论”无法解释的困难。

门格尔认为价值取决于人对财货效用的主观评价。那么价值量，即主观效用量是如何决定的呢？为了回答这个问题，门格尔在主观效用的分析上，加进了一个边际概念。他在考察价值尺度或价值量的测定问题时，引申出了关于边际效用量决定财货价值的规律，并最早对此做了明确的阐述。为了加深对边际概念的理解，先给大家讲一个生活中的故事。

在美国西部的一个小镇上，人们过着平静的生活。

一天，来了一个外乡人，他向镇上的人介绍说，他叫约翰·杰夫，来这儿碰碰运气，看能不能找到点活干。

杰夫很快在镇上的一家小酒馆里找到了一份不错的工作—调酒师。杰夫很聪明，加上调酒的手艺不错，很快就融入了镇上居民们的生活。

过了一年，杰夫有了些积蓄，于是，他便在镇口租下了一间小房子，开了一家专门卖烤牛肉的小餐馆，推出了一种口味独特的杰夫烤牛肉。这种烤牛肉，加上杰夫自己配制的一种辣酱，使其在这个西部小镇上十分畅销，每天可以卖出上百斤。杰夫的小店也因此成为一家小有名气的烤牛肉店。

一次，杰夫的一个朋友查理来看望他。老朋友的到来令杰夫感到非常高兴，便用鲜美可口的烤牛肉来招待他。杰夫叫服务员端来了一块牛肉。查理切下一小块放入口中，细细地品味了一番。牛肉外酥里嫩，十分爽口，所以查理很快就把第一块烤牛肉吃光了。于是杰夫又叫服务员端来了5块牛肉，查理又拿着刀叉吃了起来。吃第二块牛肉，觉得味道尚可，但没有第一块好吃，吃第三块……才吃了几口，就咽不下去了。这时，查理忽然感到“杰夫烤牛肉”的味道也不过如此。

上述例子说明，尽管牛肉的质量相同，但你会感觉到第一块牛肉又香又嫩，而第三块牛肉则味同嚼蜡，所以吃第一块牛肉与第三块牛肉的感觉是不同的。这就是边际效用递减规律。

在门格尔看来，人们在财货数量有限的情况下，不能使全部欲望都得到满足，他们只能根据欲望的重要性进行分配，首先满足最重要的和较重要的欲望，而在一系列能被满足的欲望中，总有一个是最后被满足的最不重要的、意义最小的、处在满足和不满足边缘上的欲望，即它是随时会随财货量的减少而首先被放弃掉而得不到满足的欲望。这时各种欲望的满足程度达到一致。这种欲望可称为边际欲望，而满足这种边际欲望的能力就是边际效用。

《国民经济学原理》是门格尔最重要的著作，它奠定了奥地利学派边际价值论的基础。

我们生活在边际报酬递减的世界里

在北京、上海这样的大城市里，虽然政府采用各种办法对即将报废的小公共汽车和黑车进行治理，但我们还是经常可以看到这些汽车的身影。为什么会出现这种现象呢？其实，这种现象反映了边际成本和边际收益的问题。一辆汽车在快要报废的时候继续使用，其边际成本是非常小的，也就是汽油费用和驾驶员的工资，而这种情况的边际收益却和买一辆新车的边际收益几乎相等。

边际收益是指增加一单位产品的销售所带来的总收益的改变量。换言之，在任何给定的销售量中，它是最后一单位产品的售出所取得的收益（可以是正值也可以是负值）。

在微观经济学中，边际报酬递减规律是一个重要工具。根据这一法则，当其他投入保持不变时，如果不断增加相同数量的一种投入，这样所导致的产出先上升，在超过某一点后将会下降，也就是说，从每一单位新增投入得到的收益会减少。换句话说，当工人已经用大量资本存量生产物品与劳务时，给他们增加的一单位资本所提高的生产率是微小的。

边际报酬递减的原因是：在任何产品的生产过程中，可变生产要素投入量和固定生产要素投入量之间都存在着一个最佳的组合比例。开始时，由于可变要素的投入量为零，而不变要素的投入量总是存在的，因此，生产要素的组合比例远远没有达到最佳状态。随着可变要素投入量的逐渐增加，生产要素的组合越来越接近最佳组合比例。在这一过程中，可变要素的边际产量必然呈递增的趋势。一旦生产要素的组合达到最佳组合比例时，可变要素的边际产量达到最大值。在这之后，随着可变要素投入量继续增加，生产要素的组合将越来越偏离最佳组合比例，可变要素的边际产量便呈递减的趋势了。

边际报酬递减是一个普遍的规律，它在生产领域和消费领域都起作用。如在一块土地上增加化肥的投入，一开始粮食递增。到最后随着化肥投入的不断增加，所增加的粮食呈递减的趋势。如果收益不递减我们就会放弃其他土地，专耕这一块地，在一块地上仅靠增加化肥的投入就会满足所有人的口粮，这显然是荒谬的。生产如此，消费也是一样。肚子饿了吃一口馒头得到了最大的满足，以后越吃越觉得满足感在减退。

设想边际报酬不是递减而是递增，将会是什么现象？吸毒就接近收益递增，毒吸得越多越上瘾。与其他消费相比，吸毒的人觉得毒品给他的享受超过了其他各种享受。所以吸毒的人会卖掉家产，抛妻弃子，宁可食不充饥，衣不遮体，毒却不可不吸。如果全世界的人都在吸毒，所有的人都会从事与毒品相关的活动，而其他活动不会有人干。所以说，幸亏我们生活在收益递减的世界里。

在我国，人们更习惯用平均值的概念，对于边际分析的重大意义认识还不够。著名经济学家茅于轼说："我国大多数企业领导和会计师还不懂得边际成本的意义，更谈不上对边际成本曲线有什么研究。如果能改变这一局面，全国每年多创造几十亿利润是毫不费劲的事。"因此，改变原来的思维方式，努力培养边际思维十分必要。

边际量有利于做出最优决策

边际产品指由于增加最后一单位某种投入品（其他投入品的数量保持不变）所带来的总产量的增加。

生活中的许多决策涉及对现有行动计划进行微小的调整。经济学家把这些调整称为边际变动。在许多情况下，人们可以通过考虑边际量做出最优决策。

例如，假设一位朋友请教你，他是否需要再回学校读书。为了做出这种决策，他需要知道上一年学所带来的额外收益和所花费的额外成本。通过比较这种边际收益与边际成本，他可以评价多上一年学是否值得。

再如，假设你是一名航空公司的老板，你会如何考虑一个航空公司决定对等退票的乘客收取多高的价格。假设一架 200 个座位的飞机横越国内飞行一次，航空公司的成本是 10 万美元。在这种情况下，每个座位平均成本是 10 万美元 /200，即 500 美元。有人会得出结论：航空公司的票价绝不应该低于 500 美元。但航空公司可以通过考虑边际量而增加利润。假设一架飞机即将起飞有 10 个空位，在登机口等退票的乘客愿意支付 300 美元买一张票，航空公司应该卖给他票吗？当然应该。如果飞机有空位，多增加一位乘客的成本是微乎其微的。虽然一位乘客飞行的平均成本是 500 美元，但边际成本仅是这位额外的乘客将消费的一包花生米和一罐汽水的成本而已。只要等退票的乘客所支付的钱大于边际成本，卖给他机票就是有利可图的。

可见，无论是个人，还是企业，通过考虑边际量将会做出更好的决策。只要做这么一件事的边际收益大于边际成本，那么理性而聪明的我们就应该去做，反之就不能去做。理论上最佳的最大化利润公式是边际收益等于边际成本，可能你会觉得奇怪，为什么边际收益等于边际成本是最大化利润呢？不是边际收益大于边际成本才有赚头吗？

其实也很好理解，因为边际收益大于边际成本，所以你就会像那个航空公司一样去做，增加自己的收益。但是根据边际收益递减定律，如果我们一直连续去做这件事情的话，就会出现边际收益下降到和边际成本一样的情况，甚至是边际成本反而超过了边际收益这种肯定亏本的境地。比如，航空公司最多只有10个剩余空座位，它可以在起飞前以300美元的折扣价格卖给等候登机的乘客，但等到10个空座位都坐满了呢？

我们可以想象一下，如果再增加一个乘客的话，边际成本就远超过边际收益了。因为没有座位了，为了飞行安全，不可能让新增加的乘客没有座位而站着，那是非常危险的，任何一个国家的航空主管部门都不会允许的，所以只能新开一架飞机去送这个乘客。这个边际成本,远远超过了那个乘客支付的300美元机票的边际收益了。

现在可以明白了，对于航空公司来说，最好的做法就是正好10个空位被10个等候的乘客坐满。事实上这个飞机座位正好坐满并不是严格的边际收益等于边际成本，而且真实社会中也很少出现正好是相等的情况。所以在实际应用时，我们并不需要真正精确地去计算那些边际成本和边际收益，只需要一个大概的计算值即可。

理解边际效用递减应注意几点

在炎热的夏季，喝一杯冰饮会使你感到神清气爽。喝第二杯，感觉也不错。但如果喝第三杯、第四杯甚至更多杯，感觉会怎样？如果说第二杯冰饮带给你的满足感跟第一杯一样的话，第三、第四、第五甚至第十杯冰饮，给你的满足感还能跟第一杯一样吗？

很显然，当我们在消费某种物品的时候，随着消费量的增加，等量的消费品带来的满足感会越来越小—这种情况几乎存在于所有的消费品上,我们称之为边际效用递减规律。边际,就是指“边上的、最后的”部分。效用，就是给人满足的效果和作用。递减，就是越来越小。

在理解边际效用递减规律的时候，要注意几点：

第一，边际效用和总效用的区别。边际效用是指最后一单位的消费品带来的效用。它的递减并不意味着总效用的减少，只是说后一单位的消费品带来的效用比前一单位的效用要小。在边际效用减少的过程中，总效用依然可能增加，只不过增加的幅度在降低。在边际效用减少到零的时候，总效用停止增长，达到最大。而在边际效用变成负值的时候，继续消费会使总效用减少。

第二，边际效用递减是在一定时间内进行消费产生的现象。它的前提是人的偏好没有改变，连续消费某种物品。比如你在吃一顿饭的过程中，边际效用是递减的。但过了半天，你饿了，又去吃饭，你不能把这顿饭的过程跟上一顿饭相比。再如，你本来不会喝酒，觉得酒不好喝，但你后来学会了喝酒，越喝越好喝，这似乎不符合边际效用递减规律。其实不然，这是你的偏好改变了。

第三，在极少数情况下，有的消费是量越大越满足，但始终存在一个限度，超过这个限度以后必然出现边际效用递减。比如许多人认为，喝一口红葡萄酒，品不出美味，红葡萄酒是越喝越有味。再如嗑瓜子，本来你不想嗑，但嗑起来就不想停。这种情况，可以说前一阶段是边际效用递增，但到最后也会出现边际效用递减。因为无论是喝酒还是嗑瓜子，总有满足和厌烦的时候。

边际效用递减面面观

边际效用递减规律不光存在于消费领域，也存在于生产领域。例如，在同一块庄稼地里，施一点肥要比不施肥能产出更多的粮食。如果继续施肥，或许还能使产量有所增加，但增加的产量不会像先前那么多。如果施肥过量，不仅不会增产，还会导致总产量下降。在庄稼地里增加劳动力也是如此。刚开始增加一些人能增加产量，但如果增加的人越来越多，到最后连这块地都挤满了人，增加的产出就会变成负数。

生产领域的边际效用递减规律又叫边际收益（产出）递减规律。19 世纪英国著名的经济学家马尔萨斯说：“如果没有收益递减，在一个花盆里就可以种出养活全世界人口的粮食。”因为只需要不停地往里面添加肥料和劳动力就行了。事实上这是不可能的。

在其他行业的生产中也存在边际收益递减规律。例如，有一个蛋糕店，它的蛋糕是烤制的，但只有一个烤炉。在只有一个人工作的时候，他既要烤蛋糕，又要接电话、招待顾客、清理桌子等，他每小时可以生产10个蛋糕。如果增加第二个人，他可以专心地烤蛋糕，每个小时能增加生产15个蛋糕。但如果再增加第三个人，烤炉前面就会出现拥挤，每个小时很难再增产15个蛋糕。如果再继续增加工人，每增加一个工人，增产的蛋糕会越来越少，直到增加到某一个人的时候，不可能再增加产出，这时候边际收益下降为零。

上面说的生产活动有空间或设备的限制。我们再来看，如果没有这种限制，是否存在边际收益递减规律。

比如一个独立会计师，他的工作是为私人纳税人准备报税单，这种工作可以说不受空间和设备的限制。但我们可以想象，如果他连续工作8小时甚至更多的时间，他的工作效率会越来越低。在靠后的时间里，他每小时能完成的报税单一定会比前面的时间要少。到某个时候，他必须休息，停止工作，边际产出下降为零。可见由于人的头脑和体力的限制，边际收益递减是不可避免的。

要注意，边际收益递减的前提是其他条件不变，增加某种生产要素投入。在这个前提下，生产过程中迟早会出现边际收益递减，即投入的生产要素越多，边际产出越少。在上面的例子中，如果蛋糕店扩大了营业面积、增加烤炉的数量，或者会计师聘请了助手，或是改用了先进的电脑系统，就不能用边际收益递减规律来描述。

更广泛地看，边际收益递减规律存在于人类生活的各个方面。有人说，初恋是最难忘的。其实这是因为从趋势上看，“二恋”、“三恋”带来的效用是递减的。再比如大街上流行染金头发，最先开始染发的人非常引人注目，但如果染的人越来越多，就不觉得新鲜了，如果满大街的人都染金头发，就会让人看着难受。

俗话说，“虱多不痒，债多不愁”。意思是说，身上出现第一只虱子会痒得难受，但如果有101只虱子，就不会比100只虱子痒多少；人在第一次欠债时会惶惶不安，但债台高筑时再添一笔也就无所谓了。同样的道理，作为一个老师，对学生的批评要适可而止，因为批评一次会令这个学生羞愧，要是没完没了地批评，学生就可能“破罐子破摔”。再如，人们常说“如入鲍鱼之肆，久而不闻其臭”、“久病床前无孝子”等，都是同样的道理。

有人或许会问：边际收益递减规律到底有没有例外？我们前面说过，毒品可能是一个例外。之所以说“可能”，是因为我们的社会不允许自由地生产和消费毒品。如果那样，很可能出现所有人都将忙于种毒品、收毒品、运输毒品、加工毒品、分配毒品的情况，不会有人从事其他任何活动，这将会带来社会结构的崩溃。所以大部分国家的法律都禁止生产和消费毒品。

从进化论的角度来看，这个世界上或许曾经存在过某种动物，在消费某种物品的时候具有边际效用递增的特点。但因为消费无法节制，这样的最终结果是消费品耗尽，或者消费过量，导致这种动物走向灭亡。所以我们看到的生物和自然界都具有边际收益递减的特点。

幸福与边际效用的关系

我们都有过这样的感受，很多人衣食无忧，却怨言很多，他们总是“端起碗来吃肉，放下筷子就骂娘”。很多学者和官员十分困惑：难道是人们的道德水平在不断地下降吗？其实，经济学的边际效用理论可以很好地解释这一现象。

英国科学家说他们破解了人类最大的一个谜团，那就是幸福的秘密到底是什么？他们认为真正的幸福可以用一个公式来表示：幸福（F）=P+5E+3H，P 代表个性，包括世界观、适应能力和应变能力；E 代表生存状况，包括健康状况、财政状况和交友的情况；H 代表更高一级的需要，包括自尊心、期望、雄心和幽默感等。有的学者把这一公式进一步简化为：幸福（F）= E/D，E 代表效用，D 代表欲望。也就是说，幸福与效用成正比，与欲望成反比。效用特别是边际效用是递减的，正是这种递减使人们感觉到“天天吃着山珍海味，也吃不出当年饺子的香味”。

所谓边际效用，是指该物品在具体合理使用时可能产生的最小效用。在实际生活中，人们正是按照这一规律活动的。奥地利著名的经济学家庞巴维克在其于1888年出版的《资本实证论》中，以一个极能说明问题的例子对边际效用做了精彩论述：

一个农民独自在原始森林中劳动和生活。他收获了5袋谷物，这些谷物要使用一年。他是一个善于精打细算的人，因而精心安排了5袋谷物的计划。

一袋谷物为维持生存所用。第二袋是在维持生存之外来增强体力和精力的。此外，他希望有些肉可吃，所以留第三袋谷物来饲养鸡、鸭等家禽。他爱喝酒，于是他将第四袋谷物用于酿酒。对于第五袋谷物，他觉得最好用它来养几只他喜欢的鹦鹉，这样可以解闷儿。显然，这5袋谷物的不同用途，其重要性是不同的。假如以数字来表示的话，将维持生存的那袋谷物的重要性可以确定为1，其余的依次确定为2、3、4、5。现在提出的问题是：如果一袋谷物遭受了损失，比如被小偷偷走了，那么他将失去多少效用？

面对这种情况，这位农民面前只有一条唯一合理的道路，即用剩下的4袋谷物供应最迫切的4种需要，而放弃最不重要的需要，或者说是放弃边际效用。边际效用由谁来决定呢？庞巴维克发现，边际效用量取决于需要和供应之间的关系。要求满足的需要越多和越强烈，可以满足这些需要的物品量越少，那么得不到满足的需要就越重要，因而物品的边际效用就越高。反之，边际效用和价值就越低。

回到“端起碗来吃肉，放下筷子骂娘”的现象，由于经济的发展，人们碗里的肉越来越多，人的吃肉需求越来越容易满足，肉的边际效用和价值就越来越低，因此，“放下筷子骂娘”这种现象从边际效用理论角度来看就十分正常。

一支雪糕的边际效用

从经济学的角度来分析爱情，亦有别样意趣。

“欲望是无穷的，但资源是有限的”，经济学主要探讨的是如何在有限资源下将资源作最佳的配置。如果将恋爱中人的相处看做是“经营爱情”的话，那么对于人而言，“精力是有限的，但欲望是无穷的”。

每一名恋爱中的人都想投入更多的时间或金钱，让爱情令人更感动、更温馨、更浪漫，但是精力有限，也正因为如此，如何在有限的精力下将谈情说爱变得浪漫、温馨，这是大家所追求并期望解决的矛盾。

我们先看一则爱情故事：

有一位小伙子带着女友出去游玩。途中，小伙子想吃雪糕，问女友是否也要。女友回答说不想，结果小伙子带了雪糕与橙汁边吃边走过来，此时女友甚为不悦，埋怨男友不体贴："为什么你只买自己的那份？"小伙子一脸无辜地回答："你不是不想吃吗？"接下来一路气氛凝重，自然也玩得不尽兴，双方差点分手。无奈之下，他们找双方都熟悉的朋友帮忙调解。

朋友问女方："为何不高兴？"那女孩说道："类似情形已发生了许多次，他一点都不体贴。我不想吃雪糕，但我想喝橙汁。""那你当时为什么不说？"女孩说："我怎么知道他要买橙汁！"女孩仍然气呼呼。

接下来朋友打电话给男方，询问："你为什么不帮她买饮料？""她当时感冒，我想过买热饮，但没卖的。怕她喝凉的对身体不好，所以就只买自己的那份。"朋友说："你有没有告诉她这些原因？""常为这些小事吵，看她不高兴，我不想再多说。"小伙子回答。

二人因为一瓶橙汁与一支雪糕闹了许久情绪，好在僵持了一段时间后两人又和好如初。

这个故事具有普遍性和典型性。在恋爱中，女方的要求一般都会多些，她们一般都会希望男友能主动了解她的需求，觉得如果要自己开口，就没意思。男方则希望女友能少一些要求与矜持，女方却认为如果男友不主动有各种表示又怎能显出对方是爱自己呢？正因为多数人都认为情侣或夫妻应该如此，所以要求对方也就变成理所当然，提出各种需求都似乎不为过。

但是，谈情说爱是一种过程，如果你是理性的人，你就会发现爱情中也有"需求法则"存在。所谓爱情的"需求法则"，是指当谈情说爱时所付出的代价较大、风险较高，人们就会减少对爱情的需求；

当谈情说爱时所付出的代价较小，人们就会勇于尝试爱情，对爱情的需求就会增加。这表示爱情的代价与需求呈反向变化。这也印证了为什么爱情中双方越敏感，要求越多，也越容易产生矛盾，造成分歧。

但是从边际效用递减法则来讲，每增加一次爱情消费所引起总效用增加的部分将会逐渐递减。第一次恋爱的满足感最大，得到的启发亦最多。随着恋爱次数的增加，对于爱情的好奇与新鲜感会逐渐递减，所得到的恋爱满足感亦是递减的。

因此，经济学家们会建议情侣或夫妻应少一些对对方的要求，多一些对对方的理解和宽容，最大可能降低恋爱的“成本”，只有这样，恋爱才会更甜蜜、更圆满！

消费中的“边际效用”

消费者行为从根本上取决于人们的收入状况，但当收入一定时，消费行为则主要由人们的文化—心理素质决定。因此说，消费是基于一定经济基础之上的，由文化—心理素质决定，并同时反映这一素质的经济活动。高收入伴随高消费，一个月薪1万元的人的消费水平无疑高于月薪只有1000元的人的消费水平。当人们收入水平提升时，无论消费的数量、质量还是品位、范围都会提高或扩大。但是，消费水平的提高，并不意味着效用最大化或福利最大化；提高了的消费所带来的满足程度，并不一定随着你的消费支出的增加而等比例递增，或许还相对递减。这里就存在一个经济数学问题。

有一个大家耳熟能详的故事：有一个饥肠辘辘的人，一口气吃了三张大饼，当吃完第三张饼后感到饱了，并心满意足。但仔细思量，他发现自己犯了一个“愚蠢”的错误，那就是，早知第三张饼就能吃饱，前两张饼实在不该吃。大家会认为这个故事中的人愚蠢可笑，然而，如果从经济学的角度来看，那个吃大饼的人却发现了西方经济学的一个重要原理，即“边际效用递减规律”。

“边际效用递减规律”，是西方效用价值论者用来解释消费者购买行为的一个理论。该理论认为：同一物品对同一个消费者来说，因占有的秩序不同，所带来的满足程度或效用也不同，从而价格不同。在效用尚未达到饱和的程度之内，随着所占有的物品增加，总效用是增加的，然而边际效用，即最后增加的那一单位物品所带来的效用是递减的；当总效用达到极大值时，边际效用等于零；超过极大值继续消费时，边际效用为负，而总效用绝对的减少。如果用“边际效用递减规律”来说明上述吃大饼的故事，其可笑结论产生的原因就可以找到理论上的依据了。无疑，对一个饥肠辘辘的人来说，第一张饼的效用最大，或者说在十分饥饿的状态下，他会以较高的价格去购买一张在平时看来价格昂贵得多的饼。然而，当第一张饼下肚后，即使没有填饱肚子，对饼需求的迫切程度也会远远低于第一张饼。以此类推，每增加一张饼所带来的满足程度，都会低于前一张饼所带来的满足程度；当吃得很饱时，总的满足程度最大，然而最后增加的那一张饼的效用，即带来的满足程度，几乎等于零。这时，如果那个饿怕了的吃饼人眼大肚子小地再继续吃下去，并且导致胃痛或呕吐时，那么这最后吃下去的一张饼，即“边际饼”的效用就是负，因此也会带来总效用水平的下降。

其实，“多买少算”这一不成文的市场交易规则，就是边际效用递减规律最生动的体现。一般来说，当一个人想在同一个商家手中购买两个以上的同一物品时，总要与商家讨价：买了两个，便宜一点儿。因为，按照边际效用递减规律，对于同一物品，第二件商品的边际效用低于第一件，而第三件又会低于第二件。所以，只有“多买少算”，消费者才会有划算的感觉，从而刺激多消费。然而在现实生活中，似乎商家比消费者更深切理解边际效用递减规律。“多买少算”往往并没有表现为消费者的直接要求，而是商家吸引消费者的手段，真可谓买的不如卖的精。可以说，“多买少算”对商家来说就是薄利多销的经营策略，对消费者来说就是边际效用递减心态。

对消费中的边际效用递减规律的分析，可以得出这样一个结论：理性消费者购买的是满足程度，而不是绝对量，追求的是效用最大化，而非单纯的高消费。

第六章

人力资本

发现人力资本

人力资本理论的创始人是1979年诺贝尔经济学奖获得者、美国经济学家西奥多·舒尔茨。舒尔茨通过对美国农业经济问题的长期研究，发现从20世纪初到20世纪50年代，美国的农业产量迅速增加，农业生产率大幅度提高，其主要原因并不是土地、人口数量或资本投入的大量增加，而是由于科学技术水平的不断进步和人的生产能力的迅速提高。如果按照以前传统的经济理论所认为的那样—经济增长取决于物质资本和劳动力的增加—是很难解释清楚这种增长的实质所在的。

为此，舒尔茨于1960年在其《人力资本的投资》一书中，首次以“人力资本投资”的概念来解释这种体现在劳动者身上的资金投入效应，并提出了它对经济增长的贡献要远比物质资本和劳动力数量的增加重要这一新观点。这个新观点突破了只有厂房、机器、存货等有形物质才是资本的传统观念，转向强调人力资本的增进和技术水平的提高在经济发展中的特殊作用，认为提高人力资本水平是刺激经济增长、缩小收入差距的根本所在。美国经济学家加里·贝克尔在1964年出版的《人力资本》一书中，强调了正规教育和职业培训在人力资本形成中的重要作用。

人力资本是体现在劳动者身上的知识、能力和健康，它是以劳动者数量和质量表示的资本，是相对于传统意义上的物质资本概念而言的。完整的资本概念应包括物质资本和人力资本两个部分。人力资本投资与实物资本投资之间有相似之处，例如两者都要计折旧等。但是两者之间也有区别，特别是人力资本不能作为担保品，因为它不能出售；且个人也不能像实物资本的所有者那样将其风险分散化或多样化。

人力资本是通过对人力的投资而形成的。这些投资主要包括：用于提高劳动力质量的教育和培训的支出；用于增加未来劳动力数量和提高现有劳动力身体素质的卫生保健费用的支出；用于调剂国内劳动力余缺和发挥劳动者专长的国内流动费用的支出；用于国际人力流动的移民入境费用的支出等。

人力资本是推动经济增长的最重要的动力源泉。最终决定一个国家经济和社会发展速度的，不是自然资源的丰瘠或物质资本存量的多寡，而是这个国家所拥有人力资本的数量和质量，尤其是经过专门训练的专业化人才的规模和水平。

人力资本投资的核心是教育投资。教育投资带来的收益，要远比对非人力资本投资更有益于经济的持续增长。

发展中国家经济落后的根本原因，主要不在于物质资本的匮乏，而在于人力资本的稀缺。

按照新的发展理论，影响经济增长的要素包括人力资本、物质资本和自然资本。而世界银行采用新的国民财富测量方法发现，人力资源占国民财富总量的比重最大，在40%～80%之间。其中，高收入或上中等收入国家这一比重占优先位置，如北美地区为76%，西欧地区为74%，东亚地区为77%，即使在低收入国家这一比重也是最大的，超过了生产性资产和自然资产的比重。尽管这一测量方法还有许多值得商榷的地方，但它使人们重新认识国民财富的来源，即人力资源是最大的国民财富，而在传统的国民经济核算体系中被人为地忽略了。这一新的测量国民财富及构成的政策含义是强化人力资本投资，不断提高人们的素质能力，大力开发人力资源，就等于大幅度增加了国民财富。

从孩童报班看人力资本投资

人力资本是指体现在劳动力自身中的生产知识、技能、创新概念和管理方法等资本存量的总和，也可以解释为就业者的素质和能力。人力资本与人力资源是截然不同的两个概念。人力资源是被开发、待开发的对象，在一个社会组织中，凡具有劳动能力的人都可称为人力资源；而人力资本是能够直接创造效益的知识、技能、经验等资本存量。我们可以说，人力资本是从人力资源中开发出来投入经济活动中并创造效益的那一部分。如同物质资本一样，人力资本的形成也是投资的结果。人力资本投资的形式各式各样，教育是其中比较普遍的一种。从家长热衷于为孩子报各种培训班，教育对于人力资本投资的重要性可见一斑。

每临寒暑两假，紧张的期末考试还没有完全结束，少年文化宫等各种培训机构早已打出了各式各样的艺术培训班广告，开始紧锣密鼓地招生了。家长们为孩子报班、选班开始了奔波。

于是，每个培训机构前都排起了长长的队伍。在小天鹅培训学校门口，一位家长带着个可爱的孩子挤到了报名处，着急地说：“老师，能不能帮帮忙，给这孩子换一个班级？她后天8点到这里学书法，接下来10点钟正好学美术，时间一点不浪费。”

“我昨天不是和你说过了嘛，10点钟的美术班早已经报满了。”老师连连摇头。

“那就麻烦麻烦您，再给想想办法，要不我们自己搬个凳子来也行。”家长等于在哀求。

“自己搬凳子来上课？那可不行，我们这里不允许。你还是让她来上明天早上的美术班吧，还有几个空位。”

“可是明天早上她要学钢琴，老师是鼎鼎有名的，费了不少力气才找到的，时间是不能改的啊！”

“你让这么小的孩子既学书法，又学美术，还学钢琴，她能承受得了吗？贪多嚼不烂，花钱付学费还是小事，如果孩子产生了‘厌食症’，那事情就大了。”老师很忧虑地对家长说。

…………

每到市区艺术培训班面向社会招生的日子，招生老师总会碰到这样送孩子学艺的家长。培训班的热潮，反映了家长更加注重对孩子教育的投资。现在，越来越多的家长发现，让孩子接受良好的艺术教育，培养他们头脑中的“艺术细胞”，不但有利于其个性的发展和艺术潜质的挖掘，而且对其一生前途来讲都具不可估量的影响作用。所以，家长们甘愿把自己辛辛苦苦赚的钱都拿出来，请老师、买书、买笔、买颜料、买乐器、买工具，付了学费，还要付交通费。这是一种文化消费，在经济学上来讲就是一种人力资本投资。

不可否认，教育投资对小孩成长具有重要的促进作用。对于具有艺术潜能的孩子，父母的确应该让其接受较多的艺术熏陶。教育是指按照一定的方式和方法，遵循一定的目的和要求，对受教育者的德育、智育、体育等诸多方面加以影响，帮助被教育者全面发展自己的能力的一种有计划的活动。对孩子进行教育投资，要把握个度，不能生填硬塞。如果作为一种爱好的培养，那就不能不考虑到孩子的兴趣。如果仅仅是追赶一种潮流，别人学什么就跟着学什么，对于家长也许是一种荣耀，但对孩子们来讲，那肯定就只是负担了。

家庭主妇的专业化投资

家庭内部的分工，也可以用经济学理论来解释。两百多年前，经济学鼻祖亚当·斯密鼓吹分工和交换不遗余力，他在其 1776 年出版的《国富论》里说：一个国家应该进口那些别人能以更低成本制造的东西。

阿雅的老公，烧得一手好菜。当初谈恋爱时，每次到阿雅家，他都要大显身手，令全家大饱口福。后来阿雅才知道，原来他特意花了大半年时间钻研菜谱，暗地里在家练习纯熟，很费了一番工夫。至于自己的手艺，阿雅则一脸惭愧。第一次在男友家中做菜，一盘炝炒的菜，费了阿雅不少工夫，结果菜端上桌，男友的父母都浅尝辄止，连阿雅自己也觉得难以下咽。为此，她在公婆家害羞了好长时间。

婚后一段时间，多半是阿雅老公下厨，他还经常教阿雅怎么烧菜才好吃。这样一来，事情慢慢起了变化。到后来，完全是阿雅下厨，老公连锅铲边儿都难得碰一回了。每次请客吃饭，朋友们赞扬阿雅的手艺时，阿雅老公都要洋洋得意地自吹自擂一番，说这手艺是他教的。这使阿雅觉得自己上了大当，免不了要细究个中的缘由。

这就是亚当·斯密提到的鼓吹分工和交换不遗余力。对于阿雅来说，既然老公他厨艺远胜于自己，就该他下厨才是，何必花费工夫教我去做菜？但在《国富论》问世 40 年后，又一位著名经济学家大卫·李嘉图出了本书叫《政治经济学和赋税原理》。这本书声称斯密说得不对！分工和交换要看比较优势，而不是斯密老头说的绝对优势。阿雅老公烧菜比阿雅好没错，可他的时间用在挣钱和事业上，而阿雅的工作则是一份闲差，在家的时间多，在这上面有比较优势，所以就该阿雅烧菜。这就叫做“比较优势原理”。

大卫·李嘉图认为，比较优势还只是分工的起因，分工之后，它还会因专业化投资而加强，甚至绝对优势也会因专业化而改变。在一般人眼里，投资好像就是大把金钱的投入。但在受过经济学教育的人看来，像阿雅那样用于提高厨艺的时间和精力，就是不折不扣的专业化投资。由于阿雅厨艺大长，阿雅自己老公早叹不如，不敢在阿雅面前夸耀自己炒菜的手艺，更不敢跟她比试了。亚当·斯密也提出过与此类似的原理：技艺随着从事专业工作的时间而增进。

与阿雅的专业化投资对应的是，她的老公精心经营事业，也算是专业化投资。但是受“关系特定的投资”原理的影响，阿雅与她老公的专业化投资出路却异常分歧。花时间提高炒菜技艺，自然减少了提高挣钱技能的时间。更何况，阿雅成天琢磨的只是怎样做菜才符合老公和儿子的口味。比如，儿子吃面喜欢放醋，老公闻到面里有醋味儿就反胃；老公吃炒鸡蛋喜欢嫩嫩的，做法最好是等油烧得滚烫，熄掉火，然后再放鸡蛋。如此这般的知识，得一点一滴积累，耗心耗时，颇为不易。

可问题在于，阿雅耗心耗时积累的这些知识（学名叫“人力资本”），照顾的仅仅是老公和孩子的特殊口味，一旦离开他们，便没什么太大的用场。也就是说，阿雅的专业化投资所形成的人力资本，只在自己和老公的这个特定婚姻关系中有用，离开了老公，离开了这个家，就会大大贬值。而阿雅老公呢，由于有了阿雅操持家务，相对地腾出了更多时间培养挣钱技能，扩展他的事业基础和关系网。这些东西的价值，离开了阿雅和这个家，不会降低分毫。最要命的是，这投资的价值跟有没有老婆没多大关系。

这让阿雅感到非常不平：怎么自己和老公之间，经过交换和专业化，结果却变成我必须依赖他才能从我的投资中获益，而他却不必同等程度地依赖于我？从什么时候开始，两人的地位变得如此不对称了？经济学认为，这种平等而自愿的交换，互利互惠的专业分化，却蕴藏着令人很不舒服的前景：对方随时可以用出走作为威胁，对你予取予求。你对他的单方面依赖，使他有能力敲诈走你投资的全部利润。这就是家庭主妇阿雅所面临的悲惨现实。那么，阿雅怎样才能保障自己的专业化投资呢？建立牢固的爱情纽带，就是最好的方法。

全面盘点你的资本

李明，中专毕业，一个人北上京城谋求发展。当他踏上这块土地时，他意识到自己是如此的天真，激烈的竞争近乎残酷，一个稍微好一点的职位往往有几十人甚至上百人去争取，而自己一个中专生在人群中显得毫无优势。十天下来，李明一无所获，身上的钱即将花光，心里甚是着急。

某天，他拖着疲惫的身子，两手空空地回到了他租住的小屋。房东是个精神矍铄的老人，看到唉声叹气的李明，便把他叫住了。

“小伙子，年纪轻轻的，有什么心事这么不高兴呢？”老人微笑着问道。

李明郁闷的心事也正需要向人诉说，于是便把这些天来找工作的遭遇告诉了老人，并感慨地说："要是我资本雄厚一点，也不至于这样了！"

"什么资本，你指的什么资本？"老人似乎有点不解。

"当然是指找工作的资本啦，比如文凭、技术等级证，还有钱啦，有了这些资本，我就不愁找工作了。"李明肯定地说着。

"没有资本？那我现在给你100万，让你变成我这样的老头，你干不干？"老人问。

"那怎么行，我还有好多理想未曾实践，还有好多人生乐趣未曾感受呢！不行！"李明道。

"那现在给你100万，让你患上一种绝症，怎么样？"老人继续问道。

"更不行，都要死了我要那钱去干吗？"

"好，如果现在还是给你100万，让你成为一个植物人，不用再思考和烦恼了，你答不答应？"

"不行。"李明坚定地摇了摇头。

…………

老人不停地发问，李明的回答都是"不行"。

老头突然停下了问话，说道："年轻人，你数过刚才有几百万是属于你的资本了没有？"

李明猛然醒悟。

李明再次出去找工作时候，信心百倍，很快在一家小公司谋到了一份差事。由于他积极肯干，再加上脑子灵活，很快升任为部门经理。

朋友，你的资本你都发现了吗？年轻、健康、智慧……这些人力资本的重要构成部分是金钱都换不来的，这些资本的存在，就可以帮助你成就你自己。

丘吉尔有句名言："空的袋子站不直。"资本并不是狭义地指金钱之类，它有着更广泛的范围和内涵。

一个人所特有的性格、经历、才干、专长或专业是使他比别人更具有优势的资本，这些资本没有统一的评价标准，而是相对于特定的工作所占据的优势。

也就是说，你需要在对工作职位的需求有所了解后，才能判断你的优势在面对这样一个职位时到底是不是资本。

你拥有的资本不一定是你的长处，有时候也许并不是你希望拥有的东西，但无论如何，它们能成为你特有的资本。

只有清楚自己有哪些资本，才能不断地发掘自己的内在潜力，从而使自己的职业生涯更加辉煌。

人力资本的回报

黄明和钱程受雇于同一家服装公司，他们获得同样的薪酬水平。但是，在工作了一段时间以后，黄明青云直上，又是升职又是加薪，而钱程却仍在原地踏步，毫无进展。钱程不得其解，就到老板那儿问个究竟。

“钱程，”老板开口说话了，“你现在到服装市场上去一下，看看今天早上什么货畅销？”

一会儿工夫，钱程便从市场上回来向老板汇报：“现在西服卖得俏。”

“批发价是多少？”老板又问。

钱程没问，说不出来了，于是赶紧又跑到市场上，然后回来告诉老板：“120 元一套。”

“有多少家经销商要货？”老板继续问他。

“您没有让我打听呀！”钱程觉得有点委屈。

“这样吧，”老板接着说，“现在请你坐在这把椅子上，别出声，看看别人怎么做的。”于是老板把黄明叫来，吩咐他说：“黄明，你现在到市场上去一下，看看今天西服的销售情况。”

黄明也很快就从市场上回来了，他一口气向老板汇报说：“今天西服销售量比较大，每套批发价 120 元，有 50 家要货，每家要货

160套。我还带来几位经销商，请你和他们商定订货合同。”

此时老板转向了钱程，说：“现在你知道为什么黄明的薪水比你高了吧？”钱程无语。

这里黄明和钱程都是人力资源，而黄明显然比钱程具可以为老板带来更多的市场回报。所以我们说，人力资本的回报是人力资本的投资信号。简单地说，老板只有雇佣到更多的像黄明一样的人才，才能给他带来更大的效益。

人力资本是指通过教育、培训等方式和手段，在人身上积淀的、具有稀缺性的、能够投入生产中并能产生价值增值的知识、技能、经验和健康等质量因素之和。人力资本是一个多维度的概念。现代经济学已经将人力资本和技术知识作为经济增长的主要解释变量，而技术知识的创新与运用，又是在人力资本的作用下完成的。人力资本同其他资本一样，已成为获取经济收益和非经济收益所凭借的一种手段。

随着竞争的加强，人力资本所表现出来的作用也越来越明显。舒尔茨曾说，人的知识、能力、健康等人力资本的提高对经济增长的贡献远比物质、劳动力数量的增加重要得多。

充分发挥你的优势

也许你有足够的才华，因为你对自己的人力资本投入很多。但是即使你才华横溢、学富五车，你得必须有一个发挥自己才华的舞台，把人力资本转化为现实的价值。

首先要先找一个正确的方向。方向错了，距离目标会越来越远，还要走回头路，付出较大的代价。因此，定位的决策，绝不能犯“方向性错误”。

一般情况下，定位的方向由专业确定。但现实的情况是，很多人毕业后并不能完全按照自己所学的专业来选择工作，有的甚至与原专业风马牛不相及，“学非所用”、“用非所学”、“专业不对口”的情况比比皆是。在这种情况下，就需要认真考虑，选择适合自己的职业岗位。

其次，要明确自身优势和劣势。这就需要进行自我分析。通过对自己的分析，旨在深入了解自身，根据过去的经验选择，推断未来可能的工作方向与机会，从而彻底解决“我能干什么”的问题。只有从自身实际出发，有的放矢，才能马到成功。对自己的认识分析一定要全面、客观、深刻，绝不回避缺点和短处。如性格的弱点、经验与经历中的欠缺，要认真对待，善于发现，并努力克服和提高。

再次，要对定位的方向做出分析，具体包括：

社会分析。社会在进步、在变革，要善于把握社会发展脉搏，这就需要做社会大环境的分析：包括当前社会、政治、经济发展趋势；社会热点职业门类分布及需求状况；专业需求形势；自己所选择职业在目前与未来社会中的地位情况；社会发展对自身发展的影响；自己所选择的单位在未来行业发展中的变化情况，在本行业中的地位、市场占有及发展趋势等。对这些社会发展大趋势问题的认识，有助于自我把握职业的社会需求，使自己的职业选择紧跟时代脚步。

组织分析。这应是个人着重分析的部分，组织将是你实现个人抱负的舞台。你应对自己将要栖身于其中的组织的各个方面做详细了解，在知己知彼的基础上，只有两者之间拥有较多的共同点，才是个人融入组织的最佳选择。

人际关系分析。人是社会环境中的人，不可避免地要与各种人打交道，因而分析人际关系状况显得尤为必要。人际关系分析应着眼于以下几个方面：个人职业发展过程中将与哪些人交往；其中哪些人将对自身发展起重要作用；工作中会遇到什么样的上下级、同事及竞争者，对自己会有什么影响，如何相处、对待，等等。

最后，做出明确的方向选择。

通过以上自我分析认识，要明确自己该选择什么职业，即解决“我选择干什么”的问题，这是定位的核心。定位的方向直接决定着一个人未来的发展，定位方向的选择应结合自身实际按照定位的四项基本原则来确定，即择己所爱、择己所长、择己所需、择己所利的原则，选择对自己合适、有发展前景的职业。

从事一项喜爱的工作本身就能带给你一种满足感，你的职业生涯也将因此变得丰富多彩。相反，一个人如果不知道自己想干什么，则什么也干不好。从事一项自己喜欢的工作，才能有一种满足感，才会有所成就，否则不但自己走尽弯路，对社会也是一种浪费和损失。这就要求我们有清醒的头脑，避免从众心理，不一味追求知名企业、高薪和大城市。

尺有所短，寸有所长。有些人善于做业务，有些人更适合搞管理。在设计自己的职业生涯时，要注意选择最有利于发挥自己优势的职业，即择己所长。

社会需求在不断演化，旧的需求不断消失，同时新的需求不断产生。昨天的抢手货今天会变得无人问津，生活处于不断的变化之中，职业的选择应顺应就业形势。在进行职业定位时，还要分析社会需求，否则，就会陷入不断更换工作的漩涡中，苦不堪言。

社会需求的不断变化要求我们要不断地对人力资本进行投资。如果不能及时更新自己的专业知识，就会被淘汰。要不断开拓进取，不断开发新技能。现代的社会需要的是那些既具有专业化知识、又具有通用技能的复合型人才。一名专业工作者若能借助于专业知识及通用技能综合武装自己，则更能适应未来的挑战和竞争。

在把握定位的方向时，应有一个良好的心态，要明确自己只是普通的沙粒，而不是价值连城的珍珠。要盘点自己现有的职业含金量，找准可持续发展的职业通道，适时考虑职业发展的变通性。要卓尔不群，就要有鹤立鸡群的资本。

第七章

幸福指数

幸福指数的来历

如果说GDP(国内生产总值)、GNP(国民生产总值)是衡量国富、民富的标准，那么我们应该还需要一个衡量人的幸福快乐的标准。在国际社会，这个刚刚出现不久的标准叫 GNH，即 Gross National Happiness（国民幸福总值）。

现代意义上的幸福指数研究是从 20 世纪 50 年代中期开始的。二战结束后，西方发达国家的经济发展迅猛，物质生活很丰富，但同时人们并没有感觉到有多幸福，于是人们把关注的焦点逐渐转移到精神追求和心理感受上，体现民众主观生活质量的幸福指数就此登上舞台。但迄今为止，所见到的幸福指数报告大都是由一些非政府组织、学术机构、研究团体或个人发布的。GNH 最早是由不丹王国的国王提出的，他认为政策应该关注幸福，并应以实现幸福为目标。他提出，人生基本的问题是如何在物质生活和精神生活之间保持平衡。在这种执政理念的指导下，不丹创造性地提出了由政府善治、经济增长、文化发展和环境保护四级组成的“国民幸福总值”（GNH）指标。在不同的时期，不丹政府推出了不同的国民幸福目标，例如他们的 2002 ~ 2007 年第九个五年计划将国民幸福目标具体表述为经济增长与发展、保护与改善文化遗产、环境保护与可持续利用、政府善治。他们提出了不同于国民生产总值的新的衡量社会进步与发展的指标，即国民幸福总值，国民幸福总值也是满意感等主观指标。

20世纪70年代不丹提出GNH时并不引人注目，然而不丹20多年的经济实践已经引起全世界的瞩目，世界上不少著名的经济学家开始把目光投向这个南亚小国，开始认真研究“不丹模式”。美国的世界价值研究机构开始了“幸福指数”研究，英国则创设了“国民发展指数”（MDP），考虑了社会、环境成本和自然资本。日本也开始采用另一种形式的国民幸福总值（GNC），更强调了文化方面的因素。获2002年诺贝尔经济学奖的美国心理学教授卡尔曼和经济学家正联手致力于“国民幸福总值”的研究。

世界银行主管南亚地区的副总裁、日本的西水美惠子对不丹的这一创举给予了高度评价。她说：“世界上存在着唯一以物质和精神的富有作为国家经济发展政策之源，并取得成功的国家，这就是不丹王国，该国所讴歌的‘国民幸福总值’远远比国民生产总值重要得多。”

2005年全国“两会”期间，中国科学院院士程国栋向会议提交了一份题为《落实“以人为本”，核算“国民幸福指数”》的提案。程院士认为，只要人们理解幸福与消费之间没有直接联系的观点，就能改变人们对真正是什么增加或提高了幸福程度的认识，从而创造一个可持续发展的社会。并建议从国家层面上构造由政治自由、经济机会、社会机会、安全保障、文化价值观、环境保护6类构成要素组成我国的国民幸福核算指标体系。

程国栋院士说：“希望在不远的将来，‘国民幸福指数’（GNH）与GDP一样重要，监控国家经济社会运行态势，了解人民的生活满意度，同时成为科学的政绩考核标准的组成部分。”

幸福指数不仅仅是幸福感

幸福，《现代汉语词典》给出的解释是“（生活境遇）称心如意”。

幸福指数是衡量人们对自身生存和发展状况的感受和体验，即人们的幸福感的一种指数。不同的人对幸福感的理解和诠释不同，比如普通职员小王说：“幸福就是工资再高一点，晚上少加班，能和老婆孩子散散步，这样我就很满意。”中学生李飞的感觉是：“我数学考了满分，非常快乐！”而职业经理人胡雨认为：“最幸福的事情就是我要把公司做成一个世界品牌，从而实现我的人生价值。”幸福感是一种积极向上的体验，幸福感可以理解为满意感、快乐感和价值感的有机统一。

事实上，幸福指数的含义远不止幸福感，它还包含民众所拥有的外部生存环境和自身发展条件。就像根据一位教授的统计，“非典”曾让人们的幸福指数下跌，“神六”成功发射则提高了幸福指数。又如农村人就比城里人更容易感觉到幸福。再如，生活在空气污染指数低的城市，就相对幸福。

可以通过心理测量来把握自己的幸福程度。有专家提出了由10个次级指标构成的我国民众幸福指数指标体系：知足充裕体验指数、心理健康体验指数、成长发展体验指数、社会信心体验指数、目标价值体验指数、自我接受体验指数、人际适应体验指数、身体健康体验指数、心态平衡体验指数、家庭氛围体验指数。

金钱、地位、幸福值

从客观经济学意义上一讲，幸福的定义是生活者对生活者剩余所产生的效用的一种反应。生活者对幸福的感受可用幸福值来表示。一般来说，生活者剩余越大，所产生的正效用越大，幸福值就越高。从经济学角度讲，幸福是中性词，应该是可度量的，度量值为幸福值。计算公式如下：

幸福值（HV）= 生活者剩余（SL）× 幸福弹性（EH）（系数）。

生活者剩余是生活者为达到某种生活目标而愿意付出的成本总值与实际付出成本的差额，这里的成本包括显成本与隐成本。幸福弹性（系数）是生活者对生活者剩余所产生效用的反应的敏感度。一般来说，幸福弹性（系数）大的人，“给点阳光（生活者剩余）就灿烂”，同样如果遭受一点挫折（生活者剩余为负值），受到打击也会越大。

生活是一个人的所有的活动的总和，活动包括物质活动与精神活动。对幸福的定义也可以这样理解，生活者付出一定的成本，实际达到的目标所产生的效用与原定目标可实现的概率值所产生的效用的差额。

1. 拥有了金钱和社会地位的人的幸福值并不一定就高

换句日常的话说，有钱有势的人并不一定幸福。现做如下假设，某君甲现为某企业中层领导，其生活目标是 5 年后拥有 1000 万元，预期实现的概率为 0.5，并成为一家大型企业的董事长，董事长年薪为 50 万元，预期实现的概率为 0.1；假设 5 年后的实际情况是，他成为董事长，却只拥有 100 万元；假设其幸福（弹性）系数为 5。则其幸福值为：

$HV = [(100-1000\times0.5)+(50-50\times0.1)]\times5$

$HV = (-400+45)\times5$

$HV = -355\times5$

$HV = -1775$

假设某君乙为普通煤矿工人，其生活目标是 5 年后是拥有 20 万元，实现概率为 0.8，并成为矿井的一名基层管理者，实现概率为 0.2。5 年后，他拥有了 30 万元，成为一名基层管理者，年薪为 5 万元。其幸福（弹性）系数为 15，则其幸福值为：

$HV = [(30-20\times0.8)+(5-5\times0.2)]\times15$

$HV = (14+4)\times15$

$HV = 270$

由此看来，5 年后，甲、乙尽管所处的环境不同，但乙显然较甲幸福。由于幸福的延迟效应，感受不同，又会导致不同的个体行为。甲不但没有幸福，而且为负值，这时甲会急于找寻幸福。这时又有了新的目标。想在一年内得到 2000 万元，实现的概率为 0.5，结果一年后他得到了 5000 万元。这时他的幸福值为：

$HV = [(5000-2000\times0.5)]\times5 = 20000$

这时，他又想在一年后得到 8000 万元，预期实现的概率为 0.8，结果一年后由于贪污腐败被查处，没收全部贪污款，并被罚家产20万元，并被送进了牢房。这种情况是他没有想到的，因此期望实现的概率为0。这时他的幸福值为：

$$HV = [(-5000-20)-(8000\times 0.8)]\times 5$$

$$HV = (-5020-6400)\times 5$$

$$HV = -11420\times 5$$

$$HV = -57100$$

如果甲被判死刑，就已经超过我们所谈论的幸福的范畴了。

2. 如何做一个幸福的人

最有效的途径是双管齐下：一方面，调低生活目标的预期或调低生活目标实现概率的预期；另一方面，在既定的预期生活目标下，努力提高可实际达到的目标。

幸福指数与GDP

过去，评价国家社会发展的时候，大家更多的是关注 GDP 等硬数据，而对幸福指数等软指标则很少关注。在一些人的意念中，好像钱越多越幸福。实际又如何呢？

其实，GDP 指标与幸福指数之间绝不是互相对立排斥的。发展经济很大程度上有助于增加幸福感，但人们的幸福感是相对的，幸福指数与 GDP 并不一定同步增长。

近年来，西方经济学家开始关注国内生产总值和国民幸福之间的必然联系。总部设在伦敦的智库新经济基金会（New-Economics-Foundation）甚至更为激进，该机构表示，可以用幸福感指数取代国内生产总值。

NEF采用一套崭新的计算方法，考虑各地人民对生活的满意度、预计寿命、投放在环保的资源以及所取得的成效。该基金会指出："采用这套方法，并非单纯以金钱或经济成就去计算，而是返回最本质的方面，看看环境对人类的快乐程度带来什么影响。"这种计算 HPI 快乐指数的方法，简单来说是把一个国家和地区的人民对生活的满意度，乘以预计寿命，再除以生态及环保成效的指数（指养活人民所需的土地数量及能源消耗量）。

根据这种计算方法，太平洋岛国瓦努阿图人是全球最幸福的。

第2至第10依次序是哥伦比亚、哥斯达黎加、多米尼加、巴拿马、古巴、洪都拉斯、危地马拉、萨尔瓦多、圣文森特和格林纳丁斯。

越南第12位；菲律宾第17位；印度尼西亚第23位；中国第31位；泰国第32位；马来西亚第44位；印度第62位；日本第95位；韩国第102位；巴基斯坦第112位；澳大利亚第139位。

意大利第66位，在欧洲国家中排名最靠前；德国第81位；英国第108位；加拿大第111位；法国第129位；美国第150位，俄罗斯第172位。

非洲国家平均成绩最不理想，包揽了最后10名中的7位，津巴布韦更成为倒数第一。

全世界最幸福的国家是瓦努阿图—南太平洋上一个由80多个岛屿组成的小国，这不禁让人大跌眼镜。而8国集团的成员则全部被排在了前50名以外，英国人民和美国人民的幸福程度更是被排在了第108位和第150位。

据说这个排名在标准上完全不同于以前的其他幸福指数标准，更多地考虑了"获得幸福的投入产出比"—在指标计算中，更多地考虑了生态环境的因素。组织者说："结果显示出对资源的高度消耗水平并不能与'幸福'直接画等号。"

很多媒体和学者认为这个报告过于忽视了个人的收入水平对"幸福感"的作用，让人产生了收入越高、经济越发达国民越"水深火热"的印象。但仅仅因为这些，就彻底否定这个排名的价值，甚至因此怀疑"新经济基金"、英国"地球之友"这样的公众组织要"蒙"谁，也是很不公平的。比如，幸福星球指数肯定了对地球资源低消耗的经济增长模式，肯定了绿色经济的价值取向，肯定了那些在全球化进程中"有效利用资源"的国家或地区，因为他们花费最少的资源却让人们过上最幸福的生活。这些与以"节能"战略和循环经济为主要内容的科学发展观如此不谋而合！

此外，该指数还有个特别重大的意义，它实际具有某种人文关怀的意味。在全世界的主流价值观一致把可以很奢侈地将衬衫穿脏就扔当成最幸福的生活时，为什么就不能证明一个低能耗生存的太平洋小国比之更加幸福？瓦努阿图人民的生活听起来就很不错，相信发展中国家的很多人在知道了这个排名之后，内心一定产生了某种微妙的平衡。更何况，瓦努阿图的人民过着的确实是很幸福的生活。根据从那里旅游回来的人介绍一在瓦努阿图的海域，只要戴上潜水镜，就可以直接下海抓鱼。游累了，可以回到船上钓鱼。在这里钓鱼是最容易的事，一竿下去，总会有收获，而且收获的常常是金枪鱼这类“贵族鱼”。在这里，被国人视为“极品”的梅花参到处都是，一般都有1米多长，直径在10 ~ 15厘米—难道这样的生活不幸福吗？

理性看待幸福指数

幸福感是由人们所具备的客观条件，以及人们的需求价值等因素共同作用而产生的个体，对自身存在与发展状况的一种积极的心理体验，是满意感、快乐感和价值感的有机统一。幸福指数测量的是人们的幸福感，它是反映民众主观生活质量的核心指标。幸福感主要包含3方面的内容：其一，它是人们对生活总体以及主要生活领域的满意感；其二，它是人们所体验到的快乐感；其三，它是人们由于潜能实现而获得的价值感。

有人认为幸福指数可以代替GDP，事实上，这种看法有失偏颇。GDP是体现国民经济增长状况和人民群众客观生活质量的重要指标。没有物质财富的积累和民众可支配收入的提高，就谈不上民众的幸福感。通过对国内某省城市居民的抽样调查研究发现，居民人均收入与幸福感之间呈现一种正比例关系，即城市居民幸福感随着人均收入的增长而提高。大力发展经济，不断积累社会财富，是实现现代化的基础和社会各项事业发展的前提，也是提高人民群众生活质量的必要条件。因此，我们应在重视经济发展的同时，将幸福指数作为 GDP 指标的必要补充，使之成为考察社会和谐发展程度的重要依据。正确认识幸福指数与 GDP 指标之间的关系，对于促进经济社会全面发展具有重要意义。

因此，把幸福指数作为社会评价指标时，应对其评价功能进行正确定位。幸福指数体现的是民众一般的心理体验，它必然受到长期的和短期的、宏观的和微观的、主体自身的和外部环境的等多方面因素的影响。这决定了它主要用于对特定的社会发展与社会良性运行状况进行衡量与评价，一般不宜用于评价政府组织的绩效，更不宜用于考察个人的政绩。在追踪幸福指数的变化时，主要是看发展是否偏离了终极目标，而不是看一个国家或地区的幸福指数增长了多少个百分点，也不是看它在与其他国家或地区的比较中位次发生了什么样的变化。当然，可以采用幸福指数对城乡居民的主观生活质量、不同地区或不同社会群体之间的主观生活质量进行比较。这种比较的目的在于对以往的发展思路与政策选择进行评估，为现行政策的调整和未来政策的制定提供必要的依据，而不是作为政绩考核的标准。

考察幸福指数，并不是追求幸福指数无限增长，而是力求通过幸福指数来考察人民群众主观生活质量的状况和变化趋势，进而调整政策取向，促进社会发展和社会良性运转。随着社会经济的发展，人们的物质和精神生活水平会不断提高，人们的需求水平也会由低层次向高层次提升，这可能导致“幸福陷阱”的出现。“幸福陷阱”的存在提醒我们，在确定幸福指数时，一定要注意其相对稳定的特点。在主要指标保持稳定的同时，适时地对部分指标加以调整，增加或排除一些要素；对于保留下来的要素，也要对其在总体幸福感中的权重进行必要的调整。

所以，我们不要冲动地认为幸福指数具有某种科学性而忽略了理性思考，忽略了 GDP 的科学及可取之处。在日常生活中也要理性看待、讨论这个问题，不要陷入“幸福的陷阱”，否则就真的影响了你的幸福指数。

世界上有很多正统的学术机构和严肃的学者在致力于幸福指数的研究。比如美国著名心理学家赛利格曼、普林斯顿大学的心理学教授卡内曼和经济学教授克鲁格，就对此有过很有影响力的研究，他们将其命名为“幸福经济学”。克鲁格教授在很多年前还说：“我希望很多年以后，这个指标能与国内生产总值一样重要。”国内已经有一些城市，如深圳在几年前开始对此率先进行尝试。深圳的做法是，将“幸福指数”细化成“个人幸福量表”，由统计部门统计相关数据，由市社会科学研究机构定期发布计算结果。

GDP 曾被誉为 20 世纪最伟大的发明之一，与经济增长率、通货膨胀以及失业率一起，成为衡量一国经济景气、经济健康与否的最重要依据。由于长期将环境代价排除在国民收入的账户之外，社会经济发展的真实成本和收益事实上已被严重扭曲。比如，在一些片面强调 GDP 的地区，高经济增长其实是以环境的恶化和高能源消耗为代价的。一个内陆农业大省的统计数据显示，GDP 增长 9%，但环境污染损失却占到 GDP 的 15%，新增的 GDP 基本被环境欠账吃掉，经济增长的实际意义完全消失。从世界范围来看，环境组织的年度报告中更是赫然写着：“近二三十年，全球生态环境问题日益突出，特别是全球气候变暖、臭氧层耗竭、酸雨、水资源状况恶化、土壤资源退化、全球森林危机、生物多样性减少、毒害物质污染与越境转移等八大问题，已到了威胁人类生存的地步……”

GDP 不能对资源损耗与环境退化加以计量，不能全面反映一个国家和一个地区当前和未来的净福利变化，不直接体现公民关于幸福的终极诉求，从这个意义上说，幸福指数还是很有值得 GDP 参考的地方。

越有钱越幸福吗

一个人、一个家庭的收入水平，肯定是直接影响着幸福指数的高低。但是，金钱不是唯一的原因。过去民间有一些统计也反映出，农村人的幸福感比城里的人更强。上面也说过，衡量人们的幸福指数有若干个指标，还要受到人的价值观、受教育程度、习惯环境等诸多因素的影响，这样考量下来，往往会出现越穷越开心的现象。

据调查显示，四川的农民“幸福感”超过城里人。那些被访者认为当前自己生活幸福的占 44.6%，基本幸福的占 48.8%，不幸福的仅占 6.6%，总体幸福感达到 93.4%。其中：城市居民总体幸福感为 93.1%，农村居民为 94.2%。

这次调查中，民众满意理由中，详细调查了生活收入水平、个人健康状况、家庭生活和谐与否、社会人际关系、业余精神文化生活等 5 大指标。

另有一项调查，2004 年 4 月，由新华社主办的新闻杂志《瞭望东方周刊》与芝加哥教授、中欧国际工商学院行为科学研究中心主任奚恺元教授合作，对包括北京、上海、杭州、武汉、西安、成都在内的 6 大城市进行了一次幸福指数测试。结果，杭州第一，其后分别是成都、北京、西安、上海和武汉。

是否城市经济越发达，居民生活就越感到幸福呢？奚教授的调查显示：在 10 大城市总体幸福度的排行榜中，市民月收入最高的上海（月平均收入 2847 元）、北京（月平均收入 2484 元）和广州（月平均收入 2556 元），在城市总幸福度排行榜上分别位列第三、第七和第十；而杭州（月平均收入 2300 元）和成都（月平均收入 1515 元）却排在最前。

奚恺元说，许多人以为钱多会使他幸福，但事实上并非如此。实践表明，人们最终追求的是生活的幸福，而不是有更多的金钱。我们的最终目标不是最大化财富，而是最大化幸福感。

百万富翁的感觉

某知名大学的工商管理专业的一个教授举了一个很形象的例子：假定你是一家公司的老板，你有两种支付员工报酬的方式。一种方式你可以给员工支付定额的高薪，另一种方式你可以给员工相对低一些的工资，但是时不时给他们一些奖励。客观来讲，你的公司第一种方式中花的钱更多，但是，你的员工会在第二种方式中更高兴，而这个时候公司花的钱还更少！

当然，如果你的公司现在已经采取的是类似第一种的支付定额高薪的方式，那么现在要转换成第二种支付方式为时已晚，因为降低工资总是让员工很不开心的。

我们无法讳言这样的现实：追求财富是人的本能。人人都希望自己的钱包变得更鼓，人人都希望自己有朝一日成为富翁。但我们同样无法回避这样的事实：社会资源的总量是有限的，至少在现在这个阶段，我们不可能期望人人都成为富豪。富裕阶层与弱势群体之间的贫富鸿沟也不可能完全消失。

传统经济学认为，增加人们的财富是提高人们幸福水平的最有效的手段。但奚恺元教授认为，财富仅仅是能够带来幸福的很小的因素之一，人们是否幸福，很大程度上取决于很多和绝对财富无关的因素。举个例子，在过去的几十年中，美国的人均GDP翻了几番，但是许多研究发现，人们的幸福程度并没有太大的变化，压力反而增加了。这就产生了一个非常有趣的问题：我们耗费了那么多的精力和资源，增加了整个社会的财富，但是人们的幸福程度却没有什么变化。这究竟是为什么呢？

归根结底，人们最终追求的是生活的幸福，而不是有更多的金钱。因为，从“效用最大化”出发，对人本身最大的效用不是财富，而是幸福本身。

这一点已经被很多真实的例证证明。有一位私营企业家，他的公司年产值约2亿元，一年纯利润也有两三千万元。但他每天早上八点半上班，常常要到晚上八九点才回家。他自嘲被企业“套”住了，一年到头很难有轻松的时候。有人问他，公司每年财务报表上利润的增加能给他带来多少快乐，他笑笑，摇摇头：“增加几百万没啥感觉。”

事实就是这样，5元钱给一位饥肠辘辘的人带来的快乐，可能要比1万元带给千万富翁的快乐来得强烈。如果用竖轴代表快乐，横轴代表财富，那么二者的关系可以通过一条曲线反映出来：在一贫如洗时，最初的财富积累给人带来的幸福感一定急剧上升。财富积累到一定程度后，幸福感的增加进入一个缓坡。等到财富增长到某个数量后，大大超过了一个人一生的需要，拥有者可以“为所欲为”时，幸福感增长就基本成为水平线，很难再有更多增长。无论金钱、财富怎样多，人生终究还是有缺陷的，比如生老病死，所以人的幸福感都不可能达到100%。

金钱和财富同样逃脱不掉边际效用递减规律。

2000万元当然比1000万元更好，但是很少有人能够因此让幸福感也同等增加1倍。这实在是人之常情：吃不过三餐饭，睡不过一张床，财富增加了，幸福感不一定同比增加。这是世界之惑，人类之惑。除非在财富增加的每个台阶上，人们都能过一种全新的生活。

2001年，美国61岁的富翁蒂托花了2000万美元到俄罗斯国际空间站进行太空旅游；2002年，28岁的南非富翁马克也同样玩了一次。还有很多外国富豪也这样：或驾船横渡太平洋，或乘热气球环游世界等。以奚教授的观点看，他们那些人就是要让财富变成实实在在的幸福。

关于生活幸福度的经济学分析

生活幸福度原本是一个心理学术语，它的本意是指人们对生活满足的程度。经济学家在讨论经济发展水平和人们生活水平的关系时，将生活幸福度引入以说明人们从经济发展中得到的利益。不可否认，经济发展水平是衡量一个国家或一个地区人们生活幸福度的最重要指标，二者之间呈现某种正相关关系。但是，不能说经济发展水平高的国家或地区的人们就一定比经济发展水平低的人们幸福。

有西方学者研究后指出，当经济发展水平超过临界点（如人均GDP超过8000美元）的时候，幸福感与经济发展水平的相关性就不存在了。如富有的瑞典人比保加利亚人幸福，但是更富有的美国人则与瑞典人在幸福感上没有什么实质性的区别。此外，也存在一些经济发展水平与幸福感不相符合的情况，如巴西、阿根廷和中国人的幸福感或生活满意度比其收入预期的要高一些，一些东欧国家的幸福感则比其实际的经济收入水平预期的要低一些，与收入反差最大的是东亚某些国家，其国民经济收入水平很高，但其幸福感却很低。这表明收入与幸福度并不一定成正比。根据赛利格曼的观点，财富只有在缺少时才对幸福有较大影响，可当财富增加到一定水平后，财富与幸福的相关就小多了。这和经济学中的边际效用理论一样，当你在很饥饿时吃的第一个馒头边际效用最大，此时你的幸福度最大，而当你吃第二、第三个馒头时边际效用则递减，此时你的幸福度就降低了，然后依次降低直至你吃饱时边际效用为零。

事实上，在不同国家或者一个国家的不同地区，人们对生活满足程度的理解是不同的。正如博鳌亚洲论坛秘书长龙永图在2004年武汉东湖论坛上指出的，人们对生活的满足其实不能只用一个指标（GDP指标）来衡量，那是不全面的、不科学的。如在非洲一些国家，那里的经济发展水平是很低的，但是人们经常在解决温饱后就在大树下开展娱乐活动，显得对自己生活很满足；而一些发达国家在人均GDP达到数万美元后仍觉得生活困苦或者压抑。从中可以看出，要衡量人们生活的满足程度，以生活幸福度来衡量比单纯的经济发展水平指标要科学和合理。

生活幸福度是人们对自己生活状况的心理评价，是经济发展水平、社会习俗、伦理道德、文化传统、价值观念、意识形态的综合体现，具有浓厚的社会色彩，和新制度经济学界定的非正式制度范畴具有很多相同的属性。新制度经济学认为，非正式制度是指人们在长期的社会生活中逐步形成的习惯习俗、伦理道德、文化传统、价值观念、意识形态等对人们行为产生非正式约束的规则。制度创新能力和方向是知识及其结构的函数，即人们知识存量的多少决定了制度创新的能力，知识存量的结构决定了制度创新的方向。也就是说，人们拥有知识的存量越多，就越能对现行制度进行深刻的理解，这样在经济和社会发展后要求制度创新的能力和欲望就越强烈，而不同的知识结构又决定了人们制度创新的努力方向的差异。如在西欧国家，科学创新的精神受到推崇，所以激励技术创新的制度得以发展和完善，但在中国偏向于学而优则仕，这样就导致中国科举制度得以巩固。

人们对幸福度的感知作为一种更深层次上的非正式制度，也存在同样的规律：人们在生活幸福度的方面所拥有的知识存量和知识结构决定了人们对幸福生活追求的价值标准和方向，即知识存量和生活幸福度呈反相关关系，而知识结构则决定了生活幸福度发展方向。如在科学和生产力不发达时期，人们的知识存量有限，对于生活满足的要求则处于一个较低的层次上，解决温饱是最大目标，此时人们的幸福追求比较容易得到满足，从而生活满意度也较高；随着科学和生产力的发展，人们不再满足于温饱的解决，对自身的自由和发展的要求则占据了主导地位，所以人们的幸福追求得以升级而不容易得到满足，从而生活幸福度下降。而知识结构的不同也就决定了不同国家或者一个国家不同地区的生活爱好和满足状况，如在美国人们都热衷于信贷消费，认为这样可以最大化地提前满足自己的需要，即生活幸福度高；而中国人认为负债消费是一种生活压力，习惯在积蓄后消费，认为这样消费的生活幸福度高。这种对生活幸福度不同的认知根源就在于美国人和中国人知识结构的不同。

新制度经济学认为，非正式制度既是正式制度形成的基础，人类的许多正式制度都是在非正式制度基础上确立起来的，也是正式制度有效发挥作用的必要条件。事实上，在一个社会中，正式制度数量是很少的，而非正式制度则遍布在人们的周围，无时不在影响着人们的价值观念和行为。正如诺斯所说，“即使在最发达的经济中，正式规则也只是决定选择的总约束中的一小部分（尽管是非常重要的部分），人们行为选择的大部分行为空间是由非正式制度来约束的”。由此可见，非正式制度在一个国家或者社会中具有十分重要的作用。

我国正在进行的改革是一场非帕累托最优的制度变迁，这就必然会触动一些人的经济利益。在不同的地区或者社会不同阶层中，由于人们对改革及生活幸福度所拥有的知识存量和知识结构的不同，就导致人们对改革所触动利益的不同反应：一些人觉得生活幸福度在下降，成为改革的反对者，从而增加了社会正式制度变迁的成本；另一些人觉得生活幸福度在上升，会成为改革的支持者，从而降低了社会正式制度变迁的成本。所以，在我国改革开放过程中，正确处理和掌握不同地区或不同阶层人们心中有关改革及生活幸福度的知识存量及结构，可以为经济、社会制度变迁提供方向和动力。正确对待人们因不同知识存量和结构而产生的对生活幸福度的不同理解，采取不同的疏导政策来适应、引导人们对生活满足的程度和方向，让人们感知制度变迁带来的生活幸福度的提高，这样就会形成有利于我国经济制度变迁的非正式制度环境，降低正式制度变迁的成本，从而促进经济、社会实现协调、可持续的发展。

幸福需要多少钱

澳大利亚最近成立了一个名叫“幸福协会”的组织，不分男女老少，只要每小时交纳 200 澳元（约 140 美元）就能让你学会体验伟大的幸福。如果是团体消费，每人只需交纳 30 澳元。该协会的创始人蒂莫西·夏普说：“你真的可以提高你的幸福水平，这是我们要教给你的。我们可以让一个幸福‘存款’为零的人，在其幸福银行账号里有结余。”

据专家说，只有大约 15% 的幸福与收入、财产或其他财经因素有关，而近 90% 的幸福来自诸如生活态度、自我控制以及人际关系。夏普说：“如果你在这些方面不是太好的话，你可以学会更好地处理这些问题。”

幸福协会是美国经济学家保罗·赞恩·皮尔泽所称的“幸福革命”的组成部分。在他的同名书中，皮尔泽说，在汽车工业和信息技术工业化后，将会出现一个预防性产业，帮助人们发现和平、健康和幸福。

我们中的大部分人在经济方面都比我们的父辈或祖父辈好得多，可是幸福水平并没有相应的按比例提高。有研究说，当住房和食物这些基本需要得到满足后，额外的财富很少能增加你的幸福感。正如夏普说的："财富的增加绝对不会保证你的幸福也随之增加，一年挣3万元的人和一年有30万元收入的人相比，在幸福感上的差别非常小，不过许多人对此并不了解。"为什么财富差距不会令幸福感有太大的不同呢？经济学家认为，是经济尺度发生了变化。

几十年前，《巴尔的摩哲人》的编辑亨利·路易斯·曼肯曾说过，财富就是你比你妻子的妹夫多挣100美元。行为经济学家说，我们越来越富但并没有更幸福的部分原因是，我们老是拿自己与那些物质条件更好的人比。

夏普说："如果你想幸福，你可以用的最简单的方法，那就是与那些不如你的，比你更穷、房子更小、车子更破的人相比，你的幸福感就会增加。可问题是，许多人总是做相反的事，他们老在与比他们强的人比，这样会产生出很大的挫折感，会出现焦虑，觉得自己不幸福。"

科内尔大学的教授罗伯特·弗兰克说，当被问到你是愿意自己挣11万美元其他人挣20万美元，还是愿意你自己挣10万美元而别人只挣8.5万美元呢？大部分的美国人选择后者，他们宁愿自己少挣别人不要超过他，也不愿意自己多挣别人也多挣。弗兰克曾写过一篇论文《多花少存：为什么生活在富裕的社会里却让我们感到更贫穷》，他在这篇论文里写道：就说住房吧，一个人到底需要多大的住房？那要取决于他周围的人拥有多大的住房，如果邻居的住房小，他也不需要太大的住房；如果别人有一所大住房，他就需要一个更大的住房，无论他是否真的需要。

幸福协会的目标就是要帮助人们学会克服那些让自己感到不幸福的因素。夏普说，最好的标准应该是凯利·帕克，他是澳大利亚最富的人，但最近几年，他移植了一个肾，而且心脏也做过手术。夏普说："在财富上，我倒认为我比他强，你难道希望自己拥有40亿美元而一个肾被切除吗？"

第八章

劣币驱逐良币的格雷欣法则

格雷欣法则

在很长的一个历史时期，人们在市场交易活动中使用的货币不是我们今天大量使用的纸币，而是用金属铸造的铸币—类似我们今天的硬币。但不同的是，今天的硬币只是作为辅币使用，而在当时，有钱人出门则要带上一袋沉甸甸的货币—金币或银币，这是财富的象征。

与今天纸币不同的是，当时的铸币本身即有价值—其所采用的金属的价值，其面值的基础就是其重量和成色。随之而来的有两个问题：一是在铸造的时候，不能保证每一个货币都有一样的成色和重量；二是在长久的使用和流通中，有一定的磨损而导致重量的下降。换句话说，同样面值的货币，其实际价值会有所差别。

那么，每个人都想着把“好”的钱（良币）留在自己手里，把“差”的钱（劣币）花出去。时间长了，市场上流通的就都是“差”的钱，于是劣币驱逐良币的现象产生了。

“劣币驱逐良币”是经济学中一个古老的原理，它说的是铸币流通时代，在银和金同为本位货币的情况下，一国要为金币和银币之间规定价值比率，并按照这一比率无限制地自由买卖金银，金币和银币可以同时流通。由于金和银本身的价值是变动的，这种金属货币本身价值的变动与两者兑换比率相对保持不变产生了“劣币驱逐良币”的现象，使复本位制无法实现。比如说当金和银的兑换比率是 1 ∶ 15 时，当银由于开采成本降低而价值降低时，人们就按上述比率用银兑换金，将其贮藏，最后使银充斥于货币流通领域，排斥了金。如果相反，即银的价值上升，而金的价值降低，人们就会用金按上述比例兑换银，将银贮藏，流通中就只会是金币。这就是说，实际价值较高的“良币”渐渐为人们所贮存，从而离开流通市场，使得实际价值较低的“劣币”充斥市场。这一现象最早被英国的财政大臣格雷欣（1533 ~ 1603 年）所发现，故称之为“格雷欣法则”。

不过，也有一些经济学家质疑格雷欣法则。

当事人的信息不对称是劣币驱逐良币现象存在的微观基础。因为如果交易双方对货币的成色或者真伪都十分了解，劣币持有者就很难将手中的劣币用出去，或者，即使能够用出去也只能按照劣币的“实际”而非“法定”价值与对方进行交易。

劣币驱逐良币的本质是一种“逆淘汰”现象，是背离“优胜劣汰”的竞争法则的，其根本原因在于信息不对称和博弈不充分，如果交易双方对货币的质量都十分了解和博弈是反复充分的，“劣币”就很难使用出去。

获得 2001 年诺贝尔经济学奖的美国加州大学经济学教授乔治·阿克洛夫是信息不对称理论的开创者。

阿克洛夫通过一个简单的二手车市场模型来表述了信息不对称原理。市场上的“好车”数量将越来越少，最终导致这个二手车市场的瓦解。在这里，人们通常所做的是“逆向选择”，它出现的原因就在于信息不对称。

美国著名经济学家熊彼特在《经济分析史》（第 1 卷）第 511 页的一个注脚中写道：“实际上早在格雷欣之前的许多著作就已经提到了这条所谓的‘定律’，鉴于该定律无关紧要，我们对谁先谁后的问题不感兴趣。”

据李约瑟考证，“劣币驱逐良币定律”在格雷欣之前，提出日心说的哥白尼就写过一篇题为《论铸币》的文章，论述了这个“规律”；

有的中国学者则发现，在中国，早在公元前2世纪，西汉的贾谊就曾指出“奸钱日繁，正钱日亡”的事实，这里的“奸钱”指的就是劣币，“正钱”指的是良币。而唐代的刘晏于公元760年认为可以运用该规律，采取以毒攻毒的方式，将乾元大钱的法定价值贬到它的实际价值以下，从而迫使劣币退出流通界，唤出良币。可见，“格雷欣法则”源于对于金本位制度下劣币驱逐良币现象的描述。

很多时候，优未必能胜，劣也不一定败，做好人常吃亏，好产品卖不出去。社会生活中的劣币驱逐良币现象比比皆是：挤车的人总能捷足先登，排队的人总也上不了车；大锅饭盛行的单位，年轻力强水平高的人都另谋高就去了，老弱病残和平庸之辈留了下来；不贪污受贿、损公肥私的人只能吃苦受穷，就算你独善其身，也会成为异己分子被排除出局；社会上假文凭越来越泛滥的原因也在于此，假文凭不像真文凭那样需要花费无数的心血与才智才能取得，如果假文凭在求职中也能蒙混过关，即使被发现也不会被法律追究，那么人们会宁愿要假文凭而不愿费力地追求真文凭……

劣币驱逐良币现象最终会导致资源配置失当和社会效率低下——挤车大行其道，大家就都挨挤受累；单位的“良币”越来越少，业绩就更差，待遇就更低，良币就更流失；廉洁者越少，腐败就越会蔓延，导致整个社会法制不张、道德滑坡。

劣币真的能驱逐良币吗

格雷欣法则也叫“劣币驱逐良币”定律。这后一名称更能显示其在硬币（金银货币）时代的一种规律性货币流通现象，从而作为一条著名经济定律被写入经济学著作之中。但随着硬币退出货币舞台，这种现象也早已消失，因而它也逐渐被人遗忘。然而，我们却发现，其实在硬币与纸币共同使用时，或两种纸币同时流通时，该法则仍会以某种方式发挥其作用。

但也有一些劣币驱逐良币的逆反现象，如在香港市场上的人民币与港币的博弈。在香港市场，如果以港币的流通性、可自由兑换性及币值较高的情况来看，港元应为“良币”，而以人民币的不可自由兑换、币值较低及流通范围小则称之为“劣币”。自央行同意香港的银行经营人民币业务后，人民币在香港的广泛使用，促进了香港零售业的发展，激活了香港的经济。而且随着香港各行业商人抱有对内地民众到香港旅游带来无限商机的憧憬，除了不少服装及化妆品连锁店以一兑一汇价吸引旅客购物外，越来越多的商户表示欢迎使用人民币，兑换率要比正常汇价还要优惠。

一般来说，在银行，港元与人民币的汇价比价是100：106，如果以一比一兑换，使用人民币可获得超过6%的折扣。如果香港的店铺都这样大量使用人民币，那么港元自然会退出市场，即劣币驱逐了良币。

这种结论真的能应验吗？香港的报纸在报头上印有“只售港元六元，人民币六元”，而且其他报纸杂志都能以同样的方式用人民币来付款。对于精打细算的香港市民来说，选择人民币付款肯定是上乘的做法，但是市场上的实际情况并非如此。

在香港的报摊，报贩们都表示不欢迎顾客使用人民币，甚至于表明只收港元，原因是报贩向代理商交涉时手续十分麻烦。收取人民币后，需向出版社报数，查证后才获准以人民币兑换成港元。因涉及汇率差价，如果人民币的金额大，代理商就会质疑报贩“虚报”，怀疑报贩从中赚取汇率的差价，因此，除非顾客强烈要求，否则报贩只会收取港币。而且购报读者多为香港人，买一张报纸差价又小，因此，人们也就不在乎一定要收港元了。

这样一来，由于交易费用或信息费用的存在，最后还是良币驱逐了劣币。如果交易费用不存在，那么格雷欣法则当然可以大放光彩。在交易费用存在的情况下，用优币的人可以将物价压低，用劣币的人亦可能要加价，正是这种讨价还价，用任何一种货币也就没有区别了。

劣币驱逐良币是需要一定条件的。一是良币与劣币的名义价值（面额）应当固定，并按固定比价使用；二是当时货币流通总量超过实际需要。这两条，可以从金银复本位制和通货膨胀时期的事例得到证明。

金银复本位制典型的一种是欧美多数国家曾实行的双本位制。其特征是金、银两种货币都为主币，并按法定比价，以金1∶银15来进行流通。但这是不稳定的制度，由于价值规律的自发作用，金银以市场价格表现出来的实际价值可能脱离法定比价，例如金银市场比价成1∶20，这时人们就会贮藏金币，使用银币购物；反之，则贮藏银币，使用金币购物。因此，市场上实际流通的往往只剩下价值低的那种货币，即出现了劣币驱逐良币的现象。

通货膨胀的最直接原因就是流通的货币量过多。当实际需求大于或等于良币与劣币相加总量时，良币和劣币均能顺利完成其流通手段的职能，因为人们在交易瞬间，并不在意货币本身的内在价值。但在通货膨胀时期，物价不断上涨，这时人们使用良币购物就会感到吃亏，于是会更多地使用劣币购物，造成多余货币均为劣币，这也是劣币驱逐良币的现象。

目前，社会中经常会看到盗版光盘代替正版光盘，欺骗驱逐诚实，好的东西往往容易被不好的东西所取代，是因为劣币代替良币吗？其实并非如此。

盗版光盘市场越打击越繁荣，为什么？从光盘使用来说，由于现代光盘制作技术的普及简便，无论是正版的还是盗版的光盘并没有多少质量差别的。但是从两者的价格上来说，由于正版光盘强调知识产权的成本，追求巨大的超额利润，使得正版光盘售价十分昂贵，这就为盗版者创造了一个巨大的利润空间。即使政府对盗版光盘的制作贩卖行为打击十分严厉，但受暴利之驱使，盗版者仍然会冒着巨大风险从事盗版光盘的交易。而购买盗版光盘，消费者则只是花微小成本就可以获得正版光盘之效用，盗版光盘市场自然就繁荣起来。

股市上为什么欺骗行为会盛行？并不在于这种行为有市场，而在于相应的制度对这种行为打击处罚不严厉，市场上欺骗行为所获得的收益往往会大大地超过可能受到惩罚的成本，特别是对这种欺骗行为的惩罚成本微乎其微时，市场上的欺骗行为也就盛行了。

由此可知，所谓劣币驱逐良币，其本义就是当两种货币名义价值相等而实际价值不同，买方将率先用掉实际价值低的货币，而保存实际价值高的货币。所以，劣币驱逐良币中的“驱逐”含义是从买方角度来说的。反过来看，卖方将尽可能要求对方用良币付款，而拒绝接受劣币。分清买方与卖方这点十分重要，否则就会发生意义混淆。

如何能招到合适的人才

良币如何突破劣币的重重包围？如果听任这种逆向选择大行其道，那么社会不是越来越倒退了吗？事实显然并非如此。劣币驱逐良币的困境并不是无法摆脱的，只要使信息流动充分，优劣区分明确，建立良好的信用机制，这个问题就能解决。在市场中，劣币与良币是永远存在的。不同品质或等级的物品和行为共存都是很正常的，关键是市场上有一个信息对称的竞争环境和市场定价机制。这种机制使得不同质量的产品有不同的市场价格，消费者各取所需。劣币有劣币的价格，良币有良币的价格，消费者能在掌握充分信息的前提下做出自己的决策，同时，假冒伪劣产品会得到有效的惩罚和制止，企业如果以次充好，传递虚假信息，谋求不正当利润，那么将承担巨大的风险。这时，“劣币驱逐良币”原则就不会发挥作用。

即使我们排除了主观上制造假信息的可能性，在实际生活中，信息不对称现象也是永远存在的，因为获取信息是有成本的。如果每次交易都要掌握完全充分的信息，即使在理论上可行，事实上也是行不通的，很简单，成本将高昂得让你无法接受。你想买辆汽车，难道要先花几年的时间成为汽车专家吗？买房呢？这些高价商品尚且如此，更何况那些小商品呢？买的没有卖的精，说的就是这个道理。

作为买方来说，承担一定的风险是必要的成本之一。但作为卖方，最有效地为买主传递真实信息则是永恒的课题。

在人才市场上有时也存在类似的问题。某单位想招进一位经济学博士，要求如下：对方脑袋好，笔头好，口才也要好。但单位提供的条件如下：不变的级别工资制，每月除了两千多元工资外别无其他收入。结果，出现了这样戏剧性的一幕：前来应聘者如果声称自己各方面都很优秀，领导就会奇怪地问：如果你真的很优秀，你一个经济学博士，为什么愿意到我们这种待遇很低的地方？这一问题真难倒了应聘者，但也难倒了领导自己。因为领导想：这样的条件，优秀者不愿意来应聘，来应聘的人肯定又是不优秀的，单位又不愿意要。于是，那个单位一直招不到一个合适的经济学博士。

那么，如何解决这种因为信息不对称导致的市场失败问题呢？当然是买者拥有卖者尽量多的信息，即买者与卖者能够拥有足够多的“共同信息”。假如上面所说的单位领导对前来应聘者知根知底，也不至于招不到一个合适的人选。

接下来的一个问题自然是如何能使买者与卖者拥有足够多的“共同信息”。卢周来教授提供了这样几种解决方案：

第一种方法是买者与卖者相互之间的有效沟通，卖者主动向买者传达出关于产品的相关信息。比如，你去买一件羊毛衫，导购小姐不厌其烦地教你识别真羊毛与假羊毛的方法，然后让你用此法检验她所卖的羊毛衫是真的还是假的。这一招也许确实很管用，如果你想买的话，就会决定买下来。

第二种方法是找一个识货的“行家”，由他帮助对商品的质量与性能进行识别。但这两种情况都建立在一个假设基础之上：即买者与卖者之间在信息沟通时，以及买者与“行家”在信息沟通时，都必须是诚实、互信的。而这种假设在现实生活中往往也很难实现，因为现实市场上拥有完全信息的卖者往往利用信息上的优势欺骗不拥有完全信息的买者。这时，又要依赖政府的作用了：为了克服信息不对称带来的市场失败，需要政府帮助公众获得更多的信息。

这样一来，单位招聘不再一筹莫展了，相信应聘者也能找到一个适合的单位，发挥所长了。

谨防“劣币”始入

在人才管理上，在企业管理上，劣币驱逐良币的现象很普通，也很麻烦。

在一个企业创建之始，往往是积极向上的“良币”在主持工作，发挥着主导作用，也吸引着更多的“良币”的加入，这样会形成一段时间的良性循环。

经过一段时间后，企业发展到一定规模，此时大家的积极性会逐渐减弱，惰性开始起作用，这时劣币开始在良币的队伍中出现，或者某些原来的良币变成了劣币，又或者是新加入的成员中出现了劣币。

长久下去，高素质员工（良币）的数量相对下降，低素质员工（劣币）的数量相对上升，尤其是大量的劣币员工上升到较高的岗位上时，格雷欣法则便开始发生作用。

最后，企业效益下滑，当企业开支捉襟见肘时，员工薪酬水平普遍下降。由此导致员工薪酬水平下降与企业效益下滑的恶性循环——劣币大量驱逐良币，格雷欣法则完全发挥其作用。

这就要求企业领导者在创业之初，招聘人员时就注意选择“良币”。下面的这个事例可以更深刻地说明这一点。

春秋时代，齐桓公的霸业很大程度上得力于相国管仲。有一次，齐桓公与管仲聊起马棚的工作，管仲说：“其实作为马夫，最难的是搭建马棚的栅栏。先用弯曲的木料编排，以后就都要求用弯曲木料，弯曲木料都编上了，笔直的木料就用不上了；先用直木料编，以后就都要求用直木料，直木料都编上了，弯曲木料也就用不上了。”

管仲的话给了齐桓公极大的启示，这其实是在告诉他一条用人之道：用人之道贵在慎始，曲直不相容而相斥，在开始的时候就必须慎重选择。开始用了良币，劣币就难以进入；开始时用了劣币，良币就会被挡在门外。

对于某些产品来说，其质量检测是比较简单的。各行各业都会有相应的客观标准，而人才这种特殊商品的优劣鉴定则要复杂得多，正如在企业运作过程中良币与劣币的相互作用一样复杂。

首先，人才是一个特殊的商品，很难有一套相对客观公正的评价体系。一般来说，品德和才干是一个人才应具备的是最重要的两个因素。有德无才，无法胜任工作、创造效益；有才无德，能够胜任工作，但会造成负面影响。德才兼备为最理想之人才。才干有一套客观的评判标准，如业绩等，可品德则需要较长的时间才能做出公允的评价。

其次，人是具有惰性的。在刚进入一个新环境时，一是出于保护自己、融入集体的需要会比较勤奋，时间长了，就会有些懈怠，良币用的时间长了也会磨损成劣币，何况人？二是环境对其潜移默化的影响，所谓“近朱者赤，近墨者黑”。三是公司制度人性化。太多的人为因素使劣币的去留变得复杂起来，也许曾经是“良币”，为公司做出过贡献；也许最近状态不太好；也许随着公司业务的调整，他有些不适应；也许他是领导的亲属；也许自己不愿意得罪人……在多种因素的影响下，驱逐一个“劣币”是很困难的。

如何走出上述怪圈，有效地遏制格雷欣法则呢？

首先是管理者自己不能磨损成“劣币”，不能有任何的懈怠。如果管理者自己以及创业元老精力衰退，有变成“劣币”的危险，则一定要及时把新的“良币”提拔到领导岗位上来，自己则可退居二线。

其次，对待“良币”一定要有足够的吸引力。留住“良币”，给予他们应有的待遇，同“劣币”有明显的区分，并且，在制度上给予足够的保证。

再次，对待任何“劣币”要有足够清醒的认识，即使不能及时将之清理出去，也一定要限制其发展，不能听任其形成规模。

劣币驱逐良币到此为止

南宋军事家、民族英雄岳飞，可谓是难得的帅才，不但能征惯战，屡破金兵，还对宋王朝忠贞不贰。可就在南宋王朝急需用人之际，岳飞却被秦桧之流以“莫须有”之罪名迫害而死。这不仅是岳飞的悲哀，更是大宋王朝的悲哀，就是因为没有了岳飞，金军的铁蹄才得以肆无忌惮地蹂躏大宋那仅存的半壁江山。

对于现代企业来说，只有知人善任、建立健康的用人制度，才能够很好地遏止劣币驱逐良币的现象。而要做到这一点，首先要有一个合格的人力资源管理者。

在市场上，来了一个瞎子，据说他是来买羊的。所有人都等着看好戏，谁也不相信一个瞎子能从一大群羊中间选出好的品种来，甚至有人恶作剧地把一只小狼放了进去。

瞎子被领到羊圈出口，卖羊人将羊赶到他的面前。瞎子一只一只地挑选小羊羔，奇怪的是，他虽然眼睛看不见，但挑出来的羊羔确实都是非常优良的。

这时，恶作剧的人故意把小狼递到他的手上去。瞎子接过来，歪着头，摸了一会儿，说："这不是一只羊，我也说不清楚这是什么，但我能肯定地说，这个动物不是什么好东西！"

周围的人大惊，便向他请教诀窍。瞎子说："你喜欢羊吗？你了解羊吗？你能像我这样不用眼睛而用心去看羊吗？这就是我的秘诀！"

一个优秀的人力资源管理者，就像是寻找千里马的伯乐一样，要具有识人的慧眼、丰富的经验和全面的综合能力。因此，企业和组织必须重视对人力资源管理者的选拔，并善待人力资源管理者，因为"千里马常有，而伯乐不常有"。

其次，企业还要有一套用人、留人的科学方法。

很多企业因为"求贤若渴"，一旦求到了人才，就把他们高高地供起来，用高薪、住房、福利来挽留人才。实际上，这样的企业犯了一个根本性的错误，他们忽略了人才的真正需求。

诚然，要挽留住优秀员工，提高物质待遇不能不算一个可取的方法，但是这不是根本的方法。因为久而久之，公司的薪酬管理有可能陷入恶性循环，物质待遇还会成为员工讨价还价的本钱。

对于企业来说，要留住人才就要搞清楚优秀员工的真正需求。他们的离职往往不是待遇的问题，而是对公司的目标缺乏认同、对公司的管理方式不满。另外，缺乏个人成就感也是员工离职相当重要的因素。说到激励，很多人会想到晋级、加薪，但仅靠晋级、加薪并不一定能有效激励员工，企业必须使优秀的员工融入企业的发展进程中来。这样，虽然会使优秀员工压力加大，负荷超重，但是却能够让他们有成就感。

总而言之，真正的人才不仅需要有挑战性的工作，更需要工作的胜任感、成就感、责任感，受重视，有影响力，个人成长和富有价值的贡献。

上面说的是如何在用人方面尽量遏止劣币驱逐良币的现象。至于其他领域，尤其是市场竞争方面，情况更为复杂。

有一个显而易见的道理，那就是信息对称的竞争环境和健康的市场定价机制可以制止“劣币驱逐良币”原则发挥作用。试想，乡镇企业的运动鞋私自挂上耐克的商标卖高价而没人追究责任的话，恐怕没有一家企业不去生产这种成本低、利润高的运动鞋。

那么，如何才能拥有一个信息对称的竞争环境和健康的市场定价机制呢？办法就是要建立健全的法律法规、制定产业政策、提高市场准入门槛、强化政府对市场的监管，等等。

目前，在我国市场经济环境发育不充分的情况下，有相当一部分人认为市场经济就是完全自由的竞争，政府不能有任何干预，否则就是对市场经济的不尊重。这完全是对市场经济的误解。在斯密、李嘉图时期，当时的政府职责就是一个守夜人，但就是这一时期，市场也不是完全放任不管的，也依然存在特许经营、东印度公司等经营形式；就是在20世纪70代以后，新自由主义经济学说影响日渐扩大，政府对经济生活干预的范围虽有所调整，但力度也并没有减弱；第二次世界大战以后，经济恢复发展得比较快的国家和地区基本都是通过政府主导推进经济社会发展，这一点在亚洲“四小龙”身上表现得尤为突出。

可见，“培养健康有序的市场竞争环境”这一艰巨的任务，只有政府能够完成。

第九章

光环效应与形象的价值

光环效应

据说，在玛丽莲·梦露死后，有一位收藏家买到了一只梦露的鞋子，他把这只鞋子拿到市场上去展示，参观者如果想闻一闻梦露的鞋子，须出100美元的高价，但愿意出钱去闻闻这只鞋子的人竟然络绎不绝，排起了一条长龙。以至于这位收藏家居然靠一只梦露的鞋子发了一笔横财。

梦露的鞋子为什么有那么大的魅力呢？答案就是“光环效应”。

“光环效应”是指由于对人的某种品质或特点有清晰的知觉，印象较深刻、突出，从而爱屋及乌，掩盖了对这个人的其他品质或特点的认识。这种强烈知觉的品质或特点，就像月晕形式的光环一样，向周围弥漫、扩散，所以人们就形象地称这一心理效应为“光环效应”。为什么光环效应会带来巨大的财富呢？这是因为，产生光环效应的人毕竟是少数，即光环效应具有稀缺性，而稀少的东西就具有较高的价值。而且，人们有一种从众的心理，即看到别人认为好的东西他也认为好，因为判断人的好坏需要知识和成本，跟随别人判断可以减少判断的成本。另外，光环效应往往掩盖了其存在的缺点，人为地抬高了其真实的价值。这样，具有光环效应的人其数量是固定的，但对光环效应的需求却由于多方面的原因大幅度增加，使其供给和需求处于不正常的状态。

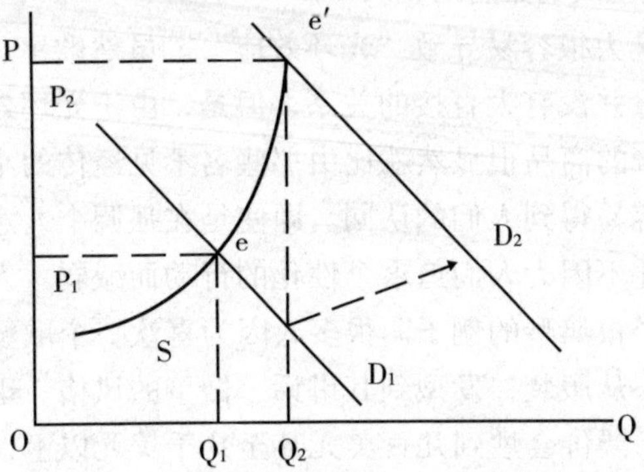

如图所示，纵轴P表示光环效应的价格，或其所产生的收入，横轴Q表示社会和市场对具有光环效应的人及其产品的需求量和供给量。由于拥有光环效应的人总是有限的，其供给量固定，供给曲线S也固定。而对拥有光环效应者及其产品的需求量则由于媒体的推崇、公众的从众心理、光环效应拥有者的缺点被掩盖等因素，不断增大，即需求曲线迅速从D_1向D_2移动。在供给曲线不变，需求曲线向右移动的情况下，光环效应拥有者的（收入）或其产品的价格就从P_1上升到P_2。本来，其供给和需求的均衡点在e点，这时的均衡数量是Q_1。但是，由于光环效应的作用，人为地增加了需求量，使得其均衡点移到e′点，价格则大大提高到P_2的水平，均衡数量为Q_2。造成与光环效应挂钩的产品价值被人为地抬高，或者光环效应的拥有者得到过高的收入。

一些精明的商家就精通此道，他们舍得花本钱使其产品与明星或名人挂钩，这样，就能借助名人的“光环效应”帮助企业聚集更旺的人气。现在，阿迪达斯运动鞋几乎无人不知、无人不晓，它的闻名于世，全赖于很好地利用了奥运会这个资源。阿迪达斯运动鞋走向世界的契机是1936年的奥运会，这一年，公司创始人阿迪达斯突发奇想，制作了一双带钉子的短跑运动鞋。怎样使这种样式特别的鞋卖个好价钱呢？他听到一个消息：美国短跑名将欧文斯最有希望夺冠。于是他把钉子鞋无偿地送给欧文斯试穿，结果不出所料，欧文斯在那届运动会上4次夺得金牌。当所有的新闻媒介、亿万观众争相目睹体育明星的风采时，那双造型独特的运动鞋自然也特别引人注目。奥运会结束后，由阿迪达斯独家经营的这种运动鞋便开始畅销世界，成为短跑运动员的必备之物。

一般说来，外貌的魅力很容易导致“光环效应”。虽然歌星、影星与广告中的商品质量并没有太直接的关系，但是，由于光环效应的作用，明星做过广告的商品很显然就比由那些名不见经传的小人物拍广告片的商品更容易得到人们的认同。即使是在强调个人意识的今天，光环效应也并不因为人们追求个性化的行动而减弱。人们对明星的追捧就是一个很典型的例子。很多人因为喜欢一个歌星或影星而极力去模仿他，从服装、发型到其讲话、做事的风格。迈克尔·杰克逊的演唱会，票价会炒到几百美元甚至几千美元以上，花这么多钱所听到的和看到的实际效果并不比电视里的好，但是许多人还是为能亲自感受一下歌星演唱的现场氛围，慷慨解囊。

光环效应实际上是个人主观推断泛化和扩张的结果，生活中，很多人都在无意识地、执拗地利用着光环效应。大多数人只要闻到了权威、明星的气息，便会立即放弃自己的主张或信念，转而去迎合他们的说法和做法。可以说，光环效应有一定的负面影响，在这种心理作用下，人们很难分辨出好与坏、真与伪，容易被人利用。

经济学崇尚理性，即要求人们不要过多地受到光环效应的误导，应当有更多自己的判断，这样才能减少一些不必要的支出。如果人们都比较理性一些，光环效应就难以人为地抬高商品价格，消费者不会花那么多的冤枉钱。

你的形象价值百万

一位大学毕业生鼓足勇气去找工作，但他没有想到找工作这么麻烦，只要有人才交流会他就去赶场。在人才市场，人都扎堆了，有的单位看到有这么多人应聘，就会故意把试用期延长，把工资压得很低，让他觉得很郁闷！好不容易把自己的简历递给了一个公司的招聘人员，可是，对方看也没看他一眼，只是留下其简历。去了几场招聘会，简历发了几十份，满以为会有回音。但过了近一个月，什么回音也没有。同宿舍的一位同学见此，就对他说：“你也应当好好改善一下自己的形象，买套像样的服装，打扮打扮自己，面试时要善于说话，注意一下自己的形象。”于是他照此行动，把自己关在宿舍里练习说话和仪表，足足练了20天，还买了一套西装。后来，他又去参加招聘会，这回，他比较精明，看到适合的公司才投简历，一共投了10份简历。半个月后，有8个单位通知他去面试。最后，他终于找到了满意的工作。

这位大学生在没有注意自己形象的时候去找工作，那些公司连个面试机会都不给他。后来，他着力改善自己的形象，很快就找到了满意的工作。可见，良好的外在形象对一个人多么重要。

为什么一个人的外表对自己有这么大影响呢？要回答这个问题，还要回到人力资本上来，我们已经知道，一个人的人力资本，表现为知识、技能、体力（健康状况）价值的总和。但是，作为一个经济实体的企业或单位，它怎么才能在短时间判断一个人的人力资本价值大小呢？“试玉要烧三日满，辨才须待七年期”，一个单位不可能花太多的时间来判断一个人人力资本价值的大小，因为花费太长时间判断个人的人力资本价值大小需要付出的成本很高。所以，一般是迅速从个人的外表形象来判断一个人的能力。个人的外表形象是个人文化修养和内在气质的外化，而个人的内在气质，是一个人在家庭、社会各种环境中潜移默化熏陶影响下，整体的学识、品德、修养的总的行为积累，也是个人的仪态表现的基础。通常来说，较易给人留下好的第一印象的人，大都具有一些共同之处，比如有较好的风度、气质，沉着冷静，知识面宽，对日常生活中最基本的常识都懂一点，态度谦逊温和，彬彬有礼，性格开朗，思维独特，身姿端正。一个人具有较好的外表形象，就较受人欢迎，其人力资本价值自然更高。

而且，在现代社会，不管什么样的单位，都需要和不同的单位、客户打交道。不同的外表形象会让人产生不同的心理感觉，爱美之心，人皆有之，良好的外表会带给人们一种美的享受，给人一种舒适的感觉，有一种吸引眼球的作用，并使别人更加关注他。而外表差往往会给人一种不舒服的感觉，带来一种负效用。员工的外表形象好，一方面代表了单位的外在形象，另一方面，员工良好的外表更容易吸引眼球，吸引更多的客户或宾客光顾，使单位及其产品的需求者增多。如果是销售商品，具有良好外表的员工可以销售更多的产品。就是其他单位，具有良好形象的员工也会给外来的领导和兄弟单位朋友良好的印象，产生好的评价。否则，外表差的员工，往往更难销售产品，或使外部的人对单位评价降低。这样，员工外表形象的好坏就直接影响了单位的经济效益。

一个人的高矮、胖瘦、五官怎么样，都是天生的，但是，一个人的形象是一种整体的形象，广义的形象是指他人对一个人的整体印象和评价。这种形象更多的在于后天修养，即礼仪。具体包括以下 6 个方面：（1）身体无异味，给人一种舒适的感觉；（2）表情泰然自若，和蔼、友善，能够与他人互动；（3）举止优雅、文明、规范，能够代表单位、个人的形象；（4）服饰得体、干净利落；（5）言谈音量合适、符合规范、悦耳动听；（6）待人接物要谦虚、不过分炫耀自己、不盛气凌人，礼貌待人，给人一种彬彬有礼的感觉，诚实、守信，做到“言必行，行必果”。如果一个人在这 6 个方面都做得很好，即使其学识和才能不高，也容易使别人对其人力资本价值产生比较高的评价。

如果一个人养成了不好的仪态恶习，如坐下时身体歪斜，用手抓头皮，当众挖鼻孔、掏耳朵、剔牙，习惯脱鞋和挽裤腿，甚至闻鞋垫儿，随便吐痰等。有这些形象人家都会认为这个人是一个没有教养的人，而不愿与其交往。即使其人力资本价值很高，能力很强，但其价值并没有从外表形象体现出来，反而是外表形象降低了自身的价值。

作为白领阶层，在办公室的形象也很重要。办公室既是工作场所也是公共场合，一个人的形象好，同事也愿意接纳他，并与他和睦相处，其人力资本价值才能得到更好的发挥，因为与同事相处和睦，自己心情愉快，工作也更有效率。否则，形象不好就会遭到同事的排斥，与同事产生矛盾，自己也会因心情不好而降低工作效率。

严重时还可能相互之间发生冲突。即个人形象的好坏影响了单位的经济效益。

美女有什么经济效应

美女们以“形象代表”、“亲善大使”、“产品代言人”的面目出现，在市场上呼风唤雨，争夺眼球，也为厂家商家建下不少奇功，可以说这是一种真正意义上的“注意力经济”。利用美女的高注意力来做文章，已经成为一门别具一格的产业。可以说，几年前电视台搞“选美大赛”是美女经济的一个开始，而这几年美女经济又被商家加入了一些新的注解。对电视台来说，美女的加入可以提高收视率，使广告不再单调乏味；对商家来说，利用美女做形象代言人可以提高人们对产品的关注度和购买率；对赞助商来说，美女为他们带来了广泛的广告效应；而对观众来说，看“美女加广告”要比看纯粹的广告有意思多了。

“美女经济”，这个词在市场经济时代似乎得到了印证。

我们在这里说的“美女经济”，不是经世济民之经济，不是经济实惠之经济，也不是国民经济总称之经济，而是一种经济活动。凡经济活动，一般都有物质文化资料的生产、分配、交换、消费活动在其中，“美女经济”也不外乎如此。时下流行的选美亦是“美女经济”中的一种，我们以选美来谈谈四大经济活动过程。

选美产生美女，美女来到世间，其生产权本来属于其爹妈，天然的美女混迹于人海之中，还仅仅是一种资源，而选美就是开发这种资源，将其包装成“美女”上市。以模特业为例，选美产生了模特，模特公司在所有模特身上运作的最终目的是把自己的产品—模特推向市场，出售给商家。上市即进入流通，售出即实现交换价值。至于分配，基本上是单一的货币分配，即花了钱就获得参与分配的权利，就可以挑选自己喜爱的模特。可以这样描述：商家说，我想要的模特三围必须是84、60、82，于是一批模特被淘汰，也就完成了分配。当然选美也要消费美女。作为商业促销工具的美女，商家是当做生产资料来消费的，在消费过程中将其价值转移到商品上去；作为艺术人才的美女，商家往往作为精神文化产品的组成部分推出来，让大众消费。由此看来，美女经济确实存在，它是稀缺的美女和飞速发展的经济结合在一起形成的，而如今正是美女经济的时代。

在市场经济的前提下，知识是有价的，美丽也是有价的，美女的脸蛋、身材、一颦一笑乃至风韵气质都有价。愚昧的美女如同浮在水面的荷花，以低廉的价格出卖了自己的美丽，而聪明的美女知道如何让自己的美升值，以至追求永恒的美。美女加才女才是真正完美的超强组合。前段时间，原《足球》报美女名记李响以300万的高薪转投《体坛周报》门下。生活中的李响是健康的，工作中的李响是智慧的，300万的高薪让她名利双收。不久前因出任申奥形象大使而赢得满堂喝彩的香港阳光文化网络电视有限公司主席杨澜，再次让人们睁大了双眼，阳光文化以部分换股部分现金方式拥有了新浪16%的股权，杨澜也不动声色地坐上了新浪第一股东的交椅。这位外表柔弱美丽的女人再一次展示了她“全能女人”的风采。而在杨澜的成功神话中，最经典的就是她的“智慧”。

美宝莲化妆品启用了当红影星章子怡，爱普生打印机让朱茵来演绎生活的色彩，大印象减肥茶让关之琳暗示你“要想留住你的美丽该喝什么”。看来，利用美女的高注意力来做文章，已经成为一门别具一格的产业。

试想这样一个情景：一个令人惊艳的极品美女站在你的面前，而她却满口脏话，遇到这种情况你会觉得比遭遇“恐龙”还要恐怖。美女一定要慎做花瓶，真正意义上的美女是内外兼修的。美女往往比相貌平庸的女人拥有更多成功的机会。统计学还显示美女的平均收入比较高，这也是美女经济的体现。但是美女也不是万能的，美女也有下岗的时候。这个时代美女越来越多了，提升自己的素质成为美女们竞争的手段。前段时间有几家大品牌厂商招聘形象大使，前来应征的选手用才貌双全形容一点不为过。美女经济也是市场经济，美女不完善自己也就意味着下岗。

我们不难发现，现在许多的厂长、经理、广告公司老板都是美女，拿旁人的一句话来说就是美女好办事。虽然她们不是绝顶聪明，但是她们拥有一定的智慧再加上一定的美貌，那就攻无不克、战而不败了。

美女经济间接地带动了其他经济的发展，比如服装、化妆品、餐饮业，等等。三分长相，七分打扮，要成为美女，包装是必不可少的一门必修课，再贵的衣服、化妆品也不用愁销路了，此等能衬托美女的优秀物品必有上档次的美女来购买。女人装扮自己是无可厚非的，哪怕买得自己口袋空空也是无可争议的，只要把自己包装成美女了，美女经济效应也就出来了。这是一个良性循环的过程。现在的社会有这么一群人叫“打望”一族，他们不为别的，就是为了打望美女。打望美女也并非是件坏事，美女赏心悦目，谁不愿多看两眼呢?

在今天，美女的影响力越来越大，美女经济效应大有辐射至各领域、渗透到各行业之趋势。房地产界有了，娱乐界也有了，在一般只能靠本事吃饭的文学界早就有了。就是在普通老百姓难以有机会一试身手的“贪污受贿”界，美女也披荆斩棘、大行其道，有的赤膊上阵，直接混个一官半职；有的迂回曲折，甘为前驱，舍身奉献，一般回报也颇为丰厚。就因为太有杀伤力了，很多人看不过去，群起要求为“性贿赂”立法，并博得许多人的摇旗呐喊。除了法律，似乎再难有什么盾牌能阻挡美女的所向披靡。

鉴于美女有如此大的能量，很多人也就顺理成章地要充分开发这种并不稀缺的资源。西部开发初见端倪，“中国西部形象小姐大赛”已然先行，还美其名曰“树立西部形象”，就好像没了这些小姐，西部的形象就要大打折扣。网站开发商们还在自己织下的罗网里拼死挣扎，大概他们知道美女能一呼天下而自己万呼也无人理睬。产品推销更是无美女不行，大街上“美丽冻人”的场景比比皆是，只有胸罩三角裤说是内衣联展，身着开衩旗袍则属迎宾送客。

于是有人为这些现象发明了一个词叫“美女经济”。说白了这其实就是“眼球经济”，因为要的就是人们的注意力。再说白了是利用甚或挑逗人们的“性心理”，最终大把大把地捞银子。

那么，“美女经济”为什么会扑面而来呢？它应该完全是市场选择的结果。孔子早就说过，食、色、性，人之天性也，顺其天性也就有了人的欲望与需要。秀色可餐，道理大致就是如此。商家也正是借助人们对秀色美的感觉来制造各种美女形象，并用美女来作为自己的企业及产品的形象代言人。在涌动的人流中，一个女孩突然映入你的眼帘，她的美丽与清纯、她的音容与笑貌、她的衣饰与打扮——一个想象中才有的漂亮女孩进入了你的脑际。她太美丽啦！这个漂亮女孩的形象瞬间就把你定格在原地上，你静静地看着她在你眼前飘然而去。这时，尽管你会站在那里目送这个女孩飘然而去，但是这个女孩的美丽形象却很难在你的记忆中消失。

在传统的计划经济体制下，为什么美女经济不能出现呢？这是因为，在这种体制下，尽管人们有爱美之心、秀色之欲，但这种体制的道德约束及个人生存对政府的依赖性，个人的这些欲望从根本上受到了抑制。更为重要的是，由于整个经济活动由计划指令来安排，产品则由计划来确定，因此，秀色既没有价值，即使有价值也无法衡量之。

但是，在市场经济中，一件东西有没有价值、值多少钱，并不是个人头脑中的想象，也不是由谁来安排，它完全取决于市场的供求关系。既然喜欢秀色是人的天性，那么人就有这方面的欲望与需求，企业就得制造出各种产品来满足人们的这种需求与欲望，从而创造利润。如美女封面、选美大会、香车美人、女性人体彩绘等各种活动都是如何利用美女为企业创造利润的方式。

同时，美女是十分稀缺的资源，这样，美女的价值也就真正地显现出来。如果女性都是美女，也就没有美女利用可言了，美女的价值自然也就没有多少了。

既然人的美貌是有价值的，是一笔财富，而且这笔财富只需花很小的努力就可能满载而归，那么美女们就会趋之若骛，个个都希望轻易地获得一笔财富，以此提升自己的生活水准，提升自己的社会地位。美女之间的竞争也就不可避免。这样，不仅需要通过各种不同的方式把那些天生丽质的女孩从芸芸众生中选拔出来，而且为了让这些天生丽质的女孩在激烈的竞争中获胜，还得有巨大的个人投资，还得经过训练与培养。这样训练美女的产业（如健美训练、培训模特的企业等）及产品（如高级化妆品）也应运而生。美女经济也就扑面而来了。

总之，美女经济是市场经济发展到相当程度的产物，它不仅冲击市场销售的理念，也改变了人们对财富及家庭婚姻观念的理解。同时也表明了，在市场经济中，尽管我们每个人的际遇不同、资质各异，但每个人都有自己特别的天分。如何发掘自己的天分来增加收入是每个人都希望的，关键是如何提供相关的市场，如何设定好的市场运作规则。

不修边幅的人没有影响力

看过电视连续剧《济公》的人，对剧中的那个济公可能有很深的印象。“鞋儿破，帽儿破，身上的袈裟破。你笑我，他笑我，一把扇儿破”，剧中的济公疯疯癫癫，却路见不平，拔刀相助，“哪里有不平，哪里有我”，一些小孩子特别喜欢济公的形象。可是，在现实生活中，谁会喜欢济公这样的人物呢？要是在街上，有人穿得像济公一样，肯定绝大多数人都会避之唯恐不及。我们也看到，一些穿得像济公一样的人，比如穿得破破烂烂的乞丐，会成为小孩子攻击和取笑的对象，扔石头、果皮、泥巴等。要是在公交车上，有人穿得破破烂烂的挤公交的话，肯定会遭到众人的白眼。

在现实生活中，一个人的形象是很重要的，不修边幅的人不会惹人喜欢。几年前，有一个学生，是师范大学毕业的，被分配到某中学当教师，上第一节课前，他认真地准备了两天，准备口若悬河地演讲一番，上课的那天，他穿着白衬衫，打着领带，信心十足地走向讲台。可是，当他讲课讲到几分钟时，整个教室的学生都哈哈大笑。原来，在他匆匆忙忙赶往教室的过程中，竟然忘记把自己西装裤子的拉链拉上。不用说，这堂课泡汤了。辛辛苦苦准备了两天的课也没有上好。

不修边幅的人在社会上没有影响力。什么是影响力呢？一个人的影响力就是其知名度和美誉度，也就是社会上的人对这个人的赞誉度和尊敬程度，以及本人对社会上其他人影响力和作用力的大小。比如，上面提到的那位老师，由于没有注意自己的形象，在课堂上惹得学生哄堂大笑，这必然使一些学生轻视他，更谈不上得到学生的尊重。这样，他在课堂上的影响力自然降低，这位老师的话会被学生当成耳边风，其上课的效果也就降低。一个人在社会上没有影响力，其人力资本价值就比较低，不管他的学识和能力如何，别人不会发现，人们看到的只是其外在的表现不佳。那么，这个人所做的工作或所推销的产品就很难得到他人的认可，即他人对其工作成就或产品的需求欲望降低，需求量减少，其工作或产品的价值自然降低，相应地，这个人所得到的收入也必然大大降低。

一个人的影响力也就是他的品牌价值。在现代社会，人在某种程度上也是一种商品，在商品市场，人们大都购买著名品牌的商品。没有任何品牌价值的商品，人们容易把它当成是假冒伪劣商品，不愿意购买。人的影响力就是社会对这个人的认知程度，也就是一个人的品牌价值。名牌商品需要相应的包装，才能体现它的价值。一个人的外表形象也是其包装，其肚子里有多少货色他人不可能知道，一般人总是先看其外在形象的好坏。外表形象不好的人，自然没有任何品牌价值，没有影响力。经济学是以欲望的满足为出发点的，人们购买某种商品是为了满足消费的欲望。人们接触一个人，也是为了满足相互实现价值的欲望，人是以群居为主的高级动物，常常需要借助他人的合作才能实现自身的价值。如果某人外表形象不佳，让他人产生厌恶感，必然遭到他人的排斥，他也就不可能影响他人的言论和行为，甚至于还可能会遭到众人的孤立。离开了他人的合作不可能创造出有价值的东西，其自身价值也就不可能实现。

在现代社会，一个人的外在形象对其在社会上的影响力产生着至关重要的作用，有时，一个不雅的举动也会让人厌恶。在商务往来中，一个人的外在形象更重要，因为，在商务上往来的人中陌生人很多，某人给予其交往对象的第一印象就决定了其在他人心目中的位置。在形象上的一些不良习惯容易让人把他判断为素质低下、档次低下的人。所以，不修边幅的人在商务交往中很难拓展业务，很难有所成就。就是在单位内，不修边幅的人也容易被领导看成是一个作风散漫、纪律松散、不愿受约束的人，是一个对工作不负责任的人，很难取得领导的信任。单位上的同事也会把这种人当成是素质低下的人而不愿与他交往，排斥他、孤立他。所以，不修边幅的人无论是在商务交往中、在社会上，还是在单位内都是一个没有影响力的人。

为自己的形象投资

在现代社会，一个人的外表形象是其人力资本价值的外化，是他人对自己的知名度和美誉度，是他人对自己的总体评价。评价好，自己的人力资本价值就容易实现，评价不好，自己的人力资本价值就得不到实现。所以，光是教育投资还没有全部完成对自己人力资本的投资，还需要对自己的外表形象继续进行投资。一个人要想在社会上成就一番事业的确不容易，学识和能力是成就事业的基础，但还需要有提供给个人发展的种种机遇，而抓住机遇的办法就是塑造自己的良好形象，所以，为自己的形象投资是很值得的，也是必需的。

那么，如何为自己的形象投资呢？为自己的形象投资不外是投入金钱、时间、精力，以塑造自己良好的外表形象。塑造外表形象，金钱的投入是必不可少的，包括购买适合自己的服装、随身携带的公文包、手提包等。不管是从事商务活动还是坐办公室的白领阶层，都需要选择适合自己的发型。男人的头发长短要适中，不留卷发，脸部整洁干净。女人脸部施淡妆，服装得体。上班族的男人多穿西装，穿西装时，保持西装的平整洁净，使西装穿起来显得平整挺括、线条笔直。为自己的形象投入金钱，既是人力资本的投资，更是一种消费，是自我价值实现的消费，它满足了一种自我实现的欲望。这种消费行为往往是受他人示范效应影响的，即受到那些在商务礼仪和办公礼仪比较成功人士的消费习惯和消费行为的影响。

除了花费一些金钱外，还需要投入时间和精力训练自己的行为举止，即仪态。一般来说，个人仪态的基本要求是站如松、坐如钟、行如风。通过一段时间的训练，让自己养成一种良好的习惯，使他人一看就觉得其行为举止符合自己的身份，让人产生舒服的感觉。这些社交和公共场合的行为举止包括站姿、走姿、坐姿、手势、言语表达、眼神等许多方面。如果在这些方面自己存在许多或部分不符合标准的行为举止，就需要花费一些时间练习，有的人可能需要的时间短些，有的人需要的时间长些。一般来说，有 20 天到一个月的时间训练这些标准的行为举止就够了，关键是需要使这些良好的行为举止养成一种习惯。平时在公共场合严格要求自己，不能让自己有不雅的习惯。养成一个良好的习惯需要 20 天，而毁掉一个良好习惯只需要 1 分钟。所以，重要的是严格要求自己，在任何情况下都不能有任何不良习惯。

具体来说，这些行为举止标准的要求是：站立姿态要求头部微微抬起，面部朝向正前方，双眼平视，颈部挺直，双肩平正，呼吸自然，腰部直立，自然挺拔，双臂自然下垂，手指自然弯曲，指尖朝下，两腿立正或适度分开；走路姿态要求体态优美，身体协调，摆动适当，走成直线，步幅适当，速度均匀；坐姿要求得到允许，方可坐下，不坐满座，从左侧就座，以背部接近座位，或正襟危坐，或双腿斜放，或双脚交叉，或双脚向内收拢；手势要求双手自然放下，双手指间向下，掌心向内，手臂伸直，或双手伸直，自然相交于腹部，掌心向内，两手上下相握在一起，或两手上下相叠在一起；手持物品要稳妥、自然、到位、卫生，交接物品时以双手为宜，放于手中，主动上前，方便接纳，展示物品时物品要举到高于双眼的位置；与人交谈时眼神恰当，与别人谈话 30 分钟，起码要有 10 分钟至 20 分钟的时间看着对方，表示友好，要把眼光集中于对方的额头上或眼睛上，眼睛的角度应当平视，表示平等，面带微笑。

在公共场合和商务礼仪上，以上这些要求是很基本的，没有养成这些习惯的人，需要花些时间，训练自己并使这些要求成为自己的良好习惯。花费这么一点时间和精力，虽然投入不多，但其效果却是很大的。因为，在文明社会，礼仪是对一个人的基本要求，也是对人力资本的基本要求，所以，这种投资是不能省的。省了就会因小失大。关键是需要养成一个良好的习惯，使习惯成自然。坚决远离那些不文明的举动，可以让自己身边的好朋友、亲人监督自己。

脸蛋与资本

有一次，林肯总统的友人向他推荐了一位年约 40，而且极有才华的人，林肯约见了这位先生后，却迟迟没有下文。介绍人觉得纳闷，就去问林肯是何原因？林肯说："我不喜欢他的脸，因为他的脸充满了骄傲和自负。"介绍人为之不平，问道："难道一个人天生长得不好看，也是他的错吗？"林肯回答："一个人到了 40 岁以后，应该为自己的这张脸负责任。"

这个故事中的一幕，在现代社会的招聘和应聘中其实一直在上演，首先通过直觉和外表去了解他人，这个第一印象很重要，会强烈地影响招聘人员的选择。事实上，直觉是人把握这个世界的重要方式，是人的一种基本智慧。除了容貌美不美的因素之外，人的脸上似乎还写着很多东西，脸色是健康的符号，眼睛是心灵的窗户，一张脸还透露着情感和个性等等，连智慧都和脸有关，即使是一个自认为喜怒不形于色的人，他的脸上也会在细微之处写着心情状态，以及待人处事的态度。

俗话说"相由心生"，认真读一个人的脸，不但能读到人的外表，似乎还能读到人的内心世界甚至生活经历。这大概是那么多人会热衷于相面的原因之一吧。当然，人的感觉也可能出错，相貌并不代表一切，"面恶心善"或者"容貌美丽，心如蛇蝎"的例子也比比皆是。

尽管人们明知道通过看他人的脸了解一个人不免存在偏见，但是人们还是倾向于根据人的脸蛋，来决定如何应对这个人，这并没有什么奇怪的，因为这是人的天性。所以人不能不重视自己的“脸面”。

俗话说“树活一张皮，人活一张脸”，脸蛋的重要性对每个人都是确定无疑的，一个成熟的现代人，一般都会在自己的外表和脸上每天不厌其烦地下一番功夫，洗脸只是最初的事情罢了。所以林肯说“人 40 岁之后就要对自己的脸负责”，其实是总结了一个朴素而又深刻的道理。爱美之心人皆有之，是因为人们意识或潜意识中知道美能带给人收获。天生一副好脸蛋，是令人骄傲的资本，可以在第一秒博得对方的好感。而由于担忧脸蛋不漂亮给自己带来一些心理烦恼，在女孩子即使是漂亮的女孩子中也是一种常见现象，并因此诞生了一个青春产业—美容产业。

脸影响着人的运气和收获，甚至人一生的生活方向。相貌好的人，让人眼前一亮，应聘工作、洽谈业务、销售商品、寻找配偶都占尽便宜。极个别的例子是在大街上行走的时候，被星探公司看中，从此青云直上，其实就是缘起于一张脸的魅力。所以很多人挖空心思在脸上做文章，本来也是无可厚非的事情。爱美的女人耗费大量的时间在脸上“辛勤耕耘”，善于保养和使用护肤用品确实能使脸蛋变得更美，当然不善于打扮可能会创造相反的效果。男用护肤品这些年来销量飙升也说明了很多男人也很在意自己的“面子”了。至于脸蛋中天生的成分就难以改变了，整容固然可以解决一些问题，但未免有些过分并且耗资巨大。

所谓存什么样的心，便显现出什么样的脸，脸蛋还是可以用心经营的。一个人若脸上有气质，远比穿上一身名牌更美更帅，更受人肯定。而想拥有它也很简单！甚至不必花一毛钱，只需注意自己的脾气，端正自己的品格，净化自己的思想，充实自己的内在……无形之中，谈吐、态度、表情等等全都会披戴上一股清新而脱俗的气息，这张脸就不是愁眉深锁的苦瓜脸，而是充满喜悦、洋溢幸福的脸，是富于活力和希望的脸，也可以是令人感到信任和稳重的脸。这样，就改变了自己，包括：健康、财富、名誉、地位等等，也改变了他周遭的整个世界。

魅力与美即好效应

女人爱美是天性，男人爱美也是本色。人的美不仅表现在容貌上，还表现在身材、皮肤、服饰，以及言谈举止上；身体的健康和力量是美，人的内涵、智慧和个性也是美。美有着广泛的内容，每一种美各有其特点，著名影星索菲亚说过："好看的脸蛋只能给人5秒钟的享受，美好的心灵却是一生拥有的宝贵财富。"各种各样的美使人千姿百态，使社会生活丰富多彩。

美的事物对人形成吸引力，这就是魅力，人有人的魅力，自然环境有自然环境的魅力，艺术有艺术的魅力。自然景物的魅力可以使人流连忘返，艺术的魅力吸引人去欣赏，人的魅力则内涵丰富而又与每个人息息相关，是社会生活中的润滑剂和推动力。魅力也是一种人和人之间交流的工具，因为魅力，生活更有趣味。魅力有时候有一种难以说清楚的感觉，那时我们就说这个人有气质，有风度，具体是怎么有风度就不好说了，它是一种举手投足间流露的味道，是一种整体的感觉，集中了一个人众多的美的特点。具有魅力的人无须多言，就会将一些人吸引到身边，这种魅力或者表现为可爱，或者表现为一种令人信服的具有权威的力量。因为魅力，桀骜不驯的将军才会臣服于文质彬彬的领袖，因为魅力，刚强威武的男人才会在弱女子面前温情款款。

"男人征服世界，女人通过征服男人征服世界"，这句有意思的话体现了社会生活中的魅力制胜原则。其实男人要征服世界也得有魅力，而女人似乎在更多地使用魅力武器。女人的魅力是在文学作品里叙述最多的话题，在《乱世佳人续集》里描写斯佳丽的祖母，说她要美就美，要丑就丑。她可以随心所欲。有时她很安静，静得让你几乎忘记她的存在。有时她那双黑眼睛会转到你身上，你不知不觉就会突然给她吸引住了，弄得无法自拔。孩子常围着她转，动物也是，连女人也一样，男人更是为他痴狂。说得虽然有点夸张，可是把一个成熟女性的魅力表现无遗。

对一个外表出众或具有魅力的人，人们会产生美好印象，从而倾向于认为他在其他方面也很不错。更有甚者，只要认为某个人不错，就赋予其一切好的品质，便认为他所使用过的东西，跟他要好的朋友、他的家人都很不错。在中国，“爱屋及乌”这个成语夸张地传达了这种现象，在美国，心理学家丹尼尔·麦克尼尔将这种现象归纳为著名的“美即好效应”。另一位美国心理学家戴恩·伯恩斯坦曾经做过一项实验。给参加实验的人一些人物照片，这些照片被分为有魅力、无魅力和一般魅力 3 种，让试验者评定几项与外表无关的特征，如婚姻、职业状况、社会地位等等。结果，几乎在所有特性上，有魅力的人都得到了最高的评价，仅仅因为长得漂亮，就被认为具有所有的积极品质。

在社会生活中，到处可以看到美即好效应。人们对形象好的人，脸上往往流露出喜爱的神色，并器重和青睐他们，乐于付出代价，乐于给他们提供机会；大多数人只要一闻到权威的气息，便会立即放弃自己的主张或信念，转而去迎合权威的说法；而对刚刚接触的形象差的人，却往往歧视，甚至表现出讨厌的情绪。在企业里面，有很多领导，一看见艳丽出众的女孩子，不管她才能如何，都要尽收门下，给其最轻松的工作和最优厚的待遇。而能干、谦逊，但长相平凡的员工，却难以得到施展才能的机会，报酬也相应地低。

崇尚美是人性不可磨灭的基本部分。每一种文明都崇拜美，也都付出巨大的代价追求美，并承受追求过程中所衍生的悲与喜。在生活中，其实我们都在无意识地、执拗地利用着美即好效应：多数人都在意自己美不美；制造产品还要给产品一个美的包装；广告媒体上的“美女轰炸”；名贵跑车旁边站着的促销小姐等等。

“美即好效应”启发我们更清醒地认识一个简单的道理。为了收获事业和拥有完美的人生，善于以魅力为制胜武器，可以带来“四两拨千斤”之奇妙效果。要重视修养自己的魅力，还要善于用美来衬托和提升要销售的东西的价值。

如何增强你的美与魅力

蜘蛛有网，人类有魅力。人类的魅力具备像蜘蛛网一样的功能，就是利用你的魅力把你的所需牵引和聚集在你的魅力网中。很多人苦于自己没有魅力，其貌不扬者觉得自己面貌丑陋，肥胖者觉得自己的身材差，个子矮小者觉得卑微，从不敢奢望自己拥有魅力，这种束缚会让我们自我设限，一成不变地按惯性去生活，从来不想如何突破自我，更不可能发挥自己潜在的魅力。

魅力不是建立在财产、幸运、社会地位的基础之上；相反，每个人，不管他相貌如何，地位、职业怎样，都可以通过个人努力培育和拓展魅力，关键在于自我的发掘和合理地利用所长。基本上魅力是由人的外表、举止、聪颖、灵性、学识、谈吐等方面组成。外貌固然很重要，不过聪明的人都知道适当地修饰自己，弥补不足，发挥所长。也许有些女子魅力无穷在很大程度上是天生的，不过那真的是可遇不可求的。比起美丽来，魅力不论男人还是女人都可具备，因为它是一棵常青树，可以永久地让男人立于不败之地，让女人吸引力不减。

在脸上下功夫，保持身材，注意皮肤保养等等， 都是生活中必要的事项。除此之外，对于形成个人魅力来说，美或魅力常常表现在一些生活细节之中，是动态的。比如白居易在《长恨歌》里描绘了杨贵妃的魅力："回眸一笑百媚生"，"侍儿扶起娇无力"，"云鬓花颜金步摇"，"缓歌曼舞凝丝竹"等等。这里叙述的不是杨贵妃的美丽，而是她举手投足之间的种种情态，是一系列行为模式。其实有魅力的行为模式，有天性的成分，也有学习的成分，我国古代大户人家注重严格的家规，其实就是注重塑造这种行为模式方面的修养。具体到现代生活，注意这种生活细节方面的修养，能不断提升自我，让魅力升华。

詹斯顿被公认为是魔术师中的魔术师。在40年里，他在世界各地不断以极高明的技巧令人惊奇万分。共有约6000万人次看过他的表演，而他也几乎赚了200万美元。他的魔术是否特别高明？不。他说，关于魔术手法的书已经有好几百种，而且至少有几十人跟他懂得一样多。但他具备其他人所没有的一些特点。他是个表演大师，熟谙人类天性。他的每一个动作、手势、语气，甚至眉毛的变化，事先都经过很仔细的预演，配合得几乎丝毫不差。正是这种对细节的雕琢，使他的表演具有一种特别的魅力。

人，常会花很多的时间和金钱去购买名牌服饰，但却很少人愿意花等量的精力去修身养性。殊不知，“气质”才是最耐看的“名牌”！气质很大程度上是一个人的内涵，从个人内涵上来说，每个人更可以形成自己有个性的魅力，智慧、能力、善良、对他人的理解、热情等等内在品质同样是魅力的原因。要有内涵，有修养，还得坚持学习，用知识，用生活的经验，不断提高完善自我。否则就算你再有魅力也有老去的那一天，到时再想拾起魅力这件外衣恐怕就来不及了。很多其貌不扬的人，由于做表面文章少，注意丰富自己的内在魅力，学富五车，最终出人头地，在某一领域建立奇功；与此相反，很多有漂亮脸蛋或外表的人，却没有学问或事业上的成就，因为他的文章都做在了表面上。

魅力表现之关键还有一个度的把握的问题，适当的调整尺度，会起到意想不到的效果。有一个故事说的是一个男人娶了一个美貌的妾，不再理会妻。妻子很苦恼，就采用了一个办法。她脱去华服，荆钗布衣，每日去柴房劳作。丈夫每天看到她辛勤劳作内心很惭愧，但是她也不理睬丈夫。直到有一天，她要出门去寺庙上香，才脱去布衣，盛装前往。丈夫突然发现妻子是那么的美丽、成熟、端庄、雍容华贵，那个年轻的妾和她比起就像一颗青涩的酸果，那天晚上丈夫又回到了妻子的身边，从此再不离弃。故事里的妻就是采用了一种调整尺度的策略，在反差当中显示自己的魅力。

成熟的魅力是不需要拼命施展的，它应该是一种自然的流露。《乱世佳人》一书中的斯佳丽，少女时期拼命地靠衣服、甜笑来吸引她心仪的阿希里，可是失败了。成年以后，经过生活的磨砺，和对人生的深度体会，她找到自己的自信和魅力。她不再需要费力施展，自然而然的浅浅一笑，就颠倒了众生，赢回了她心爱的丈夫白瑞德。

名声、品牌及其价值

名声又称名誉，代表的是社会或他人对一个人、一个组织或者某种东西的看法和评价，反映的可以是人的品德、才干、信誉、商誉、功绩、资历和身份等方面，也可以是一种商品的功能、质量和价格等方面。这种评价可能是一种赞美，也可能是一种批评。人人都希望自己有一个好名声，而企业界人士则希望企业有一个好名声，这其中很重要的一方面是自己的产品能赢得一个好名声，这种意识是一种品牌意识，做营销要创牌子，这其实是在营造好名声。名声有大有小，名声大了就是有名气，人的名气很大就成了名人，一个人如果拥有足够大的好名声，则会成为公众心目中的明星。同样的，一种商品的品牌足够好了，就成为名牌产品。明星和名牌象征着一种号召力，政治明星可以带来选票，电影明星可以带来票房，名牌商品则可以赢得另一种选票—钞票。

“久仰”、“久闻大名，如雷贯耳”等等，在我国的社会交往中是很客套而文雅的语言，表明在人的心理上名声的重要性。事实上，金钱、名誉和地位是经常被相提并论的词汇。每个人都很重视名誉，说得通俗一点就是要脸面，说到底并不是人人都要干出多么伟大的事，但人人都图一个好名声，所以好名声本来就是人生中的一种收获。名声给人的生活带来喜怒哀乐，一个人会为了他在朋友圈里的好名声而感到自豪，而名声被他人破坏则会给人带来强烈的情绪反应，甚至去兴起一场官司，所追求的也不一定是多少钱的名誉赔偿，也许只是希望对方公开道歉，来尽量恢复自己的名声罢了。名声是生活和事业中的一种强大的推动力量，人们追逐好名声，像鸟儿珍惜自己羽毛一样珍惜自己的好名声，不愿做有损自己名声的事，从而能不断激励自己做得更好。

一个人的名声影响着他的人际关系和事业发展。在同事、朋友圈里赢得了一个好名声甚至比接受钻石之类昂贵礼物还要实惠。有一个好名声，意味着别人愿意和你打交道，你可以排遣孤独，得到人际交往中的愉快体验。如果从事商业，也意味着更多的人愿意和你合作，从而使你能得到更多的机会。不管是个人还是企业，如果有讲信用的好名声，还意味着金钱，因为信用能换回贷款。不劳而获也许非常有诱惑力，但你将很快付出名誉上的代价。拥有“不敬业”名声的人，得不到上司的赏识，也得不到别人的尊重，无形中给自己的成功之路设置了障碍。

名声也可以看成资产。好名声是一笔财富，人的名声的价值不好衡量，但商品或企业的品牌价值不是个幌子，而是无形资产，它的价值虽然难以用数字来表达，但是还是可以用某种方式去评估的。国际知名企业的品牌价值可以被评估成以多少亿来计算的美元价值，这种品牌价值其实就是社会对好名声的价值的认可。好名声的价值还体现在法律上，像偷盗和抢劫财产等犯罪行为一样，污蔑人格和侵犯他人名誉权是犯法的，是要被索赔的。我国《民法通则》第101条规定：“公民、法人享有名誉权，公民的人格尊严受法律保护，禁止用侮辱、诽谤等方式损害公民、法人的名誉”。这是对好名声价值的法律上的认可。

古人云：名誉值千金。一沾上了“名”，常常能化腐朽为神奇，化平庸为尊贵，在这方面大概演艺明星体会最深。对于一般人来说，有一个良好的、没有污点的人生记录，使你在朋友圈子里或者工作环境中拥有一个好名声，则可能会带来意想不到的机会和收获。良好的声誉将陪伴你一生，甚至人不在了，名声还在，好名声比生命更为长久。在一个企业中，企业领导甚至企业的任一成员的名誉也在影响着公众对这个企业的看法。一个企业家、企业或企业的主要产品的名誉不但影响着盈利能力，甚至有时候决定着企业的生死存亡。

品牌意识与品牌定位

人的名声和人的个性、品格、能力以及他作出的成绩等等有关，有时候人“无心插柳柳成荫”，很自然地就形成了好名声，但很多时候，好名声的形成和个人爱惜名誉有关。一个企业会因为企业的人员、技术、产品质量、管理能力和企业文化等等因素，而形成企业及产品的好名声，从而成为有价值的品牌。一个企业要形成金字招牌，要求企业相关人员有很强的品牌意识，而有远大眼光的企业家都很重视品牌建设，这其实就是在打造企业以及相关产品的好名声。同样地，个人的好名声也可以看成一种个人品牌，个人有意识地去形成和维护自己的好名声，也是一种品牌建设。一个有眼光的人，应该有属于个人的品牌意识，为自己树立巩固的，具有影响力的好名声。

社会是有好坏标准的，树立好名声或者良好品牌的第一步，是明确地进行定位。品牌定位，就是为自己的品牌在市场上树立一个明确的、有别于竞争对手的、符合他人的心理特点的形象，其目的通俗来说就是赢得他人的深刻印象，以形成好名声。企业品牌要想取得好名声，应该具有一些特点，看上去好像是市场上“唯一”的。这种特征可以表现在许多方面，比如品牌的档次、特征、个性、目标人群等，甚至还可以是脱离产品本身的某种想象出来的概念。如万宝路所体现出来的自由、奔放、豪爽、充满原野气息和力量的男子汉形象，与香烟本身没有任何关系，而是人为渲染出来的一种抽象概念。

品牌定位，要给自己的品牌以独特的个性与文化，一个产品要让消费者接受，完全不必把它塑造成全能形象，只要有一方面胜出就已具有优势。许多知名品牌往往也只靠某一方面的优势而成为名牌。例如，在汽车市场上，沃尔沃强调它的“安全与耐用”，奔驰宣称“高贵、王者、显赫、至尊”，宝马却津津乐道它的“驾驶乐趣”。对于产品来说，想要尽可能满足消费者的所有意愿是愚蠢的，每个品牌必须挖掘出消费者感兴趣的某一点，而一旦消费者产生这一方面的需求，首先就会立即想到它。品牌的个性越突出，给消费者留下的印象就越深刻，也越容易在他们心中占有一席之地。

个人品牌应该向他人传达的，不单是自己的综合形象，还是对别人的承诺。要使自己的名声响亮，在个人品牌定位上，也要讲究个性化特征，只要在某些方向上能有足够强大，有足够专业的名声就足够了，不必也不可能成为一个全知全能的人。个人品牌的定位更多的是一种自我发现的过程。在这个过程中，你会意识到自己的个人品牌是什么，并调整自己的个人形象，使它更符合你的目标。人外有人，天外有天，即使个人形成了自己的强大品牌，也很有可能受到其他人的挑战和竞争。这时候要根据具体情况，适当调整自己的品牌定位，加强学习和自我修养，用卓越表现巩固自己的好名声。

在一个越来越商业化的社会里，知名度与财富和成功越来越能画等号。一个人的个人价值来源于他在该领域的作为和知名度。定位清晰的个人品牌一旦形成，个人将被赋予一种力量和价值。如果你只是一个普通人，你在特定的圈子拥有品格和能力等方面的名声，你的名声的价值主要表现在你的人际交往和工资收入上；如果你创立企业，由于企业没有足够的资金，还没有建立起自己的信誉，你的个人品牌将发挥作用，吸引资金，赢得追随者。如果你是著名科学家，就有你作为著名科学家的品牌价值；如果你是著名演员，你就有著名演员的品牌价值。一个著名企业家的名声则不但代表着自己的价值，还影响其所在企业的品牌价值，对于上市公司来说，企业家的名声会影响到股票的交易价格，这是拥有著名企业家的众多国际知名上市公司的股票能够获得投资者追捧的原因之一。

第十章

魔鬼经济学：表象背后的真实世界

吆喝得最响的人，往往东西卖得最多

有这样一句话：“市场上吆喝得最响的人，往往就是卖出东西最多的人。”或者不客气地说：“吆喝得最响的，往往是贼和骗子。”这句话有失偏颇，但是也在一定程度上影射了现实情况。广告夸得天花乱坠，不一定是真的好，说不定只是肤浅的表象，而不撕破表象的面纱研究本质，终究会被蒙骗的。正如包装好看的东西不一定好吃，背影靓丽的女人不一定漂亮一样。所谓表象就是当事物不在眼前时，人们在头脑中出现的关于事物的形象。关键看实质，看说的和做的是否一致。

铺天盖地的减肥产品一路咆哮着向市场压来，向消费者的眼球袭来。什么“一个半月能减 48 斤”，“快速减肥”，“签约减肥”，“不反弹不松弛”，“高科技”，“祖传秘方”，“国际大奖”，“超低价”，“排油减肥”……

单从这些字眼来看，那些渴望瘦下来的人士无疑会心动。再加上那些华丽的包装、煽情的语言，还有一些天花乱坠的噱头。但是，等你尝试之后就会发现，根本不是那么回事。

在很多减肥广告中，可以看到“两三个星期能减 10 斤”，“一个月能减 20 斤”，“一个半月能减 48 斤”等令人怦然心动的字眼。但是，细想一下，一个半月能减 48 斤，能实现得了吗？

专家指出，这样的宣传广告仍然频频射中一些人，盖因它们抓住了这些人的心理。肥胖除了遗传的因素外，大多由于不良生活方式所致，声色犬马、贪吃贪睡、缺乏运动，等等。减肥的必要条件，首先是改变这种不良的生活方式，而且是永久的改变。这无疑十分痛苦。按照广告所宣传的方法，可以不改变现在的生活方式，又能减肥，或者忍上一个月后，又能照吃照喝照玩，岂不令人心大快？所以，这种广告是欺人的，可悲的是现实中很多人仍然受到这些广告的影响。

再说快速减肥。这也是最为吸引眼球的快速减肥法。个别美容院针对减肥顾客“求快”的心理，打出了“瞬间立见效果”、“奇效一日瘦身”、“3日减10斤”、“24小时见效”、“使用××减肥，15分钟可减腹围3～5厘米”、“最新8天快速电脑减肥，可减3.6～11.3公斤”等夸张的广告。

专家指出，目前市场上常见的快速减肥大多是通过破坏人体的水分平衡达到的。人体的水分占人体重量的60%以上，水分失衡将会导致人体体重的急剧改变。减肥的目的是减少体内多余的脂肪，而不是减少体内水分的正常含量。快速减肥宣传一日能减数斤，是违背生理健康规律的，有导致身体机能受损的危险。减脂肪是个缓慢的过程，哪怕减去1磅脂肪都不是一朝一夕所能办到的，因为每磅脂肪等于3500卡路里。

还有无效退款。无效退款极具杀伤力，因为它貌似公允。如某减肥广告慷慨承诺：“本中心与顾客签署有法律效用的瘦身和约，如不见效，一定退还所付费用。”

专家指出，“效”字文章多，所谓的“瘦身和约”往往缺乏科学的评判标准，什么是肥，怎样算瘦，模棱两可叫顾客把握不准尺度。1991年香港消费委员会受理减肥投诉32宗，比1990年增加了一倍，其中有不少就是退款纠纷。而显效更是无稽之谈，因为减10斤是“效”，减1斤是“效”，减1两也是“效”。

签约减肥，这种减肥广告是无效退款的升级版，因为它避免了对“效”的模糊界定，而提出了明确的减肥目标，保证“10天减17斤”、“1周能减20斤”、“10年不反弹”等，有模有样地写在“签约服务”的合同中。

某家减肥中心减肥室的女主管称，该中心采用的脂肪燃烧法减肥，生意一向不错，每天从早上9时到晚上21时客人不断。她表示可以提供“签约服务”，不过必须先试一个疗程，一个疗程为3天，看看效果如何。签约方式非常灵活，可以只签一条腿、一个胳膊、腹部、脸部等，想签多长时间就能签多长时间。女主管肯定地说，减肥中心保证一周最少能减掉6斤，最多一周能减掉20斤。

不反弹不松弛。“××瘦身法疗程停止后不会再次肥胖”，“×××减肥法使你终身窈窕，令多余脂肪萎缩，永不生长”。专家指出，目前世界上还没有一种减肥方法能保证肥胖不再复发。保证远期疗效的关键是饮食、锻炼、药物等综合手段，保持能量出入的平衡，否则必然反弹。而肥胖程度重者或年迈者，减肥后腹壁皮肤自然会松弛甚至下垂。

肥胖就像感冒一样会反复发生，反弹其实就是一个人吸收大于消耗，多余能量转变成脂肪储存起来而引起的二次肥胖，这种机制跟减肥的次数、方式无关。只有坚持“适量运动、合理饮食、正确的减肥药物”才能真正杜绝反弹。

某报介绍××苗条霜：“缩小皮下脂肪的体积，促进多余脂肪的分解。”当问到文中提到的研究员时，他说的真心话却是：“上述内容纯属主观臆测，并未作过实验研究。”

有些抽脂减肥广告宣称“不用开刀”。其实，要把导管插入体内，不动刀子怎么可能？有些则宣称“不留疤痕”。事实上，手术部位纵然伤口不明显，但终有疤痕存在。“不留疤痕”不仅不实，而且抽脂对体质衰弱的人来说，是完全不适用的。

超低价。有商家推出一种比其他商家便宜得多的减肥仪器，其实顾客详细咨询一下便明了：此仪器还需要配合一种价值400元的减肥药品才有效。原来推荐仪器是噱头，推销减肥药品才是真目的。

专家指出，目前可以用来吸脂的机器有很多，一台好的体外超声吸脂机器大概 60 万元，而最便宜的负压吸脂机器一两万元就可以买到。因此，吸脂的价格也就不同。正常的超声吸脂价格大概每个部位 1000 元至 1500 元。超声具有粉碎脂肪而不伤害神经和血管的作用，与此同时，超声还具有缩紧皮肤的作用，对吸脂后松皱的皮肤恢复效果好，因此，体外超声吸脂机器近几年来被广泛采用。而之前的负压吸脂则因为伤害大、不能使皮肤缩紧而逐渐被正规医院和医疗机构淘汰。

低价格自有低价格的道理，这个道理便是产品与服务的残次。

国际大奖。并非所有减肥产品的获奖都有水分。但不可否认，有些奖确实是用钱买来的；有些奖与产品的质量、效果无关，它奖的只是外包装，等等。

而且，即便是正经的国际大奖，国内的非专业的顾客又有谁能搞得明白呢？所以，还是一概不信保险。

祖传秘方。曾经有一位游医，号称拥有四代祖传“古墓奇方”，专治肥胖，10 天可减 5 公斤。人们趋之若鹜，结果肥未减成，竟导致两人精神错乱。再去找游医，早已溜之大吉。

虽说现在的人越来越崇尚科学，但是，终归有个别人病急乱投医，不然这个世界也就不存在稀奇古怪的故事了。

如此等等，大肆炒作，这些普通的、为我们熟知的一些概念，只不过是被冠以特殊的名字而已。这些概念的炒作成分很高，有些广告缺乏科学依据，广告宣传是为了吸引消费者，而他们的货并非名副其实。那些代言人、促销员还煽情地、真诚地为消费者解读商品信息，并根据消费者的实际情况进行分析。然而，实际情况中，那些说辞往往是自卖自夸的推销，夸大其词，概念误导，甚至挖掘陷阱。而一些消费者没有辨别的能力，又助长了广告宣传的歪风邪气。

市场经济本来就是自卖自夸的事。谁都愿意说自己商品和服务好的一面，任何一个商家都不可能笨到充分尊重消费者知情权。他们绞尽脑汁地想使消费者对各种商品和服务本能地产生一种信任感，使商家不需要花太多的时间和财力去宣传推销，加大成本，赢得信誉，就是不希望形成不良的消费环境。然而他们却忘了自己的产品究竟是什么，有什么效果或是功能，以至于胡乱吹嘘，到头来，弄得让消费者心生疑惑……因此，对于每个商家来说，在打广告时，要对自己的产品特点有清楚的表述，虽然做这种种的工作目的就是为赚钱，但是你在宣传时也不能总围绕着“钱”转。

有动机，一定有私心

经济学主要是一门研究动机的学问。越有价值的事物越容易引发人们的欺骗动机，W.C. 费尔兹（W.C.Fields）如此说。

在条件允许的情况下，几乎所有的人都会欺骗。你也许会说，无论什么情况下，你都不会骗人。那么，请你冷静地回想一下，你是否在考试中作过弊，是否对妈妈撒谎说学校补课，所以回来晚了……

自古以来，“利”与“义”都是同时存在着的，司马迁说过：贪买三元，廉买五元，就是说贪图重利的商人只能获利 30%，而薄利多销的商人却可获利 50%。《郁离子》中记载：有 3 个商人在市场上一起经营同一种商品，其中一人降低价格销售，买者甚众，一年时间就发了财，另两人不肯降价销售，结果获得的利远不及前者。

孔子也说过：“君子喻于义，小人喻于利。”“君子忧道不忧贫。”“君子谋道不谋食。”孟子见梁惠王说：“王！何必曰利？亦有仁义而已矣。”“生亦我欲也，义亦我所欲也，两者不可得兼，舍生而取义者也。”

“利”与“义”的距离有多远呢？可能会有人说很远，这是因为，“利”是具体的，而“义”是抽象的。不错，从这个意义上说，“利”离我们很近，而“义”往往离我们很远。但我们说，“义”与“利”其实也近在咫尺。我们面临选择时，就像处在十字路口，可能向左走是“利”，但向右走就是“义”。选择更多“利”是人的本性，于是有了欺骗，同时，人还具有道德动机，基于此，欺骗与道德之间相互斗争，最终，鹿死谁手，就要看利与义的权重。不乏有利欲熏心之人，所以欺骗行为也就不再陌生。

市场经济的规则必然是利字当头，这是天经地义的，也是不容置疑的。

市场的供需关系形成利润比，没有这样的利润比，就不可能有市场的供需关系，也就没有了市场，没有了人际交往，甚至没有了人类文明。这一层一层的套进关联，围绕的只有一个“利”字，也是人类发展的前提，人类共同追求的目标。

在竞争激烈的现代社会中，“义”的另一头就是“利”，道德是一位菩萨，欺骗是一位恶魔。每当菩萨与恶魔交战时，便是人类最痛苦的时候，“利”与“义”的胜负，往往决定于一念之间。在这个物欲横流的社会里，恶魔无所不在，于是许多人为了名利，蒙上道德的遮羞布，公然欺骗，理所当然地做恶事。

在如战场般的市场竞争中，你会守住“君子爱财，取之有道”的儒家教条，你会坚守“救人一命，胜造七级浮屠”的佛家教义吗？人们的一切都是为了“利”，“义”的另一头就是“利”，“义”与“利”如车之两轮、鸟之双翼，缺一不可。面对“利”与“义”的选择，大多数的人选择了“利”。在某些领域，某些地方，这种发财梦正在演变为一场对社会财富和民众的抢劫。

不可否认的是，“正直、道德”在中国还是为人的根本，这也是中国自古以来的传统。中国古代的晋商，纵横欧亚九千里、称雄商场五百年，凭的就是这股正气。我们要认识到欺骗乃是我们整个人类的共性，基于此，看清别人的欺骗背后的真相，并及时地警醒自己做一个有道德的人，这是时代发展的需求，也是个人寻求更大成功的根本保证。

“仇富”不是仇其钱多，而是仇其来路

北京大学经济研究中心研究员赵晓曾经有一个著名的判断：中国转轨期间涌现的这部分“转轨富豪”几乎全部是“问题富豪”，他们的财产状况扑朔迷离，但总的来说其来源一直让人怀疑。带着“与

生俱来的原罪”，他们没有把财产投入社会公益事业中，而是以他们的“炫耀性消费”引来了如今争论不休的“中国人仇富心理”。

像李嘉诚、比尔·盖茨，他们确实是靠自己的实力创造了财富，但是像他们那样的富豪又有几个？实在是太少了，那么，那些富豪的“钱”到底是怎么赚来的呢？

富豪是“名副其实”的有钱人，他们的财富是普通人想象不到的，普通人一辈子赚到的钱还不如他们一天赚的钱多，所以他们的财富就像一个天文数字。

可以说，年年公布富豪榜，年年议论声不断。特别是这几年，人们对于一些富豪财富是否干净、是否阳光，有了越来越多的质疑。这主要是因为，随着贫富悬殊的拉大，随着社会创业环境的日益复杂化，贫者不能心服口服，富者不能理直气壮。一部分人确实是在通过一些很不正当的手段、见不得阳光的措施在积累自己的财富，特别是一些人的第一桶金，淘得并不是那么正大光明。个别人通过盗取国家资源积累财富，一些人通过官商勾结进行敛财，还有人通过偷税漏税走向富豪榜，再就是利用手中的权力在企业转制上市中大捞一把，当然，利用国家资金在股市中坐庄为自己赚钱的，也确实大有人在。在这个大背景下，广大民众把一些富豪想象的不那么干净，甚至十分肮脏，就不足为怪了。

在人们对福布斯大陆富豪榜进行各种各样的议论时，在 2004 福布斯大陆富豪榜排名第八的天津家世界连锁商业集团董事长兼 CEO 的杜厦敢于出来直面媒体、直面广大民众说：“我扪心自问，我一直走一条光明的道路，我们创造的每一分钱都是在阳光下的。从来没有贿赂过一分钱，从来没有一分肮脏的财富。”无论真实情况如何，无论事实怎样，这种勇气可圈可点，这种精神值得颂扬。

有多少富豪们敢说：我没有贿赂过一分钱，从来没有一分肮脏的财富？我们希望敢说这种话的富豪们越来越多。这就要求：首先，现在的富豪们和想要成为富豪的人们，必须走阳光富裕之路，必须凭借着自己的实力，合规合法地创造财富，那样才能够睡得着觉，心里才踏实，才能够享受财富带给自己的幸福。其次，社会必须为公平、公正创造财富铺就阳光大道，必须有杜绝走邪道创造财富的措施和制度，并能严格执行、落实和监督。对于一些靠违法违纪、权钱勾结等手段积累的财富，任何时候都不能放过，都必须坚决依法惩处。再次，要创造全社会都来监督合法创造财富的机制和氛围。一个人、一个集团在财富创造和积累财富的过程中，涉及方方面面，不可能密不透风、与世隔绝。这就是说，财富增加得是否阳光，公众心里都有一杆秤。这就要求有这样一种机制，使全社会都用它来监督财富的积累过程，确保财富积累阳光化。

“仇富心理”作为一种不健康的社会心理，其负面影响不可低估。富人们要努力减轻“仇富心理”带来的社会影响：其一，富人应当更自觉地、更广泛地从事慈善事业，用慈善的方式回报社会。美国著名经济时评人理查德·兰伯特在英国《泰晤士报》上曾这样讲：“在美国，你可以随心所欲地聚敛财富，你可以拥有极多的财产。只有一个条件，你必须有所回馈，而且必须有人注意到你这样做。而且你必须这样做，否则你就永远不会成为真正的大人物。”在美国，人们并不景仰富人，而是景仰对社会有所回馈的富人。正因为如此，《商业周刊》每年公布的慈善家排行榜比《福布斯》每年公布的富人排行榜更能吸引人们的眼球。中国的富人从事慈善事业的深度和广度都还远远不够，政府应该通过政策引导和制定法律把富人们的慈善热情变成实实在在的事业。其二，富人应当更自觉地承担企业的社会责任，把公司——一个单纯的经济动物变成一个诚实的道德的经济动物。公司对内要对员工负责，对外要对社会负责，减少对社会的各种消极影响。其三，加大立法和执法力度，切实保护好劳动者和公民的合法权益和财产。对于用种种方式侵害公民合法财产的行为要坚决给予打击，使整个社会形成合法致富的社会风气，让一切创造社会财富的源泉充分流动，以造福于人民。

总之，一个完善的制度和机制，是确保财富增长阳光化的根本，财富创造者自觉地合规合法创造财富是基础，全社会都来监督财富的创造过程是关键。这样，才是对财富创造者的真正爱护，财富创造者也才能直起腰板说：我从来没有贿赂过一分钱，从来没有一分肮脏的财富。也只要这样，才能让公众信服。

你相信一夜暴富吗

商海是一个信息纷飞的地方，商场中的骗局有明骗有暗骗，有合法的骗有不合法的骗。商场中的骗局不胜枚举，特别是股市更是被吹嘘得神乎其神，在股市中真能做一条自由的鱼吗？

在我国买卖股票叫“炒股”，“炒”就是通过频繁的买卖，达到拉升股价的目的。炒家可以炒作变化无穷的“概念”，有些是对未来的预测，也有很多是不负责任的谎言。诸如炒作“利好政策”，炒作“高科技板块”，炒作“网络股”，炒作“重组题材”等，促成股价飙升，用以吸引大众跟风入市，实现“圈钱”的目标。能够在崩盘前逃脱的炒家，就能靠套住别人的钱发一笔横财。

炒股是博弈，相当于一次更加复杂的麻将比赛。打麻将有些人会作弊，在股市上，有些庄家可以看底牌也可以换底牌，庄家想尽办法就是为了套散户，散户要靠这种博弈赚钱那真是难上加难。有些企业管理层，管理也就是做做门面，企业上市圈钱才是目的，这些人的工作就是吹牛撒谎，其对股市的炒作如同炉火纯青的投机大师。遗憾的是很多股民在炒股时，对他们的谎言不进行理性判断，不去做具体的企业分析研究工作，只是跟着市场潮流走，最多就是进行一些所谓技术分析，待到股票价格大跌，资金被套牢才大呼上当受骗。

是博弈就有胜负，在博弈为主的市场中，散户由于其弱势地位，更容易成为被动捐献者，赔了钱还认为是运气不好。因此投资一种股票，要擦亮眼睛，如果是一场含有太多欺骗的赌局，还是不参与的为好。

信息的传播在传销业可以说达到了登峰造极的地步，非法传销的一种形式是老鼠会，产品对他们来说只是个道具，实质就是拉人头来交钱，那么人们怎么会交给他们钱呢？就是靠欺骗性的谎言，让人相信一定能挣到大钱。传销的课堂或教材往往充斥着许多逻辑怪异，但具有较强诱惑力的谎言。

比如，加盟商以暴利相诱惑加盟者时说：可以缩短你成功的历程，可以使你一两年内挣到你几十年挣不到的钱。你说你没钱，因为你没钱，所以才让你想办法赚；你说你没时间，正是因为你没有时间，所以才让你在很短时间里面赚到钱，然后浓缩你的生命，拥有更多的时间。传销人员甚至为谎言这样辩护：谎言并不一定就是坏的，有时候我们甚至应该说：这个世界因为谎言而美丽。

鼓吹人人都能挣到钱是他们的赚钱哲学，传销的“理论”基础很简单，即所谓“市场倍增学”，利用的是简单的数学计算，不断地乘以 2 就会得到一个较大的数字，在数学上就是有关幂级数的。具体说就是：上线发展下线，下线再发展下线，如此不断发展；每个下线只要发展两个人，只要经过不多的数层下线，那么位于最顶端的上线就会拥有惊人的下线人数，其从各个下线所得的收入将是一个很大的数字。位于顶端的人可能挣到钱了，他挣的钱是他的层层下线的，位于较下面的几层挣到钱了吗？这部分人最多，但主要就是往上交钱而已，所以任何一个传销网络内挣到钱的人都是极少数。有人用他们的方法按他们的标准计算出了能够真正挣到钱的人只占参加者人数不到 2% 的比例。

从另外一个角度看，就算一个人拉 2 个人，到第 30 代时，都 13 亿多人了，这就证明这种倍增是不可能的。况且，人的理智会自己分析判断，不会所有的人都上当，当受骗者达到一定数量时也必然会受到社会的制裁。将数学计算方法不加辨别地套用在实际物质生活中，虽然很神奇，但是背离了现实。所以这里的数学倒成了居心叵测的骗子们哄骗善良的人们的工具。

狡猾的骗子到商店用 100 元面值的钞票买了 9 元的东西，售货员找了他 91 元钱，这时，他又称自己已经有零钱，给了 9 元而要回了自己原来的 100 元。那么，他骗了商店多少钱？

社会上经常有这样一些赌博游戏，较简单的情形例如拿两个骰子，掷一次，看掷出的点数，如果是5、6、7、8、9，就算庄家赢，否则就是别人赢。看起来似乎很公平，结果却往往是庄家赢得多。实际上这只是一个小小的骗术，通过概率计算可以算出，掷出5、6、7、8、9点的概率是2/3，掷出其他点数的概率是1/3。

再比如，生活中有些人挺相信算命，算命的人对一个人的命运似乎看得很清楚，有时还能预测要发生什么事件，有些人看到事件发生了，就认为这个算命的算得挺准。其实，算命先生所预测的只是一个概率事件，不过只是碰巧赶上罢了，哪里有什么神通。

天气预报中的“降水概率”使“概率”成了常用词，但是调查显示：大部分人对“降水概率60%”的理解是“下雨的地方占60%”，而并不能真正地理解这个概念。在生活中人经常混淆可能性与必然性，对概率方面缺乏必要的理解，而很多欺骗手段正是利用概率知识搞欺诈的。

所谓天下没有免费的午餐，上天也不会平白无故地掉馅饼，即便掉了一个馅饼，也并不见得砸到你头上，所以，聪明又渴望财富的你，还是保持理性为好。没有识破骗局的慧眼并不可怕，只要不心存侥幸，走君子爱财、取之有道的平安大道就行了。

骗子正是靠谎言来骗人的，骗子的语言和行为千变万化，但都是为了一个共同的目的，让人相信他的谎言，并引导人去做对他有利的事，一般来说就是把别人的钱通过某种方式转移到他的手中。骗子们专门盯着人的弱点。遇事不考虑、轻信、不善于思考、爱占小便宜、贪婪、欲望等人性的弱点都会左右人的判断，给骗子以可乘之机。但是谎言毕竟是谎言，它们毕竟是建立在错误的基础上，或者是用错误的推理方式得出结论。数学里进行证明的严谨思维，如果用来对付谎言会特别有效，用符合逻辑的推理方式去判断骗子所说的话，那么，骗子的谎言是站不住脚的。

在数学里边并不是任何问题都可以解决，生活中的判断有时候也会很复杂。高明的骗子会把向他人证明的谎言过程设计得很复杂，这个复杂的过程会把很多思维方式有漏洞的人绕进去。骗子常常表现得比好人更像好人，说谎话时掺杂着大量的真话。如果有人鼓动唇舌让你掏钱，他说了九十九句真话，但说了一句假话，这一句假话就足以使你警醒这句话背后所隐藏的目的。善良的人们之所以容易被欺骗，是因为自己懒得去思考。

婚纱照的陷阱

不久前，刘宁和先生在北京一家有名的婚纱店拍了一套结婚照。那天化妆的时候，化妆师首先将她盛赞了一番，什么皮肤好，接着便推荐她使用一盒装有 3 瓶彩色液体的化妆品。“多少钱？”“240 元。”“不是 80 么？”“那是一瓶的价格，这里面的效果都是不一样的，红的是防过敏的，蓝的是抗油的，黄的是隔离的。”“我皮肤不错呢，都要用吗？”“当然要了，用了妆面才持久啊，而且效果自然，晶莹剔透，还可以保护皮肤不受妆粉的伤害啊。”“真有那么好？那我听你的。你把我弄漂亮点就行。”

那天整套拍下来，刘宁一直都在欢笑和称赞中度过，一点儿也不觉得累。按她的想法，其实应该只有 40 张照片，但是摄影师却拍了 200 张，照说这该是好事，但是她为了挑照片花费了整整一个上午的时间。这些相片，如果新娘子拍得漂亮，新郎神态就一般，而新郎神采焕发了，新娘子又有不如意的地方……就是没有完美一点儿的。到最后，刘宁本来打算只挑 40 张照片的，不得不加钱多买了 40 张照片。“如果你再多买 10 张，我们可以送你一个水晶的相框，这个质量可是非常好的。”“什么？还要再买 10 张？你送我一个不好么？”“对不起，我们这个水晶相框单价可是 600 元一个呢，不是看你照片挑得多，我们是不送的。”“我倒还占便宜了，这样一加，完全超出了自己的预算嘛……”最后的结果是又加买了 5 张照片，免费“得”了一个水晶相框。

一面是自己花了昂贵的代价、一天的时间与精力而拍下了美丽的照片，一面是店方超高价的要挟。刘宁要么放弃付出很高成本而自己又特别希望获得的美丽的照片，要么接受店方“抢劫式的要挟”，刘宁只好选择后者。可以说，人们一进入婚纱店，就进入店方早已设计好的陷阱，只能一步一步往里钻。一开始，从店方提供的格式化合同来看，它就明显地告诉你，送照片20张，入册100张，但入册的是否收费并没有告诉消费者，解释权完全在店方手中。当消费者进入照相的过程中时，看上去店方的服务是非常的周到热情，会尽量满足消费者的要求，但这仅是店方为以后更容易地进行“抢劫式的要挟”埋下伏笔，因为照片照得越多，消费者出高价的机会就越多。当看到自己喜欢的照片时，消费者早已付出很高的成本，如果所选择的照片越少，那么每张照片的单位成本就越高，作为一个理性的消费者，这时会尽量选择自己喜爱的照片，以便降低每张照片的单位成本。

店方这种“抢劫式的要挟”为什么会得逞？原因在于这种交易是一次性交易，根本不希望有回头客，而在这种一次性交易中，店方宰客越厉害，其获得的利润就越高。作为消费者来说，对这种“抢劫式的要挟”之所以妥协，还由于其特殊行为与心理。一是这些消费者其消费的最后支付者可能不是自己而是其父母，用他人的钱总是会比用自己的钱更大方一些；二是作为一件喜气洋洋的大事，尽管明知受到店方宰割，但也会大事化小，小事化了，多数人愿意花些钱买快乐。

有一种职业叫乞丐

乞丐的种类五花八门，乞讨的方法和道具也让人大跌眼镜：有冒充死了父母的、有冒充孕妇的、有冒充没钱回家的学生、有冒充没钱上学的学子，等等，真是蔚为大观啊。

曾经有几个中学生，她们花了近一年的时间调查了海南几百位街头乞丐，竟然发现他们全都是“职业乞丐”。这些乞丐有的文化程度还不错，要是去找个小工做做绝对没有问题，但是他们就愿意做乞丐，用他们的话说，“这些活只要脸皮厚，赚钱容易”。

可以说，乞讨就是一种不用做任何“投资”的“致富捷径”，一位“资深的老乞”说，除了少数几个租了孩子的“惯乞”每年在外讨要三五个月，多数村里的乞讨者每年最多出去三四十天，“夏天跑东北，冬天去南方，两头不受罪”。依靠乞讨积聚三五千元，保证家里一年的基本生活，就很知足了。

一些流浪者长期以乞讨为生，或许是尝到了乞讨的甜头，所以当社会救援人员走上大街去寻找一些流浪者对他们进行救助时，他们却拒绝或者是借故躲起来，他们并不希望去救助站，因为救助站里，只是提供吃的和穿的，并不提供钱，而他们所需要的就是钱。他们已经把乞讨当做一种职业，他们在那里等着，等着大家将钱放到他们的饭碗里，不付出任何劳动。其实说他们没有付出劳动或许有点不公平，他们是付出劳动了，只不过他们付出的劳动是在那里等着，在寒冬里冻着，在雨里淋着，他们宁愿受这种苦也不愿意付出自己的劳动。然而这样的苦是不值得大家怜悯的，怜悯他，其实等于纵容他，让他觉得自己的选择是对的，让他存在更多的侥幸心理，不去通过自己的真正劳动获得回报。

古人有句话叫“笑贫不笑娼”。诚然有许多人为娼是因为自甘堕落，但不得不承认的是，有很大一部分人是因为一些家庭压力迫不得已而为之的；再说那些乞丐，当然我们不排除确实有一些是真正的乞讨者，比如一些已经丧失了劳动能力的老人。然而现实是，大多数的乞讨者乞讨是为逃避劳动而选择走捷径来致富。尊严是无价的，可在这些人来看，只要手里有了钱，即使丧失了尊严也无所谓，反正在外又没有人知道。

贫穷和很多因素有关，包括能力、学识、素质，甚至勤劳。机会对每个人都平等，有没有能力创造是关键。好多人穷不是没有机会，而是根本就没有那种靠自己努力来摆脱贫穷的思想意识，说白了就是懒惰、抱怨、愤世不公，就像那些所谓的乞丐一样，根本不劳作，等着别人施舍。他们的心态始终是：自己努力没用，只能靠别人施舍。你怎么评价他的人生，难道你能帮助他变成富人？太多这样的人就是社会的负担，他们不去劳动，需要别人去养活他们，这就是不劳而获。

既然有手有腿，自己为什么不去赚钱？等着别人施舍一辈子吗？好运气不会永远跟在屁股后面追着跑。人一定要靠自己，自强不息，努力奋斗，买东西要给钱，不能靠施舍过日子。弱者为什么会是弱者？不是因为老天的不公，使他们生下来就是弱者，而是因为他们自己不愿通过努力来改变自己的人生！社会上比他们贫困的人多的是，为什么那么多人都能生活下来，而他们却不能？他们能到大城市去乞讨，就说明他们还在想办法，同时也说明他们并不笨，只是不愿付出劳动和汗水罢了。这些事情很多都是我们无法改变的，虽然我们可以帮助他们，但是帮助的方法绝不是滥用自己的仁慈之心去填充这些人的腰包，而是决然地拒绝对他们的施舍，让他们摆脱那种依赖别人同情心而生存的方式。

贫困并不是“乞讨热”的根源，“不劳而获”也不是贫困者心甘情愿的选择，通过正常、正当途径无法获取必需的生活、生产资料才是问题所在。

从这种种事例我们可以知道：伸手就可以赚到钱，实质上就是依靠人们的同情心来过活，但是天长日久，人们迟早会对他们的行为有彻底的认识。更何况，有时候人们自己面对生活还有点吃不消，又怎么可能一而再、再而三地施舍给他们？对于如今表面上的乞丐来说，“乞讨习俗”只是表象，只是借口，当然“拒绝救助”也就不能简单地以“习俗”来搪塞。

与其说是他们“拒绝救助”，不如说是他们对现行的救助制度并不满意。他们不是不愿意接受救助，而是他们知道，救助只是一种暂时行为，收留或送返回乡，并不能改变他们的贫困。当然同时也是他们固守的思想观念在作怪，他们过惯了不劳而获的生活，惰性自然也在不断地滋长着。

在城市乞丐这个特殊的“群体”中，存在着一些见不得人的勾当，那就是职业乞丐：以虚假的“悲惨经历”博得人们的同情，从而获得路人的慷慨解囊。但我们不能否认的是，“城市乞丐”中存在大量真正的乞丐，他们或者失去了劳动能力，或者身有残疾，更有甚者是由于子女不孝被赶出了家门。这些人是值得同情和救助的，他们发自内心的期盼是真切的。我们在排斥那些“假乞丐”的同时，应该关心一下这些真正的乞丐。

说到职业乞丐就要说到乞丐心理，大部分的企业发展到一定的时候就被困住了，再做不大了。为什么？原因就是乞丐心理在作怪，老板向市场讨要利润，员工向老板讨要报酬，似乎感觉是在与虎谋皮。老板与老板间大家都很明白，我卖东西给你，是为了赚钱；我买你东西是为了赚钱或省钱。老板与员工间，对老板而言我用你因为是你能为我赚钱或省钱，对员工而言则是希望老板给的报酬越高越好，付出的劳动越小越好。

总之有一条，大家都是以可能赚到的钱或省下的钱为前提，决定自己做什么、不做什么和怎么做、做到什么程度，每个人潜在的心理就是我最好是像乞丐那样一动不动，就给我想要的一切。在这种社会心理的背景下，一个企业的规模完全取决于员工能为老板带来多少利益，创造多少价值，而每一位员工却都以自己的报酬来计算自己的付出。

吸引消费者眼球和占领消费者头脑的原则

在互联网和各种媒体上，争夺消费者眼球之战愈演愈烈，为了吸引大众的注意力无所不用其极，因为注意力可以换来金钱。在经济生活中，他人的关注也很重要，意味着潜在的顾客，但仅仅是注意力还不够，还要让对方在头脑中产生深刻印象，这是获得财富的必要过程。

争夺消费者眼球和占领消费者头脑，正是一条从心理的角度把握财富获得过程的原则，也是在现实中营销和公关活动所必须达到的目标。

吸引消费者眼球的原则和注意力经济

获取财富的过程中营销的重要性是不言自明的，销售的第一步，是必须让对方注意到。卖什么的吆喝什么，这“吆喝”其实就是吸引人的注意力，争夺眼球不过是吸引注意力的一种非常形象的说法。商场如战场，市场经济同时也是一场不见硝烟的争夺利润之战，并且随着社会越来越信息化，争夺消费者眼球之战愈演愈烈，网络的出现，更把这种争夺消费者眼球之战推向了极致。早在1996年，英特尔前总裁葛鲁夫就曾说过：“整个世界将会展开争夺消费者眼球的战役，谁能吸引更多的注意力，谁就能成为下世纪的主宰。”这种说法既有趣又见解深刻，也征服了人们的眼球和耳朵。

“吆喝”的声音响亮，会吸引更多人的目光。从产品销售的角度来看，注意力固然并不等于购买力，吸引了他人的注意力，只是销售过程首要的必须环节，还需要其他环节和条件才能实现销售目标，但是只要有合适的产品和价格，这种注意力就会换来销售额，就能催生财富。当“吆喝”的声音足够响亮，吸引了足够多的眼球的时候，还具有广告价值，这时候注意力甚至就变成了一种可以直接换成金钱的财富。畅销书《注意力经济》一书中更把现在这种争夺注意力越来越重要的经济概括为“注意力经济”，书中写道：“在新的经济下，注意力本身就是财产，金钱将与注意力一起流动。”

几年前曾有人这样问张朝阳，“你们真是活雷锋，每天给我们这么多免费的信息，你们怎么赚钱呢？”张朝阳这样回答，“我不是活雷锋，我是红色资本家，你们点击搜狐网站，给了我们最宝贵的注意力，有了注意力，我们就能赚大钱。”这就是注意力经济的特征，谁能运用突出有力的方法来聚焦公众目光，谁就能获得财富。事实上，不仅是对于网络运营商，对于许多企业来讲，要发展也必须以聚集人气为本，目光和关心被有效地聚集，就等于已经赢了一半儿。

可以说，要发财，除了小偷不用吸引人的注意力之外，只要是通过正当的方式挣钱，都需要这种争夺消费者眼球的功夫。具体到一般人来说，生活的历程也可以看成一种营销的过程，人生中为了生存，要么要销售产品，要么要销售自己的劳动和时间，谁能拥有抢眼的产品或服务，谁先让消费者知道和接触自己的产品和服务，谁就处于优先位置，谁就更有可能把哗哗的金钱吸引来。人和人不同，但谁没有自己的特长呢？这种特长如果能够发挥出来就能带来收获，但是一些人仍然会长期受失业的煎熬，不得不忍受困苦和不如意的生活，其中的根本原因之一，也是不善于吸引他人的眼球，不能让需要自己的服务的有关方面注意到自己的存在。

在社会生活中的其他方面，人也需要他人的关注，这实质上也是吸引他人的注意力。获得他人的尊重和认可首先需要让他人认识自己，这就需要对他人的眼球施加影响。在生活中聊天需要引起他人关注，否则就会无聊乏味，没有人愿意跟你聊；交朋友需要吸引朋友的眼球；寻找配偶更需要吸引异性的眼球。如果善于聚焦众人的眼球，那会在自己的圈子里成为热点人物；如果吸引他人注意力的能力再强大些，就有可能成为公众人物或权威人士；如果能受到万众瞩目，那就会成为"星"或者偶像，随之而来的也会有令人羡慕的收获。

占领消费者头脑是争夺消费者眼球之战的最佳境界

现代社会有这样一条竞争铁律，就是一种产品能在人的大脑中留下深刻印象，成为热销产品和强势品牌的几率就会比其他的产品要高。相信大家都有这样的体会，当面对货架前的一排同样的产品时，是否在脑子中较熟悉的或者是经常有热点事件的品牌抢先从脑子里冒出来？即使你当时并没有买这种产品，最起码这种效应就会增加消费者购买该品牌产品的概率。可口可乐做了那么多的广告、活动，产生了那么多新闻事件，为什么？不就是为了影响顾客选择产品时的那一刹那吗？

所谓争夺消费者眼球之战，实质上是注意力之战，归根结底是对公众的争夺，对人心的争夺，所以争夺消费者眼球的最佳境界，是占领消费者的头脑。公关、营销等等都要最终通过打动顾客的心，来实现其销售的目的。所以从销售的有效性来说，注意力如果仅仅是偶尔的凝眸是不够的，而应是一种持续的关注。

注意力表达了一个人的兴趣、偏好、愿望、思虑、关怀，甚至信仰等等，它的产生一般来自于一种个人潜在的心理倾向。当注意力成为眼球的凝视和大脑内的兴奋与浮想联翩，这时候已经很难有什么事情能把这个人从这种注意中引开。这种注意力甚至已经远离了人的理智，是一种沉醉和倾心。这种注意力可以由各种具有魅力的东西比如艺术或者精彩的故事性的东西引发，它是耐久的、悠长的、坚定的。这些也正是一个优秀的广告所追求的效果，这种注意力深深改变了人大脑中的状态，是导致不假思索地购买产品的不尽源泉。所以，可口可乐配方中那神秘的1%已经无关宏旨，关键是可口可乐在人的大脑中的印象。

注意力之战的结果在深刻地改变着世界，比如人们阅读媒介的方式已经发生了很大变化，这是媒体之间征战的结果，近几十年来，从孩子们到成人的“眼球”或“注意力”已经被越来越多地牢牢地沾在了屏幕上。媒介在提供给人信息和娱乐的同时，也在冲击、加强或麻痹着人们的判断力，所以与看得见的“世界的变化”相比，更为深刻的是人的注意内容的变化在头脑中所造成的影响，这种影响在一定程度上改变了人的心理和生活方式。因此，这已经不仅仅是争夺人的眼球之战，而是占领人的大脑之战了。

市场经济中，来自各方面的影响在利用我们的眼睛这个心灵的窗口，进入我们的大脑，推动我们去购买各种消费品。我们每个人也在发挥自己的影响力，通过积极地展示、现实场景中的说服、电话交流、网上沟通等各种方式，在改变着人们大脑中的印象，从而取得他人的认可。交朋友需要在他人心目中留下好的印象，男孩恋爱希望赢得芳心，销售商品需要影响他人的购买决策，凡此种种都需要通过引起他人的注意力，并最终在他人头脑中占领一席之地，才能收到满意的效果。

如何让人产生深刻印象

卖东西吆喝得响亮些才能让更多的人听到，吆喝得很有特点，才能让人印象深刻。要达到从吸引对方眼球，直到占领对方头脑的效果，需要一定的方法，这种方法有可能妙手偶得，也可以通过处心积虑的寻求去实现。大到一个企业产品的销售，需要广告宣传或炒作，小到卖一根针，也需要作秀，这里请读者看一个故事。

传说，曾有一个德国流浪汉名叫施礼德，初来天津时身无分文，没有饭吃，没有住所。他蜷曲在德租界的一幢小洋楼下过夜时，忽然有一个东西砸到了他的头上，他捡起来凑到灯光下观看，原来是一包德国出产的钢针，他知道这准是德国的妇女们从国内带来的，后来发了财，用不着了，就随手从窗户扔出来了。施礼德不免有些失望，心想，这要是一沓钱该多好啊！看着手里这包针，他不禁眼前一亮，高声叫道："这不就是一沓钱吗？"

第二天一大早，施礼德揉揉惺忪的睡眼，掸掸身上的尘土，擦擦脚底下的那双旧皮鞋，在河边儿洗了一把脸，怀里揣着那包针，就来到了估衣街。只见他在地上插好一块木牌儿，打开那包针，顺手拿起一根，"嗖"的一声抛向木牌儿，"当"的一声，那针竟稳稳地扎在了上面！"好！"施礼德用刚刚学会的第一个中国字为自己大声地叫着。他这一喊不要紧，"呼啦"一下子围上来上百号爱看热闹的人。随着施礼德把第二根针、第三根针……扎在木牌上，看呆了的天津妇女们在夸奖德国货好的同时，也把这包钢针抢购一空。这包针一共 72 根，每根 1 角，来到天津的第一笔生意，施礼德赚了七块二！

中午，施礼德花了 1 块钱，吃了来华的第一顿饱饭。吃饱喝足后，他又来到德租界挨门挨户地收买钢针，1 角钱一包。收完了，第二天上午仍旧到原地去卖。时间一长，买针的天津妇女都奔估衣街来了。可就在一个月后，施礼德却不见了！没有买上针的妇女们到处打听他的下落，后来，人们看见他在德租界开了一家专做皮货生意的洋行，再后来，施礼德也在德租界盖起了小洋楼。

德国的钢针想必质量上过得硬，但如果不能引起人的注意，也不可能卖出去。这个外国人施礼德像中国过去年代的跑江湖卖艺的人似的，为了混口饭吃，玩起了把式，既吸引了他人的目光，又让人对针的质量印象深刻，将钢针神奇地卖了出去。大概受这个事情启发，施礼德找到了挣钱的窍门，后来竟然盖起了洋楼。

简单的现象背后常常蕴藏着深刻的道理，从这个故事入手，结合现实，我们可以探索通过作秀、争夺消费者眼球和占领消费者头脑的规律性的方法为完成我们的目标。

（1）要造势，作秀就要造势，无非是以具有吸引力的方式，通过观看的人看、听等感觉过程，让对方印象深刻。

（2）借势，也就是为造势找到人气旺的地方。故事中施礼德的花样虽然好看，但也选择了繁华的大街，如果在没有人的沙漠里，显然也不会有什么效果。作秀也不一定非要选择在人流如赌的繁华地带，黄金时间的电视节目中，或者人气最旺的网站，关键是能找到自己的消费群体。

（3）要展示的内容质量上要能过得去。施礼德的德国钢针如果经不起用户眼光的考验，或者在展示的时候断了的话，那就不是作秀，而是出丑了。

（4）作秀无非传递信息，这种信息要有某种魅力或者戏剧性，才能对他人形成强烈的信息刺激，形成深刻印象。施礼德作为一个老外，表演往木板上掷钢针，一定比过去常见的在大街上耍猴子在效果上更精彩。

（5）善于运用语言的影响力。语言是人和人之间最有效的沟通方式，施礼德虽然只会说一个汉字“好”，但传达得声情并茂，洋味十足也带来了很好的效果。在生活中善于吸引人的目光，并对他人有影响力的人，一般语言的运用方面都有自己的特长和风格。

在实践中运用这条原则

新颖的具有特色的东西容易给人深刻印象，这就要求创新，每个人都可以通过创新形成自己的风格。具体运用这条原则的时候，要符合人的一些心理特点。

（1）首因效应。第一次给人留下的印象，在对方的头脑中形成并占据着主导地位，这种效应即为首因效应。

（2）近因效应。交往中最后一次给人留下的印象，这个印象在对方的脑海中也会保留很长时间，这种效应即为近因效应。

（3）追踪时尚和流行。这是一个重要的模仿、学习和研究的过程，不去理解时尚，你就会对人的心理缺乏理解和洞察力，难以形成自己有效的风格。

（4）醒目程度是能否有效地吸引人们注意力的关键之一。你必须在方式上与竞争者区别开来，这就是差异化经营。他人都是绿叶，你就要做红花，要让别人觉得你有个性，有特色。

（5）展示价值和功能。人的脑子容易对有用的东西，印象深刻。

（6）互动和沟通。参与可以激发人的热情，并且容易养成习惯，这是一种牢固持久的注意力。这种沟通可以通过在现实环境中营造氛围进行，也可以通过电话、互联网等各种渠道进行。

赢得他人的眼球并占领他人头脑是一场心理战，所谓兵无常势，水无常形，运用之妙全在于你具体实践中的琢磨和悟性。注意力经济具有小投入高产出的特点，一旦你能积聚这种心理战能力，成为众人心目中的明星，那你的迷恋者就会把你捧起来，让你也品尝一下注意力造成的规模经济，使你的收获攀升到一个高峰。

追求复利的原则

复利不是数字游戏，复利公式 $y = N(1 + p)x$ 告诉我们的是有关投资和收益的哲理。在人生中，追求财富的过程，不是短跑，也不是马拉松式的长跑，而是在更长甚至数十年的时间跨度上所进行的耐力比赛。坚持追求复利的原则，那么起步的资金即使不太大，足够的耐心加上稳定的“小利”，却能很漂亮地赢得这场比赛。

复利的魔力

据说曾经有人问爱因斯坦：“世界上最强大的力量是什么？”他的回答不是原子弹爆炸的威力，而是“复利”，欧洲著名银行创立人梅尔更是夸张地称许复利是世界上的第八大奇迹。复利真的有那么大的魔力吗？

复利就是利滚利或利上加利，一笔存款或者投资获得回报之后，再连本带利进行新一轮投资，这样不断循环，就是追求复利。和复利相对应的是单利，单利只根据本金算利，没有利滚利的过程，但这两种方式所带来的利益差别一般人却容易忽略。

著名的企业家李嘉诚从16岁开始创业，到他73岁时，白手起家57年，家产就已约达126亿美元，这是一个天文数字，对于普通人来说是难以想象的，李嘉诚也因此成为世界华人的首富。如果我们用复利公式 $y = N(1 + p)x$ 来计算的话，可知，如果用1万美元做投资，每一年收益率能达到28%，用同样的时间，就可以达到129亿美元的回报。可是，若是单利，28%的收益率，57年的时间，却只能带来区区16.96万美元。差距就是这么大，28%的年收益率似乎是一个小数字，但却能带来这么惊人的效果。当然，我们这里只是在纸上谈兵，事实上，在投资中面临种种风险，能长期地得到稳定的回报不是那么容易做到的。

做一笔生意，能得到28%的收益率没有什么神奇的，在商场上，一两个星期的时间里获得比这高得多的收益，也不在少数，但能长期坚持这个似乎不起眼的收益率就神奇了。巴菲特仅凭着年收益率约22%就成为一代股神。巴菲特1956年用向亲属集资的方式，以10万美元开始他的投资生涯，50年间，无论股市行情和经济运行状况如何，巴菲特从未遭遇过大的风险，战后美国股票的年平均收益率在10%左右，而巴菲特却达到了平均约22%的年收益率的水平，个人资产增长到300多亿美元，这已经创造了在那些市场专家、华尔街经纪人以及旁观者看来不可思议的奇迹。美国的头号职业炒股家彼得·林奇所管理的麦哲伦基金，每年年均收益也只是约29.2%，而金融大鳄索罗斯在投资生涯中最辉煌的1997年，收益只有约43%。

数十年坚持20%以上的年平均投资收益，一般人是难以企及的。但只要进行投资，即使回报率再低些，只要能长期坚持，也能创造经济上的奇迹。

1626年，荷属美洲新尼德兰省总督花了大约24美元的珠子和饰物从印第安人手中买下了曼哈顿岛。到2000年1月1日，估计曼哈顿岛价值约2.5万亿美元。假如当时的印第安人会投资，使24美元能够达到7%的年复合收益率，那么，到375年后的2000年的1月1日，他们可买回曼哈顿岛。

24×（1+7%）375=2.5068（万亿美元）

从这个数学算式可以看到复利的魔力，所以成功的艰难不是在于一次两次的暴利，而是持续地保持即使较小的盈利。成功的关键就是稳定而持续的增长，追求复利是我们在投资活动中应该遵循的原则。

对复利的深入理解

具体到生活中的投资理财，假设你现在投资10000元，通过你的运作每年能赚15%，那么，连续20年，最后连本带利变成了163665元了，想必你看到这个数字后感觉很不满意吧？但是连续30年，总额就变成了662117元了，如果连续40年的话，总额又是多少呢？答案或许会让你目瞪口呆，是2678635元，也就是说一个25岁的年轻人，投资10000元，每年盈利15%，到65岁时，就能成为双料百万富翁了。当然，市场有景气有不景气，每年都挣15%难以做到，但这里说的收益率是个平均数，如果你有足够的耐心，再加上合理的投资，这个回报率是有可能做到的。

可见，在复利模式下，一笔投资所坚持的时间越长，带来的回报就越高。在最初的一段时间内，得到的资金回报未必那么理想，但只要将这些利润进行再投资，那么你的资金就会像滚雪球一样，变得越来越大。经过年复一年的积累，你的资金就可以攀登上一个新台阶，这时候你已经在新的层次上进行自己的投资了，你每年的资金回报也已远远超出了最初的投资。

从另一方面来看，万丈高楼平地起，要想长期保持一个满意的资金平均收益率，必须从第一年的投资和收益率开始。为了抵御市场风险，实现第一年的盈利，必须研究市场信息，积累相关的知识和经验，掌握一定的投资技巧。在这个过程中，需要克服一些困难，但投资者也会养成一定的思维和行为习惯。在接下来的一年里，你过去的知识、经验和习惯会自然地发挥作用，并且你又会在原来的基础上使自己有一个提高。这样坚持下来，使你越来越善于管理自己的资产，进行更熟练的投资，这是在实现个人投资能力的“复利式”的增长。而投资理财的能力的持续增长，使你有可能保持甚至提高相应的投资收益率。

由复利所带来的财富的增长，被人们称为“复利效应”。不但投资理财中有“复利效应”，在和经济相关的各个领域其实广泛存在着复利效应。比如，一个国家，只要有稳定的经济增长率，保持下去就能实现经济繁荣，从而增强综合国力，改善人民的生活。从这个角度来看，“可持续发展”这个时髦的词汇，实质上是追求复利的另一种说法。

企业的发展壮大也是一种复利效应，有的企业只追求眼前利益，在企业竞争力和企业文化方面缺乏积淀，没有发展后劲，久而久之，企业要么办不下去了，要么仍然是小打小闹。但有的企业目光远大，设定了远景目标，注重可持续发展，善于利用市场中提供的机会扩大规模，使企业的发展能够一年一个台阶不断攀登新的高峰，虽然中间也会有波折，但通过几十年的努力，不仅一个企业能富可敌国，而且也为社会作出了很大的贡献。

从广义上来看，人生中也有和复利效应类似的道理。比如，一个人如果能稳定地长期地提高自己的能力，每年都能在过去的基础上前进，长期的积累，就会使一个人成为能人，甚至伟人。人生的价值虽然难以用复利的计算方法进行数字计算，但随着时间的推移，同样的起点却导致不同的人生，在个人成就上，不同的人之间可以有遥不可及的距离。人和人年轻时候可能起点差不多，理想也差不多，但是一生的成就却千差万别，有的成就斐然，有的则一事无成，庸庸碌碌一生。这是“复利”的力量在人生历程中的体现。

复利揭示了成功投资最简单的本质，不管是投资还是人生，“复利”的魅力来源于持之以恒的坚持。在竞争激烈的现代社会，竞争中胜出的法则是狭路相逢勇者胜，勇者相逢智者胜，智者相逢韧者胜。有的人或企业只使用单利的计算方式去经营，而有的人和企业一开始便讲究“眼前利莫乱取，百年利尽谋之”的复利计算方式去经营。因此，其带来的收获自然就不一样了。

诺贝尔奖起死回生的故事

如何投资才能得到稳定而长期的回报，从而沐浴复利带给人的神奇之光？从诺贝尔奖基金运作发展的历史，我们可以得到一些启示。

瑞典发明家诺贝尔以诺贝尔奖和发明了甘油炸药而闻名于世，他在1896年过世时，留下3150万瑞典克朗（当时相当于980万美元）作为奖金，按照遗嘱的规定，奖金将授给那些在前一年里曾经给予人类以最大利益的人；不分国籍，只看功绩。100多年后，最初作为“储备金”的资金已增加到4.5亿美元。现在，单项诺贝尔奖一直维持在100万美元左右，诺贝尔奖每年累计发放大约650万美元的奖金，这还只是诺贝尔基金会每年投资收入的一部分。这些应归功于诺贝尔基金会的理财有方。诺贝尔基金会是根据诺贝尔遗嘱的规定建立起来的，他的一项重要任务是如何让钱生钱，以保证诺贝尔奖的金额。那么，诺贝尔基金会究竟是如何投资理财的呢？

在过去的100多年，诺贝尔基金会的投资理财也经历了一个曲折的过程。诺贝尔基金会成立时基金为980万美元，由于该基金会成立的目的是用于支付奖金，管理不允许出现任何差错。因此，基金会成立初期，其章程中明确地规定基金的投资范围，应限制在安全且固定收益的项目上，如银行存款与公债。股票市场则碰都不能碰，因为它风险大，弄得不好会“血本无归”。这种稳重但牺牲报酬率的结果是：随着每年奖金的发放与基金运作的开销，历经50多年后，到1953年该基金会的资产只剩下300多万美元，出现了2/3的本金损失。长此以往，诺贝尔奖将无法继续颁发。

眼见基金的资产将消耗殆尽，诺贝尔基金会的理事们及时觉醒，意识到投资利率对财富积累的重要性，在1953年作出突破性的改变，更改基金管理章程，将原来只准存放银行与买公债，改变为应以投资股票、房地产为主。二十世纪六七十年代，奖金和诺贝尔基金的数额并未增多。但到了80年代，股市增长迅速，基金会的资产不断增值，不动产也在不断升值。1987年，基金会作出一项重要决定：将基金会拥有的所有不动产转到一家新成立的上市公司名下，这家公司有个有趣的名字叫“招募人”。后来，基金会将持有的“招募人”公司股票全部出售，这正好赶在1990年初瑞典金融危机爆发之前，于是大赚一笔。

2000年1月1日，基金会的投资规则有了新的改进，基金会可将更高比例的资产用来投资股票，以获得更高的回报和更高的奖金数额。至2005年基金的总资产滚动至约4.5亿美元。不难看出，诺贝尔奖完全是依靠投资理财的收入在继续执行着诺贝尔的遗嘱，理财专家的理财能力延续了诺贝尔的梦想。当诺贝尔基金总额达到约4.5亿美元的规模之后，取得每年650万美元的收入已经非常简单了，这意味着它只需要取得1.45%的收益率，就能实现这个目标。而诺贝尔基金会现在每年取得10%左右的收益率已经非常轻松自如了。

是投资理财观念的变化使一个奖项活了下来。诺贝尔基金的变迁说明了一个道理，就是要实现财富增长就要投资理财，单一的储蓄等于坐吃山空，而要想进行最好的投资，就应该端正态度，目光长远，设立一个长期可行的方案持之以恒地去做。

如何在个人生活中实现复利效应

千里之行始于足下，复利所带来的财富奇迹，是需要最初的资金投入的，并且，多投入的一点资金，在若干年后会带来高额的回报。这要求我们根据自身条件，尽量多投入资金，没有条件也要节约开支，创造条件。复利是利滚利，当投资带来回报，也要抵制消费诱惑，争取将盈利全部追加到本金里去，否则复利的作用就要大打折扣。

投资是花自己的钱，心里没有底是不行的。那么该把多少存款用来投资？这要在具体操作的时候灵活掌握，美国有个算法可以用来估算应该把多少资产用于投资，把多少用于储蓄，我们可以拿来参考。这个算法很简单：如果你30岁，你应该至少在储蓄上投入

30%的资产，各种投资不超过70%。如果你40岁，那储蓄40%，投资60%。如果60岁，储蓄60%，投资40%。也就是说年龄越大越应该保守。还应该有充足的“应急资金”，以应付生病、失业等等。

如果用年龄算法分配了资金并预留了“应急资金”，那么一旦有什么事情，你也不用临时抛售投资去解燃眉之急，即便投资失败，也不会让你倾家荡产。这样你就可以比较从容地去投资，否则你会心理上有压力，难以冷静客观地看问题，会损害你的判断力，给你带来更大的风险。很多人的投资理念和投资方式不那么理性，当然也就影响到自己的投资收益。

复利需要稳定的收益率，如何投资才能既稳健又能获得较为满意的收益率呢？在现实生活中，投资的方式有很多，比如创办自己的生意、投资于不动产和证券市场等等。大多数经济成功人士，首选的投资方向当然是自己的企业，因为资金掌握在自己手里风险更小，利润也更加看好，他们大多数也都是从经营企业获得财富的。所以有机会投资于自己真正能在一定程度上把握、利润看好，并能较可靠地得到回报的生意，自然是一个比较好的选择。

进行证券投资，股票最令人关注，风险最大，可能的收益也最大。但如果对股市的历史进行经验总结，会发现短期持有股票风险很大，而长期持有则风险很小。据有关资料统计，在美国证券市场上，如果1925年投资1美元在大公司的股票上，到2002年，收益是1775美元。在这77年中，包含了多次股市崩溃。最终的收益依然是1775倍，而同期通货膨胀是10倍。如果你真能投资77年，显然大大地赚了一笔。平均每年收益约12.2%。但这77年中，如果你独立地看每一年，却有23年是亏本的，最大一年亏损约43.34%。在其余的盈利年份，最赚的年收益约是53.99%，亏本年份占到接近30%；如果连续任意投资5年，最亏的年平均收益约为-12%，最赚的为24%，亏本的概率接近10%；如果连续投资10年，最亏的年平均收益约为-0.9%，最赚的约为20%，亏本的概率接近3%；如果连续投资20年，最低的年平均收益约为3.1%，最赚的约为17.7%，不会亏本。

当然美国的股市发展时间比较长，市场体制比较健全，和我国的股市有很多不同的地方，只能作为参考。但我们也可以得出结论，投资股票立足于长期持有大公司股票，可以很大程度上降低风险，有相当大的可能性给我们带来复利效应。当然你也可以投资债券，如果投资债券，按美国的历史，如果投资期为5年，那么亏损的概率就不到5%了。当然也要看到在前面说的77年中，美国大公司债券的年平均收益只有约6.2%，经过77年后，1美元仅仅变成了60美元。相比股票的1775美元，简直天差地别，但风险却小得多。

从经验上看，分散投资也可以降低风险，有利于获得更稳定的年收益率，最理想的分散投资应该是投资在互相不相关的投资品种上，比如股市、房地产、黄金甚至古董等等。不管投资于什么，也许会有较高的收益率，甚至暴利，但暴利一般难以持久，这是经济规律。亏损的时候也不要放弃，而要总结经验，以利再战，因为复利效应告诉我们，实现稳重、持续、适当的年平均收益率才是真正的成功之道。我们的投资计划一定要是一个长期的投资计划，短期的投资计划也必需置于这个长期投资计划的框架内。

具体运用复利原则的注意事项

（1）要享受复利效应的甘美果实，就必须坚持长期投资。与其总幻想一夜暴富，不如细水长流，做长期投资。

（2）多倾听专业人士的意见，但是要有自己的判断，不要被他人一游说就糊里糊涂地作出了投资决策。

（3）尽量将盈利变成投资。很多人在赢利的时候轻易地把盈利部分消费掉而在亏损的时候却不得不缩水本金。

（4）要知道市场在某种程度上是不可预测的，虽然我们需要用过去的数据来预测未来，但是要记住过去的业绩并不能代表将来。

（5）不要被贪婪所诱惑，要适可而止，要想办法克制自己的贪婪。

（6）成功会培养人的自信，但过度自信有时候会使人作出错误的决定。不要认为靠自己的智慧能绝对地把握市场的变化，投资就意味着风险。

（7）要学习，不要放弃给自己充电。投资赚钱有运气因素，但每次都想靠运气那是不行的。资本市场是有规律可循的，不然哪会有巴菲特、罗杰斯、索罗斯等投资名家的辉煌成就。只要学到本事就不愁没钱赚。

（8）要有决心和耐心。小额亏损并不是坏事，总结出来为什么会错，下次尽量避免犯同样的错误。随着你市场经验的积累，你会领悟很多，你将更有能力面对市场。

老板的魔鬼法则——最少的人做最多的事

用最少的人做最多的事情，这是所有老板的追求，因为这样才能以最小的成本换取最高的工作效率。对于企业来说，本条原则意味着要组成精干的团队，以保持组织的活力和工作效率。

用人才能成大业

人和人之间的“相互利用”，是一种重要的生存智慧，它使人类变得更加强大。通过借用他人的力量，人可以和他人建立有效的协作关系，更有效率地做成更多的事情，特别是做成一些靠一个人的力量无法做成的事情。人人都希望成为有用的人，但与其成为有用的人，不如成为用人的人，通过用人就能将他人的力量聚集为合力为我所用，从而实现“更大的用”。因此，善于用人是一种宝贵的品质，它能使人用最少的时间投入，去博取更多的收获。

用人的能力是一种领导才能，社会的发展需要这种领导才能的推动，生活和事业上的很多目标也需要这种领导才能去实现。不管是大事小事，通过有效地用人都可以收到事半功倍的效果。从小处看，在家庭生活中，善于用人，能将家务事干得更加井井有条和有效率，使家庭生活更美好。从大处看，人不一定样样都行，样样才干过人，但只要能善于识人、选人、用人，照样能实现雄才大略，否则难以成就宏图伟业。比如，卖草鞋的刘备能在三国鼎立中独占一席之地，其重要原因是三顾茅庐请到了诸葛亮出山相助。

古往今来，善用人者能成事，能成事者善用人。在用人方面，西汉开国皇帝刘邦是一个榜样。据史书记载，刘邦登上皇位后，在总结成功经验时说："夫运筹帷幄之中，决胜千里之外，吾不如子房；镇国家，抚百姓，给馈饷，不绝粮道，吾不如萧何；连百万之众，战必胜，攻必取，吾不如韩信。此三者，皆人杰也。吾能用之，此吾所以取天下也。"由此可见，楚汉相争中，不会打仗的刘邦能得天下，是因为他善于用人，拥有了张良的谋略，萧何的内助，韩信的善战。

在经济领域的成功，善于用人无疑是最重要的原因之一。美国的钢铁大王卡内基曾说过："把我的厂房、机器、资金全部拿走，只要留下我的人，4 年以后又是一个钢铁大王。"要实现这样的豪言壮语，也只有靠用人！事实上，善于用人也是卡内基最自豪的才能，在卡内基的墓碑上刻着："一位知道选用比他本人能力更强的人来为他工作的人安息在这里。"卡内基之所以成为钢铁大王，并非由于他本人是什么超人，而是因为他事业上善于选用有各种专长的人，并能发挥他们的长处。在 20 世纪初，卡内基所创办的卡内基钢铁公司已成为世界上最大的钢铁企业。它拥有 2 万多名员工以及世界上最先进的设备，它的年产量超过了英国全国的钢铁产量，它的年收益额约达 4000 万美元。卡内基作为公司的最大股东，并不担任董事长、总经理之类的职务。他的成功在很大程度上取决于他任用了一批懂技术、懂营销、懂管理的人才。

对于企业发展来说，仅仅有最好的硬件设施、最好的技术，或者充足的资金，但没有合适的人才是不行的，最好的企业目标需要用人去实现，用一流的人才才能造就一流的企业，具有大批的优秀人才是最重要、最根本的。纵观中外企业界，每一个成功的企业，无不聚集着若干乃至一群为企业贡献知识与智力的人才。世界著名的通用电器公司所雇用的员工高达十几万人，其原 CEO 杰克·韦尔奇曾经不无自豪地说："这是一家由众多杰出人士管理的公司，而我的功劳，就是为公司物色到了这些杰出人士。"

杰克·韦尔奇认为，挑选最好的人才是领导者最重要的职责。

他说："领导者的工作，就是每天把全世界各地最优秀的人才延揽过来。他们必须热爱自己的员工，拥抱自己的员工，激励自己的员工。"与很多CEO不同，杰克·韦尔奇把50%以上的工作时间花在人事上，他自认为他最大的成就是关心和培养人才。他至少能叫出1000名通用电气高级管理人员的名字，知道他们的职责，知道他们在做什么。韦尔奇自己曾说："我们所能做的是把赌注押在我们所选择的人身上。因此，我的全部工作就是选择适当的人。"他为通用电气做的最后一件重要工作，就是在退休前选定了自己的继承人伊梅尔特。

在知识经济时代，人力资本已经超出其他一切资源，成为决定企业经营成败的关键因素。若想使公司充满生机活力，必须选贤任能，雇请一流人才，而不能武大郎开店，害怕对方超过自己。对于一个健康、持续发展的企业来说，关键是要建立一套完善的组织机构和管理体系。管理的任务简单地看，就是一个用人问题：找到合适的人，摆在合适的地方做一件事，然后鼓励他们发挥自己的能力去完成手上的工作。只要企业领导者能知人善任，就能使企业内部人才云集，企业就不愁发展壮大。

用最少的人做最多的事

生活中经常听到有人抱怨工作太疲惫，一些老板用人太苛刻，总是在力图用最少的人做最多的事情，作为员工有不被重视，甚至是"被榨取"的感觉。"用最少的人做最多的事情"似乎是一条魔鬼法则，成为套在被雇佣者头上的枷锁，不论愿不愿意，都得努力工作。但事实上，这是作为老板追求最大收获的生存之道。和奴隶主的皮鞭相比较起来，现代社会中，作为老板的管理手段要人性化多了，善于管理的老板甚至还能营造愉悦的氛围，提高员工的积极性，以更加主动的态度投入工作。

从经济的角度来看，用人的精髓就是用最少的人做最多的事情，这样才能充分发挥每个人的力量，追求最大限度的效益。事实上，人是有惰性的，人只有在一定的工作压力和一定的紧张状态下，才能产生激情，集中注意力，将事情做得更快更好。人浮于事的结果是，组织中的人相互影响，相互扯皮，反而会放慢工作的节奏，影响一个团队的效率。

不管是做一件事情，还是经营一家企业，都并不是人越多越好，有时人员越多，工作效率反而越差。在企业中，只有当每个部门都真正达到了人员的最佳数量，才能最大限度地减少无用的工作时间，降低工作成本，从而达到企业利益的最大化。著名的零售业巨头沃尔玛公司为我们提供了一个很好的案例。

作为全球最大零售企业之一沃尔玛公司的掌舵者，山姆·沃尔顿有句名言："没有人希望裁掉自己的员工，但作为企业高层管理者，却需要经常考虑这个问题。否则，就会影响企业的发展前景。"他深知，企业机构庞杂、人员设置不合理等现象，会使企业官僚之风盛行，人浮于事，从而导致企业工作效率低下。为避免这些在自己的企业内发生，沃尔顿想方设法要用最少的人做最多的事，极力减少成本，追求效益最大化。

从经营自己的第一家零售店开始，沃尔顿就很注重控制公司的管理费用。在当时，大多数企业都会花费销售额的5%来维持企业的经营管理。但沃尔玛则不这样做，它力图做到用公司销售额的2%来维持公司经营！这种做法贯穿了沃尔玛发展的始终。在沃尔顿的带领下，沃尔玛的员工经常都是起早贪黑地干，工作卖力尽责。结果，沃尔玛用的员工比竞争对手少，但所做的事却比竞争对手多，企业的生产效率当然就比对手要高。这样，在沃尔玛全体员工的苦干下，公司很快从只拥有一家零售店，发展到了现在在全球拥有2000多家连锁店。公司大了，管理成本也提高了，但沃尔玛公司却一直不改变过去的做法—管理成本维持在销售额的2%左右，用最少的人干最多的事！

沃尔顿认为，精简的机构和人员是企业良好运作的根本。与大多数企业不同，沃尔玛在遇到麻烦时，不是采取增加机构和人员的办法来解决问题。相反，而是追本溯源，解聘失职人员和精简相关机构。沃尔顿认为，只有这样才能避免机构重叠和臃肿。

合理搭配，打造精干团队

人与人的合作所产生的合力，不是人力的简单相加，而是要复杂和微妙得多。搭配不当，事倍功半；搭配得当，事半功倍。在人与人的合作中，假定每一个人的能力都为 1，那么 10 个人的合作结果有时比 10 大得多，有时甚至比 1 还要小。因为人更像有方向性的能量，当目标一致，并能相互促进时自然事半功倍，相互抵触时则一事无成。因此，要想用最少的人做最多的事情，就必须为所用的人找到他最合适的位置，并做好不同能力人员的搭配组合，只有这样，才能使各成员发挥所长，并互相补充协作，从而打造一个最精干的团队。

要使团队发挥最佳效能，关键的一点是要因人而用，并将人才进行巧妙合理地搭配。搭配得当，能使一个组织充满活力。在寺庙里，一进庙门，首先是弥勒佛，笑脸迎客，而在他的旁边，则是黑口黑脸的韦陀。这其中有一个很有意思的说法：在很久以前，他们并不在同一个庙里，而是分别掌管不同的庙。弥勒佛热情快乐，所以来的人非常多，但他什么都不在乎，丢三落四，没有好好地管理账务，所以依然入不敷出。而韦陀虽然管账是一把好手，但成天阴着个脸，太过严肃，搞得人越来越少，最后香火断绝。佛祖在查香火的时候发现了这个问题，就将他们俩放在同一个庙里，由弥勒佛负责公关，笑迎八方客，于是香火大旺。而韦陀铁面无私，锱铢必较，则让他负责财务，严格把关。在两人的分工合作下，庙里一派欣欣向荣的景象。

作为老板，应该清楚，什么人最适合什么工作，什么时候该用什么人，什么时候不该用什么人。并根据不同人才的特点，为他们找到最合适的位置，还要适时依照员工的优缺点，做机动性调整，让团队发挥最大的效能。如让成就欲较强的优秀员工单独或牵头完成具有一定风险和难度的工作，并在其完成时给予及时的肯定和赞扬；让依附欲较强的职工更多地参加到某个团体中共同工作；让权力欲较强的职工担任一个与之能力相适应的主管。

为员工安排好了位置，就是给了员工的工作目标，为了更充分地调动员工的工作热情，还要加强员工对企业目标的认同感，让员工感觉到自己所做的工作是值得的。例如，日本东芝公司，曾经在企业内部实行内部招聘，让职员自己申报最能发挥自己专长的职位。公司以最大的努力实现职员的要求，使职员各得其所。在此基础上，公司要求职工人人挑重担，“谁能拿得起100千克就交给他120千克的东西”。公司认为只要用人所长，就能发挥其最大的聪明才智，就能挑起更重的担子。这种用人的方法，也是值得企业借鉴的。

用人就要对人员进行管理，引导人去工作，而奖励和惩罚，则是管理者手上的两件法宝。对于人数多的企业来说，作为老板，在用人上就要抓关键人选。在这方面，韦尔奇给公司领导者传授的用人秘诀是他自创的“活力曲线”：一个组织中，必有20%的人是最好的，70%的人是中间状态的，10%的人是最差的。这是一个动态的曲线，但一个合格的领导者，必须随时掌握那20%和10%里边的人的姓名和职位，以便作出准确的奖惩措施。

木桶定律和团队的最大效能

做老板既是最容易的，因为可以将事情委托他人去做；又是最难的，因为这不同于只管自己，而是要管理一个团队，并使这个团队发挥效能去实现目标。个人的一个缺点，可以导致个人做一件事情的失败；而对于更复杂的团队，老板更必须足够敏锐地及时发现团队中的问题，因为团队中的一个人或一个部门的缺点，会影响整个团队的效率，使一个团队不能发挥最大效能，甚至会导致企业发展的失败。在这方面，著名的木桶定律给我们以启示。

众所周知，一只木桶盛水的多少，取决于桶壁上最短的那块木板。人们把这一规律总结为“木桶定律”或“木桶理论”。根据这一核心内容，“木桶定律”还有3个推论。

其一，桶壁上的所有木板都必须足够高，如果这个木桶里有一块木板不够高，木桶里的水就不可能是满的。

其二，比最低木板高的所有木板的高出部分都没有发挥作用，低的木板造成了高的木板的浪费。

其三，要想提高木桶的容量，就应该设法加高最低木板的高度。

与“木桶定律”相似的还有一个“链条定律”：一根链条的强度取决于它最薄弱的环节，并且链条越长，链条就越脆弱。木桶定律启发我们联想到生活中的类似现象。一道好菜，也要求添加的各种佐料必须都是最好的，否则这道菜烧出来就不那么可口了。一条生产线，如果少了一个流程或是某个流程不合格，那么出来的肯定是废品。

任何一个组织都可能面临和拥有类似短木板的木桶的问题：构成组织的各个部分往往是优劣不齐的，而劣质的部分往往又决定整个组织的水平。按照木桶定律，最短 的木板在对木桶的容量起着限制和制约作用，因此在一个团队里，决定这个团队的整体效能的不是那个能力最强、表现最好的人或者部门，而常常是那个能力最弱、表现最差的落后者。落后者影响了整个团队的综合实力。

对于一个企业来说，木桶定律提醒我们，要想办法克服最薄弱的环节，更换和改造那个影响团队的整体效能的部分，提高那块“最短木板”的长度，否则整个团队的运作就会受到影响，就不能达到用最少的人做最多的事的目标。人们常说“取长补短”，就是加强对每一个员工的教育和培训，只取长而不补短，就很难提高工作的整体效益，达到用人的最佳境界。

第三篇

社会生活中的经济学应用

第一章

政治生活中的经济学

个人为什么不愿意举办烟花表演

当潜在的消费者面临为某种公共品供应出钱的问题时，很多人都有不说出他真实付款意愿的动机，因为他同样可以取得供应给表示愿意付款人的公共物品。所以在公共品的提供量不能改变的场合，公共品就有可能被提供出来，而那些不真实说出他们优先选择的人，却可以从这种公共品的存在中得到好处；如果公共品的提供量可以改变（如可变的新鲜空气的量），那么若不如实说出优先选择，将使这种货物的供应比如实说出时少，但不如实说出优先选择的人仍将得到这种货物，并且仍然不付款，所以他们仍是得益者，因而称之为免费搭乘者。

我国文化传统之一就是人们喜欢在元宵节放烟花、看烟花。但是有研究人员发现了这样一个事实：在一个村镇上，起初一两个人在放，他们很快没了积极性，这是为什么？为什么个人不愿意举办烟花表演呢？假设全镇500个居民中的每个人对观看烟花都给予了10元的估价，放烟花的成本为1000元。由于5000元的利益大于1000元的成本，小镇居民在元宵节看烟花是有效率的。

私人市场能提供有效率的结果吗？也许不能。设想这个小镇的企业家决定举行一场烟花表演。他肯定会在卖出这场晚会的门票时遇到麻烦，因为他的潜在顾客很快就会想到，他们即使不买票也能看烟花。这种物品没有排他性，因为要排除任何一个人看烟花是不可能的，而且，它也没有竞争性，因为一个人观看烟花，并没有减少其他任何一个人观看烟花的收益。因此，人们有一种搭便车者的想法。免费搭便车者是得到一种物品的收益但避开为此支付成本的人。

说明这种市场失灵的一种方法是，它的产生是由于外部性。如果企业家举行烟花表演，他就给那些不交钱看表演的人提供了一种外在收益。当他决定是否举行烟花表演时，没有考虑到这种外在收益。尽管从社会角度来看烟花表演是有益大众的，但从私人来看无利可图。结果，企业家做出不举行放烟花表演这种有社会效益的事情。

尽管私人市场不能提供小镇居民需要的烟花表演，但解决小镇问题的方法是显而易见的：当地政府可以赞助元宵节的庆祝活动。镇委员会可以向每个人增加 2 元的税收，并用这种收入雇佣张三进行烟花表演。小镇上每个人的福利都增加了 8 元—烟火的评价 10 元减去税收 2 元。

免费搭乘者的存在也是竞争的市场机制不可能解决公共产品有效生产的主要原因。一般认为公共物品没有竞争，意味着把这种物品供给某一个人，同时也必然供应给别人。

集体行动的悲剧

在人类社会中历来存在着集体行动的悲剧。为什么要这么说?因为在集体和个人之间存在着一个冲突悖论，我们每个人都是自私的，当我们每个人按照自己的利益原则来行动的时候，整个集体所表现出来的就是一种无序的状态，无论你个人怎么努力，集体的无序状态也会破坏你的劳动成果，因为每个人的利益偏好是不一样的。如果存在群体行动的话，那么群体性行动在没有指导的情况下，一定是一种悲剧。

群体悲剧是群体的灾难，这种灾难是不可抗争的，而且这种灾难的形成在一定程度上是群体受一个无情规律支配所造成的。一定意义上，这种悲剧是社会的规律造成的—当然我们这里使用规律一词是比较危险的，因为规律意味着与人的自由相对抗。

让我们看一下哈定悲剧，这是关于群体行动悲剧的一个著名的公共资源悲剧问题。该问题是经济学中的经典问题。

公共资源悲剧最初由哈定提出。

哈定举了这样一个具体事例：有一群牧民面对向他们开放的草地，每一个牧民都想多养一头牛，因为多养一头牛增加的收益大于其购养成本，是合算的，尽管因平均草量下降，可能使整个牧区的牛的单位收益下降。每个牧民如果多增加一头牛，草地将可能被过度放牧，从而不能满足牛的食量，致使所有牧民的牛都饿死。这就是公共资源的悲剧。

对公共资源的悲剧有许多解决办法，哈定说，我们可以将之卖掉，使之成为私有财产；可以作为公共财产保留，但准许进入，这种准许可以以多种方式来进行。哈定说，这些意见均合理，也均有可反驳的地方，“但是我们必须选择，否则我们就等于认同了公共草地的毁灭，我们只能在国家公园里回忆它们”。

哈定说，像公共草地、人口过度增长、武器竞赛这样的困境“没有技术解决途径”。所谓技术解决途径，是指“仅在自然科学中的技术的变化，而很少要求或不要求人类价值或道德观念的转变”。

我们可能经常听到这样一些事情，比如，中国周边沿海、江河的渔业资源越来越少了，我们小时候可以很容易看见的大黄鱼，现在已经很少见了，市面上只能看到些小黄鱼，类似的素有“长江三鱼”之称的刀鱼、回鱼、鲥鱼，现在几乎已经绝迹，造成我国不得不发布法定休渔期，在一年中主要水域都有一到两个季度实行伏季休渔，即在该区域内不得捕鱼，同时通过人工繁殖种群幼苗大量投放各海域，使各水域渔业资源不至于枯竭；还有我国北方草原由于过度放牧而导致的日趋严重的沙漠化，使包括北京在内的北方各地频受沙尘暴的侵袭；还有我国很多煤矿资源丰富的地区，群众偷偷开挖的小煤窑此起彼伏，屡禁不止，重大安全事故频频发生……类似许多范围内的公共资源总是被过度使用，人们总是不爱惜公共设施、公共资源，很多平时对待自己私人物品的那种勤俭节约的美德在使用公共资源时却荡然无存，正所谓“不拿白不拿，不用白不用”，难道真的仅仅是我们的道德素养的问题吗？

其实并不然，我们知道正所谓公共地带，就是每个人都有进入和使用的权利，我们最常说的一句话可能就是，“我不用，别人也会用；我不拿，别人也会拿”，于是乎，就成了“不拿白不拿，不用白不用”了。这是一个十分简单的逻辑，因为一般意义上的公共资源总量总是有限的，而人们的本性则是“自利”的，所以，个人如果可以从公共资源里多获得一点好处，那么别人就会少获得一点好处，而且因为具有别人没有权利来阻止个人使用公共资源的这种“非排他性”，所以，个人会尽可能多地去使用公共资源。

对公共资源悲剧的防止有两种办法：一种是制度上的，即建立中心化的权力机构，无论这种权力机构是公共的还是私人的—私人对公共地的拥有即处置便是在使用权力；第二种便是道德约束，道德约束与非中心化的奖惩联系在一起。

在实际生活中也是可以避免这种悲剧的。当悲剧未发生时，如果建立起来一套价值观或者一个中心化的权力机构，这种权力机构就可以控制悲剧的发生，所以社群出现的地方，一般而言，都有一个管理中心，用于协调、管理群体以防止悲剧的发生。

5毛钱怎么花

记得小时候家庭条件差，最高兴的事情莫过于父母奖励给我们的零用钱了，这些钱不多，一般为5毛。一位在读博士讲了这样一件事，小学读书时，家里很穷，两元钱的学费都很难付得起。有一次母亲为奖励他考试得了第一名，给了他5毛钱零花钱，他非常高兴，但很快有些犯愁：这5毛钱该如何花呢？应该买练习本吗，能买一个，因为他的练习本已快用完了。但学校边上卖的3毛钱一个的烧饼对他的诱惑力也不小。

有一次同桌小伙伴让他咬了一小口，那味道之好以至于他当时想哪天有钱时一定吃个够。但显然，他无法同时实现两个愿望，二者只能择其一。在反复权衡了两天后，他最后的选择是：花两毛钱买了一张大的白纸，裁订成一个小练习本；剩下的 3 毛钱则买了一个烧饼。

长大了，他再也不会为到底是买练习本还是买烧饼发愁了，但生活、工作中我们还是常常会面对几乎同样的选择：也许你正想更新一下手提电脑，同时家中那台用了 8 年的彩电也应该更新了。在反复权衡后你还是选择了先买电脑，用电脑工作赚回的钱来买彩电。

人的需求是无限的，而物质总是有限的，所以，人只能受物质所束缚。现实地说就是，从个人到家庭再到国家，都面临同样的一个问题：需要花钱的地方很多，而财力却总是有限的，那么，面对有限的财力，如何能最大限度地用好它呢？

用经济学术语讲，即相对于人们的欲望，资源总是稀缺的。经济学就是要讨论如何使原本有限的资源能最大限度地使人们获得满足。研究稀缺资源的配置是现代经济学的中心任务。

那位博士小时候面对的“5 毛钱如何花”就是经济学所要研究的问题，是数学解决不了的。当然，他最后的选择是既满足了学习的需要，又满足了解馋的需要，从而使这五毛钱花得最值，即是不自觉地符合了经济学的消费观。

那么，解决“有限的钱如何花得最值”这个问题到底又取决于什么呢？如果那位博士小时候妈妈在给他 5 毛钱时规定它只能用来买练习本，他不可能有其他选择，不可能还能用它买烧饼，这 5 毛钱肯定花得没有他自己决定的那样值；看来，有限的钱如何花得值还取决于某种配置。

这种“配置”在现代经济学中就称为“制度”。在经济学中“制度”的含义十分广泛，既指一切法律法规对权利的界定，甚至也指传统、习惯与习俗，它构成了稀缺资源配置的一个最大的约束条件。“制度”直接影响到资源配置的效率高低，也就是说，直接影响到有限的钱花得是不是恰到好处。

“制度”在决定资源配置效率方面如此重要，以至于有时比个人决策在决定资源配置方面还重要。如果我们买东西时不幸买到了假冒伪劣商品，我们一定认为那笔钱花得最不值，最不经济；但尽管我们个人在购买东西时很小心，还是有上当受骗的时候。而如果在“制度安排”中，对商品生产者的市场准入控制十分严格；对制作销售假冒伪劣商品者能进行事后的严厉惩罚，并且惩罚带来的损失将超过它因制作销售假冒伪劣商品带来的利润，等等，那么，我们有限的钱至少可以因为少上当而花得更值。

正因为制度安排在决定资源配置的效率方面如此重要，现代经济学除了研究稀缺资源如何配置外，还研究稀缺资源配置的制度决定因素。这使我们在面临 5 毛钱如何花时不再那么为难，最终的目的只有一个，就是使有限的钱花得最值，使资源配置的效率最高。

寻租现象

有权力的官员们在官本位的社会里，处处可以得到他们想要的东西，公共的财富就像是他们自己的财富一样，他们总是凭借国家赋予的权力通过干预或者应该干预而不干预某些事项，没有成本地实现社会财富的转移，使自己获得好处。这种现象在经济学中被称为寻租活动。形象地说，就是这些掌握社会权力的官员们，将国家赋予的权力当成一种可以出租获利的物品，对外出租，获得租金。寻租包括两个方面：官员手中有了可以出租的权力，他要寻找到租用他权力的人才能收到租金，所以他要寻找租用的一方；另外，社会上的一些能够接近这些掌握国家垄断权力的人，也要寻找拥有对外出租权力的垄断人物，他要寻找到出租的一方。所以他们共同称这种行为为寻租。

以新闻界为例，最基本的方式是利用操控新闻报道权，来达到向报道对象“寻租”的目的。方式主要有两种：一是假借曝光之名威胁、敲诈报道对象；一是为报道对象胡编乱造，大肆吹捧，以换取经济回报。除了赤裸裸的权钱交易外，还有变相的拉赞助、拉广告、收礼品、到企业兼职、参加企业出钱的旅游活动等。

众所周知，价值规律是市场经济的基本规律，价值规律要求商品交换以价值量为基础，实行等价交换。而商品经济是直接以交换为目的的经济形式，通过交换和流通，实现资本增值，追求高额利润。

寻租则是把权力商品化，或曰以权力为资本，去参与商品交换和市场竞争，谋取金钱和物质利益。即通常所说的权物交易、权钱交易、权权交易、权色交易，等等。像物质形态的土地、产业、资本那样，在这里，权力也被物化了，转化为商品货币，进入消费和财富等环节。权力寻租所带来的利益，成为权力腐败的原动力。

寻租理论最早产生于20世纪70年代的美国，它是现代经济学的一个重要分支。

1974年，美国的经济学家克鲁格首次公开发表了《寻租的政治经济学》一文，深入研究和探讨了由于政府对外贸易的管制而产生的对租金的争夺活动。这篇文章因此成了现代寻租理论的里程碑，克鲁格因此也被视为寻租理论的鼻祖。

根据公共选择学派代表人物布坎南的定义，寻租是指通过国家的保护所产生的财富的转移，旨在通过引入政府干预或者终止它的干预而获利的活动。这种努力是把有限的社会资源进行了一种非生产性的活动，降低了社会的生产活动。寻租者通过特殊的地位或者垄断权力将本应该属于别人或者公众的财富转移到了自己的手中。

为什么会有这么多的寻租活动呢？因为社会有设租的存在。许多行业都规定了特殊的经营群体，这样由于进入的限制，人们为了进入这些领域，就需要开展寻租活动，争夺经营权；由于特殊行业的管理者拥有绝对的审批权力，是人们公认的“肥缺”，所以很多官员就开展寻租活动，争夺这个权力以及权利。

寻租理论认为，寻租存在的根本原因就是政府行政干预的存在，行政干预越多，管制越多，寻租的机会就越多，社会资源的浪费就越严重，负面的效益就越大。图洛克把寻租看成是“负总和的游戏”。所谓“负总和”，就是说财富根本没有任何增加，只是从一个人的手中转到了另外一个人的手中，而财富在过手的过程中还要损失一定的交易成本。寻租活动就整个社会效益来说，它创造的是一个负值，社会的财富减少了。

解决寻租问题，首先要限制政府官员的权力。那些政府中不受权力约束的官员是寻租活动的根源，因为政府也是由人支配的，政府官员也是理性有限的经济人，要限制寻租活动，首先就要通过制度建设约束政府工作人员的行为和权力，制止权力的滥用。

其次要尽可能依靠法律和行政的手段减少行政审批项目，也就是说要减少人为“设租”的可能性。

最后还要增加政府行为的透明度，加强社会公众和舆论的监督。最大限度地降低信息不对称的程度，使公众对政府的决策、审批有合法的知情权。

在可能的情况下，当内部的阻力足够大的时候，借助外在力量的推动来减少寻租活动也不失为一种比较好的办法。比如我们借加入世界贸易组织的契机，大量削减行政审批，向国际接轨，这就是借助外力推动的最好证明。

仅靠道德能消除腐败吗

为世人所深恶痛绝的腐败，实质是权钱交易。在钱权主宰的社会里，哪个更重要？如果让你选择，你会做出怎样的选择呢？看似简单的问题，回答起来却没那么简单。但也并不是不可回答，就“权”而论，它是特指宗法等级制度下的君权、族权等；而“钱”则是以私有制为基础的商品交换关系代表。其实，这个问题不外乎有 3 种情况。情况一：权比钱更重要，有权就有一切；情况二：钱比权更重要，有钱就有权，有钱就有一切；情况三：钱权都同样重要，钱可以买到权，权可以换取钱。

到底哪种情况对自己的利益更大呢？首先我们应知道，中国几千年来就是一个官场化的社会。在中国人的心中，只有做官才能光宗耀祖，人们都认同“万般皆下品，唯有读书高”的观点。读书的目的是入仕做官，只有读书有成，才有可能做官，只有做官，才会有权，才会有一切。因此，如果单纯的“钱”和“权”进行博弈的话，很显然，“钱”是不堪一击的，但如果只有“权”而没有“钱”的支持，仕途也同样不会长久。因此，也就得出了这样一个结论：通过“权力”获得的“金钱”是轻而易举的，没有“权力”保护的“钱财”是危险的。出现了腐败，也可以说是一种“钱”与“权”的困境，一些人通过各种手段挤入国家权力圈内，通过手中的权力来攫取经济利益；或者在拥有财富之后，用其来交换权力，从而保全自己的经济利益，我们不妨称之为“权钱交易”。

权钱交易用现代的名词解释也叫“经济犯罪”，腐败的根源都是因为权钱交易，随着惩处腐败的力度加大，权钱交易的风险也越来越大，但还有大量的官员对此趋之若骛，甘冒天下之大不韪。

现在，各种监督机制也日益完善，但却依然消除不了权钱交易的怪圈，各地腐败案件层出不穷，让一些官员不惜自毁前途，沉迷其中。2006 年上海检察机关立案侦查的涉嫌贪污贿赂等职务犯罪案件中，大案共 409 件，占案件总数的 91.7%。这些大案中，涉及副处级以上干部的要案 81 件，其中包括 5 名局级干部案件。同时，上海检察机关 2006 年在反贪查案工作中共追缴赃款计 8303.9 万元。

仅是一个社保案，就牵出了上海市委书记、上海首富、国家统计局局长，国家药监局前任局长也因为腐败问题落马。这些高官已经生活无忧了，但还是陷进了权钱交易的怪圈，最终，自己的一生毁在了贪婪上。权钱怪圈到底有一种什么样的魔力，使这些高官一个个奋不顾身地往里面跳？原因是监督机制不健全吗？很多情况下，高官原本知道权钱交易所冒的风险是很大的，但依然克制不住内心贪婪的欲望。据说有的官员贪污钱财后不敢把钱存在银行里，把钱用麻袋包好，床下、墙缝塞得到处都是，直到被揭发落马。权和钱之间的博弈其实没有强弱之分，权和钱永远是合作性的博弈。我们不可能完全制止权钱合作，这是一条经济学的悖论。有了钱就想寻求权力，有了权就难免去寻求金钱。我们唯一可以做的是加强监督，加大惩治腐败力度，至于想把腐败完全根除是很困难的。因为对于人性险恶的、又自利的经济人来说，仅靠道德约束是很困难的。

“二八法则”与收入分配

我们这个世界，有 80% 的人是穷人，20% 的人是富人；80% 的穷人只掌握了世上 20% 的财富，而 20% 的富人却掌握了世上 80% 的财富。

为什么世界上 80%的人是穷人，20%的人是富人呢？这是市场经济机制自发起作用的结果。市场经济以效率优先，兼顾公平，而经济中，80%的效率来自于 20%的人群。例如，在组织人力资本管理活动中，一个组织的生产效率和未来发展，往往取决于少数关键性的人才。在企业效益的产生过程中，80% 的收获往往只来自 20% 的倾力投入和付出，而另外 80% 的投入只产生 20% 的效益。80% 的人用脖子以下赚钱，20% 的人用脖子以上赚钱；80% 的人是负面思考者，20% 的人是正面思考者；80% 的人在做事情，20% 的人在做事业；80% 的人只看眼前，20% 的人能放眼未来；80% 的人总是早上才想到今天干什么，20% 的人则时时刻刻在计划未来。

用头脑赚钱，靠知识、智力、创造、人力资本赚钱肯定比干死活、干体力活赚钱收入高得多；善于正面思考的人，其学习和工作效率比只会负面思考的人要高出好几倍；做事情只能赚“死钱”，而做事业的人看到的是长远的结果，其效率自然高得多；不会抓住机会，就没有赚钱的机会，善于抓住机会必然“钱途”远大；放眼长远、时刻计划着未来也就会产生更高的工作效率，只看到眼前，其工作的失误率也高，工作效率自然低。

80%的收入来源于20%的客户，这就是大家非常熟悉的“帕累托定律”，也称“二八法则”，多数，它们只能造成少许的影响；少数，它们造成主要的、重大的影响。在因和果、努力和收获之间，普遍存在着不平衡关系。典型的情况是：80%的收获来自20%的努力，其他80%的力气只带来20%的结果。“二八法则”告诉人们一个道理，即在投入与产出、努力与收获、原因和结果之间，普遍存在着不平衡关系。少的投入，可以得到多的产出；小的努力，可以获得大的成绩；关键的少数，往往是决定整个组织的效率、产出、盈亏和成败的主要因素。社会经济效率的提高主要来自于只占社会成员20%的少数人。

本来，经济的发展就是做大“蛋糕”，并让大家都分得更多的“蛋糕”的过程，所以，在经济发展过程中要强调效率，才能得到更快的发展。只有让20%创造最多财富的人分得最多的“蛋糕”，才能高效地利用资源，达到经济的高效、持续发展。但是，在中国，“不患寡而患不均”的思想根深蒂固，处处要求平等的人并不是考虑怎样做大“蛋糕”，关心的只是分到自己手中的那份有多少。若是分给自己的那份小了，他不会管他自己劳动的效果如何，只会产生一种不平衡的感觉。

况且，我国某些暴发户的发家史并不是因为他们对经济发展做出了很多贡献，而是有一部分人靠“钻”经济体制转轨的空隙、坑蒙拐骗、控制稀少资源、损公肥私等不正当手段发家致富的。特别是一些富豪穷奢极欲、挥金如土、相互攀比，甚至于有“情妇村”、“鸳鸯浴”等不合法的消费行为。这种生活方式存在着“外部性”，其消费行为产生的结果不仅仅是私人的，而且是社会性的，不仅影响了其他公民的生活和社会秩序，还会影响到现行的制度效果，不能不使一般公民产生仇富的心理，从而影响着社会的稳定和健康发展。

中国的传统文化讲究抑强扶弱，让强者不要太过分，还讲“达则兼济天下”，富人要帮助穷人，这种传统文化的影响至今仍然存在，如果一些富人“为富不仁”，有钱就过着奢侈萎靡的生活，势必影响社会的稳定。社会经济的发展能否稳定、健康，往往取决于某些微小的变化，积极的微小变化容易不断产生好的结果，如联产承包责任制。消极的微小变化不断积累就会造成社会的动荡，这被称为“蝴蝶效应”。中国历代的农民起义大多数是打着“等贵贱、均贫富”的口号，导致社会结构的变动。今日的中国，前二十几年的改革开放，主要强调的是效率，以做大国民财富这块“蛋糕”，但现在收入上贫富差距已经相当大了，到了向公平适度倾斜的时候。这就需要通过财政税收等再分配手段进一步调节公民之间的收入差距，向“弱势人群”适度倾斜。但这个“度”如何确定，是一个值得社会各方面人关心的大问题，太悬殊会影响社会稳定，太平等又会影响经济效率。

公共选择与羊群效应

什么是公共选择呢？公共选择就是公众的选择，或者说是多数人的选择。现代社会，许多地方可以采取公民或代表投票的方式进行公共选择。公共选择多数是在利益分配中，到底采取何种选择方式能够使单位或地方的利益最大化，或者大多数人的满意度最大化。公共选择是以少数服从多数，还是多数服从少数呢？一般来说，是少数服从多数。但是，从福利经济学的角度来看，有时，少数服从多数又会造成社会净福利的损失。

现在，我们假设老王是某个有100名职工的单位的负责人。目前，有一个决策，如果大家投票通过的话，可以为这100个人中的某一个特定的人带来200元的收益，而给其他99个人带来1元钱的损失。如果以投票方式进行表决，其结果肯定是99票反对，1票赞成，而使该项决策无法通过。但是，这项决策明显有利于提高单位的福利水平，因为它给一个人带来了200元的福利，减去99元的损失，仍给单位带来了101元的净福利。而决策通过投票方式不能通过，只能造成净福利为0。这就是公共选择理论中的“投票悖论”。

我们再做第二个假设，假定有三个人：张三、李四、王五，在A、B、C三个方案之间进行分阶段投票。由于这三个方案给不同的人带来的好处也各不相同，张三的喜好程度依次是A>B>C；李四的喜好程度依次是B>C>A；王五的喜好程度依次是C>A>B。现在，进行第一轮投票，让三个人在A和B之间进行选择，这轮投票以两票赞成和一票反对而通过A方案；再进行第二轮投票，在B和C之间进行选择，同样，B方案也以两票赞成和一票反对获得通过；继续进行第三轮投票，在 C 和 A 之间进行选择，C 方案也获得通过。如果按照三轮投票的情况综合进行选择，则没有办法选择到底那种方案更好。这又产生了“投票悖论”。

事实上，像这些“投票悖论”大量地存在于我们的日常生活当中，使得公共选择在效率与公平之间时常产生矛盾，强调效率的选择就会与公平目标相抵触，而公平的选择又损失了经济的效率。有时为了照顾大多数人的情绪，不得不放弃一些很有效率的决策，在极端的情况下，一项决策可以给极少数人带来利益，但由于大多数人的“红眼病”，不得不放弃一个能够给单位和地方带来净福利的好政策。甚至于，由于不同的人代表着不同的利益，人们利益之间的争夺使得投票过程陷入僵局。

公共选择的失误往往与“羊群效应”相关。公众或代表在投票的过程中，有时，不一定是理性的，盲目的选择经常见到。一旦有一位“领头羊”有理有据地陈述某项决策的好处和利益，或者其弊端，大家都觉得这个人说得不错，很有道理。于是，不加选择地跟随这位“领头羊”的行为，做出错误的选择。等到大家回去一想，才发现其选择是错误的。这种情况是很多的，比如，某个乡进行一项政策选择，需要在姓刘的人多的地方修一项水利工程，由于这个乡内主要是姓李和姓刘两个大姓，姓李的人更多些，这项工程对整个乡的经济发展能够带来很多的好处。但是，某位姓李的人振振有词地陈述修这项水利工程的弊端，导致姓李的人都投了反对票，从而否决了一项能给全乡带来福利的政策。

市场机制并不是一架运转良好、能够自动调节的机器，市场的解决办法并不总是最优的。而公共选择理论则从“经济人”的自利性，推出了由这些人组成的政府也可能是失灵的结论。公共选择理论只强调了“经济人”利益的最大化，而对“经济人”在政治上的政治利益及利益集团之间的冲突并未做出解释。这往往需要借助于政治经济的分析方法，对投票过程中的利益进行描述，否则“投票”中的政治民主就失去了基础，也不能很好地说明利益集团投票的动因。

第二章

日常生活中的经济学

“贤妻良母”要三思

现如今，女性大概可以分为两种类型：一是甘心贤妻良母型；二是忙事业顾不上家型。从两种类型女人的家务活上，我们可以归纳出一些心得。

某女子生长于传统的相夫教子之家，五年前初为人妻、少涉世事，立志继承母业，做一名贤妻良母，便一人独揽家中的所有家务，先生下厨、买菜、洗衣被她一一拒绝。她为独揽家务琐事乐此不疲。

丈夫很是庆幸自己能娶到这样贤惠的妻子，并由衷地感到幸福。他欣赏妻子的能干，叹服女人的耐力。岁月流逝，光阴荏苒，就这样过去了两年，丈夫似乎早已习惯了自己躺在沙发上或看电视，或看报纸，等着妻子将饭菜做好，更为可恶的是，妻子耳畔的赞美也销声匿迹了。再后来，妻子自己的事业如日中天，开始繁忙起来，渐渐无暇顾及家务事。一旁的丈夫很是不适应，对此颇有微词。妻子陷入了劳而无功、劳而有过的尴尬境地。

一日，妻子与好友相见，好友谈及某日亲自下厨为其丈夫操办生日，此番举动令她的丈夫好生感动，并由此对她倍加怜惜。相比之下，妻子不由得哀叹上天如此不公。

冷静下来，我们分析一下原因，是妻子忽略了一条基本的经济学规律—边际收益递减。妻子难得下厨，奉献行为稀缺，边际收益很高，而妻子的奉献如江水滔滔，长年累月担负着家务之责，自然淹没了感觉。况且水涨船高，夫妻博弈如同斗鸡，其均衡的模式是你进我退。丈夫由赞叹到麻木直至挑剔，精确地描述了这泛滥的奉献造成的边际收益递减。常言道，“久居兰芝之室，不闻其香”，伦理学崇尚克己、奉献、博爱，而经济学注重成本收益的比较。在经济学家的眼里，婚姻更像一张契约书，体现着平等互利、等价有偿，界定着双方的权利义务，即使像七仙女和董永这样的“天仙配”，也得“你挑水来我浇园”。

家庭也像团队生产，激励约束不相容同样会产生偷懒及搭便车的行为习惯。贤妻良母型女性不仅使自己的收益成本不对称，而且会带来较大的外部性，例如造就丈夫的懒惰、儿女的低能等。由贤妻良母导演的家庭悲剧也屡见不鲜。边际收益递减规律提醒女性：贤妻良母难做。在为家庭做奉献时是否应该有一个把握的度？

有一本书名叫《像经济学家那样地思考》，很是发人深思，其实，斯蒂格里茨所著的《经济学》一书中，就提出一个观点：像经济学家那样思考。言外之意，经济学家与一般人的思考不同，对同一问题、同一事件，经济学家得出的结论与一般人得出的结论往往偏差很大，甚至完全相反。像经济学家那样思考，意味着更多的理性、更多的智慧，做家务也是如此。

春运时，为什么一票难求

春运恐怕是最具中国特色的事物了。每到春节，各大火车站、零散售票点都排着绵延几百米的队伍。为什么排队？车票短缺。有人形容，在一年一度的春运高峰，国内各大城市火车站的一个共同现象是：一票难求。

在经济全球化的今天，产品的过剩早已成为各国无法解决的难题，扩大内需也成了各国经济得以发展的主题。对中国来说，从1998年开始，扩大内需也成为国内经济发展的最大国策，无论是理论界的讨论，还是党的红头文件，扩大内需哪一方面不成为人们的共识呢？但是为什么会出现火车票严重短缺？为什么会出现商品房的价格炒上了天？

很简单，就国内目前的情况来看，凡是可贸易的产品（即该产品可以进出口的，如电视机）都供应充足、竞争激烈、产品普遍过剩；而不可贸易的产品（如车票、房子）则出现短缺，价格居高不下。何也？根本的问题就在于制度短缺。

因为，在经济全球化的今天，对可贸易产品来说，要在市场中获胜，就得在全世界市场中寻找最有效率的资源，就得每时每刻都要提升自己的竞争力，就得根据市场供求关系来寻找自己产品市场的生长点，否则迟早会被市场所淘汰。

而对不可贸易产品来说，它的市场永远只能限制在国内的环境下，而国内市场环境与市场的游戏规则也就决定了这些产品的质量与价格。例如，小张从自己多次往返北京的经历中发现，一张由香港至北京的往返机票，如果从香港购买要花1800港元，甚至有时比这还低，但是笔者从北京购买，从来就没有低于3700元人民币，原因何在？因为，在香港机票的价格完全是由市场供求关系来决定的，但在北京则不然，价格的高低由主管部门来指导，根本与市场、企业运作成本无关。

再回到火车票的购买问题上，为什么火车票购买会出现一票难求，而汽车票随到随走呢？问题就在于政府对某些产品采取了完全垄断的措施。汽车运输一放开，公路交通难点立即化解。而铁路的垄断，一是政府不可能完全预测整个市场需求的情况，即使政府预测到了也不可能在短期内得以调整，这就导致了目前国内铁路运输的严重短缺；二是铁路运输既然是政府垄断，那么国内铁路的投资及运作成本就可以让整个社会来承担，而由于收益单位化，铁路部门一旦获得了社会的资源，就会千方百计地利用这些资源让其单位收益最大化，如一有机会就提高票价，但不会也不愿提供好的服务，加上个别工作人员的内外勾结，购票难的问题更是凸现。

可以说，一票难求是制度短缺的结果，是政府对一些不可贸易产品的垄断。而要解决这种短缺，政府就得放开对不可贸易产品的管制，加快相关行业的市场化。而这种市场化不仅在于产品及服务的市场化，还在于对广大农民的人身管制的市场化，如果中国广大的农民能够以市场的方式在城市里寻找自己满意的生存空间，这种短时间内大规模人口流动的运动自然会减少。或者说，如果城市能进一步放开，消除对进城农民的一切歧视性门槛，民工的返乡潮自然能减缓。这就是制度短缺的根本问题所在！

不吃剩饭的哲学

一位老太太年逾花甲，体态超常，每每买衣服都耗去许多的搜寻成本。一辈子含辛茹苦，吃苦在前享乐在后，如何长出这些多余的脂肪？原来，老太太生性节俭，每当饭菜要剩下，都舍不得扔掉，常常是勉强多吃，多余的卡路里使她日渐臃肿，并从此埋下隐患。

这样节俭的事例在我们生活中再常见不过了，特别是上了年纪的父辈、祖辈们。他们每每看到剩饭总会说：都不知道我们小时候吃的啥，你看你们剩的。

剩饭该勉强吃下还是该扔掉，值得思考。一方面从小我们就接受“谁知盘中餐，粒粒皆辛苦”的教育，家长大多告诫孩子，将碗里的饭菜吃光。即使现在外出做客，也常听到有人相劝“多吃多吃，免得浪费”。从经济学角度分析，剩饭是吃下还是扔掉，二者都是浪费。做熟的饭菜若不便保存及交换便是沉没成本，这是一笔已经付出的开支，无论做什么选择都不可能将熟饭再变成生米。

另一方面，当我们深刻领悟了吃饭吃到撑死的定律，也就是边际收益（效用）递减规律后，我们会发现许多生活哲学，就能得出结论：吃剩饭实在不是一个明智之举。吃得太多，已经味同嚼蜡，毫无享受美食之感，自然也就边际效用递减了，根本谈不上是强身壮体。相反，如果剩饭变质，吃出毛病，赔上医药费不说，还得让身体和精神双倍受损。边际效用递减规律是一个普遍的基本规律，在经济学、生物学、物理学、心理学方面都成立。我们让大家了解这种思维方式，并非是要大家对每一件事都去精确地计算其中的收益成本，而是让大家明白其中所包含的生活哲理。（理性的人在决策时应忽略沉没成本的存在和注意边际效用递减的规律。）

对于剩饭是吃还是不吃，应该比较在已经吃饱的情况下，多吃剩饭的成本与收益。当吃下的成本小于收益时就该吃，否则就不吃。勉强吃下的成本首先是生理上的难受，俗话说胃是自己的；其次是过量的饭菜对身体的一系列破坏（据说最佳状态是八分饱）。其收益至多是下顿饭少吃半碗。由此可见，将剩饭扔掉看做是浪费，将剩饭破坏性地穿肠而过看做是节俭，显然不是理性的逻辑。

类似于扔剩饭这样熟悉的场景也常出现于其他方面。一段分手的爱情或一个糟糕的婚姻，在外人看来，是失败的，是浪费的，是付出更多者的青春损失，因而，是绝对不经济的。其实，无论多长时间的爱情或婚姻，对智者来说都是一所学校，是一个人生的升华。就像从中学到大学，从大学再到研究生，都是人生必要的历练阶段。人们从中不仅认识、判断、总结了沟通艺术，积累并提升了 EQ 的指数，而且，通过合作、利益共享与利益冲突分割，懂得了团队的力量、团队所应有的核心竞争力及不团结带来的缺憾和损失，因而，可以成为 IQ 指数高的智者。这种历练的价值更在于，它使人从爱自己的人身上看清了自己。正所谓“好友如镜”，无论是自己的优点，还是缺点；也无论是成功，还是失败，在对方给予了评价、褒贬甚至决裂之后，任何人都会去反思自己。因而，全面彻底地认识自己，会使自己变得成熟，为以后的正确判断和抉择奠定了基础。正所谓付出了学费，学会了东西，因而这种浪费是具有经济价值的。

通过这些体验，人们可以更加豁达地结识合作者、朋友，可以更加容忍那些不快的事情，可以更加准确地选择合作与合作方式，更加善用做人的艺术。而这一切正是任何事业达畅之本，是高效之根，是昌荣之果。

经济学的奥妙就在于：任何庸俗之事，任何可悲之人，任何荒谬之情，都能在经济理论的宝库中找到支撑和存在之理由。经济学思想和理论无处不在，就看我们如何去对号和衔接了。

由此可见，这种形式上的相对的浪费其实产生了巨大的经济价值。所以还是要做个理智的人，适时做出选择，不要一味死缠住剩饭不放。

换个角度看待现实的世界，比如整个东北电力过剩，生产出的电力不能储存，不是消费就是浪费，电能在咱家转成热能，不比白白地损耗掉强？游子之所以打电话不怕花钱那是因为物有所值。再有坐出租车，国家收税可以干更多的事儿，司机有收入可以吃穿用，而司机的吃穿用是不是又提高了总需求，激活了不景气的经济？游玩的时候，原本有一个三赢的自由贸易，若游客同意坐滑竿儿，可使晚辈尽了孝心获得了安心，而挑竿的几个农民半小时挣 20 元劳动报酬，要比他们种地强。20 元对于游客可有可无，对于农民却意味着种子、化肥、孩子的学费，在农产品价格低、农民卖粮难的今天，若想帮助农民，是应该节约粮食还是浪费粮食？还有像老人穿的衣服也不能新三年旧三年，若全国人民都像他们这般节俭，岂不是有更多的企业倒闭破产……

民航打折的秘密

有的民航公司对两城市间的往返机票收取两种价格：全价与折扣价。对周六在所到达城市住一晚的乘客收折扣价，对周六不在所到达城市住的乘客收全价。这种对同一次航班（服务完全相同）收取两种不同价格的做法就是运用了歧视价格的定价方法。歧视价格是对同一种物品或劳务在同一时间里向不同消费者收取不同的价格。

歧视价格得以实行，在于消费者分为不同的群体，不同群体的消费者对同一种物品或劳务的需求弹性不同。以民航服务而言，消费者大体可分为两个群体：公务出差者和私人旅游者。前者因为公务有时间性，且由公费支出，故出差者只考虑时间的合适性，很少考虑价格变动，价格变动对这部分人坐飞机的需求量影响很小，需求缺乏弹性；而旅游者时间要求不严格，但由私人支出，要更多考虑价格因素，价格变动对这部分人坐飞机的需求量影响很大，需求富有弹性。

如果民航公司不实行打折，私人旅游者难以增加，但如果都实行打折，本来不打折需求量也不会减少的公务出差者也沾了光，对民航公司又是一种损失。

但如果民航公司简单地列出两种价格，恐怕没有一个公务出差者愿意出高价，公司以这两种价格售票时，乘客都会以旅游者自称。所以，实行价格歧视的关键是要能用一种客观标准区分这两类乘客。民航公司用的方法就是周六是否在所到达的城市住一个晚上。对公务出差者来说，周六与周日无法办理公务，为省几个钱而在所去的城市待两天，放弃了周末与家人团聚的机会，实在不合适，何况省的又不是自己的钱。对私人旅游者来说，反正是去玩，待多长时间，什么时候去关系不大，而买便宜机票省自己的钱还是重要的考虑因素。这样就可以方便地对两类乘客实行价格歧视。

实行歧视价格增加了民航公司的收益。这就是说，公务出差者仍以原价购买机票，乘客不会减少（需求缺乏弹性），来自这部分乘客的收益不会减少。私人旅游者以折扣价购买机票，由于需求富有弹性，乘客增加的百分比大于机票降价的百分比，来自这部分乘客的收益增加。这样，总收益增加了。而且，这种方法还使客源在时间分布上趋于稳定：公务出差者在工作日外出者多，而私人旅游者为了省钱，会选择休息日外出。这样就不会出现乘客过多或过少的现象，也有利于民航业的正常运行。

要使价格歧视得以实行，一般要具备三个条件：第一，市场存在不完善性。当市场不存在竞争，信息不畅通，或者由于种种原因被分割时，垄断者就可以利用这一点实行价格歧视。第二，各个市场对同种商品的需求弹性不同。这时垄断者可以对需求弹性小的市场实行高价格，以获得垄断利润。第三，有效地把不同市场之间或市场的各部分之间分开。地区封锁和限制贸易自由的各种障碍往往有利于垄断者实行其价格歧视，因此，反垄断限制价格歧视应该尽力消除其实现的环境条件。

价格歧视作为一种垄断价格，理所当然地应该加以限制。但是，限制价格歧视并非要取消一切价格歧视。在具有自然垄断性的公用事业中，对于一些不能贮存的劳务，采用高峰时期和非高峰时期的差别价格，将某些高峰需求调向低峰时期，可以更充分地利用其设备资源，对于社会来说，是具有积极意义的。

竞争有什么好处

烹制沙丁鱼是欧洲人非常喜欢的一道美味。但是长期以来，由于沙丁鱼在运输中经常因环境恶劣而死去，使很多贩运沙丁鱼的商人蒙受了巨大的损失，也使人们的餐桌上很难见到新鲜的沙丁鱼。

一次，一位鱼商意外发现了一个绝妙的解决方法。

在运输过程中，由于商人准备的鱼槽不足，商人只好将鲶鱼和沙丁鱼混装在一个鱼槽中。结果，到达目的地的时候，商人意外地发现，沙丁鱼竟然一条也没有死。

原来，这都是鲶鱼的功劳。由于鲶鱼是一种好动的鱼类，在水中总是不停地东游西窜，使水槽不再是一潭死水。沙丁鱼本来是一种非常懒惰的鱼，很少游动。但是鲶鱼的到来使它们非常恐惧，使它们改变了好静不好动的习性，也跟着鲶鱼快速地游动起来，一舱的水被鲶鱼搞活了。船到岸边的时候，这些沙丁鱼由于活力大增，便一个个活蹦乱跳的。

自然界就是在这种竞争和选择中发展的，也正是这种竞争和选择，使我们赖以生存的世界呈现出如此瑰丽多姿的色彩。即所谓物竞天择，适者生存。

竞争在生活中是非常普遍的现象。比如运动员长跑训练，一个人在运动场上跑就不容易出成绩，几个人一起跑的时候，大家的成绩一下子都提高了，为什么呢？因为人们在运动场上有了参照物，有了竞争的对象。再比如，学校为了进行分层次教学，将学生分成快班、慢班，这是很不科学的做法。这样分班的确能使快班的学生得到额外的关照，但是却使其他班级的学生没有了参照物，没有了领头羊，导致大家的学习成绩都平平常常，没有彼此的竞争，都自甘落后，最后大家的成绩都下降了。如果不分快慢班，情况就不同了，哪一个班级里都自然地形成了上中下三个层次，学生们相互竞争，不甘落后，在这种效应的影响下，班级里所有学生的学习成绩普遍得到了提高。

所以，有时候我们为了使大家产生这种竞争的心理，在工作、学习、生活中就要适当地将一个团体拆分成几个组，然后根据各组的成绩进行表彰，这样常常会产生意想不到的效果。

而在经济领域更是如此。没有竞争，就没有琳琅满目的商品；没有竞争，就没有绚丽多彩的经济生活。

说到竞争，我们感触最深的可能就是中国电信的拆分了。过去的电信市场是一家垄断，当时国家想方设法进行通信设备的投资、改造，又开展各种服务竞赛活动……但是没有用，通信费用始终居高不下，服务质量低劣，安装一部电话甚至要花5000元，而且还要排队等候三五个月，电信部门还要收取装机费，要指定购买电话，要交纳电话费押金，还要托关系走后门。这些都是国有企业一家垄断带来的种种弊端，当时的电信行业就仿佛是船舱中的沙丁鱼，根本就一动不动，怎么能够发展呢？

而现在情况不同了，中国电信被拆分成了几个公司，几个公司之间仿佛水槽中的鲶鱼和沙丁鱼一样，水被搞活了，每一个公司都不可能再待在一潭死水之中坐享其成了。网通公司、中国电信、中国铁通、中国移动都行动起来了，你推出长途优惠服务，我推出假日半费优惠；你赠送话费，我赠送话机；你邮寄话费清单，我就亲自送话费清单；你当天登记当天装机……就像驼鹿和狼，你在前面跑，我就在后面追。新鲜的招数层出不穷，消费者得到了实惠，经营者也因此获得了更多的利润，国家的电信事业更是进入了一个高速发展的快车道。

竞争的作用就是这么奇妙，竞争的市场有无数的买者和无数的卖者，而且各个卖者提供的物品大体是相同的；还由于市场是开放的，任何企业随时都可以自由地进出市场。这些条件的存在，使市场上任何一个买者或卖者的行动对市场价格的影响都是微乎其微的，每一个买者和卖者都不可能左右市场，而只能是市场价格的接受者。

要想获得更高的利润，最好的办法是实行差别竞争，也就是提高商品的科技含量、提高产品质量、改进服务手段、增加或者改进商品的性能等。这些手段从满足不同消费者的偏好入手，满足消费者的更高需求，使市场变得异常丰富。这样，不仅不会引起价格的降低，而且由于商品的不同，还可以提高商品的价格。

另外，市场经过反复的博弈，优胜劣汰的市场机制使新的充满活力的卖者不断进入市场，而那些僵化的、不思进取的企业则被挤到市场之外。为什么我们的市场会呈现出一派如此繁荣的景象呢？经济学家说，因为有新的企业、新的资本、新的人才不断涌入，使市场处于一种不断的更新之中，保持了永久的生机。

节俭是一种悖论

“节俭悖论”是凯恩斯最早提出的一种经济学理论，也叫“节约反论”、“节约的矛盾”。凯恩斯认为在社会经济活动中，勤俭节约对于个人或家庭来说是美德，然而对整个社会来说，节约意味着减少支出，迫使厂商削减产量，解雇工人，从而减少了收入，最终减少了储蓄，造成有效需求不足，阻碍经济发展和产量、就业增加。为了说明这个道理，凯恩斯还引用了一则古老的寓言：有一窝蜜蜂原本十分繁荣兴隆，每只蜜蜂都整天大吃大喝。后来一个哲人教导它们说，不能如此挥霍浪费，应该厉行节约。蜜蜂们听了哲人的话，觉得很有道理，于是迅速贯彻落实，个个争当节约模范。但结果出乎预料，整个蜂群从此迅速衰败下去，一蹶不振了。

凯恩斯的上述观点在现代西方经济学界得到了相当普遍的认同，许多不同版本的西方经济学教科书都相当醒目、相当郑重地向读者介绍阐述这一思想。

在 20 世纪 30 年代经济大萧条时期，德宾（E.F.M.Durbin）甚至将“储蓄”说成是“一个特别危险的自我毁灭过程”。凯恩斯则鞭挞了节俭的储蓄者，1931 年 1 月他在广播中断言：节俭将促成贫困的“恶性循环”。他还告诉大家，如果“你们储蓄 5 先令，将会使一个人失业一天”。对比“储蓄是恶习”的说法，勤俭节约一直作为我国的传统美德被颂扬。然而现在，在我国的一些大城市里，出现了一群独特的“都市月光族”，他们薪水丰厚，却几乎没有存款，工资一发就立即花到服饰、化妆品、餐馆酒吧、旅游等方面，一旦花完就开始过着数日子等发薪的贫穷生活，他们年轻、浪漫，有着体面的工作，秉着“钱就是用来花的”心态，周期性经历着从有钱到赤贫的过程。他们这样盲目地消费、支出而不留储蓄，一旦碰上需要用钱的时候，马上就会断粮而陷入困境，因为不完善的社会保障体制不可能把他们的问题全包下来。中国现在大多数家庭还没有真正迈入小康，一部分人还在贫困边缘挣扎，如果没有平时一分一厘的节省，又怎能拿出钱来支付孩子高额的上学费用，又怎能在生病时拿钱购买昂贵的药品？事实上，对于生产力水平较低、经济比较落后的国家，迫切需要积累资金（资本），应该提倡节俭，鼓励储蓄，通过降低利率而增加厂商对资金的需求，总支出不一定会下降。要解决“节俭悖论”，关键在于不要让储蓄的资金闲置起来，而是要把储蓄转化为投资，扩大和提高生产能力。因此重要的是银行应增加有效贷款，把钱用到刀刃上。

“节约的悖论”提出来以后，常常使人迷惑不解。根据一般人的常识，一个家庭也好，一个企业也好，一个国家也好，如果大家都挥霍浪费，很快就会吃光喝光，破产衰亡。唐代著名文学家韩愈有两句诗说得好：历览前贤家与国，成由勤俭败由奢。那么，凯恩斯提出的上述观点，又该如何解释呢？

要理解这个问题，关键是要注意到：凯恩斯的国民收入决定分析，是在非自愿失业存在的前提下进行的短期、静态分析。通俗地讲，就是经济陷入了严重的萧条状态，市场上有大量产品积压在仓库中，找不到销路，也就不能计入国民收入统计数字中。显然，如果国民增加消费，积压的产品就能实现其市场价值，从而使统计的国民收入数字增加；反之，如果国民减少消费，积压产品增加，统计的国民收入数字就会下降。这就是凯恩斯国民收入决定分析的实际意义所在，说穿了，凯恩斯提出的“节约悖论”实际上不过是推销积压产品罢了。

从长期、动态的角度来看，人们会将节约下来的钱用于投资，以增加生产能力，从而使经济趋向更加繁荣。相反，若只图眼前繁荣，大肆挥霍浪费，则会影响未来经济发展，甚至导致经济停滞和崩溃。正是在这个意义上，一般人们强调节约，反对奢侈浪费。

静态地来看，一个人收入越高，其用于消费的比例就越低，但动态地来看，在人们收入随着时间增加的同时，人们的消费需求也在随着时间的推移逐渐提高，结果消费在收入中所占的比例并不下降。抽象地来讲，个人收入的一部分会用于消费，另一部分则用于储蓄，而储蓄则会通过金融机构转移到厂商手里，用于增加投资。这样厂商生产的产品就会全部销售出去，其中一部分被消费者购买用于消费，另一部分被其他厂商购买用于投资，整个国民收入就实现了充分就业的均衡。但实际上，厂商生产的产品并不会完全销售出去，原因在于产品结构与需求结构不一致。例如，中国在2000年前后，市场上积压了大量彩色电视机，尽管彩电价格一降再降，但市场反应却十分冷淡。为什么呢？因为大多数家庭已经购买了彩电，整个彩电市场已经饱和。消费者手里尽管有钱，但并不会用于购买彩电，于是影响到彩电厂商也不会进一步增加彩电生产投资。这样，就导致了市场疲软。在这种情况下，单纯地刺激消费或刺激投资，必然徒劳无功。那么怎么办呢？唯一的出路只能是调整产品结构，使之与需求结构相一致。更明确地讲，必须开发新兴替代产品，使之与消费者潜在的市场需求结构相一致。例如，在模拟信号彩电市场饱和的情况下，应该开发数字化的液晶彩电或等电离子彩电，这样消费者手里的钱就会转化为现实的购买力，从而使彩电市场走出萧条的困境，逐渐复苏起来，进入新一轮的繁荣佳境。而要开发新兴替代产品，必须有大量投资支持，从而必须有大量居民储蓄。从这个角度来讲，节俭非但不会导致经济萧条，反而会促进经济增长，因而它依然是一种值得提倡的美德。

总之，在学习凯恩斯“节约悖论”时，必须明确凯恩斯观点的前提，弄清凯恩斯使用的分析方法，搞清凯恩斯观点的实质内涵。绝不能不问前提不问条件，随处套用。特别是中国作为一个发展中国家，刚刚进入小康阶段，整个国家经济实力还不雄厚，更不能依据凯恩斯观点，大肆鼓吹刺激消费。让我们跳出凯恩斯短期、静态、总量分析思维的框框，着眼于现实经济生活，换用长期、动态、结构分析的思路，为明天的经济发展着想，继续保持和发扬节约的美德吧。只要节约下来的钱用于投资，用于开发适应消费需求的新兴产品，我们的生活就会变得越来越美好。

富人为何买贵不买贱

几年前发生过这样一件事：在某杂志上有一个整版的征婚广告—“优秀男士，诚觅好女孩”。广告上的“征婚者素描”写道：“男，未婚，汉族，70年代出生，1米7余，硕士学位；私企总裁，年收入千万，资产过亿，现居上海……”在广告中，还有一篇略带诗意的《爱事业更爱一好女孩》的短文。

这是一名富豪征婚的广告。据说该广告共在全国100多家媒体投放，费用高达数百万元。大家不禁要问，难道富人找个结婚对象那么难，要如此兴师动众？

戴一只几百元的手表和戴一只百万元的江诗丹顿手表，其显示时间的功能是相同的。但戴一只用18K金做壳、满是钻石的名牌江诗丹顿表能显示出主人与众不同的身份。经济学家把购买这种价格极其昂贵的名牌商品的消费行为称为炫耀性消费，其含义在于这种消费行为的目的不在于其实用价值，而在于炫耀消费者的身份—通常也称为“显摆”。

“显摆”背后的经济学道理是什么？其实，这反映了一种消费心理—“炫耀性消费”心理是指一种迎合消费者心理的商品价格越高消费者反而越愿意购买的消费倾向。

“炫耀性消费”这个概念，是美国19世纪末20世纪初制度经济学家凡勃伦在其1899年出版的成名作《有闲阶级论》一书中提出的。作为经济学中制度学派的创始人，凡勃伦对先富起来的资产阶级持批判和嘲讽的态度。他认为，这些人有了钱以后从显示自己的优越和荣耀的心理出发，从事浪费性消费，这就是炫耀性消费。

这种消费的目的并不仅仅是为了获得直接的物质满足与享受，而在更大程度上是为了获得一种社会心理上的满足。由于某些商品具有炫耀性的效果，如购买高级轿车显示一个人地位的高贵，收集名画显示一个人高雅的爱好等，这类商品的价格定得越高，需求者反而越愿意购买，因为只有商品的高价，才能显示出购买者的富有和地位。这种消费随着社会发展有增长的趋势。

一般需求定律—即价格与需求量呈反方向变动—对于富人而言不仅不起作用，而且还导致一种“反需求定律”现象，即富人买涨不买跌：当某种商品价格很高时，富人趋之若鹜；而该商品价格低落时，富人理都不理。

在某个以生产服装而闻名的小城市，一个服装厂老板这样介绍说，当年他那个品牌的服装并不好卖，高不成低不就，穷人买不起，富人嫌档次低不愿买。后来他听从了一位海外商人的话，想出了一招，将服装价格从原来每套几百元一下子提高到5000多元，没有想到效果奇好：市场一下子打开了。西装还是那种西装，但愿意买的富人多了。原来几百元的西装穿在身上，富人觉得丢人；而现在5000多元一套的西装穿在身上，这些富人觉得很“气派”！当然，这种西装，如果说当初几百元一套某些穷人还有所期待的话，那么，现在他们则完全不会买了，因为他们真的买不起。

现在众多媒体整日鼓噪一个名词“精神消费”，这是有闲阶层或者说富人们发明的玩意儿，因为对于穷人来说，所有的收入几乎都用于维持生计了。而所谓“精神消费”，恰恰会出现所谓“边际效用上升”。比如玩名牌，无论是服装还是车，富人们每多购买一套（辆），会直觉地认为自己的身价又增加了两分，因此，增加的满足程度会上升。

穷人与富人的消费行为不同，所以实际上也存在两个市场：一个穷人的市场，一个富人的市场。在穷人的市场上，主要是低档消费品与日用品；在富人的市场上，主要是高档消费品与耐用品。因为世界的购买力主要操纵在富人手中，所以，占有世界生产份额80%的大厂商都将质优价高的商品定位于富人；穷人这边，则是小厂商负责供应。小厂商生产的商品附加值低，为了多赚一点钱，顾不了那么多，于是，假货、勾兑酒、霉米霉面一齐上。受害的多是穷人，因为富人早就不在小商店与集市上买东西。为了对付这些问题，政府会强制执行某些标准。但标准一高，成本上去了，穷人又消费不起。于是，我们就不难理解曾经有过这样的报道：中国农村已经成为假冒伪劣商品的最大集散地，当有关政府部门去打假时，竟有农民出来说："我们需要假货！我们也只买得起假货！"

我们为塞车付出了什么

随着城市化进程的加快，各种城市病随之而来，塞车也就成了世界许多大城市的心病。北京是这样，伦敦、巴黎、华盛顿也是如此。

对不少地方来说，减少塞车的办法或是收进入市区的塞车费；或是给愿意放弃开车而改乘公共汽车的乘客获得好处，奖励他们不开车进城；或是筹集更多的资金建城市铁路及地铁。但是这些办法用在北京，不是不能对症下药，就是远水解不了近渴。

那么北京塞车问题的症结在哪里？有人认为，是由于这几年北京的私人汽车发展太快，北京城市居民汽车的拥有量太高；是由于北京的出租车太多，让太多的出租车在大街上遍地跑，把本来就不多的道路占满了；是因为北京的道路发展跟不上私人汽车的发展；是由于北京的道路设计有问题，等等。

北京大塞车的原因，如上面所言，私人汽车发展太快、公共交通不发达、出租车太多、道路设计不合理等都是其中的原因，特别是道路设计不合理，随处可见。一组西直门立交桥，刚造好一两年，车就堵得根本无法走，还有的外地司机竟然在桥上徘徊，因为找不到出口方向；京昌高速公路许多进出口处辅路段，每天车辆都挤得满满的，但里面的高速路上则空空如也，这些都是道路设计不合理所导致的严重问题。但是，从经济学观点来看，北京塞车最根本的问题还不在这里，而在于对作为公共产品的道路使用、占用、收费安排与分配上。

道路作为一种公共产品来说，它与一般的公共产品不同。一般的公共产品基本上是一个人的享用并不妨碍他人享用，比如路灯。但是道路则不同，一方面它具有公共产品的特性，一条路修好了，所有的汽车都可以使用；但另一方面一条道路为一辆车使用后其他车则不能使用，道路的使用在某个时点上都是唯一的。而正是这种道路使用的唯一性，对道路使用、占用及收费的分配也就决定了道路的堵塞程度。

比如，在北京京昌高速公路回龙观小区边有一个入口，车辆要进入高速公路首先要通过一座二车道对流的桥（二进二出，桥距入口仅 1 公里），如果两车道能够有秩序对流行驶，那么车流量再大（这里是一个很大的小区，车特别多），车辆也可以在 10 分钟内走完这段路。但实际上，每天早上出行车总是会占上三车道（早上大家赶上班），而入行车仅剩下一车道。而正是这种抢占，往往会使入行车连一车道都无法使用。而入行车无法行驶，出行车最后也无法通行，这样经常就会出现整个桥的道路根本无法行驶的僵局。而正是这 1 公里路，如果时间段不合适，车辆花上 1 个小时才能够通过也成了常事。

其实，这正是公地悲剧的一个缩影。面对一块公地，由于大家都免费地占用，最终公地上最后一点资源都耗竭。在这里，道路作为公共产品，每一个人都希望优先占用。这就如公地悲剧一样，如果某一时点每一个人都想优先使用某一段道路，那么，其结果肯定是每一个人都无法使用这段路。这样，道路的资源、个人时间的资源都在这种占用中消耗掉了。

因此，对北京交通资源实行某种程度的限制（或是规则或是货币），才是解决目前北京塞车问题最为重要的一环。而规则的实行，一切都必须依法而行，并对违法者实行严厉惩罚，这样才能有效地保证车辆安全行驶和道路的通过率，缓解北京塞车问题。

闲暇提供什么效用

在传统观念中，闲暇没有什么好名声。“有闲阶层”、“游手好闲”均是好逸恶劳的别名，有个成语“忙中偷闲”，一个“偷”字也让人觉得理亏气虚。我们的传统观念是崇劳抑闲，提倡劳动光荣，从来就没想过闲暇也光荣。长期的传统教育弘扬蜡烛精神，“燃烧自己，照亮别人”。英年早逝，累死在工作岗位上的英雄永远是媒体宣传的榜样。岂不知列宁早就说过：“不会休息就不会工作。”短期内过度地耗费人力资源，是最大的浪费。“小车不倒只管推”是一种愚昧行为，注意保养、注意休整才能让“小车”走更长的路程。闲暇是充电，闲暇是加油，关注闲暇就是关注人力资源的长期使用效率。况且，在市场经济环境下，人们的偏好与选择理应得到尊重。何时劳动，何时闲暇，是行为主体的自由。

改革开放对个人的影响之一是工作负担加重、生活节奏变快。在“时间就是生命，效率就是金钱”的口号下，每个人都较以往变得更加繁忙。且不说父母官们为了自己所辖的那片热土披星戴月，也不讲登上呼啸战车的商人欲罢不能，就是大学里这群读书教书的先生们也早就没有了“两耳不闻窗外事，一心只读圣贤书”的那份淡泊。电视小品演出了《全都这么忙》，流行歌曲唱着《爱上一个不回家的人》。当市场经济带给我们更多的选择时，时间的机会成本骤然增加。从原来大锅饭时代的混日子、低效率，转变为争分夺秒、投入更多的时间为自己与社会创造物质财富，不用说是一种进步。然而凡事有度，当社会到处充斥着“繁忙”的身影时，“闲暇”就变得稀缺，“闲暇”的效用大大地提升，这个没有计入 GDP 的社会福利需要我们很好地珍视。

人的一生究竟追求什么？追求财富、追求权力、追求知识、追求健康，说到底，是追求一种快乐。闲暇是快乐的重要组成部分。罗素曾说过：“人太忙了，和许多美好的事物无缘。”美好的世界等待着能够发现它们的眼睛。人太匆忙，会走马观花。品味生活的美好，需要闲情逸致。在过分密集的现代生活中，给闲暇留点空间，那就留下了一份恬淡，留下了一份从容，毕竟人生不是为了遭遇生活而是为了享受生活。

据统计，我国白领阶层中70%以上处于亚健康状态，多少白发人送黑发人的悲剧一遍遍地重演。繁忙的时候我们容易忙中出错，容易心情烦躁，容易忽视亲友，容易冷落感情，而这些都十分珍贵、千金难买。忘却了他们，你会觉得无论物质生活多么富有，仍旧是两手空空。

世上总有干不完的事，一周7日，一日24小时，忙得昏天黑地；一周10日，一日36小时仍然会忙得寝食不安。既然10天与7天没有什么区别，不如索性假设一周只有5天可用，留下两天给自己和家人。

工作繁忙我们应该反思。反思之一，我从事的工作能否发挥我的比较优势，以己之短做人所长自然会事倍功半；反思之二，我的工作是否属于我的职责范围，越俎代庖，大权独揽，均为出力不讨好的傻子。市场经济不承认苦干只承认巧干，不认可苦劳，只认可功劳。在历史长河中，个人不过是沧海一粟，世界上没有丢不开、放不下、舍我其谁的工作。强调闲暇是强调资源配置的高效，分工协作的合理，时间安排的科学。工作与闲暇既有替代也有互补。

经济学中的闲暇并不是指无所事事，“做自己喜欢做的事”是经济学中闲暇的定义。闲暇强调的是个性的释放，强调的是选择的自由。在闲暇的时候你可以随心所欲地追逐自己多年的梦想，在闲暇的时候你可以心无旁骛地挥洒潜在的能量，在闲暇中活出一个真正的自我。闲暇是一种快乐，是一种幸福。在我们追逐能够给我们带来快乐与幸福的物质财富与精神财富时，别忘了闲暇，它也有效用。

你在闲暇时做什么

根据北京市的调查结果显示，2001年，北京市居民周平均每日闲暇时间为5小时45分钟，周平均每日工作时间为5小时1分钟，周平均每日闲暇时间首次超过工作时间44分钟；1986年北京市民的闲暇时间只有工作时间的46%，到1996年，闲暇时间是工作时间的80%，2001年则闲暇时间超过工作时间15%的。居民闲暇时间大量增加，而工作时间和家务劳动时间则大量减少。闲暇时间增加的主要原因有三个：一是实行双休日等制度因素；二是家务劳动社会化使居民用于家务劳动的时间减少，从而增加闲暇时间；三是提前退休、下岗、失业和无业人口的增加也使闲暇时间增加。

既然居民的闲暇时间大量增加，工作时间和家务劳动时间大幅度减少，那么，居民在闲暇时间都干些什么呢？随着闲暇时间的增加，旅游、娱乐、体育健身、文化传播等行业迅速发展，使居民闲暇时间内从事的休闲活动越来越多样化，在增加人们的满意度和幸福感的同时，也刺激了消费需求，对经济增长起了积极的促进作用。

不管是城镇居民还是农村居民，旅游需求都急剧增长。收入相对低的作短线旅游，收入相对高的作中长线旅游，甚至是出国(境)旅游。2000年，中国国内旅游人数达7.44亿人次，总出游率为59%，中国国内旅游在旅游经济总量中的份额，已从10年前的不到20%上升至70%以上。特别是在每年三个“黄金周”期间，几乎囊括城乡居民各种休闲活动的旅游业，更是一枝独秀。

从自娱自乐到去娱乐场所娱乐，这是在中国普及性甚高的几种休闲方式。自娱自乐，包括在家里看电影电视，唱卡拉OK，在城镇居民中已基本普及；举办家庭舞会，也早已不是什么新鲜事；集体娱乐场所，包括歌厅、酒吧、茶馆等，现在普及面也很宽。

健康是人类的基本追求，中国城乡居民迈入小康社会之后，人们花在体育和健身方面的消费日益增多。各个城市和许多农村乡镇，这些年增加了很多体育馆、健身房、棋牌室、游泳馆、保龄球馆，吸引了大量城乡居民前来休闲和消费。中国国家旅游局早已把体育健身作为一种专项旅游产品，大力加以开发和促销，既满足了海内外旅游者的需要，也带动了群众性体育健身活动的开展。许多大型体育健身活动，实际上就是旅游者和群众一起参与的活动。

人们在闲暇时间喜欢读书、读报、看电视、听广播；电脑、网吧等休闲新装备、新场所，在中国也得到了迅速发展。在新的时代，终身教育的主要功能之一就是休闲，也就是说，学习知识也是一种娱乐，人们从学习新知识中体验到增值知识的快乐，品味到人生的乐趣。特别是由于人们更多地借助于多媒体和互联网等工具学习，媒体的文字、图形、动作、声音相互搭配，这本身就增加了学习的趣味性和娱乐性。

西方休闲思想有着悠久的历史，至少可以追溯到被西方学者奉为休闲学之父的亚里士多德，他把休闲誉为“一切事物环绕的中心，是科学和哲学诞生的基本条件之一”，认为工作的目的是为了休闲，人唯有在休闲时才有幸福可言，恰当地利用闲暇是一生做自由人的基础。

休闲是人的精神与物质的需要，进而产生许多经济利润点。休闲作为一种社会现象和消费现象，与经济社会发展的关系十分密切。如果这种关系处理不好，休闲就会成为不能增加社会财富的消极行为；如果这种关系处理得好，休闲就会造就出庞大的消费市场，成为一种商机，并可以派生出一系列新的服务和新的产业，在更好地满足一部分人的休闲需求的同时，给另一部分人开辟出创造财富的空间，促进社会经济的进一步发展和繁荣。而且，在当代世界，大多数人群同时具备“劳动者”和“消费者”两种身份。你在这个时间里是劳动者，为别人提供休闲服务；在另一个时间又成为休闲者，享受别人为你提供的服务。一些人在增多的闲暇时间里或旅游、健身、娱乐，使自己的身心在工作之余得到更多的调适、放松，不仅增加了自己的生活情趣，提高了生活满意度，而且使自己的身体得到了更好的恢复和发展，有利于提高工作效率。另外一些人在闲暇时间里继续学习，充实了自己的精神世界，同时也提升了自己的价值。还有一些社会上的无业者，他们在闲暇时间里或有更多的健身、娱乐活动，或者加强学习，不仅可以使自己更容易适应社会，适应未来的工作和生活需要，而且增强了社会的稳定性。

在某种意义上，休闲是现代生活不可或缺的象征。1899 年凡勃伦出版了《有闲阶级论》，标志着探索休闲对于人类文明和社会进步意义的休闲学科的诞生。中国已经进入全面建设小康社会、加快建设社会主义现代化的新阶段，城镇居民的收入将进一步提高，物质生活的需求和精神文化将进一步增长，人们在闲暇时间从事的休闲活动将日益增多，休闲经济必将在中国进一步加快发展。

什么是覆水难收

斯蒂格利茨在其《经济学》一书中，认为经济学家与普通人的区别之一在于，经济学家计算机会成本，而普通人不计算机会成本。其实，他认为经济学家与普通人的区别还有一个，即经济学家不计算沉没成本，而普通人计算沉没成本。

小杨周末去商场，小李作陪。值得一提的是，小李是经济学专业高才生，因此小李生平最头痛的是在商店里消磨时光。小杨对一件衣服一见钟情，所以，简单地问了问价钱，看了看衣服，连试穿都没有，小李就拉着小杨交了款拿衣服走人。回到家，小杨一试穿，问题来了：衣服的扣子竟然掉了两个。小杨认为是小李太急才造成的后果，要一起去退货。没有办法，两人硬着头皮到了商店。谁知售货员怎么也不认账，而且商场中同一型号与品牌的衣服也没有货了。最后他们找到商场经理，经协商，商场同意他们再加100元钱，给换一件某著名品牌的夹克，那种夹克的原价是400元。小杨很犹豫，有些舍不得那100元钱，想找两个扣子凑合着行了。小李则痛痛快快地说：“很划算，100元买了400元的衣服，这种好事哪里去找啊！”最后，在小李的极力怂恿下，这笔交易总算完成了。

路上，小杨问小李明明那件衣服花了 430 元钱，怎么能说是 100 元钱呢？小李说：商场不退货，所以，实际上我们先花的 330 元钱就等于永远不可能再回到我们的口袋了，这在经济学上叫“沉没成本”，经济学家是不会把这笔成本计入成本的，所以，在经济学家眼中，后来那件衣服实际上就只是花了100元钱，因此他会认为这笔交易很值得。而如果将原来的330元钱也计入成本，可能会因此不进行这笔交易，那么，不仅穿不上这件合意的衣服，而且实际上前面330元钱也白扔了，因为凑合着穿不合意的衣服完全有可能使你的主观满足程度（即效用）变为零甚至是负数。

不计算沉没成本，其实就是说：过去的就让它过去吧，反正是覆水难收了。尤其是过去所受的苦难，我们更不要去计较，不要让它们成为我们前进的阻碍。经济学从诞生之日始，就具有一种乐观主义的传统，正因为如此，经济学家都习惯于朝前看，而不回头看。

其实，你想一想自己经历的一些事，你会发觉不计算沉没成本竟也不是经济学家的专利，中国普通百姓也有知道不应该计算“沉没成本”的，尤其是在大事上。比如中国人常讲一句成语，叫“功亏一篑”，就是说因为最后一刻没有坚持住，以至于前面所有的付出都化为泡影。我们经常会看到穷困家庭的孩子收到大学通知书时父母坚毅的目光，因为他们的信念是：好不容易已经将孩子送到了大学门槛，如果现在不让他去上大学，那么不仅毁了孩子的前途，而且过去十几年自己所吃的苦也都白吃了。所以，他们宁可砸锅卖铁，也要供孩子去上大学。

当一项已经付出的投入，无论如何也无法收回时，这种投入就变成了“沉没成本”。

还有一个经典的例子可以说明：

有一个老人特别喜欢收集各种古董，一旦碰到心爱的古董，无论花多少钱都要想方设法地买下来。有一天，他在古董市场上发现了一件向往已久的古代瓷瓶，花了很高的价钱把它买了下来。他把这个宝贝绑在自行车后座上，兴高采烈地骑车回家。谁知由于瓷瓶绑得不牢靠，在途中“咣当”一声从自行车后座上滑落下来，摔得粉碎。这位老人听到清脆的响声后居然连头也没回。这时，路边有位热心人对他大声喊道："老人家，你的瓷瓶摔碎了！"老人仍然头也没回，说："摔碎了吗？听声音一定是摔得粉碎，无可挽回了！"不一会儿，老人家的背影消失在茫茫人海中。

老人的反应是不是很让人惊讶？如果是一般人，肯定会从自行车上跳下来，对着已经化为碎片的瓷瓶捶胸顿足、扼腕痛惜，有的可能会经过好长时间才得以恢复心情。

每一次选择我们都要付出行动，每一次行动我们都要投入。不管我们前期所做的投入还能不能收回，是否真的还有价值，在做出下一个选择时，我们不可避免地会考虑到这些。最终，前期的投入就像坚固的铁链一样，把我们牢牢锁在原来的道路上，无法做出新的选择，而且投入越大，我们便被锁得越结实。可以说，"沉没成本"是路径依赖现象产生的一个主要原因！

你的一次考试成绩不理想，你的一次求职失败，你的一次恋爱受挫，会不会让你耿耿于怀呢？如果回答是的话，那么有人肯定会笑你，因为时间无法倒流，倾覆之水再难收回，过去的只能让它过去，就像经济学家总是关注机会成本，而不是账面上的会计成本一样，经济学家总是关注于未来，而非过去。这就是经济学家的思维时与常人的思维的区别所在，因为机会永远在未来，而不在过去。我们也可以掌握这种思维方式，为自己的未来和现在的选择决策服务。

很多人都知道这样一个故事，美国著名作家、企业家奥格·曼狄诺，出生于一个贫民家庭，但他是幸运的，念完了学校，有了工作，并娶了妻子。但是后来，面对人生的种种诱惑，由于自己的愚昧、无知和盲目的冲动，他犯了一系列不可饶恕的错误，最终失去一切宝贵的东西—家庭、房子和工作，几乎一贫如洗，他只能漫无目的地流浪。终于有一天，他碰到了一位牧师，牧师给了他一本书，他从中发现了自己的潜力，重新做人。他开始重新找工作，从卖报人、公司推销员、业务经理……其中饱受辛酸，但他已经不可战胜了，最后他创办了自己的企业帝国，并撰写了一本名为《世界上最伟大的推销员》的书，这本书说的就是著名的羊皮卷的故事，故事中的主人公经历就是曼狄诺本人的种种困苦和艰辛的遭遇。这个故事激励了一批又一批的人从失败、错误的阴影中走出来，最终走向成功！

我们与其为已经过去的种种失败、错误悔恨内疚，还不如忘记过去，吸取教训，重新选择新的人生道路，因为过去的所有投入、付出都如往日云烟，无法回收。这种已无法挽回的过去的投入、付出的成本，我们常常称其为“沉没成本”，就好像永远沉没在太平洋的海底深处一样，再也不可挽回。对于沉没成本的“选择”，就是不要再去考虑它的存在，因为那已经过去了。不管“沉没成本”是多少，对于未来而言都是毫无意义的，只有彻底地放弃沉没成本，我们才能生活得更好。

公交车能解决出行难吗

在城市特别是像北京这样的特大城市，市民出行主要是靠公交车。不可否认，在今后相当长的一段时期内，公交车依然是市民的主要出行工具之一。虽然轿车进入百姓家庭是大势所趋，但由于污染问题、道路紧张问题、汽油涨价问题等，政府还是提倡市民出行以公交车为主。市民出行以公交车为主是世界上许多国际化大都市的普遍做法。但是，目前在我国，公交车在解决市民出行难方面依然存在种种难题。难题之一是交通设施相对落后，主要交通干道行车速度不快一直是困扰市民出行的一大问题；难题之二是交通拥挤堵塞严重，一些主要干线经常堵车；难题之三是公民的交通意识淡薄，不管是汽车司机还是行人，不遵守交通规则的情况很多，交通违规行为也比较多，行人的交通安全意识淡薄。

即使这样，公共交通在解决市民出行难问题上依然显得供给不足。目前我国公交出行的分担率不足10%。特大城市也仅有20%左右，这一数字只是欧洲40%～60%出行比例的1/3～1/2。城市公交车目前平均车速只有10千米/小时，已低于自行车12千米/小时的速度。

为了解决城市居民出行难的问题，最近，北京市公交线路也进行了一系列的改革。据了解，各线路在“首发日”还专门于上班高峰时段采取加车手段，以尽量满足乘客的需求，同时，个别与城铁有衔接的线路还特意根据城铁的时刻表指定发车间隔，以最大限度方便乘客。

不过，部分拉活的“黑车”并未因此受到影响。因为几个人一起“拼车”，平摊下来才几块钱。既然“黑车”依旧有市场，那么，在不能对公交有所影响、在线路以及总量控制上有所考虑的前提下，能不能把部分社会车辆组织起来，为小区居民提供方便？这样既便于管理，又给予部分“黑车”以出路，还增加了政府的税收，使这个本来是扰乱市场的行为变得规范，并解决了部分小区不适合开通公交车、噪音扰民等现实问题，对解决部分社区出行难的问题，未尝不是个好办法。

世界上的大城市都提倡公交优先，一些国家的大城市有专门的公交车道，即使在公交车道内车辆很少，其他的车辆也不许挤进来。我国的一些大城市虽然也有专门的公交车道，但是其他的车辆特别是轿车一样使用公交车道。加上轿车一般没有礼让意识，所以，公交车的速度缓慢，甚至不如自行车的速度。对于大城市紧张的道路资源来说，一辆公交车的载客量相当于几十辆轿车和自行车，其道路资源的利用率相当高。所以，为了全体市民的出行效率，还是应当提倡市民上班多乘坐公交车，少用自行车和轿车。如果大家都为自己的利益着想，乘坐私家车上班，就很容易降低出行的效率。一些国家在交通高峰时间收取交通堵塞费的效果相当明显，使交通堵塞时期的车辆减少了 1/3。

城市公交不一定全部由政府包揽，公共交通一样可以由私人经营。在许多国家，由众多小公司经营一些公共汽车运营线路，它们参与市场竞争，虽然收费略高些，但设备舒适、运行安全、服务周到、到站准时，既方便了市民，又为公交系统增加了竞争的压力，提高了公交的效率。所以，应当允许在公交系统引入竞争机制，允许私人参与到城市公共交通上来，也就是要走多渠道的路子才能从根本上解决城市居民的出行难问题。

衣食住行中的“行”虽然在我们的生活中排在末位，但其重要性却越来越大。特别是在大城市，人们出行问题越来越突出。很多人并不是喜欢骑车，而是没办法。大多数成熟市场经济国家的大城市虽然高楼密集、人口密集，但他们使用小汽车的并不多，而是充分利用地上、地下的公共交通系统，他们的公共交通系统也相当发达、方便，从地铁、轻轨到公共汽车都相当方便、经济。其城市功能的布局分配也比较合理，人们从生活区到办公区的往返也很方便，这就大大减轻了城市交通的压力。我国在这方面还刚刚开始，需要一定的时间才能形成在大城市以公共交通为主，城市功能合理分布的格局。

马路杀手与社会保险

“马路杀手”是指没有掌握驾驶技能却驱车上路、危及他人生命安全的各色人等，是人们为那些在马路上严重违章、制造恶性交通事故、危害人民生命安全的汽车司机所起的绰号。嘲笑之中隐隐透出一丝血腥的气息，令人不寒而栗。2005 年，全国因交通事故造成 98738 人死亡，其中，机动车驾驶人交通肇事造成 91062 人死亡，占交通死亡人数总数的 92.2%。其原因是多方面的，其中，部分驾照发放部门屈从于关系或利益，把关不严甚至徇私舞弊等，是一个重要原因。

“马路杀手”中固然有无照驾驶的违章者，更多的却是手持驾驶执照的“合格者”。培训新驾驶员质量不过关的因素又有以下几个方面：（1）随着市场经济的发展，“驾校”多了起来，一多就难免良莠不齐；（2）各地负责新司机结业考试的单位把关不严格；（3）学车的人多了，知识、文化、道德、法制观念等综合素质差别太大；（4）新司机拿到“驾照”后，许多挂靠单位疏于管理和教育。

个性张扬的改装车也频频成为“马路杀手”，安全隐患很大。一是安装保险杠。国贸大厦上班的王女士刚买了一辆崭新的本田车，就碰到了烦心事。一星期前，王女士在深南大道行驶时，被后面的一辆吉普车追尾，本田被撞得惨不忍睹，因为那辆普通吉普车前安装了一个超大型保险杠。二是有的车主为了更好地提高汽车的穿越功能，将私家车改装成越野车。三是越来越多车主给“爱车”改装了大功率的灯泡，近年来车灯越来越亮，装大车灯只顾自己方便，根本不管对方车辆的司机会不会被照得什么也看不到。目前，汽车改装市场飞速发展，但这个行业却缺乏法律法规或行业标准予以规范，消费心态仍然不成熟。

长期睡眠不好也是产生“马路杀手”的因素之一。睡眠是大自然恢复体力与脑力的最好方式，也是一种本能。只有充分发挥这一人类本能，睡得好，次日才能精神抖擞地迎接工作。长期睡眠不好，会产生疲劳现象，不但觉得体力没有恢复，而且大脑昏昏沉沉，注意力不集中，记忆力下降。疲劳驾车在发生车祸中所占的比例为29%。在美国，每年发生的200万起交通事故中，约有4万~5万人丧生。引起交通事故的主要原因是司机疲劳驾车，注意力不集中，白天过度困倦。

开车给他人制造的外部效应已经够多的了，排出汽车尾气、噪音制造环境污染，不仅影响了人类，而且污染了整个地球。所有这些外部效应，汽车司机都没有对受损失的人给予补偿，使其付出和收获不成比例。但这些还只是渐进的、间接的损失，不是特别明显。而“马路杀手”却是汽车司机给他人制造的最剧烈的损失，不仅给他人造成了直接的、明显的、严重的物质损失，而且制造了生命和精神的巨大损失。世界上每年都有相当数量的人死于交通事故，更多的人在交通事故中成为残疾，影响一生的幸福。虽然我国新的交通法规定，开车撞死人赔偿50万元，但真正能得到赔偿的人并不多，即使赔偿了，也不可能以50万元补偿受害人及其亲人全部物质和精神的损失。即使是汽车尾气污染，其排放的有毒颗粒不仅污染着马路旁边的行人，也是造成全球变暖的主要因素，其有毒物质对大众健康造成的损失是渐进的，也等于是“马路杀手”，这些损失，汽车司机和石油公司都没有付出相应的费用。

我们的出行面临着如此大的风险，但是整个社会的保险意识却很淡薄。有钱的人被车撞伤有钱治疗，如果是一个普通的穷人被车撞伤了，就只能靠车主来出钱治疗。但是，真正会出钱治疗被撞伤乘客的车主也不多。比如，前不久，从中央电视台新闻中看到一辆满载着乘客的旅游车在安徽被撞，伤了不少人，受伤的人员虽然被很快送往医院治疗，但由谁来出那些治疗费用却成为一个难题。旅行社为了省钱，连规定该买的保险都没有买，旅行社又没有把具体情况告诉乘客，乘客也不可能买旅行意外险。开车的司机也不愿为此负责。因此，这笔治疗费用又引发了一段纠纷。一些公民保险意识十分淡薄，等到大难临头时却往往悔之晚矣。在市场经济条件下，人们的出行还是面临着不少风险，为了防范风险，国家、社会和个人都需要有保险意识。有钱的人可以购买商业保险，而没钱的人只能靠国家和社会的保险。如果国家和社会都靠不住，那么就会有更多的普通人不愿外出，不愿多消费，不愿休闲，不愿旅游。

为了出行的安全，我们最好给自己买份保险，特别是出外旅游，不该省的还是不能省，由旅行社组织的旅游更需要问他们有没有含保险。也可以在远行时自己购买小额的商业意外险，起码有个安全带。有钱的人可以购买需要连续交费，保额数额大的商业保险，这样，可以使自己的生命有个保障。

让你的假期发挥最大效用

随着我国假期天数的增多，“旅游”两字必将被“休闲”两字取代。毕竟，“旅游”是要走出去的，必然涉及交通、住宿等一连串的服务体系问题。而“休闲”则既可以在家里、球馆、牌室、社区内、城市郊区进行，就地取材，随时随地，肯定方便、实在、经济了许多，也可以走出去或名山大川一番，或小桥流水一回，进退自如，无往不利。典型的表现，就是“驴友”这一新兴“样板”的出现，预示着社会发展的前进方向——“休闲经济”已经姗姗到来。当然，“旅游”与“休闲”也是互为补充、互为促进的。但“休闲”取代“旅游”则是大势所趋，不可阻挡的潮流。

就拿出行来说，我们完全可以到郊区或更远一点的中小城市、县城、农村去，看看田园风光，欣赏自然界的美丽，品味吃农家饭的滋味，看那些小巧的瀑布、连绵的山川、小桥、流水、人家，对于城市居民来说，欣赏这些纯粹的自然风景也能心情愉悦。

好不容易盼来一个假期，把这几天的时间用在娱乐上，可以更好地带来身心的愉悦，舒展一下自己的筋骨，娱乐一番，让自己在休闲之后能够以更好的精神状态投入到工作中去，岂不是两全其美。

对于一些文化层次比较高的人，几天的假期可以安排得更妥当一些，用几天时间到图书馆看看书，享受一下文化娱乐的愉悦，提高自己的修养；又可以花几天时间和朋友或家人一起到游乐场所放松放松，联络一下感情；再到电影院看看原版国外大片，既放松了心情，得到娱乐的享受，又提高了自己的外语水平；还可以带着一家人到郊区或野外体验一下心旷神怡的感觉。假期经过这样一搭配，不仅花钱少，不同的需求还相互补充，让每一种休闲形式都产生最大的效用，从而增加了对假期的满意度。

经济学讲究资源的合理配置，配置得好，资源就能够得到最有效的利用，以最小成本取得最大收益或满意度。没有物质基础，个人谈不上幸福和快乐，但过度地利用资源，也会使资源的边际效果降低，利用率降低。经过了几个月的辛勤工作，个人的边际生产率在逐渐降低，就需要适度的休闲加以调节。而不同的休闲资源也需要合理配置，让假期的时间资源得到充分的利用，让每一种休闲形式都产生全新的感觉和体验。对于大多数普通的劳动者来说，劳动是幸福，因为，通过劳动可以获得自己的收入，增加客观的幸福资源；休闲也是一种幸福，通过适度的休闲，人们可以放松自己，调节身心，获得更多主观的幸福感和生活的满意度。

休闲效用最佳组合

对不同的休闲资源和自己的时间进行合理搭配，可以实现时间资源和休闲资源的合理、有效利用，产生更大的效用。一般来说，人们休闲都带有自己的偏好和习惯，所以，我们分析休闲资源有效配置时还需要了解人们的偏好或爱好。

所谓偏好就是人的兴趣，兴趣是人们力求接触、研究和认识的某种事物，或从事某种活动的心理倾向，这种倾向和一定的情感相联系，但偏好和兴趣相比，能够更稳定地表现出对一定事物所持有的积极倾向，偏好是消费物品或服务产生效用大小的基础。偏好和居民的收入水平、社会经济的发展水平密切相关，人们只有在基本的、低层次的需求得到满足后，才会产生更高层次的偏好，偏好再加一定的收入基础就形成市场需求。

根据有关的研究显示，一般居民对看电视都有比较大的偏好，90%以上的居民将看电视作为爱好之一，看电视是他们获得信息、了解社会的主要渠道；看书、看报、看杂志、读书是大多数居民的爱好之一，而且随着年龄的增长，这方面的爱好更强烈；爱好上网的人群中，高学历和年轻人居多，15 ~ 29 岁的人上网最多；年轻人有一半爱好看电影；唱歌、跳舞以年轻人和老年人为主；61 岁以上的老年人有 76%爱好养花、养鱼；20 岁以下的年轻人有 80%爱好购物。

现在，一般城市居民有一半左右的时间是闲暇时间，如何充分利用这些时间，合理搭配时间资源，把时间资源与相关的休闲资源结合起来，让自己的休闲效用实现最大化呢？这就不能完全按自己的偏好或爱好来进行决策，爱好容易成为一种习惯，把过多的时间资源用在单一的爱好上，休闲所产生的效用不一定高，所谓玩物丧志就是指一个人将某种偏好发挥到了极致，一过就会走偏，而走偏了就容易丧志。也就是说，凡事总有个度，过度就是滥用，其效用必然降低。比如，看电视，如果对什么连续剧着迷了，100 多集都要看，可能会使自己的兴趣走偏，耽误了学习和提高的机会，甚至于还可能影响正常的工作了，这样的休闲就是产生了一定程度的负效用。再比如，上网的年轻人沉溺于网上的新鲜事物、美女、网上聊天，甚至到了废寝忘食的地步，过多消耗自己的精力还是小事，影响工作效率才是大事。所以，合理搭配休闲时间、休闲资源，不能“跟着感觉走”，而应当“跟着理性走”。

那么，怎样合理搭配休闲资源和闲暇时间资源呢？动静接合、劳逸结合、不同的休闲方式结合才能最大限度地利用闲暇时间，充分发挥休闲的效用。比如，爱看电视的老年人，老是待在家里看电视容易缺钙，适当地到户外活动活动，散散步、聊聊天、扭秧歌、跳舞、养花、养鱼，都可以调节身心，达到劳逸结合的目的，使休闲的总效用达到最大化。沉溺于上网的年轻人，可以减少上网的时间，多看些报刊、书籍，提高自己的知识水平，上网和看书结合更容易增长自己的知识面、拓展视野，同时从事一些健身、娱乐活动，增强自己的体质，这样，休闲的效用就更大了。书呆子们上网可以开阔视野、增强自己的灵活性，毕竟读书也需要和社会需要结合起来，才能产生更大的作用，不时到娱乐场所放松放松，到野外呼吸一下新鲜空气，换换环境，大脑的反应能力和创造力也容易得到提高，这样就少了许多书呆子的味道了。

休闲还需要根据不同休闲模式的成本和收益的对比进行合理搭配。比如旅游，不管是去国外还是国内旅游，其直接成本都比较大，旅游还存在机会成本，旅游的间接成本还存在一定的风险，而旅游的收益并不一定与所花费的金钱成正比。一般的娱乐方式，成本比较小，而收益又比较大，能够获得身心的愉悦、开阔视野、陶冶情操、启发智能、活跃思维、降低生活和工作压力，对于脑力劳动者和工作比较紧张的人来说，是一种效用很大的休闲方式，集体娱乐更容易增强自己适应社会的能力，可以在娱乐中交友，增加意外的收益。对于身体素质不太好的人来说，健身娱乐是效用很大的休闲方式，到一般的体育馆、棋牌室、游泳馆去调剂一下自己的身心和身体，价格也不算高，成本也比较低，有利于增强了个人的体质，提高了人力资本价值，同时调整了身体的功能，满足了自我实现和发展的需求。从事文化传播方面休闲活动，如读书、读报、看电视、听广播、上网成本不高，收益却不小。

那么，不同收入水平的人，就需要根据自己的支付能力，合理搭配休闲方式。收入高，可以到国外去体验新生活，到高档的娱乐场所潇洒一番，到健身中心去减肥，舒展一下身心。收入一般的人，可以享受一般的娱乐方式，一家人去博物馆、纪念馆、公园、游乐园可以体验其乐融融的感觉。下棋、玩牌也可以调节身心，获得一种满足感。总之，根据不同休闲方式的成本收益比较，根据自己的收入水平，合理配置闲暇时间，多种休闲模式相结合，就能够以比较少的货币支出和时间支出，得到更大的休闲效用。

规避休闲风险

关于休闲风险，我们在前面已经涉及了。在各种休闲方式中，旅游的风险是最大的，也是最不可预测的，到人生地不熟的地方旅游，可能出现一定的风险，在旅游区游玩也有一定的风险。2006年，一辆旅行社的“大巴”车就在安徽境内发生交通事故，伤了几十个人，虽然被及时送到了医院治疗，但医疗费却无人承担，造成的影响不小。旅游景区的风险也不同程度地存在，登黄山被别人踩到脚还是小事一桩，游客爆满的宾馆、旅店的安全问题也让不少人提心吊胆。到庐山旅游的一位游客，在拍照时被突然来临的大风一下吹下了万丈悬崖。当然，这并不是说，旅游存在一定的风险，我们就不去旅游了。发生风险的游客也只占万分之一，甚至于十万分之一。我们谈论旅游的风险是说，在规划自己的旅游时，需要多些理性，及早预见那十万分之一的可能性，如果是旅行社组织的旅游，保险费是不能省的，不能为了省钱把自己的安全问题抛之脑后。自己或与他人一起单独旅游时也不要忘记加上一两百块钱的保险费支出。

出外旅游特别是出国旅游，需要事先了解旅游目的地的社会安全状况，比如东南亚国家在1997年后的金融危机中，不少地方社会治安很不稳定，还产生“排华”事件，因此，去那里旅游安全问题没有可靠的保障，很容易产生风险。就是现在，像印度尼西亚、马来西亚、泰国等东南亚国家的安全状况也不太好，俄罗斯、非洲的一些国家，治安状况也不太好，所以，去那些国家旅游需要事先考虑这些治安风险。最好是旅行社在组织旅游的时候考虑这些风险，可以通过旅行社与我国在这些国家的组织取得联系，这样可以以防万一，一旦发生危险可以找到依靠。

还有一种风险就是旅游过程中的健康风险，一般出外旅游，一些旅游者旅游的兴趣高昂，但容易忘记自己的适应能力，比如有的人在北方生活惯了，不适应南方的潮湿气候，忘记带些备用的药物，等到突然发生意外时，措手不及，从而产生风险。所以，出门旅游最好对自己在旅游目的地的健康风险有所预防，带些常用的药物，因为在旅游景点的医疗费不仅比较贵，而且往往由于病人多，医院的服务可能不到位。而自己备用一些药物，有利于及时缓解病情。有老年人和小孩的情况下，更需要事先防范健康风险，毕竟老年人和小孩适应能力比较差，容易产生健康风险。

在休闲中产生的风险，更多的是自己粗心大意、好逞强而产生的，年轻人脾气比较急躁，自己的利益受到损害就吵架，甚至于打架，这样当然容易产生风险。不管是旅游部门损害了自己的利益，还是娱乐场所的工作人员损害自己的利益，通过正常渠道解决问题才是上策，避开风险总比不避开风险好。

好逸恶劳是人的天性，玩是人生的根本需要之一，是人的一种本能，它能使人处于一种放松和自由的状态，但是如果一个人特别是年轻人把玩发挥到极致，过度放纵自己，就必然走向反面了，就容易把劳动当成一种负担，劳动的时候无精打采，而在玩的时候却生龙活虎、精力充沛，甚至于在玩上走向极端，有意无意地造成休闲风险，产生社会成本。比如，有的学生电脑特别熟练，玩网络游戏还不过瘾，为了锻炼自己的电脑操作才能，通过网络破解他人的电子邮箱密码，盗取他人的私人信息，甚至于在网上破解他人的存折密码，盗取他人的存款。前几年公安部门就抓获了几个这样的学生，那几位学生竟然只是想试试自己的电脑网络操作技巧，或者说纯粹是觉得好玩。这种玩法就使自己走入歧途，是一种过度放纵的玩，或放纵的休闲，产生了不应该产生的风险。要规避这种风险，学生本人及其父母都有责任，在玩的过程中锻炼和发挥自己的聪明才智固然没错，但学生和父母都需要具有风险意识，违法犯罪的事情哪怕是玩也一样会受到惩罚。

健康就是财富

2004 年 7 月 7 日，著名华裔经济学家杨小凯患癌症逝世，享年 55 岁；2005 年 1 月 5 日，中国社科院边疆史地研究中心学者萧亮在睡梦中辞世，仅 32 岁，击倒这位年轻学者的是过度的劳累和生活压力，以及他内心郁积着的焦虑；2005 年 4 月 10 日，56 岁的著名画家陈逸飞因劳累过度，导致胃穿孔、肝病去世；2005 年 8 月 5 日，浙江大学 36 岁的博导何勇，因弥漫性肝癌晚期不治而去世；2005 年 8 月 18 日，46 岁的演员高秀敏因心脏病突发辞世。

据 2004 年发布的“健康调查报告”显示，导致早死的原因是：疲倦、莫名的烦躁、容易生病、白天疲乏、晚上睡不着，从而导致身体功能弱化，疾病难以根治。

从上面的例子和数据可以看出，生命的加速折旧是一种典型的“过劳死”，是长期慢性疲劳后诱发的猝死，即由于工作时间过长、劳动强度加重、心理压力太大而导致精疲力竭，引起身体潜藏的疾病急速恶化，继而出现致命的症状而死亡。一般来说，“过劳死”是由“亚健康”诱发的，由于长期积重难返而引起身体疾病急速恶化，救治不及而死亡。“过劳死”的人大多数是不知道保养身体事业心十分强的人、工作狂、超长时间工作的人、上夜班多且工作时间不规则的人、长时间睡眠不足的人、自我期望太高的人、容易紧张的人、几乎没有休闲活动和嗜好的人。2004 年，中国青年报社的调查显示，每天工作不足 8 小时的人仅占 34.4%，而工作时间在 8 小时以上的人占 65.6%，工作时间超过 10 小时的人占 20%以上。

这些“过劳死”的人都还很年轻，大多数是知识分子，从小学到大学，再在工作岗位上锻炼，国家和社会、死亡者家庭都为其人力资本投入了相当多，生命的加速折旧，不仅是个人和家庭的损失，也是国家和社会的损失。可见，不注意健康，超负荷工作，导致健康的损失，就是损失了家庭和社会的财富。

只有体验了不健康的苦恼的人，才知道健康是人生第一财富。健康的经济含义在生活水平较低时，人们认为无病就是健康。随着社会的发展和人们生活水平的提高，我们知道没有病不等于健康，在健康和不健康之间还有亚健康，在身体健康之外还有精神健康和心理健康。现在，较为普遍接受的观点是世界卫生组织（WHO）对健康的定义："健康是个人身体上、心理上和社会上的完好状态。"也就是说，健康包括身体健康、心理健康和社会适应能力良好，只有在这几个方面都健康的人才是真正健康的人。

个人健康作为一种经济物品是个人人力资本价值的主要构成之一，因此，个人的健康也需要投入，也就是说，健康是一种使用市场投入和个人时间而生产出来的一种经济物品。投入包括两部分：一是市场投入，二是个人投入。国家的公共卫生服务、医疗和保健费用支出、医院的设备使用、医生的劳动等，都属于市场投入；个人投入是指每一个人用于日常保健、休息和锻炼的时间，当然，也包括个人医疗的花销。

一个身体健康的人，往往比一个身体不健康的人更容易快乐；一个精神健康的人，有较好的自我调适能力和人际关系处理能力，心情愉快的时候会比精神不健康的人多。同时，身体健康和精神健康又是互相影响、互相依存的。可以说，健康带给我们的舒适感，并不是虚无缥缈的，它和食物、水一样，是我们生活中较为基本的需求之一，当然，这种需求的层次比单纯生存的需求层次要高。生存需求得到满足后，人们才会有健康需求，才会花费时间和财富，为自己的健康进行投资，从而享受健康带来的舒适和快乐。

人是一种有价值的资本，个人的人力资本是经济增长和财富创造的源泉，也是个人财富的源泉。一个健康的人才能正常地从事工作，创造财富，或者说，健康的人比不健康的人工作效率更高，劳动价值更大。教育带来了知识和技能，却不能代替健康。作为人力资本的重要组成部分，健康影响着人力资本的产出，它使一个人工作的时间增多，工作效率提高，间接地参与了社会生产和再生产，正是因为这样，健康的人比不健康或亚健康的人，其人力资本价值更大，潜在的财富更多。而不健康的人，由于生命的风险更大，其人力资本价值会降低，因为，不健康的人，其人力资本发挥的作用会受到其健康状况的制约，甚至于自己创造的一部分财富被不健康的身体耗费。所以，健康是个人的真正财富。毕竟有了健康的身体，即使暂时财富比较少，也可以通过自己的劳动创造更多的财富；而不健康的人，即使财富多，也可能因为健康差的原因，使自己的财富被医疗费或生命风险剥夺。

那么，健康的价值有没有一个量化的标准？健康保险的引入，为健康的估价提供了一个有力的依据。从世界范围来看，在健康保险比较发达的国家和地区，健康保险的投保金额等于人们享受医疗服务的限度。人们认为自己的健康价值多少，就会投保相应的保额，为自己的健康买单。

亚健康与工作

一个人没有生病不等于健康，在健康和不健康之间还有亚健康。健康是个人身体上、心理上和社会上的完好状态，或者说，如果一个人身体机能不能正常地发挥作用，疲倦、莫明的烦躁、疲乏、失眠、长期睡眠不足、身体机能不能正常地得到恢复、心理适应能力差、压力大等，都是处于“亚健康”的状态。“过劳死”是长期的亚健康没有引起注意和重视的结果，积累到一定程度就容易引发生命危险。所以，亚健康必须引起足够的重视。

亚健康主要与工作有关，首先是与个人所从事的工作性质有关，从上面的探讨我们知道，我国的知识分子是亚健康的主要群体之一。为什么知识分子最容易处于亚健康状态呢？这有多种原因：由于我国科研体制仍然受传统的计划经济体制的影响比较大，科研人员受到来自上面的压力大，一般的知识分子不太善于处理人际关系，知识分子的人际关系比较复杂，科研环境不宽松，知识分子忧虑比较多，心理负担重；知识分子长期从事脑力劳动，用脑过度和长时间的精神紧张容易引起身体功能紊乱；知识分子一般成就感很强，容易长期处于身体的亢奋状态；许多知识分子不太注意锻炼身体，不愿意休闲、放松自己，很多人体质比较差，又不注意劳逸结合，从而导致免疫功能降低。

随着住房制度改革、高等教育收费改革、医疗体制改革和人事制度改革的逐步推进，随着竞争的加剧，个人特别是年轻人，在城市生活和工作的生存竞争压力越来越大，要想生活得舒适一些，就必须多赚钱，金钱是生存和生活的基础，没有这个基础，谈恋爱、结婚、买房、消费、交友、升迁、自我发展和提高等方方面面都无从谈起。所以，现在的城市年轻人特别是来自农村的大学毕业生，都面临着过重的学习、工作和生活压力，许多年轻人在各种压力大的情况下，不得不拼命赚钱，只要有足够高的奖金和工资，不少年轻人都愿意加班加点，甚至于一些人认为，年轻的时候可以拿生命换钱，年龄大了再拿钱换生命。正是在这种情况和思维条件下，超时工作、亢奋工作、不愿休闲和放松，才容易导致生命风险。

我国仍然处于体制转轨时期，完善的市场经济体制依然没有形成。只有完善的市场经济制度，才有利于交易市场容量的最大化，才有利于经济的深化，才能降低交易成本、管理成本、社会成本。而市场经济制度不完善，就容易造成普通民众时间的浪费和过高的精力、货币支出。因此，我国民众需要付出过多的成本才能取得维持生存和生活的经济基础。

亚健康影响了工作的效率，工作效率又与收入高低息息相关，于是，一些年轻人在生存压力下，不得不更加超时、超负荷地工作，导致身体状况的恶性循环，等到发现问题时，为时已晚，生命也走到了终点，生产资本报废，造成巨大的沉没成本和社会成本。所以，年轻人应该重视自己的生命风险，虽然社会环境因素个人无能为力，但自己的生命毕竟比金钱更重要，生命的加速折旧是很不值得的事情。虽然金钱很重要，但生命更重要。在现存条件下，保护自己生命的最好办法就是不能对生活的期望太高，特别是在我国人口众多的条件下，人们争夺有限资源的竞争将可能长期激烈，因为人口多，而生存资源又有限。降低自己的期望值，不为钱而生活，为自己而生活，才能使自己获得解放。只要生命保存，总会有赚钱的机会。更何况有钱不一定就幸福，幸福是一种感觉，有时穷也有穷的幸福。更重要的是需要将健康的内在价值和外在价值统一起来，如果只是重视健康的外在价值，往往会得不偿失。

亚健康是人体在健康和病态之间的一种状态。据世界卫生组织最新资料，真正健康的人在全世界只有 15% 左右，而真正有疾病的人也只有 15% 左右，其余 70% 的人均处于亚健康状态，其中，尤以青年白领阶层最为严重，所以，我们大多数人都有必要摆脱亚健康状态。由于人们对防治亚健康状态没有引起足够的重视，致使受亚健康困扰的人数日益增多。

要防止亚健康状态的产生，必须从我们的衣食住行、生理健康、心理健康等多方面进行调整。因为人是一个统一的整体，人和大自然也是统一的整体，我们应当遵守人类通过几千年总结出来的 24 小时起居规律，养成主副食搭配、荤素搭配、戒烟酒的饮食习惯，学会顺其自然、适度放慢生活节奏，懂得释放和发泄、沟通和倾诉、放弃和享受，把生活当做是一种快乐，特别要懂得通过娱乐、健身、旅游等休闲方式放松自己的身心，并保持一种平和淡泊的心态，坚持少吃多动的健身之道。

如何以最小的成本保持健康

要保持身体的健康状态，关键是及时发现自己是否处于亚健康状态，在重视健康的外在价值的同时，把健康的内在价值放到首要的地位，增加对健康的投入。健康是人力资本的主要组成部分，一个人只有在健康的状态下，才能更好地投入到工作中去。

既然健康是人力资本的重要组成部分，那么，要保持身体的健康就需要投入，包括时间的投入、精力的投入和金钱的投入。如果等到自己的身体已经出现亚健康状态，甚至是超负荷运转状态，等到自己得了什么疾病的时候再进行投入，就等于身体这个机器已经损坏比较严重了，非得进行“大修理”不可，这时的投入必然很高，而且不一定见效。个人生命的风险从一出生就存在，而走上工作岗位后，生命的风险逐渐增大，人的身体功能一般在35岁就到达了顶峰，此后就开始走下坡路了，预防生命的风险必须尽早开始，才能以最小的成本保持身体的健康。

身体健康包括身体素质即体质的健康和心理健康，那么，预防生命的风险，保持身体健康状态就需要从这些方面着手。从年轻时开始养成良好的小学、工作和生活习惯是以最小成本保持身体健康的最好方式。所谓习惯成自然，养成良好的习惯只需要21天，但毁掉一个良好的习惯只需要一天甚至一个小时。一些年轻人之所以身体素质比较差，是因为在学校学习的时候就爱开夜车，为了考上大学，废寝忘食，一天学习十几个小时，超负荷学习，不仅效率降低，也影响身体功能的恢复，造成身体素质低下。学习并不是时间越多越好，关键还在于持之以恒，每天坚持学习，哪怕学习时间少，长期积累，学识就会很渊博。每天坚持学习，在学习之余，也花些时间放松放松，让学习和休闲合理搭配，这样既能够提高学习效率，又最容易保持健康的体魄，付出的成本也比较小。

从参加工作开始就需要养成良好的工作习惯。在工作上，首先制定好一个周详的计划，给自己制定一个工作守则，按部就班地开展工作，有条有理，循序渐进，今天的工作今天完成，绝不拖拉，同时保持足够的睡眠和休息时间，让自己的身体功能能够及时恢复。这样，工作效率自然比较高，做工作也更容易开心，就不容易把工作看成是一种负担或负效用。如果平时工作拖拖拉拉，敷衍塞责，到了需要交差的时候就会手忙脚乱，不得不开夜车、加班加点，而一旦工作效率降低，被领导批评，或加班加点时间太长，工作就成了一种负担。长此以往，恶性循环，时闲时忙，不仅工作效率降低，自己的身心也受损。

良好的生活习惯更是一个人保持健康身体的基础。生活习惯首先是卫生习惯，俗话说：“病从口入。”我们大多数人得病都是因为吃的方面没有把握好，如吃得不干净、吃得太多、吃得太油、吃得太生、吃得太熟、吃得太单一。现在，虽然蔬菜、肉、蛋、奶等食物供应十分充足，但很多蔬菜都有残留农药，越是长得好的蔬菜，越容易残留农药。所以，自己做菜时需要多加注意，最好在水中浸泡半个小时，洗干净一些。肉、蛋、奶中，有的添加了激素，有的含“转基因”，吃得太多，对身体不好，适量才是健康的根本。吃太多油腻的食物、过量吃生食、偏食、多食也是导致一些疾病的原因，所以，定时、定量、多样化、荤素搭配、适量放油、炒菜时间不长等，是养成家庭合理饮食习惯的主要环节。个人卫生习惯也很重要，保持身体的卫生，保持厨房、卧室、床铺的清洁卫生都是健康的必备条件。

人一过了 35 岁就需要注意保养，及时对自己身体内的零部件进行“修理”。比如，经常使用电脑、看书的人，通过多眨眼，在旁边放一杯热水，可以保持眼睛的湿润。城市中空气污染严重，空气中有毒物质含量比较多，所以，需要经常用冷水给鼻子洗澡，清洁鼻子，保持鼻子的清洁。经常活动髋骨、腿骨、腕骨、臀骨、踝骨，可以防止骨质疏松和缺钙，可以保持脚的健康状态，防止脚老化。不时吃些苦味、甜味、酸味的食物，可以调节肝、脾、心、肺、肠道等功能，防止内脏功能的减退。身体功能出现问题，不能因为学习忙、工作忙就拖拉，不及时治疗，时间一长，容易出现大问题。当然，身体的保养还需要劳逸结合，适当休息、休闲。

坚持锻炼身体，慢跑、骑车、登山、游泳、打球、在健身场所锻炼都是必要的，只有加强身体锻炼，使自己的体魄增强，才能增强身体的免疫力，减少生病的概率。生病吃药也需要通过肝脏排毒，增加肝脏负担，所以，为保持身体的健康，应尽量少吃药。

富了医院，苦了病人

近20年来，美国的卫生费用以9% ~ 16%的速度上涨，1993年卫生费用占GDP的比重已达14%。我国1978 ~ 1988年人均医疗费用增长了310%，2000年卫生总费用更是达到4764亿元，占GDP比重由1991年的4.11%上升到5.33%（《中国卫生年鉴》，2001）。随着经济的发展，医疗费用是逐步提高的，医疗费用占一国GDP的比重是衡量一国医疗保障水平的重要指标。然而，过多的医疗费用无疑也是普通居民的负担。

由于一些享受公费医疗的居民对医疗价格缺乏敏感性，一些享受大病统筹保障的居民也对医疗价格存在一定程度的非敏感性，而医疗的供给数量在既定的时间内缺乏弹性，即基本上比较固定，增减幅度十分小，那么，医院必然抬高医疗价格。这样，许多没有享受医疗保障的个人就遭殃了。

但是，没有享受医疗保障的城市民营企业职工、城市打工者、广大的农民，面对高速上涨的医疗费用，人人都怕自己得病，“没什么千万别没钱，有什么千万别有病”。一家人如果其中一个得了什么大病，一般的治疗费用也动辄几千元、几万元，一个大手术十几万元、几十万元，一旦一人得病，就全家遭殃，辛辛苦苦十几年的积蓄全部被医院吃进去了，甚至还可能欠债，一家人的生活质量迅速滑到谷底。

近年来，一些人看不起病也与社会医疗保障水平低下有关，现在的医疗保障只包括行政事业单位、国有企业，一些给职工上了“三险”“五险”的企业等单位的工作人员，如大病统筹等，绝大多数农村居民没有医疗保障。目前，国家正进行新的医疗体制改革，能否将更多的居民纳入医疗保障的范围，关系到居民的生命保障问题。任何一个国家，不管其卫生保健是如何组织和提供，其医疗体系中都必须满足三个基本要求：一是应分配多少资源给医疗服务，医疗服务的构成如何，也就是产出的决定；二是如何选择生产一定数量医疗服务的最佳方法，即如何以最优方式生产医疗服务；三是选择一个在人们中间分配卫生服务的方法，即决定产出的分配。到底分配多少资源给医疗服务，主要取决于经济发展水平，而最优的分配方法也就是如何确定一个在个人和社会之间的合理比例。美国之所以医疗费用占 GDP 的比例很高就是因为其医疗费的筹集靠健康保险，这种渠道交易费用很高。新加坡由于强制实行公积金制度，医疗费用由个人公积金支付，这对医疗费用的增长有明显的抑制效果，其医疗费用占 GDP 的比重为 1.3%，比其他发达国家低了许多，当然，新加坡人口年轻化，不能代表一般国家的情况，但其公积金制度是医疗费用低的主要原因。

市场经济也需要讲道德，没有道德的市场经济，必然产生许多社会矛盾。市场经济并不是运转良好的机器，在医疗市场，信息不对称永远是客观的存在，完全按市场机制运作，弱势群体只能“望医兴叹”。世界银行 1993 年报告表明：中国农村最贫困的 1/4 人口只花费了卫生总费用的 5%；大量的传染病和寄生虫病等疾病集中于贫困和偏远地区；高达 90% 的贫困儿童感染慢性蠕虫病；在处于或低于贫困线的家庭儿童中，大约有 1/2 的人患有轻度的营养不良。这些农村和贫困地区的健康状况显示了对基本公共卫生的巨大需求，而改变这一状况必须依靠政府增加公共卫生和预防保健的支出。可见，如何协调医疗保障的市场化水平和政府干预仍是一项十分艰巨的任务。

未雨绸缪，规避健康风险

规避健康风险需要我们在家庭理财中，把它放在一个突出的位置，不管是买房、家庭投资都需要考虑家庭成员的健康风险，留下一定的机动资金以应付家庭成员的健康风险，这样，即使万一谁得了什么病，也不会手足无措，十分被动。

对于有钱人来说，未雨绸缪，规避健康风险的最好办法是购买健康保险。目前，我国健康保险市场刚刚发展，也就十几年时间，西方发达国家的健康保险市场已经发展了几百年。

目前在我国的健康保险市场上，对被保险人的要求并不严格，有很多被保险人并没有要求进行健康检查，也没有询问是否有家族病史，只是在填写投保书的时候要求自己填写，这样，许多真实的信息保险公司并没有获得。这是我国保险市场不够成熟的表现，这种市场对于投保人和被保险人都是有利的，一旦保险市场更加成熟，投保就没这么容易，所以，目前一些有钱人，特别是在非公有制企业工作的员工购买健康保险是十分划算的。

不过，这引出了一个问题，如果一些人在知道自己有了病之后才争相去购买健康保险，那么谁愿意提供这样的保险呢？如果交易的一方了解信息，而另一方没有这样的信息，那么，市场就不会像我们希望的那样良好地运行。

当然，保险公司不会这么傻，保险公司会努力修复信息。他们会向投保人进行问卷调查，或进行其他间接的调查，比如，投保人是否吸烟、其父母有谁死于遗传性疾病、他们所从事的工作安全程度如何、他们接触危险品的概率多大、他们出事故的概率多大等。如果保险公司继续缩小这种信息差距，那么，他们乐意向更多的人提供商业保险。

对于保险公司来说，为个人签发保单是一种谨慎得多的承诺，保险公司担心，那些对保险需求最多的人是那些需要它的人，不管保险公司收取多高的保费，情况都是这样。

当然，保险公司也有一些技巧，如拒绝为那些病人或将来可能生病的人提供保险，这常常被看成是保险公司残忍和不公平的操作，是恶意行为。

保险公司还有一个十分微妙的工具，他们可以设计保单或审查机制来尽可能多地获取利润，例如，他们使用扣除条款，那些认为自己会保持健康的顾客将会签下一张有高扣除的保单，作为交换，保险公司会给予更便宜的保单，而那些自己知道他们可能有昂贵账单要付的人可能会回避扣除条款，其结果就是投保人支付了更高的保费。

保险要把数字弄正确。一些人实际上不需要医疗保险，另外一些人可能患有慢性病，需要许多钱来治疗。通过决定所有保单持有者的平均医疗费用，然后再索取比平均医疗费略高的保费，保险公司可以获得一定的利润。

比如，当美国友邦保险公司在中国的分支机构，为2万个50岁的人确定保单交费额时，这些人平均的医疗费用为2700元，那么保险公司设定的保费可能是3000元，在每个保单购买者身上赚取300元。当然，保险公司可能在一些人身上赚钱，在另外一些人身上亏损，但总体上，保险公司将赚钱。

保险公司通常为巨大的群体提供保险，而这里的人是不允许选择进入或退出的，保险公司会设计一个足够高的进入和退出成本，如果投保人已经投入了两三年的保费，他要选择退出，就必须付出高昂的代价，损失近90%的投入，而选择进入的人同样面临一个很高的门槛。还有另外的情况，例如，美国友邦保险公司为所有微软中国公司的员工签发保单，那么这就不会有逆向选择。这种保险是与工作职位联系在一起的，所有的工人，健康和不健康的工人都包括在内，他们没有选择，友邦保险公司可以计算出这个大群体的平均医疗成本，然后索取足够高的保费，以确保盈利。

目前，我国保险市场的健康保险品种逐渐增多，如重大疾病保险、意外伤害保险、个人住院医疗保险、人身保险附加住院补贴保险等。这些保险品种对保障个人健康都提供了有益的选择。从某种意义上说，个人购买健康保险就等于给自己的健康确定了一个价值，给自己的生命确定了一个价值，提高了个人生命的意义。

作为公民要老有所养、病有所医，主要还是要靠国家的公平分配政策适当向低收入阶层倾斜，需要完善包括医疗、养老、失业等在内的社会保障体系。

第三章

教育中的经济学

人力资本的价值取决于教育

村里有两户人家，其中一户有两个儿子，一个女儿，两个儿子都考上了大学。而另一户人家有八个儿子，两个女儿，没有一个考上了大学。以前，这两户人家的生活水平相当，但现在这两户人家的生活水平发生了很大的变化。有两个儿子上大学的人家早就达到了小康水平，一个在县城工作，一个在省城工作，其后代可以在县城和省城接受良好的教育，让附近的村民都很羡慕。而那户有八个儿子的人家却只能在家耕种着几亩田地，兄弟之间还要为了建新房子的地皮而争吵不已，其后代的教育差了一大截。很显然，那户八个儿子都没有上大学的人家所创造的总收入还不如其邻居两个儿子创造的收入。所以，村民在对比这两个家庭时说："儿子不要多，只要精。"

村民的言外之意是："精品"儿子创造的价值自然高于"非精品"儿子。这个"精"指的就是具有较高价值的人力资本。

在这里，我们有必要解释一下什么是人力资本。马克思说："资本是能够带来剩余价值的价值。"所以，我们说资本是一个价值概念，而作为资本的一个特殊形态的人力资本当然也就是一个价值概念了。它是为了获取剩余价值而投入商品生产的劳动力，它具有其他资本共有的特性：投资性、逐利性、价值性、有限性和增值性等。与物质资本一样，不是所有人力资源都能成为人力资本，只有从事技术革新和技术发明、生产经营管理等，创造出更大剩余价值的那部分人的劳动力，才能称为人力资本。也就是说，人力资本是通过人的有效劳动创造的价值体现出来的，失去劳动力的人或不参加劳动的人，因为不能创造价值，因而也就失去了人力资本。如果一个人一生的劳动价值能超过对他的投资成本，则他具有的人力资本就产生了收益，否则他的人力资本就亏损。

现在我们探讨人力资本投资问题，即如何通过人力资本投资增加人力资本的价值。

放羊娃的故事一度流传得非常广泛。“放羊做什么？”“挣钱。”“挣钱做什么？”“娶媳妇。”“娶媳妇做什么？”“生娃。”“生娃做什么？”“放羊。”在这简单的轮回中，放羊娃以及他后代的人力资本的价值基本上没有什么提高，虽然他们也具有一定的价值。

现在我们设想有一个村子，在这里，大量的农民耕种着自己的土地，生产出仅够养活自己的粮食，这个村子里的每一个人都能吃饱，但没有一个人比他人过得好。这时，如果有一个同样没有任何技术的外人到这个村子找工作，那么他不可能在这个村子里找到工作。但是，如果去这个村子找工作的外人是个农学博士，他发明了一种新的技术可以提高粮食的产量，那么他就可以出售自己的农业技术换取其生活所必需的粮食，这样，整个村子就会由于这个农学博士的到来而改变很多。农民生产的粮食不仅够自己吃，还可以出售赚钱。这个博士完全可以用他的农业技术换取农民的钱，而不是粮食，并使整个村子的生活水平也随之提高，生活水平提高以后，他们可以请较好的老师来教育他们的孩子，这样，他们的后代又可以超过他们自己。

这就给出了一个让人力资本增值的方法——个人教育投资。

前面我们已经说过，人作为一种资本是最具有投资性的。人是最廉价的，也是最高等、最复杂的机器。人吃进去的是五谷杂粮，产生的是高度的文明智慧，而这之间起着主导作用的是教育。人力资本的创始人舒尔茨就曾指出，人力资本的取得并不是毫无代价的，其费用主要包括教育投资、保健投资和用于劳动力流动的支出等，其中最主要的是教育投资。

教育投资也是一项回报率最高的投资。舒尔茨曾做过这样的测算：

在美国半个多世纪的经济（GDP）增长中，物质资源投资增加 4.5 倍，收益提高 3.5 倍；人力资本投资增加 3.5 倍，收益却提高了 17.5 倍。而在人力资本投资中，学校教育又是关键一环，“知识是生产中最强大的引擎”。舒尔茨通过对 1929 ~ 1957 年美国教育投资与经济增长关系的定量研究测算出：各级教育投资的平均收益率为 17%；教育对国民经济增长的贡献率为 33%。

教育投资是回报率最高的投资，这一点同样适用于个人。个人为了获取较高的经济收入，通常情况下都是通过提高教育水平来实现的。因为一个人对社会财富分配的多少取决于自身对财富创造的多寡，知识越多，创造财富的本领就大，获得的财富也就越多。在美国，1976 年大学毕业生的收入平均比高中毕业生高出 55%，1994 年这一比例已提高到 84%。同样是在美国，博士平均月收入 3637 美元，硕士 2378 美元，学士 1827 美元，职校毕业者 1088 美元，中学毕业者 921 美元。在我国也是一样，学历不同，月薪也有三六九等之分。

其实，绝大多数人已经意识到了这一点，否则教育就不会成为现代人首要的投资对象。有资料分析表明，居民存款的动机主要有两个：一个是养老防病，另一个是为子女上大学做准备。而且，后者的动机强于前者。

那么，个人教育投资是如何使人力资本增值并获益的呢？请看下面的图示：

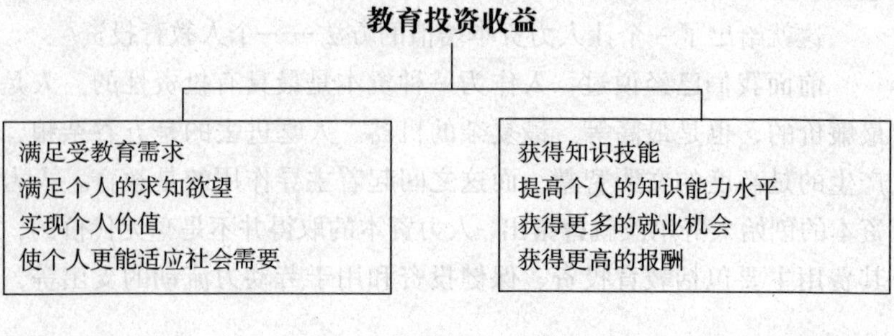

从我国的现状看，不仅个人为满足自己的求知欲需要教育，为获得并胜任本职工作需要教育，而且为在社会中有一席之地更要拥有娴熟的知识技能。目前，我国就业市场的绝大部分的职位都要求具有相当学历，高中学历是基本的，大学学历是普遍的，研究生学历是理想的。随着21世纪知识经济、信息时代的到来，个人的知识量与工作的稳定性已经变得密不可分，人们只有掌握更多的知识，更好地运用知识，提高自己的工作能力，才能够跟得上时代的发展。

另外，不管是从历史还是现实角度，个人的收入与其所受的教育成正比这一点是不容怀疑的。在我国更是这样，因为存在城乡差别以及干部与工人工资制度和待遇的差异，从农村考入中专以上学校的学生，毕业后在就业、户口、工资、住房、医疗、独生子女保障上都优于未受教育者。除此之外，还会有一些特殊的照顾。并且，从政治地位看，受教育程度高的人也要明显高于受教育程度低的人。

不仅如此，教育还可以提高个人的眼界和见识。一个接受了中专教育的学生，他的想法通常会比一个没有受过这种教育的普通人高明一些，胆子也会更大一些，比如一般的农民只会按传统的方式种植庄稼、养鱼、养猪等，而学过农学的中专生就会想到怎样选择最优良的作物品种，怎样搭配饲料养鱼、养猪，甚至他会想到办一个养猪场。如果他是一个农学博士，他可能会考虑怎样运用最先进的农业技术，如果有足够的资金的话，他还会考虑办一个大型的蔬菜生产厂或大型的立体养殖场，从而使其产值在若干年后达到一个相当的数量级别，而不仅仅是诸如“盖个小洋楼”的一般理想。

由此可见，人力资本的价值的确取决于教育，教育与个人终生所从事的事业、个人的前途、生活状况以及个性发展有着紧密的联系，因而个人是必须要接受教育的，个人与家庭必须要把教育当做投资来对待。

既然个人教育是一项投资，那么投资者和被投资的对象——学生就一定要力争实现提高效率的投资目的，这是一个无可厚非的事实。可是，事实却很让人失望。很长一段时间以来，因为我国的高等教育一直是严进宽出，分配工作，致使一部分学生在经过严格的高考后有了在大学阶段“喘息”的思想，因为学好学坏无关紧要，即使学业成绩不佳而留级，对个人的经济损失也不大，所以一部分大学生的学习积极性并不高，以为进了大学就万事大吉了，出现了“为上学而上学”的盲目现象，甚至家长也没有意识到教育投资的本质和深远意义。

不过，随着我国教育制度的改革，随着大学的扩招，已经打破了大学生“进了大学就等于进了保险箱”的思想，严峻的现实已经摆在了他们面前——毕业也不一定能就业了，个人教育投资已经与学生的经济利益紧密地联系在了一起，这迫使大学生们不得不珍惜现有的学习机会，为了将来能够偿还预先垫付的资金（学费）发愤学习，掌握扎实的专业知识，以提高自身的能力，使自己的人力资本增值。这样一来，个人教育投资才有机会获得收益。

还有一个问题，如果没有能力接受学校教育的话，那人力资本是不是就不具价值了呢？当然不是，教育的内涵很大，除了学校教育，还有许多渠道可以提升我们的人力资本价值，全看你是否用心。

大学生到底要花多少钱

根据《三峡商报》的记者采访，从宜昌、武汉、北京三所高校就读的20余名大学生的日常基本消费情况来看，各地有很大的差别。宜昌三峡大学张洁同学（女）记录的总费用11080元/年。武汉的方洁同学（女）的总费用是10470元/年。北京市中国人民大学的余明（男）的总费用20320元/年。在宜昌、武汉就读的学生花费情况差别不大，在北京就读的花费则增加了1倍，这和当地的经济及消费水平有很大的关系。据估计，现在城市家庭从小把孩子供养到大学，单就各种学习和教育费用一般需要10万元钱，多的需要15万元以上。对于普通家庭来说，这是一笔不小的费用支出。

教育投资是一种人力资本的投资，受教育者个人或其家庭之所以要负担部分教育投资，是因为他们受教育可以获得经济的、非经济的收益。根据利益获得原则，家庭必须支付部分教育费用。所谓利益获得原则是指：谁从教育中获得好处和利益（无论是直接还是间接），谁就应支付教育经费；获得的好处和利益越多，所需要支付的费用就越多。反之，获得的好处和利益越少，支付的费用便越少，它集中体现了市场经济中等价交换的原则。因为，受过高等教育的人可以获得显著的人力资本优势，在将来能够从事报酬更高的工作，所以，受教育者本人为其教育付费是必然的，也是必需的。

其实，个人对教育投资就像投资炒股或炒期货一样，就是你的投资要在将来必须给你带来收益，收益越高，这种投资就越值得。想一想，如果某个人对他的未来进行投资，难道这种投资需要完全由国家或社会来投入吗？这正如你炒股，总不可能让别人来为那个炒股的人预付资金吧。当然，国家和社会也从教育投资中取得了好处和利益，所以，国家也负担了一部分教育费用。

这里说的为教育付费就是教育的成本，这些成本包括直接成本和间接成本。直接成本主要是指为教育支付的学杂费、学生购买书本和学习用具的费用等直接与学习有关的费用。教育的直接成本根据不同的学习阶段和不同地方有一些差别，在比较低级的阶段，费用比较低，越往高级费用越高，从小学、中学到大学，再到研究生，费用不断上升，即呈现成本不断递增的趋势，也就是说，其边际成本是递增的。小学一年级的各种教育费用支出只要二三百元，到中学就需要六七百元，而上大学就需要几千元，甚至上万元钱。

间接的成本包括学生的交友成本、机会成本和风险成本等。教育的机会成本主要是指学生选择上学而放弃的工作机会，或放弃的休息、玩耍、结婚等机会的成本。风险成本是指学生上学后如果不能毕业，或者毕业后找不到工作面临失业，从而使教育投资没有得到预期收益而产生的成本。比如有的学生考了几次大学都没有考上，只好留在家里待业，那么其对教育支付的费用就损失了，因为没有产生预期的收益。或者上了大学但毕业后没找到工作，其投资也没有产生预期的收益。在这里，教育风险和教育的机会成本问题暂时不详细讨论，留待后面的文章专门探讨。

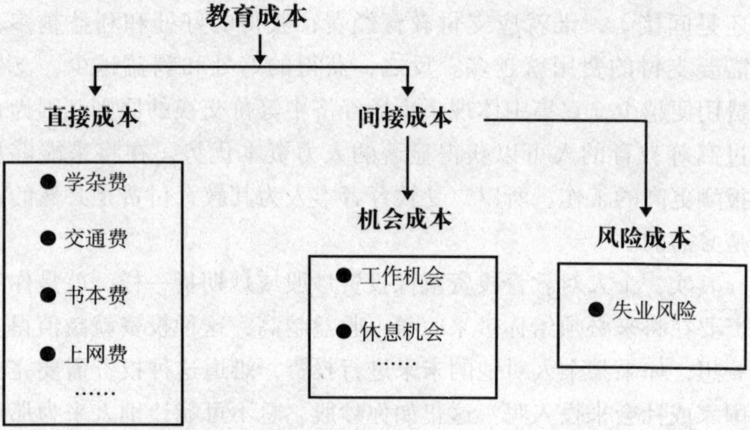

我们可以通过下面的图表，更直观地看出教育的各项成本。

当然，如果家庭经济比较困难，可以选择比较省钱的教育渠道，即在填报大学录取志愿时选择那些生活水平不高的城市上大学，像学习成绩很好的学生就可以选择安徽的中国科技大学，这所大学在中国相当出色，且合肥的生活费用不高。或者可以上了大学以后加倍努力，争取多拿一些奖学金，减轻家庭的经济负担。还可以选择西安交通大学、兰州大学、四川大学等。如果选择广东省的中山大学、暨南大学，浙江省的浙江大学、温州大学等，那里生活水平就很高了，需要支出的生活费用比经济不够发达省份的大学要高很多。如果在中学学习成绩一般的学生可以选择离家比较近的大学，即本省或邻省的大学。对于家庭比较贫困的大学生来说，交通费也是一笔不小的开支，路途比较遥远的大学需要较多的交通费。

上大学能不能尽量少花钱呢？学费和生活费肯定少不了。但是，学生可以在学校和寒暑假期间勤工俭学，赚些钱贴补自己所花的费用，比如一些家教等兼职工作。在一些发达国家，即使家庭相当富裕的学生也要勤工俭学，不依靠自己的父母。寒暑假找些工作干不仅能够减轻家庭的负担，而且还能锻炼自己的工作能力，有利于更快地适应社会。只要大学生不怕苦、不怕累，能放下大学生的架子，为自己赚点学杂费肯定是没问题的。

为什么哈佛的毕业生那么牛

人们只要谈起哈佛大学必然会肃然起敬，能够上哈佛就意味着这个人是“顶尖级”的人才。中国经济学的一代宗师陈岱孙先生就是哈佛大学毕业的博士，他的同班同学俄林、张伯伦等都是美国经济学界的杰出代表，在经济学说史上有其显著的位置，而陈先生在哈佛的学业还要超过他们。在美国，哈佛大学就是能够产生许多政界高官、商业奇才、科学巨匠，哈佛的 MBA 就比一般大学的博士后还要牛。

为什么哈佛的毕业生那么牛呢？哈佛的神秘力量来自于建校350年以来校友们的卓越成就，哈佛颁发的学位具有至高无上的声望。对哈佛的校友来说，服务于政府部门已经成为一种传统。他们同华盛顿外交政策的制定工作有密切的、牢固的联系。哈佛学生在毕业后进入社会要害部门，且形成一个联系紧密的群体，发挥着群体的巨大力量。哈佛大学由于其学生都是很拔尖的人才，他们走上社会后，大多有比较大的成就，所以，对于哈佛大学毕业的人来说，他们的那些同学也是他们事业中起重要作用的人脉资源。

世界名牌大学的牛还体现在其大学毕业生毕业后的高收入上。据美国普林斯顿大学的调查，美国的哈佛、耶鲁等名牌大学的毕业生年均收入为9.2万美元，而美国一般大学毕业生的年均收入只有2.2万美元。美国名牌大学毕业生的收入比一般大学高出4倍多。

教育投资和任何投资一样，也是要追逐利润或收益的，哪里收益高，投资就趋向哪里。市场经济就是可以给人们提供更多的机会和选择，选择得好，就能够取得较高的收益，选择不好，收益就比较低。在企业投资中，越是高收益的行业和产业，就越容易获得投资。教育投资也是如此，通过以上的分析，我们知道，名牌大学的预期收益比一般大学高出许多，所以，教育投资也必然趋向于名牌大学。但名牌大学毕业生的收益率不会趋向于平均收益率。

有的人会说，为什么非得上名牌大学呢？名牌大学只是牌子响亮而已，有很多名牌大学的毕业生不是也成绩平平吗？现在，上大学主要是为了找一份好工作，只要学比较热门的专业，一样可以找到好工作。当然，热门的专业对找工作肯定有好处，但凡是比较热门的专业都热不了几年，就如20世纪80年代时，会计专业很吃香，很多人都去学会计专业，但到了20世纪90年代，会计专业的人才就相对过剩了。而且，热门的专业竞争也很激烈，报考的难度也是比较大的。况且，从准备选择专业到大学毕业，也有四五年的时间，经过了四五年，往往热门的专业就不再热门了。而且选择比较热门的专业，不一定就适合读这个专业，因为专业的选择与特长的关系更大，即有某方面天赋的人学某种专业更好。比如，有绘画天赋的人学建筑专业就更容易出成果。

但是，报考名牌大学就不一样了。一是名牌大学牌子比较响亮，有品牌价值，名牌大学的品牌也是无形资产，对其毕业生一生都有比较大的影响。当问某个人是什么大学毕业时，如果他回答说是北大毕业，大家就可能对他刮目相看。因为，判断一个人的能力并不容易，需要很长的时间，而名牌大学的品牌给他人的就是一个高层次人才的感觉。二是名牌大学里面的那种良好的文化环境有利于提高大学生的全面素质。例如，我国的清华大学，其名声主要来自于清华有一批出类拔萃的、甘愿奉献的大师。新中国成立前，清华的校长梅贻琦先生早就指出："大学非大楼者，乃大师之谓也。"清华就是由于有陈寅恪、王国维、闻一多、吴晗等一批顶尖的大师才使清华享誉海内外，正是这些大师使清华能够"人文日新"。更重要的是，长期以来，清华一直奉行严谨、认真、务实的精神，对学生要求十分严格。这些对于学生们来说，都是比一般大学优越得多的学习条件。而且，清华优越的科研教学条件、丰富的图书馆藏书、良好的学习氛围、优质的同学资源也在潜移默化地陶冶着其学生的综合素质。

一旦能够考上像清华这样的名牌大学，只要大学生在大学里善于抓住难得的教育机会，就可以迅速提高自己的文化素养和整体素质。另外，在名牌大学上过学的学生们，其理想和抱负比在一般大学的学生要高许多，因为，他在名牌大学接触的都是比较出色的老师和年轻人，这些年轻人之间也会相互影响。

在我国，从各大学到中科院等研究机构，从各个大型企业到各级中高层政府机关都有像清华这样的名牌大学的毕业生，一些还是其专业领域出类拔萃的人物，对于名牌大学的毕业生来说，他们一毕业就有比别人优越很多的人脉资源，或者说他们的事业起点远高出一般大学的毕业生。中国的一些名牌大学的毕业生在走向工作岗位后，比一般大学的毕业生在收入上起码要高出一倍以上，甚至有的技术性专业的名牌大学毕业生的收入要高出一般大学毕业生好几倍。因为名牌大学的毕业生较易进入一些知名度高、效益高的企业。一些大型跨国公司就专门到北大、清华、复旦等名牌大学猎取高才生，这些大型公司的收入比一般企业高出好几倍。而毕业于一般大学的人，通常就只能进二流甚至三流的企业和其他单位。要在这个社会更具有竞争力，就需要有比别人更高的起点，而名牌大学的毕业生，其起点就是比一般大学的毕业生高。

正是因为这样，现在社会上存在一种崇拜名牌大学的浪潮。有的学生不惜一切代价，宁愿一年一年地复读，也要上北大、清华等名牌大学。

望子成龙莫心切

如今，“望子成龙”是家长们的最大心愿。因此，在城市中就出现了一道特殊的风景：经济条件稍差些的家长，节衣缩食，苦心竭虑地为孩子积攒教育费用；条件好点的家长，则拼命地赚钱，让孩子上一流的学校甚至出国深造。真是可怜天下父母心啊！

“望子成龙”到底收获如何呢？下面是一位留学澳大利亚阿德莱得大学经济系的一位学生的真实感受：

“对不少温州孩子来说，家里花个几十万、上百万元让小孩出国留学已经不是什么难事。但可能大多数要出国的孩子对于自己出国的目的是什么，会面临哪些困难之类的问题考虑不多。从我的切身体会来说，其间的酸甜苦辣，只有真正尝过才知道。我在澳大利亚一年多了，很是辛苦。我认识的一对夫妻是山西的煤矿工人，两个人一个月也就两千元的固定收入，想送孩子出国念书简直是天方夜谭。可他们却不停地打电话，求中介和各种留学渠道帮助他们申请。这样送孩子出去到底能收获多少？也许很多家长觉得孩子出了国就万事大吉了，其实情况远非如此。我在出国前后就有着巨大的心理反差，给予孩子好的教育条件本没有错，但如果方式错了，那初衷也就错了。家长更应该保持清醒的头脑，盲目或许是害了你的孩子。”

为什么盲目会害了孩子呢？通过上面的分析，我们知道，家庭教育投资也具有一定的风险。教育投资为什么会有风险呢？主要是因为教育投资回收期较长，不可能在短期内见到效益；不同人的可塑性各不相同，即不能否定人的天分，你没有这方面的潜能，投资就是低效的，比如某个孩子本来有艺术方面的天赋，而他的家长硬要他学外语，那这种投资的效率就低了；人们对现实社会的情况和未来的发展趋势往往估计不足或分析不到位，即对未来的预期不准确；家长和学生本人对教育投资不够慎重，比较盲目，喜欢跟风，也就是投资缺乏理性。

教育投资和其他任何投资一样，需要进行成本收益分析，即以比较小的成本取得尽可能大的收益。而盲目不加分析就容易导致投资的低收益，甚至是投资的亏损。需要正确地看待和分析投资的回报周期，有的教育投资，其回报周期是比较长的，如果家长的收入不够高，或者孩子的学习跟不上，就很容易到中途出现麻烦，这正如建房子，如果这个房子需要的投资超出了本人的资金承受能力，那么，到中途就缺乏资金了，房子就建不起来。这样的投资肯定是亏损的。所以，教育投资最好要根据家长自己的经济承受能力和孩子的学习能力、心理承受能力，做到有的放矢，目标明确，看钱吃饭，量体裁衣。目标可以由小到大，一步步来，先把眼前的目标尽快达到，再根据自己的能力瞄准更大的目标。

比如，上最好的学校，进最好的班级，孩子的学习就一定能有较快的进步吗？未必如此。好的环境固然能对孩子的学习产生积极的作用，但如果这个孩子原来的基础很差，他在好学校和好班级学习反而可能让他产生自卑的心理，如果周围的同学大多数都比他出色的话，那么，久而久之，他的学习信心就容易受到打击。基础比较差的学生在好学校、好班级往往由于压力太大容易使自己的精神受到不良的刺激，大脑不能正常休息，学习效率反而降低。教育投资有一定的规律，因为，孩子的心理、智力和个性发展都有一定的规律，只有遵循这些规律，教育投资才能产生比较高的收益。只要当孩子达到了某一个阶段的水平后，才能再往下一个阶段前进，超越阶段的过高期望很容易导致投资的低收益，甚至亏损。即不能“拔苗助长”、急于求成，否则，就容易让幼小的禾苗干枯。

再比如，出国留学是一项比较大的教育投资，既然是比较大的投资，就应当有比较大的预期投资收益。稀少的东西比较值钱，以前，“海归”在中国比较稀少，所以，“海归”们的收入也很高，但随着改革开放的时间增长，“海归”不再稀缺，既然“海归”不再稀缺，那就不会很“值钱”。当然，国外的不少名牌大学确实比国内的强，如哈佛大学、牛津大学等，如果能够上这种大学肯定可以大大提升自己的价值。但如果上的是国外一些只顾收费赚钱不入流的大学，在那里基本上是花钱买文凭，国内的一般大学都比这类大学强。而且，国外的生活环境与国内相比差别很大，文化氛围不同、生活习惯不同、语言不同、气候不同，这些都需要经过一定的时间才能适应过来，很多人单就是在国外吃饭都需要相当长的一段时间才能适应。因此，当我们结合投资周期进行教育投资的成本收益核算时，就会发现，可能出国留学不一定能够获得比较大的收益。

总之，教育投资需要有明确的目的，即需要根据孩子的特长和需要，着力开发他的天赋和潜能，让他的知识、能力和综合素质都得到提高，分清轻重缓急，分清长期投资和短期投资，而不是为投资而投资。投资必须根据家长的经济承受能力、孩子的学习与心理承受能力选择恰当的方式和方法。并不是有好的投资愿望，就会有好的结果，如果方式错了，很容易好心做坏事。此外，还需要分析孩子去那个学习的地方接受教育会面临什么样的困难，孩子本人能不能克服这样的困难。先进行理性的分析，再做出投资决策也不晚，不能盲目。这正如企业新上投资项目也需要进行项目可行性论证是一样的道理。比如，最近，在哈佛大学有一位中国留学生自杀，其自杀的原因竟是无论他多么努力都争取不到班级的前几名，心理上承受不了这种感觉。这样心理素质的孩子怎么能够出国留学呢？

教育投资一般是回收期比较长的投资，这种投资需要分阶段进行，在不同的阶段，需要根据实际情况和孩子的各方面的条件不断进行调整。而且主要是根据学生本人的情况进行调整，在学生本人具备了更好的条件之后再进行更大的投资决策，并尽量让孩子自己决策。教育投资不是短期内就能够见效的，让孩子自己决策更具有目的性、针对性和可行性。家长代替孩子决策往往容易好心办坏事，投资效果不理想。因为教育是终生的事业，所以，家长不能急功近利，也许短期内投资收益不大，但只要让孩子自己持续投资，并及时调整自己的投资决策，其长远的收益很可能就比较可观了。一句话，“心急吃不了热豆腐”。

学习型人才最有前途

前面已经探讨了教育投资存在许多风险，特别是社会变迁风险、市场风险和知识更新风险十分明显，而要增强个人抗风险的能力，就必须持续学习，终身学习。

有一个年轻人连小学都没有念完，但他勤于自学，博览群书，一有时间就看书学习，一有机会就向周围的人请教。他特别喜欢阅读一些历史著作和名人传记，一些历史和文学名著他总要看好几遍。时间一长，他掌握了渊博的历史知识，后来竟然成了一位著名的历史学家。

这个小学没毕业的人为什么能够成为历史学家呢？就是因为他能够不断学习。由于他不断学习，从而可以跟上社会和时代发展的步伐，并使自己的知识不断升华，运用知识的能力可以得到持续性的提高，抗风险的能力也得到了提高。知识丰富的唯一途径，就是不断地汲取新知识。那些在各项领域中的成功者，不仅能通过各种途径学习新的知识，还可以使自己的胸襟在这种学习中变得更加博大，使自己的目光越来越敏锐，能够应付人生中各种各样的难题。也就是说，在这样的不断学习、终身学习的过程中，个人的人力资本价值可以不断提高，竞争力也会大大增强。

对个人来说，知识和学问就是个人的财富。谁都知道，用已有的财富可以创造更多的财富，所以，有较高知识水平的人就会有较高的预期收入。随着现代通信技术特别是网络技术的发展，全球的时空范围大大缩小，知识和技术的传播越来越快，知识和技术的更新也越来越快，有人称之为“知识爆炸”。如果不学习，就会跟不上时代的步伐，就要被时代抛弃，就要成为落伍者。随着社会的发展变化，人们的观念也在不断变化，以前比较先进的观念，过了几年又成了陈旧的观念。随着市场竞争越来越激烈，原来有竞争力的人才，如果不时时参与到市场竞争中去，就会成为没有竞争力的人。即使你是名牌大学毕业，但只要不加强学习，不继续学习新的知识，也会被时代抛弃。据估计，现在在大学里学的知识只有10%是将来真正有用的，其余的90%都要过时。即使就是搞学问，每年的学术前沿问题都在变化，原来的前沿问题，过了一年，甚至几个月就成了过时的问题了。如果还是研究一些过时的学术问题，其研究成果肯定得不到社会和市场的承认。

已有工作的人，需要结合社会、市场、工作的需要继续学习。首先，要构建合理的知识结构。知识的积累是成才的基础和必要条件，但单纯的知识数量并不足以表明一个人真正的知识水平，人不仅要具有相当数量的知识，还必须形成合理的知识结构，没有合理的知识结构，就不能发挥其创造的功能。现代社会需要的是复合型人才。所谓复合型人才是指，既要有广博的基础知识，又要有某一方面的特长。比如，你学的是经济学专业，但还要有历史知识、文学知识、哲学知识，还要知道一些自然科学和艺术方面的知识，只有在这样广博的基础上，才能产生创造性的思维。而一些学自然科学专业的人也应当学习一些人文和历史知识，加强艺术熏陶，才能产生创造发明的灵感。只有成为创造性、复合型人才，才能提高自己的人力资本价值，为自己带来更高的收益。

同时，我们必须根据社会和工作的需要、市场的需要、技术进步的需要，及时更新自己的知识，调整知识结构。比如，加入WTO以后，中国经济直接与国际经济接轨了，国际竞争国内化。从事经济工作的人员就需要学习一些国际法、国际贸易、国际金融等方面的知识，要了解国际上企业竞争的规则，了解一些国际组织的情况，了解一些国家的情况。这样，在工作中一有机遇，就可以到国际市场上去搏击，你就会有更多赚钱或提升的机会了。又如，现在互联网发展十分迅速，及时学习一些网络知识、电子商务方面的知识，对于提高自己的竞争力肯定大有帮助。

当然，继续学习不一定非得上各种培训班，完全可以在工作之余自己学习。自学的成本比较低，但如果能够持之以恒，其收益是非常高的。因为，知识的积累就如水滴，一时学一点可能没有什么用，但如果长期积累，持之以恒，就会达到水滴石穿的效果。假如一个家庭有了各种书籍，一家人自然就会加深对书籍的感情，在不知不觉中增长了自己的知识。家中备有各类书籍，往往让我们不容易虚度光阴，因为有书籍我们就很容易养成每天阅读的良好习惯。耶鲁大学校长海德雷说：“在各界做事的人，无论是商界、交通界还是实业界，他们最需要的人才是高等学府培养的、能善于选择书本并活用书本知识的青年。而这种善用书本、活用书本能力的最初培养，最好是在家庭中，尤其是在那些具备各类书籍的家庭中进行。”一个人只要经常读书，久而久之，他会发现自己有了很大的提高。在家中，还可以上网学习，网上的知识比较丰富，但需要鉴别，因为网上的垃圾也很多，而且诱惑太多。只要善于把握，网上学习也是一种成本少、收益大的学习方式。可见，在家中忙里偷闲地学习，投入很少，但收益却很大，对于大多数人来说，这是一种十分经济的学习方式。

规划人生，减少沉没成本

陈先生毕业于暨南大学会计系，在顺德一家不太大的民营进出口公司担任会计。刚刚参加工作时，他就对自己的人生和职业进行了规划。他的职业理想是希望以后在大的外企做个出色的财务总监。实现这一职业理想需要什么条件呢？第一，流利的英语；第二，全面的财务管理知识；第三，优秀的沟通能力；第四，良好的工作背景和业绩。大学毕业两年后，他已经对自己的职业发展有了明确的目标。实现这一职业理想的关键，是接下来担任会计主管、会计经理、财务总监，一步一步走过去。他先在一个小公司工作两年后担任了会计主管，接着被“猎”到一个中型企业担任会计主管，一年后又被“猎”到一家英国企业担任财务经理，月薪由原来的3500元升到了9000元。

正是有明确的发展目标与实施步骤，陈先生才以最快的速度走向成功。当然这离不开他自己的努力，但是有了人生规划让他少走了许多弯路。

陈先生由于有一个明确的人生规划，避免了盲目性，目标明确，把握了方向，对他在短期内取得较大的成绩起了很大的作用。企业需要有财务成本的核算，才能在经营中尽可能减少成本，增加利润。人生的奋斗也是如此，有一个规划就等于有一本自己人生的账本，

人生规划的作用

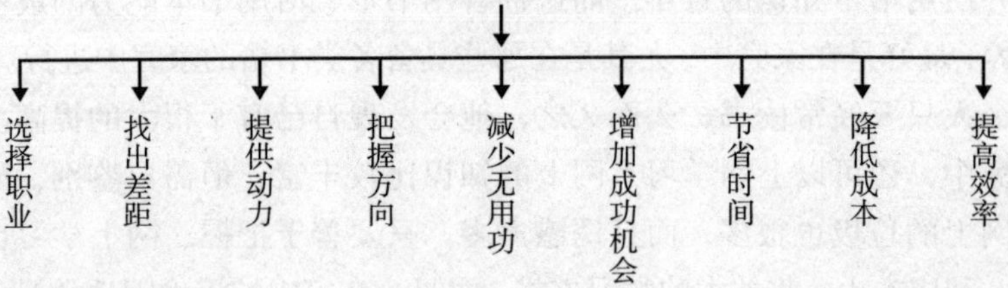

能够做到心中有数。

在人生的奋斗过程中，自己准备追求什么样的成绩，这些成绩需要一些什么样的条件，需要付出什么样的努力，回答了这些问题，才能达到自己追求的目标。也就是说，要求自己的人生收获多少，就必须投入多少，如果投入不够，收益就会减少。就像这位陈先生，他人生的目标是做一个出色的财务总监，要达到这样的成绩需要哪些条件，他必须事先进行分析，发现不足的地方就要尽快弥补。比如，如果他的英语水平还达不到进行良好沟通的程度，就需要着力提高英语水平，这样，他的理想和目标才能如期达到。如果他没有一个事先的规划，那么尽管他很努力，但其中的一些努力也可能是没用的，这样做无用功就会白白浪费了自己的时间和精力，造成沉没成本。所以，进行人生规划就是要在人生奋斗的过程中，做到心中有数，有的放矢，以减少沉没成本。

对于个人来说，一生是很漫长的，但是，在人生征途中，关键的却只有几步，有时候，走错了一步，就很难挽回，这就需要正确的规划。

具体来说，人生规划对个人成功的作用包括选择好适合自己的职业，找出自己还存在哪些知识和能力上的差距，这样，才知道需要在哪些方面付出更多的努力。人生规划的具体作用如图所示。

既然人生规划这么重要，那么，该怎样进行人生规划呢？

人生规划应该从一个人终生的职业发展角度着手，才能够应对未来一些无法克服的客观条件，及时调整自己，以减少甚至避免沉没成本的产生。

具体说来，人生规划要紧紧结合职业选择。必须首先进行自我评估，主要包括对个人的需求、能力、兴趣、性格、气质等方面的分析，以确定什么样的职业比较适合自己，自己具备哪些能力，自己擅长做什么工作。最后，确定自己的人生理想和职业理想是什么。

在规划中，需要分析一下自己所从事的职业需要什么样的习惯，自己的哪些习惯不适合，要改过来；从事这样的职业需要具备什么样的知识和能力，自己现有的知识和能力有哪些不足，需要提高。良好的习惯是个人事业成功的催化剂，养成良好习惯会给他人带来身心的愉悦，从而给他人带来正效用，即好的感觉，这就有利于自己事业的发展，反之，不好的习惯就会给他人带来负效用，就会遭到别人的排斥。

实现人生的最终目标并不容易，半途而废的例子比比皆是，所以我们需要分段地确定自己人生奋斗的长期目标、中期目标与短期目标，把人生奋斗分成一个个时间段，每一段时间都有一个目标，并各有侧重，在哪个时间段需要学习什么知识、锻炼什么能力都要规划好。在规划的过程中，必须根据个人的专业、性格、气质、价值观以及社会的发展趋势等确定自己的各个时段的目标，然后再把这些目标细化。

路径依赖：男怕入错行

晓斌在大学里是学财经专业的，毕业后到了一个地级市的企业当会计，作为一个从农村出来的大学生，能够有一份会计这样的白领工作，他也觉得比较满意。但工作一段时间后，他发现自己不太适合这份工作，因为他心不够细，常常会出点小差错，有时一点小误差让他核对了大半天才纠正过来，他感觉做这种工作很累。由于经常出小差错，领导对他的印象也不太好。他感到很委屈，因为他知道自己擅长理论，干会计工作没有发挥自己的长处。于是他经常发牢骚，并为自己选错了专业、选错了行而烦恼、悔恨。

晓斌一开始参加工作，就选错了行业，虽然学财经专业的人一般比较适合于做会计工作，但晓斌的个性却不太适合，因为他心不够细。但他知识广博，擅长讲理论，所以，做会计工作对他而言又累又做不好，即选错了行，不能发挥自己的长处，而是使用了自己的短处。其人力资本的价值不能真正体现出来，造成人力资本和时间资源的浪费，不仅不能给单位和自己带来比较高的效益，心理上也很不舒服。

在职业选择上，一开始就选对职业的人其实并不多，而选错职业的人倒是大有人在。当我们选错了职业时，在工作中会产生许多烦恼。中国有句俗话："女怕嫁错郎，男怕入错行。"说明选错行业的烦恼是很大的，这时，自己的人生就陷入了路径依赖之中，似乎难以自拔。一旦做了错误的选择，惯性的力量会使这一选择不断自我强化，并让他轻易走不出去。也就是说，由于自己的选择错误，想走出这种惯性也很难，而且，离自己的人生理想也越远。

在这种情况下，有的人就会悔恨不已，就像上面这位晓斌。但是，光是悔恨没有用，过去的事情已经是历史，历史是无法更改的，我们谁也不可能穿越"时光隧道"。当我们选择错了职业时，该怎么办呢？我们应当把它当成是一种沉没成本。就像企业在短期经营中，那些已经支出的固定成本，企业不能去考虑它，或者当它不存在，主要考虑的是可变成本的支出，只要在企业经营中边际收益高于可变成本就可以继续经营，像前几年的彩电降价就是这样，这是一种抢占市场占有率的经营策略。选错了职业也是如此，既然已经选错了，沉没成本已经发生了，就不可能收回来，要弥补这个成本的损失只有靠自己提高现在的学习和工作效率，充分利用每一天的时间，争取以后取得更大的利益和成绩。

要充分利用现在的时间，首先就需要让自己冷静下来，理性地分析一下主观和客观的原因，找出问题的症结所在，认真思考自己所走过的人生之路，总结经验教训。同时进行成本和收益分析，即目前工作的成本和收益怎么样，自己觉得更适合的其他职业的前景怎么样，自己的能力在多大程度上适合那种职业，目前的生存问题解决了没有等。如果这时自己还不具备从事另一种职业的条件，就只能暂时忍受一下，培养适合于自己未来职业的能力，在生存问题解决以后，就可及时寻找新的工作。

在人生之路中，沉没成本是一个极其有用的概念。人在考虑问题时总是处于悔恨当中是一种非理性的行为，经济学提倡的理性思维其实也是一种豁达、开朗的人生态度。亚当·斯密就说过：幸福不是来自财富本身，而是一种感觉，是“心灵的平静”。杯子破了，没法用了，只能扔掉，旧的不去，新的不来。人生也是如此，沉没成本不可能完全避免，总会产生，重要的是要看到未来的市场，只有把握今天，在总结过去的基础上，掌握更加正确的方式、方法，充分利用每一天的时间，才能创造未来。

当有机会再次选择职业时，应当果断地、毫不犹豫地选择真正适合自己的职业。

茅于轼先生大学时是学机械专业的，但他后来觉得自己更适合于研究经济学，于是，在大学毕业 20 多年后，也就是在近 50 岁时再改学经济学。他大学时学的专业对经济学学习和研究都有很大的帮助。作为学工科的学生，他的数学肯定比学社会科学的学生要强，而机械设计的理念也对经济学研究大有帮助。而且他在工作和社会中的阅历对于经济学这门社会科学来说更是一种财富。他前 20 年工作的体会就是，只有把书上所学到的理论运用到日常生活中去，才能真正掌握它。所以，他在学经济学时所产生的学习效率就要高得多。他在学习机械专业中所接触的量的概念在他脑海中形成了一种真正适用的概念，在他后来经济学的研究中就可以得心应手地运用了。而自然科学的逻辑思维和条理化，有助于他对日常生活中的现象进行深入的思考。

从茅先生的例子知道，假如一个人干错了行，也不可怕，只要乐观地看待沉没成本这个概念，并把这种沉没成本当成一种必要的付出，善于总结经验教训，重新选择职业，把这些经验教训运用到新的职业中去，让沉没成本成为新职业的垫脚石，成为自己的智慧之源，从而提高学习和工作效率。或者根本不去考虑这些沉没成本，放下包袱，轻装上阵，看到自己人生之路的前面还有更广阔的空间在等着自己去发展。这样，其时间的利用效率自然会相当高。

培养核心竞争力

李斌，中专毕业，毕业后被分配到一个基层税务所工作，由于他勤奋好学，业务十分出色，在税务所工作才两年就被调到县税务局去了，他查账效率很高，成了税务领导的得力干将。1992 年后他不满足于原来的生活，一个人到广州去打工，在广州，他同时做三个单位的会计，没多久，他就到一个大公司做会计主管，就在这个大公司，他考取了注册会计师资格。现在，李斌事业如鱼得水，已经过上了十分富裕的生活。为什么他这么“幸运”呢？因为他有特别的才华，有出色的会计业务能力，任何错综复杂的账务经过他一处理，就井井有条了。正是这种出色的业务能力使他成为各公司争相抢夺的人才。

像李斌这样的抢手人才不管在竞争多么激烈的社会里都有他发挥才能的天地，因为他就是闪光的金子，他走到哪里，就能给哪里带来效益。他的闪光之处就于在他的个人素质里面有一种别人缺乏的、不可能模仿的核心竞争力。人只要掌握了稀缺性，就掌握了财富，因为越是稀少的东西越值钱，李斌的业务能力是别人缺乏的。一般的会计只能按部就班地做账，而李斌却可以轻而易举地以最快的速度、有效地处理账务。

随着经济全球化的快速发展，我们每个人都要面对国际竞争国内化的挑战，人才竞争越来越激烈。在日益激烈的市场竞争中，个人如何面对这样的挑战呢？唯一的途径就是提高自己的竞争力，形成一种人无我有、人有我优的优势，而且这个竞争力应当如企业一样具有一种核心竞争力，即个人所自身所拥有的核心资源是“偷不去、买不来、拆不开、带不走、溜不掉的”。现在，在国内城市中，特别是大城市中，大学生满街都是，甚至博士、硕士都可以随便抓一大把，这么多的人掌握的都是一般的基础知识，而在现在这种信息流快速、多样的社会，一般的基础知识并不见得能够给企业带来多大经济效益。而如果某人有一种独特的知识和技术运用能力，有特别的风格，并且，这种能力和风格是企业真正需要的，能够为企业带来比较高的经济效益，那么，他在人才市场上就具有一种核心竞争力。

那么，一个人怎样形成核心竞争力呢？只有知识并不能形成核心竞争力，知识要转化为自己的核心竞争力还需要在实践中灵活运用，并独具一格。

现在，市场上需要什么样的人才呢？在现代社会，知识只是现成的、死的东西，而善于运用现有的知识进行创造性的开发、发现、发明，才能给企业带来经济效益。当今社会，许多发明、发现都是产生在学科交叉的领域，理工交叉、文理交叉、行业交叉、技术和管理交叉等领域都容易产生新的发明、发现，形成高效的管理模式，形成独特的技术运用方式等。而这些，都是别人学不到、模仿不了的核心竞争力。所以，现在，拥有跨学科的基础知识和某一方面的专业知识，并能够灵活运用这些知识进行创造的人才特别受到市场的青睐。

另一种受到市场青睐的人才就是掌握了一定的基础知识，电脑、外语熟练，综合素质高，有比较好的写作能力、交际能力、推销能力、管理能力、组织能力、协调能力、技术运用能力等多方面能力的复合型人才。这种人才往往八面玲珑、干劲十足，做工作很容易拓展新局面，企业就需要这样的人才来迅速拓展国际、国内市场，提高企业管理效率。

现在，中国经济已经全面走向国际市场，国际上的大型跨国公司也大都在中国设有分公司。因此，市场上特别需要那些掌握国际商业规则、懂得国际法、外语熟练的高级金融工程师、精算师、理财规划师、信息咨询师、经济咨询师等高端人才，这些人才都很受市场青睐。

还有一种受到市场青睐的人才是掌握了扎实的基础知识和专业知识,具有某方面专业技术运用能力,善于进行技术改造和技术开发、动手能力强的高级技师，即“灰领”人才。

从以上受到市场青睐的几种人才可以看出，个人核心竞争力的基础是知识，核心是创造和能力，其他像个人品格、习惯等是外环。知道了形成个人人力资本核心竞争力的主要因素之后，就可以在自己的学习和工作中，在日常的生活中，不断积累这些核心竞争力需要的综合素质。多学习一些跨学科的知识，着力培养自己的创造性思维能力、综合运用知识的能力、推销能力、交际能力等各方面的能力，形成自己独具一格的创造能力；或者在现有知识的基础上，学习相关的技术，着力培养自己的动手能力；或者在外语基础好的条件下，学习国际上最新的、适应市场需要和企业开拓国外市场的前沿知识;或者多学习一些跨行业、跨系统、跨专业的前沿知识，并着力将不同领域的知识综合运用，产生新的思维、新的方法。

总之，有意识地形成自己的核心竞争力，必须在“人无我有，人有我优”上下功夫。大家都学到的知识，我可不可以比别人提高一步，在此基础上产生新的东西；大家都有的技术，我可不可以再上升一步，在这种技术上更加拔尖；能不能发现自己独特的潜能，着力开发这种别人没有的潜能；有没有掌握国际上最前沿的知识和能力。有多少个人就有多少种独特的潜能，但我们绝大多数人都没有很好地开发它。所以，学习基础知识和专业知识只是一个开端，要使自己在市场上受到青睐，就需要着力开发自己独特的潜能，并使这种潜能形成一种别人缺少的才能。正是基于此，世界成功学大师奥里森·马登说：“我们每一个人都可以成为天才。”

执着与勤奋来自对成功的渴望

有一位将军在前线作战连续失败了 8 次，将士们抱怨的情绪越来越强烈，将军自己也十分沮丧，感到无颜见江东父老。一天，他很无聊地躺在床上，呆望着乱糟糟、没来得及收拾的房间。突然，一只蜘蛛吸引了他。他看见墙壁上一只蜘蛛在往上爬，爬到快到屋顶时又摔下来，或者爬到中间又掉下来，掉下来了又往上爬，一次又一次，一共爬了 19 次。最终，那只蜘蛛爬上了顶点。将军见此情景，心头思绪万千："一只蜘蛛尚且不怕失败，在一次次失败后仍坚持往上爬，我一个将军难道还不如一只蜘蛛吗？我不能在失败面前倒下，跌倒了，再爬起来，我们一定能胜利！"于是，将军再次召集下属研究敌我形势，并把他看到的蜘蛛爬墙的故事讲给战士们听。在将军的带动和鼓舞下，这支军队一鼓作气，反败为胜，终于取得了战争的最后胜利。

为什么蜘蛛的行为对将军产生那么大的激励力量呢？蜘蛛之所以一次次跌下还要往上爬，完全是为了生存，爬上去是它求生的本能，也是它利益最大化的唯一选择。作为一只比较低级的动物尚且如此执着，一位将军怎么能面对失败就灰心丧气呢？作为将军的下属，听了这个故事也会有同样的感触。所以，就这么一个小小动物的形象就唤起了将军和战士们的斗志，最终反败为胜。

人人都渴望成功，都希望以最少的付出获得最大的收益，但真正成功的人并不多。为什么会这样呢？人生的成功需要有规划、正确的方式和方法外，更需要持之以恒的努力，天上不可能掉下馅饼，我们为自己的人生付出了多少努力，就有多少回报。有投入，才有产出，投入少，产出少；投入多，产出也多。人生也要善于经营，一分耕耘，一分收获。

人生成功和经营企业是一样的道理，只有那些有远大理想和长远奋斗的人生目标的人，才具有持久的动力。在人生路途中，总有许多不可预测的风险和困难，有许许多多不良的外部条件和自身的条件常常阻挡自己前进。有一个清晰而长期的人生目标，并自始至终不更改这样的目标，遇到困难和障碍时，自己就会想方设法克服困难，排除障碍。或者在某一个阶段，发现自己的知识和能力还有不足的地方，就会及时改进，增强这方面的知识和能力。这样，由于方向准确，大多数的努力都不会白费，即使暂时走了一些弯路，也会加倍努力，及时赶往前面的目标。而且，有了自己的人生目标，并执着地实现这样的目标，其时间利用效率容易逐渐提高。虽然，有时会感到很累，但继续坚持下去就会有一种“那人却在灯火阑珊处”的感觉。如果没有对成功的渴望和执着，没有一个长期而清晰的目标，就容易在小小的成绩面前沾沾自喜，止步不前，或者遇到一定的困难就退却。半途而废往往就容易前功尽弃，造成巨大的沉没成本。我们常常看到，很多人学习英语，开始时，雄心勃勃，但由于没有一种对成功的执着和渴望，到了一定程度就被困难吓倒，或者满足于现有的状况，而使英语水平难以再提高，一段时间过去了，英语水平又降低了。

由此可见，有自己清晰而长远的人生目标，并坚持不懈地为之奋斗，能有效地利用时间，使自己一生中的时间都发挥最大的效率，这其实就是增加了自己的财富，也更容易走向成功，而真正能够长期坚持这样到的人很少。所以说，执着和勤奋是个人成功的必备要素。

第四章

职场中的经济学

饭碗从哪里来

在改革开放以前，城市人的工作由国家和当地城市解决，大家都有饭吃，工资不高，工资增长也比较缓慢，但工作稳定，基本上是铁饭碗。当然，那时要安排比较好的工作，就需要有点背景。大学生一毕业就是国家干部，由国家统一安排工作，自己只有填工作志愿的份，没有多大选择余地。要么托关系，找点门路，可能安排得好些。大多数大学生都是一次安排定终身，一辈子都干这一项工作，以后要变动就得靠自己努力表现，争取提拔、升迁。

随着改革的逐步推进，人们有了更多选择自己工作的机会和权力，从20世纪90年代中期开始，国家对大学生就业实行学生自主选择职业、双向选择的政策，大学生不再由国家统一分配了。大多数人参加工作要自己找工作，而不是等着国家和政府安排。自己找工作就要看市场需不需要这个人，在找工作的过程中，一方面是自己挑选工作单位，另一方面是用人单位挑选应聘人员。在当前中国这样一个人口众多、市场竞争激烈的社会，用人单位的主动权远远大于个人的主动权。

现在，大家找工作首先想到的是报考国家公务员，国家公务员虽然收入不高，但工作稳定、福利待遇好、社会地位高，基本上类似于铁饭碗，所以，报考国家公务员竞争十分激烈，能够考上的人比较少，毕竟每年录取国家公务员的名额有限。

然后是一些大中型企业，很多大中型企业也要通过笔试和面试选拔工作人员，所以，要进入一些经济效益好的大中型企业也不容易。大中型企业工作比较稳定，学习、升迁机会比较多，进入大中型企业的竞争也比较激烈。再就是外资企业、中外合资企业和大中型民营企业，这些单位工作不是那么稳定，不提供住房，然而工资高，学习和升迁的机会也不少。但一些大型的、高工资的非国有企业对招聘工作人员的要求更高，一些国际跨国公司就专门到北大、清华、复旦等名牌大学挖高才生，甚至以高工资挖行政事业单位、国有企业的在职工作人员。而且一些非国有企业要求新录用的工作人员必须有一定的工作经验，这样，可以省下不少培养费。对于刚刚走向社会的年轻人来说，这些都是高门槛，不容易迈进。

一些年轻人可能会想到自己创业。自己创业需要相当数量的资金投入、社会经验、社会关系等，而年轻人往往缺乏社会经验和社会关系，自己创业也不容易。现在，市场竞争越来越激烈，不像改革开放初期，卖什么什么赚钱，现在的个体经济和私营经济也只能获得社会平均利润，并且，这个社会平均利润还在逐渐降低。搞个体和开公司的利润空间逐渐缩小，而风险却逐渐加大。看来，搞个体和合作开公司也不是那么容易的事情。

还可以从哪里找到自己的饭碗呢？到农村去，到基层去，到西部地区去，那里条件艰苦些，不过，将来的发展机会也可能比较多。因为，艰苦的地方可以锻炼自己的能力，发展空间广阔。而且，现在国家正在进行西部大开发，大力投资于基础设施的建设，将来的条件会逐渐好起来。

不管是行政事业单位、大中型国有企业、外资企业、中外合资企业、外商独资企业、民营企业还是其他什么单位，其工作岗位都与宏观经济经济发展息息相关，经济发展快，工作岗位多，经济发展慢，工作岗位少。个体私营经济提供的就业机会也与经济发展息息相关。工作岗位还与国家政策和改革有关，近年来，我国行政事业单位和国有企业都在进行改革，减员增效、竞争上岗等措施，使一些人下岗、待岗。另外，由于近年来我国经济结构和产业结构的调整，许多原来掌握一定技能的职工也加入了失业的行列，产生结构性失业。这些都加剧了就业的紧张状况，使得饭碗越来越难找了。现在，许多城市的城镇登记失业率都比较高。

哪些因素影响劳动价值

劳动是人区别于一般动物的本质特征，劳动创造了人，劳动创造了物质产品和精神产品，并推动人类社会的不断进步与发展。劳动是指人的体力和脑力的付出，它是人类社会存在的基础，是一切人类社会主要物质财富价值的来源。

劳动的价值就是指劳动所产生的价值，也就是个人劳动被社会承认和接受的部分。人作为一个社会性的总体，个体劳动必须转化为社会劳动，只有转化为社会劳动的，才有价值。如果个体劳动不能被社会承认，不能对社会产生影响，这就是一个绝对孤立的劳动，是与他人和社会不相干的劳动，因而也就没有价值可言。就比如，一个人挖了一个鱼塘，买来一些小鱼养殖，但由于养鱼技术不好而导致所养的小鱼全部死掉了，这个人的所有挖鱼塘、养鱼的劳动都是白费力气，没有得到社会的承认。又如，一个人写了一部小说，拿到出版社去想出版，但由于写作质量等诸多问题，所有出版社都不愿出版，因而其劳动的价值也就没有得到社会的承认。

劳动所得一般是指因劳动付出所得到的物质性回报，包括物质资料和货币等形式的回报。要取得物质性的劳动所得，必须符合两个条件中的一个：一是必须是从事物质性劳动，取得物质性劳动成果；二是与他人进行劳动交换，用自己的劳动换取自己生活所需要的、自己不能生产的其他生活物品。但是，人的劳动不仅取得物质性的劳动产品，还可能取得知识等非物质性的劳动产品，如知识、经验等。

我国的分配方式是以按劳分配为主，其他多种分配方式并存。按劳分配中的这个“劳”包括劳动的质和量，一个人的劳动价值首先取决于本人劳动的质和量，即这个人所从事的劳动是简单劳动还是复杂劳动，也就是取决于个人的人力资本价值。简单劳动不需要多少知识和技能，不用培训，只要有体力就可以干的活，干一般的农活、搬运等工作就是简单劳动；复杂劳动是需要一定的知识和技能，需要经过一定时间的教育和技能培训才能从事的工作，像会计师、工程师、技师、大学教授等工作就需要相当的知识水平和技能。一个人劳动的复杂程度取决于其人力资本价值的大小，人力资本价值大的人，可以从事更加复杂的工作，其劳动的质量高。也就是说，一个人的劳动价值首先取决于其人力资本价值的大小。而决定人力资本价值大小的主要因素就是其所接受的教育和技能培训的多少。所以，上过大学的人一般比没有上过大学的人劳动价值更大，工资更高。劳动的质和量还取决于个人工作的努力程度。努力工作，把全部身心都投入到工作中去，其劳动的质和量都比较大；反之，没有努力工作，懒懒散散，工作不负责，尽管其人力资本价值比较大，也有可能其劳动价值比较低。

是不是一个人受过更多教育与培训就一定能够取得更高的收入呢？具体某人的劳动价值大小、工资高低还受到众多社会经济因素的制约。随着社会经济的发展，社会分工越来越细，人们只能做三百六十行中某一行的一个细小环节，这样，一个人的劳动价值不仅与其劳动的质和量有关，而且与其所工作单位的经济状况有关。如果其所工作的单位经济效益好，那么这个人所从事的工作就可能完全被社会所承认或基本被社会承认；如果其所工作的单位经济效益不好，其所从事的工作就有许多得不到社会的承认。所以，尽管有的人，其人力资本价值比较高，从事的工作也是复杂劳动，但其所获得的收入即其劳动价值好像并不高，甚至比他人力资本价值低的人所获得的收入还低。还有不能排除的重要因素就是一个人的社会关系的大小，社会关系多的人，可以通过关系到效益好、收入高的单位工作；没有什么社会关系的人只能在经济效益不那么理想的单位工作，从而其劳动价值也受到其社会关系大小的制约。

劳动价值大小还要受到宏观经济状况的制约。在经济趋热、需求旺盛时期，由于产销两旺，其所付出的劳动有更多被社会和市场承认，劳动价值自然就比较高；经济萧条、通货紧缩时期，由于市场比较疲软，其付出的劳动有一部分没有得到市场的承认，劳动价值也就比较低。

劳动价值的大小还与劳动力的供给与需求状况有关。如果在市场上，劳动力的供给过剩，企业对劳动力的需求没有那么多，企业就会对员工挑三拣四，要求严格，有意压低工资，员工的一部分价值没有得到企业和市场的承认，员工的工作积极性会在一定程度上受到影响，其劳动价值就比较低；如果在市场上劳工不足，但消费需求旺盛，劳动力就有更多的主动权，员工工资自然会提高，员工的工作积极性上升，会更加努力工作，其劳动价值也比较大。在劳动力市场上，一个人的劳动价值大小，或其所得到的收入的多少取决于其劳动的边际生产力，也就是企业多雇用了这么一个员工能够为企业带来多大的生产能力或经济效益。

总之，一个人的劳动价值受到多方面因素的影响，包括其人力资本价值的大小、工作的努力程度、所在单位的经济效益状况、宏观经济状况、劳动力的供需状况等。

是否被人抢了饭碗

打工这个字眼出现在改革开放以后的中国，是人们对改革开放后农村剩余劳动力自发地向东南沿海地区流动的描述。在很长时间以来，农民外出打工被视为一种盲目行为，在城市工作的农民工被称为民工。从20世纪90年代开始，我国出现了大规模的民工潮。当千百万民工在无数工厂和工地用他们的血汗换来中国每年GDP快速增长的时候，人们终于明白，中国经济的发展离不开广大的农民工。在这样的背景下，针对农民工的一些制度性歧视有所改善，人口外流地的政府也开始改变角色，做出为农民外出打工保驾护航的姿态，积极倡导本地居民外出打工，并把为他们提供沿海城市的用工信息当做基层政府一段时间内的重要职责所在。

即使是风调雨顺的年份，农民一年辛辛苦苦种责任田的收入，也远不及外出打工的收入。因此，外出打工就成了年轻农民理性的选择。

在浩浩荡荡的民工潮涌动在神州大地后不久，城市减员增效、下岗、再就业风潮也一波波地涌动着，于是，不少城里人就埋怨农民抢了城里人的饭碗。到底农民有没有抢城里人的饭碗呢？农民工所从事的工作大多数是建筑工地的小工、一些合资企业和私营企业的临时工、修公路和公园的临时工等一些城市比较苦、比较累的活；也有一些是在城市从事保安、运输的工人；还有一些女孩在城市当保姆；另外有一些文化水平比较高、素质比较高的农民在城市从事中层管理等工作；有一些头脑灵活的年轻农民成了城市做生意的生意人。可以说，大部分农民工从事的工作都是城里人不愿干的累活、脏活，只有较少的比较高层的农民从事的管理、经商等工作对城里人构成了一定的压力，与城里人形成了一定程度的竞争。

但是，话又说回来，我国近年来城市建筑行业迅速发展，高楼大厦不断涌现，城市道路、公园等基础设施建设快速发展，所有这些都有农民工的辛勤汗水。因为建筑行业大量雇用农民工可以节省巨额的成本支出，毕竟农民工的工资水平比城市工人低很多，而且一般不需要任何福利待遇支出。所以，近年来，我国大批涌进城市的农民工为城市建设和发展做出了巨大的贡献。至于一部分高素质的农民工对城里人形成就业竞争压力，让城里人找工作更加困难，是在原有城乡分割体制的惯性思维下产生的一种心理感觉。在原有的惯性思维下，许多城里人认为，城市居民应当享有更多的保障，城市与农村本来就是两个不同的世界，城市居民在城市工作是本分，而农村人来城市工作，就是不本分。而且，来城市工作的农民还带有农村的一些不良习惯和不文明的举止，像随地吐痰、乱丢垃圾等，部分农民工还打架斗殴、偷东西等，增加了城市的犯罪率，也增加了市民的不安全感。

不可否认，农民大量涌进城市找工作，在某些领域可能抢了城里人的饭碗，特别是农民更能吃苦耐劳，工资比较低，一般包工头和私营企业业主都会用成本比较低的农民工，而不愿用成本比较高的城里人。但城市居民也有其自身的优势：一是城里人受教育水平普遍更高，文化水平、文明素质和其他各方面的素质一般比农民工高很多；二是城里人有一定的社会关系，对城市生活已经很熟悉，而从农村来的农民工要适应城市的社会环境、生活习惯、文明礼仪等都需要相当长的时间；三是城市的很多单位，政府规定要录用有城市户口的人员。城市找工作的人有这些先天的优势，要在市场上与农民工展开竞争，赢的人多，输的人少。

理性看待就业难

要探讨就业问题，首先需要回顾一下我国的改革进程。1995 年以来，在国企与集体企业中进行了劳动用工制度的改革，并大力推行减员增效、下岗分流等改革措施，减少就业岗位，提高了公有制企业的经济效益。1997 年以来，政府机关与事业单位也精简机构，实行竞争上岗，分流人员。自推行改革措施后，每年都有 1000 多万下岗人员。

过去在计划经济体制下，人人都有饭吃，看似失业的人非常少，表面上每个人都有工作，但实际上是“五个人做两个人的工作”，不仅工资低，五个人还互相打架。经济发展走向高效，两个人岗位只能两个人吃饭。然而从就业的角度看，几十年积累下来的问题集中在几年内解决，就会出现劳动市场的暂时不平衡。即各种经济实体提高经济效益与众多的劳动年龄人口之间产生了暂时的矛盾，高效的经济实体并不需要这么多的劳动力，而新增经济实体的增长速度远远赶不上原有经济实体对多余劳动力排挤的速度和新的劳动力人口的增长速度。

大批城镇下岗职工和失业人员、再加上上亿的进城打工的农村剩余劳动力以及进入就业高峰期的新增适龄人口造成了叠加的就业压力，使得就业问题十分紧张。

从国家的整体经济结构来看，一般来说，一个国家 99.5% 的企业属于中小企业，劳动者中有 65% ~ 80% 在中小企业就业（包括社区与中介）。但是，我国中小企业依然太少，虽然银行存款总额不断加速上升，但大量的居民储蓄和民间资本并没有转化为投资，许多有钱人宁愿存钱，或买国债、股票、房产等，就是不愿直接投入到经济实体中去，造成民间资本利用率低，中小企业发展缓慢。日本有 1.25 亿人口，中小企业有 660 万个，中国 13 亿人口，中小企业却只有 800 万个。一般来说，中小企业投资少，但相对的就业量多，同样的投资，在大中型企业只能解决一两个人的就业，而投资于中小企业可以解决四五个人的就业。中小企业发展不足自然限制了就业量的增长。从产业结构来看，我国目前的产业结构依然不合理，北京、上海等大城市的第三产业创造的收入占其经济总量的 40% 以上，大多数中小城市还不到 30%，发达国家第三产业占其 GDP 的 60%。第三产业就业容量比第二产业大得多,第三产业发展不足也限制了就业量的增加。

另外，在地方政府的政策主导上，没有把就业问题真正放到优先地位上。许多地方政府过于追求经济增长率，采取的是增长优先的发展战略。从金融、财政及政策上都向高科技、大企业倾斜。新近增加的一些企业和经济项目就业容纳能力往往不高。我国 20 世纪 90 年代每 1 个百分点的经济增长创造出来的非农就业岗位仅为 80 年代的 1/3。形成了“高增长、高投资、低就业”的现象，这违背了奥肯定理所揭示的经济增长与就业增长正相关关系原理。

从制度上来看，现行的管理体制依然限制了就业问题的解决。目前的人事管理制度仍然有较强的计划体制色彩，使不少缺位以待的用人单位受到限制。据调查，不少中小型私营（股份）企业急需大学水平的管理技术人员，却因没有申报用人指标的途径，解决不了大学生的派遣、落户口、接档案等问题而招不到人。目前，基层和西部地区需要大学生担任公务员和教师，但如果大学生去工作，他的户口和档案将一同被派遣到工作地，再想流动就会碰到制度性障碍。在大中城市中，大学生创业的机会较多，成功的概率也较大。

但没有户口就进行不了工商登记，也难获得贷款的担保支持，这又限制了一些年轻人自主创业。

一些私营企业用工制度极不合理，不但不和员工签订劳动合同，而且也没有社会保险、养老金、公积金等一系列社会福利。另外，起薪较低，升幅不大，并伴有苛刻的罚款制度，让想进入的人特别是大学生受不了。同时，用人单位还设置经验、性别等障碍，其拒绝的理由是动手能力差、需花费培训费用、稳定性不高等。用人单位在招人时追求实用和低成本，存在眼光短视和心态浮躁的情况。这些也导致就业渠道不畅通。

一些年轻人特别是大学生就业难，在一定程度上也是因为他们期望值偏高，自身定位不准，理想与现实脱节。很多年轻人认为应该有一份待遇丰厚的固定工作，认为留在大城市、大单位才能体现自己的人生价值。不愿放下架子、低姿态进入社会，在普通的工作岗位上寻找发展的机会。

所以，就业观念的转变也很重要，传统就业观是终生在一个单位“服役”，是计划经济体制下的产物。随着市场经济的不断深入，社会就业形势也在不断发生新的变化。人事制度的改革，打破了“铁饭碗”和“大锅饭”，竞争上岗、人才流动和再就业已成为普遍现象。科学技术日新月异，产业结构调整不断加快，知识更新、产业高级化趋势加速，传统产业逐渐被新型产业代替。就业岗位在不断地变，就业者不能不变。

从“天之骄子”到“街头浪子”

从1999年开始，高校扩招，我国高等教育进入新的发展阶段，毕业生人数每年增加60万~70万。2002年是145万，2003年212万，2004年280万，2005年达到338万。与此同时，2003年、2004年有近70万未就业大学生，这样，2005年需就业学生人数达420万。企业纷纷减员增效，政府提倡精简机构，事业单位实行下岗分流，造成人才需求下降。可以预计，大学生就业竞争将会更加激烈。在国有企业下岗职工、失业人员再就业问题尚未得到根本解决的情况下，近年来我国大学毕业生就业问题凸现，引起了社会各方面的广泛关注。

过去，由于我国大学生数量比较少，特别是由于“文化大革命”时期毕业的大学生十分少，改革以来，各行各业都存在大量的人才断层，新老交替难以为继。所以，20世纪80年代的大学生被称为“天之骄子”。但是，时过境迁，才过20年，大学生却遭遇就业的寒冬。影响大学生就业难的因素有很多：一是受高校扩招的影响，从2001～2005年，4年内增加了223万；二是大学生就业渠道不畅，目前的就业渠道无非是学校推荐、熟人介绍、校园和社会的招聘会、人才或就业网站、报考公务员、服务西部等，对大多数人来说，这些渠道还不能满足毕业生的需求；三是高校专业设置错位，一些大学的专业及课程设置有较大盲目性，专业趋同现象十分严重，造成供给严重大于需求；四是大学生缺乏就业培训机会，不少企业拒绝承担大学生就业后的“在岗培训”费用，招聘中普遍要求有“数年工作经验”；五是目前市场对白领需求不足，由于中国国际分工地位的处于国际分工的底部，新增加的劳动就业岗位，主要是劳动密集型的就业岗位，使得中国就业上呈现“白领需求不足”的状况；六是文科教育质量低下，由于文科教学内容几乎不针对中国的政治经济现实，学生对于现实社会的状况十分隔膜，这也严重不利于学生的就业；七是一些企业的用工制度不合理。正是因为这样，待业的大学生越来越多。

从地区看，北京、上海、东部发达地区需求较好，中、西部不少地区虽然有较大的用人需求，但工作和生活条件艰苦，往往招不到合格人才，出现“有地方没人去，有人没地方去”的现象。在西部经济不发达地区，当前就业岗位相当有限，难以吸纳本地毕业生。

高等教育正从“精英教育”向“大众教育”转变，因此很难保证使每个大学生都有一个“精英”岗位。在“精英教育”时代，高校毕业生短缺，社会精英岗位充足。高校毕业生就业是一种与之相适应的如政府机关、外企、高科技企业等精英岗位。而当高等教育进入大众化阶段后，社会精英岗位与高校毕业生数量相比显得不充足甚至短缺了。就高校毕业生整体的就业情况而言，是进入了一个“大众化就业”的时代，一部分高校毕业生通过竞争，进入社会的精英岗位。同时，必然要有一部分高校毕业生从事与大众化教育相适应的比较低一级的工作。任何东西，稀少的就值钱，一多了，就不值钱了，现在的大学生早已不稀少了，所以，大学生再也不是“天之骄子”，而是普普通通的民众了。在高等教育已经大众化的国家，有些大学毕业生干的也往往是最基层的工作。所以，在大众教育时代，中小城市、中小企业也是机会。

但是，大学生本人真要到中小企业、中小城市、农村去却是一个很难转变的过程。父母为上大学的子女已经投资了几万元的各种费用，对于大多数家庭来说，几万元的费用支出是个不小的数目，一般工薪家庭也需要省吃俭用好几年才能筹集出这么一笔钱来，而农村家庭更是父母辛辛苦苦半辈子的劳动成果。父母都希望子女能够通过上大学提高自己的经济地位，在中小企业、中小城市、农村，收入普遍比较低，学习和发展的机会也不多，几万元的上学成本何时收回来都难以预料。况且，小地方、小企业的情况更加复杂，国家规定的许多条条框框形同虚设，在一些地方，文化水平的高低对就业和将来的成就作用很小，社会关系才是最主要的因素。另外，任何一个大学生都会认为，在小地方和落后地区工作，其户口也落在小地方和落后地区，影响了后一代的成长，这才是他们最为关心的事情。好不容易上了大学，有机会留在大城市里，大多数大学生都会紧紧抓住这个机会，失去了这样的机会，说不定其一生及其后代都没有这样的机会了。也就是说，留在城市特别是大城市依然是大多数大学生利益最大化的必然选择。

所以，有一些大学生宁愿留在大城市里，即使户口没有落下，也要留下来，暂时做一些临时性的工作。他们为的就是找个落脚的地方，再想办法找工作，攒足了钱，再找关系，或者再继续苦读，准备考研，有的连考几次都还要继续考。当然，在目前就业竞争如此激烈的情况下，研究生学历也不一定能够留在大城市，但研究生学历起码多了不少竞争力。有些大学生通过在城市里几年的艰苦拼搏，自己的能力和社会经验也得到了增长。

但是，话又说回来，我国经济发展的优势在中小企业，而中小企业的飞速发展急需高等教育为其提供充分的智力和人力支持。20世纪90年代以来的我国经济快速增长中，工业新增产值的76%以上是由中小企业创造的，同时，中小企业还提供了大约75%的城镇就业机会。大学生今后个人发展、赚钱的机会在什么地方。应该说，相当部分学生应该到民营的中小企业里寻找机会。因为中国未来发展的主要机会就在中小企业中。现在可以说是几十年以来中国中小企业、民营企业发展的最好时机。如果大学生尽快加入这个行业，走到中国的最前沿，不但能使自己的知识和本领得到提升，而且事业上也会有较大的发展。

今天工作不努力，明天努力找工作

一部分年轻人在现在竞争十分激烈的劳动市场上，还是比较明智的，先就业，后择业，只要有一个落脚的地方，赶紧签约，找个单位再说，至于这个单位自己喜欢不喜欢，这份工作自己适合不适合，先不管，等有了一个落脚地，再去谋求发展，谋求自己更高的职业理想。

先就业，后择业，在时机成熟的时候再寻求自己更好的发展机会，是年轻人特别是大学生利益最大化的理性选择。作为年轻人，人生的道路还很长，自己在人生中有所成就，不仅可以实现其抱负和理想，而且也为后代打下了扎实的经济基础。抓住青年时代的大好时光，在该拼搏的时候拼搏进取，就不会在将来年纪大了的时候后悔莫及。但是，也有的年轻人在这方面急功近利，对自己过高估计，对走向社会、工作岗位的种种复杂情况缺乏理性的分析和鉴别，这山看着那山高。就准备往高处走，对自己目前的工作只是应付，把主要的心思和精力都用在自己未来的个人发展上。有的年轻人到了单位不久就把主要精力用来学习外语，准备考托福、GRE；或者到外面去找同学、亲朋好友和其他社会关系，准备找到更好的归宿；或者刻苦复习外语和专业功课，准备考研；或者频繁到人才市场去碰运气；或者频繁参加公务员、国家事业单位录取考试等。他们认为，反正迟早要离开现在的单位，工作也不需要这么出色，只要能够交差就行了。

作为一个经济实体，任何单位都会寻求利润的最大化，要寻求利润最大化，单位领导必然关注每个员工的工作效率，只有每个员工的工作效率提高了，单位的经济效益才能得到提高，这是任何经济实体的理性行为。特别是在当今市场竞争、人才竞争激烈的社会，单位都是以经济效益为中心。在当今的市场上，企业和单位居于主导的地位，而员工则居于从属地位。一旦某个员工对工作只是应付，把主要的精力用在自己的事情上，单位的同事和领导肯定会发现这个员工“身在曹营心在汉”。如果同事和领导出于好心，可能会比较委婉地表达“我们需要你，你就安心工作吧”之类的意思；如果同事和领导认为这个人三心二意，朝三暮四，对同事、单位不忠诚，品格有问题，很可能暂时不说这个人，而是继续观察，等待其行为的暴露，等待机会，抓住这个人工作上或其他方面的错误，给他一个打击。在这个过程中，这个人与单位就是一种相互的算计。我们假定这个不安心工作的人是 A，其算计见下表。

在这种个人和单位的相互算计中，到底谁最终会输呢？如果 A 在进单位之前就已经有比较好的知识和能力基础，只是自己关系不够，运气不佳，不得不到这个单位工作，而且 A 为其未来的选择早已做好准备，其行动经过了比较长的时间才被单位同事和领导发现，等到他们发现时，A 已万事俱备，只欠东风。在这种情况下，A 赢的可能性比较大。毕竟，同事和领导也不愿意随便去得罪一个在未来与之不太相干的人。

但是，在大多数这种员工与单位的相互算计和对垒中，个人赢的可能性比较低。因为，在当前的劳动市场上，企业和单位居于主导地位，个人根本没有什么力量。个人在单位的表现，不仅直接影响着单位的经济效益，而且影响着同事的工作热情，领导不处理这种对工作不负责任的下属，可能会让所有下属产生情绪，整个单位

不安心工作的人情况计算

	单位对A说："我们需要你，你安心工作吧。"	单位不说："我们需要你。"而是暗中观察A的行动
A说："我保证今后好好工作，请领导监督我。"	单位放心，但还可能观其行动；A安心，两情相悦	A依然应付工作，不顾他人感受。A与单位的矛盾可能暴露
A不说："我保证好好工作。"暗中却加紧自己的行动	单位对A不满，但是，A不知道；A还自认为自己聪明，其行为没有被人发现	单位和A各自不向对方表露，单位和A的矛盾逐渐显露，A一意孤行，二者展开对垒

的工作效率难以提高，甚至某人在单位工作不好的表现被写入档案。这样，A就很可能被单位领导作为对工作不负责任的典型被处理，或者下岗，或者被单位开除。不管是被开除还是下岗，都需要重新找工作，而其在单位的不好表现也极大地影响能够找到工作的可能性，因为任何一个单位都不愿意录用一个对工作不负责任的员工。这种情况很可能会影响比较长的时间，甚至影响他的一生。

过去，在计划经济时代，大家干好干坏一个样，干多干少一个样，基本上是"铁饭碗、铁工资"，但随着市场经济的发展和社会的进步，绝大多数单位都强调经济效益，需要每个员工都尽心尽意、尽职尽责地干好自己的本职工作，这是时代的要求，也是领导的责任。所以，一个人只有在干好自己的本职工作的条件下，才可以谋求自己更好的发展前景，只有在生存问题解决以后，才能谈发展问题。

职场中的处世的哲学

如果你是一名下属，那你在工作中难免遇到类似"华盛顿合作定律"的困境。即：一个人敷衍行事，两个人互相推诿，三个人则永远无成事之日。这就需要你将"华盛顿定律"的可怕影响降到最低，适应你的上级。

如果我们的每个上司都贤明公正，那将是我们梦寐以求的。然而，事实并非我们想象中的那么完美，现实的做法是了解每个上司的风格，并找到相应的解决办法。

你一定蛮横型的上司，他们习惯颐指气使，要求每个人都言听计从，不考虑实际情况。

面对这种上司，逃避与反抗都毫无用处。下面的一些策略教你如何应对：

（1）不让你的情绪受到上司的影响：试着学习从完成任务本身获得满足感，而且不要太看重上司的评价。

（2）把工作仅当成是一份工作而已：很多人因为工作的不顺而产生不良的情绪，他们甚至把这种情绪带到家庭和生活中。因此，你最好在下班以后就忘掉工作。

（3）让自己更加冷静：每一次当你和上司发生争执时，最好保持冷静，用具体事实为自己说话。

（4）看穿老板的心思：每一个蛮横的上司都有弱点，聪明的下属会掌握这些弱点，并善加利用。

工作中你也许会遇到一种“变色龙”上司，当你向他提出一项好建议时，他会立即表示“百分之一千”支持你的计划，甚至把他坚决支持的方面都点出来。

于是你拼命地工作，以为从此会一帆风顺！

然而，你无法想象，当你的上司开始过问这个计划时，一切都完全改观，整个计划在顷刻间被取消。

告别了“一帆风顺”后，“愁云惨雾”在前面等你。

对付这种“变色龙”上司，最有效的方法就是“往下挖”。

举例来说，刚刚提到的这位“变脸上司”经常根据“管理高层要什么”来做事。你要做的其实很简单：征询“上上级那些人”的意见，投入一项计划，然后再向这位“变脸上司”解释“上上级”认同这项计划的原因，通常，这位上司都会点头接受。其实抬出

“上上级”这招，比想象的简单。

与“变色龙”相比，非常固执的上司显得更加难以对付，因为每当有人向他提出新点子，都会被他大泼冷水。

遇到这样的上司，下属除了自叹命苦，也就只能尽力投其所好、言听计从了。这也并不保险，因为这位上司有时竟然连自己的想法都照样推翻！

除了上面这3种上司之外，还有一种上司，这类上司就算是火烧眉毛了，他也会不紧不慢地抽烟。这种上司简直可以当“核废料场”—任何东西到了他那里，都会石沉大海，有去无回。

与一个无法变化、没有弹性的上司相处，不是件简单的事。有时候，求助于公司里的其他部门是让他改变想法的最好办法。你不一定要做得像是在打小报告或越级投诉，但如果能找到一位让你上司尊敬的人，为你的想法而不是为你自己美言几句，或许能有些转机。

应付这种“固执”上司的另一个方法，就是接受他的意见，让他渐渐接受你的想法。刚开始，你可以表示支持他。告诉他，你正试着执行他的主张。

一旦他知道你支持他，他就可能改变态度。接着，你可以一步一步地发表你的看法，让他知道，你这么做是为了强化他的主张，让他的想法可以成功实现。

当然，这种做法并不是十分完美的。如果你能同时享有充分的发言权，又能让自己的想法获得应有的重视，无疑是最理想的。

但现实情况是：你和你的上司，不管他是善变型或一成不变型，你们都不是处于平等地位，他的权力比你大，说话当然也比你大声。不过，如果你能时时注意这几点，或许会有意想不到的结果。

加薪的学问

据说在美国广泛流传着这样一道数学游戏题：“老板给你两个加工资的方案。一是每个年度结束时加1 000元作为工资，二是每半年结束时加300元。请选一种。”一般不擅数学的，很容易选择前者：因为凭感觉认为一年加 1 000 元总比两个半年共加 600 元要多。其实，由于加工资是累计的，时间稍长，往往第二种方案更有利。例如，在第二个年度结束时，依第一种方案可以加得 1 000 + 2 000 = 3 000 元。而第二种方案在第一年加得 300 + 600 元；第二年加得 900 + 1 200 = 2 100 元，总数也是 3 000 元。但到第三年，第一方案可得 1 000 + 2 000 + 3 000 = 6 000 元，而第二方案则为 300 + 600 + 900 + 1 200 + 1 500 + 1 800 = 6 300 元，比第一方案多了 300 元。到第四年、第五年会更多。因此，你若会在该公司干 3 年以上，则应选择第二方案。

这个数学题把一个人解数学题的能力和他将会取得的经济利益连起来了。可以推断，生活中这样的问题一般不会出现，但我们在生活中会要求我们回答各种问题和进行各种选择，我们回答和选择的结果，除了决定着我们的经济收入的增长或减少外，还会影响到今后人生的发展。

不同的人对同样的问题反应不一样，是因为人和人不一样，不同的人有不同的小算盘，这个小算盘指的是人的思考方式。有些人偏重于感性，在理性的计算方面欠缺思考的能力与技巧，而有些人则善于应付这样的问题。会不会打小算盘很重要，小算盘算得精，则意味着人更会精打细算，更能实现目标。

鲁迅先生有一段很有名的话："然而穷人绝无开交易所折本的懊恼，煤油大王哪会知道北京捡煤渣老婆子的辛酸，饥区的灾民，大约总不去种兰花，像阔人的老太爷一样，贾府上的焦大，也不爱林妹妹的。"这话除了众所周知的意思之外，稍加分析也可以看到不同的思维方式对人的生活和命运的影响。有些人在经济上很成功，有些人则生活在贫穷的边沿，或在贫穷的泥潭里挣扎，这除了社会大环境的因素之外，主要还是一个思考方式的问题。

没有一个好的思考方式，肯定不会有持续的、有价值的行动，思维方式在塑造人的命运方面的根本作用是不言而喻的。以上加薪的例子告诉我们：理性的思考可以保证选择的正确。在生活中面临各种各样的选择时，必要的时候要发挥数学头脑进行细致的思考，不要只看眼前。

生存智慧：处于材与不材之间

《庄子·逍遥游》中有这样一则故事：一个匠人对其弟子的一段话道明其中的道理。弟子与师傅一起去伐木，弟子看到一棵很美的大树，但师傅连看不都不看一眼，根本没有砍它的意思，继续前行。弟子不知何故。师傅说："这棵树，如果用它做船则沉，做棺材很快就会腐烂，做成家具很快就损坏，用作门很快出水，用来作柱子则很快被虫子蛀掉，这棵树不能用作任何东西的材料，它是不材之木。正因为它是不材之木，它才能如此长寿。"

所谓人才何尝不是这样？他们或者成为他人嫉妒的对象，或者成为权势者利用的对象，或者是被陷害的对象。无论是哪种对象，均成为他人算计的对象。

人们常说，"枪打出头鸟"、"不遭人嫉是庸才"，以及专门针对女人所说的"自古红颜多薄命"。这些都说明，某人在某个方面突出往往给自己带来灾难；而那些不是人才的平庸之人往往平平安安、幸幸福福地度过一生。

尽管，才能突出往往招致危险，然而，我们就此认为平庸是件好事，可以不求上进。在《庄子·山木》中说：庄子走出山来，留宿在朋友家中。朋友高兴，叫童仆杀鹅款待他。童仆问主人："一只能叫，一只不能叫，请问杀哪一只呢？"主人说："杀那只不能叫的。"第二天，弟子问庄子："昨日遇见山中的大树，因为不成材而能终享天年，如今主人的鹅，因为不成材而被杀掉；先生你将怎样看待这个呢？"庄子笑道："我将处于成材与不成材之间……"

如果我们才能出众，我们便"突出"—与众不同，我们会被他人所伤；但如果我们毫无用处，我们同样"突出"，同样会被他人所伤。女人漂亮可能导致灾祸，奇丑的女人同样会不幸。我们要处于材与不材之间。我们的"长相"难以掩盖，但我们的才能则可以掩盖。

今天的社会是鼓励人们尽量展示自己才能的社会。我们要处于材与不材之间，似乎与时代的意识形态相左。我们要成功，成为有用之才，但我们自身的突出才能不能成为我们自身发展的敌人。我们要切记，千万别锋芒太露。我们在能力上要突出，但行为表现上要努力成为社会中不为人注意的一分子，这样往往能够保护自己，不受伤害。

在人生中，我们力图要做的是“从众”，即“与众相同”。这是安全的策略。如果我们是百万富翁、千万富豪，而周围的人不如我们，我们千万别露富，否则，财富必定给你带来麻烦，甚至是灾难，任何人均明白这个道理；如果我们在工作上的才能突出，我们应当寻求适当的机会施展我们的才能，而不是时时表现自己的才能，因为自己的才能往往是同事脸上无光的根源，同事往往嫉妒你，并给你设立障碍，或者以“明枪”或者以“暗箭”伤害你，此时你的才能成了发展的障碍、不顺心的来源，乃至不幸的根源……

如果我们有才能，正确的做法是，将锋芒藏匿，切忌炫耀、逞能，但同时努力寻求机会将才能展示出来，对社会有所贡献。才能是上天的一种恩赐，使之浪费是一种罪过，但选择施展才华的机会一定要适当。

办公室中的“智猪博弈”

“智猪博弈”这一经典案例早已扩展到生活中的各个方面，不论是在战争中还是商业竞争中，特别是在当今的职场中，经常会有类似的情况发生。在职场办公室里的人际冲突中，有一些人会成为不劳而获的“小猪”，而另一些人充当了费力不讨好的“大猪”。

因此，办公室里就会出现这样的场景：有人做“小猪”，舒舒服服地躲起来偷懒；有人做“大猪”，疲于奔命，吃力不讨好。但不管怎么样，“小猪”笃定一件事：大家是一个团队，就是有责罚，也是落在团队身上，所以总会有“大猪”悲壮地跳出来完成任务。

张力可以说是所谓智猪博弈中的“大猪”。每当张力下班回家后，做的第一件事就是打电话，他每次打电话都是向周围的好朋友大吐苦水：“我要疯掉了！把所有的工作让我一个人来做，难道把我当成机器人了？”

张力在一家公司的核心部门发展部工作，每天都是这项工作还没做完，就有另外几项工作等着他去做，整天没有一个喘气的机会。虽然公司规模很小，但是作为公司的一个重要部门，却只有3个人。而且这3个人还分了3个等级：部门经理、经理助理、普通干事。很不幸的是张力正好是那个经理助理，处于中间的一个级别。

张力总是抱怨说：“经理的任务就是发号施令，他是‘管理层’嘛！上面交给他的工作，他一句话就打发掉了，‘张力，把这件事办一办！’可是我接到活之后，却不能对下属阿冰也潇洒地来一句，‘你去办一办！’一方面，阿冰比我年长，又是经理的‘老兵’；另一方面，他学历低，能力有限，怎么放心把事情交给他？”张力只能无奈地叹息，然后把自己当3个人用，加班加点完成上级的任务。

更让他想不到的是，由于事事都是他出面，其他部门的同事渐渐认准了：只要找发展部办事，就找张力！甚至老总都不再向经理派任务了，往往直接就把文件扔到张力的桌子上。张力的办公桌上的文件越堆越高自不必说，而且，连阿冰都敢给他派活了。这天，阿冰把一叠发票放在他面前说：“你帮我去财务报一下。”张力顿时被噎得说不出话来，过了半晌方问：“你自己为什么不去？”阿冰嗫嚅了一下答：“我和财务不熟，你去比较好！”尽管心中怒火万丈，但碍于同事情面，张力最终还是走了这一趟。

因此，就形成这样的局面：一上班，张力就像陀螺一样转个不停；经理则躲在自己的办公室里打电话，美其名曰“联系客户”；而阿冰呢？玩纸牌游戏，顺便上网跟老婆谈情说爱，好不逍遥。到了年终，由于部门业绩出色，上级奖励了4万元，经理独得2万元，张力和阿冰各得1万元。想想自己辛劳整年，却和不劳而获的人所得一样，张力禁不住满心不平，但是自己又能怎么办呢？如果他也不做事了，不仅连这1万元也得不到，说不定还会下岗，想来想去，还是继续当“大猪”吧！

刘力在一家国企工作，他是个“聪明”人，他是这样为自己下的断语：“从大学开始，我就不是最引人注目的学生。在学生会里，我从不出风头，只是帮最能干的同学做些辅助性的工作。如果工作搞得好，受表扬少不了我；但是工作搞砸了，对不起，跟我一点关系也没有。”

刘力已经工作3年了，照样奉行着这样的处世哲学。“我就纳闷，怎么会有那么多人下了班嚷嚷着自己累？要是又累又没有加薪、升职，那只能说明自己笨！我从小职员当上经理，一直轻轻松松的，反正硬骨头自有人啃。”

有一个朋友问他：“你这样，同事不会有意见吗？”

刘力眨眨眼睛，一脸神秘地说：“这就是秘诀了！你怎么能保证总有人肯拉你一把？第一，平时要善于感情投资，跟同事搞好关系，让他们觉得跟你是哥们儿，关键时刻会出于义气帮助你；第二，立场要坚定，坚决不做事，什么事都让别人做。有些人就是爱表现，那就给他们表现的机会，反正出了事，先挨批的是他们。万一碰上也不爱表现的人，对我看不惯，我会告诉他，我不是不想做，我是做不来呀！你想开掉我？对不起，我的朋友多，他们都会为我说话。”

在职场中，刘力就是那种所谓的“小猪”，做什么事都喜欢投机取巧，但这并不是一种长远的办法。

是做“大猪”，还是做“小猪”？

看来看去，做“大猪”固然辛苦，但“小猪”也并不轻松啊！虽然工作可以偷懒，但私下里，要花费更多的精力去编织、维护关系网，否则在公司的地位便会岌岌可危。张力为什么忍气吞声？不就是因为阿冰是经理的老部下吗？刘力又为什么有恃无恐？无非是有人为他撑腰。难怪说做“小猪”的都是聪明人，不聪明怎么能左右逢源？

的确，“大猪”加班，“小猪”拿加班费，这种情况在公司里比比皆是。因为我们什么都缺，就是不缺人，所以每次不论多大的事情，加班的人总是越多越好。本来一个人就可以做完的事，总是会安排两个甚至更多的人做。“三个和尚”的现象这时就出现了。如果大家都耗在那里，谁也不动，结果是工作完不成，挨老板骂。这些在一起工作多年的战友们，对对方的行事规则都了如指掌。“大猪”知道“小猪”一直是过着不劳而获的生活，而“小猪”也知道“大猪”总是碍于面子或责任心使然，不会坐而待之。因此，其结果就是总会有一些“大猪”们过意不去，主动去完成任务，而“小猪”们则在一边逍遥自在，反正任务完成后，奖金一样拿。

但话说回来，这种聪明未必值得提倡。工作说到底还是凭本事、靠实力的，靠人缘、关系也许能风光一时，但也是脆弱的，经不住推敲的风光。“小猪”什么力都不出反而被提升了，看似混得很好，其实心里也会发虚：万一哪天露了馅……如果从事的不是团队合作性质的工作，而是侧重独立工作的职业，那又该怎么办？还能心安理得地当“小猪”吗？

在职场中，“大猪”付出了很多，却没有得到应有的回报；做小猪虽然可以投机取巧，但这并不是一种长远的计策。因此，身在竞争激烈的职场中，一个最理想的做法就是，既要做“大猪”，也要会做“小猪”。

职场里成功的秘诀

同是闯荡江湖，有的人波澜不惊，有的人却风生水起，这是因为有的人不谙水性，而有的人却精于此道。同样，在职场闯荡，有的人忙忙碌碌、举步维艰，有的人却平步青云、游刃有余。这是为什么？其实，职场如江湖，怎样在江湖中修炼内功使自己成为一个武林高手，对于你经营好自己的事业是至关重要的。

李开复从微软跳槽到Google，引起了一次人事地震，导致微软起诉Google。虽说官司最终和解，但两家世界上有名的公司为了一个员工打官司，毕竟很少见。

李开复给人的印象是儒雅、坦诚和智慧，中国的大学生们非常崇拜他。李开复曾说过微软是他最后一个东家，他在微软5年，跳槽走的时候，又解释说是要“追随我心”。

从经历看，李开复从小就很有个性，或者说是叛逆，幼儿园没上完，就要上小学，家长不同意，他就天天闹，最后还是让他上了学。20世纪70年代，李开复在美国读法律，毕业以后很可能成为大律师，在美国做律师都是很有钱的，社会地位也高，可是他中途放弃，说要学新鲜的，于是，学了计算机。那时计算机行业远没有现在这么火，可他还是“冒险”学了计算机。

在李开复的职业生涯里，都是在一个地方干三五年，就跳槽到别处。虽然李开复经常会“追随我心”，有个性，但并不“个涩”。李开复性格比较腼腆，但他非常清楚，在企业里面，得到关键人物的支持是最重要的，所以，他就用了一个特别简单的办法—请人吃饭，向人请教。在公司里面，大家吃午饭都很随便，李开复就专门去请本部门、其他部门的重要人物共进午餐，今天请这个吃，明天请那个吃，还总向人家请教。这样，几个月的时间下来，李开复就成为公司里面所有关键人物都很喜欢的人。

Google请李开复，其实主要看中他对青年大学生们的影响。因为Google是靠计算机技术立足的公司，中国学生又是世界上公认的计算机天才最多的国家，请到李开复，就可以利用他的影响和魅力招聘到最棒的人才。事实上，李开复到Google上任之后，首先做的事就是招聘大学生。

追随我心，可以，但前提是：得到雇主（老板）的认可和支持。这才是李开复成功的关键。

在竞争激烈的职场中，不进则退是一个亘古不变的道理。然而，有关部门研究发现，有70%以上的职业人随着职业经验的积累，反而会出现迷失职业方向的状况。而他们的职业困惑主要是他们对自己的优劣势仅有初步的感性认识，缺乏科学地认知自己的职业定位，更谈不上理性把握职业生涯的发展规律。

毕业于某大学英语专业的罗强，在国内某高校涉外部门工作，他希望能在教育交流领域闯出一番自己的事业。因此，在正常的工作以外，罗强在业余时间又自学了市场营销和电子商务等课程，并主动承担起部门网站的组建和国际交流活动的策划等工作，成功组织了各项活动，网站质量也受到上司的好评。几年后，因为部门管理的混乱，而且自己也感觉如此干下去毫无前途可言，于是跳槽到一家国际教育发展投资公司做市场调研员，开始时每天都要跑业务。罗强只用了一年多的时间就成为公司的业绩标兵，升职做了主管。后来罗强被安排到市场部，担任市场部经理助理，在这个阶段，他开始全面接触市场工作，工作激情和绩效非常高。在助理的位子上，罗强充分发挥出自己的特长，特别在市场策划方面显示出了过人的能力。

就这样日复一日，年复一年，转眼间3年就过去了，下一阶段的发展问题摆在了罗强的面前：他感觉自己对目前从事的媒体、公关和广告管理3大部分都很感兴趣，可是不知道以后应该朝哪个方向持续发展，而且他感觉自己哪个方向都不具备足够的竞争力。一些朋友劝他知足常乐，他不甘心，也有一些朋友劝他踏实工作，不要老想“跳槽”，他有些犹豫。这次，他真的感到自己迷失了未来发展的方向。

钓过螃蟹的人都知道，篓子中放了一群螃蟹，不必盖上盖子，螃蟹是爬不出去的。其实，这正是运用了博弈理论。为什么呢？因为只要有一只想往上爬，其他螃蟹便会纷纷攀附在它的身上，结果是把它拉下来。到了最后，就没有一只螃蟹可以爬得出去了。

罗强所处的环境就有一些这样的人，他们不喜欢看到别人的成就与杰出表现，更怕别人超越自己，因而天天想尽办法破坏与打压他人。如果一个组织受这样的人影响，久而久之，公司里只剩下一群互相牵制、毫无生产力的“螃蟹”。

职场中，罗强吸取了螃蟹的教训，以不懈的努力和敢于面对困难的毅力，不听朋友的劝告，固执己见。找到了自己合适的工作，可谓是他奋斗的成功结晶。但是人在职场，安于现状，不进则退。罗强过去的成功和现在面临的职业选择，值得每个人去深思。

在市场经济体制下，组织发展和变革的顺利进行离不开一个强有力的组织文化环境。作为在这个环境下成长的职场人员，应理性选择职业，做到高瞻远瞩，善于将自己的理想与组织目标保持一致，不要甘心当篓子里的螃蟹，而应勇敢地面对现实，追求职业增值，像老鹰一样去搏击长空。这就像博弈一样，需要不间断地博弈才会成为最后的胜利者。

职场共赢 6 法则

虽然竞争无处不在，会给人带来压力，不过也正因为这样，人类才拥有更多的成就与辉煌。玫瑰与刺相遇，各自告别了俗艳与尖刻，成就了傲视群芳的铿锵之花；乔丹与皮蓬相遇，各自告别了独角戏与狂傲腔，成就了历史上的神话公牛；你与我在职场中相遇，就应该告别猜忌与功名，成就双赢的和谐篇章，垒起更高的人生峰塔。

那么应该如何去做呢？你不妨遵循以下职场共赢 6 法则。

1. 尊重差异

尊重差异，不挑剔、不嫌弃；人与人的相处，贵在包容；肯定自己的选择，接受自己和对方之间的差异。这些说起来简单，做起来不容易。

刘键毕业于一所名牌大学，几年的市场实战历练，使他羽翼渐丰。经朋友介绍，他从广州来到武汉，到某公司市场部就职。由于有扎实的专业知识，大公司里积累的工作经验，大方开朗的他深得领导青睐。

一次，公司在内部广征市场拓展方案时，经理在分配任务时提醒：作为尝试，刘键与几名“后起之秀”，可以每人单独完成一份，也可以合作完成一份。

凭借着在大公司工作的经验，以及对市场行情的把握，刘键决定单挑。他花了整整一个星期时间，细斟慢酌，搞定了“大作”。报告上呈后，经理的评价出乎他的意料：“缺少了本地化的东西，操作性不强。不过，你的宏观视野很开阔。”之后，经理把几名“后起之秀”叫到一起，让他们分别揣摩彼此的方案。

在经理的“撮合”下，他们将各自方案中的亮点进行了提炼和重构，结果，新方案被老总评优采纳，列为最终方案。想着自己能与资深员工“并驾齐驱”，他们甭提多高兴了。

事后，经理指出，他之所以给出提醒，就是想让这几名年轻人互相合作，取长补短。不料，他们竟然都选择了单兵作战。刘键总结这件“策划否决案”时，颇为感慨地说：“想要尽快成长，还是得注重协作和请教，否则，欲速则不达呀！”

2. 互补共赢

在动物世界，即使凶残的鳄鱼也有合作伙伴。

公元前450年，古希腊历史学家希罗多德来到埃及。在奥博斯城的鳄鱼神庙，他发现大理石水池中的鳄鱼，在饱食后常张着大嘴，任凭一种灰色的小鸟在那里啄食剔牙。这位历史学家非常惊讶，他在著作中写道：

“所有的鸟兽都避开凶残的鳄鱼，只有这种小鸟却能同鳄鱼友好相处，鳄鱼从不伤害这种小鸟，因为它需要小鸟的帮助。鳄鱼离水上岸后，张开大嘴，让这种小鸟飞到它的嘴里去吃水蛭等小动物，这使鳄鱼感到很舒服。”

这种灰色的小鸟叫“燕千鸟”，又称“鳄鱼鸟”或“牙签鸟”，它在鳄鱼的“血盆大口”中寻觅水蛭、苍蝇和食物残屑；有时候，燕千鸟干脆在鳄鱼栖居地营巢，好像在为鳄鱼站岗放哨，只要一有风吹草动，它们就会一哄而散，使鳄鱼猛醒过来，做好准备。正因为这样，鳄鱼和小鸟结下了深厚的友谊。

其实，在人类社会中，这种利他兼利己的范例也很多，改革开放后出现的“温州模式”其实就是合作共赢、互利共生的典范。因为你并非完美无缺，只有让你的合作者生活得更好，你才能更好地生活。

仔细想一想，我们与老板的关系，与下属的关系，与同事的关系，与顾客的关系，等等，不也是一种互通有无、共同发展的关系吗？

3. 合作共赢

职业人士不论是在商场还是在职场中，都存在着激烈而残酷的竞争。与老板、客户、同事、下属、对手，都要摆正竞争与合作的关系，以利人利己的共赢思维做大市场，做大事业，而不是以“杀敌一千，自伤八百”的赌气竞争心态，非要弄得你死我活、两败俱伤。

蒙牛总裁牛根生深知竞争与合作的道理。在早期蒙牛创业时，当有记者问：“蒙牛的广告牌上有‘创内蒙古乳业第二品牌’的字样，这当然是一种精心策划的广告艺术。那么请问，您认为蒙牛有超过伊利的那一天吗？如果有，是什么时候？如果没有，原因是什么？”

牛根生答道：“没有。竞争只会促进发展。你发展，别人也发展，最后的结果往往是‘双赢’，而不一定是‘你死我活’。”

在牛根生的办公室里，挂着一张“竞争队友”战略分布图。牛根生说：“竞争伙伴不能称之为对手，应该称之为竞争队友。以伊利为例，我们不希望伊利有问题，因为草原乳业是一块牌子，蒙牛、伊利各占一半。虽然我们都有各自的品牌，但我们还有一个共有品牌‘内蒙古草原牌’和‘呼和浩特市乳都牌’。伊利在上海A股表现好，我们在香港的红筹股也会表现好，反之亦然。蒙牛和伊利的目标是共同把草原乳业做大，因此蒙牛和伊利，是休戚相关的。”这就不难理解，在伊利高管出事以后，牛根生和他的蒙牛为什么没有落井下石，反而说了很多好话。

一个地方因竞争而催生多个名牌的例子，国内、国外都很多。

德国是弹丸之地，面积比我国的内蒙古还小，但它产生了5个世界级的名牌汽车公司。有一年，一个记者问奔驰的老总：“奔驰车为什么飞速进步、风靡世界？”“奔驰”老总回答说：“因为宝马将我们撵得太紧了。”记者转问宝马老总同一个问题，宝马老总回答说：“因为奔驰跑得太快了。”

美国百事可乐诞生以后，可口可乐的销售量不但没有下降，反而大幅度增长，这就是由于竞争迫使它们共同走出美国、走向世界。

4. 懂得宽容

宽容和忍让是人生的一种豁达，是一个人有涵养的重要表现。没有必要和别人斤斤计较，没有必要和别人争强斗胜，给别人让一条路，就是给自己留一条路。

什么是宽容？法国19世纪的文学大师雨果曾说过这样一句话：

"世界上最宽阔的是海洋，比海洋宽阔的是天空，比天空更宽阔的是人的胸怀。"宽容是一种博大，它能包容人世间的喜怒哀乐；宽容是一种境界，它能使人生跃上新的台阶。在生活中学会宽容，你便能明白很多道理。

我们必须把自己的聪明才智用在有价值的事情上面。集中自己的智力，去进行有益的思考；集中自己的体力，去进行有益的工作，不要总是企图论证自己的优秀，别人的拙劣；自己正确，别人错误，不要事事、时时、处处总是唯我独尊；不要事事、时时、处处总是固执己见。

在非原则性的问题和无关大局的事情上，善于沟通和理解，善于体谅和包涵，善于妥协和让步，既有助于保持心境的安宁与平静，也有利于人际关系的和谐和团队环境的稳定。

5. 善于妥协

柳传志曾送给他的接班人杨元庆一句话："要学会妥协。"现代竞争思维认为，"善于"妥协并不是一味地忍让和无原则地妥协，而是意味着对对方利益的尊重，意味着将对方的利益看得和自身利益同样重要。在个人权利日趋平等的现代生活中，人与人之间的尊重是相互的。只有尊重他人，才能获得他人的尊重。因此，善于妥协就会赢得别人更多的尊重，成为生活中的智者和强者。

也是因为不懂得妥协，才导致职场和市场中的残酷竞争、两败俱伤，社会是在竞争中发展进步的，也是在妥协中和谐共赢的。我们甚至可以这样说，妥协至少与竞争一样符合生活的本质。人与人妥协，彼此的日子都有了节日的味道。

学会妥协，收获友谊，维护尊严，获得尊重。当你同别人发生矛盾并相持不下时，你就应该学会妥协。这并不表示你失去了应有的尊严，相反，你在化解矛盾的同时又在别人心中埋下了宽容与大度的种子，别人不仅会欣然接受，而且还会在心中对你产生敬佩与尊重之情。让别人过得好，自己也能过得快乐。

学会妥协，世界会因你而美丽！

6. 思维共赢

美国心理学家托马斯·哈里斯在《我好，你也好》一书中，按照人格的发展，将团队中各自然人之间的关系分为 4 种类型：我不好，你好；我不好，你也不好；我好，你不好；我好，你也好。可见，第四种关系类型：我好，你也好，是成熟的成人人格和共赢思维。

但是，现实生活中，我们普遍存在的是赢 / 输思维或单赢思维。谋求赢 / 输思维的人只顾及自己的利益，只想自己赢别人输，把成功建立在别人的失败上，比较、竞争、地位及权力主导他们的一切；而单赢思维的人则只想得到他们所要的，虽然他们不一定要对方输，但他们只是一心求胜，不顾他人利益，在独立或互相依赖的情况下，他们的自觉性及对别人的敏感度很低，只想独立，这种人以自我为中心，以我为先，从不关心对方是赢是输。

双赢和共赢的思维特质是竞争中的合作，是寻求双方共同的利益，即你好，我也好，这是一种成熟的“双是人格”。养成共赢思维的习惯，需要我们从以下两个方面努力：

第一，确立共赢品格。

共赢品格的核心就是利人利己；你好，我也好。首先要真诚正直，人若不能对自己诚实，就无法了解内心真正的需要，也无从得知如何才能利人利己。其次，要对别人诚实，对人没有诚信，就谈不上利人，缺乏诚信作为基石，利人利己和共赢就变成了骗人的口号。

第二，具备成熟的胸襟。

我们通常说某个人成熟了，往往是指他办事老练、老道、可靠，这其实是不全面的。真正的成熟，就是勇气与体谅之心兼备而不偏废。有勇气表达自己的感情和信念，又能体谅他人的感受与想法；有勇气追求利润，也顾及他人的利益，这才是成熟的表现。勇气和体谅之心是双赢思维不可或缺的因素。两者间的平衡是真正成熟的表现。

把握以上原则，在职场，无论是谁在和你玩这场“游戏”，最终赢的必定是你。

第五章

人际关系中的经济学

人际关系就是资源

人际关系是你人生中的重要资源，特别是求人办事时尤为重要。所以在工作和生活中培养自己的人际关系意识是一种投资也是一种必要。好习惯都是日积月累、慢慢培养起来的，因此，我们在日常工作生活中，就要培养自己的交际意识，以备不时之需。

一个刚踏上工作岗位的年轻人讲过他自己的一件事。第一天上班前，父亲把他拉到身边，问他："你知道在社会上立足的关键是什么吗？""是学历吗？""不对。"父亲说。"是知识吗？""不对。"父亲说。"是能力吗？""不对。"父亲还是这句话。"那是—"年轻人大惑不解地望着父亲。

父亲说："是人际关系！"

一名华侨在祖国内地经商几年后认识到：在内地为人处世特别要花心思。很多时候，会交际确实比会做事更重要，一个人缘好、有声誉的人，人际关系是他的资源，很多事可以轻而易举地做成。

美国学者卡耐基说："一个人的成功，只有15%是由于他的专业技术，而85%则要靠人际关系和他的做人处世能力。"可见，一个人的社交能力是多么重要。在这个讲究人际关系的时代里，却有许多人不懂得怎样更好地与人相处。

人际关系网对一个人事业的成败及工作的好坏具有极大的影响，

所以说成功在很大程度上取决于你拥有多大的权力和影响力，与合适的人建立稳固关系至关重要。

成功建立关系网的关键是选择合适的人建立稳固的关系。良好的人际关系能开拓你的视野，让你随时了解周围所发生的事情，并提高你倾听和交流的能力。

当你对职业关系有所意识，并开始选择你认为对自己有帮助的人时，你必须放下那些关系网中的额外包袱。其中或许包括那些认识已久却对你的职业生涯毫无益处的人。当然，你们仍然是朋友，只是你不用浪费宝贵的时间去维系这种老关系。

保持联系是建立成功关系网络的另一重要条件。当《纽约时报》记者问美国前总统克林顿是如何保持自己的政治关系网时，他回答说："每天晚上睡觉前，我会在一张卡片上列出我当天联系过的每一个人，注明重要细节、时间、会晤地点以及与此相关的一些信息，然后输入到秘书为我建立的关系网数据库中。这些年来朋友们帮了我不少忙。"

要与关系网络中的每个人保持密切的联系，最好的方式就是创造性地运用你的日程表，记下那些对你的关系至关重要的日子，比如生日或周年庆祝等。在这些特别的日子里准时和他们通话，哪怕只是给他们寄张贺卡，他们也会高兴万分，因为他们知道你心中想着他们。

观察他们在组织中的变化也不容忽视。当你的关系网成员升迁或调到其他的组织去时，你应该衷心地祝贺他们。同时，也把你个人的情况透露给对方。去度假之前，打电话问问他们有什么需要。

当他们处于人生的低谷时，打电话给他们。不论你关系网中谁遇到了麻烦，你都要立即打电话安慰他，并主动提供帮助，这是你支持对方的最好方式。

充分地利用你的商务旅行。如果你旅行的地点正好离你的某位关系成员挺近，你可以与他共进午餐或晚餐。

只要是你关系成员的邀请，不论是升职派对，还是他儿女的婚礼，你都要去露露面。

至少每三个月调整一下你的关系网。要多问问自己："为什么要保留这个关系？"如果你不能定期更新或增加新人，你的关系网络就会老化，其作用会大大减弱。

时刻关注对网络成员有用的信息。应定期将你收到的信息与他们分享，这很关键。

优秀的关系网络是双向的。如果你仅仅是个接受者，无论什么网络都会疏远你。搭建人际关系网时，要做得好像你的职业生涯和个人生活都离不开它似的，因为事实上的确如此。

人际关系的选择学问

人际关系中要选择一些对自己更为有利的朋友，人际关系也可以进行选择取舍。当然，从古至今，人们都是选择与自己合得来的人成为好朋友，跟与自己性格不合的人仅仅保持形式上的交往，也就是说，人类一直都在对人际关系进行选择取舍。

但是，如果面对面的交流占据人与人之间交流的几乎全部内容，在和居住在周围的人们以及与工作相关的人们进行交流时，是不能够马虎草率的。如果与人们面对面的交流对自己来说是唯一的现实世界，就不得不重视与眼前的人们之间的交往。

居住在自家周围的人们是具有偶然性的，在选择自己的住房的时候是不可能同时选择邻居的人品的。居住在同一个社区的人们，偶尔会聚集到一起开会等，这时的人们不是性情相投的人群，也不是因为具有共同的爱好而聚集起来的人群。所以，即使是邻居，也不都是志同道合的。

即使是近邻，有些人的价值观可能有 180° 的差异，有些人的兴趣爱好可能完全不同，有些人的思维方式可能会有天壤之别。但是，即使是性情不和的人，因为都住在同一个社区，也是不能够完全忽视对方的，也需要保证相互之间不产生矛盾摩擦。

在工作与生活的过程中，搜集与组织关系网其实是有可能的，但试图维持所有关系似乎是不可能的，而想要在现有的人际网络内加进新的人或组织就更加困难。因此，在组建人际关系网的时候，必须学会筛选。换言之，你必须随时准备重新评估早已变得难以掌握的人际网络；对现有的人际关系网重新整理；放弃已不再对你感兴趣的组织和人。

筛选虽然不容易，但仍是可以做得到的。选择本来就是一件很困难的事，结果往往更令人痛苦。然而有句话说得很对：有失才有得。

清理人际关系网的道理也和清除衣柜类似。容许留下的衣服，当然是最美丽、最吸引人、也是剪裁最得体的几套。“舍”永远不是件容易的事，虽然有遗憾，但从此拥有的不仅都是最好的，更重要的是也有更多空间可以留给更好的。

如果我们对自己的人际网络做同样的“清除”工作，在去粗取精之后，留下来的朋友不就都是我们最乐于往来的吗？我们应该把时间与精力放在让自己最乐于相处的人身上。在平时需要奔波忙碌于工作、社交与生活之间的我们，筛选人际关系网络是安排生活先后次序的第一步。

无论失败或成功，都不只取决于个人的努力或能力，必然会受到社会上种种因素的影响。俗话说：谋事在人，成事在天。所以，不要太在意结果的成功与否，就算和上司介绍来的人一同工作，也无须担心不必要的失败。

就建立人际关系而言，工作以失败结束反而更能增加彼此的亲密程度。比起胜利，战败较能产生长远的交往关系。关键在于失败后，应该如何展开后续行动。由于自己先开口邀人共事，抱回避责任的态度千万不可。一旦自己逃避责任，别人也必定离你远去。

最后，记住关键人物。一个人一生无论如何积极地扩展人际关系，也不可能和认识的所有人进行长期深入交往。为了和一部分人保持密切的交往，务必在所结识的人们中进行筛选。否则，只会不断增加毫无意义的名片库藏量而已。即使好不容易认识了可以发挥作用的关键人物，如果不加筛选，也一定会被埋没在名片堆里。

比如，只要参加宴会或研讨会等活动，收到的名片数量就可能相当可观。然而，在这么多名片中，可以成为人际关系关键人物的也许只有一个人而已。出席任何性质的聚会时，你都应该抱着只要能碰见一位关键人物便是收获的念头。

即使是电影或小说，也没有人会认为自己看过的每部作品都生动有趣。能够让人手不释卷地看上几遍的作品，必定只占其中很小的部分，这也就是所谓的“经典”吧！然而，经典也是在看过大量的平庸之作之后从中筛选产生的。人与人之间的邂逅亦相同，让人一见如故，产生交往一生念头的对象，是不可能轻易发现的。只要能结识一位这样的人物，就应该认为是当日的最大收获。如果一味想着在那场宴会上，不知可以获取多少张名片，认识多少人，是很愚蠢的想法。当然，你也有可能一位这样的人物也没碰上。应该说，这种情形在现实中占多数。遇上这种情形，没有必要勉强增加认识的人。如果自认是无聊的聚会，尽早撤离现场也是很重要的。

只要能够结识一位关键性的人物，你的人际关系即可得到飞跃性的扩展。因为如果对方拥有 100 人的人际关系，你通过此人就有可能马上获得那 100 人的人际关系。而如果你想凭借个人力量去接近同样的 100 人，无疑得花费大量的时间和精力。

然而一心企图结识宴会或研讨会所有出席者的人不在少数。在这种情形下，不仅对方不容易记住你，你也不可能牢记对方。与其浪费时间去记不可能记住的所有的人，不如记住一个关键性人物。

朋友间也需要投资

大千世界，茫茫人海，既然相逢，缘分不浅。虽相处时间不长，但这中间的关系值得珍惜，值得持续下去。当与对方分开后，仍然保持一种相互联系、历久弥坚的关系，那对你将来所要达到的目的与理想会是很有好处的，这其中的有利方面，也许是你所从未想到的。

“常用的钥匙最有光泽。”因此我们平时一定要注意和周围的人培养、联络感情。只有平时经常联络，朋友之情才不至于疏远，朋友才会心甘情愿地帮助你。如果你与朋友分开之后从来没有联络过，彼此将会变得陌生，你去托他办事时，一些关乎个人利益的事情，他就很难主动帮你。

无论从实用主义，或从情感价值角度去看，朋友之间的友谊都值得我们保持和维系。

可见，朋友有时在很危急的关头能帮上大忙，能起到排忧解难的作用。但是，朋友关系的维系来自于自己的努力。在与朋友分开之后并没有经常性的联系，那关系之好无从谈起。所以，只要你有这份心、这份情，能够真诚地维持分开之后的朋友关系，那你的人际面会更加广泛，路子也会比别人多出几条。

感情来自交流。平时多加强联系，是加深朋友感情的一种方法。

尽管当今社会流行一句话："认钱不认人"，但是"人情生意"从未间断过。因为人是有情之灵物，人人都难逃脱一个"情"字。

朋友之间在平时人际交往中也需"感情投资"。

所谓"感情投资"，就是在平时交往之外多了一层相知和沟通，能够在人情世故上多一分关心，多一分相助。即使遇到不顺当的情况，也能够相互体谅—"生意不成人情在"。

例如，你在生意场上遇到了彼此之间比较投缘的人，有了成功的合作，感情也自然融洽起来，这就是我们常说的"有缘"的人。有缘自然有情，双方为了加深友谊，会为对方付出。但是只有懂得保护和持续这种朋友关系的人，才能继续爱护它、增进它，使双方的友谊天长地久。

当然，就算双方有"缘"，彼此能够一拍即合，要保持长期的相互信任、相互关照的关系也不那么容易，仍然需要不断进行"感情投资"。

在商场上，这种问题表现得尤其突出。每个人都为各自的利益做事，彼此都知道商人多诈多奸，人与人交往不能不防，所以很容易互相起疑心。结果"缘"就会由合作转为对立，人情变成了敌意。最好的朋友常常会变成最恨的人，这在商场上也屡见不鲜。相互之间最仇视的对手，往往原先是最亲密的伙伴。

在日常生活中，朋友之间之所以会走到这一步，往往是双方忽略了“感情投资”的结果。一些人常犯这种毛病：一旦与对方建立了良好关系，就不再觉得自己有责任去维护它了，往往会忽视双方关系中的一些细节问题。例如该通报的信息不通报，该解释的情况不解释，总认为“反正我们关系好，解释不解释无所谓”，结果日积月累，堆积成难以化解的矛盾。

更有甚者，在与对方成为朋友之后，总是一味地向朋友索取回报，而不继续进行感情投资。这主要表现为对别人要求越来越高，总以为别人对自己好是应该的；但是别人对于自己稍有不周或照顾不到，就有怨言。这种做法必然会损害双方的关系。

生活告诉我们，友谊之花需要爱心的滋润，否则它会枯萎。朋友之间的“感情投资”应该是经常性的，并非可有可无的。人们从生意场到日常交往，都应该处处留心，善待每一个关系伙伴，要从小处、细处着眼，事事落在实处。

人与人是利益关系

中国人向来比较讲究礼节，连一起吃饭买单都要抢着付钱。而西方人却是不争不抢，AA 制，简明了事。传统文化的观点，是西方人崇尚个性，喜欢独立，而中国人则好谦让，爱面子，通过埋单来显示自己的实力，增加自己在别人心目中的地位。

从经济学的角度想一下，为什么会有这种文化的差异呢？那就是文化由经济基础决定的。

这就涉及经济学的成本与收益的问题，即一个人无论做什么事情，付出了成本，就要得到预期的收益。

首先，传统上中国人的生活生存状态相对稳定，埋单不过是一个轮流的程序而已。而西方则不同，人们的流动性很强，生存状态很不稳定，一个人今天在这个地方，明天就有可能到了那个地方。所以为了公平，还是各自埋各自的单为好。

经济学家眼里的人都是理性的，他今天付出成本为别人埋单，就是想得到以后预期的收益，即让别人以后也为他埋单。相互间的生存状态越稳定，一个人为他人埋单的风险就越小，他被别人日后回报的可能性就越大，反之风险就越大，回报的可能性也越小。

其次，中国人也并非是一味地为别人埋单。两个人第一次在一块儿吃饭，大家都抢着埋单，第二次大家虽然也是抢着付钱，可往往是第一次付钱的一方只是掏钱做做样子，另一方则赶忙阻拦，对方也便顺势作罢，一边客气一边把掏出的钱又放回自己的腰包。这样看来，中国人实际上实行的也是一种 AA 制，只不过西方人是一次性的，中国人是多次性的。

从经济学的角度来分析，能够看出这种区别的实质。其实人性都是相通的，中国人也同西方人一样，决定他们的思想观念与行为方式的，归根结底都是经济学上谈的根本问题—利益。正是这样，那些在文化、道德范畴内解释不清的东西，用经济学道理进行分析，就能让人豁然开朗。

吃饭埋单如此，其他问题亦是如此。所谓的礼尚往来早就成为国人做人的一个基本准则。

一是人格上的成本与收益，公共汽车上你给一个陌生人让了座位，你也许并不希望他用同样的方式回报，但对方需要说一声“谢谢”，否则你的心理就会感到不平衡。

二是物质形式的礼品，有人今天遇上红白喜事，你给他送一份礼品，人家便写入礼簿备忘，等你将来办事，人家也会送一份相当的礼品给你，作为回报。尤其有趣的是，一般人在送礼时，都会根据关系的亲疏程度和对方的实际情况，反复掂量，看到底送多少合适。通常情况下，没有人愿意当傻瓜，让自己送出去的东西打水漂，一去不复回。

三是送礼也有穷富之分。给富人送礼，借此和权势人家拉拉关系，联络联络感情，说不定日后还能为自己办什么事情。而给穷人送礼，则打水漂的风险就要大得多。不论是东方和西方，也不论是古代还是现代，礼始终是贯穿与维持人际关系的一个尺码，礼节和送礼也不是一门简单的学问。人们之所以这样崇尚礼，也是为了一种预期的收益。对礼的奥妙的掌握程度以及运用技巧的差异，则决定了一个人在人际关系中优劣态势的不同。

第四，中国有一句古话：“穷在闹市无人问，富居深山有远亲。”传统的观念认为这是一种势利，但在经济学家的眼中，这却是一种理性。理性地处理人际关系，能够使人更加理智和严谨，减少麻烦和损失。相信大家都有共同的感受，富人借钱，很容易，而穷人借钱，却很艰难，为借钱吃尽了苦头。其中缘由，就是有着付出与回报的问题，借钱给富人，一是不担心富人将来还不起，再者就是我今天帮了富人的忙，日后我也有可能用得着富人的时候。而借钱给穷人则风险相当大，很有可能是刘备借荆州，有借无还。即便穷人人品很好，不是那种赖账的人，但他偿还能力的有限性却不能不让人担忧。而银行更是铁面无私，还要办理相应的担保和抵押。

人常说“好朋友，勤算账”，也是一种理性。因为人与人之间说到底是一种利益关系，朋友之间如果账算不清，彼此都感到自己好像是吃了亏，久而久之，好朋友也会反目成仇。

现实婚姻上的门当户对，是另一种理性，因为彼此条件相当，所以彼此的付出与收益也就相对平衡，双方结合的基础就比较牢固。而癞蛤蟆想吃天鹅肉，则是一种不理性，最后受伤与吃亏的只有癞蛤蟆，因为你和人家相差太远，你付出的再多在人家眼里都是微不足道的，人家也许根本就不会放在心里。

在现实生活中，也不乏一些慈善家，他们常常主动帮助那些身陷困境中的人渡过难关，如接济身边生活困难的人能够生存，帮助那些失学儿童重返校园，给贫困地区和灾区的人们以物质援助，或者向社会公益事业进行捐献。在经济学家的眼里是一种超乎理性之上的理性，是一种高境界的理性。他们的付出，也许终生都不会得到受助者的回报，但是却从另外一个方面增加了他们做人的道德砝码，即提高了他们在人们心目中的威望和声誉，而这种威望和声誉，却恰恰是一种无形的财富，是用金钱难以买到的财富。

人的本性是利己的，现代经济学对人的研究也是建立在这种对人性承认的基础之上的，所以经济学家眼里的人都是理性人，他所从事一切活动的目的都是为了实现个人利益的最大化。可是在处理人际关系的过程中，都是顺应人性，遵循经济学道理，但对理性的认识有别便有了世俗和高尚之分。

为什么陌生人更容易发生摩擦

在公共汽车上，两个陌生人会为一个座位争吵，可如果他们认识，就会相互谦让。在利益联系紧密的人际环境中，人们普遍比较注意礼节、道德，因为都需要这个环境。

为什么大部分乡下人比城里人更淳朴善良？这是因为大家在一个村子里，世代生活在一起，整日“低头不见抬头见”，家长里短不出半日就能为全村所知道。若做损人利己之事，必招致对方的记恨以及村民的道德谴责。

城市里的人，一来流动性大，某个人干了坏事，转眼就消失在茫茫人海之中，对方难以对他实施报复；二来更注重隐私，同楼居民“电视之声相闻，老死不相往来”者甚多，若做了不道德之事，也难以受到道德谴责。

以上就是“熟人社会”和“陌生人社会”的差别。“熟人社会”这一概念，是费孝通先生提出的。费先生认为，中国传统社会是一个“熟人社会”，其特点是人与人之间有着一种私人关系，人与人通过这种关系联系起来，构成一张张关系网。背景和关系是“熟人社会”的典型话语。民间“熟人好办事”的说法，正是对“熟人社会”的一种朴素表达。

费孝通先生认为，在现代社会中，由于社会变迁、人口流动，在越来越大的社会空间里，人们成为陌生人，由此法律才有产生的必要。因为当一个社会成为一个“陌生人社会”的时候，社会的发展就会依赖于契约和制度，人与人之间的交往就必须通过制度和规则，建立起彼此的关系与信任。随着契约、制度和规则的逐步完善，法律就自然地成长起来。

这和博弈有什么关系吗？有。“熟人社会”是重复博弈，而“陌生人社会”则是一次性博弈。

乡下人在逢年过节、婚丧嫁娶时总要大摆酒席，请客吃饭，因为这种付出有指望得到乡亲们的回报。城里人很少这样请来请去大宴宾客，因为不知道是否还有下次。外国人的“AA制”也开始在中国城市里流行起来，一起吃喝，但各自掏钱，谁也不欠谁。“AA制”不是因为人情淡漠，而是基于人口流动性大，难以形成重复博弈的缘故。

道德、法律、权力利益的划分，都与“还要见面”有关。从消极的层面看，我们互不侵犯，是为了避免没完没了、两败俱伤的循环报应。例如，两个原始人见面，一个拿着兽皮，一个拿着野果，他们都想把对方的东西据为己有。如果他们的见面是偶然的，可能相互抢劫。可是如果他们都生活在附近，考虑到对方家族的报复，抢劫的风险就大了，所以他们不去打对方的主意—所有权就这样产生了。如果确实想得到对方的东西，他们可以选择合作—以物易物，交易就这样产生了。地球正在浓缩成一个村落，“陌生人社会”几乎不可能出现了，因为在“熟人社会”里，人们总是重复博弈，而重复博弈就要讲究规则和诚信。所以，在现代商业社会里，诚信被一再强调。

重复博弈是信任的前提，为什么要这样说呢？

地摊、车站、旅游点，这些人群流动性大的地方，不但商品和服务质量差，而且假货横行，因为商家和顾客之间不是“重复博弈”。

一个旅客不大可能因为你的饭菜可口而再次光临，这种一次性博弈，是“一锤子买卖”，不赚白不赚。卖了谎秤给你，你也只好自认倒霉，多半不会搭车赶回来和他们较真。

而开在社区的便利店，赢利靠的是“重复博弈”，那些“回头客”—周围的居民是他们的衣食父母，如果便利店欺骗顾客，就会失去长期赢利的机会。同样道理，买贵重物品，一定要去大的百货公司，他们一般不至于为了欺骗顾客而逃跑。所以说，平时我们讲信用而不骗人，其实是所谓重复博弈的一种手段罢了。

在经济领域，所谓信用，是指一种建立在对授信人在特定的期限内付款或还款承诺的信任基础上的能力。信用是在博弈中，特别是在多次的重复博弈中当事人谋求长期利益最大化的手段，博弈即是双方“斗智斗勇”的过程。在一种较为完善的经济制度下，若博弈会重复发生，则人们会更倾向于相互信任。这主要是经济学对一些社会规范的假定，并认为其作用使然，如“理性限定规范”限定人们选择某种特定行为，不论这种行为带来多少效用；“偏好变异规范”指随着时间的推移，人们偏好的改变成为一种习惯。因此说，信用是发展市场的一个必备的因素。

这可以用一个简单的博弈模型来解释。假设有甲、乙两人，甲出售产品，乙付货款（商业信用问题），或甲借钱给乙，乙是否还钱（银行信用问题）。开始时，甲有两种选择：信任乙或不信任乙；乙也有两种选择：守信或不守信。如果博弈只进行一次，对乙来说，一旦借到钱最佳选择是不还。甲当然知道乙会这样做，甲的最佳选择是不信任。结果是，甲不信任乙，乙不守信，这样的结果是最糟糕的，双方想达成有效交易是非常难的。

那么应该怎样建立起信用关系呢？假定博弈可以进行多次，甲采取一种这样的策略：我先信任你，如果你没有欺骗我，我将一直信赖你；而一旦你欺骗了我，我再也不会信任你。这样乙有相应的两种选择，如果守信，得到的利益是长远的；如果不守信，得到的利益是一次性的。因此，守信是乙自己的利益所在。这样双方都会处于一种均衡状态，这种均衡的出现是因为乙谋求长远利益而牺牲眼前利益（当然是不当得利）。所以说当一个人积极考虑长远利益时，自己的信用关系就会被塑造出来。

网络人际的成本

随着计算机网络逐渐成为人际交往的媒介，人们的交流方式也发生了很多变化，新的相遇机会大幅增加。

在网站上，如果就你某一感兴趣的主题呼吁大家进行讨论，具有类似兴趣爱好的一些人就会给予回应。如果就某些社会潮流发表自己的一些感想，产生共鸣的人们就会做出相应的回复。而因为网络能够把信息传达给距离自己很遥远的人们，所以很快就会有很多志同道合的人或者产生共鸣的人出现。

这样，很快就能组建起研究会、同好会或者好朋友团体。而且，这些团体成员在团体即将成立之前是互不相识的，时间、金钱各方面的成本都是较低的。

如果不利用个人电脑网络，要想结识类似的有共同兴趣爱好的朋友，就只有通过参加报纸、杂志的交流版面介绍的研究会或交流会了。但是，如果不是因为特别的兴趣爱好或者很强的必要性，不是那种爱好交际且性格积极的人，是很难发挥出这种行动力的。

即使去了这种场合，也不能够直接确定对方的兴趣爱好和知识水平，无法直接进行讨论。这时就应该先与对方聊天，慢慢地试探着了解对方，营造出一个友好的气氛，这是需要相当的社交能力的。从初次见面到逐渐相互了解的过程是需要花费时间和精力的。

而且，在出发的时候是不知道那里有没有与自己志同道合的人的。有时候虽然特意参加了类似活动，结果却是没有交到一个朋友就回家了。

在网络上，你很容易就能够了解到某一群体正在交流的内容，所以你可以根据正在讨论的内容和参加者之间的气氛来决定自己是否加入。而且，即使人们是正在讨论中，如果他们不欢迎你，你也可以及时退出。这与面对面的交流不同，具有很大的自由性。

报纸、杂志的读者投稿栏也是如此，即使是相距甚远的不认识的人们之间，也能够就某一主题进行讨论。当议论变得白热化时，经常是等对方的投稿发表后再投稿，这一投稿发表后，又要等待下一个人的投稿发表后再投稿，这种时间推移很是麻烦。

快速的联系方式就是通信或者打电话，但这样互相之间就知道了对方的居住地址。因为不知道对方是不是个值得信赖的人，所以大家自然不愿意采用这种联系方式。

在这一点上，网络上的交往是很轻松自由的，互相都不触及对方的底细，只需围绕双方都关心的事情进行交流。

网络交往是一种成本较低的交际方式，而且收益回报快，是一种值得推广的方式。

不要做一次性人情

人际关系如同股票，要持续投入热情才能获得稳定的收益。

但生活中有许多人抱着“有事有人，无事无人”的态度，把朋友当做受伤后的拐杖，复原后就扔掉。此类人大多会被抛弃，没人愿意再帮助他。

廉阳便有一个这样的朋友：“我有一个高中三年的同学，而且是十分要好的朋友。我们进入了同一所大学，刚开学，她就主动地当了班干部。有人说：地位高了，人就会变。自从她上任后，见到我，有时干脆装作没看见，日子久了，我们就疏远了。但她有时也会突然向我寻求帮助。出于朋友一场，我总是尽我所能。可事后，她老毛病又犯了，我有种被利用的感觉，却无奈于心太软。就这样她大事小事都找我，其他朋友劝我放弃这份友情，这种人不值得交往。当我下决心与她分开时，她伤心地流下了眼泪—她除了我之外竟没有一个朋友。”

这种人只会用“互相利用，互相抛弃，彼此心照不宣”的方式来交际，而不去深思人情世故的奥秘之处，所以无法达到人情操纵自如的境界。

周恩来在人际交往中就很有人情味。长征途中，当时任民运部部长兼政委的杨立三，坚持亲自给重病的周恩来抬担架，他和同志们在饥寒交迫中，抬着周恩来走出沼泽泥潭的草地后就累病了。19年后，杨立三去世，身为政务院总理的周恩来，坚持要亲自给他抬棺送葬。

1937 年 6 月，周恩来在峡山遇险，护卫他的 10 多名警卫战士光荣牺牲。事后，周恩来和另外 3 个虎口脱险的同志合影留念，周恩来在照片背后写上“峡山遇险，仅余四人”。这张照片一直珍藏在他贴身的衬衣口袋里，直至病逝才被人发现。

“滴水之恩，当涌泉相报”。这就是周恩来的人格魅力。难怪在举行遗体告别仪式时，围绕安卧在鲜花丛中的周恩来遗体的群众的泪水把地毯洒湿了1米多宽的一圈。难怪会出现十里长街送总理，长夜无言，天地同悲的动人一幕。

毋庸置疑，在某些“实用型”人物的眼中，所谓的“人情”便是你送我一包烟，我给你几块钱，就像借债还钱，概不赊欠。这种一次性的交际行为看似洒脱，实则包含了太多的困惑与无奈。诚然，受助者也许在短时间内不愿再次开口求助，而实施援助行为的一方其实也没有必要固守“事不过三”的古训，当人家确实有困难而无能为力的时候，尽管你已经帮助过他，尽管他不好向你开口，但作为知情者，你不应无动于衷，而不妨再次主动伸出援助之手。事实上这种“后继”的交际行为能够赢得更大的“人情效应”。

俗话说：“在家靠父母，出门靠朋友”，多一个朋友多一条路。要想人爱己，己须先爱人。我们应当时刻存有乐善好施、成人之美的心思，才能为自己多储存些人情的债权。这就如同一个人为防不测，须养成“储蓄”的习惯，这就会让子孙后代得到好处，正所谓“前世修来的福分”。

究竟怎样去结得人情，并无一定之规。

对于一个身陷困境的穷人，一枚铜板的帮助可能会使他握着这枚铜板忍耐一下极度的饥饿和困苦，或许还能干番事业，闯出自己富有的天下。

对于一个执迷不悟的浪子，一次促膝交谈的帮助可能会使他建立做人的尊严和自信，或许在悬崖勒马之后奔驰于希望的原野，成为一名勇士。

就是在平常的日子里，对一个正直的举动送去一缕信任的眼神，这一眼神无形中可能就是正义强大的动力。对一种新颖的见解报以一阵赞同的掌声，这掌声无意中可能就是对创新思想的巨大支持。

就是对一个陌生人很随意的一次帮助，可能也会使那个陌生人突然悟到难得的真情可贵。

其实，人在旅途，既需要别人的帮助，又需要帮助别人。从这个意义上说，帮人就是积善。

理性与非理性的较量

在生活中，理性重要，还是感性重要？如何学会用自己的优势换取生存，跳出权钱交易的怪圈，游离于贪婪之外？处世中的博弈原则能够让我们直击对方心理，采取有利策略，在社会关系的驾驭中游刃有余。

博弈是经济学概念，而经济学的建立是以理性经济人假设为基础的，假如说每个人都是理性的，那么，当两人发生利益冲突时，是理性行事，还是非理性行事，就要看双方在博弈的时候，理性所起的作用有多大，因为作为个体的人而言都是感性的，但分析事物时都是理性的，而当我们按理性思维去操作时，又难免流于感性，感性和理性往往同在，所以我们要根据理性和感性谁起的作用更大，来选择自己采用什么策略。

三国时期，曹操轻松地得到了刘表的荆州之后，却遭遇了赤壁的惨败，从此形成三分天下之势，曹操一统天下的战略功亏一篑，有人说，曹操的这次失败，是偶然的，只是方针的制定上不够周全。

其实，对于曹操的这个战略，运用博弈论来解释，他走向失败是必然，并不是偶然，而是无法避免的。这次失败不是战略的失败，也不是实力的失败，而是曹操在为人处世上的失败。

首先，在曹操统一北方的战略中，荆州并不是最重要的。但荆州却是东吴的要害，所谓敌之要地即我之要地，曹操和谋士们对此都有所疏忽，没有认识到巩固荆州的重要性。其次，曹操的谋士们多来自北方，他们熟悉、了解北方的情况，但是对南方的了解就相对不足，他们缺乏必要的“知彼”条件来做出正确的战略。

其实，在一定条件下，尤其是策略的选择，有时，根据需要非理性的选择也是博弈论中经常运用的重要抉择。

再比如，很久以前，在北美地区活跃着几支以狩猎为生的印第安人部落，经过长时间的生存拼搏之后，令人匪夷所思的是：在狩猎之前，请巫师作法，在仪式上焚烧鹿骨，然后根据鹿骨上的纹路确定出击方向的印第安人部落，成为唯一的幸存者；而事先根据过去成功经验，选择最有可能获取猎物方向出击的其他部落，却最终都销声匿迹了。

也许有人会感到不可思议，“科学预测”怎么会败给“巫师作法”呢？其实不然，仔细品味故事的来龙去脉，我们就会发现，问题的关键并不在于科学与迷信之间，根本原因就在于，几个部落的竞争战略有所不同。

依据经验进行预测并确定前进方向的部落，或许暂时能够获得足够的食物，但是，不久的将来，他们的路就会越走越窄。可以想象，随着时间的推移，那些“理性”的部落之间，势必会产生相同的推测与判断，瞄准同一目标的部落越来越多，他们之间的竞争不断加剧，而他们每天的狩猎方向经过“科学分析”之后，变得日趋一致，而在原始的状态下，猎物不会迅速增多，最后，这些部落只好在同样的狩猎区域，你争我夺、你拦我抢，弄得鱼死网破，同“输”而归。显然在这场理性与非理性的较量中，非理性成了最后的胜者。

而按照巫师作法，焚烧鹿骨的那个印第安人部落，虽然在战术上出现了很明显的错误，明显有些盲从和随意，但是，基于他们当时的条件，从更宏观的角度来判断，我们不难发现，他们的核心因素—竞争战略，却要优于竞争对手，那就是他们在发现新市场或者说创造新需求，这样一来，无形之中，他们就避开了与其他部落之间在战术层面的相互厮杀，从而赢得了生存空间。

人类社会已迈入 21 世纪，信息化战争正在以咄咄逼人之势扑面而来。不可回避的是，随着时间的推移，在竞争将变得异常激烈之时，世界各国企业之间相互模仿的速度就会骤然加快，这必将导致一场印第安人部落生存式的“狩猎游戏”。而如何在这种游戏中取胜，幸存下来的印第安人部落带给了我们启迪。

交往中的心理博弈

俗话说："知人知面难知心，画龙画虎难画骨。"人心叵测，每个人的心理都是很难揣测的,因为人的大脑一天至少有5万个想法。尤其是在关系复杂的社会网中，每个人做事都有自己为人处世的方法，都有自己的心理表征。面对每一件事，都要经过一番心理斗争，而社会的种种现象正是发生矛盾的双方心理博弈的结果。那么，在人际交往的心理博弈中我们该如何选择呢？我们先看下面一个有趣的博弈游戏：

假设每一个学生都拥有属于自己的一家企业，现在他必须自己做出选择。选择一：生产高质量的商品来帮助维持现在较高的价格；选择二：生产伪劣商品，通过别人的所失换取自己的所得。每个学生将根据自己的意愿进行选择，选择一的学生总数，将把自己的收入分给每个学生。

事实上，这是一个事先设计好的博弈，目的是确保每个选择二的学生总比选择一的学生多得50美分，这个设定当然是有现实意义的，因为生产伪劣商品成本比生产高质量商品的成本低。不过，选择二的人越多，他们的总收益也就会越少，这个假设也是有道理的，因为伪劣商品过多，会造成市场的混乱，他们的企业也就会跟着受到影响，信誉跟着降低。

现在，假设全班27名学生都打算选择一，那么他们各自得到的将是1.08美元。假设有一个人打算偷偷地改变决定—选择二，那么，选择一的学生就少了一名变为26名，将各得1.04美元，比原来的少了4美分，但那个改变自己主意的学生就会得到1.54美元，而比原来要多出46美分。

诚然，不管最初选择一的学生人数有多少，结果都是一样的，很显然，选择二是一个优势策略。每个改选二的学生都将会多得46美分，而同时会使除自己以外的同学分别少得4美分，结果全班的收入会少 58 美分。等到全班学生一致选择二时，尽可能使自己的收益达到最大时，他们将各得 50 美分。反过来讲，如果他们联合起来，也就是协同进行行动，不惜将个人的收益减至最小化，那么，他们将各得 1.08 美元。

但博弈的结果却十分糟糕，在演练这个博弈的过程中，由起初不允许集体讨论，到后来允许讨论，以便达成“合谋”，但在这个过程中愿意合作而选择一的学生从 3 人到 14 人不等。在最后一次带有协议的博弈里，选择一的学生人数为 4 人，全体学生的总收益是 15.82 美元，比全班学生成功合作可以得到的收益少了 13.34 美元。一个学生嘟囔道：“我这辈子再也不会相信任何人了。”

而事实上，在这个博弈游戏里，无论如何选择，都不会有最优的情况出现，类似于囚徒困境，即使达成合谋，由于人的心理太过复杂，结果也不是预期的样子，所以，在这样复杂的心理博弈中，我们不能苛求要获得一个最好的结果，因为人心各异，最好结果根本就不存在。那在人际交往中遇到类似于上述游戏的博弈情况时该如何选择呢？那就是保证一点一不要太贪婪，只要有利益就可以，不要妄求有太多的利益或要获得比别人更多的利益。

人脉是一种资源

比尔·盖茨刚刚创立微软的时候，只是一个名不见经传的小人物，但在他 20 岁的那年，他签订了一份巨额订单，对方就是当时世界第一强的电脑公司——IBM。为什么比尔·盖茨能够得到这份一般人想都不敢想的订单呢？原因之一是比尔·盖茨善于利用丰富的人际关系网。他的这个关系网包括四个层次。第一层是他的母亲，他的母亲是 IBM 的董事之一；第二层是他的两位重要的合伙人一保罗·艾伦和史蒂芬，这两位合伙人不仅把他们的聪明才智贡献给了微软，而且把他们的关系网也带进了微软；第三个层次是国外的关系网，比尔·盖茨在日本有位好友彦西，他为微软开拓日本市场立下了汗马功劳；第四个层次是盖茨雇用了一批优秀的、可委以重任的、能与其分担忧愁的、善于沟通的下属来一起工作。正是这些关系从一开始就成就了微软的大业。

比尔·盖茨为什么能够成为世界首富？不可否认，他有一种独特的天赋，即企业家才能，正是这种稀有的才能让他赚取了巨额的财富。但不可忽视是，他善于利用和经营关系是他成就事业的起点，正是这种关系，他事业的起点就比一般人高出数十倍。从这个例子可以看出，在现代信息社会，关系是一个人成就事业的必备资源。因为，有关系就可以让别人更快地认识我们，了解我们的才华和能力，让他人认识自己的长处，并尽快让自己的知识和能力得到发挥，可以节省时间、提高我们的学习和工作效率，降低我们做事业的成本等。如果说，在企业经营中，需要投入各种经济资源，即生产要素，才能生产出产品来的话。那么，在人生奋斗中，关系资源也是一种投入，虽然不能用一个生产函数来表示人际关系投入对人生获得的财富的贡献比率，但人们都明显感觉到良好的人际关系这种投入的收益很大。

据美国斯坦福研究中心曾经发表的一份调查报告显示，职业社会中一个人赚的钱，12.5%来自知识，87.5%来自关系。过去，企业招募人才时，专业知识、学习能力都是首要条件。但在今天的知识经济时代，技术、知识迅速更新，如果一个人具有较强的人脉资源或是懂得培养人脉网络的支持体系，那么这将极大地强化他的个人竞争力。美国洛克菲勒公司的创始人洛克菲勒曾说：“我们公司的发展，95%是靠我们优秀的员工，只有5%是靠石油。因为石油放在那里是不会跑的，而我们寻找石油、开采石油、炼制石油、销售石油都需要员工的帮忙。可以说，正是我们的员工和他们的人际关系，创造了洛克菲勒的神话，让我们公司有了今天的成就。”

人是以群居为重要社会形态生存着的，这就使得我们的生活中就会有许多关系网，而与我们有着千丝万缕联系的每个人又会在不同的行业、领域占有一席之地，发挥着不同的作用。很可能在将来的某一天，他们就会在需要的时刻给予我们帮助。所以，从表面上看，人脉不是直接的财富，不能直接换来房了、票子、车子，但是，如果没有它，我们就只能固守着自己那点可怜的原始资本，甚至于连那点原始资本都守不住。

一个人脉竞争力强的人，他拥有的人脉资源就会比别人更多。在平时，这些人脉资源可以让他比别人更快速地获取有用的信息，进而转换成职位升迁、获得财富、取得成功的机会；在危急或关键时刻，也往往可以发挥转危为安的作用。拥有良好的关系资源，就可以有更多办事的路子，从而提高办事效率，节约宝贵的时间，这其实就是增加了财富。所以，人际关系资源是一种潜在的财富，一旦我们用上了，就能使其转化成为真正的财富。

比如，一个人在某个公司工作，他在政府机关、金融界、大学，甚至国外都有很多朋友，那他所在的公司如果需要最先了解国家的政策方向，或者要和大学的科研机构合作开发项目，或者需要更多的贷款，或者需要到国外开拓市场，他就可以充分利用自己的关系资源，公司派他去干这些事不仅可以节省许多时间，而且很可能大大提高了办事效率，降低企业成本。如果他从朋友那里得到的最新信息可以使本公司在该行业比其他公司占据绝对的优势，那么，可能他就在公司关键时刻让公司经营转危为安。或者就是因为他的海外关系资源，使公司产品迅速开拓国际市场，大幅度提高公司的经济效益。所以，一个人的关系资源在平时只是关系而已，但到了需要的时候，往往能够比物质资源能产生更大的生产能力，能够生产更多的利润。因为，一般的物质资源只要有钱就可以买到，而关系资源却不是金钱能买到的。这个人有其广阔的关系资源，公司就会把他当成摇钱树，当成宝物一样看待，他的人力资本价值必然大幅度上升，其收入和地位也将迅速提高。

再比如，某人在全国不少城市都有自己的朋友，而他在公司是从事推销工作的，那么，他就更容易在那些有朋友的城市迅速打开工作局面，因为，在陌生城市有朋友的帮忙，可以更快地认识不少当地的人，甚至认识一些掌握某种权力的人。从而可以销售出更多的产品，其工作效率必然比较高，其所获得的收入也必然比较多。可以说，正是因为有朋友的帮忙才让他获得更多的财富。假如另一个人刚刚大学毕业，从事技术工作，他父亲的好朋友是同一个单位的高级工程师、单位的技术骨干，他就可以从父亲的朋友那里迅速学到高超的技术能力，在短短的时间内成为技术水平较高的人员，这个财富多大呀。

所以，面对当今激烈的竞争，我们每一个人都需要在人际关系方面调整好自己的坐标，不能因为人际关系的薄弱而让自己的聪明才智、高超技能白白浪费。人脉资源可以大大提升自己的人力资本价值，发挥点石成金的作用。无论任何东西，只有在它属于自己的时候，它才能更充分、有效地发挥其应有的作用，人际关系也是如此。鉴于此，最好的办法还是要建立自己的人际关系网。因此，我们一定要把人脉资源当成自己的财富，认真地去经营它，而不要把它当成摆设，任其落满灰尘。

该交什么样的朋友

小云是一位体育老师，后来在朋友的介绍下认识了一位从事推广、销售绿色营养品的朋友老李。老李在营养品的销售领域工作了10年，10年的工作经验，已经把老李培养成为一位优秀的营养师。由于二人的脾气相投，老李非常喜欢和小云谈论自己的工作及工作中的感悟，并且教给小云许多有关营养学和养生之道的知识。就这样，在潜移默化中，小云学到了许多营养平衡和维护身体健康方面的知识。后来，小云想跳槽，老李建议他去健身中心，那里不仅工作很轻松，而且待遇也很高。现在，小云已经是国内一家健身中心的主教练了，这在很大程度上得益于老李的帮助。

从以上的小故事中我们可以看出，在人生奋斗中，到底应该交什么样的朋友。我们交朋友就像谈恋爱或读书一样，也是一种投入。既然是一种投入，就需要有一定的回报。在故事中，小云在事业上能够取得成功，在很大程度上靠了老李的帮助，正是他的朋友老李带给了小云全新的经验和知识，迅速提升了他的技能水平，并给他提供往高处发展的信息和机会，给了他开拓新天地的可能，使其人力资本价值上升，从而可以获得更高的收入和身心的愉悦。所以，老李就是小云事业上的朋友，如果没有这个事业上的朋友，也许小云需要摸索很长的时间，甚至于他极有可能达不到现在这样的成绩。可见，一个人多交一些能给其事业带来帮助和好处的朋友，既有利于获得更多的自身利益，也实现了朋友的价值。

在我们的事业中，需要的是地位、能力或学识等方面比我们强的朋友，因为，只有这样的朋友才能帮助我们更快地走向事业成功的道路，给我们带来更大的利益。但在我们的生命中，也需要真诚的朋友，也许某人的真诚的朋友的能力、地位、学识不如他，或者与他差不多，在事业上不能帮助他，但是，在我们面临危险的时候，在我们落魄的时候，只有真诚的朋友才能两肋插刀，救我们于危难之中。交这种朋友投入比较少，在关键时期可以大大减少我们的沉没成本。

对我们事业和生活上有帮助的朋友有很多。比如，我们从小学、中学、大学，一直到上研究生，那些同学在参加工作后会分布到各行各业，这些同学，很多都可以成为我们的朋友，因为，在学校里同学之间的感情是十分纯洁的。或许，在某个关键的时候，我们以前的老同学会对我们的事业和生活产生极大的帮助和促进作用。所以，无论我们与过去的同学分离多久，我们都应当珍惜那一段难得的缘分。在我们确定了自己的职业后，我们应当依据自己的职业交一些对我们事业上有帮助的朋友，因为这些朋友可以给他提供不少对他的事业有益的信息。有了这些基础，就可以在这个行业内有更多升迁的机会。总之，我们交朋友要以事业和生活为基准，一切有利于我们事业和生活成功的朋友，我们都应当结交。

不同的朋友，有不同的优点和长处，我们和不同的朋友相处，就可以学到他们的优点和长处，补充自己知识和能力的不足，节省自己的学习时间。朋友又可以把他的朋友介绍给我们，从而扩展我们的交际圈。朋友之间可以互助互利，让我们有更多获取利益的机会。朋友的帮助可以降低我们的风险，降低我们办事的成本，节省我们办事的时间，提高我们的学习和工作效率，给我们提供更多工作或升迁的机会，可以抚慰我们受伤的心灵等。人都是趋利的，我们交朋友也是为了最大化地实现自己的利益，所有这些能够在我们学习、工作和生活的方方面面帮助我们的朋友都应当结交。

下面，我们可以通过图示的方法更直观地看出到底该交什么样的朋友。

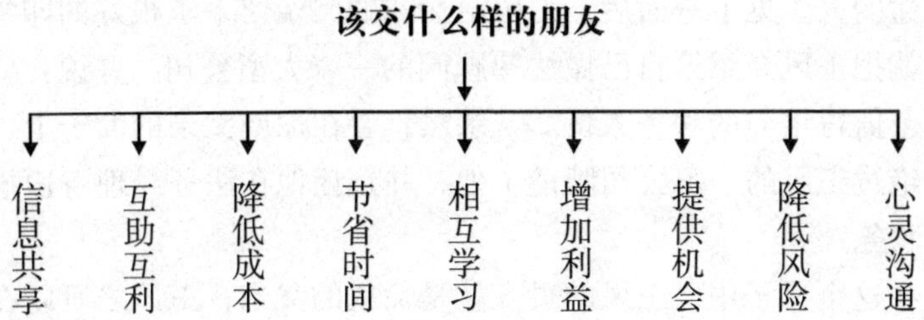

在人际交往中，很多人都带有这样或那样的偏好，即以自己的一套预先设定的标准来判断一个人的好坏，并以此决定是否与他交朋友。但往往主观的判断会产生错误，特别是容易受到“光环效应”的误导，即在朋友美好的光环笼罩下，只看到他的优点，没有看到他的缺点。光环效应有一定的负面影响，在这种心理作用下，很容易被人利用。所以，我们要学会客观地评价别人，理性地评价朋友。也就是说，我们在交朋友时要尽量避免不完全信息对我们主观的判断产生误导。因为，在不完全信息的条件下，我们自己处于一种不利的境地，我们的利益就很容易受损失。但这并不是要我们戴着有色眼镜看人，对朋友挑剔或怕被别人欺骗而不愿交朋友。而是要我们在交朋友时更加理性一点，不能意气用事，既要看到朋友的优点，也要看到其缺点，尽量回避其缺点对自己造成的损失，发扬其优点。

寻找生命中的贵人

王风是一个律师事务所的实习律师，在工作中因为帮助许多当事人解决了不少问题，得到了大家的一致赞扬。但是，王风更喜欢进公司做法务工作。可是，进大型公司比较困难，需要多年的经验，刚毕业两年的王风怎么可能有这么长时间的工作经验呢？但王风想到了运用自己的人际关系。经过仔细考虑，王风锁定了一个人，就是他的表姐夫徐威，徐威的父亲是南京一家律师事务所的主任，在南京很有名气，而且担任过许多大公司的法律顾问。经过沟通，徐威在一次家庭聚会上把王风介绍给了父亲，并且说王风是一个非常有前途的人。见了一面后，王风给徐威的父亲留下了很好的印象，于是就把王风介绍给自己做法律顾问的一家大型公司，并说："王风是个值得培养的法务人员。"果然，看在徐威父亲的面子上，曾经拒绝过王风的一家公司聘请了他，并且让他在法务经理身边担任重要职务。

在这个例子中，王风的贵人就是徐威的父亲，王风之所以在事业上一路顺畅，就是因为他善于寻找生命中的贵人。年轻人进入社会，很多人都对他不了解，或者说不认识他，而人与人之间多少都存在一些戒心，即使他能力很强，也可能不敢用他，或者是因为，像他这样的人还是有很多的。所以，作为单位的领导在用人方面就有许多选择余地，选中他的概率可能就很小了。这时，要有个生命中的贵人帮助他，他就可以达到自己的目标。这就好像是有人在人生路途中给他铺好了平坦的大路，并给了他一辆汽车一样，这样，他就能很容易迅速到达目的地，而不需要走羊肠小道或爬山越岭。也就是说，贵人可以大大降低一个人事业成功的成本，提高其办事的效率，节省时间，这其实就等于多为自己创造了财富，达到了一种边际成本递减，而边际收益显著递增的效果，它与生产中发生作用的边际收益递减规律恰恰相反。所以，所谓贵人就是在适当的时候能够及时帮助我们，让我们以比较少的成本付出达到自己目的的人。人都是趋利的，寻找贵人，成本很小，而收益却很大，这种事情谁都想做。

那么，如何寻找我们生命中的贵人呢？首先，要学会建立自己的关系运用表。在我们编织的关系网中，总会有三类人：第一类是比自己强的，第二类是和自己差不多的，第三类是比自己稍差点的。也就是说，在我们的关系网中有不同的朋友，有不同的能力和水平。而贵人就是掌握了一定的权力和资源，有着他自己广阔的关系网且其能力强于自己的人，或者说是在事业的发展过程中走在自己前面的先知先觉者。所以，在我们的关系网运用表中，应当将掌握了一定资源且能力比自己强的人放在第一位，说不准哪天他们就会对自己大有帮助。但是，有时我们不一定能交到那些真正掌握了权力和资源的好朋友，这时，是不是我们就没法利用关系了呢？绝不要这样想。其实，我们不一定要直接认识我们生命中的贵人，完全可以通过能力和自己相当的朋友，甚至是能力比自己差的朋友的关系认识。如上面例子中的王风，他的表姐及表姐夫都不一定能力超过自己，但是，他的表姐夫的父亲则是掌握了一定权力和资源的贵人，他的表姐夫只是起了一个桥梁的作用。王风就善于利用自己的关系网资源，所以要让自己的关系网真正发挥作用，还要善于充分运用关系和调动关系。

在人的事业的成长过程中，贵人往往起着关键的作用，一个人一旦有贵人的帮助，就可以平步青云、步步高升，大大降低其事业成功的成本。但很多人往往苦于自己没有贵人的提携，甚至于觉得自己注定了没有贵人缘，其实，在现实生活中，人们只要多加留心，就很容易发现自己身边的贵人。

有研究表明：某人和世界上的任何一个人之间只隔着 6 个人。不管他和对方身处何种地位，他和这个贵人之间只隔着 6 个人，而构成这个奇妙 6 人链条中的第二个人，一定是他所认识的人，也许是他的父母，也许是他的大学同学，更可能是办公室里每天抹桌子、做清洁的阿姨。所谓机遇和贵人，就是在适当的时候出现的适当的人、事、物的组合，我们无法控制这种完美的巧合何时出现，唯一能做的，就是通过控制自己的人脉，来给自己创造更多的可能。所以，任何人只要认真、留心，肯定能够找到自己生命中的贵人。

分享快乐和分担风险

有一位乡长和一位做生意的朋友十分投机，那位做生意的朋友有胆量，也很有生意头脑，但运气不佳，和自己的亲戚合作开店时被骗了，他很想东山再起，但苦于没有资金。乡长特别同情他的遭遇，于是，以自己的房产和声誉作抵押，为这位朋友在银行贷款，给他做生意。朋友不负乡长的厚望，终于把生意越做越大。但他始终不忘那位在困难时期帮助了自己的乡长，他送给乡长 10 万元钱作为回报，但乡长坚决不收。于是，这位酒店老板以他独到的眼光给乡长买了一些股票，没几年，乡长的这些股票就升值到近 20 万元钱。

这位乡长为什么会和一位落魄的生意人交上朋友呢？作为一个在基层摸爬滚打的乡长，对世间人的品格把握是比较准确的，他觉得这个人有能力、有魄力、讲信誉，和这样的人交朋友不会吃亏。所以，他才会尽力帮助这样的朋友。而他的朋友也懂得朋友之间既需要共患难，更需要共享受，需要投之以桃，报之以李。人家和他分担了风险，他就必须与朋友分享奋斗成果，这才是真正的朋友。所以，他无论如何都要报答这位乡长。只有在朋友之间形成了利益共享机制，才能让朋友之间的风险分担机制牢牢地确立下来。

当一个人在心灵上受到创伤时，如果有人来抚平他的伤口，他就可以很快振作起来；当一个人经济窘迫时，如果有人伸出援助之手，他就可以走出困境；当一个人在事业失意时，如果有人来激励、唤起他的意志，他就能够重新燃起斗志。只有在一个人有风险的时候，才会觉得朋友是自己命运中的希望之星。但是，如何才能让朋友帮自己承担风险呢？人家又没有欠你的，凭什么要为你承担风险呀？人都是趋利避害的，有风险，谁都想逃避。光靠一个人的良心为他人承担风险是不牢固的，因为一个人的良心好坏很难看出，而且容易随着环境的改变而改变。这就需要有一种机制，即利益共享和风险的分担机制。

过去，结交朋友往往有“金兰结义”之称，即要对天发誓：“有福同享，有难同当。”如《三国演义》中的刘关张三结义就是如此。金兰结义、对天发誓是古代朋友之间的利益共享和风险分担机制。通过对天发誓，让发誓的朋友都记住，谁要得了好处，大家一起分享，谁有困难，应当拔刀相助，谁要是违反誓言就会遭“天打雷劈”，这等于订下了无字的契约。如果其中某人违反契约，其他众多的朋友都会讨伐他，或者把他从朋友的行列中清除出去。现代人虽然不再对天发誓，但朋友之间也有一种相互的默契，谁的地位上升得快，就要帮助其他的朋友，只有这样，他的朋友才会把他推上高位。当然，朋友遇到了风险，其他的朋友也会帮助他，拉他一把。在交朋友的过程中，只有那些愿意与其朋友分享利益、分担风险的人，才能得到信任。一旦谁过于自私、独占利益，朋友有风险时就尽可能避开，他必然会失去朋友的信任，最后，没有什么朋友了。

人具有两重性，利己是个人从事一项活动的出发点，但人在利己的同时，也会利他，而利他的同时也可以利己，也就是说，利他最后还是为了利己。既然人人都有利己之心，那么，当自己处于风险之中时，有朋友鼎力相助，他必然对朋友感恩戴德，以后这个朋友有需要帮忙的地方，他必然挺身而出。所以，如果一个人善于将自己的利己之心在一定程度上转向利他的方向，将利他之心也引导到利己的方向，那么，他就更容易实现自身利益的最大化。其实，许多人都知道，暂时的利益并不是最终的利益，最终的利益才是最重要的，要取得最终的利益最大化，就必须牺牲一些暂时的利益，为朋友承担必要的风险。这就像国际贸易中，国与国相互之间的贸易不仅使双方的利益增加了，也让自己国家一部分商品生产的风险被其他国家分担了，也就是说，各个国家在分享利益的同时也分担了风险。

朋友之间的利益共享和风险分担机制不可能像保险公司那样，靠一纸带有法律效力的契约（保单）形成风险分担机制，朋友之间的这种利益和风险分担机制只能靠相互的信任和忠诚予以保障。古往今来，信任和忠诚都是比较稀缺的东西，既然是稀缺的，就很珍贵，人们必然把信任度和忠诚度高的朋友当成是一种财富，十分珍惜这样的朋友。所以，也只有那些信任度高和忠诚度高的人更容易得到朋友的信任和忠诚。朋友之间善于分享利益、分担风险，其最终的结果是使大家的利益都实现了最大化，同时又降低了风险，这比保险公司的风险分担机制的效果还要好。

经济学是以经济人假设为前提的，即承认人的利己之心，承认人的一切行为目标都是为了个人利益的最大化，但如果把这个前提进一步推到“拔一毛而利天下不为也”，那就势必把自己完全孤立了，最终什么也得不到。

有一则寓言，一只狐狸请仙鹤吃饭，狐狸把汤盛在盘子里，仙鹤的喙太长吃不到，而狐狸把汤全给吃光了。仙鹤也回请狐狸，把美味的食物装在长颈窄口的瓶子里，狐狸也吃不到，只好空着肚子回去了。这说明，一心只考虑自己的利益，最终对双方都没有好处。损人利己只会双双受害。在现代社会中，不管是国家、企业还是个人，都应当以合作实现双赢，互惠互利。好朋友之间更应当如此，不同的人有不同的优势，当某人一人得到利益时，让对方分享，那么当他受难时，朋友就会伸出援助之手。这与经济人的假设并不矛盾，因为，我们在利他的同时也利己，所以，利己必须和利他结合、统一起来，这样才能真正实现自己的利益最大化。

第六章

恋爱中的经济学

爱情名词的经济学解释

爱情是浪漫温柔的，在众多文人墨客眼里，它是给予，而不是索取。从这种意义上说，爱情是无价的，是纯洁而神圣的。但是爱情也可以从经济学的视角去解读，也许你会说那是亵渎了爱情，但不可否认的是，这让我们能体味到另一种意境下的“世俗”爱情。武汉大学经济与管理学院教授肖光恩博士独辟蹊径，给爱情的名词另一种注解。

初恋：幼稚型产业，指在人生过程中，尚未拥有实现规模经济所需的经验或技术的恋爱。该产业通常需要教师或家长的保护，施以教育与责罚等关税壁垒。其结果通常是无疾而终，并被认为是宏观调控的成功案例。

初吻：根据边际收益递减规律，作为博弈中第一个采取行动的人，拥有他人不可比拟的优势。价值悖论通常于此时发挥作用，一箪食，一瓢饮，皆为莫大收益。这一悖论由以下事实解释：价格不反映亲吻的总效用，而反映它的边际效用。

失恋：在不完全竞争、不对称信息下的市场经济必然不稳定。在金庸小说《笑傲江湖》中令狐冲原来颇得岳灵珊芳心，在华山派可谓如鱼得水，但自林平之到华山之后，他的卖方市场受到双重冲击。根据最大收益原则，买主岳不群和岳灵珊最终选择了林平之，即为其中一著名案例。

多角恋：多角恋是在资源不足的前提下发生的。该商品是稀缺资源，该经济形式属于开放经济，其结果必将产生大量的失恋者。被争夺的对象通常遭受赢者的诅咒，即最高标价者为该商品支付超过它所值的价钱，于是为之抑郁愤懑，并将因收益小于预期利润而影响后期恋爱的质量。败者将依成本最小原则行事，选择价格相对较低的商品。

失恋者：分摩擦性失恋和周期性失恋两种。前者因技术经验不足引起暂时性失恋，在改善以后有重新上岗的机会，令狐冲即是汲取了经验教训，遂被魔教公主任盈盈购买。也有部分经验丰富者为寻求更理想配偶进行工作转换，例如古龙小说中的人物楚留香、陆小凤等人。周期性失恋则由总需求水平低下造成。

婚姻：长期交易，女性在GDP连续衰退之前所做的一种孤注一掷的选择。该交易的特点是一次买断，套期保值。另一种情况是男性在为性交与繁衍后代费用的权衡中所做的广度经济式的选择——同时生产性事和子息的成本低于单独生产两种产品的成本。隶属封闭性经济。

丈夫：归宿，一项或多项税收最终的经济负担者。双重收费的受害者，既要为购买婚姻的权利支付一定的初始费用，向岳丈家支付彩礼及体力、孝心；还要为购买妻子单独支付使用费，即每个月工资、奖金上交。

离婚：夫妻双方或一方认为婚姻和家庭的存在，对于他或她而言是一种长期的成本高于收益的行为，在此前提下可能提出不再合作的意向。其诱因可能是丈夫、妻子各方面质量下降而引起的价格衰退，或者是有另外更大的买方市场的出现，即婚外恋的产生。

带不带密友去相亲

生活中，经常有这样令人尴尬的事情：某人请自己的朋友陪同一起去相亲，结果对方没看上自己，却看上了陪同去相亲的人。如果你也有这方面的困惑或疑虑，不妨听听经济学家的看法。

首先，要看前提条件，这就是相关的各方的状况。我们暂且把相亲的人叫甲，甲的密友叫乙。这种情形下，经济学家把他们分为4种情况：甲漂亮，乙不漂亮；甲不漂亮，乙漂亮；甲和乙都漂亮；甲和乙都不漂亮。

在经济学家眼里，相亲其实就是个判断对方、推销自己的过程。任何评价或判断，要么是在有现场比较对象的环境下做出的，要么就是在没有现场比较对象的环境下做出的。行为经济学把这样的评价分别称为比较评价和单独评价。

行为经济学家提出，如果你要买东西，为了避免花冤枉钱，就应当尽可能地寻找可比较的参考信息，将难评价因素变得易评价一些，从而使自己的决策更加理性。而如果你要推销东西，那就根据自己与竞争对手的强弱关系来决定采取什么策略。如果是敌强我弱或敌强我也强的情形，应该尽量创造单独评价的环境让评价人判断；但如果是敌弱我强或是敌弱我也弱的情形，则应尽量创造比较判断的环境让别人对你进行评价。

相亲的主要目的是推销自己和让对方给自己一个比较高的评价。带闺中密友一同去，实际上就是带了一个现场比较对象。在甲漂亮、乙不漂亮的情形下，甲应该带乙去，因为在比较评价的过程中，甲的优势比单独评价（即甲一个人去）时更突出。在甲不漂亮、乙漂亮的情况下，甲就不能带乙去，免得在乙面前相形见绌。但在甲和乙都漂亮或甲和乙都不漂亮的情形下，应不应该带乙去就没有上面两种情况那么好决策了。但行为经济学家还是给出了建议：在甲和乙都漂亮的情况下，甲应该自己去；在甲和乙都不漂亮的情况下，应该两人一起去。

行为经济学家发现，人们面对整体质量不相上下的两个选择，在单独评价和比较评价时会有不同的效果。具体到甲和乙都漂亮的情况下，甲一个人去的效果会更好。因为在见面时，对方只能对他（她）进行现场单独评价，充其量只能把他（她）和自己平常见过的其他人比较，这样一来，甲就比较有优势。而如果同样出众的乙也同去的话，对方做的就是比较评价，他（她）就会把甲和乙比来比去，没准就发现甲与乙相比还存在某些相对的不足。

而在甲和乙都不漂亮的情况下，两个人一起去，让他（她）在两个人之间比较，从而能够看出甲与乙的相对优势，对甲来说，起码是有机会可言的。

在相亲的过程中，外貌特征是容易评价的，属于容易评价的特征；而一个人的内在修为、学识水平则属于难以评价的特征。谈婚论嫁的人，对对方的修为、学识等内在东西也是很看重的。如果甲和乙在易于评价特征和难评价特征方面有较大差异的话，那是不是应该带乙一起去相亲则又另当别论。

如果甲在外貌上不如乙，但甲在学问、气质、见识等难评价特征上要明显优于乙的情况下，还是应该带上乙一起去。这样，在与对方见面闲聊时，才能显示出甲的才华和气质，虽然外貌比乙略输一筹，但也无关紧要。但如果情况恰好相反，还是应该一个人去相亲。

经过上面的分析，你会发现，生活中如此常见的、不起眼的事情上还蕴含着如此深刻复杂的经济学道理。这样层层剖析下来，相信有如此困惑的人也应该明白：在相亲的时候，要更加理性地选择自己的密友，选择什么样的密友，带不带密友等一系列问题。

其实，不仅如此，如果能够认识到相亲其实是一个自我推销行为，那么你就能够把行为经济学家的相亲理论同样运用于求职和商品营销等方面。留意车展里各种车辆的展览方式，再看看各大商场里家用电器的摆放陈列方法，你就会发现，那其实就是汽车和家电在等着顾客来相亲呢！

选对男友的策略

小李决定要把自己推销出去了，发动亲戚朋友介绍对象。现在问题来了：时间有限，待相亲的人数众多。怎样在众多待选对象中尽快地找到合适的男友呢？

首先，确定待选对象的人数；其次，确立目标，即挑选一名优秀者作为结婚对象。小李当然希望这个人是足够好的，甚至是最好的。但要从众多人里面选出最好的一个并非易事，她该怎么做才能争取到这个结果呢？

首先要把每个人都接触一遍，了解每个人的情况，将各项素质分别打分，找出那个最优秀的人。但现实中这似乎不太可能。因为第一，每个人你只能约会一次，而且只能当场决定选择还是放弃，一旦你选择了其中一个，你就没有机会再约会别人了。在生活中，大多数情况下机会是不等人的，等你左挑右选，把一切都规划好了，人家可能早就成了别人的如意郎君。

也许你会说这些人不就相当于篮子里的苹果吗？要从一篮子苹果当中挑出一个最好的，逐个比较是最佳法则，因为每一个都可能是最好的，也可能是最差的。但是请不要忘了，约会和选苹果是不一样的，挑选苹果可以把两个拿起来比一比，苹果在同一个篮子里，而且在你的掌控之下，即是说这些苹果在同一时间同一地点集合，等你检阅。但是，正如上面已经说明的，在这个过程当中，一次只能同时跟一个候选人约会，每次约会后就必须立刻决定这个人有没有可能是最好的一个，虽然有很多人你还没约会过。一旦某位幸运的男士中选，你就不再约会。还有一个规则必须遵守，约会之后你一旦决定淘汰这个人，他就永远出局了。你不能和每个候选者约会后，再把他们贴上排名的标签，收藏起来，最后才从里面挑最好的一个。

显然，这是一个艰难的选择过程，如果你太早结束约会过程，过早地做出选择，就等于放弃了在那群还没约会的对象中，找到一个比现在更好的伴侣的机会，仓促的婚姻将使你终生悔恨，这种事在现实生活中并不少见。另一个极端是如果你挑来选去迟迟拿不定主意，最好的那个又可能已经从指间溜走，要补救也来不及了，这种事在现实生活中也是经常发生的。

那么到底有没有一个避免上述两种极端问题产生的办法呢？经济学教你一个策略，就是能够给你最大成功机会的策略。也许到现在还在疑惑，但是可以明确的是：小李知道自己要的是什么，那就是最大的成功机会。这样的话，问题就简单多了，因为小李知道自己要的是什么，一切具体化，只要靠自己就可以独立做出决定。

说起来轻松操作起来并不轻松，而且不能保证小李一定能如愿，但是绝对可以增加达到目的的机会，这和买彩票不一样，无论你花费多少心思在上面，结果都取决于运气。而在相亲过程中，只要小李策略正确，就能取得不错的成果。

我们来分析一下，小李不应该选择第一个遇到的人，因为他在众多候选对象（假定100个）当中名列第一的机会只有1%，这个概率可以说是非常的渺茫。同样地，第二个人，第三个人，甚至后面的人，情况都一样，每个人都只有1%的机会可以成为100个人当中的第一名。这时，小李如果真心想要找到最好的，就不应该随机选择。

但是，这里要抛弃一个不成熟的观点，假如小李约会的第一个碰巧是最好的那个呢？小李把他淘汰掉了，岂不是遗恨终生吗？但是这里我们谈的是策略，而不是命运或缘分，只要你不是十分迷信，就一定会承认，与其把自己的未来交给概率，还不如自己掌握更好些。

刚刚说过，小李不应该选择第一个出现的对象，因为第一次约会就碰到最佳伴侣的机会微乎其微，只有1%。即使这个人真的很优秀，小李也要忍痛割爱，因为她当时无法知道在这100人里，他到底排在什么位置。

一个最有效的方法是：将前面遇到的一组人作为试验品，之后如果遇到比这组人更好的对象，就可以考虑嫁给他了。小李要做的就是从前一组人当中获取一些经验，作为评估他人的基础。那么要抽取多少样本做出实验品才算合适呢？

这是一个两难选择，如果小李抽取的“样本”太少，得出的结论可能并不准确；可是如果小李取样太多，结论倒是准确了，可是又很有可能错失最佳选择（他正好在取样里，被牺牲掉了）。那么，有没有个最佳样本数存在？如果有，那么该是多少？

苏格拉底的3个弟子曾向老师求教：怎样才能找到理想的伴侣？苏格拉底把他们带到一块麦田，要求他们沿着田埂直线前进，不许后退，而且仅给一次机会选摘一枝最大的麦穗。

第一个弟子走几步看见一枝又大又漂亮的麦穗，高兴地摘了下来。但是他继续前进时，发现前面有许多比他摘的那枝大，只得遗憾地走完了全程。第二个弟子吸取了教训，每当他要摘时，总是提醒自己，后面还有更好的。当他快到终点时才发现，机会全错过了，只好将就着摘了一个。第三个弟子吸取了前两位的教训，当他走到1/3时，即分出大、中、小3类，再走1/3时验证是否正确，等到最后1/3时，他选择了属于大类中的一枝美丽的麦穗。虽说，这不一定是最大最美的那一枝，但他满意地走完了全程—因为他知道，自己已经尽可能争取到最好的结果了。

注意那个结果最好的弟子的策略：1/3。为什么这是一个比较理想的比例呢？

事实证明，选择最佳对象的最好搜寻策略，就是在冷静地比较若干样本后，选择下一个高于他们全体的那一个。失去最佳选择的风险约有1/3，但是你已经竭尽所能了，而且你还有大约1/3的机会在100个当中挑中最想要的那一个。其实当你在100个人当中挑选时，1/3的机会已经算是不错的了。

同时，小李还可以附加其他手段加深对候选对象的了解。在生活中，即使没谈过恋爱，小李对异性也有了解，例如小李的父兄、亲属、朋友、同学等，在很大程度上，小李已经知道什么样的男人可以交往，什么样的男人不能交往。也就是说，小李心中早已有了一个标准，这些也可以增加成功机会。

凄美爱情是吉芬商品吗

在学习历史的时候，发现了这样一个有点让人觉得悲凉的现象，那就是唯美的爱情总是以悲剧结尾。

比如莎士比亚四大悲剧之一的《罗密欧与朱丽叶》，罗密欧和朱丽叶最终还是只能在上帝那里才能百年好合；梁山伯与祝英台，至情至爱，可是却偏偏非要都变成了蝴蝶才能成双成对，有情人终成眷属……为什么那些传颂千秋的唯美爱情却都是悲剧呢？

英国统计学家罗伯特·吉芬最早发现，1845年爱尔兰发生灾荒，土豆价格上升，但是土豆需求量反而增加了。这一现象在当时被称为“吉芬难题”。英国经济学家马歇尔在其著名的《经济学原理》一书中详细讨论了这个问题，并在分析中提及罗伯特·吉芬的看法，从而使得“吉芬商品”这一名词流传下来。

吉芬商品指的是价格上升引起需求量增加的物品。根据需求法则，消费者对商品或劳务的购买数量一般随着价格的上升（下降），市场需求量将减少（增加）。吉芬商品所表现出来的特性显然有悖于一般商品的正常情形。

这种情况多发生在像土豆这类的低档商品上。当土豆价格上升时，消费者变穷了。收入效应使消费者想少买肉并多买土豆。同时，由于土豆相对于肉变得更为昂贵，替代效应使消费者想购买更多的肉和更少的土豆。但是，在这种特殊的情况下，收入效应如此之大，以至于超过了替代效应。结果消费者对土豆的反应是少买肉，多买土豆。

运用以上的分析就可以解释“吉芬难题”了。在19世纪中叶的爱尔兰，购买土豆的消费支出在大多数的贫困家庭的收入中占据一个比较大的比例，于是土豆价格的上升导致贫困家庭实际收入水平大幅度下降。在这种情况下，变得更穷的人们不得不大量地增加对劣等商品土豆的购买，这样形成的收入效应是很大的，它超过了替代效应，造成了土豆的需求量随价格上升而增加的特殊情况。

要满足吉芬商品实在不是一件容易的事情，如上所述，首先它必须是一个不可替代的东西，也就是说它是没有任何替代品，就如同以土豆为主粮的贫困家庭，所以它的替代效应就会非常的弱。一般情况下，没有土豆可以吃米饭，但是在没有米饭及其他主粮代替的情况下，土豆的替代效应就比较弱。其次就是，它必须占据了某个家庭极大的收入，因而收入效应就会非常强。收入效应分为两种，一种是正常的商品价格下降了，相对而言手里的钱就可以买到更多的这个商品了，所以实际收入就相对增加了，反过来这个正常的商品价格上升了，相对而言人们可以购买这个商品的实际收入就减少了。在现在这样一个物质产品极为丰富的社会里，这样的产品几乎是找不到的。比如不吃土豆，可以吃米饭、馒头；不去网吧，可以去 KTV。

那这个神秘的吉芬商品到底跟我们人类伟大的爱情有啥关系呢？

前面已经讲到了，要满足吉芬商品的两个条件就是，一个替代效应极弱，一个收入效应极强。什么叫替代效应呢？替代效应就是，麦当劳价格上涨了，那就少吃麦当劳多吃肯德基，这个很容易理解，几乎每个人都会这么做；然而对于吉芬商品而言，麦当劳价格上涨了，可是却没有像肯德基这样的东西来代替麦当劳！

需要说明的是，一般情况下，商品的替代效应和收入效应一样，都是价格高卖的少，价格低卖的多。

这个世界上还有什么东西可以同时满足极低的替代效应和极高的收入效应呢？那就是凄美的爱情。

在梁山伯的心目中，祝英台是绝对无可替代的，任何金银财宝都无法替代他对祝英台的一片真情，所以在梁山伯的心中，祝英台的替代效应是非常弱的；再看梁山伯，竟然愿意离开名望富豪的家族和祝英台私奔，可见祝英台占据了他无穷大的收入，显然收入效应极高。

梁山伯和祝英台的两个家族越是阻止他们，梁山伯要和祝英台在一起的难度就越大，对于梁山伯来说，祝英台价格就越高了，但梁山伯不但没有减弱他对祝英台的爱意，反而激起了他更加强大的爱情力量，显然是需求反而增加了。当他们两个家族对他们施加的阻力越来越大，大到无法逾越的时候，梁山伯只能将他的全部收入也就是他的生命来换取他所需要的最唯美的爱情，祝英台也是一样的情况，所以他们的结局也就只能是悲剧了，付出了生命的代价。

有没有办法使悲剧不再重演呢？有，那就是：一、尽量不要再去追求所谓的“凄美的爱情”，完美的东西往往是要付出非常昂贵的代价的，甚至生命；二、那些为人父母者们，不应干扰子女的婚姻，要知道你们的强力阻挠只会增加这对恋人互相间更高的价格，但凄美的爱情是吉芬商品，它是不会随着价格的抬高而降低对于这场凄美爱情的追求的，所以你的阻挠只会使他们付出更高的成本，甚至生命。

自古红颜多薄命

古时候，有位美丽的女子要出嫁，母亲就告诉待嫁的女儿说：“到夫家后，要拼命存私房钱，免得有什么万一，将来被休了，生活无所依靠。”女子嫁到夫家后，真的遵循母亲教诲，努力存私房钱。有一天，婆婆发现媳妇存了很多私房钱，责怪媳妇攫取夫家钱财，遂令儿子休了媳妇。媳妇却没有任何难过悲伤，回到娘家后，就告诉母亲说：“娘说得对！还好我存了许多私房钱。”

“问世间情为何物，直教人生死相许！”虽然爱情让那些身处其中的人觉得甜蜜与神圣，但在经济学家看来，这话没有任何价值。在他们看来，爱情与婚姻同人类的其他行为一样，主要目的不是寻寻觅觅，更不是什么“生死相许”，它带给人的是实实在在的收益。

从某种意义上讲，现代社会是追求效益的社会。就拿征婚广告来说吧，只要我们稍稍留意一下就会发现，男人大都以炫耀其身份、地位、金钱来征婚，而女人则以靓丽、温柔、体贴的条件应市。身份、地位、金钱，说白了就是经济实力，摆开了“买方市场”的架势，靓丽、温柔、体贴看上去很“软性”，其实这里面也包含着巨大的经济“潜价值”。

美丽的女人永远是稀缺资源，而稀缺资源本身就具有经济价值。难怪专家们说，拥有金钱哪怕是丑陋的男人，找一个靓丽的女人易如反掌。反之，既丑又没钱的男人，大体上只能找“糟糠”之妻了。

对于普通美人的命运多舛，我们还可以利用博弈论原理，从两方面来分析。一般来说，美女是男人们追逐的热点对象，假如最初有 10 个男人追美女，美女们总是在 10 个男人之间挑肥拣瘦，并从一些外在信息上对追求者做出判断和选择。随着追逐者的增多，男人们也对美女的道德人品产生了怀疑，好男人们逐渐失去信心，纷纷退出角逐。在众多男人的博弈中，“劣币驱逐良币”，有钱有权的花花公子成了最后的胜出者，女人的命运也就注定要悲惨了。这就是为什么优秀的女人总找不到优秀男人的原因。研究表明，美女家庭的暴力发生率比一般家庭要高得多。而在不幸的婚姻中，男子更具有先动优势，又具有较低的退出壁垒，而女子则处于明显的后动劣势，而且有无限高的退出壁垒（离婚的美女将大幅度贬值），结果自然是女人吃亏，难免落得红颜薄命的结局。另一种情况是，美女们自恃先天的美貌资源，“学得好不如长得好”，放弃学习上进，但毕竟红颜难驻。她们从最初在众多男人的追逐中捞取好处（比如经济实惠、虚荣心的满足等），到最后游戏人生，玩弄男人，跌入万丈深渊，甚至走上犯罪道路，最终毁灭了自己。

严格意义上的独身（一辈子不结婚）现象是很少的。更多的则是迟婚。迟婚的原因除了以上分析的因素外，还有一些其他的因素：一是受教育时间长，从小学到博士，在学校里足足要待 20 年，好多商机都错过了。二是性开放的影响，婚姻的一个主要目的是解决性问题，在不结婚也很容易获得性生活时，许多人不会忙于结婚。三是社会约束条件的变化改变了婚姻的成本和相对收益，比如住房价格上升导致婚姻成本上升，被迫迟婚。

爱情婚姻是一场交易

一般认为，爱情是一种只讲奉献、不讲索取的非功利现象，但在经济学的视野里，爱情不管是由于何种理性动机，都是一种对经济行为，没有任何爱的付出是完全不需要回报的。苛刻的说，表面上是我们爱对方，实际上是爱自己，因为所爱之人其实是自我的对象化。只要我们对爱情现象稍作一些观察，就会发现这样一些事实：第一，人们能从爱情中找到个人快乐、幸福、满足感。第二，爱情中的快乐，是人们用约会时间、甜言蜜语等主要投入，辅以花前月下、楼堂馆所等要素投入而生产出来的；第三，生产爱情的收益，取决于当事人在这方面的天赋和人力资本投资，如语言天赋、性爱技巧以及得自文艺作品的爱情观念。从上我们可以清晰地发现，爱情是一种投入与产出的关系，是一种交易。

“鲜花插在牛屎上”是爱情交易中的一种特殊现象，这可以从人的消费偏好与信息不对称理论中得到解释。不同的人或同一个人在不同的环境、不同时间里的偏好是不尽相同的，胖瘦高矮，各有所好。

从男女生理需求说，男人和女人是对方的消费品和客户。婚姻是由两个单个的经济自由体结合的。同时，在这对消费品与客户的互相合作中，男女双方本身作为商品存在。而交易的内容是对方的性别差异、物质金钱、权力名声、容貌才气等。人人心中有杆秤，爱不会平白无故产生。人们在寻找对象之前，总是有意识或无意识地形成一种择偶标准，身体条件、社会条件和物质条件如何。身体条件主要包括年龄、身高、容貌、健康等，社会条件主要包括学历、地位、家庭背景等，物质条件主要包括收入、财产、职业等。在这些变量中，身体条件是随年龄增长而衰变的，是爱情婚姻中的减函数。社会条件和物质条件的增减是可以凭经验进行预期的。学历、地位、家庭背景的高低好坏以及收入、财产、职业等，预示着将来家庭收入及精神生活质量的好坏，即婚姻效用的大小。一般来说，男子对女方的选择较为重容貌，因为男人自信有能力养活对方，容貌能够给自己带来心的满足，还具有正的外部性（别人看着顺眼）。女人则更看重男方的社会条件和物质条件，女人因其先天的生理构造，在社会生产生活中处于弱势，比较重视婚后的物质支撑。

在以上诸要素中，综合得分最高者，就成了抢手的商品，如“钻石王老五”，但我们必须看到，每一个要素都是可变量，有的人很有钱，可能就不是太在乎对方的物质条件，而会把对方的社会地位和年龄、美貌等当成重要的参数。有的人缺钱，就会把钱看得很重要，这就可以解释一些年轻美女傍大款的现象了，这就是各得其所。理性的个人总是在自身客观条件的约束下选择合适的对象以实现婚姻效用的最大化。

婚姻是一种交易。从找对象到结婚的过程就是一个寻找目标市场、考察双方需求、认同商品交换条件直到签订交换契约的过程。恋爱是男女双方各方面条件均衡和博弈的过程，结婚则是对爱情交换的一种确认，结婚证就是一个标准合同。媒人与红娘的作用在现代社会仍不可小视，但他们往往会为了得到一份厚重的彩礼和酬金而夸大当事人双方的信息特征，隐瞒某些对双方不利的信息。现代人最主要的求偶方式是在婚姻市场上自由寻找，通过舞会、聊天等社交活动来寻找目标。近年来又出现了“玫瑰之约”一类进行婚姻速配的电视栏目，把婚姻市场的概念诠释得一清二楚，这对反对婚姻市场论的人们是一个沉重的打击。网络是一个新的婚姻市场，网恋的兴起源于低廉的搜寻成本。在网上搜寻一个异性只需要几秒钟，送一束电子鲜花根本不花钱，同时还避免了面谈的紧张和尴尬。有人做过调查，容易陷入网恋的大都是性格内向、工作繁忙、外表不出众的网民，他们在现实中恋爱比一般人需要付出的成本要高。由于网络给人留下的想象空间太大，难以掌握对方完全、准确的信息，因此网恋者“见光死”的概率也非常大，交易成功率非常低。

美貌、青春与金钱

虽说感情的收获和付出无法用金钱来衡量，但在征婚时，经济条件却必不可少，爱情中经济问题经常引发矛盾。既然经济自始至终影响着人们的爱情和生活，那么，我们为什么要回避它呢？我们可以看看几则征婚广告。

某女，身高 1.63 米，22 岁，空中小姐。温文尔雅，相貌娟丽，通情达理，擅长烹调。一经接触，会使你感到意外惊喜。寻求一位经济富足的男子，年龄、种族不论，待人诚恳。望能陪我在巴黎逛商店，到罗马下馆子。祝君好运，静候佳音。

某女，身高 1.65 米，23 岁，未婚，身材好，气质佳，某公司职员。觅一事业有成的男士为伴，户口不限，条件不限。可先友后婚，拒绝短信。

某女，身高1.65米，21岁，某机关职员，美貌超群。觅一重感情、事业有成的男士为友，户口不限，条件不限。可先友后婚，拒绝短信。

美貌是要用金钱来维护的，俗话说："三分长相，七分打扮。"如果没有金钱，美貌就只存在正的外部效应。即美貌装点着我们美丽的祖国大地，给他人带来一种视觉的愉悦和心情的舒畅。但是，美貌也是一种纯粹的私人物品，有其特殊的产权，这种产权在没有转换之前只属于美貌的拥有者个人。有钱的男人最舍得投资，他们深深知道"有美丽还又怕老"。当然，他也无法制止美丽所产生的外部正效应，不过，他心理的成就感超过了这种外部效应的损失。

我们可以简单地算一下美貌的维护费。头发：洗发水，50元/月；摩丝、定型剂、润发油等，25元/月；修剪头发，60元/月；用营养油或者染发，30元/月；脸部化妆，最少每月要花300～500元；身体的一般保护，100元/月；香水，100元/月；手脚的养护，40元/月；服装，600～800元/月；鞋子和手提包，150元/月；美容按摩，200～300元/月；美容食品，200元/月。就这样，算来算去，一个女人一个月至少要花1855元用于保持"青春"。每月1855元，一年就是22260元。如果是要追求美丽，那么这个费用是还是不够的。这样看来，没有一定的高收入，谁敢购买靓丽的产权呢？北京市普通职工平均年收入才两万多块钱，这就是说，如果只有平均收入，要追求漂亮女孩就得把自己的全部收入搭进去，还得自己不吃不穿。所以，只有一般收入的人是不敢去追求漂亮女孩的，或者就是有人胆敢去追，也得将多年的积蓄全部投入进去。

对于一些有钱的男人来说，美貌和青春是一种价值很大的私人物品，因为美貌和青春具有稀缺性，女孩子的美貌和青春本来就很值钱，这是毫无疑问的。而对于一部分漂亮的女孩来说，其美貌对金钱拥有巨大的吸引力。我们看到，一些漂亮女孩的周围经常围绕着一大群追求她的男人，这样，漂亮的女孩往往容易滋生自大自傲的心理，认为自己光凭漂亮的容貌，不需要辛勤劳动也可以过上好生活。一些漂亮女孩对其恋爱的要求很高，动则要求月薪上万，有多大面积的房子，有私家车。反正自己年轻漂亮，现在有钱的男人多的是，只要嫁个有钱的男人，就可以过上幸福的生活，自己也不用这么努力学习、工作。据有人调查，问漂亮女孩愿不愿意嫁给猪八戒，回答是："愿意，只要他有钱，而且年龄比较大，年龄越大越好。"因为嫁给年龄大的有钱男人，将来可以继承一大笔遗产。当然，有钱的男人也十分舍得花钱追求年轻、漂亮的女孩，"男人有钱就变坏"是大多数人的心理。

年轻、漂亮女孩和有钱男人的需求也是一种相互的需求。男人喜欢女孩年轻漂亮的容貌，是出于原始需求，另一方面，有个年轻、漂亮的情人或老婆，也可以显示自己在事业上的成就，显示自己的身份，所以对于一些事业有成的男人来说，花钱追求年轻漂亮的女孩也是一种必要的投资。年轻漂亮的女孩则需要有钱男人的钱财地位和其他物质上的东西，因为，男人有现成的物质上的东西，自己可以不用努力，可以尽快地享受生活。如果有钱男人原来就是独身或离异，那么，他娶一个年轻漂亮的女孩虽然容易让一些人眼红，漂亮女孩也容易被人看成是品格不太好的人，但并没有违背传统的道德，更没有违法。

美貌、青春与金钱的交换的极致是养"二奶"问题，养"二奶"就是有钱男人原来有自己的妻子，再娶一个年轻、漂亮的妻子，或者把年轻、漂亮的女孩当成事实上的妻子，但没有和她结婚。中国经济开放以来，冒出了许多暴发户，某些暴发户在积累了财富之后就用金钱"购买"靓丽的"二奶"，"二奶"们在"出售"靓丽和肉体后可以得到相当的物质利益。有的女孩总想不用太多的劳动付出就可以享受幸福的生活，而有的有钱人只是看中她们的美貌，并没有多少感情，在这种变质的爱情中，双方都是在利用对方。但在这种交易中，双方都取得了利益的最大化。

虽然，变质的爱情在很大程度上是虚假的爱情，但这种爱情在交易上，却具有极高的效率，其交易成本很低，双方只需有个默契，然后各自根据对方的预期行事，管理成本很低。但是，变质的爱情有一些是违法的，养“二奶”是事实上的重婚罪，违反了婚姻法。金钱与“二奶”的交换更是违背道德的行为，男人背着自己的妻子养“二奶”，侵犯了妻子的权力，是对妻子的不忠。女孩为了金钱出卖自己的肉体，更是为中国传统道德所唾弃的行为。

恋爱中付出的不仅仅是感情

小锋和女友约好了晚上见面，下了班赶紧打车前往。见面是在那家人来人往的饭店里，他们花了一个半小时和180元钱。然后，他们逛商场，女友的收获是一件无袖短连衣裙、一双凉鞋、一瓶防晒霜和一个挂件。但她只要小锋送给她防晒霜，价值260元。

“血拼”完了要找个地方休息。放着悠扬爵士乐的酒吧两人都喜欢，来一扎啤酒，放松一下心情，腰包也一起松了一点。音乐迷人酒醉人，一不小心过了时间。第二天还得上班，又连忙打车回家。周末，请女友到他们说过好几次的一家西餐厅吃蜗牛和鹅肝，晚餐费是492元，当然好吃。但看看银行存款，形势比较“严峻”了，小锋马上意识到谈恋爱必须要像做生意一样搞成本核算，不然，一个月的工资还不够一星期见面用呢。

小锋刚刚开始谈恋爱就感觉到恋爱的成本太高，毕竟，他也是工薪阶层，有爱情还要有面包，有愉快当然也有烦恼，不过小锋付出的只是直接的显性成本。

恋爱的成本不仅包括这些构成直接货币支出的显性成本，还包括隐性成本，像恋爱过程中所产生的一些机会成本就是隐性成本。机会成本就是如果做这样的抉择而要放弃的另外一些东西，我们是否愿意为一份浪漫而甘愿放弃最爱的足球、网络游戏、赚钱、看电影、逛公园等方面的机会，这些都是恋爱的机会成本。恋爱过程中对对方的感情的付出，以及关心、体贴和心灵的煎熬等就是隐性成本，这些成本是必然会发生的，而且投入的感情越丰富，对对方的关心、体贴越多，所产生的隐性成本就越大。在谈恋爱的过程中，不管是显性成本还是隐性成本大都是一种沉没成本。

有一个女孩名叫萧儿，在一个周末的舞会上和一位名叫小林的硕士生相遇，萧儿高挑的个子、漂亮的脸蛋、修长的身材、优美的舞姿很快就把小林给迷住了，经过几次交往，他们就确定了恋爱关系。但是不久，小林就发现萧儿在和他交往时又和别的男人频繁地通过短信谈情说爱。于是，小林和萧儿分手了，后来，小林知道，萧儿与他谈恋爱只是为了利用他家庭良好的条件，希望能够在找工作上帮她的忙。再后来，小林偶然看到萧儿和另一位英俊的男孩手牵着手在漫步。原来，他只是一个萧儿利用的工具而已，这大大刺伤了他的心。

小林所付出的成本就是隐性成本，包括所受到的感情伤害，付出了过多的时间和精力，被对方利用，以及和与别的女孩谈恋爱的许多机会。像恋爱过程中所产生的一些机会成本也是隐性成本。对于家庭条件好的小林来说，金钱的付出可能是比较次要的，而被对方利用、感情伤害、损失和其他女孩谈恋爱的机会等隐性成本更大。

一个人的感情被对方欺骗，所受的心理上的打击是很大的，人的感情是十分脆弱的，特别是在家庭中受到亲人特别多爱护的年轻人，真诚待人容易赢得他人的好感，但如果自己的感情被别人利用，要缓过劲来需要很长的时间，甚至于有人会因此不愿意再接触异性。女孩子谈恋爱时付出的隐性成本可能更大些，因为女孩子的青春和美貌只能持续一定的时间，如果对方不真诚待她，她的感情被对方利用，而且谈恋爱的时间太长，持续五六年甚至七八年，最后还是恋爱失败，不仅造成感情的严重伤害，也容易造成青春的损失和大量时间的浪费，还容易错失许多与别的男孩谈恋爱的机会，所产生的隐性成本是很大的。不管是男孩还是女孩，年轻的时候找恋爱对象较容易，年龄越大，找恋爱对象越难，过多的时间被一个恋爱对象浪费，却得不到回报，所产生的损失是无法用金钱衡量的。

男女交往中沉没成本的存在有其积极的一面,也有消极的一面。正是因为沉没成本的存在，导致了一部分人不敢随便恋爱、结婚。由于和有钱的男人谈恋爱时，男人更大方些，沉没成本基本上由男人付出，所以，有的年轻漂亮的女孩会以谈恋爱为名，骗取男人的钱财。比如，有一位女孩不仅长相好，还特别能言善辩，看到哪位男孩比较有钱就和他交往，然后让对方为自己买这买那，过了一段时间，就随便找个借口和这个男孩分手。甚至同时和两三个男人谈恋爱，才 21 岁，她谈过的男朋友居然有十几个，通过谈朋友，她为自己赚取了不少物质上的东西。而她的假面具被揭穿是一次偶然的机会，她的两个男朋友在一起聊天时发现两个人的女朋友居然是同一个人。

恋爱过程中过多的沉没成本的付出很容易被人利用，有时，由于受“情人眼里出西施”等光环效应的影响，处于爱情中的男女容易头脑发热，失去判断能力，自己被他人利用了也不知道，不仅产生了巨大的沉没成本，还会产生社会成本。所以，恋爱中的男女需要理性地看待恋爱中的沉没成本，既不能太小气，又不能太大方。

谁更容易花心

为什么人容易花心呢？人的本性就是追求自身利益的最大化，所以，不管是男人还是女人，从原始的欲望来说，占有的异性越多越好。但是，人的花心要受到种种社会经济因素的制约，即一个人能够得到多少异性，首先是现行的制度条件允许不允许，然后是其经济条件允许不允许，再就是社会的习惯、伦理道德允许不允许，在条件允许的情况下，人都希望得到的异性越多越好，古代的皇帝就是如此。旧时代的达官贵人、王侯等有钱有势的人可以养众多的姨太太。但是，女人要占有多个男人就为社会习惯和制度不允许，唐朝的武则天虽然当上了皇帝，但她要收养“男宠”就受到了社会习惯和制度的抵制。

现代社会，普遍实行一夫一妻制，这在制度上限制了人们占有多名异性。但是，一些人需要多个异性的心理并没有改变。因为享受异性和消费商品有一些共同之处，存在边际效用递减，也就是说，从恋爱的角度来看，自己恋人的诱惑可能比不上网上的女孩，因为恋人对这个男人的诱惑正逐渐递减。或者，刚刚认识的时候觉得眼前的女孩十分漂亮，但随着接触的女孩越来越多，他发现还有更漂亮的女孩，以前那个女孩的优点逐渐在减弱，对这个男孩的吸引力越来越小。不同的人有不同的优点，随着接触的人越来越广泛，有的男孩往往会发现别的女孩拥有更好的优点，从而见异思迁。对于一些花心的女孩来说，也是这样的道理，即随着所接触的男孩越来越多，她发现原来与她谈恋爱的男孩的诱惑越来越小，别的男孩拥有更好的优点，对她容易产生更大的吸引力。

现代人谈恋爱时是否花心及其花心的程度，要受到经济和社会条件的制约。经济条件好、社会地位高的男孩更容易花心，因为人们谈恋爱总要付出成本，特别是物质上的成本，包括金钱、礼物与情人的娱乐开支等物质上的支出。所以，要花心，就得多花钱，没钱的人受到经济条件的制约，不太容易花心，而有钱人就有这样的条件。女孩的花心往往受到其所处社会环境的制约，在一个受传统思想影响的环境中，女孩频繁地换恋爱对象容易被人看不起，被认为是道德品格低下的人。而在一个比较开放的社会环境中，如沿海地区，花心的女孩不会被人看不起，所以，花心的女孩要多些。从个人性格上说，往往个性突出、精力充沛的人更容易花心，稳重的人不太容易花心。

一般来说，花心的女人比较少。这也容易理解，人都是理性的，人们采取一项行动前都要在心里盘算值不值得。如果收益大于成本，这样才值得考虑去做；如果成本大于收益，那是无论如何都不会去做的。从我们的日常观察中可以看到，男人花心的成本比女人花心的成本要低廉，最多是花几个小钱。而女人花心在现在的世俗眼里，名声肯定是不好的；想再找对象，也很难找到与自己年龄相仿的男人，一般只能找一个比自己大得多的男人，这在心理上又是很难接受的，即其花心的成本太高。

对一些男人来讲，外面的女人很精彩，他只是想寻找一些新奇的感觉罢了，他觉得在外面寻找一碟小菜的愉悦可以弥补家中的米饭或包子的寡淡，而且这种成本并不算大。所以，谈恋爱的男女就需要分析一下对方花心的真正原因，如果是因为自己的吸引力降低了，就需要从其他方面寻找对方的需求，以增强自己对对方的吸引力。

还有一个影响男女花心的因素就是收入效应和替代效应。其意思就是指当一个男人一旦收入增加了，地位提高了，男人对女人的要求也就提高了，他的喜好会随着收入或地位的提高而发生变化。这时，他就很容易认为他面前的恋爱对象档次太低，需要寻找一个档次更高的恋爱对象。现实生活中有很多陈世美，他们在收入和地位提高以后，就把以前的恋人抛弃了，所以，当对方的优势资源增加后，就需要着力增加自己的优势资源。

大多数的女人都觉得自己比较弱小，需要有一棵大树靠靠，也就是说女人更容易产生依赖感，当有更高地位或更高收入的男人来追求她时，往往容易产生动摇，这时她要寻求更好的终身依靠。这时，也是收入效应和替代效应发生了作用。

其实你不懂我的心

恋爱中的男女，其心灵既有相通的一面，又有不相通的一面。毕竟是两个完全不同的人，往往由于二人的家庭环境、受教育水平、世界观等的不同而存在不同的爱好或偏好，这样，就往往会产生情侣之间的博弈。也就是说，情侣之间也会互相留个心眼，互相算计。或者说话时正话反说、“硬话软说”；或者说假话，有意让对方猜不透其心思；或者嘴上在责骂情人时，而心里却喜欢其缺点，嘴上说情人的好话时，其心里却讨厌对方的某种做法，对对方的行为有所不满；或者，不时“冒点坏水”，对方倒挺喜欢，一本正经的，对方反而嫌其没有情趣，正所谓“男人不坏，女人不爱”；或者，有时一方在装傻，对方也知道，但就是喜欢，而如果一方过于显示其聪明，对方反而不高兴了；或者，嘴上虽然说得很好听，而心理却不是这么想；或者情人之间也有一些隐私有意不让对方知道，有其不知心的一面等。

现在，我们设想有一对情侣小明和小芳正在谈恋爱，小明是个超级球迷，喜欢看足球，国内的乙级联赛都不肯放过；小芳喜欢欣赏芭蕾、钢琴这样的高雅艺术，对斯拉夫民族的歌舞和芭蕾更是崇拜得五体投地。而恰好在同一个周末的晚上，中国足球队要在世界杯外围赛中和伊朗队进行生死之战，俄罗斯的一个著名的芭蕾舞团在该市演出芭蕾舞剧《天鹅湖》。这就产生了一个矛盾：到底是去看芭蕾还是去看足球？

在这个例子中，由于二人是热恋中的情侣，各自分开渡过这难得的周末时光是最不乐意的事情，也就是说，如果分开度过周末，两个人的满意度都会降低很多。这样一来，他们就面临着一场温情笼罩下的情侣博弈，或情侣之间的算计，见下图。

在这里，让一方去看足球，而让另一方去看芭蕾，不可能二人都得到最大的满意度，因为他们是情侣，不能分开，一分开就会使双方都不满意。所以，在这种情况下，双方都没有严格的优势策略和严格的劣势策略。如果小明去看足球，而让小芳一个人去看芭蕾，双方的满意度都为 1，若反过来则都为 0；两个人一起去看足球，则小明的满意

小明 \ 小芳	足球	芭蕾
足球	5 10	1 1
芭蕾	0 0	10 15

度为10，而小芳的满意度为5；两个人一起去看芭蕾，则小明的满意度为5，小芳的满意度为10。当然他们总会做出一个比较好的选择，因为他们是热恋中的情侣。在这里，双方都去看足球，或者双方都去看芭蕾，就是一种相对优势的策略的组合。这里就得出了一个“纳什均衡”的概念，是双方相对优势的策略组合，是一种合作博弈。假定，小芳这次先为小明着想，一起去看足球，那么是否意味着，小芳不喜欢芭蕾呢？不是，她只是比较聪明而已。这回她做出了让步，以后小明就得在别的方面做出更多的让步，或者是多得多的让步。否则，情侣之间的感情就会有所淡化。

我们再设想在另一个场合，这一对情侣为学习外语而算计。我们假定小芳最擅长俄语，而小明英语很好，当然，小芳也想多懂得一点英语，而小明也想多懂得一点俄语。假定刚好是周末在某大学有连续两天的英语和俄语讲座。由于他们是情侣，要一起去听讲座，这样，不仅可以增强双方的情感，还可以相互学习，小明可以向小芳学习俄语，而小芳也可以向小明学习英语。他们可以一起对话，相互帮助，相互切磋。那么他们就面临着类似上面的情侣之间的算计，即他们不可能分开单独去学英语或俄语，必须由一方让步，一起去学其中的一门外语。上回小芳做出了让步，这回，小明还会不让步吗？也许，以后他每个周末都会心甘情愿地一起去听英语讲座了。也就是说，即使是情侣，在选择合作方案的时候，由于各种因素的影响，在携手合作的前提下，还是有一些小算盘。你想这样，她想那样，这也是人之常情。毕竟合作比不合作要好。当这回我为你多考虑了以后，下回，你就得多为我考虑考虑。

当一个能力很强的女人想在各方面帮助她的男朋友的时候，如果直接去帮助他，或者当面说男朋友哪方面做得不好时，也许，她的男朋友不会直接反驳她，但是，男人的自尊心却在作怪，他在心理上可能会排斥她。所以，尽管女朋友尽量帮助他，但在他的心里却越来越不是滋味。而她却认为：“你怎么就不知道我很在乎你吗？我不想让你失败嘛！”但是她的男朋友也会认为：“你怎么就不懂我的心呢？”当一个女人说她的男朋友傻瓜时，其实她可能心里觉得这个男朋友很可靠，我真的很喜欢他。而如果她的话伤了对方的自尊心的话，那么又是她的男朋友不理解她的心了。所以，恋爱中的男女有时好像变得更加聪明，有时又好像变得更加愚蠢。往往当其中一方的行为不能被对方理解时，她（他）心里会想：“其实，你不懂我的心。”

如何降低恋爱风险

这个世界是不可预知的世界，做任何事情都存在一定的风险，谈恋爱也是如此。恋爱风险包括恋爱前的预期风险、恋爱过程中的把握度风险、恋爱的进行力度风险、恋爱的外界干扰风险或社会风险、恋爱进行的时间风险和恋爱终了风险。

恋爱前的预期风险是指当一个人看到一个心仪的女孩（男孩）时，自己认为一定能够追到她（他），但是，对对方是否一定能够喜欢自己，对方的性格、爱好、家庭背景状况等因素是否适合自己没有预期准确，对自己的物质、地位、能力、家庭背景等条件是否一定能够适合对方没有预期准确，过高地估计了自己的条件，没有预见到对方或对方的家庭将对自己的追求造成难以克服的困难。越是年轻人，由于社会经验不足，对社会上的这种复杂情况越是缺乏洞见，往往容易感情用事，心血来潮，凭一时的感觉就做出判断。年轻人一般社会经验不足，可以让旁边的人参考，或向年长的人请教，有利于降低这种风险。

恋爱过程中的把握度风险是指对于“再见钟情”的把握程度不当所形成的风险。前面我们已经探讨了由于一见钟情，没有“再见钟情”，或者由于不完全信息往往容易造成爱情的沉没成本，形成恋爱的风险。但是凡事有个度，过于追求完全信息往往会适得其反。毕竟这个世界是不完美的，无论我们如何努力，信息不对称依然是个客观存在。我们可以力图求得完全信息，但是我们不可能得到完全的信息，因为在许多情况下，获得对方的私人信息的代价实在是太高。而且，各方的私人信息往往是动态的。另外，个人总会有点自己的隐私，如果连自己的隐私都被人知道了，岂不是很可怕吗？所以，追求完全信息也需要有个度，有时知道得太多，反而没有了幸福感。

如此看来，有时，在爱情市场上，不完全信息不见得是件坏事，还可能是好事。有时候，“镜里看花”反而觉得花更美，“水中望月”更有风味。“这就是爱，说也说不清楚，这就是爱，稀里又糊涂”。毕竟大多数人都有这样那样的不足，有的人会刻意隐瞒自己的真实信息，不能提供完全信息是爱情市场中人的理性行为。在商品市场，分工和交换有利于提高各自的福利水平；在爱情市场，爱情的深浅主要取决于异性的需求，包括感情的需求，这种需求不可能像商品市场那样进行最有效的资源配置。情人的私有产权比商品的私有产权更加彻底，人们可以让渡自己的商品，但绝不会让渡自己的情人。所以，牢牢抓住情人的私有产权才是恋爱的真正成功之道，而信息是否完全是次要的东西。

当然，把握情人的私有产权并不是说我们一刻也不离开自己的情人，生怕她（他）离开自己，似乎一天到晚如影随形才是真正的情人，这样不一定就能抓住情人的私有产权。为什么人们会与自己所爱的人结婚，而不是与自己兴趣相投的人结婚呢？人之所以需要异性，主要是有性的需求，其次是心理上的需求，即对方与自己在心灵上有相通之处。只要双方有性的相互需求和心灵的相通，尽管存在相互之间的利益冲突、相互算计，但爱情可以减少或抚平这种冲突和矛盾。若即若离的情人才让人牵肠挂肚，才往往让人产生美的享受。

恋爱进行的力度风险是指虽然自己与心仪的异性比较适合，只要自己认真去追求对方，一定能把对方追到手。但是，由于本人性格上比较怯弱、矜持，不敢大胆地向对方展开进攻，对方也想：“既然你喜欢我，为什么不敢大胆地追求我呢？”于是，本来很适合、很容易追到手的对象却让别的、更加大胆的追求者追到手了，自己只好后悔，甚至陷入单相思之中。现实中，我们很容易发现，那些胆大并主动向异性发起进攻的男孩(女孩)往往爱情的成功率比较高，而那些比较文弱、矜持的男女往往容易在爱情市场中找不到心仪的恋爱对象，或者就是谈了恋爱也容易失败。要规避这种风险可能需要旁人打气，或从中牵线搭桥。

恋爱的社会风险是指对方的家庭和社会关系会对自己的追求构成巨大的阻力，如果自己没有足够的力量，或者恋爱的双方没有坚持到底的毅力，往往容易使爱情中途夭折。要规避这种风险还是需要“再见钟情”或准确的预期。还有一种情况就是年轻人的恋爱被别人利用了，比如他人利用女孩（男孩）的感情去干扰以前的仇人的家庭生活，达到报复的目的，或者利用别人的感情达到自己的利益，而陷入情网的年轻人往往很难从情网中拔出来，被对方的光环效应笼罩而看不到其缺点，但旁观者清。在这种情况下，年轻人应当听得进他人的逆耳之言，对旁人的话进行理性分析。

恋爱的终了风险是指恋爱失败即“失恋”后如何迅速从失恋状态中摆脱出来。由于一些人对恋爱对象的要求越来越高，即其对恋爱对象的要求是必须符合心中“白马王子”或“白雪公主”的形象。事实上，这种“白马王子”或“白雪公主”往往供给不足。更由于受生活工作节奏加快、居住地变迁等更多因素的影响，人们谈恋爱的次数越来越多，所以，失恋的人会增多。但人们对失恋的态度变得越来越理性，会从一次失恋的低沉情绪中很快地恢复过来而进入下一次恋爱。正确看待这一点，在失恋时，就不会受到太大的打击，也就是说，失恋了也没什么了不起，应该豁达、乐观地看待失恋，并找机会重新进入恋爱状态。

恋爱的时间价值

随着市场经济的发展，随着个人之间竞争的激烈，人们越来越认识到时间就是金钱的道理。因为，时间是最为稀缺的资源之一，人们学习、工作、休息都需要时间。由于时间稀缺，所以时间就是金钱，节约时间可以创造财富，节约时间也就等于创造了财富。对于一些从事复杂工作的人来说，时间更值钱。英国沃维克大学的杨·沃克教授由此推导出一个时间的价值公式，并计算出英国男人每工作一小时的平均收入是 7.2 美元。一般来说，如果工作的技术含量比较低，那么其时间的价值就比较低，如果技术含量比较高，那么，其时间的价值也就比较高。就是在中国，也有很多白领阶层愿意用金钱来购买时间，比如请保姆。

不仅个人的时间有价值，就是钱也有时间价值。比如，我把钱借给另一个人，那么我就要损失我用钱的机会成本，这个机会成本就是一种价值。所以，银行贷款给企业要向企业收取利息，这个利息就是钱的时间价值，也被称为贴水。再比如，某人的票据还没有到期，但他急着要钱用，那么他到银行去贴现时也要付给银行贴水。

对于恋爱中的男女来说，时间的价值更是表现得特别明显。比如，某人要约女朋友见面，在哪个地方、什么时间，必须记得很清楚。如果他迟到了，他的女朋友也会认为她在这个人心目中的位置还不够高，心里就不免有些不愉快，若是他能够早 5 分钟，仅仅就是 5 分钟，她也会认为这个人对她很在意，心里就会舒畅很多。但是，在现在这个时间就是金钱的社会，他的时间也是有价值的，他与女朋友的约会就存在一定的机会成本。因为，如果他不与女朋友约会，他可能会与生意上的朋友一起聚会，或者要很好的同学聚会，或者他在这个时间内加班加点可以赚到不少的加班费，而这些聚会和加班就是得到财富的机会，也就是其金钱的损失。这也就是他约女朋友的机会成本，或者说很可能是他约女朋友的沉没成本。如果一个男人很在意他的女朋友的话，那么损失一些钱根本不在乎，有时，事业有成的年轻男人，为了与女朋友约会，宁愿丢掉一笔很大的生意，只不过为了早到几分钟而已，这时，这几分钟简直就是无价之宝。

谈过恋爱的人都有一种感觉，与女朋友约会的时间好像过得特别快，一个上午就像是几分钟，一晃而过；而等公共汽车的时候，就是十几分钟也好像有一个小时。这是因为，与女朋友在一起的时候心情特别好，有一种十分美妙的感觉；而在等公共汽车的时候，那种等待完全是一种心灵的煎熬。有的人甚至在几十年之后还对当年与女朋友约会时的种种情形，如女朋友的某种举动、女朋友穿的衣服、女朋友说过的话都记得清清楚楚。这说明恋爱中的男女，其时间的利用效率相当高，其时间的价值很大。为什么人们在恋爱时的时间利用效率那么高呢？这是因为恋爱中的男女，其全身细胞被高度激活，如果在平时，人们身体上的细胞只有 30% 在工作的话，那么在恋爱时，男女身上的细胞有 90% 以上处于工作状态。在这时，如果一般英国人每小时的时间价值是 7.2 美元的话，则处于热恋中的男女的时间价值可能是 720 美元，甚至更多。比如，某个男人为了与女朋友约会，损失了一桩 50 万美元的生意，那么，他与其女朋友约会的机会成本就是 50 万美元，或者说他与其女朋友约会的时间价值就是：V = 50 万美元。因为，他与女朋友约会的良好感觉大于 50 万美元的损失。这真可谓是“春宵一刻值千金”。

谈过恋爱的人都知道，在恋爱的过程中，刚开始时，自己对对方的想念和依恋程度还不算大，其时间的价值也就不算高。随着交往的深入，逐渐地，这种想念和依恋程度越来越大，甚至是到了难舍难分的程度，“相见时难别亦难”，这时，其恋爱的时间价值最高。但随着时间的继续推进，双方的想念和依恋程度都会降低，于是，恋爱的时间价值也就逐渐降低。所以，恋爱的时间不是越长越好，而是有一个度，有的情侣可能一年是最好的时间。一般来说，半年到一年半内最好，超过了两年，成功的概率反而更小。这也和一方对另一方的想念和依恋程度有关系，即在一方对另一方最为想念和依恋时，也就是他们的热恋时期，最好定终身。如果过了这个时期还不走向婚姻的话，那么他们结婚的可能性反而会大大降低。这种状况可以一条曲线来形象地说明，见下图。

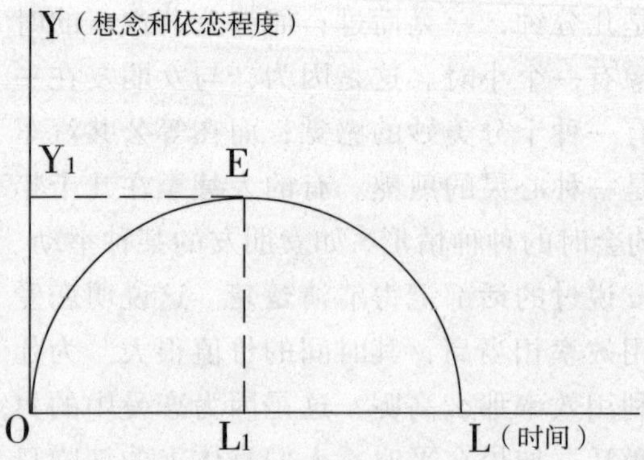

如图所示，纵轴Y表示一方对另一方的想念和依恋程度，或恋爱的时间价值；横轴表示谈恋爱进行的总时间。如果两人谈恋爱的最佳时间是一年（L_1），即其想念和依恋程度在一年时达到最大（Y_1）。也就是说，一年后二人恋爱的时间价值就会逐渐降低。所以，结婚的最佳点是E点。这正说明了“花开堪折直须折，莫待无花空折枝”的道理。因为，如果恋爱时间拖得太长，双方对对方的信息会了解太多，自身的一些缺点也可能暴露无遗，原来美好的形象逐步降低。另外，还也可能双方都会把自己的恋人与他（她）所接触的别的异性进行比较，可能发现，别人有更多的优点。甚至有别的异性对某人的恋人发动进攻。总之，不可预测的可能性就会增加，恋爱成功的风险也会增加。

所以，聪明的男女深深地知道恋爱的时间价值，在爱情温度达到90℃时赶紧催促对方准备结婚，确定他们的终身大事。超过了100℃，爱情之水就可能蒸发了，一旦变成了蒸汽，就会飘走。准确地把握恋爱时间，既可避免沉没成本的产生，又可增加恋爱的成功率，还可以看出对方是否真心。如果不精于此道，恋爱的成功率就会比较低，最后吃亏的是自己。

第七章

婚姻中的经济学

婚姻的风险

经济学家们通常用效用递减论来解释婚姻的衰变。边际效用递减规律是经济学的一条基本原理，说的是人们在消费同一种商品时，其效用随着单位数量的增加而递减。比如一个饥饿的人吃包子，第一个很好吃，效用最高，感觉最好，越到最后越没有感觉，如果继续吃下去，就会恶心呕吐，产生负效用。如果我们把这条规律套用到爱情上，就会得到相同的结论，爱情的满意度随着时间的推移而降低，初尝禁果的滋味一辈子不会忘记，年久月深，慢慢成了习惯，没了感觉，就像“左手摸右手”。既然在一起味同嚼蜡，各自另觅甘果，离婚也就顺理成章了。

婚姻变故的另一个原因，经济学往往用信息不对称来解释。几乎所有的西方经济学教科书在谈到信息不对称时都会提到二手车市场这个经典模型。在二手车市场上，车主总是比买者更了解车况。在对车况不太了解的情况下，吃亏的总是买主。男女恋爱过程中，双方既是车主，又是买主，他们总是隐瞒那些对自己不利的信息，公开或放大对自己有利的信息，如掩饰自己的缺点，张扬自己的优点。对方看到的往往是完美的你，正所谓“情人眼里出西施”，连情人头上长的虱子都是双眼皮的。有一些信息是难于捕捉到的，比如性格偏好、对父母的孝顺、发展潜力等信息。可一旦婚姻交易成功，进入了制度框架的约束内，双方的缺点就会慢慢暴露出来，如果这些缺点不算大事倒也罢了，人们总是宁愿修修补补，继续维持下去。倘若严重影响到婚姻生活质量的话，那么，重新选择另攀高枝就在所难免了。

这里又涉及一个新的问题，就是离婚的成本问题，这些成本包括因离婚给各自带来的经济损失和名誉损失。离婚的成本主要包括4个方面：一是婚姻合约前的沉没成本，主要是双方在实现婚约中的交易成本，婚姻持续时间越长，沉没成本越大。二是道德成本，即因离婚导致的品头论足，亲人和同事对你的舆论等。三是离婚对家庭、对自己心灵伤害的成本以及对下一次婚姻的负面影响。四是解除婚约的交易成本，如诉讼的费用、耽误的时间和精力等。如果离婚成本太大，人们就会继续维持下去，特别是在把离婚与道德问题联系起来的环境中，很多人会选择不离婚而维持“白开水”式的婚姻。倒过来看，如果离婚的成本为零，就不会有人结婚。

与婚姻纠缠不清的另一个问题是“二奶”现象。为什么“包二奶”这一现象越来越突出？我们只能用成本理论来做出合理的解释。首先，“包二奶”是一种纯粹的经济行为。当事人不是典型的一手交钱一手交货，而是采取定时定量交钱，随时随地供货的方式来进行交易。其次，“包二奶”是一种理性的经济决策。它有两个参照系：一是纳妾。这是一种事实婚姻，男人要承担对此“姨太太”丧失性趣之后的“法定”支付，花费相对较大。二是嫖娼。对于有身份的男人而言，这种行为有失体统，且安全系数太小。同时，以上两种参照系在大多数国家都属违法行为，而“包二奶”则避免了这两种选择的弊端，采取的是阶段性占有，随兴趣享受的消费方式。被包的女人，既不是妾，又不是娼，既免了长期受苦的可能，又免了被人轻视的身份。双方各有所得，皆大欢喜。第三，包二奶又是一种相对经济的投资。市场是变动的，各种资源的余缺、供需、价格、质量都是一个变数，要立于不败之地，就要适当地储藏一批，虽然需要投入一些保养费，但可以随时支配。这也符合用兵逻辑：养兵千日，用在一时。一句话，“包二奶”的经济意义，就是将某种资源进行阶段性囤积，暂时以租借或短期购入的方式，转化为内部可支配的生产资源，以备随时投入到使用程序中。

总之，婚姻是一种交易，而任何交易都是存在风险的。投资理论认为，“不能把所有的鸡蛋放在一个篮子里”，但婚姻的制度约束及婚姻的性质决定了婚姻只允许有唯一的赌注，一着不慎，满盘皆输。由于女性的折旧率高于男性，因此女性的婚恋风险也较男性大得多。婚姻的风险来自多种复杂的因素，为了规避风险，人们在选择对象时，总是陷入周密的计算与考虑之中，房子、票子、车子、对方的职业、健康等非纯粹爱情因素成为婚姻是否安全的重要考量指标，婚前财产公证、家庭开支 AA 制等各种杂音乘虚而入，使原本应是两情相悦的爱情婚姻蜕变成对数量的计算与追逐，使得爱情的领地越来越小，这种理性牢笼成为现代人婚恋中的不能承受之重。

人为什么要结婚

1992 年的诺贝尔经济学奖获得者贝克尔说：“由于男人和女人为寻找配偶而竞争，所以可以假定婚姻中存在着一种市场。”其实，在现实生活中婚姻市场的存在已无须假定；各类婚介所或婚介公司的涌现，足以说明婚姻市场的实实在在。他还说，一个人“当结婚的预期效用超过继续单身的预期效用或再找一个更为合适的配偶的预期效用时，他就会决定结婚……结婚的收益来自于在投资于非市场活动的时间和获取市场物品的力量方面，男人与女人之间的互补”。

人为什么要结婚？是因为看重了婚姻的收益。

但是恋爱婚姻是需要支付成本的，包括时间、金钱、财物等。你要约对方见面，得牺牲一些时间，还要请对方吃饭喝茶。为了给对方留下一个好印象，你还要刻意修饰一番，比如买件体面的衣服等，这些都是直接的成本。你为了追求对方，必然要放弃做别的事情，放弃对另一个目标的追逐，这是机会成本。从寻找目标到谈恋爱到结婚，都是成本的耗费过程。为了降低交易成本，出现了婚姻介绍所，出现了电视速配。在成本和收益的比较中，人们不会做亏本的买卖，时间多，金钱多，爱情光顾的机会也更多。由此看来，结婚的更主要的原因是收益大于成本。

选择结婚和选择单身都是人们在成本与收益之间权衡的一种理性的选择，结婚的目的在于希望从婚姻中获取最大效用。结婚给人带来的收益是十分明显的，大体上可以归纳为5个方面：一是获得性的满足和情感的寄托。婚姻使性伴侣长期化、稳定化，使性生活安全化。特别是在艾滋病威胁人类的今天，稳定健康的性伴侣对双方都有好处。二是能够获取规模经济效益。具有不同专业化优势的、在能力与收入方面存在差别的男女，通过婚姻的形式可以使双方的收益达到最大，是一个互补双赢的方案。最明显的例子是，两个人在一起的生活成本降低了，比如住房和家具，一个人生活用一套，两个人生活也是用一套。再比如男主外女主内，或者女主外男主内，要比一个人既主内又主外效率更高。三是互相提供信用，协调人力资本投资的收益，比如一个人支持另一方做生意，最后实现总效用的增加。四是起到防灾保险的作用，比如一方生病了，有人照顾，并且在因生病的失业状态下有人支付医药费用。婚姻作为耐用消费品，具有逐渐积累增值的特点，在规模效应的推动下，婚姻的某些独特效用会逐步显现出来，比如情感的寄托、家庭的福利、知识和智慧的交融、小孩带来的乐趣，等等。有了那么多的好处，大多数人当然选择结婚了。

夫妻婚姻生活能不能保持稳定，主要是在“交换”价值上能不能保持平等。从经济学角度来看，婚姻生活就是“交换”，即双方的付出和得到的“交换”。如果有一方付出和得到极为不平衡，心理就很容易失衡，久而久之，婚姻就会出现裂痕。拿离婚来说，我们常常看到，总有一方认为自己付出了多少多少，结果什么也没得到，对方则是“狼心狗肺”，一点儿都没有良心。女方说，我起早贪黑，为了孩子，操持家务，你多拿几个“子儿”，就夜不归宿，拈花惹草。男方也许认为，我票子拿得比你多，偶尔花心一下，也没什么可大惊小怪的，可以跟你扯平。实际上，这本身就是经济学的一个命题。女方收入少，但由于花在家庭的劳动多，而这部分劳动本身就是机会成本（至少不应低于保姆费），所以说是有经济价值的，可以折算成金钱。而男方之所以有些“牛气”，恰恰是忽略了女方这部分经济价值，因此“偶尔花心一下”不仅不觉有愧，还有那么点儿理直气壮。

实际上，结婚是一个双赢方案，因为出于自愿，并且双方受益。结婚的收益，更集中地体现在“规模效应”上——“两个人单独生活需要两套厨具，两个人结婚后只需要一套厨具”，这就是规模效应。至于谁结婚受益更大，从经济学角度上看，应该是经济不独立的一方受益更大。

单身女子的经济学分析

感情的问题，同样也是利益权衡的问题，只不过这里的利益包含了感情而已。爱情和婚姻就像其他人类行为一样，寻求的是实实在在的收益，必然经由理性的选择，并符合经济学效用最大化的理性分析。在经济学家看来，单身同样是一种经济理性的选择。

泛泛的一次性的男女间感情交往就像是购买日用消费品，而婚姻好比是购买耐用消费品。婚姻是需要很大投入的产品，包括丧失某些个人的自由、时间投入、资金投入，在茫茫人海中搜寻中意的男子必需的搜寻费用，找到之后的交往费用，另外婚后每天培养感情还需要投入一些流动资本。

这里对单身女子的界定是 27 岁以上未婚或离异的女子。18 岁还没谈恋爱的女子，她怎么可能就成了单身，她的经济怎么能代表单身女子经济?

单身女子走入婚姻的机会成本更大，所以宁愿选择单身。一般来说，这个群体的收入高于普通群体，正是因为经济上的独立性这个前提条件，使她们无须依赖男性，而对婚姻挑三拣四。旧时代的女子单身极少，因为女子一无所有，完全没有经济地位，嫁给男人，失去的是自由，但可以得到饭碗。在现代社会，一个优秀的职业女子面临许多选择，她有很好的工作机遇。对于商家来说，让女人变美永远是最佳的卖点，对于单身女子来说，就更是这样。

单身女子在交友上的费用会高于同龄的已婚女子。情感交流是人的一种天然心理需要，因为不存在婚姻这样的耐用消费品，单身女子就需要用交友这样的日用消费品来替代。所以，我们看到，已婚女子出门很少，一般都在家中相夫教子，而单身女子则经常会出现在各种热闹时尚的场合。当然，对于一些对婚姻还心存期望的单身女子而言，交友还包含着搜寻的动机，搜寻她的耐用消费品。她购买日用消费品，真正的目的却在于寻找到自己的耐用消费品。

此外，她们为失衡的心灵找回心理平衡的投资更多。单身女子的感情和事业更容易出现失衡状态，这时她们需要看心理医生、找朋友倾诉、买玩具狗熊或者养宠物，她们还需要酒和药品，比如镇静药、安眠药。她们用阅读来排遣的时间会比已婚女性多，用于CD、DVD的投资也会更大。当心理失衡到一定程度，婚姻也许会成为单身女子的新的选择。一个单身女子到了整夜独自看碟的地步，她很可能会现实地开始考虑建立一个家庭了。

最后，单身女子为未来与老年的保障投资的更多。婚姻其实是人类社会最早的社会保障措施。单身女子没有可指望的婚姻，她对未来的担忧会更多，她会想办法为自己保障。一般说来，男性会中意带来更大活动空间的车，但是女性一定更中意于买房，以获得安全保障。如果到了一定年龄，比如35岁以上，她会开始为养老做安排，会更愿意购买社会保险。所以，她们其实是保险的重要市场消费群体。

婚姻不是长期饭票

“婚姻是找一个体贴的伴侣，而不是长期饭票。”有过两次失败婚姻的小孟比任何女性都能够体会这句话的含义。婚姻并不是女人一辈子的依靠，女性甚至有可能因为婚姻而失去经济自主性，因此，小孟不断提醒身边年轻的女性朋友或同事：“先别想着嫁人，经济独立是第一优先考虑因素。”

许多单身女性都以嫁有钱老公为第一目标，以为生活会因此而有保障。其实，天有不测风云，老公现在有钱，不代表将来一定有钱，中年破产的案例比比皆是。如果再看一看近几年直线上升的离婚率，女性就更要认清，有钱的老公不一定可靠。

这里有一组统计资料：1997 ~ 1998 年，结婚 15 ~ 19 年的夫妻离婚率增长了 10.97%，而结婚 20 ~ 24 年的夫妻离婚率增长了 13.8%。这就表明，结婚时间愈长的族群，离婚率也愈高。这也特别提醒了女人，千万别觉得有了“饭票”，就可以高枕无忧。如果不幸失去“饭票”，年纪愈大，生活上受到的冲击也将愈难承受。

如此一来，女性怎么可以不及早追求经济独立？

经济来源完全依靠老公的时代已经过去了，新时代年轻的女性朋友要相信自己的能力及善用年轻的优势，愈早开始追求经济独立，愈能够让你在婚姻中保持独立。

未婚女性虽然少了老公的支持，但是没有家室之累，自给自足，也可以生活得很轻松。怎样支配收入才能生活得精彩，又为将来的生活打下良好的基础呢？受过良好教育、又从事金融行业的单身女孩晓晓在理财方面颇有心得，她建议：冷静评估自己的风险承担能力，确定自己理财的短、中、长期目标，以开放的心胸筛选信息，就可以轻松理财。

经济独立的单身女性最快乐。人生的缘分奇妙而难预测。单身，也许是一个过渡，也许不是短期内可改变的状况，但公主与王子若没有良好的财务规划为后盾，也很难在结婚后过上幸福快乐的日子。让现在的自己成为经济独立、财务规划稳健、坐拥成就与财富的快乐单身女郎，绝对是一个值得努力的目标。

年轻女性要想经济独立，除了会挣钱，还要学会花钱。盲目攀比是不少女士的通病，尤其是一些爱美、爱时尚的白领们。

年轻白领女性没有什么负担，花钱一般不注重节俭，每个月都口袋光光。但是，长此以往，你的生活就会被金钱牢牢套住。想过更舒适的生活，你就要开始理财了。

郝杰放和罗洁在大学相识。他们虽然不是一个院系的，但一个是中文系的团支部书记，有组织才干；一个是经济系的班花，还能画得一手好画。一次偶然的院系联欢，两人双双坠入爱河。毕业以后，通过各种办法，终于幸运地分到一个城市。郝杰放在市委宣传部做干事，罗洁在一家大型国有企业当会计。毕业一年后，两人组成家庭，有了孩子，男才女貌，不知羡煞多少人。随着市场经济的深入，不安心在官场上“排队”的郝杰放试图下海，在商场上打拼，罗洁经过反复思考，决定支持丈夫外出闯荡。

商场的拼杀是残酷无情的，郝杰放虽然在大学和从政期间积累了一点人脉，但在商场上却显得微不足道。几起几落，日夜奔波。罗洁白天忙着企业的工作，晚上当丈夫的总管和参谋。几年过去，丈夫的事业有了起色，成为当地装饰材料的领军人物，妻子却因为过度劳累而落下一身病痛。丈夫心疼妻子，看见公司进入正轨，干脆让妻子辞职在家安安心心带孩子。罗洁乐享其成，决定做个“全职太太”。

不料两年过去，外面却风言风语，传言郝杰放在外面有了相好。罗洁起初不在意，但传言越来越多，丈夫回家的次数越来越少，难得回家一次，也是匆匆就走。罗洁反复打听，终于知道丈夫的确有了“外遇”，女方是一个离异但颇有风韵的商界女人。罗洁质问丈夫，郝杰放淡淡地说：“逢场作戏，男人嘛，总会有点。”此后回来的次数更加少了。

这样的事例我们早已不感到新奇。但是，男人真的就是有钱就变坏吗？

有钱的男人有应酬，每个光怪陆离的夜晚，游走在夜总会、酒吧、KTV，洗脚、按摩、蒸桑拿。辛苦的不止男人，女人在家也是很辛苦。

我们很容易能找到一堆应酬的理由。男人有钱，而钱是要花的，不花钱，不交朋友，不一起“腐败”，是很难融合到那个圈子里的。谁不参与，谁就不是自己人。所以男人们或“身不由己”或“正中下怀”、

“半推半就”地加入了进去。

于是男人回家越来越晚，“婚外恋”、“包二奶”，对家里的女人越来越冷落。也许刚开始的时候会触动他们的良心，但是次数多了，时间长了，外面的诱惑还是战胜了家里的糟糠。

镜头转向另一面，白天女人在周围女性羡慕的目光中招摇过市，晚上却在电视和美容院里打发着寂寞的时光。她们穿着昂贵的内衣，却没有人来欣赏；刚做过美容的白嫩肌肤，没有人来亲近；她们把孩子哄睡了，自己却没了睡意，直到钥匙开门的声音响起，直到他的呼噜打了起来，接近天亮了才辗转入睡。

女人们开始反思自己是不是真的幸福，物质生活越来越丰富，枕边的那个人却越来越陌生和遥远，钱越来越多，却越来越在意自己的位置会不会给人夺去，在意自己身上会不会染上什么病……

抛开伦理道德不讲，我们试图从经济学角度分析一下，也许能理清一些比较理性的思路：

首先，这是一个边际效用递减的问题。男女组成家庭后，对另一半早已熟悉，对美好的新鲜感逐渐褪去。这就是人们常说的“男人三十一朵花，女人三十豆腐渣”。随着年龄增长，事业顺利的男人越来越有魅力，越来越容易寻求新的满足，而妻子却越来越没有“亮点”，越来越不能得到男人新的“投资”。

其次，按照心理学的规律：继续对已经满足的需求追加投入是无效的刺激。所以男人们自然要寻找新的刺激了，于是就会出现买房、买车，甚至养情人、包二奶等一系列新的需求。需求的转变是需要有钱作保证的。

男人有钱变坏，跟需求转移是一样的。在没有钱的时候，男人求是比较小的，因为男人没有扩大自己需求的资本。在资本充裕了，男人固有的需求得到了满足，他就会寻求新的追求。

世上没有绝对的事物，男人会变坏，女人同样如此。所以上述的两点对女人同样适用。

男人也好，女人也罢，都应当自重、自省、自警、自励、自强，不断提高自身素质和修养，那样，不仅“男人有钱就变坏”不会出现，女人为有钱而“变坏”也不会出现。孔子讲究“吾日三省吾身”，当夫妻出现矛盾时，何不彼此都从自己反省开始，从结婚的最大收益出发约束自己。

性行为的经济学

性行为是一种珍贵的稀缺资源，性别就是成本，这成本能创造多大的价值和效益，或者倒赔，取决于经济人的理性选择。

性行为本身就是一种经济行为，有需求，有供应，有风险，有收益，还要计算投入产出比。性行为是有成本的，在决定性选择之前，双方需要有个理性的思考：是否能预见并能负担起这些成本，或者换句话说就是性行为的后果；还要考虑使用减少负面结果的手段，比如安全套，避免意外怀孕和感染性病、艾滋病。性爱是参与者充分合作才能产生“效应”的人生体验，要达到理想境界必须具备两个先决条件：一是双方不能逃避其应负的责任；二是彼此都要明白身兼施受的双重角色。就是说，性行为的伙伴都在追求同一目标，这种特性使性爱和一般日常活动尤其是商业交易有所不同。性行为与生俱来，但具有强烈的理性成分，比如艾滋病令人们在性爱方面较为谨慎。

一句被经济学家广为引用的话：对婚姻体制内的交易双方来说，性像一块永远嚼在口里的口香糖，它的好处是随时有东西让你咬，不至于空虚，不至于闲得牙疼；缺点是越嚼越无味，牛皮糖嚼成牛皮鞋垫，到最后就成了一种纯粹的习惯。“七年之痒”的说法，不仅说明交易双方对单一产品、无差别服务的厌倦，也证明了性资源使用中的边际效用递减：开始时双方拉拉手精神抖擞，亲一下浑身颤抖，到后来拉得越多、亲得越多，爱情就变得平淡无味了，双方也就没有吸引力了。

性行为也成为结婚的一个主要原因之一。康德认为婚姻的意义就在于“合法使用对方的性器官”，薛兆丰说婚姻是“终生批发的期货合同”。另外，婚姻中的性行为具有更多的优势，即少了更多的成本。优势主要在于两点：一是成本小，没结婚的两个人需要两张床，结了婚就只需要一张；二是性价比高，不用冒着危险去搜集一些色情图片、网站来满足私欲，而这些可以在婚姻体制内得到满足。

性行为能产生“效用”，普通商品或服务便没有分别，这等于说，绝对理性的人，其性需求的数量与价格成反比。经济学家屠洛克认为妓女经营生意一定不能忽视这条原理，要想多接客就得价格合理。

娼妓这门“最古老的行业”所以能够在政府禁止下（娼妓合法化的国家不多）蓬勃发展，根本理由当然是需求永远存在；娼妓一旦获得政府颁发符合卫生条件证书及商业牌照，嫖客的成本大为降低，大大强化了她们相对于非妓女（情人、女朋友及妻子）的竞争地位！

上面的分析是在把爱情、浪漫和道德从性行为中抽离，同时亦以不包含价值判断成分的实证主义经济学视角下的观点，细想一下，也不无道理。

和谁结婚最“划算”

结婚是年轻人走向新生活的开始，要组织一个新的家庭，有更多的生活压力，要生儿育女，为日常的生活而奔波、劳累。成立一个新的家庭，年轻的夫妇就得靠自己筹划日常生活，靠自己抵挡外面的风风雨雨，靠自己赚取收入，将来还需要为自己孩子的事情操劳、分心。所以，结婚是一个人的终身大事，往往关系到一生的幸福，正确的选择十分重要。俗话说：“女怕嫁错郎。”其实，男也“怕娶错妻”，起点错了，结果必然大相径庭。况且，结婚可不是买商品，款式和大小不对可以换，有些商品可以保修一段时间，可以退货。婚姻可不容易换，也不能保修，更不容易退货。

不同的时代、不同的人群找结婚对象也各不相同。过去，找结婚对象讲究的是门当户对，为什么需要门当户对呢？因为，结婚就像是开个股份公司，女孩嫁给男孩，就是选择一个东家，这个东家的发展前途怎么样，新开办的“公司”能不能越做越大，关系到她一生的幸福。男方也是如此，娶一个妻子也就等于吸纳了一个最大的股东，吸纳一个占据一半股份的股东进来，能不能提高整个家庭的规模和效益，能不能增值，也关系到其一生的幸福。门当户对就是实力相当的公司之间的产权重组，这种重组不仅可以相互利用对方的优势资源，达到一加一大于二的效果，而且不会引起太多的纠纷。门不当、户不对，就使门第高的一方会担心门第低的一方过多地分享其财产，甚至还会产生更多的担心，而门第低的一方又担心门第高的一方会欺负自己。

在农村，过去做媒婆的人总是把男女双方找对象看成与买卖小猪、小牛一样的过程。以前，我觉得这种媒婆太俗气、太势利了，后来才觉得人家说得有道理。买小猪主要看的是其胃口好不好，胃口好，长得快，升值潜力大，投资才划得来；买小牛主要看其腿和肩是否结实、粗壮，结实的小牛，耕田才有力气，升值潜力大。在农村，男人从事的主要是体力劳动，妇女主要是生儿育女和料理家务，所以，女方需要男方像小牛一样粗壮，能干活、赚钱，男方需要女方善于料理家务、处理人际关系、生养孩子。

其实，现代社会，结婚与开股份公司是一样的道理，男方娶妻子，也是一项长期投资，既然是投资，就会追求收益的最大化，追求婚姻边际效益的最大化。对于男人来说，选择婚姻是一生中最大的风险投资。如果选择一位其家庭可以和自己相互补充的妻子，自己的不足可以得到女方的补充，从而增强家庭的整体经济实力；如果选择一位家庭优势和利益相互抵触的妻子，那么，其家庭的经济实力将可能逐渐下降，得不偿失。对于女人来说，选对象如同选“绩优股”，选择一位知识、能力、财富等方面都有升值潜力的东家，自己的一生就有了依靠，一生的幸福就有了保障。这种形式很像股份制公司的婚姻形式，在婚姻中，男女双方投资或注册资本分有形资产和无形资产两种。男方投资一般表现为有形资产，如现金、房产、车辆等硬通货，还有诸如门第、声望、社会地位等无形资产。女方投资一般以青春、美貌、品德等无形资产为主，当然，现代社会中，随着女性经济地位的提高，女方自带嫁妆等有形资产的情况也越来越普遍。

现代社会的婚姻，经济成分所占的比重最大，就像规模差不多的两个公司合并，所以，应该门当户对，因为只有背景相当、资历相当才能比较匹配，最佳的方式当然是强强联手或优势互补。而且，结婚不只是两个人的事，和一个人结婚意味着和一家人结婚，结婚后要叫一个什么样的人做妈，和她为什么要选择你这样一个人做女婿，结婚之后有什么样的朋友圈、关系网等都很重要，非感情的因素也很多，如果男女双方的关系网能够通过结婚进行整合，产生更大的关系网，那是最好不过的事情了。所以，家庭背景相当也非常重要。容貌、表面的交流以及其他一些外在的东西容易看到，但两人在一起生活，就会暴露出许多从小形成的习惯，那些骨子里的东西是很难改变的，如果一方瞧不起另一方，就难免走上婚外情的道路。婚姻和恋爱不一样，它不能光靠感情的冲动，而是冷静思考的产物。

选择婚姻涉及财富、地位、健康、教育、相貌、年龄、性格、社会关系等因素，一般来说，门当户对也就是这些方面的对称。但互补的可能更好些，例如：有钱的男人与年轻、漂亮的女人；学历和能力高的男人与财富多、地位高的女人；年龄大的男人与年龄小的女人；外向的男人与内向的女人，或外向的女人与内向的男人；社会关系多的女人与能力强的男人；受教育程度高的男人与受教育程度低的女人等。优势互补可以产生婚姻“股份公司”的规模经济效应，整合双方的强势资源，最容易达到婚姻收益递增的目的，特别是当男女通过婚姻控制了稀缺性资源时，这种婚姻所产生的资源稀缺性优势很容易带来家庭财富的快速增长。

那么，是不是女人嫁个有钱的男人就一定好，男人娶个漂亮的女人就一定好呢？有钱男人的婚姻风险更大，因为有钱男人选择的机会多，变化更大些；漂亮的女人也是如此，即其婚姻风险比较大。相对来说，女孩嫁给有钱男人的风险更大，原因很简单，女人嫁的男人越有钱，越意味着其投资的收益很高，必然要相应承担更高的投资风险。男人娶个漂亮的妻子，其无形资产的收益也比较大，容易产生光环效应，其价值自然大，但是，男人也必然承担相当大的风险。

结婚可以大大降低生活成本

结婚可以大大降低生活成本，两个人的衣服可以一起洗，两个人的饭可以一起做，两个人的时间可以相互搭配，充分利用，两个人的劳动可以相互补充。和睦的夫妻能够优势互补，充分发挥两个人的长处。比如洗夫妻两个人的衣服，不管是用手洗还是用洗衣机，都只多增加一点劳动、水、电等，比原来两个人单独洗衣肯定要省许多，就连洗衣机也可以少用一个；做饭也是如此，增加一个人的饭菜只是稍微加点数量而已，天然气、时间、油盐等成本并没有增加多少，比分开做饭也要省不少，两个人一起可以少买一个冰箱，而且，两个人可以多做几个菜，一起吃饭味道也增加了不少；两个人可以少用一张床，少用一套橱具，少用一台电视机等。男女做家务各有所长，分工合作，男人有力气，多干些清洁、打扫、搬运等体力活，女人更细心，多干些整理、洗衣、做饭等细致的劳动，能够达到利用各自优势资源、降低成本、提高效益的目的；走亲访友，两个人一起，可以起到一块钱当两块钱花的效果；夫妻二人一起购物，可以发挥各自的优势，一起商量、挑选，更容易买到价廉物美的商品。这种成本的节省，一天两天可能省不了多少，日积月累，经过十几年、几十年，省下的成本就相当可观了。

如下页图所示，横轴 L 表示时间，纵轴 C 表示男女的生活成本。为了简化一些，我们假定男孩 25 岁开始独立生活，女孩 20 岁开始独立生活，他们在谈恋爱和结婚之前已经独立生活了 5 年，两个人每天生活的直接货币成本都是 30 元，包括吃饭、洗衣、走亲访友、购物等，平均每天 30 元。一个月就是 900 元，一年是 10 800 元；二人每天的时间支出是用一个小时做家务，按每小时 10 元的

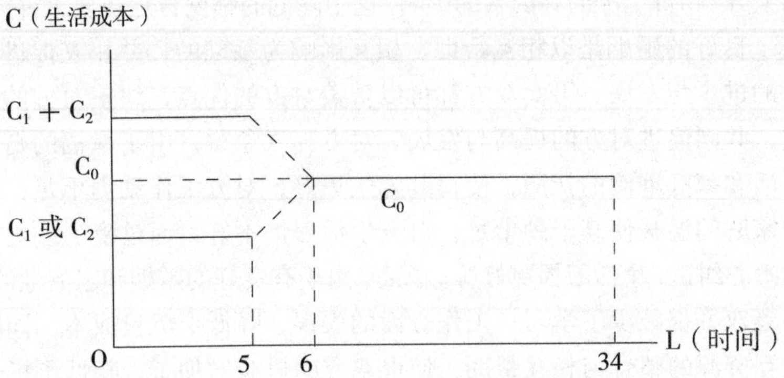

标准，其时间成本各自都是 10 元，一个月的家务劳动成本换算成货币就是 300 元，一年就是 3 600 元。一年的总成本是 14 400 元（C_1 或 C_2），5 年就是 72 000 元。二人谈恋爱的时间是一年，由于谈恋爱时期的成本包括了部分对方的支出，不好计算，这里不予讨论。图中，$C_1+C_2=28\,800$ 元。

如果男方 31 岁、女方 26 岁的时候，男女结婚组建了新的家庭。由于二人一起分担家务，饭一起吃，衣服一起洗，其他的活动也各自分工又合作，从而使其日常生活的直接货币成本降低了。假定其夫妻日常直接货币支出是 40 元，这样算是比较合理的，因为两个人一起时的日常开支只比单独一个人时稍微多些，那么，夫妻一个月的生活成本是 1 200 元。由于时间可以相互利用，基本可以按原来一个人用于家务劳动的时间计算，即夫妻每天的家务劳动时间也是一个小时，则平均每人半个小时，也按每小时 10 元的标准，一个月是 300 元。生活总成本是 1 500 元，其一年的生活总成本就是 18 000 元（C_0），平均每人 9 000 元，比独身时的生活总成本 14 400 元降低了 5 400 元。从图中，我们可以看出，C_0 比 C_1 和 C_2 都只稍微高些，即夫妻二人的生活总成本比单独每个人的成本稍微高些。如果我们算到他们退休时为止，男人 60 岁，女人 55 岁，一共是 34 年，34 年时间结婚比独身的生活成本共降低了 183 600 元，整整 18 万多元。这里是静态分析，按不变价格计算的，如果加上工资收入和生活费逐渐上升、物价上涨的等因素的影响，这个降低的幅度肯定还要大许多。

良好的婚姻是以相互帮助、相互影响为基础的，并相互促进对方的进步与发展。男女双方都可以赞美对方的优点，纠正对方的缺点，共同促进对方的提高与发展。对方脾气急躁，由于幸福的婚姻生活和家庭港湾的抚慰，使得其脾气更好；对方工作动力不足，由于家庭的温暖使其干劲十足；对方生活习惯不好，通过妻子或丈夫的悉心纠正，生活习惯更好等。总之，由于有良好的婚姻和家庭港湾，夫妻双方都减少了学习、工作方面的失误，降低了沉没成本，同时相互资源的整合与相互帮助，使得双方的机会增加了，降低了机会成本。这些当然无法通过货币来计算，但夫妻双方可以切身感觉得到。

娶了老婆失了什么

有所得必有所失，世上的事情总是这样，你要得到什么，就要失去些什么，天下没有免费的午餐，这句话同样适合于男女的婚姻。首先，结婚需要付出一定的直接货币成本或物质成本。在农村，男方去女方家相亲，一旦把亲事定下来了，就需要支付一定数额的定金，少的需要几百元，多的需要几千上万元。然后，还要打发女方的亲朋好友，还要办喜酒，逢年过节还要给女方父母及其亲戚送礼，遇到女方家做什么喜事，也需要做一个大红包，岳父大人的一些体力活也需要不时帮忙干些。有的女方在谈条件时，会要求男方为女方准备物质上的东西，如结婚金戒指、金项链、金耳环之类的东西，甚至要求男方盖好新房子，才肯嫁过来。城市有些不同，但也需要男方为她买些金银首饰之类的东西，要给女方家长和亲戚送些礼物，办喜酒。光是这些，少的需要几万元，多的需要十几万元，甚至几十万元。当然，现代社会，也有一部分经济条件比较好的女方会带些嫁妆，这就是女方的固定资本投资了。

婚姻就像个股份公司，但婚姻这种“股份公司”与真正的股份公司相比又有所不同，结婚证书不是经济合同，而是责任和义务的合同和保证书。即使在过去没有结婚证书的时期，婚约一旦定下来了，就是男女双方权力、责任和义务的开始，以前由长辈监督晚辈的婚姻责任和义务履行状况，信仰基督教的人要向上帝保证自己将履行其责任和义务。所以，婚姻也可以说是一个枷锁，或一个牢笼。钱钟书在《围城》一书中说："城外的人想进来，城内的人想出去。"其意思也就是婚姻对个人有一定的束缚作用。

一个男人结婚了，就需要对妻子忠诚，如果还想拈花惹草或做一些其他的不轨行为，必然引起妻子的反感和愤怒，导致婚姻关系出现紧张，小则受到妻子冷战对付，或大吵大闹，大则引起离婚和孩子受伤害等严重问题。而因为这种不光彩的事情离婚，男方的物质和精神损失都会很大。男人还需要对自己的妻子在生活方面多加照顾，需要关心、体贴、爱护妻子，才能换来婚姻的幸福，要不然，妻子会认为丈夫不喜欢自己，生活的磕磕碰碰就会增多。需要多花不少时间陪妻子购物、逛街、逛公园、玩牌等，需要花时间和金钱养育和照顾孩子。多花了这些时间和精力，有可能影响其与原来朋友的交际时间，没有那么多的时间陪老同学和朋友玩了，失去了很多自由。如果是妻子脾气不太好，夫妻之间常常磕磕碰碰，不时吵架，又会造成自己精神的损失。这些都是男人结婚后的机会成本，也是隐性成本。有些爱好自由的男人受不了这些机会成本和隐性成本的折磨，就容易从婚姻的围城内冲出去。当然，夫妻关系比较紧张的，还可能因为夫妻之间的吵架而影响工作时间和工作效率，产生误工成本，形成直接的经济损失。

女人的青春比男人更值钱，因为女人更容易老，女人四十豆腐渣，男人四十一朵花。所以，女人一旦结婚，其青春和美貌的损失是很明显的，一生就陪着一个固定的男人生活，其大好的青春年华就全部搭进去了，也形成巨大的机会成本或隐性成本，漂亮的女人这方面的损失更大些。女人也需要花不少时间陪丈夫，照料自己的公婆，损失一些与其原来的亲戚朋友的交往机会，损失不少孝敬自己父母、与父母团聚的机会，也形成了机会成本或隐性成本。如果遇到脾气暴躁的丈夫，或者歧视自己的丈夫和公婆，还要暗自伤心，产生精神的损失。如果夫妻经常吵架，也会在一定程度上影响自己的情绪和工作，不仅形成隐性成本，还可能形成直接的经济损失。

男女的婚姻也要承担一定的风险。首先，有可能承担离婚的风险，如果婚姻不够牢固，不得不离婚时，男人离婚必须与女方平分家产，富裕的男人这方面的损失比较大些，如果有孩子，孩子的抚养问题、孩子的成长问题、孩子的心理健康问题都要受到一定的负面影响。女方离婚，也会形成一定的青春损失，造成隐性成本。所以，夫妻双方都要承担一定的工作、生活和精神压力，尽量降低婚姻的风险损失，即使脾气不合，常常吵架，也得自己担着。夫妻一方生病了，需要对方照料，需要付出金钱，有时，如果得了大病，所付出的物质和精神损失都比较多。甚至于一旦其中一方得了什么大病时，一家人的经济水平迅速降低，而孩子的负担就降到一个人的头上。极端的情况下，一方去世，另一方的生活和工作压力必然迅速增大，一家人的风险由一个人来承担。而且，某些未来的风险，任何人都无法预测。要承担未来的风险，也是一种机会成本，因为，假如她(他)当时不是和这个对象结婚，就不需要承担这种物质和精神的损失。正是因为这样，婚姻合约强调的是双方的责任和义务。

结婚是男女的资源重组

人们为什么要结婚？单从经济学的角度考虑，人们很容易会想到一个词“规模经济”。更重要的因素是具有不同专业化优势的、在能力与收入方面差别很大的互补的男性和女性，可以通过婚姻的形式，使自身及双方的收益达到最大化，这是婚姻存在的真正理由。除了分工可以节约总的劳动时间以外，互补性在婚姻中也占了重要的位置。我们在生活中经常看到，生意上成功的男人与漂亮妩媚的女人结婚；受过高等教育的男人与温柔而有教养的女人结婚；事业型女人则与家庭型男人结婚。实际上，互补性使结婚呈现一个双赢的局面，无论对男性还是女性都是如此。

男女结婚是开个股份公司，通过结合实现了资源的重组。那么，男女的结合实现了什么样的资源重组呢？首先是实现了物质资源的重组。包括男女两个人原来拥有的东西放到一块去了，比如原来两个人都有床铺、冰箱、洗衣机、柜子、书籍等，有多的，可以送给双方的父母、亲朋好友，或者便宜卖掉。两个人的存款可以一起规划使用，可以省下不少开支。少数男女双方都有房产，结婚了，有一套房产就够了，多余的那套可以出租、卖掉，使其固定资产得到了更有效的使用。有的女人原来家庭条件好，结婚带去一些嫁妆，也给男人增加了不少固定资产。如果男方经济条件好，有宽敞的房子，齐备的家当，女方一去就可以马上享受这些物质资源带来的好处。如果夫妻二人都是书呆子，书籍不少，又是学不同专业的人，其书籍放在一起，为两个人增加了藏书。如果男女双方属于不同的部门，一个在国有单位工作，一个在外资企业工作，在国有单位的一方有住房等福利待遇，在外资企业的工资高，这种家庭的物质资源重组就实现了最佳效益。

结婚也实现了二人的人力资源重组。不管夫妻双方人力资源相差是大是小，其人力资源合在一起，就可以实现资源的重组。教育程度高的男人与教育程度低的女人结婚，男人原来的家务劳动，妻子会承担更多些，因为丈夫的时间价值更高，妻子多做些家务，可以让男人实现更多的价值，丈夫还可以帮助妻子提高教育水平；外向的女人与内向的男人结合，女人可以为丈夫打开人际关系的局面；能力强的男人与财富和地位高的女人结合，男人可以更充分地发挥其能力，为双方增加更多的财富，其地位也更容易得到提高；年龄大的男人与年龄小的女人结婚，男人的成熟稳重与女人的活泼可爱可以相得益彰；能力强而不爱打扮的男人与气质好的女人结合，女人可以改变男人的形象，使男人得到更好的发展机会；创业的男人与贤惠的女人结合，男人可以全身心地投入到创业中去，女人悉心照料丈夫和孩子，使家庭既富裕又温馨。

男女的结合，还可实现二人的信息资源重组。比如，男女属于不同的单位，一个在国有单位工作，一个在私营部门工作，二人所在单位的信息就可以实现互补：一方可以从另一方了解私营部门的状况，有利于更好地开展工作；另一方可以从对方了解国家的方针政策及其他相关情况。男女双方在不同的单位工作，往往双方的信息可以互补，相互借鉴。学不同专业的男女结合后，也可以实现信息资源的共享和相互利用，由于两个人都对其专业领域的信息掌握更全面，相互借用，可以扩大其信息资源，起到一加一大于二的效果。

男女结婚后，还可以实现人脉资源的重组。男女结婚在某种程度上就是男女双方所有社会关系的结合，使双方的人脉资源基本上扩大了一倍，如果整合得好，可能不止一倍。那么，这个家庭需要亲戚和朋友帮忙的时候，男女双方的社会关系都可以及时调动，如果男女双方家庭原来的人脉资源都十分丰富，这种人脉资源的重组就是强强联合，可以最大限度地实现规模经济。

一般来说，男人的财富和地位是男人的主要资源，而女人的容貌和青春则是女人拥有的主要资源。如果，我们从经济学的角度将婚姻看做是一种持续增值的经营活动，那么“门当户对”、“百年好合”也就是要求双方都可以给对方的增值提供优势资源。相反，贫贱夫妻的结合，意味着双方都无法对对方的增值提供优势资源，其结果往往是持续的贬值，甚至于未来日常的生活细节打打闹闹，最终使双方失去耐心，成为悲哀的、不幸的、失败的婚姻。

什么是男女婚姻中最稀缺的资源呢？有人因为寂寞结婚，那么丰富的生活就是他（她）稀缺的资源，他（她）所选择的对象就不应该是个沉默寡言的人；有人因为贫困结婚，那么财富就是他（她）稀缺的资源，他（她）会首先考虑富有的异性；有人为了政治前途结婚，他（她）的目光会落在官宦子女的身上，政治权力就是他（她）所要的资源；有人为了美貌结婚，那么其就会找一个年轻漂亮的异性。

结婚的收益正是来自于男女之间优势资源的整合。美国的婚姻问题研究者通过近 25 年的调查发现，当问到美国人评价他们的生活质量时，最珍视的是什么时，“婚姻”总是答案的首选，先于朋友、工作和金钱。而英国的研究人员给出了一道财富婚姻的方程式：拥有爱情或美满的婚姻所带来的年收入或幸福程度相当于男性收入的167%，而离婚或者丧偶对于女性的打击相当于失去工作的4.25倍。甚至有人说："现在是夫妻共同创业赢得财富的时代。"的确，夫妻优势资源的重新整合，不仅可以产生规模经济效应，更容易产生一种优势资源效应，使其整体资源在市场上更加稀缺，而一旦家庭控制了资源的稀缺性，其财富必然迅速增值。

从"七年之痒"看婚姻

有人说婚姻是爱情的坟墓，两个人在谈恋爱时，花前月下，恩爱有加，卿卿我我，浪漫有余，其身心何其愉快。但一结了婚，往日的爱情温度逐渐降低，一方追求另一方的热情没有了，而日常生活的琐事常常搅得夫妻二人心烦意乱，为工作、为生活而奔波，使夫妻二人都没有那么多时间放在两个人的感情上。夫妻生活已经过了7年，或许，孩子也快到上学的年龄，有的开始上小学了，这时，夫妻二人进入了中年时期，工作的压力、生活的压力是一生中最大的事情。上有老，下有小，男人也到了开始事业收获的时期，如果仍然一无所成，即使妻子不说，自己的心理压力也会增大。当爱情在婚姻的长河里从起始的热烈、激情肆意到慢慢地平淡、水波不兴，当夫妻由于生活的重压、琐碎的杂事、孩子的出生等原因，从恩爱有加慢慢到冷漠、缺乏激情，我们拿什么来维持我们的婚姻呢？这时，一部分人可能感觉到婚姻就像是一个枷锁，是围城，有的就想从婚姻的围城中冲出去。所以，"七年之痒"是婚姻最容易出现风险的时期。

那么，婚姻的风险是如何产生的呢？应该说，人们结婚在很大程度上是冲着对方的稀缺资源来的。有人冲着对方的财富结婚，有人冲着对方的地位结婚，有人冲着对方的美貌结婚，有人冲着对方的才华结婚。通过几年的婚姻生活，对方的稀缺资源在很大程度上满足这个人的欲望，对方的稀缺资源已经不再稀缺了，因此，这些资源在其心目中的吸引力也可能逐渐降低。在这种情况下，如果不采取其他的措施来弥补相互之间的距离，婚姻的风险自然增大。

最主要的因素就是夫妻双方的平衡可能被打破。如果丈夫结婚后，妻子全身心地做一个贤妻良母，把所有的时间用在家庭上，自己的经济和社会地位完全依赖丈夫，而丈夫由于全身心投入工作，工作十分出色，社会经济地位迅速提高，接触的异性也越来越多。这时，夫妻双方原来的平衡被打破，如果这个男人经不起诱惑的话，婚姻的风险自然产生。也有妻子首先打破平衡的，如果年轻漂亮的妻子以前是冲着男人的地位、学历、户口来的，她找这么一位老实巴交的丈夫只是为了在城市里谋得一席之地，活泼外向的妻子随着交际圈的扩大，逐渐发现身边的男人窝囊无能，其婚姻自然产生风险。这两种情况都是一方的边际效用在上升，另一方的边际效用在下降，夫妻之间的平衡被打破，而产生婚姻风险。

真实的世界里，我们常见到这样的情况：爱情还有，温馨全无，离婚仍远。他或她，在对方的眼里已经变了，有两种情况，一是对方真的变了，二是自己变了，从而看对方的位置也变了，双方的吸引力正在递减。

在一个家庭中，家庭权力也是一种资源，而夫妻吵架的原因就是资源的分配不公。家庭资源的分配绝对不能以为平分秋色就是公正，就会是和睦的保证。妻管严的家庭不会吵架，这时妻子拥有绝对的家庭权力资源。绝对夫权制的家庭，妻子的反抗就是“忍气吞声”，也不会有吵架。多数的家庭表面上是共同掌权，实际上是“分庭抗礼”。有资源分配的地方，就有不平衡，家庭的不平衡似乎只有通过吵架来调节。“家丑不可外扬”，这一下就堵塞了外部力量调节的可能性，更何况“清官难断家务事”，于是产生婚姻风险。

现实中很多情况下，夫妻保持着婚姻的外在形式只是为了孩子。对于幸福的婚姻，孩子增加着双方的幸福程度；对于不幸的婚姻，孩子只是保存着婚姻形式本身。孩子增加了双方共享的不可分割资源，有利于增进了夫妻感情，也增加了夫妻离婚的成本。

要降低婚姻的风险，必须正确看待七年之痒。在自己的稀缺资源减少后，能不能增加别的稀缺资源。比如，对方是冲着自己的年轻、美貌结婚的，这种男人如果很有钱，更容易花心，要维持这种婚姻就需要寻找其他对方需要的稀缺资源。如果对方对女人的气质也有比较大的偏好，可以着力提高自己的气质，或者通过其他方面能力的增长来增加自己的吸引力。夫妻双方原有的平衡被打破后，如何维持一种新的平衡，需要自己认真分析，找到自己吸引力下降的原因，多渠道增加自己在婚姻中的砝码。比如，寻找对方的心理需要，让自己对对方的关心最适合其心理需求，或者把孩子培养成才，让对方更爱孩子，以孩子的成长平衡夫妻之间的关系等。

不管年龄多大，性生活在维持婚姻关系中始终占有重要地位。根据美国的一项调查，夫妻之间的性生活从每月一次增加到每周一次，其幸福值的递增，相当于在银行存入了 5 万美元。长期的有性婚姻关系每年提供的幸福感大概值 10 万美元，而无性的婚姻和离婚者在感情上的损失每年是 6.6 万美元。女性更看重性生活所带来的幸福感。所以，维持适度的性生活，并提高性生活的质量，自始至终是降低婚姻风险的主要途径。一般来说，更多的收入并不会买来性快乐，男人找妓女得到的幸福相当少。

有人说，“七年之痒”是婚姻裂变的窗口，又是两个人的大磨房，唇齿相依需要磨合，也许这磨合就是相互谦让，但是，这种谦让，不是妥协，而是爱的深度，真实的生活中有一种爱，是给予而不是麻木地接受，是一种对平凡生活的需求和适应。

夫妻过招：婚姻中的博弈

夫妻之间尽管由于各种不同的原因走到了一起，夫妻之间在生活、习惯等方面的磨合有好有坏。有的夫妻恩恩爱爱，和和睦睦；有的夫妻时而磕磕碰碰，时而恩爱有加；有的夫妻床头吵架床尾和；有的夫妻常常吵吵闹闹，但谁也离不开谁。不管夫妻之间恩爱的程度如何，夫妻毕竟不是一个人，是两个人，由于男女之间的差别、成长环境、性格、偏好等多种因素的复杂影响，夫妻之间在和的条件下，也有很多自己的小算盘。

最简单常见的就是夫妻做得久了，觉得老夫老妻了，也就是这个样子，平平淡淡，说“我爱你”好像没有这个必要，毕竟那是年轻人的事情。年轻时期，一到情人节，丈夫总忘不了给年轻、漂亮的妻子买束玫瑰花，浪漫浪漫。老夫老妻，就没有送花的必要。难道老夫老妻就不需要浪漫吗？并不是这样老夫妻也需要不时来点浪漫。有了浪漫，夫妻二人都会心情愉快，两情相悦。如果一方对另一方做出的传情表示或友好表示，没有任何反映，就会刺伤对方的感情；当一方对另一方进行婉转的表达时，也许对方理解错了其意思，就会对其另一面的话语根本不在意。当妻子在丈夫在场夸别的男人多么帅时，其潜台词可能是丈夫不能老盯着漂亮女人看，或者丈夫需要改善一下自己的形象；当妻子说某个男人很善解人意，嫁给他的某某女人真幸福时，其言外之意是丈夫对她的体贴不够；当男人在妻子旁边说某个女人的衣服很漂亮时，其潜台词是妻子需要打扮得更好些。

夫妻之间的较劲主要的是对家庭控制权的较劲。丈夫占绝对控制权的家庭，妻子只是服从和让步，只要这个控制权始终维持，家庭就比较稳定；妻子绝对控制的家庭，丈夫也只能忍让。更多的是夫妻双方谁也控制不了谁，二人的实力相差不大，或时高时低，特别是两个人都有工作、有收入的“双薪”家庭。在这种家庭，对家庭控制权的明争暗斗就可能在夫妻之间展开。现在，我们假定这对夫妻是实力对称的，见下图。

如下页图所示，我们假定这对夫妻为争夺家庭的经济控制权而较劲，由于两个人都有工作，有收入，其控制权就是争夺保管存款的权力，如果一方交出其存款权，得－10，另一方也交出银行存款权，也得－10；如果一方不交出，另一方交出，不交的一方得100，交出的一方得$-\infty$；如果双方都不交出存款权，双方都得0。在这里，夫妻双方展开的是控制家庭财产权的算计，所以，一方交出，而另

妻子 \ 丈夫	交出	不交
交出	−10 −0	100 －∞
不交	－∞ 100	0 0

一方不交出，因为，交出的一方，其财权被对方剥夺了，只能在用钱的时候向对方要点钱用，一方交出存款权，另一方就不用交出，交出的一方就是最大的损失，得－∞。如果两个人一起交出存款权，大家共同保管，大家都有一定的损失，所以，各得－10。夫妻二人的收入各管各的，各用各的，二人都得0，谁也没有得到好处。

有的夫妻都会交出财政大权，时而你管，时而我管，或者不分彼此，相互之间多支出、少支出从不计较，这种比较恩爱的、双方都宽宏大量的夫妻，就没有为争夺家庭中的财权较劲。有的夫妻实行AA制，各管各的，各自的亲朋好友各自打发，互不干涉，孩子的上学费用、两个人一起的请客送礼费用、家庭购买大件商品，两个人都平均分摊。调查数据显示，在“谁拥有家庭实权”一项上，中国的家庭中31.3%的家庭实权掌握在丈夫手中，52.6%的家庭是“差不多”，只有16.1%全部由妻子做主。

夫妻之间的较劲还可能在孩子身上展开。比如，丈夫为孩子买了个玩具，孩子乐坏了，妻子觉得丈夫是在笼络孩子，怕孩子偏向丈夫，妻子就可能抽个机会，带着孩子去麦当劳吃一顿，然后，跟孩子说：“是妈妈好还是爸爸好呀？”如果孩子乐开怀地回答说：“妈妈好。”妻子还可能下回带着孩子再去吃麦当劳或肯德基。

夫妻之间还可能在孩子的教育问题上较劲。比如，男人认为：“打是亲，骂是爱，不打不骂是祸害。”要对孩子严加管教，孩子学习成绩不好，打孩子屁股，骂孩子说："这么懒惰成性，长大后看你怎么去娶老婆。"妻子看到孩子被丈夫打骂心疼，赶紧护着孩子，拉着孩子到一边说："我的乖乖儿听话，成绩差点不要紧，以后你准能超过别人，可别学你爸那样懒惰。"有的丈夫要求子女学好数理化，长大后一定会有出息，而妻子又要求子女学好电脑、外语，学电脑、外语赚钱多，长大后找工作容易。在这样的环境中，孩子左右为难又疲惫不堪。

日常生活中夫妻之间的较劲更多：买东西，妻子想买价廉物美的，丈夫想买名牌商品；去旅游，妻子要去桂林，丈夫要去看一望无际的草原；过年过节请客，她想先请她的姐妹们，他要先请他的哥们儿。在夫妻俩意见不统一的时候，可能一方先让步，下一回对方又可能让步，如果两个人都不让步，就会吵架。夫妻生活是一门艺术，恩爱和睦的夫妻需要双方的谦让，相敬如宾，相互体贴。

少年夫妻老来伴

人们为什么要结婚呢？结婚有几个目的，一是为爱情而结婚，二是传宗接代，三是为年老时寻求一个保障。

人们最担心的就是老年时期的保障问题。人都是风险规避者，或风险厌恶者，同样的利益，有风险时，其利益会缩小，虽然实际上没有缩小，但对于风险厌恶者来说，在存在风险的情况下，原有的利益必然缩小。如果某人去打工，老板按日支付工资，老板要这个人选择两种工资领取方式，一种是每天下班后领取50元，另一种是通过抛硬币决定的方式，国徽向上时领取100元，国徽向下时没有工资。两种工资领取方式任由这个人选择。其实，不管按那一种方式支付工资，老板并没有占便宜，员工也没有吃亏。对于风险厌恶者来说，后一种工资领取方式所产生的效用低于前一种。

人在年轻的时候，身体上有点不健康去医院看看就行了，吃穿住用行都可以靠自己，单独一个人虽然孤独一些，不过生活没有什么问题。但到老的时候，总免不了内脏出现这样那样的毛病，一不小心骨折，一不小心又感冒发热。人老的时候，自己照顾自己的能力减弱，有点什么毛病，要躺在床上休息，有时饭菜也不能自己做，这时，才感觉到身边有人是多么重要。自己的配偶朝夕相处几十年，自己的冷暖、喜好、身体方面的欠缺、习惯等，自己的配偶最清楚。所以，越是年纪大的人越觉得自己身边的配偶才是年老时陪伴、照顾自己的最好人选。

也许有人会说，儿女不也可以在自己年老的时候照顾自己吗？不管生活富裕还是贫困，儿女总是要成家立业的，等自己年纪一大把的时候，儿女也有了自己的家庭，有自己的孩子需要照顾。而且，老年人和年轻人在心理和习惯等方面存在许多差别，这种差别会影响他们相处。老年人最怕心理上的孤独，需要有人一起说说话，再怎么好的儿女，能在心灵上与老人沟通的并不多。儿女也不可能与自己睡一个床铺，自己半夜需要什么照顾的时候（例如心脏病人），叫儿女过来就不是那么方便。正是因为这样，很多夫妻年轻时磕磕碰碰，似乎是冤家，可是，到年老的时候，曾经的冤家夫妻倒是和睦得很，可以一起逛公园、逛街。年轻的儿女要学习、工作，还要照看自己的孩子，哪有那么多时间来照顾父母？年轻人与老年人多少都存在代际隔阂，而老年人最需要心灵的沟通，在这方面，自己的配偶比儿女更容易沟通。

所以，从老年人的身体保障方面来说，配偶的边际价值，即每个单位（年、月或日）时间的价值，会随着年龄的增大而逐渐增大。因为，越是年龄大的人，晚辈陪在其身边的时间越少，而老伴才是唯一可能时时刻刻陪伴在自己身边的人。没有老伴陪伴在身边的老年人更容易感到孤独，生活上的不便也更多。有些年轻人认为，只要多给自己的父母一些钱或其他物质上的享受就是孝敬父母，其实，父母更需要心灵的沟通，需要有亲人在身边说说话，减少孤独感。也就是说，只有最亲的人，特别是相濡以沫的老伴，才是降低老年人生命风险的最佳人选。

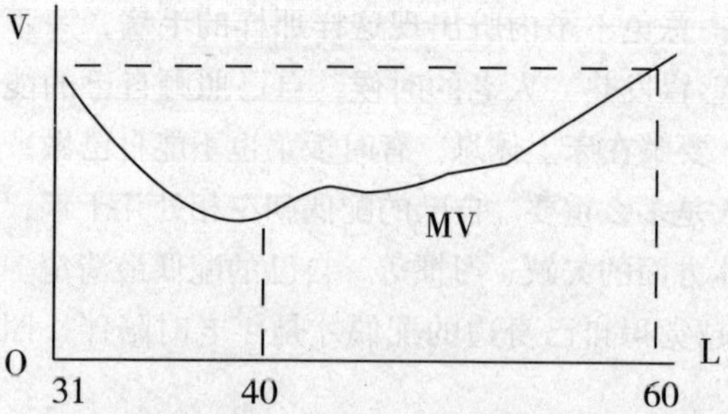

如图所示，横轴L表示时间或年龄，纵轴V表示配偶的边际价值，也就是配偶在每单位时间（年、月或日）所具有的价值。我们假定某个男人是31岁结婚的，其配偶是26岁。上图中，从左到右呈现如U形一样弯曲的曲线MV表示配偶的边际价值曲线。刚开始结婚的时候，由于存在新鲜感，配偶的边际价值很大，但随着时间的推移，特别是随着生养孩子、工作、生活等方面的压力加大，夫妻之间的磕磕碰碰增多，配偶的边际价值逐渐降低，结婚七八年时降到最低水平。再随着夫妻之间生活的磨合，配偶的边际价值时大时小，但基本上逐渐缓慢地上升。等孩子成年并结婚以后，夫妻快要退休了，这时，配偶的边际价值迅速上升，老两口相濡以沫更感觉到谁也离不开谁。这里，之所以年老后老伴的边际价值迅速上升，其中一个重要的原因就是年轻人更喜好冒险，而老年人最惧怕风险，是风险厌恶者。另外，人在年轻的时候要重新找个配偶比较容易，年轻人的异性市场供需两旺，而到了老年时期，要重新找个配偶就很难了。而且，两个人一起相处时间长了，相互之间都很了解，要照顾对方更容易，有老伴在身边可以大大降低自己的生命风险。这样，越是年纪大，配偶的价值就越高。由于老年时期风险增大，配偶更稀缺，所以，配偶的价值比年轻时期还要高很多，并且随着年龄增大，其价值迅速上升。

有些人在青壮年的时候，不会认识到自己身边的伴侣是多么重要，认为只要自己赚足了钱，年老的时候可以去敬老院养老，可是，在敬老院也不可能半夜有人时刻陪伴在自己身边，这时，才感觉到要有个相濡以沫的老伴就好了，可已经晚了。我们常常看到，那些在青壮年时期与自己的伴侣感情比较好的夫妻，随着年纪的增大，生活越有滋味，其生命的风险比那些感情不好的夫妻低很多。据专家预测，随着独生子女相继成家，50年后，我国老人家庭的“空巢”率将达到90%。这些“出门一把锁，回来一盏灯”的“空巢”老人，将面临生活困难、缺乏安全感和精神慰藉、孤单寂寞的生存困境。所以说，在生命的晚期，婚姻就是一个金矿，是一份无价的保单。

离婚、再婚的代价几何

为什么婚姻是一个长久性的契约？为什么男女双方不能通过协商决定，在一起共同生活一段时间，在各自发现了更好的伴侣后又可以分手，从而使双方的满足程度更高，使婚姻资源实现更有效的配置呢？

从某种意义上来说，传统的婚姻是这样一种合约，即丈夫或妻子可以起诉对方没有履行合约所规定的责任和义务，例如，妻子可以向有关部门反映丈夫没有履行赡养义务，没有履行抚养的责任。但是，任何的合约都不可能把所有双方需要履行的责任和义务用白纸黑字写出来。实际上，传统的婚姻大多数存在相互妥协、忍让的地方，而且社会和道德的制约因素往往限制人们进行更多的选择和更换。况且，在传统的婚姻中，男女的分工是一种天然的分工，男主外，女主内。配偶是其专用资本或固定资产，这种专职性，没有更多的取代余地，男人不可能让别的女人为自己洗衣做饭，照顾孩子。

但是，随着市场经济的发展，社会分工的细化，家务劳动完全可以从市场购买，可以到外面吃饭，可以把衣服拿到干洗店，还可以请保姆做家务。更主要的是随着社会越来越开放，人们的思想也更加开放。过去，中国人谈“性”色变，但现在，性在人们的生活中占据着重要的地位，婚姻也与性生活的满足程度息息相关，因为性是人最基本的生理需求。一些人为了追求性的满足感，找到自己的幸福，选择了离婚。再加上人们独立、自由心理的需求增强等因素，现代社会的离婚率逐渐上升。

2001年，“后现代社会”的日本离婚率才0.23%。而传统上一向注重家庭的中国社会，离婚率却逐渐上升，1980年，中国的离婚率为4.75%，到了1997年上升到13%。其中，上海在过去的20年中，离婚率增加了20倍。

但是，离婚和再婚的代价到底有多大呢？要知道，配偶和市场上的商品有很大的不同，商品是物，没有任何感情，商品的所有权可以经过多次转换，只要商品的质量没有损坏，就还继续保持其原有的价值。而配偶是一个能动并有丰富感情的东西，所以，其所有权的转换涉及许多复杂的社会因素，包括社会关系和伦理道德因素，由于存在这样一些社会因素的约束，要转换爱人的所有权，其交易成本必然很高。结婚要付出50%的收入，离婚也要按这个标准来分割共同财产。我们假设一个人月收入3000元，工作10年的总收入是36万，如果离婚，对方就要分割18万元的财产。美国已故歌星迈克尔·杰克逊，生前每年要付给前妻300万美元，有一次差点就破了产，所以，在这方面，富人吃亏更大些。这是直接的经济损失，还有间接的机会成本和隐性成本，例如，夫妻通过打官司离婚，不仅要付出诉讼费，还要承担精神的煎熬。而社会和伦理道德方面的谴责也会使夫妻双方都受到相当程度的精神损失，如果一方离婚后的所得没有得到满足，另一方还可能调动其社会关系因素对其前配偶施加压力，甚至于经常干扰前配偶的工作和生活。一旦这种社会伦理道德因素的影响扩大，还可能影响其工作效率、职务升迁及未来财富。

夫妻双方都是通过在巨大的竞争性市场进行一番比较后才选择了自己的配偶，一个人一旦结婚了，对方就是其专用的资本或固定资产。结婚后要想再换配偶，其交易成本很高，而且，此时与原有配偶相处的生活经验对未来的生活毫无价值，甚至会成为一定的阻碍。使人最担心的是，新选择的配偶，不管其优点是多么好，但她（他）不是原来配偶所留下的孩子的亲生父母。既然这样，男女离婚必然祸及孩子，不仅影响孩子的经济状况，更主要的是影响孩子心理等各方面的健康成长。如果父母把孩子作为未来的财富，那么，离婚对孩子的影响所产生的隐性成本是很大的，到底有多大，目前还没有数据证明。

再婚的代价又有多大呢？如果一个男人与原来的妻子离婚，又和另一个女人结婚，在没有孩子的时候，可能代价低些，但他还要分割一部分财产给原配偶。同时还要承担社会舆论和道德的谴责，产生一些隐性成本。不过，对于一些有钱的男人（女人）来说，付出这样的成本，他（她）认为值得。年幼的小孩提高了离婚者寻找另一位配偶的成本，并明显减少离婚男人和妇女再婚的净资源，由于这一原因，这些小孩提高了再婚失败的可能性。一些人选择与原来的配偶离婚，再与另一个女人（男人）结婚，也是遵循成本收益原则行事，如果其收益大于成本，就会再婚。

现在，人们依然从法律、道德和社会的层面来看待离婚和再婚问题，其实，这种问题主要还是经济问题，缩小贫富差距比单纯地限制离婚更能解决问题。在提高婚姻质量方面，与其从法律上加大限制，不如从缩小贫富差距上多下功夫。从统计数字上可以知道，婚姻质量较差的大多是暴富的富人，破坏他人婚姻的也大多是暴富的富人。

经营婚姻收获幸福

人们结婚的目的是希望从婚姻中获得最大化的收入。如果婚姻“收入”超过单身“收入”，那么人们会选择结婚，否则就会宁愿选择独身。结婚有收益，比如两个人可以互相照顾，或者获得社会的“正常”评价和认可，由于规模效应而节约生活开支等。但是，这种规模经济效应只是一种静态的效应，而动态的规模经济效应需要将二人资源重新整合与再利用，并且，通过这种再利用，产生更大的规模经济，就如股份公司发行股票，而股民看好股票的预期收益，共同推动着公司的规模扩大。

英国有一首民歌唱道：“褐发的姑娘有房还有地，金发的艾林达却一无所有。”

民歌所表达的意思很明确，为了钱而结婚不会有好下场，而娶一个美貌贤惠的妻子则不会有不好的结果。

斯密认为：一个人或一个社会追求的最终目的是幸福，财富是幸福的基础，但财富本身不等于幸福，对个人来说，幸福是一种感觉，它来自“心灵的平静”，而不是财富本身。只有当一个人有同情心、讲道德时，才会产生幸福感。对于男女的婚姻来说，夫妻之间只有在心灵平静的状态下，相互接纳对方，并把对方的利益看得与自己的利益一样重要，甚至更重要，处处为对方考虑，才能收获幸福的婚姻。男女的爱情不只是一种迁就和忍让，更多的是包容、相互促进、利他，多为对方着想，不仅从生活、感情上为对方着想，也要从经济上为对方着想。

现在，我们假定小明和小芳是一对年轻夫妻，小明的月收入是3000元，小芳的月收入是2000元。在他们没有结婚之前，两人只能花自己的钱，小明花他的3000元，小芳则用她的2000元。结婚后，两个人的钱可以放在一起，拿出一部分共同使用。这样，他们的预算线就从原来的水平提高到一个新的水平。

下图中，ab线是小芳结婚前的消费预算线或收入线，cd是小明原来的收入线，结婚后，妻子小芳将其月收入中的一半（1000元）拿出来交给小明用于家庭的开支，从而两人结婚后共同的预算线是AB线，它与新的、更高的消费无差异曲线AL相切于r点。丈夫由于得到了妻子的资助，其收入线和无差异曲线都提高了（AB>cd），夫妻二人再共同把资金用于投资，夫妻二人的收入线或预算线将不断向右移动，其消费无差异曲线也将向右移动。也就是说，夫妻共同经营自己的小家庭，不断将收入和消费水平向更高的方向移动，从而二人的幸福和生活满意度不

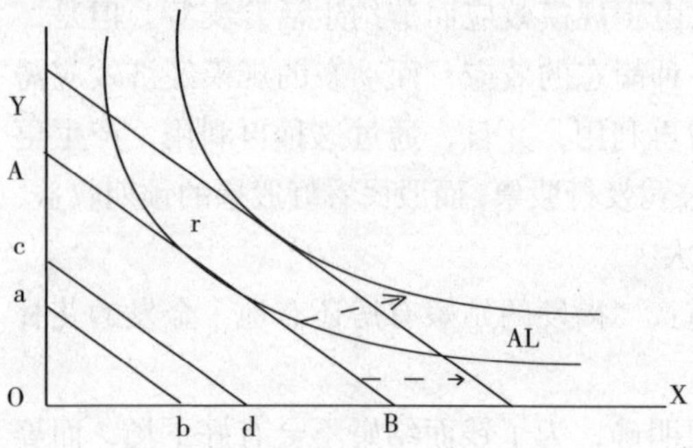

断提高。

这里只是从收入和消费上来探讨夫妻双方共同经营家庭的规模增值效应和资源整合效应。上面我们已经谈到，夫妻的资源整合包括人力资源、信息资源、关系资源、情感资源等，如果再加上这些资源的重新整合与夫妻同心的协同效应，收入和幸福的增值效应是十分明显的。而这些资源整合所产生的收入增值和幸福增值效应不太好分析。有时，可能一个信息资源的整合或关系资源的整合就可能在某个关键时刻产生迅速的增值效应，这里，偶然性的因素比较多，不予分析。

单从婚姻本身来说，婚姻对幸福有明显的促进作用。根据瑞士经济学家布伦诺·弗雷在其《幸福与经济学》一书中的研究显示，婚姻能显著提高人们的幸福水平，那些已婚者的主观幸福水平比未婚者、离婚者、分居者和鳏寡者的幸福水平都要高。婚姻和幸福之间的这种积极关系主要是由婚姻本身的一些积极作用所促成。婚姻能够提升幸福感的主要理由有两个。其一是婚姻能够提供额外的自尊来源，可以躲避工作和其他人际关系方面的压力，是一个有效的避风港，从而使个人在自己的社会定位上多了一个立足的基础。其二是已婚者更有机会受到那种长久亲密关系的支持，由于亲戚增多，又有儿女等，他们享受亲人的天伦之乐就足以使其身心更加愉快，从而感到孤独的时候会少很多。根据这位经济学家调查的瑞士情况显示，已婚者的生活满意指数达到8.36，分居者为6.33，鳏寡者为8.05，离婚者的生活满意指数为7.90，独身者为8.01。可见，即使没有夫妻双方资源整合所产生规模经济效应、收入增值效应、资源稀缺效应，单就婚姻本身来说也有利于人们幸福感的增加。所以，经营好自己的婚姻是一件回报率很高的事情。

第八章

家庭中的经济学

谁当家庭财政部长好

俗话说："不当家不知柴米贵。"一家人吃喝撒拉都需要开支，家庭日常生活的一些零零碎碎的家庭财务支出看起来不起眼，但日积月累，其数目并不小，怎样开支更科学、经济，怎样把日常生活的钱用得合理，都不是一件简单的事情。

随着收入的持续提高，当家理财的内涵也在不断扩大。以前，成为一名好当家人的标准就是看他或她对支出的掌控能力。而现在，温饱已经不再是家庭的头等大事，对当家人的要求更高了，能不能让家庭的资产保值增值，成为衡量一名当家人是否合格的重要标准。

家庭财政大权谁来执掌？是男人做主，还是女人做主？这是个老问题，也是新问题。很多年轻的朋友在谈恋爱的时候都很忌讳谈钱，觉得一谈钱就流于俗气。但在接受了众人的祝福，组建了小家庭，展开了另一段人生旅程之后，夫妻俩会发现，新的挑战也旋即展开。如何处理夫妻之间关于"钱"的关系是一项非常普遍的矛盾来源和争执重点。

家里的钱归谁管？重开源还是重节流？要不要买新房？生不生小孩？生完孩子以后如何积攒教育资金？如果有住房贷款、汽车贷款？这些问题该如何解决？两个人来自不同的家庭，有着完全不同的家庭背景、成长环境和消费习惯，往往容易在经济问题上产生一些分歧。

自古以来，“贫贱夫妻百事哀”，财务上的不健全或对用钱的看法不一，就像一颗不定时的炸弹，随时有可能彻底破坏双方的关系，而苦尽甘来，一朝荣华富贵后劳燕分飞的故事也时有所闻。所以，婚姻关系中必须处理好家庭经济问题，早一点在对待“钱”的态度上达成共识，总比稀里糊涂地为了钱而争执甚至分手来得好。确定好谁来当家，成熟理性地面对双方的财务状况，夫妻俩同心协力一起去应对人生当中的变量，才能实现更为和谐幸福的家庭生活。

不过，随着物质生活水平的提高，“当家理财”的含义已经悄悄发生了变化。在早些年物质较为贫乏的年代，如何节流是每个“当家人”最需要费心的事。开门七件事，柴米油盐酱醋茶，样样都需要开销，而每个月的工资收入就几十元、几百元，有些生活用品还需要凭票购买，一家人如何省吃俭用度过每个月，是当家人最头疼的问题。每一餐用几斤面粉，使用几两瘦肉票，是20世纪70年代当家人的主要功课。而从90年代中期起，随着市民收入的快速增长，每家每户日常的生活开支已经基本不用发愁，每个月能节余上千元、数千元甚至上万元的家庭也越来越多。如今，丈夫要去买个数码产品，妻子要去做个美容，基本已经不需要“报批再审核通过”，“房子、汽车和保险”成了“家庭新三大件”。

当家，这个数千年前已经有的名词，已经悄然从简单的记流水账把握家庭开支，慢慢演变为内涵更加丰富的“如何理财，如何投资，如何让家庭资产保值增值”。时至今日，当家的含义有了变化，对善于当家的“好手”要求，也逐渐有了变化。从传统上来看，女性当家的比例较高，因为国人都认为女性心思细腻，而且仿佛天生有一种“量入为出”的本领，通常善于安排家用。男主外，女主内的家庭管理模式长期成为一种主流。但是，女性优柔寡断的天性，却让她们在家庭大的投资决断中有时显得力不从心，容易错失一些投资机会。

随着国内市场的逐渐放开，债券、股票、基金、外汇理财、黄金、收藏等投资品种、理财手段出现了前所未有的丰富多样性，这对于“当家人”的投资理财能力有了更高的要求。于是乎，大量男性也纷纷开始接过“当家”这根接力棒，越来越多的男性开始掌管家庭理财大权。他们可能对宏观经济更加容易把握，对经济、金融知识更善于研究和容易接受，在投资理财上他们往往站得更高、看得更远。当然，也有“男女搭配、干活不累”的夫妻理财搭档者，还有不少年轻家庭开始实行比较西式的“AA 制”的家庭理财模式，他们更为看重个人的独立性。AA 制比较公平，合理，但是也有一些弊端，两个人分的太清楚了，不愿为对方付出太多。

无论采用何种模式，无论是男人还是女人当家，还是一起当家做主，在规划好家庭的消费、管理好家庭的负债之后（这两项毕竟还是家庭理财的基础），大家都希望在现代当家生活的重头戏——投资理财方面能有更多收获。

家庭财政作用大

良好的家庭财政，对婚姻家庭具有画龙点睛的功效，可以让夫妻生活更加美满，让家庭成员的关系更加融洽。国家有国家财政，地方有地方财政，而家庭也少不了家庭财政。各个家庭具体情况不一，不同的家庭自有不同的理财办法。家庭财政也必须升华到理性层面，才有利于落实家庭责任制，才有利于调节夫妻感情，保持家庭和睦，使事业更好地发展。

那么，到底家庭财政对家庭生活和经济有哪些作用呢？家庭财政也就是家庭的公共收入和公共支出问题，家庭公共收入就是家庭有收入来源的成员上交的所有收入，家庭公共支出就是为所有家庭成员支出的费用。在家庭中，孩子是纯消费者，也是家庭的未来财富，孩子的消费支出和教育支出也是公共支出；家庭中，照看老人及老人看病的支出也是公共支出；家庭中，购买耐用消费品的支出即固定资产支出也是家庭的公共支出，还包括房子、汽车等需要分期付款的支出。这些家庭的固定资产支出何时支出更合理，采取什么样的付款方式更加科学，都是家庭理财中值得研究、深思的问题，也需要家庭成员协作和分工的科学化。

开门七件事，柴米油盐酱醋茶，样样都需要开销，日常生活的开销如何规划，如何合理搭配，如何节流，都是家庭财政最基础的问题。为维持日常的基本开销占家庭消费支出的比例反映了一个国家或地区的经济发展水平，可以通过恩格尔系数和恩格尔定律来说明。家务劳动是家庭日常生活中的主要支出，是家庭成员自己承担家务劳动，还是购买家务劳动，需要对家庭收入情况和家庭成员的时间价值合理规划、筹备。夫妻俩收入都很高，或其中一方收入高，时间价值比较高，那么用自己的劳动从事家务劳动就没有配置好家庭的经济资源，不如请保姆从事家务劳动划算；如果家庭成员有一个或两个人的时间价值比较低，那么时间价值比较低的人从事家务劳动就是很好的家庭资源配置。所以，家庭财政还包括如何经济有效地配置家庭资源问题。

财政不仅需要善于理财，还包括如何生财和聚财的问题。“问渠那得清如许，为有源头活水来”，家庭财政中，聚财和生财是提高家庭成员生活水平和满意度的主要手段，源头活了，财源茂盛，广开财路，家庭成员的可支配收入增加了，其生活水平和满意度也就能够不断提高。所以，家庭财政也需要积累资金，将这些家庭积累资金进行投资，包括投资购买债券、股票、基金、外汇理财、黄金、收藏等多种投资品种，家庭投资如何分散风险，如何合理搭配投资品种，实现最佳的投资收益，把投资风险降到最低，这些都是家庭财政需要准确把握的问题。

所以，家庭财政不仅是家庭财务管理的问题，更多的是如何有效地配置家庭资源，包括如何配置家庭物质资源、资金资源、人力资源、信息资源、关系资源，实现家庭资源的整合效应和规模效应，以不断做大家庭财政这块“蛋糕”。同时，按照长期、中期、短期合理搭配的原则，合理规划家庭重大开支和日常生活开支，既开源又节流，把家庭收入用在刀刃上，发挥家庭资金的最大效益。这样，才能发展家庭经济，增加家庭财政收入，提高家庭成员的生活水平和满意度。家庭是个温馨的港湾，更是一个利益共同体，大家同舟共济，分工协作，制定科学、合理的家庭财政制度，充分发挥每个家庭成员的资源优势，实现家庭的共同富裕。那么，家庭财政就不仅起到了画龙点睛的效果，还起到了融合家庭关系，增进家庭成员感情的效果。

遗憾的是，在现实生活中，家庭财政往往没有引起人们的重视，要么“家长”当家，“成员”全额上交，想怎么支出就怎么支出，年终清算，通报一个数字就是了；要么无人当家，钱放在一个抽屉里，想用即用，用完为止，家庭没有一个良好的财政经济规划，吃光用光，没钱用时，为了家庭经济问题争吵不已，家庭成员互相较劲，不仅家庭资源不能得到有效配置，家庭的不同资源还相互抵触。可见，家庭财政对于社会的细胞——家庭起到了至关重要的稳定和提高作用。

家庭财政必须建立在良好的个人修养基础上。家虽是讲理的地方，但更是一个互相关爱的场所。提倡家庭之爱，既是个人修养，也是家庭财政是否成功的关键。家庭成员除了必须热爱家，必须有奉献精神，除了互相关怀外，还需要知道如何更好地操作。举个例子，过大年给孩子压岁钱，聪明的妈妈若把给孩子的100元压岁钱交给婆婆去给，婆婆会乐得逢人便说“我家媳妇懂事、孝道”，婆婆再加100元压岁钱给小孙子，小孙子会连声恭贺“奶奶健康长寿”。压岁钱经这么一转，沟通了三代人的情感。家庭财政何尝不需要这样互相理解、关爱呢?

家务经济与时间价值

家庭日常经济生活还包括家务劳动和家务经济。家务劳动只是洗衣做饭，照看孩子、老人等家庭琐事的打理和劳动；家务经济除了家务劳动外还包括家庭生产和经营活动。在农村，许多农民都自己种蔬菜，甚至挖个鱼塘养鱼；有的利用业余时间养蜜蜂；有的家庭其房屋周围的空地和院落比较大，还可以种些果树；过去，多数农村家庭都养鸡、鸭、鹅、羊、牛、猪、兔子等，现在有的农村家庭还养甲鱼、花；有的农民还会就地取材，制作一些桌椅板凳之类的东西到市场上去出售；还有的家庭在旱地种茶叶树，自家用手工做茶叶，除了自己用的外，剩余的可以出售等。这些，都是农村家庭生产经营活动。

在城市家庭，有条件的家庭可以养花、金鱼、盆景；有的家庭成员中，父母或老人掌握了一些工艺品制作技术，可以在空余时间制作一些工艺品出售赚钱；有的父母或老人在绘画、书法等方面有很高的才能，可以在空余时间或退休后卖画和书法；有的家庭成员对炒股十分有经验，炒股也是获取家庭额外收入的重要来源；还有的善于炒外汇、黄金、期货等，不时给家庭带来额外的收入来源；更多的是买国债、基金等。这些都是城市家庭的生产经营活动，是家庭额外的生财之道，可以广开家庭财路，增加家庭的可支配收入，做大家庭经济这块“蛋糕”，提高家庭成员的生活水平和满意度，还可以在家庭成员的分工合作过程中，增进家庭成员的感情。

在许多国家，有相当一部分家务经济所创造的收入都没有计入GDP，有的国家将这部分没有计入GDP的家务经济活动称为灰色经济，当然，更多的地下经济是当事人为了逃避国家税收而从事的违规经营，还有小部分是违法的经济活动，它们也是家庭经济收入的来源。

在家庭中，最普遍的家务经济活动就是家务劳动。家务劳动包括日常的洗衣、做饭、居室的清洁打扫、家庭成员物品的整理、照看小孩、照看老人、照看病人、招待客人等。家务劳动是一般的简单劳动，有少数是复杂劳动，家务劳动看起来不太起眼，但十分费时间，有的劳动强度还比较大，家务劳动虽然没有创造直接的经济收入，但可以减少家庭经济支出，降低家庭成员的生活成本。对于一个家庭成员多、人口比较多的家庭，家务劳动是十分繁忙的劳动，有的家庭妇女，特别是农村的家庭妇女，一天到晚忙个不停，但家里的事情好像永远也做不完。

那么，在一个家庭中，如何合理安排家务劳动和其他家庭经济活动，如何合理安排家庭成员的学习、工作时间和家务劳动时间呢？科学、合理地配置家庭资源，需要分析家庭成员的资源稀缺性和家庭成员的劳动时间价值。对于从事不太复杂的工作、收入比较低的家庭成员来说，其劳动价值比较低，如果自己也热爱劳动，那么，购买家务劳动就不如自己从事家务劳动经济实惠些。对于夫妻都是从事复杂劳动，需要在家里加强学习，其收入比较高，朋友比较多，交际面广的人，其劳动价值比较大，花费过多的时间从事家务劳动和其他家庭经济活动不太划算，就不如购买家务劳动。对于一些从事炒股、炒外汇、炒期货、集邮、收藏、绘画、书法等家庭经济活动价值比较大的人，其时间价值也比较大，用比较大价值的时间来从事家务劳动也得不偿失。所以，对于劳动价值比较大的家庭成员，购买家务劳动是成本比较小而收益比较大的理性选择。

现在，我们假定有一对夫妻，丈夫在外企工作，月收入8000元，妻子在事业单位工作，月收入3000元，夫妻二人的月收入共11000元，夫妻有个孩子10岁，丈夫有位老母亲70岁，妻子父母都健康，但收入比较低。那么，我们可以计算一下夫妻二人的时间价值，丈夫月收入8000元，每月工作20天，每天8小时，每月共工作160小时，其每小时的价值是50元；妻子月收入3000元，工作时间与丈夫相同，每小时的时间价值是17.5元。如果丈夫的母亲与夫妻一起生活，其小孩也需要照看，那么夫妻请个保姆显然是十分划算的。我们假定这对夫妻支付给保姆的月工资是720元，每天工作8小时，每月工作240小时，则保姆的时间价值是每小时才3元，加上在主人家吃住的开支算每天12元，保姆的时间价值大概是每小时4.5元。如果让妻子的父母过来照看夫妻的家庭，给夫妻做家务劳动，肯定在某种程度上会损失妻子父母的幸福感。由于夫妻二人的时间价值远远高出保姆的时间价值，夫妻俩完全可以出更高的工资请个更好的保姆，比如保姆的工资是1200元，吃住同前例，保姆每小时的时间价值才6.5元，依然大大低于这对夫妻各自的时间价值。这样，好的保姆可以照看夫妻俩的父母三个人，还可照看小孩，可以为这个家庭做许多家务劳动。那么，夫妻二人的父母和小孩都可以享受更高质量的生活。事实上，三个老人在一起，完全可以在某些方面帮助保姆照看好这个家庭，其整个家庭的生活水平和满意度都得到了很大的提高。而夫妻俩也可以更专心于自己的工作，把工作做得更好。

对于一些善于从事炒股、炒期货、集邮、收藏、买卖外汇的夫妻，或具有艺术天赋，可以在业余时间从事绘画、书法、艺术品、工艺品等工作，并能赚取一定高收入的人，或者其中一个人具有这些方面的才能的家庭，其时间价值也远远高于保姆的时间价值，请个保姆从事家务劳动就实现了家庭资源的有效配置，能够提高整个家庭的经济收入，使生活过得更好，家庭成员的满意度也得到了提高。一般来说，现在的城市尤其是大城市的双薪家庭，夫妻二人的时间价值都比较大，购买家务劳动是很划算的。

保姆的劳动价值

前面我们谈到，对于一般城市的双薪家庭来说，夫妻的时间价值远远大于保姆的时间价值，正是因为存在这种价值的巨大差别，很多城市家庭愿意请个保姆，料理家庭的日常事务，从事家务劳动，照看小孩、老人，这样的家庭购买家务劳动，更好地实现了家庭资源的有效配置。

那么，保姆的劳动价值到底有多大呢？就从前一节所举的例子来说，丈夫的月收入是8000元，其每小时的时间价值是50元；妻子月收入3000元，每小时的时间价值17.5元。以月工资720元请个保姆，加上吃住的开支，保姆的时间价值才每小时4.5元，以1200元请个保姆，保姆的时间价值也只有每小时6.5元。这种差别是极其悬殊的差别。难道其所请的保姆的时间价值就只值4.5元、6.5元吗？其实，在这个家庭中，保姆的劳动价值不止这个数。我们假定，这个家庭如果没有请保姆，让妻子在工作之余的时间从事家务劳动，照看孩子和老人，每天需要2个小时。如果是丈夫来从事这项工作，这两个小时应该值100元，因为丈夫从事的是高收入工作，他完全可以在这两个小时与朋友、同事联络感情，或学习外语和其他相关知识，为做好工作打基础。如果是妻子从事这种工作，妻子的两小时也值35元，其他的道理同上。况且，他们在业余时间整理自己的家庭完全不够，没有请个保姆的效率高。其实，不管是丈夫还是妻子，从事这种家务劳动的工作都是得不偿失。也就是说，在这种家庭，保姆的劳动价值远远不止每小时4.5元、6.5元，肯定要高很多。但夫妻只是按市场的平均价格支付了保姆的工资。当然，保姆如果是个农村女孩，家庭经济情况比较差，720元或1200元的月工资也挺不错了。可见，夫妻支付给保姆的工资并没有体现保姆的真正价值，或者说低于保姆家务劳动的价值。

那么，还有哪些因素影响着保姆的劳动价值呢？大家知道，我国是个劳动力充裕，尤其是低水平劳动力供给十分充裕的国家，而高素质劳动力供给比较短缺、资本供给比较短缺、高收入岗位十分短缺。过去，我国的大多数家庭都是自己从事家务劳动，即使收入提高了，很多人也不太愿意请保姆，宁愿自己从事家务劳动。而我国是典型的二元经济，农村的经济发展水平大大低于城市尤其是大城市的发展水平，农村存在1.5亿剩余劳动力。在这种情况下，保姆的供给远远大于需求，保姆所得到的工资就必然低于其劳动价值，如果说在这里存在某种程度的剥削，那也是没办法的事情，保姆的劳动价格只能取决于其边际生产力，也就是雇佣最后一个保姆的生产力，而由于保姆的供给大于需求，其边际生产力必然降低。从而，保姆的劳动价值必然降低。

另外，请保姆还存在一定的风险。比如，有的夫妻俩都需要工作，在上班时间，家里就剩下保姆，有的保姆诚信度不高，趁着主人上班时，把主人家里的东西，如家用电器、珍藏品等价值比较大的物品当成自己的物品搬出去出卖，得到了一笔钱便溜之大吉。有的保姆在给主人进行家务劳动时，不时损坏主人的物品，或者有客人在场时损害主人的家庭形象等。由于存在这些雇佣保姆的风险，一些城里人不太愿意请保姆，有的要请也请个熟人，比如请个老家的女孩做保姆，觉得这样比较保险。由于存在这些因素，保姆的劳动价值也在一定程度上被打了折扣。

保姆的劳动价值还要受到家政市场的影响。在城市都有许多家政中介机构，这些家政中介机构一方面要对雇主负责，对保姆提出一些约束条件，有的需要保姆交纳一定数额的保证金，有的需要保姆的其他抵押品，有的还要对保姆进行一定时间的培训，并收取一定数额的培训费。而雇主要到家政市场聘请保姆也需要交纳一定数额的中介费。这些中介机构两边都吃，提供的一些服务也不一定完善。有的来自农村的女孩子，由于对城市不太熟悉，城里人也对来自农村的人存在一定程度上的歧视，这些女孩子对比较低的工资照样能够接受，毕竟比在农村闲着没有任何收入要强些。这也在一定程度上降低了保姆的劳动价值。

当然，随着我国经济的发展，社会的进步，城市居民生活水平的不断提高，人们的观念正在发生巨大的转变，家政市场也越来越完善，制定一些的约束条件可以提高保姆的素质，也可以提高城市居民的安全感。很多城市居民也越来越精明，知道请个保姆，可以更有效地利用自己的优势资源，赚取更多的财富，同时，也提升了自己家庭的生活质量，所以，愿意请保姆的人数逐渐增多。而且，随着我国经济的发展，城乡隔绝的二元经济格局正在发生变化，而随着新农村建设的蓬勃开展，农村居民的生活水平也在逐渐提高，家政服务也逐渐发生悄然的变化，这样，保姆的劳动价值就可能逐渐上升。

怎样把钱用在刀刃上

在前面一章，我们探讨了婚姻实现了家庭资源的重组和整合，夫妻双方的资源包括物质资源、资金资源、人力资源、信息资源、人脉资源等，而家庭理财也涉及家庭资源的重组和整合问题。那么，家庭资源如何重组和整合才能产生更高的经济效益呢？这就需要分析家庭成员的优势资源和劣势资源，家庭成员中，每个人都有其优势资源和劣势资源。比如，丈夫受教育水平比较高，但不太会交际，人脉资源缺乏；妻子文化水平比较低，但妻子性格外向，喜欢说话，善于交际。那么妻子的优势资源就是人脉资源，劣势资源是知识资源；丈夫的优势资源是人力资源，劣势资源是人脉资源。夫妻的资源重组和整合就是将二人的优势资源重组，尽可能避免使用其相对的劣势资源。而把钱用在刀刃上也就是把家庭的主要资金用于发挥夫妻的优势资源，使其产生更大的效益。

我们假定，夫妻俩的资源经过整合，可以共同以其优势资源对家庭经济产生促进作用，如果夫妻俩现在有剩余的资金 10000 元，他们可以把这些资金投入家庭经济的增值过程。如果这 10000 元资金用于丈夫的知识培训（或技能培训），掌握了新的知识（或技能）后，丈夫可以每月增加 300 元的收入；如果把这些资金用于妻子的交际，拓展人脉资源，有 60%的希望马上赚取 80000 元的收入。那么，到底将这笔钱怎样投入才能产生更高的经济效益呢？如果把这笔钱用于丈夫的培训，每月增加 300 元收入，一年增加 3600 元收入，20 年增加 72000 元收入；而用于妻子的人脉资源支出，存在一定的风险，剔除这些风险，按 50%的概率计算，可以很快赚取 40000 元的收入。一般来说，远期货币的价值不如即期货币的价值，在这里，如果算上一生的总收益，投资于丈夫产生的总收益肯定要大很多，但由于货币的即期价值远远大于远期价值，所以，还是妻子用于投资人脉资源更划算。因为，这笔投资很快就能产生收益，等它产生了收益，再去给丈夫投资也不迟。这样，可以将一元钱当两元钱花，这也就等于增加了每一元钱的边际价值，从而真正把钱用在刀刃上了。

现在，很多城市双薪家庭还是不太愿意请保姆，其实，按照面前家政市场的行情，保姆的工资偏低，一般的专职保姆小时工资才 3 元钱。城市职工的小时工资远远高于保姆的小时工资，对于人力资本价值比较大的职工来说，购买保姆的家务劳动可以为自己省下许多时间，自己可以在这些省下的时间里多干些工作，或继续学习，提高自己的人力资本价值。比如，丈夫的月收入是3000元，妻子的月收入才1000元，这种家庭生活水平一般，不太愿意请保姆。假定这个丈夫是个编辑，他请个保姆后，丈夫可以在业余时间进行一些创作，如果他业余时间可以每月增加1000至1500元的收入，那么，他请保姆是十分划算的。因为，即使他所增加的收入减去保姆的工资和吃住费用没有多少剩余，但妻子可以利用多余的时间干很多事情，包括继续学习知识和技能，提高自己的人力资本价值，为将来增加收入奠定基础，而且夫妻俩的生活舒适度和满意度提高了。所以，对于一些年轻的夫妻来说，购买保姆的廉价家务劳动是很划算的，毕竟年轻人的时间价值比较大。也就是说，对于目前绝大多数城市双薪家庭来说，花钱请保姆的边际价值是比较大的。

那么，在日常家庭消费支出中又如何提高每一元钱的边际价值呢？我们花钱消费就是要满足自己的欲望和消费需求，把钱用在刀刃上也就是使我们在所花的钱既定的情况下尽可能满足更高的欲望和需求。在家庭消费中我们需要达到总满意度的最大化，也就是总效用的最大化，也就是在日常食物支出、耐用消费品支出、住房支出等项消费支出中进行合理的搭配。

如图所示，纵轴表示用来购买食物的支出，横轴表示用来购买耐用品和住房的支出，ab、cd表示不同水平的预算线，也就是不同阶段可以用于总消费的支出额，AB、CD、EF、MN表示不同水平的消费无差异曲线，也就是消费物品得到的满足程度或满意度。在消费总支出额为ab的条件下，满意度达到无差异曲线CD的水平就是最好的，这时消费预算线与无差异曲线相切于r点，这个点就

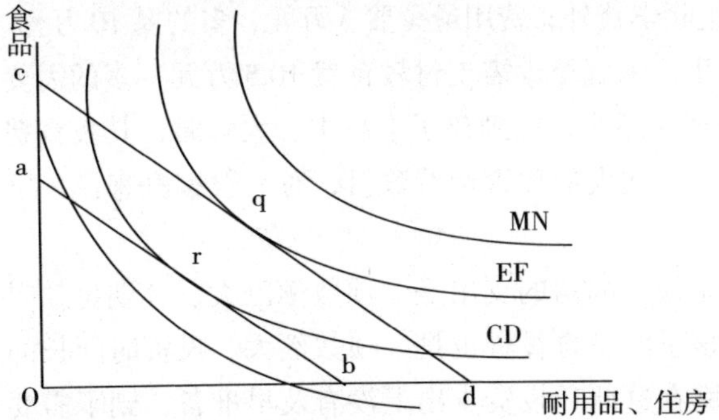

是不同消费品的搭配比例点，如果花了 ab 水平的消费支出，但只得到无差异曲线 AB 的满足程度，这种消费品的搭配就是不合理的，降低了应有的满足水平。同样的道理，消费总支出为 cd 时，消费的满足程度应该达到无差异曲线 EF 的满足水平，消费品的均衡点是 q 点。

这个意思到底怎么理解呢？比如，当夫妻刚刚结婚的时候，由于夫妻原来的积蓄都不算多，又准备生孩子，那么，家庭食物的支出是主要支出，就不能把原来的积蓄花得太多，把耐用消费品都买齐。因为这些耐用消费品不仅花费了过多的积蓄，占用了过多的资源，而且每天的使用成本也不少。夫妻完全可以省点，买一两件必需的耐用消费品就可以了，这样就有更多的机动资金可以应付生养孩子的支出。如果夫妻的收入水平提高了，收入也稳定了，但夫妻俩还很节省，连冰箱、洗衣机、微波炉等一般家庭用品都不舍得买，还要花费过多的时间洗衣服、买菜、做饭，那也不划算。因为，年轻人的时间也是金钱，价值比较大，买些必需的耐用消费品可以节省许多时间，夫妻完全可以利用这些节省下来的时间，把自己的工作做得更好，或者继续学习。也就是说，在计算所花钱的边际价值或边际效用时，必须考虑自己的收入水平和时间价值。

提前准备孩子的学费

有人算过一笔账，从小学到初中，国家规定是义务教育，学生除生活费用外，仍需部分支出。从初中到高中、中专、技校，则支出更大。一名大学生除学费外，费用最少要 3 万元，多的要 10 万元。19 年培养一个大学生，家庭至少需支付教育费 10.5 万元，多的需要 30 万元。如果孩子现在还小，等到孩子上高中、大学时，其教育费用肯定还要往上涨。如此大的教育经费数目，对一般家庭来说一下子很难支付得起。

对于一个家庭来说，购房的支出是一项数额巨大、分期付款时间很长的支出，而孩子的教育投资也是一项数额大、投资时间长的家庭支出。如果家庭在这两项投资支出上没有及早准备，到了需要巨额资金的时候，再来准备，就很容易影响家庭的消费水平和投资计划，甚至影响孩子的教育水平。那么，如何尽早准备孩子的教育投资支出呢?

一般来说,教育保险和教育储蓄是积累教育资金的两种方式。“教育储蓄”是国家特设的储蓄项目，享有免征利息税、享受优惠利率等优惠政策，即使存款人采取的是零存整取的储蓄方式，其存款利率仍按定期存款利率计息，目前最高存款限额为2万元，存款期限分为1年、3年和6年。以2万元6年期的教育储蓄为例，其到期利息收益有1000多元，比相同额度和存期的国债收益要高。但也有很多父母认为，教育储蓄虽然政策优惠，但吸引力并不大，而且国家设定的门槛过高，除了很多人对零存整取与定期之间的利息差不感兴趣外，许多学龄前或刚入学的低年级学生不能参加储蓄也是一个缺陷。

“教育保险”是由人寿保险公司推出的险种之一。这类保险的特色是，孩子从一出生开始到其15岁都有资格投保这类险种，然后在孩子上高中（有些保险公司规定从初中）开始，获得保险公司的分阶段的现金给付。教育保险的优势主要有这样几个方面：一是计划性强，家长可以根据自己的预期来安排现在的保险，用倒推法来选择险种和保额；二是保险可以算作一种半强制性的储蓄；第三，投保人（例如父母）在保险期内发生重大不幸，可以免交以后各期保费，但被投保人到期仍可得到保险公司足额的保险利益。或者被投保人保险期内死亡，保险公司将按保单现金价值补偿给投保人。但由于教育保险具备了保障功能，投保人要支付一定的保费。目前，“教育保险”有分红型和非分红型两种，一般而言，同保额下的分红型的教育保险比非分红型保险，保费要高一些。但是保险公司也提醒大家，分红有可能高于银行利息，也有可能低于银行利息。

若善用投资的复利效果及早规划也是一种比较理想的积累教育资金的方式。虽然实际教育资金随时间膨胀，但另一方面，时间愈久，投资的复利效果也愈大，可帮助家庭累积财富，所以，家庭为孩子教育的储备资金应及早开始。有能力承受一定风险的投资者也可以考虑基金等投资工具。基金定期定额方式积累教育基金是一个好办法，有强制储蓄的作用，又可分散资金入市的特点，减少投资风险。家庭教育准备资金的投资最好避免高风险，重在保值、稳健增值。当然，每个人在投资时，都应该选择适合自己的投资组合。

自 2004 年 11 月 8 日，光大银行抢到了银监会批准的人民币理财第一单以来，国内大多数银行都开展了理财业务。人民币理财产品比现行的储蓄存款利率的收益略高些，其收入主要投资于收益比较稳定的国债、金融债、中央银行票据等，具有收益高、风险低的特点。根据中国社会调查事务所在京、津、沪、穗四地的专项调查显示，74%的被调查者对个人理财服务感兴趣，41%的被调查者需要个人理财服务，约 70%的居民希望自己的金融消费有个好的理财顾问，即金融理财师。委托专职的金融理财师为自己的家庭理财，可以最大限度地规避投资风险。教育投资理财就需要尽量降低风险，主要是为了保值，同时适度增值，为未来孩子的教育积累稳定的资金。所以，选择恰当的理财产品，或者同时购买多个理财产品，比如一部分钱用于购买教育保险，一部分交给银行的专职理财师即进行教育储蓄，还有余钱则可以购买风险最低的基金产品，让专职的证券金融理财师为你理财。这样，就使自己的资金积累和金融投资达到保值和适度增值的目的。

人民币升值与理财

2005 年 7 月 21 日人民币汇率调整应该属 21 世纪的金融大事之一，因为这次调整标志着中国货币改革和融入国际金融体系的开始，也从根本上改变了国际投资者的资产选择格局。人民币汇率调整的内容之一就是放弃“盯住”美元的政策，改为与一揽子货币挂钩，也就是说，国家要减少美元资产，增加其他外汇资产。改革后，人民币小幅度升值，由此人们产生了人民币升值的更高预期。

从长远来看，人民币到底有多大的升值潜力呢？我们先来提一个问题：如果一个人有 1000 美元，他在中、美、日分别能够生活多久呢？在日本的东京，1000美元只能买到80～100碗面条，也就是说，在日本东京1000美元还不够一个月吃饭，更不用说住宿了，就是在日本的一般中等城市，这些钱只够一个人勉强生活一个月。在美国只能生活半个月。而1000美元换成人民币是8000元，可以在深圳生活四个月，而在内地的中等城市可以生活一年多。从这里可以看出，人民币币值还是被大大低估了。人民币按照购买力的测算方法，美元与人民币的比例应该处于1∶4到1∶5之间比较合理，这个区间也是人民币升值过程中的最终合理价位。由于美国“双赤字”和“反恐”等因素，以及国际原材料价格和黄金价格的走强，美元的对主要的非美系（欧元、日元、澳元等）货币在过去几年持续贬值，这也造成了人民币对非美系货币的整体升值压力；我国国际收支平衡表下面的经常性项目和资本项目都实现了长期的盈余，这给我国人民币升值造成了另外一个压力。

那么，我们现在来分析一下新的汇率制度和人民币升值对于老百姓的理财有什么样的影响。从消费者来看，由于人民币的升值，使得我国进口产品价格相对降低，对于喜欢直接购买进口商品的朋友们来说这是一个好消息，但是影响不会太大，原因有三点：第一，现在消费品市场当中，进口商品主要集中在奢侈品，比如说高档轿车、手表、珠宝等，普通的消费品我国都能够生产；第二，厂商和零售店会有自己的价格政策，奢侈品的客户群已经固定化，所以价格的波动不会太大。第三，人民银行新的这种有管理的浮动外汇制度是一个稳健的缓慢的逐步上升的政策，人民币调高的空间非常有限。

从外汇投资的角度来看，对于有外汇投资经验和外汇投资兴趣的人来说，人民币的升值可以刺激非美系货币，尤其是亚洲的货币。人民币升值消息一出来，在短短数小时之内，世界各国的主要非美系货币对美元都有不同程度的升值。从外汇投资的相关性原则来说，人民币和非美系货币的关联性会越来越强，尤其是亚洲地区的货币。未来人民币的浮动会加强与这些非美系货币的浮动的关系。例如，日元如果对美元升值，人民币也会受到相应的升值影响。所以，对于有外汇存款的家庭来说，将美元资产换成非美系货币尤其是亚洲的货币，可以规避风险。

从国外及台湾地区的经验看，本币的升值会给当地证券市场带来长线利好，因此在家庭资产中适当增加证券资产是很有必要的，这并不是鼓励大家都去炒股票。工薪家庭可以通过一些更稳健的理财工具来增加家庭的证券资产，如投资股票型基金、跟踪主流指数的 ETF（交易所交易基金）产品等。通过这种方式既可分享本币升值股市向好的成果，又能规避很多非系统风险。

部分有少量外币存款的工薪家庭，一听说人民币升值，就担心外币资产的损失，把升值的长期预期当成马上要发生的事情，并进行一些不当的理财处置，如匆忙将外币兑换成人民币等。其实，匆忙兑换外币并不一定很明智，以美元为例，经过连续十多次的加息，美元同期利率已比人民币高了不少，外币理财产品的回报也普遍高于人民币理财产品，而且美元换人民币还要承担差价损失，所以盲目兑换往往得不偿失。也就是说，人民币升值对工薪家庭的理财也有着重要影响，需要我们及时调整家庭资产的结构，调整理财思路。

育儿——一桩大买卖

人们为什么要养孩子呢？有人为了传宗接代，有人为了老有所养，有人为了享受天伦之乐。不过，在现代社会，养孩子更多的是一种经济行为。地位低下的人养孩子是为了让自己的孩子将来更有出息，在经济和社会地位上超过自己，实现自己不能实现的梦想；富有的人养孩子是为了让自己的孩子继承其庞大的家产，包括房子、公司、公司股份等；一些受教育程度高的人养孩子是为了自己的事业后继有人；偏远山区的农民养孩子是为了增加一个强壮的劳动力。不管从那个角度看，都是把孩子作为未来可以增值的固定资产和递延资产，也就是一桩大买卖。

人们在做出是否养育孩子以及养育多少孩子方面的决定时，同样要遵循成本—收益分析。与贫困家庭相比，富裕家庭的父母一般都有较好的工作、较高的薪水以及比较舒适的工作环境等，为了养育孩子，他们所付出的牺牲也就是他们要支付的机会成本无疑更高一些，因为他们的时间价值本来就更高。同时，富裕家庭更愿意并有能力在孩子的素质提高方面多花费支出，这就是说，他们生养孩子的直接成本也是很高的。而且，富裕的家庭由于本来生活水平就很高，他们的后代很难适应更低的生活水平，因此，富裕家庭的父母希望自己的孩子起码在素质上不要低于自己。这样一来，权衡利弊，比较富裕的父母，就倾向于在养育较少的孩子的同时提高这些孩子的素质。

而贫困的家庭，由于父母特别是母亲的时间价值比较低，而现代医学的发展大大降低了孩子的死亡率和残疾率，其孩子的基本生活费用比较低，从而生、养育孩子的成本比富裕家庭要低很多，甚至于其几个孩子的养育费用还远不如富裕家庭一个孩子的养育费用。而且，贫困的家庭养孩子的收益往往比较高，有些孩子在贫困的条件下更容易奋发进取，他们有从贫困的生活上升到富裕生活的强烈愿望。也就是说，贫困家庭养孩子的边际收益明显大于富裕家庭，所以，贫困的家庭往往倾向于生养较多的孩子。当然，由于我国这些年来推行计划生育政策，根据人口经济学的研究结果，人口的增长要适度才有利于经济增长。

不同的地方人们生养孩子的成本各不相同。在农村，特别是粮食丰产区，由于粮食十分充裕、廉价，孩子的衣服可以穿得相当简单，多生养一两个孩子并没有增加多少成本，而且孩子多的家庭，小的孩子可以使用大孩子原来使用过的衣服、床铺、玩具等用品，每个孩子的平均成本更低。所以，粮食丰产区的农民更倾向于生养比较多的孩子，例如，河南省、四川省等省份就是如此，这些省份人口比较多，成为人口大省，与其历史上到现在都是粮食丰产区息息相关。

农村地区更倾向于生养男孩，因为，在农村地区，男孩长大后可以成为强壮的劳动力，就等于增加了家庭未来赚取财富的机会。而生养女孩，由于其劳动能力不如男孩，其未来的生产能力比一般男孩要低，而且女孩总是要嫁出去，成为别人家的媳妇，农村的家庭都是以丈夫为主，家庭财产也主要归丈夫和将来的儿子所有，再加上传宗接代的因素，所以，一般农村家庭都倾向于生养男孩。

在上海，许多年轻的父母都希望生养女孩，因为女孩可以“穷养”，只要穿着打扮随潮流就行了，读书行不行，能力强不强不是那么重要，也不需要为女儿将来结婚准备房子，父母的经济压力比较小。而生养男孩，就需要“富养”，不仅要会读书，或者会做生意，能力也要比较强，父母在这些方面都要很操心，长大后还要为儿子娶媳妇、买房准备资金，在上海这样竞争十分激烈的经济社会，父母生养男孩的经济压力比较大。所以，一些年轻的夫妻，一知道自己生了个女儿，就兴高采烈。其实，这种现象在不少大城市都不同程度地存在，在少数农村也有这样的现象。生个儿子，就得受良好的教育，要着力培养儿子的能力，将来才能在竞争激烈的社会站稳脚跟，才能娶上媳妇，所以，做父母的很为儿子操心。而生个女儿，只要一般就可以了，做父母的不用那么操心。

养孩子是一种升值潜力很大的投资，从一定程度上说，孩子比买期货、基金、国债什么的更有升值的潜力。夫妻有个孩子，可以给自己的生活带来许多乐趣，这也等于减轻了父母的生活和工作压力，起到了心理作用，让做父母的活得年轻一些。当然，将孩子从婴儿拉扯到大学毕业，需要的投资也不少。上海社科院社会学研究所研究员徐安琪通过抽样调查得出的结论是：上海一般家庭把一个孩子从 0 岁培养到 30 岁要花 49 万元。生育一个孩子的总经济成本平均为 2 万元；随着住房的商品化、货币化，成年子女尤其是儿子的结婚住房成本也成为不少父母新的压力和负担；将 0 岁至 16 岁子女 2003 年的人均支出相加，他们的抚养总成本为 25 万元左右；如估算到子女上高等院校的家庭支出，则上升至 49 万元。再将 30 岁前未婚不在读子女的抚养成本也计算在内，那么整个养育成本将高达 49 万元。

当然，孩子成年后赚取的收入远远不止 49 万元，就按上海职工月平均工资 3000 元计算，孩子大学毕业后工作 15 年就可以收回成本，这只是按静态的不变价格计算的。实际上，这个成本收回的时间要短很多，因为，随着经济的发展，工资会不断增长，现在职工的平均工资比 20 年前要高出 10 ~ 20 倍。那么，等自己的孩子成年时，其月工资也可能比现在高出 10 ~ 20 倍。

什么时候要孩子

决定什么时候要孩子，一般人也是根据要什么时候要孩子成本最小或比较小而做出决定。大多数农村的年轻夫妻，由于其时间价值比较低，生养孩子的直接成本比较低廉，生养孩子的机会成本也很低，特别是，他们的父母都希望早些抱孙子、孙女，所以，大多数农村的年轻夫妻都是尽快要孩子，甚至于只要双方定亲了，还没有办结婚登记就要了孩子。

在城市，特别是大城市，年轻人工作和生活的压力都比较大，而且城市的年轻夫妻更加看重自己的生活质量，夫妻刚刚结婚时，两个人的世界可以让他们充分享受丰富多彩的感情生活，过早要孩子就容易降低他们的生活质量，这点与他们父辈的人相比是比较自私的行为，但也是社会进步的标志。所以，很多年轻夫妻一般结婚后并不急着要孩子，而是尽情享受两人世界的幸福与快乐。而且，年轻的夫妻结婚一段时间后，才能把自己家庭的经济基础打扎实，同时，夫妻俩都有充裕的时间处理好与单位领导和同事之间的关系，只有在这样的条件下，年轻夫妻要孩子的机会成本最小，要孩子才最合适。如果年轻夫妻的父母帮助照看孩子，其要孩子的机会成本更小。如果他们的父母由于年迈难以照看孩子，夫妻就需要请保姆照看孩子，这就更需要比较好的经济基础。

现在，人们的生活水平提高了，市场上各种商品应有尽有，婴儿用品也很齐全，但这些都需要金钱的支撑。所以，选择什么时候要孩子需要注意自己的经济条件。生养孩子需要花费不少支出，在大城市，光是生个小孩就需要花费几万元支出，一个婴儿一旦生下来，需要有一个人带孩子，需要买婴儿奶粉、纸尿布、婴儿床等用品，稍大些还要买玩具等，一个小孩的支出往往相当于几个成年人的支出。俗话说：“三岁定八十。”小孩三岁以前的营养状况及孕妇和哺乳期母亲的营养状况，对孩子将来一生的体质和智力的发育奠定了基础，如果这个基础不好，等孩子长大后再补回来就比较难了，所以，奠定坚实的经济基础是要孩子的前提。

奠定坚实的经济基础也有利于为孩子提供一个良好的成长环境。如果经济基础不好，夫妻二人不得不住在狭小、脏乱、吵闹的环境中，对小孩的睡眠、呼吸都会产生许多负面影响，使小孩睡觉不踏实，容易被惊吓，呼吸受到影响，小孩的免疫系统不完善，在这种不好的环境中成长的孩子，其健康、身体素质和智力都会受到许多负面影响。

不过，也有不少年轻的夫妻，他们更关注生养孩子这项长期投资的投资效率问题，更关心未来的孩子能否聪明、漂亮，不管是女孩、男孩，只要聪明、漂亮，其未来的升值潜力就大，在城市，生养孩子需要花费十几万到几十万元的投资。随着社会的发展，城市，尤其是大城市竞争的压力越来越大，做父母的当然希望生养孩子这种投资能够带来比较高的收益，收益越高，投资就越划算。

要生个聪明、漂亮的孩子并不是难事，只要夫妻准确把握好时间，完全可以做到。首先，要孩子的时候必须是夫妻双方同时具有极大的“性趣”的时候，“性趣”大的时候，生的孩子更聪明，所以，不能结婚许多年后要孩子，因为，结婚时间越长，夫妻之间的“性趣”会逐渐减弱。同时，也要把握夫妻双方的生理周期，在夫妻双方都是生命力最活跃的时间怀上的孩子就是最聪明、漂亮的孩子，特别是在丈夫精力旺盛、智力和反映能力最强的时候，让妻子怀孕最好。

女性怀孕年龄的选择也是怀上聪明漂亮小孩的重要条件。女性在24～34岁之间怀孕，其新生儿的体格发育是所有年龄中最好的，其不正常生产的百分率也最低。15～19岁的少女怀孕，容易产下先天不足的缺陷儿，女性23岁前生育所分娩的婴儿，其体格发育的主要指标，均比23岁后分娩的新生儿落后，不正常生产的百分比也增高。妇女35岁特别是45岁以后怀孕所生的孩子，流产率增加3倍，毒血症增加3倍，新生儿死亡率增加9倍，出生缺陷增加8倍，分娩超时增加10倍，先天愚型概率增加10倍。

家庭条件与儿女价值的关系

对于一个家庭来说，孩子就是一种固定资产或递延资产。家庭条件与儿女的价值有多大的关系呢？为什么有的富裕家庭，其孩子有些难以成才，而有些贫穷的家庭，其孩子却能够出类拔萃呢？

家庭经济条件好，可以为孩子的健康、体格、身高等创造良好的条件和基础，一般来说，城市的孩子就普遍比农村的孩子高，富裕家庭的孩子普遍比贫困家庭的孩子身体素质要好。城市家庭的孩子，由于其所处的生活环境十分多样化，看的东西多，接触的人群也多，城市还有很多供小孩玩耍的场所，有设备良好的托儿所、幼儿园，这些良好的条件让小孩从小接触到多样化的东西和色彩，对孩子的智力、反应能力、社会适应能力的形成奠定了坚实的基础。

富裕的家庭，其孩子成长的物质条件比较好，虽然体格发育好，但从小就享受惯了，也容易形成好享受、不太愿意努力学习的性格和习惯，还可能将来不那么愿意吃苦，或者吃苦受累时难以适应，这些因素可能部分影响将来孩子人力资本价值的提高。贫困的家庭，其孩子成长的物质条件比较差，其体格发育和健康方面很可能比富裕家庭的孩子差很多，这种家庭成长的孩子可能有两个主要倾向，一部分孩子由于家庭的可用资源少，孩子多，孩子容易从小养成为争夺有限资源而打架的习惯，如果父母教育不得法，少部分可能成为将来的社会问题。另一部分孩子由于看到父母生存艰难，艰苦劳动，从小养成爱劳动、肯吃苦、愿努力的良好习惯和品格，并容易产生将来努力改善生存条件，拼搏进取的精神，这些对其人力资本价值的提高将产生积极的影响。

对于孩子的未来价值来说，教育投资是孩子成长中最多的投资，所以，教育投资的多少与好坏对孩子的未来价值起着关键的作用。数字表明，从高中阶段起，教育费用比重就超过了饮食的费用，占据了开支榜的第一位。富裕家庭的孩子，其教育投资的资金没有什么问题，主要是投资的效率问题。如果父母认为，只要舍得花钱，就没有什么办不成的事情，什么都用钱来解决问题，那么其投资效率可能要低些。

对于贫困家庭的孩子来说，经济条件是其受教育的最大障碍。由于受到经济条件的限制，孩子上不了好学校，上不了补习班，这在一定程度上会影响其教育水平的提高，而高等教育的高额费用更是让低收入家庭头疼的问题，高等教育的收费已经成为一些家庭的负担。那些下岗、提前退休或经济条件较差的父母对子女能否接受好的教育忧心忡忡，一些家长因为难以为孩子提供较好的经济保障，而只能让子女读技校、中专。从有关方面的调查分析中发现，在对生养孩子的各类成本进行估算和分析的过程中，由于教育成本的迅速增长，使不少家长负载沉重、焦虑顿生。一些困难的家庭，孩子不得不放弃读大学的机会。

当今社会，由于就业情况越来越紧张，竞争十分激烈，为了子女的未来，不管收入高低，大多数家庭依然对含辛茹苦的父母角色跃跃欲试、乐此不疲。他们心甘情愿地为孩子购买名牌服装、办盛大满月酒、过豪华生日，甚至不惜重金支付子女的出国费用。当然，省吃俭用、倾其所有甚至借钱举债来满足孩子需求的也不在少数。

到底怎样才能成为完美的父母呢？我们可以举一个例子，有一个孩子 A，其父母受过良好的教育，有一份十分体面的工作，孩子生活非常幸福，在学校的成绩也很好，并有数学和绘画方面的天分；

另一个孩子B，出生在一个贫困的家庭，父亲进过监狱，孩子12岁就开始自食其力。人们一般认为，孩子A肯定将来很有出息，孩子B不会有多大出息。但事实情况却不一定如此。

那么，在孩子成长过程中，父母到底发挥着什么样的作用呢？孩子的父母是一个什么样的人对孩子学习成绩和未来成长的影响十分重要，而父母为孩子做了什么并不重要。可见，为孩子的教育不惜血本，父母省吃俭用，不一定能取得预期的效果，为孩子创造良好的教育条件不一定就能成功，监督孩子学习不一定会起到好的作用。重要的影响还在于孩子的天分和父母的为人。父母的言行举止和为人处世在潜移默化地影响着孩子的心理和行为，言传不如身教。父母勤奋努力地学习、工作，为人谦虚、待人诚恳等行为，就是对孩子的良好教育，也只有在这样的家庭中，孩子更容易健康成长，孩子在未来的人力资本价值也必然高，而这与家庭是否富裕没有多大关系，或关系不大明显。

“慈母多败儿”的经济学分析

经济学是建立在人的欲望满足和自私假设基础之上的，人们大都是为了自己的利益最大化而选择自己的行为，这个利益最大化也就是尽可能多地满足自己的欲望。从可能性来看，人的欲望是无穷的，满足了一个欲望又会产生新的、更高的欲望，比如，某人已住了70平方米的房子，但他具备了一定的经济实力后，他又会卖掉这套房子，再买一套100平方米的房子。人类的进步和发展就是不断满足新的欲望的过程。所以，从这点来看，人的欲望是无止境的。但是，现有的物品和资源是有限的，人的欲望的满足要受到资源和物品稀缺性的限制。从个人来说，其欲望的满足要受到其有限货币数量的制约。

人在既定货币数量即既定的预算线条件下为满足其欲望就是一种需求，根据马斯洛的说法，人的需求有不同的层次，依次是：生理的需求（包括吃、穿、睡眠、性等生存本能需求），安全的需求，社交的需求，自尊的需求，自我实现即发展的需求。从前到后逐渐提高其需求水平，人只有在满足了基本的生理需求的基础上，才能产生社交、自我发展等更高层次的需求。

中国有句俗话：“慈母多败儿。”这种说法只是就现象谈现象，为什么“慈母多败儿”、“慈父多恶子”呢？这其实与欲望和需求的满足息息相关，由于做父母的认为儿女是自己身上掉下的肉，儿女跌倒了自己的心比儿女还疼；再苦再穷也不要苦了孩子，尽自己的最大努力满足儿女在各方面的欲望和需求。

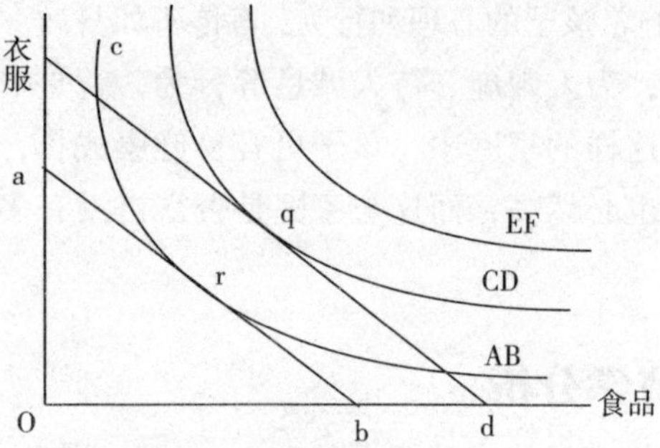

如图所示，ab 代表父母所做的预算线，也就是现有的货币收入能够用于消费的数量，我们假定是一个月 500 元钱；横轴代表用这些钱能够购买的食品的数量，纵轴表示用这些钱能够购买的衣服的数量；消费无差异曲线 AB 代表在 500 元钱的条件下所达到的孩子欲望的满足水平，也就是其购买东西所享受到的水平。但是，在这里需要注意的是：预算线是父母的预算线，而消费者是孩子，也就是说，在这里，支出的责任人是父母，而满足欲望这种权力的人是孩子，权责不是同一个人，也就是权力和责任不对称。

我们假定孩子是个自私的人，他在有条件的情况下，会最大限度地满足自己的欲望。那么，一旦孩子知道自己的父母有这种能力满足自己更大的欲望，他会遵循利益最大化的选择，说自己的同学穿得比他好，在学校没有面子，或者想多吃几回麦当劳。由于他知道父母疼爱自己，他会想尽办法求自己的父母满足他更高的欲望。由于存在权责不对称，他并不知道父母辛辛苦苦赚钱的艰辛，而是自私地满足自己的更高欲望。而他的父母十分疼爱自己的孩子，虽然赚钱的辛苦自己知道，但当孩子提出更高的消费要求时，父母还是可能会满足孩子的要求。这样，父母又把孩子的预算线提高，即增加孩子每个月的零花钱到700元的水平，这时，孩子的预算线是cd线，孩子的满足程度即其消费无差异曲线上升到CD的水平。

当一个人没有经过任何付出就可以得到更高的满足程度时，其欲望的提高会很迅速，小孩只要说说自己需要多花钱的原因，父母即使不是那么情愿也会很快满足孩子的要求，只要孩子形成了这样的习惯和心理，要想改变就比较难了。有的时候，即使让父母借钱，孩子也要满足自己更高的欲望，因为他的权力和责任是不对称的。我们假定这个孩子出于自身利益最大化的考虑，不断寻找借口向其父母要钱花，他的消费无差异曲线还要继续往上升，向EF甚至更高的水平移动。

上面我们谈到，人的需求除了基本的生理需求外，还包括更高层次的社交需求、自尊需求和自我实现需求，孩子在满足了低层次的需求后，就会有更多更高层次的需求，在这些方面，如果父母一味地满足孩子的欲望，孩子就会只知道享受，不知道其享受的权力必须与相应责任对称。要是孩子从小就不知道或不愿意做到他需要得到什么，就要付出点什么，那么，孩子在将来的学习、工作、交友等方面都会十分自私。因为，人本来就是自私的，只是因为社会的资源有限、经济物品有限，人们才不得不通过自己的劳动获得其更多的生活物品，所以，劳动创造了人类本身，也创造了人类社会。如果一个孩子从小就养成只知道享受，不知道要多享受，就必须先多付出，多劳动，要通过自己的劳动增加其享受才是幸福，那么这种孩子长大后，很容易养成只会花钱，不会赚钱的品格，很多败家子就是这样养成的。

有一个故事，有一个男人是养蜜蜂的，妻子给他生了个儿子后没几年就去世了，儿子跟着父亲过日子，这男人由于养蜜蜂很有经验，把自己的家业越做越大，生活十分富裕，儿子被他视为心肝宝贝，疼爱有加，但这个男人只是让孩子吃喝玩乐。后来，这个男人死去，儿子继承了他丰厚的蜜蜂园遗产，蜜蜂越来越少，不久就全跑光了，他只好花费父亲留下的金钱，后来钱也用光了，他又变卖父亲留下的房子和其他家当，最后，他竟然成了一个乞丐。

把孩子培养成才

生养一个孩子需要花费从几万元到几十万元不等，不管对于贫困还是富裕的家庭来说，都是一项数额比较大的投资。既然是一项数额巨大的投资，那么投资人还是希望这种投资能够有比较高的回报，虽然有很多父母愿意尽可能满足孩子的欲望和需求，对投资的回报并不苛求。但是，有哪个父母的内心不希望这种投资的回报率更高些呢？

提高对养孩子的投资回报率，其源泉又有哪些呢？对孩子的投资也是一种人力资本的投资，一个人的人力资本价值高低，取决于蕴含在自身内的智慧、知识、技能、体力（健康状况）等价值的总和。人力资本本身比赚取更多的钱更重要，其内容也丰富得多，它不但能提高孩子的赚钱能力、智慧、理性、对文化艺术的鉴赏力，还可以使孩子更能享受未来生活的成果，人力资本之所以如此重要，就是因为高水平的人力资本可以显著地提高其未来的劳动生产率。

对于父母来说，要提高孩子未来的人力资本价值，必须在孩子的体力、健康、智慧、知识、技能等方面全面提高孩子的价值，为孩子未来的发展打下坚实的基础。孩子的智慧、知识、技能方面的培养包括孩子的阅读能力、反应能力、形象思维能力、逻辑思维能力、分析能力、语言能力、交际能力、写作能力、心理调适能力、动手能力、意志力、自我控制能力、责任感和使命感等。要培养孩子这些方面的能力，需要创造良好的成长环境，在家庭创造一个欢快、活泼、恬静的环境，让孩子在愉快的玩乐中，在与父母的互动中，学习、成长，锻炼其各种思维能力。为孩子准备小书桌、小书柜、大量的书籍、玩具柜、科技百宝箱、地球仪、科学实验器具等，以锻炼孩子的阅读能力、写作能力、思维能力、动手能力等。

做父母的要善于发现自己孩子的潜能和智能类型，从孩子的智能类型中找到其潜能开发的突破点。孩子所具备的智能类型各不相同，当家长吹毛求疵、要求孩子完美时，也许孩子正发挥着其某一方面的潜能，只是家长不知道而已。有的孩子心灵手巧，通过复杂的动手操作，可以完成一些拼图、做模型等事情，并体验到其成功的乐趣，但这种孩子只会做，却说不出道理来。这是孩子的一种潜能，属于动手类型的孩子，父母可以鼓励孩子充分发挥这种潜能。如果从小就能开发孩子的这种潜能，将来很容易成为工程师和设计师。有的孩子从小就十分健谈，光说不做，是典型的语言型智能孩子，这也是孩子最值得开发的潜能，应尽早开发。有的孩子具有很高的观察判断能力，往往能够根据别人的行为推测其心理及其原因，并能做出正确的理解和判断，这种孩子是社会经济工作及管理工作的潜在天才，在这些方面具有巨大的发展潜力。父母不能按自己的思路和意图，要求孩子学这学那，什么都要会。应当根据自己孩子的特点，根据孩子的智能类型，着力开发其优势潜能。孩子的优势潜能具有最大的开发潜力，也是孩子未来人力资本的优势之所在，孩子只有尽早开发其优势，才能使这种潜力和优势成为其未来的稀缺性资源，而孩子一旦掌握了这种稀缺性资源，其未来的人力资本价值就会很高，从而成为未来的财富之源。

找到了孩子的潜能之后，还需要从小培养孩子的良好习惯，有关研究表明，孩子的习惯形成的最好时期是 2 ~ 6 岁左右。培养良好的习惯包括培养良好的生活习惯，即在孩子的饮食、起居、卫生等方面定时、定量、卫生、清洁，形成孩子的生物钟，让孩子从小习惯于有规律的生活，这不仅有利于孩子的生长发育，而且对孩子适应社会有很大的帮助。等孩子比较大些，能够劳动后，应当从收拾碗筷、整理床铺、倒垃圾等方面锻炼孩子热爱劳动的习惯，在城市，可以让孩子参加学校组织的到农村进行锻炼的“夏令营”等活动。父母需要以自己的榜样教育孩子养成处处讲礼貌的习惯。等孩子上小学以后，又需要养成孩子按时完成作业、阅读等学习习惯。要培养孩子的良好习惯必须注意保护孩子的好奇心，从孩子爱提问题引导孩子善于思考的良好习惯，如果孩子提出的问题，做父母的需要尽自己的能力回答，自己回答不出，可以查阅资料，或向别人请教，千万不能说孩子提出的问题没有什么道理，或者说孩子是胡思乱想。如果让孩子从小养成善于思考、善于提问的习惯，就容易形成孩子杰出的创造能力。孩子没有判断能力，家长需要正确引导孩子，让孩子看到坏习惯的害处。按照美国科学家的研究，良好习惯的养成只需要 21 天，最关键是前 3 天。“习惯像一根缆绳，每天缠上一股新索，要不了多久，它就牢不可破”。习惯成就性格，性格决定命运，良好的习惯是孩子的人力资本基础，随着孩子的成长，这种资本会不断增值。

工作是银，年龄是金

人们常说“姜是老的辣，酒是陈的香”，就是说，老年人有老年人的优势，在某些方面，老年人远远胜过年轻人。虽然老年人身体素质逐渐下降，在体力上逐渐不如年轻人，在思维的敏捷上、创造性思维等方面都不如年轻人，甚至老年人常常谦虚地引用毛主席的话说：“世界是你们的，也是我们的，但归根结底是你们的，你们年轻人是早上八九点钟的太阳。”但老年人更有老年人的优势，起码，老年人有丰富的经验和阅历，通晓人情世故，“老年人走过的桥梁比年轻人走过的路还多，老年人吃下的盐比年轻人吃下的米还多”，这也就是说，老年人丰富的阅历就是老年人最大的优势。特别是对于一些知识型的老年人来说，老年人的知识和经验优势十分明显。知识和经验的积累是渐进的，随着年龄的增长，老年人往往容易产生许多睿智的思维，包括对人生观、世界观等问题的看法更趋理性、长远。不像年轻人那样冒失、鲁莽、偏见。一些从事技术工作的老年人是某一技术或某一行业的专家能手，不仅可以指点、带动年轻人，还可以从事一些相关的工作。

正是因为老年人有老年人的优势，在工作上，老年人对年轻人的传、帮、带可以大大节省年轻人达到专家水平的时间，一些在某一知识和技术领域的专家，只要对年轻人稍加指点，就可以为年轻人指明方向，少走弯路。比如北京大学的陈岱孙教授，在他八九十岁的时候，还给本科生和研究生上课，带博士。在他这样的顶尖大师的指导下，北大产生了像梁小民、厉以宁等我国经济学界的新秀，还培养了一大批在经济学学术领域的学科带头人。

一些从事技术工作的老年人才也是企业和社会的财富。某一技术领域的能工巧匠和专家能手，在该技术领域曾经做出了很大的成绩，是企业的技术骨干，他们的技术经验经过几十年的积累，相当丰富。即使从事新技术的创造和开发，也需要在原有技术的基础上才容易达到更高的水平，所以，他们对年轻技术人员的指导，可以减少年轻人技术创造和开发的时间和精力，提高年轻技术人员的工作效率。老工程师对新工程师的传、帮、带可以更快地培养新的技术能手，降低企业的成本，容易多出人才。

一些老年人经过几十年的知识和经验积累，人生观、世界观相当成熟，如果在晚年的时候发挥自己的余热，把自己的人生经验和人生智慧总结出来，整理出来，写成书，包括写小说、自传、报告文学、专业技术书籍等，把自己宝贵的经验流传下来，让年轻人从中得到一些启发，既是对社会的贡献，也是自己发挥余热、增加收入、丰富退休生活的重要途径。

总之，一些学有专长的老年人，即使退休也依然有很多充分发挥自己优势的机会，仍然可以为国家和社会的发展出力，老年人经过几十年的投资积累，其人力资本价值很高，如果完全退出工作也是社会资源的浪费，充分发挥老年人的优势也是人力资源的最优配置，可以增加社会财富，同时也给自己带来额外的收入。

当然，由于老年人的生理特点，体力上有不少欠缺，容易生病，精力不足。他们之中有很多不适合做全职工作，但如果通过弹性工作制，身体好时多指导年轻人，身体差时多休息，劳逸结合，有张有弛，就不会影响他们的身体。或把工作带回家做，既可以照顾家庭，又可以适度工作，这样，就充分利用了社会的人力资源，增加了社会的财富。

不仅如此，老年人在家庭中也是宝贵的家庭财富。很多老年人有孙子、孙女，儿女一般有自己的工作，工作比较忙，又要生儿育女，家庭负担比较重。如果作为长辈的老年人勇敢地承担部分养育孩子的责任，帮助自己的儿女带孙子、孙女。一方面可以让自己的儿女全身心地投入工作，沟通自己与下一代和两代人的感情，加深一家人的亲情；另一方面，自己的老年生活由于有带孩子的乐趣也更加丰富多彩。老年人由于有丰富的阅历和知识，在教育自己的孙子、孙女上，具有比自己的子女更多的优势，知道如何从小培养孩子的良好习惯、道德品质，可以把自己睿智的人生观潜移默化地传授给孙子、孙女。如果自己的儿女结婚比较早些，儿女本人还不够成熟，他们教育儿女肯定不如比他们长一辈的老年人，也就是说，老年人在家庭教育上也占有明显的优势。

老年人的负担问题

尊老爱幼是中华民族的传统美德，由于我国家庭观念比较强，老年人对家庭的感情很深，老年人更需要家庭的温暖，老年人对后辈更具有奉献精神，所以，一些老年人在年老的时候不仅没有因为儿女的成家立业而减轻负担，相当一部分老年人还对晚辈承担着许多不应当承担的负担，从而加重了自己的负担水平，降低了自己的生活质量。

在中西部的一些农村地区，年轻的夫妻都一起到沿海地区打工赚钱，家里留下的基本上是老人、小孩、妇女，老人们既要照顾小孩，又要耕种一家人的责任田，不仅没有什么时间休息，反而更加劳累。

因为农村赚钱的机会很少，年轻人不到外面打工赚钱，家里就会很穷，而像盖房子、娶媳妇等都需要钱，这样，老人就不得不成为“留守一族”，年老时期依然承担着沉重的家庭负担。

在城市，现在的年轻一代大多数是独生子女，孩子是父母的掌上明珠，孩子上大学，做父母的要操心、供养。等孩子大学毕业了，父母又要操心孩子的工作问题。孩子参加工作后，父母还得操心孩子的婚姻大事，为孩子找一个好的终身归宿。做父母的负担最重的就是孩子的住房问题，现在城市的孩子娶媳妇，开口就是要多么宽敞的房子，父母得为孩子结婚准备房子，要购买宽敞的住房，只有首期付款多，才能减少分期付款，减轻还贷的压力，所以，很多父母都为孩子买房支付了巨额的首期付款。根据上海的一项调查表明，在目前的上海家庭，其中，在有儿子的家庭中，占85%比例的家庭要为儿子买房准备资金，有女儿的家庭中，只有占15%的家庭要为女儿准备资金买房。

由于老年人身体功能下降，容易生病，所以，老年人的医疗费用也是老年人的一个主要负担。对于一些行政事业单位的干部、职工来说，可以享受公费医疗的好处，但如果是一项大手术，医疗费用几十万，要让单位报销也需要颇费周折，甚至于可能拖拖拉拉好几年，求领导、找关系，最后还可能不能按标准报销，自己需要负担不少的费用。一些享受大病统筹医疗保障的职工也需要自己负担相当数额的医疗费用。

负担最重的就是那些没有享受任何医疗保障的城市低收入阶层和广大农民朋友。截至2004年9月底，全国参加基本养老保险人数达到16062万人，医疗保险参保人数达到11941万人。参加了基本养老保险的职工和农村农民的1.6亿人也只占我国劳动年龄人口总数的20%左右，还有80%的人口没有享受任何养老和医疗保障。根据有关方面的调查表明，目前，有近70%的农村老年人在感到身体不舒服时，会立即找医生，但也有30%以上的农村老年人在感到身体不舒服时，选择“扛不过去”时再找医生。

老年人的另一个负担就是精神负担。随着经济的发展和社会的变化，现在的年轻人追求高品质生活的越来越多，表现出比较自私的一面。尊老爱幼虽然是中华民族的传统美德，但现代爱幼的人倒是很普遍，尊老的人却比较少。儿女成家立业后，孩子特别是媳妇尊敬老人的并不多，一些老年人和儿女一起生活时，要看女婿或媳妇的脸色生活，心情很不舒畅，有的经常被媳妇骂。所以，很多老年人的心理负担特别重。

老有所养，是一个涉及面更广的话题，城市农村都存在，而农村是“重灾区”，即使在经济相对好些的农村，这一问题也十分严重，这个严重不是经济能力问题，而是人的良心、人的道德品质的问题。常常看到的是，媳妇对婆婆好的占少数，一般的占多数，不顺眼的也是少数，而对自己的亲生母亲好的约99%。在如此环境的影响下，恶性循环，并形成很有惯性的社会风气。结果受苦的不仅仅是婆婆，还有自己的娘——别人的婆婆。而她们，为了家庭和睦，不让外人笑话，常常是眼泪往肚里流。我们都有老的一天，父母的今天就是我们的明天。善待老人，就是善待我们自己。

老年人与年轻的媳妇或女婿时常产生矛盾大多数与住房有关，有自己住房的老人一般过得比较愉快，不用看别人的脸色生活，没有自己的住房而和儿女生活在一起的老人，一般心理负担很重。让广大老年人老有所养、安度晚年，是一个重大的社会问题，当前我国实施的深化房改的各项措施，是为了从根本上达到“人人享有适当的住房”这个目标。如果能把解决老年住宅问题纳入房改的总任务，予以统筹考虑。例如老年人住老年公寓以个人支付为主，针对不同收入水平的老人辅以适当的社会保障，与我国现行的房改政策基本上是一致的。这样，老年人住房问题解决后，老人的经济、心理负担都可以得到减轻。

我国现在的老龄人口数量已经达到了1.3亿，已经进入了老龄化社会，到2040年，我国老年人口总数将达到4亿，一旦全国的负担系数提高，老年人的生活质量更容易受到更多负面的影响。

有钱难买老来俏

一些人认为，老年人比年轻人更不幸福，有的年轻人对此进行了抽样调查，证明许多期望的生活质量都属于青年时光。在某些方面，老年人确实有许多不好的情况，如健康状况差、经常生病，收入比较低，或者还要负担家庭晚辈的一些支出。大多数年纪大的老年人鳏寡孤独，关心他们生活的人很少。

但也有一些研究显示，不少老年人从主观上比那些年轻人更加幸福，因为老年人与年轻人有很大的差别：老年人的期望和抱负相对比较低，例如，老年人认为不再工作及鳏寡孤独是意料中的事情，即使经历了悲欢离合，但他们的痛苦相对更少；老年人的目标和实现之间的差距相对比较小，虽然年轻人的生活容易成功，但老年人的目标更加理性，切合实际；老年人会适时调整自己以适应环境的变化，例如老年雇员会努力使工作情形更适合自己的需要；老年人学会了如何减少消极的生活事件，知道如何调节与控制那些消极事件对自己的影响。正是因为存在这些因素的影响，一些老年人虽然比较孤独，或收入降低，但他们依然很乐观地对待生活，并认为自己非常幸福，他们往往把人世间的许多得失、悲苦、成功与失败等身外的世界看得十分平淡。甚至认为，人来到世上就不容易，来去无牵挂岂不是更好，酸甜苦辣本来就是人生必经的过程，只有真正体验了酸甜苦辣，才能真正体会到人生的真谛，才是一个完整的人。

一些经济学研究者发现，年龄与幸福之间呈现U形的关系，他们发现，在控制健康因素和其他因素的前提下，男人43岁、女人40岁的时候幸福感最低，而人们小于这个年龄的时候和大于这个年龄的时候都是比较幸福的。因为人们年轻的时候，精力充沛，更容易对生活充满美好的向往。随着中年已过，走向老年时期，人们的心理更成熟，期望值降低，同时负担可能减轻，对他人更加宽容，对生活更加乐观，从而生活的满意度提高。而中年时期正是人一生中负担最重的时期，上有老，下有小，如果事业不成功，心理和生活的压力都很大，所以，中年时期是最不幸福的时期。即使上面这些关系不是很明确，但幸福的人比不幸福的人总是活得更长久，这也证明了幸福随着年龄的增长而增长的积极关系。

老年人确实应该对世界充满更多的爱，对生活更加热爱。老年人工作、生活了大半辈子，生存压力最大的中年时期已经过去了，儿女也成家立业了，自己不用为他们再操心，退休后可以选择自己的生活方式，也可以与晚辈一起生活，尽享天伦之乐。唯一需要做的就是尽早立下遗嘱，以免引起纷争。晚年的生活就像夕阳一样，虽然没有中午时刻的热烈和光芒四射，但柔和的阳光更值得自己细细品味，慢慢享受，成功不能带走，失败也不可能永远跟随自己。物质的东西已经是身外之物，精神的伤害也看得十分平淡。

在青少年时期，我们曾经对世界充满着好奇，生命充满着欢乐，心灵充满着探索世界的渴望，生命中没有任何争权夺利的阴影。后来，我们进入了复杂的社会，逐渐接触了形形色色的人生百态，一些社会的黑暗使我们心寒，生存的竞争使我们计较，利益的争夺使我们阴险，别人的伤害使我们恶毒。生命之路好像越走越窄，灵魂越来越平庸，心灵越来越封闭。一个人能否最终获得幸福，就要看他能否走出“衣带渐宽终不悔，为伊消得人憔悴”的境界。当老人在经历了人生的风风雨雨后，其内心会有一种豁然开朗的感觉，就像是雨后的晴空，生命焕发出新的活力，境界高远开阔，有一种“蓦然回首，那人却在灯火阑珊处”的感觉，那就是一种真正回归简单的生活。

第九章

消费中的经济学

邓析的两可说与讨价还价

讨价还价是商场中、外交场合下的常见现象，同时也是我们日常生活中的常见现象。其实这个讨价还价的原理古已有之。

邓析(约公元前560 ~ 前501年)是著名论辩家,春秋末年郑国人,与老子、孔子同时。《吕氏春秋》记载着这样一个故事:

这个故事说，洧水河发大水，有一位郑国的富人被淹死了。有人捞得了死者的尸体。死者家属得知后，想买回尸体，但捞得尸体的人要价很高。死者家属请邓析出个主意。邓析说："不要着急，安心等待。因为你要是不去买，别人是不会去买的。"死者家属于是就耐着性子等待。捞得尸体的人着急了，因为尸体家属没有来赎买，又因气温高，尸体不易保存，捞得尸体的人也请邓析给出个主意。邓析又回答说："不要着急，安心等待。因为死者家属要是不到你这里来买，就没有别处可买。"

这就是著名的"两可说"。人们普遍认为，邓析是在诡辩。其实不是，赎买尸体者和得到尸体者之间是一个博弈——讨价还价博弈。邓析的"安之"，只不过叫他们都要"有耐心"而已。

讨价还价博弈是特殊的动态博弈，在谈判过程中影响谈判结果的一个重要因素是耐心。

没有耐心的人其所得往往不如有耐心的人。没有耐心的人往往不能忍受旷日持久的谈判，他们往往容易妥协。因为等待对于他们来说，成本更高。有耐心的人往往倾向于要更高的价，因为在他那里时间成本是较低的，同时因为他们知道对方没有耐心，很容易妥协。

在中国与美国就中国进入 WTO 的谈判过程中，中国的谈判者没有“耐心”。这不是因为中国的谈判者心理素质不够、谈判水平不高，而是因为中国“入世”的时间成本较高，中国急于加入 WTO 目的是，使中国的经济早日加入到世界经济体系中去。这样的谈判过程是个艰难的过程，龙永图说“黑发人谈成了白发人”反映了谈判过程的漫长。在这个过程中，美国人要价高，因为美国耗得起，中国则没有这样的耐心和时间。我们在很多场合中说“中国需要世界，世界更需要中国”，用来表述中国加入 WTO 能够实现“双赢”；其实这句话更恰当的说法是“世界需要中国，中国更需要世界”。

在谈判中，要取得更大的好处，其中一个因素就是“不要让对手看出自己的耐心程度来”。当然，这往往也不太容易。如在中国与美国的谈判中，中国谈判代表团无法掩盖中国急于加入 WTO，使中国经济融入世界经济体系中去这样的事实。

这种谈判中的心理战术同样适合于消费领域中。

消费要懂得理财

人在生活中购买一般东西时，常常不作细致的考虑，但是有时候需要购买一些昂贵的商品，像买房子、买车等，这时候就需要慎重考虑了，甚至这种考虑会是一个期待已久的漫长的过程，善于安排这种支出，既能明显地节约费用，又能使生活舒适。

欲购一件昂贵物品，总要与家庭所有成员商量一下，根据自己家庭的现有积蓄、每月收入和日常衣食住行的开销，算一算该不该买。不必要的东西不要买，因为时过境迁，就会知道是一种浪费。可以召开家庭财务工作联席会议，当然，如果你是单身的话，这次大会只有你自己参加。每一个人畅所欲言，谈自己对这次有可能进行的支出的计算方法和结果，集思广益，从中找到最好的方法。

要考虑自己的资金实力、自己的信贷能力和自己抵御风险的能力，家庭成员的生活水准和紧急事件的应对，这些问题毕竟需要一定数额的资金能力作为保障，你要计算这个数额，并在保证这个数额的基础上考虑自己的购买力，在心中还要有一套一旦碰到紧急情况的应对预案。购买有投资性购买和消费性购买，如果是消费性购买，则更应该谨慎，因为这种购买是不能创造新的价值的。

还要考虑一下退路，有很多购买是在一定诱惑下很容易就买进了。但是，在买进一种金额较大的商品前，有必要考虑一下将它卖出的容易程度。将车卖掉，意味着要损失一大笔钱，房产虽然有保值的效果，但一般在短时间内不能产生利益，而且要卖掉房产也是一桩很麻烦的事情。这些经过考虑得出的数据，也可以当做你进行综合考虑时的有价值的参考。

购买的时机也是一个很重要的问题，商品价格的涨跌一般也有一定的季节性规律，对商品价格的未来走势，谁也不可能预期得绝对准确，但是根据以往的经验，可以进行判断，大概预测其未来涨跌情况的概率和幅度，从而对购买的时间做出决策。

卖家也会提供多种购买方式，自己可以根据自己的经济实力做出最适合自己的选择。如果是分期付款，最直接的问题是银行按揭到底贷多少年，获得的利益和支出的利息比最理想，这个问题的计算稍微复杂一些，要考虑怎么使支付的利息总数最低，而又不太多地影响你的生活计划。分期付款的压力既是前进的动力，又会使自己的生活增加压力，要看看自己是否能承受得住这个压力。

买东西还有一个考虑性能价格比是否合算以及讨价还价的问题。考虑的问题主要包括：商品对自己的用处、使用年限或商品的量、商品的性能和服务、品牌、价格，等等。这牵涉到很多数据，以及在这些数据基础上来选择最优方案的问题。从对商品的性能价格之间的比较，到做出购买决策的过程，实际上是人在头脑中进行的一个很复杂的计算过程。所以说买东西里边的数学学问并不像我们所感觉到的那样简单，一个人是否善于买东西，和他对数学知识的使用能力有关，这种能力是一个人理财能力的一部分。

逛商场挑选商品，有时候是一个非常费时间和难以做出决定的问题。现实生活中一个常见的现象是：有些人，特别是很多女性在购买东西时会耗费很多时间，究其原因，固然有买东西对她们来说是一种生活享受，还有在计算和决策方面的思维方式的原因。在对商品的选择上和价格的衡量上，她们不能快速地做出决策，也就是一个决策效率的问题。

当然更使人头痛的是大宗物品的购买，这时候是需要一点数学上的技巧的。如果没有一个清晰的经济头脑，复杂的数据就把人搞糊涂了，这时候可以用列表的方法来解决问题。

当然昂贵物品的购买决策，对生活中的收支平衡或个人的经济状况有重大的影响，更是一个大的问题。要求人们考虑得细致周到，数学方面的天赋更能派上用场。

折扣狂潮里的秘密

如今，商品打折已经成了一种“商业风气”，正在整个商业系统中迅速地蔓延开来，许多商店也把打折当做是招揽顾客的重要手段之一。无论大街小巷，你总会看到商店的门口贴着“大甩卖”、“跳楼价”、“大放血”等字样。而且，商店里还贴着“恕不讲价”的牌子。老板还在不停地摇头叹气，一副“失血过多”的样子。而商场里，“买一送一”、“买二送一”等广告也随处可见。许多商场都把 1 周年、5 周年、10 周年店庆当做是“答谢新老客户的关爱”的最佳时刻。“全场商品一律 5 折”、“满 200 送 100”的口号也喊得特响。而且，本来只有一天的“店庆”，被他们一开就是几个星期，一两个月。就像一些小店，每天都喊着“最后一天大甩卖”一样，也不知道哪天才是最后一天。

总之，整个儿的打折气氛，让人觉得自己是在一个充满了“便宜”的世界里，似乎只要你稍稍打开你的口袋，就能够把无穷的“便宜”带回家。但是，面对如此疯狂的打折潮流，我们都应该清醒地对待，不要因为贪小便宜而吃了大亏。

谁都知道，商家做生意都是为了赚钱。而如果他们真的“大放血”，而且是整天整月地放血，那么有哪个商家的体魄会如此“健壮”呢？虽然，我们必须承认，确实有一些商店，由于建筑拆迁、生意转行、急需资金、商品换季、清理库存等许多原因而被迫降价甩卖商品。而且，许多商品打折后，价格确实比原来要低了。但利用“薄利多销”的手段进行促销的商家占很大一部分。尤其是那些“回报新老客户”之类的“店庆”，这样的目的更是明显，他们是假借打折之名招揽顾客，赚取高额利润的。

让我们来看看商家打折的秘密。

我们知道，一定数量的产品，不管是生产1万件还是只生产100件，有些投资是必需的，比如厂房和机器设备。而且，这些投资在短期内是不能改变的。我们把这种短期内在数量上不能改变的投资成本称为“不变成本”。而另一些投入如劳动力，如果你想生产1万件，就要多用几个工人，如果只想生产100件，那就少用几个工人，这是可以随时改变数量的投资，称为“可变成本”。不变成本和可变成本之和就是生产商品所需要的总成本。

如果把一段时间内生产出来的产品看做一个整体，那么，把生产这些产品所耗费的成本（包括不变成本和可变成本）平均地分摊到每一件产品上，我们就可以大致知道每一件产品中包含了多少的可变成本和不变成本。于是得到了“平均可变成本”和“平均不变成本”的概念，两者之和又可以称为“平均总成本”。而如果我们把厂家卖商品的价格看做是他从每一件商品中获得的收益，那么，我们就可以通过比较价格和以上几个方面的平均成本的大小关系，来判断厂商愿意生产商品的最高数量和愿意出卖商品的最低价格。

实际上，商店不可能把所有的商品都如此打折销售。商场里只有部分商品如此打了折，不仅是部分打折，而且是轮流打折—今天是日用品打折，明天是调料打折，这周是烟酒打折，下周是食品打折。其他的商品呢？其他商品的价格与别的超市的价格则没有区别。

沃尔玛超市真实的营销状况就是如此。

先说消费者。那些知道打折商品又意欲购之的消费者显然愿意前去购物。但去超市是要花车费和时间的。既然去了，既然花了车费和时间，理性的选择哪能只购买打折商品呢？一般总是要购买一些别的商品。那些不知道打折商品的人又当怎样呢？虽然不知道具体打折的是些什么商品，但既然有打折商品，而别的商品又不比别处的超市贵，为何不奔着打折的商店去呢？

再说厂家吧。商店的打折虽然使得商品的平均单价降低了，但由于打折吸引了消费者，提高了销售量，总利润一定不减反增。为了吸引那部分即使知道打折也不购买打折商品的消费者，最大限度地增加销售量，商店不可能让所有人事先都知道具体打折的商品，它是要让一部分人知道，又要让一部分人不知道。

其实，正像前边所说的，由于各种特殊原因，商场被迫降价出售商品，价格往往比实际造价还低，那么，消费者就会获得比较实在的优惠。但是，即使是在一般紧急的情况下，这种情况也是很少见的。因为，在平时，商品出卖的价格都比实际成本要高许多，而在比较紧急的时候只要把价格下调，调到可变成本以上一点点，从消费预期来说就已经十分满足了，商品就很容易卖出去，而且会比原来销售量更大，这才是最常见的打折现象。许多商场就是用这种手段吸引消费者，以获得“薄利多销”的效果。看起来他是在“放血”，但是，虽然在单件商品上的利润少了，但是卖出去的商品数量增多了，所以只要打折程度合理，完全可以在打折的情况下，获得比原来还多的销售收入。

因此，对于各个商场疯狂的打折热潮，我们应该清醒地对待。

做个理智的消费者

不同的人有不同的个性，同样是人，有的人喜欢思考，有的人不喜欢思考；同样是思考，有的人的思考符合理性，有的人的思考不符合理性；同样的是具有理性思考能力，有的人善于在生活中运用它，有的人经常不在生活中运用它。所以对环境的变化，不同的人做出不同的反应。试想一下，一个企业家和一个普通人相比，在处理和经济有关的问题时，会有自己的思维方面的不同特点的，而每个人的个人生活和事业发展，也是人的思维方式加上其他因素长期综合作用的结果。

由于每个人的小算盘的算法不同，人们做事的方式就各有千秋。比如，国家进行宏观调控，曾采取了降息的策略，手中有余钱的人想："你降息，我炒股，谁也别想做谁主。"有的人想："你降你的息，我做我的生意。"在个人投资方面，据有些人的研究，不同性格的人其投资风格也不同。敢冒风险的人投资股票，相当稳重的人投资国债，脚踏实地的人投资房地产，信心坚定的人选择定期储蓄，井然有序的人投资收藏，百折不挠的人搞期货，富于幻想的人则喜欢去打造一个盈利的企业。也正是这些思维方式的不同，决定着不同的人在经济领域会有不同的表现。

一个人如果能取长补短，改变自己的思维模式，养成善于算计的习惯，则对自己的理财实力的提高会大有裨益。

从消费的角度来看，消费有两个心理层面：一个是自己的购物习惯和欲望，一个是自己的理智。许多人是无意识的消费者，他们不使用自己的计算能力，或者是在他们的计算方式中忽略了一些重要的东西，出于习惯他们每天买相同的东西，或是凭一时兴起购物，他们的计算主要是集中在商品本身和自己的偏好，而不是从自己的经济状况考虑做全面的打算，因此，对于这些人来说，在经济上陷入困境是很正常的。

有些人是理智的消费者，他们将自己的经济行为限制在计算的框架内，他们有经济方面的计划，或者是有明确的预算，然后他们能严格执行自己的计划或预算。他们的小算盘在账目上打得更精一些，他们根据自己的经济实力和对未来生活的考虑来决定自己的购买行为。在购买东西时的思路是这样的：我真的需要这件东西吗？这项花销会不会影响我下一步的经济计划？购买带来的利益相对于付出的代价是否合适？我为了购买这件东西，应该采取什么策略？

一个人如果能做一个理智的消费者，他就会倾向于用理智的眼光来看待其他的经济问题，他的思维方式就是目光长远的、积极进取的。这种算计的习惯和技巧，将使他迈向成功的脚步更加稳健有力。

不论多么精妙的设计，靠这种设计本身都不能实现理财，目标中的财富数字需要具体的行为去实现。在计划一个行动的时候，要为自己的考虑增加一个前提，比如是买一件东西或在进行一次娱乐消费，在进行取舍时，首先要考虑自己的预算的要求，如果不是特殊的情况，超过了这个预算的行为，都应该是在禁止之列的。

一个人是否善于理财其实和他在生活中形成的生活方式有很大关系，这种生活方式里，有他的思考问题的方式和他的行为习惯。所谓的理财技巧，不过是来源于人的思考模式和行为习惯。人并非在所有的时候都是理性的人，比方说，一个吸毒成瘾的人是不会因为计划不再吸毒而不去吸毒的；一个上网玩游戏成瘾的人，也不会因为认为过多的上网有害健康，计划暂时不再上网而不去上网。所以说，预算是预算，人的有些消费习惯是难以改变的。所以很多教人理财的方法，虽然看起来很巧妙，但是却常常收效甚微。

改变人的思考模式和行为习惯，是一种自内而外的自身修养过程，是提高人的理财能力的根本之道。思考方式的形成是一种长期的积累的过程；行为习惯也是这样，所以为了执行自己的预算，一个有着不良消费习惯的人，在个人习惯方面要费力气谋求改变。在思考方式方面，数学训练为人们提供了一个严谨和全面地看待问题的模式，这种模式用到生活中的消费决策上，会使人的决策更趋于理性化。

人生选择与理性精神

生活中人们随时在进行选择，连走路时都需要选择：走哪一条路，靠哪一边走，以及走快些还是走慢些。从打扑克之类的游戏过程，到社会中的经济活动，种种不同的生活和行为方式，在许多环节总是要面对问题做出选择。

生活中做出选择时的心理活动形式可能是感性的，凭直觉进行判断；也可能是理性的，要借助于思考和推理，大部分时候的选择则是综合性的，既靠感性，又依赖于理性。以打扑克为例，同样是打牌，有的人打得好，有的人打得不好，为什么？因为打得好的人善于从对手出的牌做出取舍。打牌中的选择和判断事实上是一种理性和直觉的混合，要在直觉的基础上进行推理并做出判断，推理和判断又在调整着人的直觉。不断重复的打牌经验，又会在无形中强化这些直觉和推理的模式。生活中也同样如此，理性、经验、直觉共同影响着一次又一次的选择，从而决定着人生这场牌打得怎样。

打牌的智慧是个人天赋和经验积累的结果，其中理性的部分，很大程度上是一种数学能力，这种数学能力未必是在学校的数学学习中得到的，但是却可以看成活跃在人的头脑里并在生活中不断被训练的数学能力，因为其中的推理过程具有和数学相似的特征。和打扑克相似，在做具体的事情的时候，在细节上经常要考虑怎么做，人要选择具体的做事方案，这个设计方案进行选择的过程，也常常是一个数学式的推理过程。

在进行选择时直觉很重要，但直觉有它的弱点，在生活中经常有人在试图向我们证明什么，当我们面对推销员的时候，喋喋不休的言辞有时候对我们很有说服力，人的直觉会经常为他们所诱导。这时候就需要保持清醒的理智了，理性的思考可以帮我们做出正确的判断。

社会给人提供了广阔的天地来使用自己的经济理性能力，生活情景中的各种选择问题，这些问题使得一个人得以运用和发展他的理性天赋。对于没有受过经济学训练的人来说，他所掌握的来自生活的理论常常是粗糙的，他的理性思维常常是有漏洞的，专门的教育则可以塑造一种彻底的理性精神，从而有效地提高人的理性思维能力，使人在生活中的选择更正确、更符合理性的原则。

在理性方面走得最远的人也更加成熟，所以，毋庸置疑，打牌如果借鉴一下理性思想方法，比如概率论的知识等，是有利于在牌场上更好地进行抉择的。同样的道理，理性精神同样也有利于人生中的选择。生活中的选择和行为方式大多是靠直觉反应。在直觉不能做出明确的判断时，才会使用理性。但是直觉的表现经常不那么令人满意，经常出错，而理性则更令人放心。

虽然在生活中理性的判断并不总是最重要的，但在一些关键的时候它常常会发挥最关键的价值。人生中面临大的选择时更需要思考，这时候思考就是一个很重要的技术问题了，它在很大程度上决定着人的未来。一些重要事情的决策，出于慎重，决策者不得不依赖于正确的推理方法。在数学训练中所学到的推理和证明的方法：如何精确地使用概念，如何抓住问题的实质，如何进行逻辑推理就会在无形中发挥重要作用。

选择的过程其实是一个收集信息，以理性的方式进行思考的过程。只不过在生活中，人们运用经济学的过程主要在头脑或电脑中进行，不用写在作业本上而已。一个最为典型的例子是，众多证券交易商在利用建立在模型基础上的电脑软件协助他们对股票和期货进行交易，所以现在的经济学已经变成了在一些领域可直接用于做出选择的技术。经济学赋予人自尊、自信和自主精神，经济学的训练可以使人的理性更加强大，较少受他人左右，使我们的选择更加科学。

选择性消费

我们该如何改进随意消费的习惯呢？一个解决的办法就是以对金钱的积极的态度取代消极态度。

圣地亚哥国家理财教育中心提出了“选择性消费”的观念—你不应该对自己说：“我该不该买这东西？”而应该问：“这东西所值的价钱，是不是在我这个月花钱的预算金额内？是否正是我所要花的钱？”

换句话说，你要问问自己，到底有多么想要花这笔钱来买这东西，而不仅仅是告诉自己能不能花这笔钱。

“我应不应该花这笔钱”—就是圣地亚哥国家理财教育中心所谓的“消极的输入”，因为它是消极的信息，容易被忽略，这也是人类的心理。然而消极的输入会迫使我们合理化我们的购买行为，如“这东西颜色很漂亮”、“这东西正在打折”和“我真的很想要这东西”等说法，就是一些很普遍的例子。许多人都有买过打折商品的经历，喜滋滋地买回了“物美价廉”的商品，心中有一份莫名的得意和逢人就想夸耀的冲动，殊不知自己正是上了“打折”的当。

曾经流行过这样一句顺口溜：七八九折不算折，四五六折毛毛雨，一二三折不稀奇。

“打折就是随意定价的结果，商家一开始就想好了用打折的办法‘钓鱼’、蒙人”。一般人习惯上总喜欢廉价便宜的商品，他们看到打折商品，往往不加考虑就掏钱包购买，这正好落入商家的圈套。有钱人从不盲目购买打折的商品，他们告诉人们在打折面前，最好不要乱动，冷静一下，看看这个东西你是否真的需要。不需要，打再低的折也不为其所动。

通过选择性的消费，你想要花钱的本能还是能够得到满足的。这就像一个正在减肥的人必须减少热量的吸收，但每天却还可以吃一点儿冰激凌一样，你不必试着去完全改变生活方式，而且也不必强迫自己克服心理上的排斥感。

不要误以为选择性消费很简单，其实它并不简单，它需要不断地练习。

阿敏是个超级购物狂，每次同学想去逛超市又找不到人陪时，找她准没错。她一到超市立刻就兴奋起来，总能想起自己缺这个缺那个，于是买个没完，每次至少也是上百元。有时候买回来的东西放在一边也想不起来用，浪费了不少钱。

后来，她自己也有点急了，一次逛超市的时候，看到一个妈妈领着小孩一起买东西。小男孩手里拿着计算器，妈妈每放到购物篮里一件商品，就告诉他价格，他累计后把总额告诉妈妈。阿敏觉得这是个好办法，也开始照做，于是手机里计算器的功能就被充分利用了起来。一开始她给自己规定，每次购物的总额不得超过 80 元，后来这个金额被一再缩小，现在她已经能很好地控制自己的购物行为了。

为了节省开支，带上计算器逛街，让屏幕上飞涨的数字抵挡诱惑是个不错的方法。顾客在一般商店里购买商品，买一件就要支付现金，看着钱出去难免心疼。超市自选商品之后再统一结账，往手推车里放东西，“豪拿”中购物欲望便会大为膨胀。带个计算器逛超市，买一个东西就用计算器加一下，这样就会知道自己不断支出的总数了，超过预算就强迫罢手。这样可以自我核算，避免结账时出现多付。另外，认定目标，到熟悉的超市购物，可以很快找到想买的东西，减少受诱惑的机会，这也是一种省时省钱的方法。

在逛超市时，应该给自己规定时间，一般不要超过 10 分钟，这样可以控制自己的购买欲望，进入超市，就可以拿出清单，对号入座。

同时，逛超市的时候尽量空手进入，如要买的东西稍多，而购物篮可以盛下，就绝不要去推购物车。购物篮和购物车本是方便顾客的，但它们同时又极其艺术地为商家做着诱购和促销工作，可以说，它们是使我们无形中突破购物计划的“元凶”。

切记千万不要被赠品所诱惑。很多商家常在商品上绑一些赠品来激起人们的购买欲。这是商家促销的一种方式，有些商品甚至因绑了赠品后价格有一定的上升。千万不要被一些花哨但没有价值的赠品糊弄了。

另外要避免数字误导。商家喜欢把商品定为类似 9.9 元的价格，这样常常会给人便宜的错觉，看到这样的商品，要习惯性地四舍五入。比如把 9.9 元看成 10 元，虽然只有一毛钱的差价，但在价格上就不会被误导了。

我们去超市购物时会列出清单，为什么去其他地方买东西时不如此做呢？其实你的消费是可以掌握的，不要被习惯、冲动或者广告所左右，如果你养成了消费时去比较不同商品的价格、服务和品质的习惯，你的选择性消费也不会那么盲目，并且也能够聪明地消费并存下省下来的钱。

因此，最主要的是：养成选择性消费的习惯，做理性的经济人。

把握好最佳购买阶段

卖的人精，买的人也不是傻瓜。贵东西必然有它贵的道理，但对贵东西的“好”则要具体分析，传统认为所谓的好，多表现在材料、制造、设计、工艺等方面。在现代社会，“好”的方面要广泛得多——两件材料、制作、工艺等完全相同的西服，名牌的比非名牌的就可能贵上好几倍，贵就贵在牌子上。有的时候两件质量、款式一样的商品，豪华店、精品店卖的就比在普通商场里贵得多。因为前者地处繁华区，装修考究，服务周到，多支出钱都要让消费者掏腰包，所以它价格贵也不是没有道理。多元化是现代社会消费的一个重要特征，所谓“好”与“坏”的标准常常不能用固定的尺度来衡量。东西越贵越“好”是没错的，只看这“好”是否能为你所接受，如果超出你的承受范围，就会给你带来沉重的负担。

在正常情况下，商品绝不会既是最好的又是最便宜的，这是我们大家都明白的道理。而要想真正做到令自己满意，首先要对所谓的“好”有一个切实的标准。比如装修居室：商店里的木地板价格便宜的每平方米 30 元，但贵的也有 100 ~ 200 元的；论质地更是令人眼花缭乱。这时就不要管价格，而是根据自己房屋装修的档次、规格、颜色等，选择较为满意的木地板。这里的“满意”与装修的好坏程度及个人的审美标准有关，而不是单纯指东西好坏。然后在满意的基础上再选取价廉的。如果在这些木地板中，觉得中等档次的与自己的装修水平相适应就叫“满意”，那么可以在这一类里进行选择。当然，你会发现同样符合条件的木地板，每平方米 45 元的比 60 元的合算。

买东西还要选择购买时机。

什么是最佳购买阶段？花最少的钱，买的东西又不落伍，那就是最佳购买阶段。社会商品特别是耐用消费品总要经历开发、研制、小批量生产、大量投产、萎缩等阶段；然后是又一轮的开发、研制……

在最初的开发、研制阶段，产品的性能还不稳定，但十分新潮；产品的成本高、售价贵，市场销量逐步上升但升幅不大。这个阶段的商品不宜购买，应等到其进入批量生产阶段，此时商品的性能、质量逐渐趋于稳定，生产批量大，价格有所下降。假如不是特别急需使用，最好再等一等，因为其价格还未降到最低谷。接下来是“维持量阶段”，市场已接近饱和，形成买方市场，价格大幅下降，这时才是最佳购买阶段。这个阶段不但价格合算，而且产品质量进一步完善，厂家竞争也趋于白热化，消费者正好坐收“渔翁之利”。这说起来好懂，但真的做到“恰到好处”也并非易事。

小李特别喜爱手机，刚参加工作就花上3000元买了一个最新款的名牌手机，谁知还没过一年，市场上这款手机的价格已降到不足1000元，小李悔恨不迭。可见，找准最佳购买阶段是把钱花到实处的重要一环。

买一套房子的谋划

生活需要房子，有些人是为了住而买房，有些人则是看准了大部分人的需要而炒房。需要住房的人和炒房的人，加上谋求高额利润的房产商，这三者把房价闹得越来越高。现在房价相对于一般中国人的收入水平来说，真是个大数字，购买不能不慎重。

一般人得付出自己大半辈子心血才能买得起房子。一旦决定要购买房子，首先要考虑的应该是买房究竟意味着得到了什么，除了和生活偏好以及对住房质量和环境的要求相关的因素之外，我们最关注的大概是使用面积。聪明的开发商为了使房价显得便宜一点总是使用“建筑面积”这个词，他们利用这个词大做文章，加上他们的计算方法和一套说辞，有时候真把人们搞糊涂了。不过我们只要实地测量一下，用小学里学的计算面积的方法，就足以把他们的骗术戳穿，而得到一个真正对自己有用的数字。这样自己就心中有数了，然后我们就可以大致计算每平方米使用面积的真实价格。还有，一些购房带来的物业管理费等经常性的支出数据，也是自己应该有个明白的认识的。这些弄清楚了，再综合其他因素进行权衡，就能选择最适合自己的房子。

从投资的角度来看，买房子是否合算，很多看起来像专家的人，都在从不同的角度给出自己的计算方法，这些人有些可能是房托儿，有些人是业余研究人士，有些则真的是专家，买房人大可以找一点这方面的资料看一看。购买决策主要应取决于对未来房价涨幅的预期，价格的涨跌和社会心理环境密切相关，而在这方面人是不能做出精确的估计的，所以关于房子价格升高幅度的问题，你不能指望会有一个绝对正确的判断，即使做出预测，也是一个概率判断，这就意味着投资不管风险是大是小，总是有风险的。

费了很多脑子，看准了喜欢的房子，就进入了价格谈判阶段，这个阶段相当于踢足球的临门一脚阶段，你可能很累了，也得打起精神来。首先综合各种数据计算业主房子出手的价钱底线，作为谈判的心理基础，然后尽量将有说服力的数据运用到谈判之中。谈判在数学上看是一场博弈，只是不好用数学模型表达出来。你的目的是最低的房价，对方的目的是尽量不降价，所以你对谈判的设计也是非常重要的。具体谈价格时，你可不能让对方知道你对这套房子是必欲得之而后快，也要防止一不小心将对自己不利的信息露给对方，这时候你要抱着谁也别想占我便宜的态度，无视售楼小姐的巧舌如簧，发扬不见兔子不撒鹰的精神，尽量坚持自己的价格底线，将谈判变成一个以最低价位拿到住房钥匙的难忘过程。具体来说，要拿出与所谈房子相关的各种数据，通过合理的计算方法，计算出你认为双方都可以接受的价格，让开发商知道你在买房方面是比较精通的，不会轻易受骗上当。

买车之前需要三思

不同的人有不同的买车目标，有的人买车是将车作为挣钱的工具，有的人买车是为了工作和生活的方便，有的人把车当成社会地位的标志，但是每个人都想用最低的价格买到最适合自己的车型。

市场上的车的品牌和型号五花八门，使不少想买车的人不知道该如何选择。

我们一般对买车的决策所使用的计算方式其实是很简单的，只要在正确的数据基础上，用简单的方法，就可以做出是否买车和买什么车的抉择。因此为了买车，要在取得各种数据上多下些功夫，这些数据有一些是感性的和舒适度方面的东西，有一些则可以得出具体的数字或可通过数字表现出来。为了得到这些数据，必须倾听他人的意见、看有关资料、去车市看并体验车、具体的咨询，等等。

是否买车的判断需要的数据包括以下 4 个方面。

（1）个人方面：经济实力，自己的需要，自己家人的偏好等。

（2）车的质量和服务方面：动力性能、安全性能、车的配置、外观、内饰、舒适程度、品牌、服务等。

（3）购置方面：感兴趣的各种不同车型和经销商的价格、付款方式、在拿到车前的其他必需付费、卖方的服务和可信度等。

（4）购买之后的有关数据：买了之后还要付养车费，包括保养、维修、保险、养路费、汽油等费用，还必须有合适的地方停车，这又得有停车费。这些方面可以咨询一下他人，看看他们的养车费是多少，然后再根据自己的使用情况计算一下自己养车费用的大致数据。

为了很明确地比较这些数据，你可以将你所选择的不同车型的数据，列成表格的形式。需要做出判断的问题主要包括：要买车吗？愿意花大约多少钱买车？自己喜欢的车型是什么？具体定下什么车型？通过什么渠道购买？付款方式是什么？

在做买车判断时可以和不买车作一下比较，将自己多花的费用和给自己带来的方便相比较，看看自己愿意做什么选择。不要忽略一些小的数据或问题，有些事情好像是个小事情，但也应该成为决定是否买车的重要依据，如没有合适的停车位，你的汽车安全就很难保障，保不准被刮被擦或者被偷，那么还是缓一缓再买车吧。当然有些不是特别重要的数据也不要太计较，比方说车的有些配置，东西多并不意味着就一定好，如果是用不着的东西价值也不大。配置多了，要修理的东西也多了，可能增加养车费用。

通过在上面的一系列数据基础上的比较，你可以得出大致的判断，其中最复杂的需要数学计算的问题，大概就是购车费用和付款方式方面了，这也是很简单的数学问题，这也说明生活中的数学常常并不复杂，只是需要考虑的数据非常多而已，自己只要不怕麻烦就很容易解决的。

买车的感觉很好，但是过上几年，你或许就厌烦了，想换一辆新车，也有一些车主一段时间后会因为其他原因而将车卖掉，所以在买车时考虑一下车的保值因素还是很有必要的。在汽车消费十分成熟的欧美国家，保值率早已成为选购汽车的重要指标之一。所谓保值率，指的是某种车型在使用一段时期后的易手价格与原始购买价格的比率。车的保值率取决于汽车的性能、价格、可靠性、配件价格及维修便捷程度等多项因素，就我国目前市场来看，夏利、桑塔纳、捷达等老品牌保值效果还是挺好的。对于在几款新车中拿不定主意买哪款的消费者来说，可以去了解一下旧车市场的行情，研究一下自己喜欢的车型中哪一种保值率最高，也许这儿的信息有助于你买一款最中意的新车。

培养买卖东西的能力

买卖东西也是一种能力，如何在买卖中赢取更大的效用，这里有一些小技巧。

（1）编制科学的预算。预算的主要目的是为了合理开支，进行理性消费。预算是在你花钱之前制定的，把资金重新做了分配，并且对你的消费进行强有力的约束。在预算中，每个月固定的或者是不断增加的存款是一个非常重要的项目，是你达到预算目的的一个重要保证。因此，除了意外的超出预算的开支外，一定按预定数量进行存款。

这是一个竞争激烈的时代，企业缩减支出、工资薪酬停滞是常见的现象。因此对工薪人士来说，如果“开源”的工作有困难，那么在预算中就要考虑有计划的消费，从“节流”做起，对所能允许的家庭花销进行精心设计。利用这一新准则来划分消费次序：把钱用在重要的地方，在不重要的方面缩减开支。其实聪明消费很简单，选对时节购物、货比三家不吃亏、克制购物欲望，以及避免滥刷信用卡、举债度日等，都是可以掌握的原则。在方法上可针对每月、每季、每年可能的花费编列预算，据此再分配各项支出在收入中所占的比例，避免将手边现金漫无目的地消费。

对预算的执行能力，表现为对自己的行为的控制，通过对消费的理性控制，可以避免乱花钱。最好养成记账的习惯，定期检查自己的收支情况，并适时调整。如果你发现固定的开支（租金 / 抵押、公用事业、保险、运输）消耗你的资金太多，你需要制定新的预算，为此要调整你的生活方式：搬到租价便宜一点的房子居住，买便宜的汽车，打电话时尽量缩短谈话时间，甚至不得不戒掉烟酒。如果你的固定开支已被控制住了，再来看看你的个人消费支出。你的娱乐消费和日常购买有点儿奢侈吗？试着缩减你的奢侈娱乐花费和各式购物消费，这能为你节省不少现金，使你有能力把一定比例的收入存入银行。

（2）眼睛盯住一串数字。眼睛不盯着一个数字，在具体的事情面前就不能做到“心中有数”。你一定不会将自己的发财大计看成是一个数字游戏，但在经济学家看来，这就是一个数字游戏。

眼睛盯着数字才会有动力，使你的心产生动力的往往不是具体的目标，而是和数字有关的东西。你不相信这个看法吗？那么你看一下比如电子游戏，这类游戏常常会有积分的标准来衡量游戏者的成绩。而对于游戏者来说，积分的增加会对自己有吸引力，从而对游戏上瘾。葛朗台式的人物不会成为大多数人的心中偶像，但是要知道这老头儿为什么会有很多钱？他并不是为了需要钱用才去捞取那么多的钱，而是钱这种符号的增值是他热衷玩的迷人的游戏。

有了具体的数字目标能使你产生必要的思考过程，它将激发你找到一个方法来完成它：投资需要事前的认真考虑，不是事后产生的想法。做个美梦是容易的，但是，空的腰包不能将梦变成现实。从现在就开始关注你为什么存钱。存钱不是最终目的，你现在花掉的钱与你以后要花的钱有着本质的区别，后者常被称作是储蓄。这些画在纸上的目标将会增加你存钱的动力。

存钱是为了实现你的目标。你是想拥有一个家？换一所大点儿的房子？买一辆车？为了你的宝宝？还是打算读书深造？或去投资？你固然可以把目标统统写下来，然后贴在冰箱上、厨房门上、餐桌上等任何你会经常看到的地方，提醒你时常想起你的目标，但你若不把它们变成具体的数字，则难以使你的增加收入的数字计算变成现实。

（3）买东西巧设计。如果你认为买东西很简单，那请看一下这个问题：

某商品每件 15000 元，如果分期付款，分 6 个月付清，但要加每月 3%的利息。若用分期付款的办法买一件这种商品，平均每月应付多少元（不满 1 元的舍去不计）？

这个问题如果不用数学方法，而只用生活中所使用的一般方法是很难解决的。如果列方程，这个问题就比较好办了。

解：设平均每月付 x 元，则自开始到付清所需付的本息合计为：

$15000+(15000-x)\times0.03+(15000-2x)\times0.03+(15000-3x)\times0.03+(15000-4x)\times0.03+(15000-5x)\times0.03$

$=15000(1+0.03\times5)-(1+2+3+4+5)\times0.03x$

$=17250-0.45x$

$\therefore 6x=17250-0.45x$，$x=2674$（元）。

即平均每月应付 2674 元。

当然，生活中一般会选一个更好算的付款方式，不过这也可以看到数学的威力了，在生活中这样的问题还有很多，有时这类问题很复杂，如果自己不会解决，也没有别人帮助解决，那会是一个挺难受的事情，会阻碍自己的理财能力发展的。

一方面在具体卖东西时要进行准确的计算，在数据上不能老出差错，否则卖东西就有可能变成一次捐赠活动。另一方面该不该卖也是一个数学问题。特别是对于讨价还价的买卖，一定要抓住机会，快速地计算这个价位合适不合适，对市场经济来说时间就是金钱，该出手时就出手，否则后悔晚矣。

这样说来，在卖东西时，其实是需要精妙的数学知识的，卖东西时计算精确和快速，才能抓住机会果断成交。另外卖东西一般心中要有个底线，并根据情况调整这个底线。这个底线一般是根据市场行情，以及自己卖的东西的价值信息推算出来的。因此一种理智的计算商品价格的能力也是必要的。用数学的眼光来看的话，市场的行情有个预测的概率问题，出手价格是个求极大值的问题，具体规划卖东西的时机是个运筹学问题，还有其他数学问题。

城市上班族每个月有固定的收入，一般不怎么卖具体的东西。农村人有卖东西的习惯，将自己的劳动成果变成现金，这在农村实在是再常见不过的了。卖东西的学问也大着呢，选择合适的时机，去合适的集市，寻求合适的买主，以合适的价格卖出去，卖的时候对价位的掌握，这中间学问很多，会卖东西的人会多卖一些钱，他们这种善于盘算、会卖东西的能力，会通过他们的经济实力表现出来。比方说农村里卖农产品，就经常有个如何卖才能更合算的问题，要卖出一批稻谷，就要考虑是卖稻谷合算，还是卖大米合算，算一笔账：

如果是卖 100 斤稻谷，按市价可得 61 元。如果卖大米，100 斤稻谷到碾米厂去碾，可得 68 斤大米，大米每斤 0.9 元，68 斤大米就有 61.2 元，除去碾米费 2 元，还可得 59.2 元。再加上糠 32 斤，每斤 0.15 元，就可得到 4.80 元，这样把 100 斤稻谷碾成大米来卖最后可得 64 元。因此还是卖大米合算。瞧，这脑筋多转一个弯，就多出了 3 块钱的进项，账不会算的话，这 3 元钱就可能不那么容易找回来了。

从上面例子就可以看出卖东西中的经济问题了，同样的东西通过不同的方式可以卖出不同的价格来。这主要在于事先对市场行情的精准掌握，以及对各个环节精确的经济分析和计算。

价格是谁给抬起来的

相互交换可以使双方或大家都得到更大的满意度，正是这种相互的满足实现了经济的繁荣。那么，经济又是依靠何种力量实现均衡的呢？为什么我们每天能够买到足够的食物？从路边待售的哈密瓜、西瓜、花生、瓜子，到商场的衣服、家用电器、厨具，再到我们喜欢的可口可乐、耐克，是何种力量使它们实现均衡的呢？实现我们生活中这种种的均衡，既不是靠哪位长官的命令，也不是靠诗人的狂想，更不是靠艺术家的灵感，而是靠“一只看不见的手”，它使人们在相互满足的过程中实现交换，实现各自利益的最大化。

这只“看不见的手”就是价格，价格就是指引经济活动最卓有成效的工具，家庭和企业在决定购买什么和卖出什么时都十分关注价格。如果在一个单位时间内，生产者的产量小于市场所需要的产量，则生产者所获得的价格就比较高，从而获得更多的收益，这时，生产者就会增加商品的产量，增加产量的结果是使其出售的商品量等于市场的需要量。反之，如果生产者生产出的产量大于市场需要的产量，则生产者所获得的价格就会低于其期望的价格，从而缩减生产量，最终又使其生产的商品量符合市场需要的量。当需求价格等于供给价格时，它处于均衡状态之中。价格就像一个钟摆，来回摆动，调整着商品的供给和需求，使其实现均衡。

但是，真实的经济学往往有更多的可能性。在火车站内和其旁边的一些商场和售货大厅，人们看到一瓶矿泉水比其他地方的价格要高出好几倍，一碗面也是如此，其他大多数商品都是如此。如果在一般商场的矿泉水是0.8元一瓶，而在火车站则往往是2元或2.5元，这里的商品具有相当可观的利润，既不是因为它的质量更好，也不是因为它的员工有更高的效率，而在于它特殊的位置。因为，在北京西站，来来往往的人很多，很多人容易图方便高价就近购买所需要的食品。

消费者更需要完全竞争，因为有竞争，消费者就可以以较低的价格买到适合自己的商品。但是，商家却更喜欢垄断，趋利的本性必然促使商家去掌握稀缺性，它比没有掌握稀缺性时的利润大得多。我们设想在一个比较偏远的村子，那里的人员流动和信息流动比较少，但那里的人们不能不吃油。一位掌握着食用油的商家特别具有实力，他不仅与村里和乡里的权势人物关系特别好，而且还和他们共同分享其经营食用油的利润，这样，别人不许在这个偏远的地方卖食用油，只有他一家卖，那么他的食用油的价格就可以定在较高的水平。当然，一部分吃不起的穷人只能少买，但还是有很多的村民会从他那里买油。

这个设想好像离我们的生活比较远，但事实上，在我们的实际生活中，这种设想无处不在。我们购买火车票时谁也没有选择的权力；我们买房时好像也没有多大的选择机会；我们购买私家车时，砍价的余地也不算大；我们用电时也只能接受供电公司的价格；我们把东西寄给远方的亲友时，也只能接受邮局规定的价格；手机收费我们更是无可奈何。

北京、上海都有不少房地产开发商，他们形成垄断竞争的市场格局。这些商家好像也会相互竞争，但他们竞争的不是如何降低价格，而是如何抬高价格，如何吸引消费者的眼球，如何使用更加精明的经营策略。北京和上海的房价为什么这么高？成本比较高似乎是个理由，但不完全。开发商掌握了稀缺性力量是其中很重要的原因，而这种稀缺力量的最后掌握者的垄断力量更大，他们不用费什么代价就可以获得相当的利润。当然，消费者的从众心理也是一个因素，去北京、上海发展的有钱人不少，为了在大城市里占有一席之地，高昂的房价并不能制约他们的购买行为。一些消费者往往容易跟风购买，人为抬高价格。

我们走进大型商场，往往能看到许多价格高的商品，从服装、厨具、食品到日常用品都是如此。一般人对这么高的价格只能看一看，不愿购买。但也有不少大方的顾客，愿意花高价钱购买这些商品，特别是一些手头阔绰、花钱大方的人，和一些带着情人或朋友特意来购物的人，他们好像对商品的价格缺少敏感性。有的人还会问商场服务员这类商品最贵的是哪种，他就挑最贵的买。但毕竟这样的顾客不多，为什么商场还是要把价格定得这么高呢？因为对于商场的一些熟客来说，商场会发给他们优惠券或会员卡，他们可以享受打折的优惠。一些大型商场还出售购物卡给一些大型单位，这些单位的员工使用购物卡购物时也好像对价格的敏感度比较低。所以，商场的利润不会因为商品价格高而降低，反而利润可观。

一般情况下，商家为其商品定价时都会考虑分开价格档次的定价策略，对于价格不够敏感的消费者，使用较高的价格，对于价格比较敏感的顾客，采用低价策略。

交换对每个人都有好处

一天，小李在宿舍翻自己的箱子，翻到一件外衣时说："这是我舅父送给我的皮外衣，还挺时髦的，只是我不喜欢穿皮衣，更喜欢穿羽绒服，因为羽绒服穿在身上既轻又舒服。"室友小周马上说："那我用我的羽绒服换你的皮衣如何？我的羽绒服也是年前刚买的。"小李说："那我们试穿一下，看合不合身。"两人一试，都合身，于是，小李愉快地用自己的皮衣换了羽绒服。

从这个故事我们知道，相互交换对小李和小周都有好处，因为，通过交换二人都得到了更大的满意度。其实，现实生活中，处处都有类似的交换，只不过，我们大多数的交换不是直接的物物交换，而是用我们劳动得来的金钱购买别人的劳动产品。市场经济的一个显著特征就是，它将资源配置到生产效率最高的地方，张艺谋只有从事导演的职业才能得到最高的收入，而让他去推销产品或保险就是对他人力资本的最大浪费。

人们为什么要相互交换各自的劳动产品呢？从表面上看，相互交换可以互通有无。一个渔夫用自己捕获的海狸和一个猎人交换他的鹿。渔夫需要鹿，却只有海狸。但是，既然渔夫需要鹿，为什么他不直接自己去猎杀鹿，却是用他捕获的海狸来交换呢？这是因为渔夫捕杀鹿需要的劳动时间比猎人长，而且，对于渔夫来说，吃鹿肉的满意度比吃海狸肉的满意度更大。显然，同样的分析也适用于猎人。因此，通过交换，他们都可以节约大量劳动，也可以得到更大的满意度。

在当今世界，当一个富国与穷国发生贸易时，富国往往能用其包含劳动比较少的产品交换穷国包含劳动比较多的产品，表现为贸易的不平等。有人把这种现象归结为富国剥削了穷国。事实上，这与剥削没有关系或者关系不大，很多穷国就是从与富国的贸易中得到更多的利益，并从与富国的贸易中迅速由穷变富，如新加坡、韩国等国就是如此。为什么会这样呢？因为不管富国还是穷国，都有其比较优势，相互交换劳动产品或服务即国际贸易会使双方都能利用其优势和长处，并使双方得到更大的满意度和利益，这是一种双赢的局面。比较成本学说和要素禀赋学说都对此作了比较好的解释。

地区之间和个人之间也是如此。我们每个人都有自己的长处和短处，人人都运用其长处，生产其具有比较优势的产品，或提供具有比较优势的服务，则每个人的满意度都增加了，利益也增加了，实现了共赢。现代社会，技术更新越来越快，分工越来越细，正是这种分工的细化和社会协调的有效，使得我们这个社会每个人的工作效率都大大高于前人。而有分工，我们就需要交换各自的劳动或劳动产品，因为这种交换使每个人的满意度都得到了提高，每个人的利益都得到了增长。

我们到全国各地走走，就很容易发现，越是经济发达的地区，其交易活动越多，相互之间的交换或贸易也越多，越是贫穷的地区，尤其是一些偏远的山区，人们之间的相互交换和贸易活动也越少。这好像是因为经济不够发达才导致如此，其实，这是颠倒了因果关系，正是因为相互之间的交换和贸易少才导致贫穷。在一个人人都买，人人都卖，相互之间买卖频繁的地区，或者彼此都能提供更多赚钱机会的地区，人人都可以得到更大的满意度，得到更多的利益。这个道理很简单，人们偶尔干的活一定远远不如天天从事的活来得熟练。我们没有补过鞋的人怎么做也不如一般的鞋匠；干洗店洗的衣服不管其质量还是速度都比我们自己动手好得多、快得多；专职的节能公司就是比我们更会省电、省天然气。现代社会之所以提供如此丰富多彩的商品，归根到底，是由于分工和专业化的好处。一个人人都买、人人都卖的社会必然会促进分工和专业化，并使专业化的熟练程度越来越高，这在使每个人的满意度提高的同时，也给每个人更多赚钱的机会，让人们的利益都增加了。所以，有钱一起赚，有利一起分，也就是我们在出卖自己的劳动或劳动产品的同时，也从别人那里购买更多的劳动或劳动产品，这样，人人都得到了更多的利益。

货比三家比什么

顾客刘太太这样谈论自己的购物经历："我总是在'××'购物，因为这里的商品价格最低。但我想要确认一下是否这个商店真的价格最低。有一次，我把在'××'采购的商品列了个清单，然后，又到另一家超市购买了同样的商品。我发现，另一家超市的商品竟然比'××'的商品要贵 1/3。眼见为实，'××'的商品低价真是无与伦比的。"

那么"××"的低价真的是无与伦比吗？当然，两家超市不可能都同样便宜，可能这家超市的某种商品比另一家超市的同种商品要便宜一些，但是，凡事都要具体情况具体分析。很可能，这位刘太太遇到的只是偶然的情况，也可能"××"在商品定价策略上瞄准的是更多的消费者，在"××"低价商品比较多，这样可以吸引更多低收入人群、一些比较会精打细算的家庭主妇的目光，同时又以另一部分高价商品吸引另一部分人的目光。这样，它的市场机会就更多了。

一般人总是认为，有些地方的东西卖得比较贵，有些地方的东西卖得便宜。其实，有些商店在类似的地方提供相同的商品和服务，但却收取不同的价格。比如，在某个超市，同样是黄瓜，一种是堆成一堆，由自己挑选的，另一种是用盒子包装了的。这两种黄瓜品质相差不大，但包装了的黄瓜通常要比没有包装的黄瓜贵一倍以上，甚至几倍。对于一些粗心大意、不愿花时间挑选的顾客来说，他们一般认为，包装的食品比没有包装的食品质量更过关，于是，贵些也愿意买。其实，商家会有意把一些看上去比较好的食品包装一下，有的商店把有些快到期的食品和一些价格比较高的食品放在最显眼的位置，由于品种比较多，一些粗心大意的顾客并没有发现在角落里比较便宜又实惠的商品，而是挑最显眼的商品购买。这样，这些顾客就多付了钱。

我们经常看到，一些大型超市和商场每隔一段时间就会进行大减价，这其实是一些商家的定价策略。有些顾客到商场要比较很久才会购买，有些顾客则相反。所以，对于商家来说，最好是以高价套住忠诚的、不愿挑选的顾客，再以低价吸引喜欢买便宜货的顾客，而中间价位对两种顾客都没有吸引力。这还不是问题的全部，因为商品价格比较稳定的话，往往会让一些粗心大意的顾客也知道哪里有价廉物美的商品。所以，商家总是不断地一会高价，一会又低价，有意搞乱价格。这样，就使一些比较懒散的顾客不会花很多时间来挑选物美价廉的商品。所以，只有多花时间，比较商品的价格，比较其质量，多跑几个地方，多进行挑选，认真观察，才能真正买到价廉物美的商品。

另一位顾客王太太喜欢与一些朋友聊生活上的琐事，她听到一位女伴说，买家用电器是买耐用消费品，更需要货真价实和售后服务到位，而海尔在这两个方面都做得不错，所以，她宁愿多出点钱也要买海尔的家用电器。于是她也到国美电器商场去购买了海尔的洗衣机和冰箱。后来，她买的这两件家用电器由于她使用不当出了一点小毛病，她根据商家的承诺打电话要求商家来维修，商家立刻派人来维修，也没有收取任何费用。打这以后，她逢人就说："买家用电器还是买海尔的好，不能图便宜几百块钱，其实，只有质量好，售后服务好，也等于是省了钱。"

王太太购物很会精打细算，因为她知道，消费者对市场上的商品所掌握的信息肯定不如商家，但她通过与女伴们聊天也等于获取了比较完全的市场信息。并且她认为，商品的质量应当是首先要考虑的因素，因为质量好就可以多使用几年，也可以省掉不少维修费用。我们假定，这位王太太购买的两件家用电器价格总共为6000元，可以使用10年，10年中所用的维修费总共为1000元。那么，折合每年使用了700元的家用电器。假定她如果购买另一个商家的家用电器的总价格为5000元，使用时间为8年，8年中所用的维修费为3000元。那么，她每年使用了1000元的家用电器，比海尔的家用电器使用费每年高出300元。所以，她购买海尔的家用电器每年可以省300元。

我们在生活中确实面临着很多这样的选择，某人要是图目前少出一点钱，那么他所购买的商品可能质量、售后服务等方面就要差一些，暂时是省了钱，但是，由于这种低价格的商品所产生的满意度往往低于价格比较高的商品，一些比较实际的消费者还是愿意选择后一种商品。大型商场，其经营成本比较高，商品的档次也比较高，其商品的质量更具有可靠性。自由市场商品的价格比较低，而能不能买到货真价实的商品还需要消费者能够识货，辨别真假。

有一位李先生，准备买一台电脑，他当然知道“联想”、“方正”等牌子比较响的电脑质量比较好，但价格也比较贵。他不打算多花钱，但又需要买一台质量过关的电脑，于是，他请他一位从事电脑维修的孙先生帮忙。孙先生建议他买“翔云”牌电脑，这种电脑主要在南方销售，北方比较少，但质量还不错。孙先生与李先生一起到中关村的一个电脑销售店买这种牌子的电脑，经过孙先生的粗略检查，电脑质量还可以。李先生买这台电脑比“联想”、“方正”牌子的价格便宜近2000元，至今使用了5年，质量一直很好，没有出现过任何毛病。

购物时，大多数人都希望购买到价廉物美的商品，但商家总是比我们消费者更加会算计，他们常常以不同的定价策略使我们无法判断怎样花钱更好。所以，作为消费者，必须多花点时间进行比较，必要时可以请朋友帮忙鉴别、判断，尽量获得更多的信息。只有这样，才能买到物美价廉的商品。我们购物时大都会货比三家，比价格、比质量、比售后服务、比款式、比花色品种，任何的比较都需要认真观察和鉴别。

天下没有免费的午餐

一次，黄先生骑自行车逛街，看到街边有许多人在购买补酒和其他保健品，他停下来看看，只见前面写着几个大字："免费检查身体。"黄先生于是也排好队等着检查身体，通过仪器的检查，竟然发现他的肝、胃、肾等都有点毛病。为他检查身体的穿着白大褂的"大夫"对他说："我们这里有不少调理身体功能的保健产品，就如强心健胃酒、补肾益脾酒等都是很好的补品，只要你喝上 10 瓶，保证身体会得到很大改善，喝上 20 瓶，你就会变得相当强壮。"听了大夫添油加醋的一番话后，黄先生果真买了两瓶。后来，他喝了这两瓶酒并没有什么反应。想想，可能自己上当了。

我们上面谈到，现代社会是高度分工协作的社会，所以，大多数人都要用自己的劳动赚来的钱换取自己所需要的生活物品，即我们购物就是一种等价交换的过程，是用自己等量劳动赚取的钱去换取等量劳动的物品的过程。换句话说，我们付出了多少，我们就能得到多少，不可能我们没有任何的付出就得到自己所需要的东西。

为什么说天下没有免费的午餐呢？任何商家或小贩都是以牟利为经营目的的，马克思说："资本的本性就是追逐利润，有10%的利润，它就会蠢蠢欲动，有100%的利润，它就会不择手段，有300%的利润，它就会践踏一切人间法律。"商家赔本赚吆喝怎么可能呢？免费更是不可能的，免费只是一个圈套而已，精明的商家大都是算计的老手，设好一个免费的圈套让顾客往里面钻。粗心大意的消费者很容易被眼前的免费欺骗，不知不觉中陷入了对方的圈套。或者只看到眼前的商品真是货真价实、价廉物美，不知道人家玩的就是那种魔术师的把戏。商家进这么一批货，起码需要进货的成本和运输的费用等，他只有在卖价高出成本一定数额时才会出手。

有时，我们常常看到有些自由市场的蔬菜又新鲜，又便宜，可是买回家在冰箱才放一天就坏了，还影响了冰箱里的其他食品的新鲜度。有时，我们买一些外表还可以的苹果，以为真的是价廉物美，可是，回家用刀剖开才发现竟然是由里往外腐烂的。当然，在由于特殊的原因使某种生活必需品的产量突然下降时，这些商品容易成为“吉芬商品”，其价格反而趋高。

以尽可能少的钱买到称心如意的商品是大多数人的愿望，一些在日常生活中十分会精打细算的人往往容易走向极端，贪便宜。而一些骗子和不法之徒就很会利用人们的这种心理，以免费检查、赠送东西为诱饵，让顾客钻进他们设好的圈套，上当受骗。一些不法之徒更是摸透了人们的这种心理，他们善于算计何时犯罪、何时欺骗最划算最没有风险。一是有的人只看到一些表象，看到骗子们展示的商品确实很有用，价格又便宜，暂时失去了鉴别和比较，失去了心理防线；二是在适当时他们会使用威胁手段，让人们在使用了其免费商品后出于心理上的不安，不知不觉就陷入其圈套，或被迫就范。如一些自由市场的便宜猪肉往往是灌水猪肉，一些外表漂亮又便宜的水果往往在表层涂了蜡等。

我们在购物时，需要认识到：天下没有免费的午餐，一分钱一分货，便宜没好货，好货不便宜。买便宜货也需要比较、鉴别，多花点时间，多走些地方，不舍得花时间又贪图便宜就容易吃亏。

越贵越买的冤大头

有一个小男孩偶尔捡到一块很漂亮的石头，形状也很奇特，惹人喜欢。这个男孩突然想到去市场上碰碰运气，他把石头放在地上，偶尔有人问他这石头卖多少钱。他说：“2元。”整整一天，没有人买。回家后他把情况向他的爷爷讲了。他爷爷说：“你明天再换个地方卖，开价20元，但最好不要卖出去。”于是，第二天这个男孩又去市场上卖石头，开价 20 元，果然，不到半天，观看的人就有几十个。回家后爷爷说：“你明天再换个地方卖，开价 200 元，但你最好不要卖出去。”第三天，这男孩又按爷爷的吩咐做。这天观看的人更多了，但他还是没有卖出去。回家后爷爷又吩咐道：“明天你再去市场上卖这块石头，开价 1000 元，不要急着卖出去，要等到有很多很多人围观时，如果有人愿意出 1000 元以上，你就卖，而且价钱越高越好。”第四天，男孩又去卖石头。他开价就是 1000 元，没到半天，围观的人里三层，外三层，挤得水泄不通，很多买主都想买他的石头，买者互相抬价，最后他那块石头以 1600 元的价格卖出去了。

在上面这个例子中，为什么小男孩的石头 2 元钱时无人问津，价格涨到 1000 元反而卖得火呢？这与人们的消费心理有关。在一般人的心里，物以稀为贵，那么人们就此推理，贵重的物品一定稀少，是真正有价值的物品。比如有的人买项链、戒指等，由于不知道什么样的货才是真金的，于是，就要买价格比较高甚至是最高的项链、戒指，认为价格高肯定是真货。当然，也有一种人是一种摆阔的心理，即有钱人的炫耀性消费，越是贵的商品他越要买，因为贵的商品代表了身份和地位，比如拍卖名人的字画等艺术品的购买行为也是一种炫耀性消费，因为，通过在拍卖市场买到高价的名人艺术品既可以提高自己的知名度，又可以显示自己的富有。

在我们这个社会，越贵越买的人还真不少。2007 年，为了做情人节的生意，北京某商场出售一朵标价为 199999 元的玫瑰花。这朵花用纯铂金 258 克，完全按照真花大小比例精心制作，成了商场的“花魁”，引人注目，很是稀奇。商家对这朵玫瑰的销售前景倒是持乐观态度。像这样的天价玫瑰，不但北京有，其他地方也有。山东济南商家就推出了一款用纯金打造、售价 7000 元的玫瑰。

物以稀为贵，有钱人就是要通过高档的服装、名贵的首饰、价值连城的玫瑰花、豪华盛宴等来标识自己的社会地位和品位档次，他们只有使用与众不同的、稀少的东西，才能引起别人的注意和羡慕，如果与普通人一样穿着打扮，使用同样的物品，吃同样的东西就不能显示自己的身份和优越感。一些商家正是抓住有钱人的这种身份意识，抓住有钱人的个性化需求，在“稀”、“特”、“贵”上做文章，采取高价位，提供贵族般的服务，让有钱人充分体验到满足感。并且一些精明的商家有意把服务和商品品质的差距扩大，比如火车上的“硬座”车厢和飞机的经济舱有意不提供适当的服务，才能让人们到卧铺车厢和头等舱去。其他的像服装、医疗、法律等服务都是如此。价格上升多少才能让那些有钱人掏腰包呢？一般来说，随着收入的上升，对高品质商品会有更大的需求，起码这个弹性系数要大于 1，甚至是 10，或者更高。收入弹性高的奢侈品和服务的需求随着收入的上升而快速增加，观光、美容、差异化服务全都归于此。

越贵的东西就一定品质好吗？未必如此。像上面那块石头，其实根本不值什么钱，最后竟然卖到 1 600 块钱，买主就是买个感觉而已。还有那些所谓的高档服装，虽然其外观确实高档，但几万元、十几万元一套的西装和两三千元钱的西装，其品质其实并没有价格相差的那么大；豪华盛宴和几万元一个的水果也基本上是给商家白白掏钱。有的人买东西就是要牌子，非得买名牌商品，以为名牌商品一定质量好，显示了身份和地位。一些不法之徒就抓住消费者的这种心理，生产假冒的名牌商品，假“五粮液”、假“茅台”、假“耐克”等，不一而足。趋利是人们行为的主要动机之一，利益越多，人们的追求就越强烈，有钱人喜欢花钱，就容易给一些经营者提供敲诈、欺诈的动机。生活中最常见的就是以“天然”之名进行的价格欺诈，由于有许多食品危害身体健康的消息出现，很多人认为天然食品更好，不会死人。一些商家就供应大量的天然食品，其价格远远超出商家为此所付出的成本，商家正是借天然食品流行之风“宰”顾客，有的天然食品比一般食品价格高出十几倍。

所以，收入比较高的人在消费上也需要理性，不能简单地推断贵的东西就一定好，一定值，买贵东西也需要货比三家。盲目消费只会给商家、骗子提供赚钱或欺骗的机会。

买家没有卖家精

“买家没有卖家精”，这里的“精”，是指精明、狡诈、滑头、算计。君不见市场上贴着的告示：跳楼价、大甩卖、三折优惠、买一赠二。但当消费者猛掏腰包，禁不住购买这些商家“赔着血本”的物品的时候，说不准又上当了。有一位刘先生最近就深刻地体会到了这句话的含义。一天，刘先生看到某电器商场在做促销活动，一款800万像素的名牌数码相机只卖2380元，而市面上相同像素的名牌数码相机价格至少在2600元以上。这款相机外形非常小巧，不仅价格极具诱惑力，还随机赠送相机包、锂电池、充电器等配件。售货员向他介绍，别的商店这款相机要卖3000多元，这家商场今天特价，而且只卖3台。这位仁兄不禁怦然心动，于是非常爽快地买下这款相机。当他正为自己果断出手而沾沾自喜的时候，却发现这款相机不能变焦，功能和傻瓜机一样。

在生活中，我们经常见到商场一会贵卖，一会又贱卖，经常要一些买一赠一、买一赠二、大甩卖、购物返券等销售伎俩，人们被这种现象弄得稀里糊涂。现在，人们的生活水平提高了，消费需求也不断上升。于是在社会上不时出现一波又一波的消费热潮，一种比较新潮的商品出来了，如时装、液晶彩电、光波炉等。最有钱的人、最喜欢赶时髦的人最先购买，但随着时间的过去，新潮的商品也不再新潮，商家就打折销售，开始是打七折、八折，最后甚至可以打三折、两折销售。那些手头不那么阔绰的顾客往往会等到热潮过后才肯购买减价的商品。一些商家针对这种情况往往会推出最优惠顾客待遇，就是一种不降价的承诺，特别是针对一些熟客，商家往往执行最惠顾客待遇，保证顾客可以买到物有所值的商品，如果顾客发现这种商品降价，商家保证退还降价的差额，务必不让最早购买这种商品的顾客吃亏。正是由于有这样一种承诺，一些喜欢赶时髦的消费者就会说一不二地首先购买这种时髦的商品，商家有这些熟客来引导消费也觉得很值得。

聪明的消费者都知道，信息不对称是自己购物上当受骗的主要原因，所以，只要能够掌握尽可能完全的商品信息，就可以减少被“宰”的机会。商家也越来越精明，如果有的顾客需要掌握比较完全的市场信息，一些商家还是很乐意提供的。现在假定有一个顾客要购买手提电脑，手提电脑的价格从9000元到12000元不等，假定在顾客没有得到比较完全的信息之前，商家可以每台电脑赚1000元，而如果顾客得到了信息就只能赚600元，商家要少赚400元，而顾客可以省下400元。在这场商家与顾客的相互算计中，对局的人是商家和顾客，顾客的策略有两个：了解信息和不了解信息；商家的策略也有两个：让对方了解信息和不让对方了解信息。

如果商家不让顾客了解信息，那么商家可以每台电脑赚1000元，比不让顾客了解信息多赚了400元，而顾客却要损失400元；如果让顾客了解信息，那么商家每台电脑赚600元，而顾客得益400元。但是如果不让顾客了解信息，很可能顾客就不会在这个商场购买。商家怕失去这样一个客户，在现在这样竞争激烈的市场上，还是宁愿少赚点，让顾客了解有关手提电脑的比较详细的信息。这样，商家可以赢得更多的客户。

像上面这些情况，消费者并没有吃多大的亏，更多的情况是消费者无论如何都算计不过商家，被骗、被宰的情况多，只是被宰的程度不同而已。柠檬原产于印度，虽然清香宜人，但没有多大的水果味，而且涩、腥味浓。英国人以柠檬比喻性能和品质均很差的商品或服务，甚至将交易低等商品和服务的市场称为“柠檬市场”，柠檬市场就是商家和消费者信息完全不对称的市场。比如，在旧车市场上，购买二手车的人事先要做好承受风险的准备，虽然二手车的销售人员知道该车的光彩和不光彩的底细，但他为了卖个好价钱，不可能全盘托出其过去的运行状况，这样，买二手车的人很容易花高价买一辆次品车。我们假设出售的车有一半是好车，即“桃子”，另一半是次品，即“柠檬”，如果“桃子”的价格为40000元，“柠檬”的价格是20000元，买主认为，好坏的概率均为50%，因此，花25000元买辆旧车损失的可能性并不大。但销售人员知道该车的实际情况，他不会把好车卖个25000元，当买主愿意出25000元买“柠檬”时，二手车的销售人员才会出手，因为他面对的并不是各50%的概率。这样，买主肯定是买辆“柠檬”，而不是“桃子”。所以，在“柠檬市场”里，“良货囤积，恶货畅销”。这种情况在我们的现实生活中很多，如二手手机、二手家用电器等。我们也常常看到，街边的餐馆、小酒吧、面食店、服装店等都存在多收费，或“柠檬”充斥、“桃子”囤积的现象。

店大欺客

“店大欺客”的意思是说是说刚开张时，店家对顾客是极为热情客气的，等到店开得大了、生意好了，对顾客的态度便一落千丈，狗仗人势的服务员也常会冒出诸如“爱来不来”、“不知道”、“不清楚”这些话来，令人失望。究竟是什么原因导致一些商家这样对待顾客呢？

虽然一些商家在其市场竞争时期，善于经营，有其艰苦奋斗的发家史，为市民提供了很多就业机会，为繁荣市场和国家财政做出了贡献。但是，当它发展到一定规模时，往往产生垄断稀缺资源、不公平交易等现象，甚至就靠垄断稀缺的资源吃饭，从而产生骄傲自大、高人一等的心理。另外，随着商场规模的不断扩大，相应的管理措施没有跟上，对员工缺乏制度上的约束力。所以，一些商家一旦占领或稳定了市场就开始欺负顾客，因为它认为，你反正要到我这里购买，所以，尽管人们目前都比较信任一些连锁商场，但是，“店大欺客”的情况仍时有出现，不仅损害了消费者的利益，也在一定程度上，削弱了某些连锁商场的信誉。例如，某电器商场就名列投诉排行榜前列，被投诉的内容，涉及销售过程中的诸多环节。一些商家或是利用促销手段暗藏陷阱，或是售后服务不信守承诺，或是误导消费者购物，致使消费者的利益遭到损害。

刘女士称，早在2003年12月，她在某电器商场挑选抽油烟机时，就遭遇“欺客之举”。当时她看中了“帅 ×”牌和“欧 ×”牌。但是，

由于欧 × 抽油烟机的女售货员说“欧 ×”那一款“提供免费三年清洗和服务金卡”，而“帅 ×”的售货员却说清洗是要收费的，因此刘女士选择了“欧 ×”牌的一款油烟机。一段时间之后，在刘女士需要清洗抽油烟机时，商家却说清洗不是免费的。她这才发现金卡上所谓的“免费三年清洗”，指的是“买热水器、消毒柜、抽油烟机、灶具中的两款产品可享受金卡服务”，与欧 × 牌售货员的“免费三年清洗”根本不是一个概念！凭着这个“服务全面”的金卡，刘女士还需要支付 90 元的清洗费，才能享受到清洗抽油烟机的服务！

已成为“投诉冠军”的该电器商场，为何至今仍然没有采取重大行动来维护它的信誉呢？全国各地各级消协对于该电器商场的投诉备案，数量不在少数。由于在销售环节中存在诸多问题，该电器商场如若不及时以实际行动维护消费者利益，建构真正的放心消费环境，那么，必将因失信于顾客而落后于其他电器连锁机构，失去顾客的信任和支持，必然遭到市场的淘汰。

有一则狮子和老鼠的寓言故事。有一天，狮子逮住了一只老鼠，老鼠央求狮子放过自己，并承诺将来一定会报答狮子。狮子不以为然，但还是放了老鼠。过了一段时间，狮子中了猎人的圈套，被绳子捆得紧紧的。这时，老鼠及时出现了，咬断绳子，使狮子逃过了一劫。如果说大型商场或大型连锁超市是狮子的话，消费者可以比做老鼠，也许，像大型商场这样的“狮子”认为自己实力雄厚，不用依靠消费者这样的“小老鼠”，但或许将来“狮子”还得靠“小老鼠”才能救命呢。

“店大欺客”说白了就是一些商家自以为在市场上已经站稳了脚跟，并不需要顾客这样的“小老鼠”来关照其生意的兴隆，产生一种孤傲、自大的心理。这一方面是因为我国的行业自律还不够，一般市场经济国家，许多行业都有行业协会，对一些商家的欺诈行为，行业协会会进行一些必要的制约。我国在这方面还没有起步。但消费者也可以向消费者协会投诉，消费者协会应当在这方面有所作为。另一方面，要从根本上制止店大欺客行为的产生还需要促进竞争，消除行业进入壁垒，让更多的民间资本进入一般商品市场，一个竞争者的力量比几十个市场监督员的力量还要强大。同时，必须加大力气消除地方保护主义，很多商家的自大心理源自于地方保护主义，因为大型商家都是地方财政的贡献大户，地方政府会全力支持它的发展。

消费维权

1. 售楼广告

有一则售楼广告说："本楼盘离城仅一步之遥，人气极旺，绿化率60%，一片山水景色。"一位准备买房的准顾客看到这则广告后即按地址找到了该地，当他费尽了九牛二虎之力到达目的地后才发现："离城一步之遥"是指乘坐某路公共汽车从起点坐到终点；"人气极旺"是指那里的老鼠很多，到处出没；绿化率60%是指楼房周围有60%的地区长满杂草；"一片山水景色"是指其外围被农田包围。

2. 美容广告

采用国际一流的美学标准，国际最先进的专业美容技术，一流的美容大师，使你的脸形自然、逼真，一点都不假，店内有真人实例，完美美容仅需880元。

类似这样的广告满街都是，并非房地产行业和美容行业独有，很多行业都有。但是，当你掏了钱以后，才发现广告的虚假性有80%。虚假广告让许多消费者上当受骗，可是当消费者要找商家理论或投诉商家时，商家却说广告不是依据，让消费者投诉无门。

之所以会发生这样的情形，根源还在于在市场上，消费者与商家的地位是天然不平等的。一方面是因为，商家都是财大气粗，实力颇大，说不定还有靠山；而消费者是分散的，即使是消费者协会也不一定能够为消费者讨个公道，所以，消费者根本无法与商家抗衡。另一方面，在信息不对称的市场上，消费者是缺乏信息的一方，而且无法以高价获得信息。与消费者相比，商家往往容易相互勾结，达成一致，所以，虽然商家数量不多，但真正的力量还是在他们那里。

保护消费者权益是任何一个市场经济的政府的基本职责，这种保护不仅要有立法，而且需要政府和执法部门严格执法。但是，我国的执法力度却不得不让人怀疑，在部门利益的驱动下，消费者权益受到了损害却不了了之，纵容了商家的侵权行为，导致一些商家竟然使用霸王条款来对付消费者。作为消费者应当拿起法律武器来保护自己，这种成功的例子还是不少，前些年，有个叫王海的人曾专门抓商家的把柄，运用法律武器保护消费者权益，可是，现在居然有“前赴”而无“后继”了。消费者协会作为消费者自己的组织应当代表消费者的利益与商家抗衡。

作为消费者，也需要有法律意识和维权意识，知道一些《消费者权益保障法》的内容，购买商品尤其是大件商品，必须手续齐全，索取正规的税务发票和商品的维修承诺书。消费者有了商品销售的正规发票，就可以在自己的权益被商家侵犯时，及时向消费者协会或其他监管部门举报、投诉，损失重大的应当通过法律渠道要求商家赔偿所造成的损失。北京市规定，消费者购买商品应当向商家索取正规的税务发票，对于不给正规发票的商家，消费者可以举报。不给正规发票的商家不仅容易欺骗顾客，也是一种逃税行为。

从市场的角度来看，之所以存在一些商家欺骗和垄断的行为，主要还是因为其垄断地位的存在。因此，不管是人为的垄断、历史形成的垄断还是自然形成的垄断，都会侵害消费者的权益。要从根本上保护消费者权益，还需要促进竞争，在法律上要制定反垄断法。美国的微软都被美国商务部以垄断为名一分为二。我国的一些行业也应当放宽中小企业进入的门槛，把一些人为和历史造成的垄断打破，唯有竞争才是市场经济产生效率的唯一途径，也是消费者的福音。

另外，信息不对称不仅损害消费者权益，对商家也没有好处。在信息不对称的情况下，消费者只会产生逆向选择，即消费者认为他所购买的产品或服务不值更高的价，只有在低价格的情况下，消费者才会购买，这样一来，商品的品质和服务就难以提高，商家只能赚比较低的利润。甚至于一些消费者不愿在国内大量购买商品和服务，宁愿到国外去旅游、购物，商家因此损失了不少。所以，商家通过掌握对自己有益的信息赚取超额利润完全是一种短视的行为，最终损害的是自己的利益。

欺骗或许是一些人的本性，从普通的推销人员到精明的商家都会利用自己所掌握的信息优势进行欺骗，这是由人类的趋利动机决定的。蚊子感觉到人的存在就会吸血，要防止蚊子对人的伤害只能靠纱窗、蚊香、灭蚊器等。一些人的趋利本性不可能通过道德的约束而改变，要克服欺骗、店大欺客、信息不对称等对消费者权益的损害和造成消费不畅的情况，需要大力规范市场经济秩序和微观规制，需要政府主管部门花大力气，需要居民和企业的共同努力，形成社会性的防范网络和惩罚机制。

是租房还是买房

住房问题是城市居民最大的问题，更是广大城市居民的梦想，自古以来，芸芸众生，安居才能乐业。住房制度改革以来，福利分房已成为过去式，城市居民要有一套自己的房子就需要自己花钱购买，在一些市场经济国家，有的城市居民到了快退休的时候才最终拿到了房子的产权，可见，买房对于城市居民来说既是头等大事，也是一件不容易的事情。

现在，一些年轻人对是否买房举棋不定，是租房还是买房呢？租房的话，房租太高，买房又遇到首期付款多少和分期付款怎样还款等问题。是租房还是买房也要进行成本收益分析，对于刚刚大学毕业的年轻人来说，其工作还不太稳定，收入也不太稳定，储蓄余额不会很多。那么，他（她）要买房就只能选择首期付款不高的购买方式，如果首期付款不多，则分期付款就占比较大的比例，还贷压力就很大。

按照国际的通行说法，住房按揭贷款每月供款超过个人月收入的 1/3，将会出现较大的还贷风险。在我国，银监会把这个标准放宽到 50%，但从按揭者实际的每月供款与收入比来看，我国的按揭者普遍超过了 50% 这一警戒线。根据“新浪网”的调查，我国目前每月供款占月收入20%～50%的有54.1%，占月收入50%以上的有31.8%，占月收入20%以下的只有14.1%，有31.8%的都是风险级“房奴”。根据银监会的数据显示，目前中国有600万～650万人申请了按揭贷款，“重度房奴”有190万人。而北京、上海等大城市的“房奴”比例更高。

一项针对贷款购房者的调查显示，高达98.09%的人或多或少都存在一些负面的情绪，其中有19.53%的人经常失眠或郁闷，有18.47%的人感到焦虑，有19.32%的人脾气暴躁，因为住房贷款而产生心理问题的人占所有心理疾病人数的25%。2004年，上海住房贷款不良比率是1%左右，到2006年9月末，这一比率上升到8.6%，即不还贷的人群上升了7倍多。2006年，北京强行“收房”的案件是2002年的3倍。根据国际经验，个人住房贷款风险暴露期是3～5年，我国住房贷款业务才发展4年，可以预见，未来我国住房贷款不良比率还将上升。

近年来，我国“房奴”普遍具有以下特点：背上了沉重的还款包袱；大多数属于工薪阶层，除了工资收入外没有其他的收入，积蓄很少；大多数是年轻人，22～35岁的人居多；心理上承受着巨大的压力，不敢换工作，不敢娱乐和旅游，担心生病、失业，害怕银行提高贷款利息率，生活质量显著下降。“房奴”们成为房子的奴隶，为房子而挣扎。

那么，为什么会有这么多人成为“房奴”呢？那是因为他们在贷款买房的时候没有估计到自己对未来的抗风险能力。货币的即期价值远远大于其远期价值，也就是说，货币是一种流动的东西，正是因为货币会流动，货币就要流到利润高的地方，货币具有时间价值，贷款者支付给银行的利息就是货币的时间价值，也被称为贴水。一般来说，银行的贷款利息率比居民人均收入的增长速度略微低一些，因为，国民收入的初次分配基本上是分成劳动者的工资所得、土地所得、货币的利息所得，我国的土地属于国家所有，所以，土地的所得只有很少部分可以计入国民收入，那么银行得到的利息率就不会比居民收入的增长幅度低很多。买房虽然可以迅速实现安居之梦，但买房时不能按当时自己对未来的还贷潜力来估计，应当加入日常生活费、服务费、家庭负担系数增长等因素。而且还要估计自己的抗风险能力，还要考虑银行贷款复利的因素，复利就是利息滚利息，利上加利，像滚雪球一样越滚越大，如果贷款数额少，复利滚动的幅度小，反之，复利滚动的幅度就很大。

所以，年轻人贷款买房更加需要充分估计未来的风险，最好准备充足的首期付款，才能增强自己抗风险的能力。基于以上考虑，年轻人如果收入不是很高，还是租房划算。现在，北京、上海等大城市郊区的两居室，月租金从1000元到2000多元不等，一个人或夫妻二人租一套两居室可能不太划算，要交1000多元租金。如果与朋友、同事或其他人合租一套两居室就比较经济了。而且，现在的住房租金比较稳定，年上涨幅度很小，支付租金的风险也十分小。作为年轻人，未来的人生之路还很长，工作后，多增加自己的积蓄对于结婚、交朋友、生养小孩、支付孩子教育经费、孝敬父母、买房等都有利，可以应付未来的不测，大大增强自己的抗风险能力。即使对于年纪比较大的人，如果没有足够的首期付款准备金，也还是租房更为划算。当然，对于有足够首期付款的年轻人来说，尽早买房也是一种选择，毕竟年轻的时候承担买房贷款的压力比年纪大时承担这种压力更好。

从房价走势判断是否买房

这几年，我国楼市一路高歌，不仅上海、北京、广州等大城市的楼市价格猛涨，就是一般中等城市甚至于许多小县城的房地产价格也大幅度上涨。

全国楼市为何却依旧看涨，到底房地产有多少泡沫？地价上涨是造成了房价整体上涨的主要原因，在北京的一些地产项目中，土地成本占房价比重已经达到了45%以上。2004年后，土地制度主要实行招标、拍卖、挂牌出让方式，这也抬高了土地的价格。但是，

2005年北京的住宅用地供给中只有不到1/3的土地是通过公开的土地市场招、拍、挂的方式供给的。那么剩余的土地是如何供给的呢？市场中无法通过公开的信息考证，大多数开发商也无法从公开的市场中取得这些地，这必然使少数通过招、拍、挂方式供给的土地价格高升。也就是说，暗箱操作增加了土地的稀缺性，更加抬高了公开出让土地的价格。而且，当北京市整体规划要求城内居民大量外迁，其住宅用地供给必然大量集中于四、五环以外，那么，城市主要功能集中的二、三环内，住宅建设用地势必物以稀为贵。

按照房地产法的规定，在缴纳了土地出让金后，土地可以合法地进行转让和买卖，于是就诞生了土地二级市场，土地实际上也就变成了一种资产，可在资本市场上进行多种运作。比如，有的公司有钱没地，有的公司有地没钱，那么，二者就可以用投资参股的方式合作开发项目。双方的收益必然包含在房价之中。又比如，公司直接收购土地会涉及土地权属变更问题，买卖双方需缴纳国家征收的相应契税和营业税，这在无形中会提升房价。

从需求方面的因素来看，北京、广州、上海的房子拥有太多的购房者，除了这个城市里形形色色的工薪阶层，还有全国各地的有经济实力的老板、财大气粗的“炒房团”、海归的白领、高管、明星。北京的房地产市场不仅仅是一个区域性市场，更是一个全国性的市场。这三个城市房地产市场中，外地购买者占40%，且是中、高档房的主要消费者。而且，随着人民币的逐渐升值，港澳台和海外资金流向大陆购买房地产正呈逐渐增强之势。从全国来看，由于未来15～20年将有3亿多人口向城市集中，房地产需求的上升也是必然的，这是造成大中小城市房地产价格持续上涨的主要因素。

另外，加息政策也刺激有购买力的买房人尽快买房，加息意味着买房成本的增加，如果能买房，人们预期早买的成本肯定低。利率上调虽然增加了买房的成本，但对老百姓买房的影响不会太大，人们在看到利息调高的同时，更多的是感觉到房价上扬速度更快，如果能买到便宜的房子就不会在乎一个月几百元的利息。人民币的预期升值是鼓励更多人买房的又一重要因素，也吸引更多境外机构和基金组织跨国投资，需求增长进一步刺激价格，市场进入一个膨胀的循环过程。

许多年轻人现在买房，是一家人凑钱付首期款，其余的资金靠按揭贷款，需求是银行贷款吹大了的需求，其背后，存在还贷的风险，利率变化的风险，还有父母养老、医疗保险的风险。这样的需求是建立在风险相当高的基础上的，也就是说，这个需求里存在相当大的泡沫。实际上，中国房地产泡沫之争，其实质是不同的利益集团的利益之争。地方政府、开发商、银行都希望把这个泡沫越吹越大，而最后的受害者只能是购房的弱势民众。一个 70% 以下的民众都无法进入的房地产市场，肯定是资源配置低效率的市场。

房价不断上涨，许多人在“羊群效应”的影响下，投机和投资者不断增加，很可能导致泡沫产生。由于市场信息的不对称，消费者在买房过程中始终处于被动地位，开发商说没房可卖，即使购房者知道他还空着一大半留着涨价后再出售，也只有干着急的份儿，开发商还可以通过虚假成交来伪造“业绩”。从房屋租金来看，目前的房价也不合理，从 1998 年全国房价开始上扬，全国的房屋租赁价格却保持平稳，2000 年以后房屋租赁价格指数开始稍有上涨，每年的涨幅大约为 1%，而同期房屋价格的涨幅每年约为 7%。

投资房地产的收益也需要几年后才能看到，这就导致房地产投资人对投资回报的判断包含更多的主观因素。在这些主观因素的影响下，外加不断上扬的房价持续地折磨，人们的思维变得异常简单：别人买房，我也要买，这是典型的“羊群效应”。从众心理很容易导致盲从，而盲从往往会陷入骗局或遭到失败。由于对信息不充分了解，投资者很难对市场未来的不确定性做出合理的预期，往往是通过观察周围人群的行为而提取信息，在这种信息的不断传递中，许多人的信息将大致相同且彼此强化，从而产生从众行为。

目前，我国经济正处于高潮时期，这可以从垃圾大大增多、购买汽车的人大大增多、女子美容热、购买耐用消费品大大增多等方面看出来。在经济处于高潮时期，存在一定程度的通货膨胀，目前，食品价格上涨是比较明显的，居民觉得钱比较烫手，购买力旺盛，这种需求膨胀的时间可能要持续到北京2008年奥运会和2010年上海世博会和广州亚运会时期。但是，任何经济都会从高潮走向低潮，经济一旦走向低潮，房地产的泡沫也可能破裂，或者房价趋高的状态肯定会受到抑制。我国目前房地产市场高扬的态势是1998年住房制度改革对居民购买力的突然释放，以前，人们没有受到真正的房地产市场的洗礼，所以，非理性因素多。这与1997年前的股市泡沫很相似，我国股市目前仍然没有走上正常的轨道，楼市是否也会如此呢？目前，个人住房贷款风险刚刚显露，更多的风险还在后头。

当然，楼市不会像股市那样在崩溃时大幅度下跌，但楼市所产生的泡沫对经济的危害也十分严重，如我国20世纪90年代中的房地产泡沫，其负面影响不小。在1997年开始的亚洲金融危机中，东南亚国家和地区房地产泡沫是引起危机的主要因素之一。这两年，国家采取了一些抑制房地产投资过快增长的政策措施，但并没有抑制人们的跟风购买行为，事实上，很多人的购买行为是非理性的。0

售房陷阱与买房理性

一项针对房地产广告语的分析表明，房地产商所选择的广告语与房屋的最终成交价格之间有着密切的联系。当然，这并不是说把一套房子标榜为“性价比很高，周边环境好”就会大大抬高房屋的最终卖价，但专家的研究表明，当房地产商使用“性价比很高，周边环境好”之类语句时，他们确实是在鼓励购房者以更高的价格买房。事实上，房地产商掌握了所有的信息，包括房屋的市场存量、最近的销售趋势、商品房的空置率、按揭贷款风险、银行复利的滚动幅度、房屋面积的水分、房屋周边的绿化率等情况。但是，作为精明的商家，他们会牢牢掌握这些信息，因为他们掌握了这些信息才能为自己牟利。

一处楼盘的诞生，开发商追求利益最大化永远是其最终目的，因而其房价中的隐性因素往往很多。换句话说，开发商盖房子只是手段，其眼睛永远盯着的是购房者的钱。这里有两个前提条件：其一，商品房预售制度；其二，开发商掌握定价权。作为世界范围内罕见的商品房预售制度，我国的开发商至少已经利用此种特殊优势，可能制造了几种问题：地盘上还一片空地，开发商就开始堂而皇之收买房人的钱；口惠而不实，盖出牛头不对马嘴的房子，从而引发林林总总的纠纷，如面积缩水、绿化地侵占等；开发商以土地作抵押从银行获得贷款，而利用预售制度集资建房，等于从中获利的同时，却将风险转嫁给了金融系统和消费者个人；如果开发商经营不善乃至破产，买房人预付了房款却拿不到产权。

那么，开发商是如何定价的呢？其定价原则是“就高不就低，追涨不追跌”。如果同等品质的两个楼盘都在售，那么后者的起价肯定会比前者略高。比如，某块楼盘目前销售价位是每平方米 1.3 万元，那么，紧邻某楼盘尽管刚开始打地基，其开盘价至少为每平方米 1.4 万元。如果是同一楼盘的不同项目，则二期销售价肯定高于一期销售价，三期高于二期，以此类推，越往后价格越高。

楼盘销售策略也颇有玄机，为抬升房价而兴风作浪，负责接待的销售人员首先告知顾客每平方米7000元的两居室已售罄，仅有3居室大户型少量在旺销，随后指着墙上的销售情况示意图给顾客看，果然“全线飘红”。原来，开发商明明手中有房，偏偏限量销售，人为制造稀缺性，并利用信息不对称，诱惑购房者进入消费陷阱。处于弱势地位的购房人在购房时常常面临两难：人人都想买房，地段、户型、配套、价位相对合理的房子摆在那里，经过销售人员的操作，看上去十分紧俏，稍纵即逝；一次错过，当下一次机会再次来临时，就意味着要付出比原先高出不少的代价。于是，不理智消费出现了，这正中开发商下怀。北京房价尽管上升快，实际上有近60%的商品房闲置。这种违反市场供求关系的反常状况，非常尖锐地体现了开发商“死扛”，而购房者处于弱势地位的真实市场供需矛盾。

开发商的降低成本行为就是变相涨价。中国建筑科学研究院一位不愿意透露姓名、长期从事建筑监理工作的总工程师说，现在许多人抱怨买不到小户型，原因就在于开发商不愿意建小户型，因为建“大户”型比建小户型节省建材，且资金更密集，卖出一套“大户”型就相当于卖出了几套小户型。另外，一些人的过度消费、炫耀性消费以及媒体渲染的明星、名人的“豪宅”效应，也在一定程度上对房价起到了推波助澜的作用。

在价格像火箭一样蹿升，房地产开发商“玩猫腻”的情况下，北京和其他城市开始有限价房计划，北京限价房的地段已经向社会公开，北京共有10大地块，且交通方便。这样，就如当年的经济适用房一样，不知有多少人正捏着拆迁款或一辈子的积蓄，等待着那一套限价房。据估计，北京限价房的规划总面积约110万平方米，有1万套以上的房子。这会不会是像当年的经济适用房一样，僧多粥少、人多房子少，大部分怀着希望的居民只能希望落空呢?

对于大部分城市居民来说，一生只能买一次或两次房，买房牵涉到房子的总供给与总需求、房地产开发商有意抬高价格、信息不对称、居民负担风险、利息风险和还贷风险等一系列问题。只有在充分估计这些因素、增强了自己的抗风险能力后，适时买房才是理性的行为。一个存在70%的需求缺陷的市场肯定是个不正常的市场，一个有着60%空置率，而开发商隐瞒这种信息的市场也是不正常的市场，这种市场的坚挺是有一定时间限度的。如果盲目跟风、从众，缺少理性的判断，作为处于弱势地位的购房者肯定吃亏。

买房与贷款

对于大多数人来说，买房离不开贷款，1998年住房制度改革后，我国按揭贷款迅速发展，这对推动房地产业的发展和快速实现居民的安居之梦，都起到了积极的作用。但任何事情都有它的两面性，贷款在方便房地产商和购房者的同时，也给购房者带来了一定的风险。所有事物都有它的两面，在现代资本主义的初期发展阶段，亚当·斯密被其神奇的力量所吸引，写出了《国富论》和《道德情操论》，但后人在逐利的时候只会引用斯密的“看不见的手”，却基本忘记了《道德情操论》的许多论述。房地产商的高层人士和银行的高级管理者在利益的算计上，肯定比一般的商业人士和普通居民精明多了，他们在销售房子和提供贷款的时候，为消费者描画了一个美好无比的前景，消费者往往被其迷惑。

时代不同了，人们的消费观念也随之发生了巨大的变化，提前消费、借债消费是一种新的消费观念，也是拉动经济增长的重要手段。但作为普通的消费者，很容易被热销的场面和过度消费的心理所左右，在买房时只看到美好的一面，被房地产商热情的行为激励，没有考虑自己的经济承受能力和抗风险能力，没有对未来的不确定性风险进行全面的估计，作出不理性的消费行为，一旦生活和工作出现波动，风险迅速出现而措手不及。

银行的按揭贷款是按照复利计算的，复利是怎么算来的呢？复利的计算公式就是：复利 $S=P(1+i)\times n$，这里，i 是银行贷款的利息率，P 是本金，n 是年数。复利的特点是“利上加利”，把上期没有还的本利作为下一期的本金，每天新生的利息到次日还会生利息，因此，预期没有还款中的利息部分会像雪球一样越滚越大。按照中国人民银行的规定，从 2006 年 1 月 1 日起，个人住房贷款逾期罚款利息率由以前的每天加收 0.02‰计收利息，改为在借款合同载明的贷款利息水平上再加收 30% 到 50%，这就使得滚雪球的速度加快了不少。下面，我们来算一下逾期罚款的计算方法。逾期第一天还贷额＝本金＋利息＋罚金＋罚金 ×30%，逾期第二天还款额＝第一天还款额＋利息＋罚金＋罚金 ×30%。这就意味着逾期越长，滚雪球的速度越快，到最后，自己都没法想象。可见，复利就像一个“连环套”，是一个隐形的陷阱。

真正的穷人，不买房子，每月就那么一点收入勉强过日子，于是就断了买房的念头；真正的富人是用全部款买房，省了贷款、月供、按揭的麻烦和风险。聪明的人，会将每月的按揭严格控制在警戒线以下，并有一定的积蓄，保证家庭的抗风险能力；冒险的人，则是将钱孤注一掷地投向住房贷款，一有风吹草动就会满盘皆输。

晓兵一直生活得很舒服，没有什么压力，与妻子共同的月收入有8000多元。但是，几年前买房后，小两口的生活发生了急遽的转变。因为他们的每月供款是3500元，除掉生活的基本开销后所剩无几。晓兵本来很想跳槽到另一家待遇和工资都比较好的单位，但经过接触和盘算后，不敢贸然跳槽。二人也因为经济问题经常吵架，妻子还提出要离婚，以至于他经常做噩梦、失眠、胸闷、气短，有一种“很不幸福的感觉”，而欠银行的债还要欠20年，等债务还清了，也没几年好生活了。

晓兵为什么在买房之后生活急转直下呢？原因就在于他在买房的时候没有正确估计自己的还贷能力和抗风险能力，没有把每月供款严格控制在月收入的1/3的警戒线以下，没有估计自己未来负担增加、变动工作等不确定性风险。

买房可不是买一般的消费品，也不是买家用电器之类的商品，买房是一种长期的消费和投资行为。既然是一种投资行为，就存在许多风险，还贷的压力要持续几十年，这就需要投资者在贷款之前，正确估计自己的还贷能力，预测可能的工作变动风险、负担风险、银行复利风险、意外风险等。在还贷的几十年中，是否跳槽、孩子上学、老人生病等情况都需要考虑周详一些，并预留一定数额的资金预防不测。一个家庭到底有多大的负债能力，才不至于因为住房贷款的还贷额过高，而影响到家庭的日常生活质量呢？全世界通用的经验就是1/3的警戒线，即必须将每月供款控制在低于月收入1/3的警戒线以下，这是家庭财务的安全线。比如，上面那一对IT精英就需要将每月供款控制在2600元以下，同时，一个家庭需要保留足够生活半年的储蓄，这样才能应付不测。

满足尽可能多的欲望，寻求自己利益的最大化，是人的本性，但是，天下没有免费的午餐，要想得到，首先就需要付出，得到的多，付出也多。提前消费、负债消费是现代新的消费理念，不过，这种消费理念要受到自己预算线的约束，也就是说，只有在家庭财务预算风险尽可能低的情况下，才能真正享受到提前消费的幸福感，把握住房贷款的额度，控制在警戒线以下是一个人也是一个家庭的理财能力。寅吃卯粮有一个度，这个度就是不能超出自己的还贷能力和抗风险能力。

楼房的使用价值

一般城市居民买房主要是为了自己一家人住，安居才能乐业，住的问题是仅次于吃的人生大事。那么，住的质量如何就要看房屋的使用价值了。楼房到底有哪些使用价值呢？过去，避风、挡雨是住房起码的使用价值。随着时代的发展、进步，人们对住的要求也越来越高了，不仅要求避风挡雨，还要求宽敞、明亮、干净、舒服、安静、安全，甚至要求冬天可以晒太阳，夏天能够通风，所以，冬暖夏凉的房子是最符合人们的要求的。有的人还要求房子周边有一定的绿化面积；离好学校和文化区近些，周围的文化氛围比较好，对孩子的成长有利；靠近公园、商场，生活方便些；离单位或市中心近一些，上班和生活更方便些等。

避开房地产开发商控制稀缺性、楼房的供给和需求等影响楼房价格的因素不谈，楼房的使用价值一般与楼房的价格成正比。也就是说，楼房的使用价值越大，其价格也越高。一般大城市市中心的楼房价格比近郊要高出 1/3，比远郊高出近一倍，当然，土地的稀缺性是主要因素，但可以节省交通费和工作生活方便也是重要的因素。靠近主要公园的楼房，由于空气好、生活舒适，其价格也比同等位置条件下的楼房要高出很多，例如北京颐和园附近的楼房价格，就比同样位于五环附近的石景山八角路的楼房价格高出很多，就是一般公园附近的楼房，其价格也普遍比没有靠近公园的楼房高出许多。

靠近大学校区的楼房，其价格也比较高，比如北京海淀区北大、清华附近的楼房价格基本与市中心一样高，这里是中国知识最为密集的地方，现在的家庭都很重视孩子的教育，文化氛围好的地方，其楼房价格自然高。北京房山区的良乡是新建的大学区，其附近楼房的价格也随着大学区的建设而迅速上涨。交通便捷的地方，出行十分方便，其楼房价格也比较高，例如，北京苹果园附近的楼房，虽然位于五环外，却比丰台区的大成路南面的楼房价格还要高，主要是因为乘地铁方便；奥运村和亚运村附近的楼房，由于环境幽雅，绿化率相当高，又有奥运会和亚运会的影响，其价格比同样位于四环外五环内的其他地方也高出许多，这也是因为其使用价值更高。

在同样位置条件下，楼房的使用价值也各不相同。同一个楼房，其顶层由于夏天十分炎热，水泥楼房又不容易散热，需要多开空调，加上上楼梯和电梯不方便，其使用价值比处于中间层的房子要低很多，所以，价格也一般要低些；一层的房子，比较潮湿，特别是在南方，一层的房子在春季和夏季回潮十分严重，身体不太好的人容易得风湿病，特别是高层楼房，下面几层一年四季都缺少阳光，而且更缺乏安全感，因此，其价格比中间层的房子也要低。楼房的建筑位置也很重要，北京的楼房大多数是坐北朝南的，那么，窗户朝南的房子，光线充足，其使用价值也比较高，而窗户朝北的房子，光线不太好，每天开灯的时间更多，其使用价值自然不如窗户朝南的房子。有的房地产商把这两种房子定为不同的价格，窗户朝南的房子一般价格要高一些，有的地方没有分开价格，那么，早买的人肯定选择光线更好的房子。其实从使用价值的角度来讲，楼房的位置是东西向的更好，因为，东西向的房子，一方面光线比较好，另一方面，夏天有利于通风，冬天也不太冷，不过，由于北方冬季和春季风沙大，西风多，东西向的楼房比较少，而在南方，东西向的楼房更多些。

不过，在同样的条件下，楼房的使用价值并非完全与价格成正比。比如，20 世纪建的老式楼房，一般每层的高度比新建的楼房要高些，房子的空间大，其使用价值也更大，但新楼房的价格还是高很多，当然，这与成本上升也有关系。由于商品房都是按平方米来计算价格的，而建小户型的房子比建大户型的房子要多耗材料，相对于成本的差别来说，小户型和大户型的使用价值与其价格并不是对称的或成比例的。

楼房的使用价值与楼房的质量也有关系。毫无疑问，质量高的楼房，其使用价值自然比较高，价格也高。但是，对于购房者来说，楼房的质量很难鉴别。有些房地产开发商偷工减料，虽然新建的楼房外观很漂亮，但其质量却比较差。一些购房者在购买的时候看不出楼房的毛病，等使用了一段时间后，问题就逐渐增多：有的隔音不好，夫妻俩说悄悄话都会被邻居听到；有的使用一段时间后，卫生间漏水，影响居住者的正常生活；严重一些的甚至导致墙皮脱落；有的水管和下水道建设质量差，住在高层的住户经常断水，或下水道经常堵塞，严重影响住户的日常生活，增加了住户的居住成本；有的购房者在买了房子后，才发现住房面积缩水、绿化地被侵占。

由于存在信息不对称和房地产商的欺骗行为，因住房质量而产生的纠纷近年来呈逐渐增多的趋势，而开发商又处于优势地位，住户联合的力量也难以对付开发商的力量，这类纠纷的解决往往需要住户付出很大的成本，有的官司打了好几年也难以解决问题。购房者总希望买到使用价值比较大而价格又适中的房子，要做到这一点，就需要购房者在购房时多走走，多看看，多向懂行的人了解一些情况。

房屋装修中的信息不对称

虽然现代社会，信息非常容易获得，从大街上的各种广告到汗牛充栋的书籍，每天都在给我们传递着让人目不暇接的信息资源，互联网的发展使人们获取信息更快捷、方便。但是，即使在这样的条件下，信息不对称依然是一个客观的存在，特别是当涉及人们的利益时，“近水楼台先得月”就是经济人的理性选择。

1992 年克林顿竞选总统时，产生了创立希望奖学金的想法，克林顿的计划是高尚的：学生可以从大学借钱，然后在他们毕业后，以其年收入的一定比例偿还贷款。这种计划可以达到比较好的效率，即有大量负债的大学生被迫在毕业后把自己的工作做得更好，而且在理论上，该计划可以做到自我融资。但是，这样一个良好的计划却无法运转，其问题的关键就是信息不对称，起码大学生比贷款管理者更了解自己未来的职业计划，而华尔街的金融大亨们会尽量回避这个计划。其结果就是逆向选择。

事实上，这种信息不对称存在于许多现实生活之中，从病人看病、买保险、买房到日常的购物都存在许多信息不对称的现象，作为理性的消费者当然知道信息对自己的重要性，而商家或服务提供者更会牢牢地掌握有利的关键信息，其他次要的信息才会公开。毕竟市场就是固定的份额，商家和服务提供者总是要争取更多的顾客，市场竞争除了价格竞争外，还有广告竞争、优惠竞争等。在交易中，为潜在的顾客提供一些对方需要的信息也是争取顾客的主要手段。如果在一个竞争对手比较多的市场上，为顾客提供信息优惠的商家能够得到更多的顾客，谁不提高信息就会失去许多顾客，那么不提供就是劣势策略。

我们假定有一位牛先生，为人精明能干。旧的房子已经不能显示他优越的经济身份，宽敞的住房是其生活水平迅速提高的体现，买了新房，当然需要高档的装修了。牛先生以前也干过装修之类的活，对于装修材料的使用和选择装修模式懂得一些，牛先生向装修行要求要用石膏造型进行装修，装修行说这种装修需要50000元，牛先生问为什么这么贵，装修行说是他们从来没有做过这样的尺寸，双方经过讨价还价，价钱还是降不下来，最后，牛先生提出要看有关装修的档案材料。面对这样一个有钱的客户，装修行想想，觉得失去他还是比较可惜，于是拿出装修的档案材料给牛先生看，又一起商讨改进装修的计划，最后，又经过讨价还价，价钱被压低了很多，35000元，这样，装修行只能赚12000元。而如果装修行不给牛先生看材料，装修行可以赚到20000元，但是，不给牛先生看又很可能失去这样一个大客户，这对装修行来说是划不来的，而给他看了，就得少赚8000元。

在这里，两个对局的人是牛先生和装修行，牛先生的策略有两个，要求看档案和材料；装修行的对局策略也有两个，一个是给看，一个是不给看。这样，双方的对局就可以列成下页的矩阵。

牛先生要求看材料，装修行也给看资料，则牛先生省下了15000元，装修行只能赚取12000元；如果牛先生不要求看材料，

牛先生 \ 装修行	给看	不给看
不看	15000, 12000	0, 0
要看	0, 20000	0, 20000

装修行可以赚 20000 元；如果装修行不给牛先生看，谁也得不到好处。从这里可以看出，不看材料，是牛先生的劣势策略，所以，他必须看材料。而从装修行方面来看，由于牛先生是比较精明的人，他有装修方面的一些经验，不给看材料肯定要失去这个客户，与其什么也赚不到，不如少赚些，这也是次优的选择。这里，不仅双方的得利不对称，对于双方的信息也是不对称的，就是遇到牛先生这么牛的人，装修行还是赚了 12000 元。如果是遇到一个完全的外行，那情况又会是怎么样呢？恐怕 20000 元是装修行必须赚取的数目。可见，房屋装修中的信息不对称对于消费者来说影响是多么大。

也许有人会说，难道不能从互联网上获得有关装修的信息吗？信息是互联网世界的流通货币，作为一种媒介形式，互联网可以把信息从那些拥有它的人手上传递给那些需要它的人手上，即使这样，拥有房屋装修档案和材料信息的人也不可能把最主要的信息传递出去，从互联网上得到的信息只是一些基本的信息。更主要的是装修行在装修过程中的变数更多地决定着装修的价格，那么这种变数只有行业内的人才知道，行业内的人总不至于断自己的财路。特别是随着装修花样的迅速发展，行业内的能手会利用自己所掌握的信息优势，让自以为是的客户感觉到自己是非常愚蠢、低级的，这样，装修行依然可以利用自己的优势信息资源赚取利润。

买房的投资价值

不管对一般城市居民来说还是对有钱人来说，房子都是一项数额很大的投资，对于普通市民来说，买房子是一项长期投资，也是一项长期消费，对于想通过投入房地产赚钱的老板来说，买房就纯粹是一项长期投资，作为一项长期投资，当然希望这种投资具有增值价值，同时，风险比较小，这样的投资才比较划算，所以，买房的投资价值是看其长期的增值潜力。

但是，买房的投资价值并不完全决定于房子的升值潜力，它还决定于买房时的投资方式。就拿北京的房地产市场来说，从1998年住房制度改革以来，房地产市场以7%以上的增长速度发展，最近两年甚至达到了20%的增长速度，原来市中心每平米6000多元的楼房，现在已经涨到了每平米近10000元的价格，有很多地方的楼房都已经翻番了。对于有钱的大老板来说，这段时期是很好的投资增值时期，其条件就是以全额付款买房，在适当的时间再卖出，这样的投资肯定赚钱，而且比较稳当。在世界一些大城市的快速发展时期，房地产投资都是相当具有投资增值潜力的投资项目，是成就大富豪的重要领域。在香港，当年的李嘉诚等人就是通过投资房地产行业而使自己的财富得到了迅速、稳定的增长，最后成就大富豪的。

不过，也有很多情况是房价是否涨了，但它跟买房能不能赚钱却不是一码事儿。房子赚不赚钱，要看是不是卖出去了，而且卖了个好价钱；要看是不是租出去了，并且出租赚的钱不但能还贷、交物业费、供暖费、水电煤气费，而且还有剩余；要看出租多长时间能把自己的“投资”收回来。看着房价一直涨，自己觉得挺美，可等到大家都有房了，自己涨了价的房子还能卖给谁呢？有的人会考虑“以房养房”，这是现在很多购房人的主要购房目的，但是，“以房养房”也要计算“养房”的成本和收益。以前，由于利率比较低，出租、持有又没有什么附加的税费，“养房”的成本自然比较低，所以，与其把钱存在银行，随着通货膨胀慢慢贬值，还不如买套房子出租赚钱。但以后不行了，利息涨了，如果再征收物业税，要“以房养房”的投资人就得想想：像“养车”一样，这房养不养得起。但是，从近年来的市场行情来看，买房出租遇到了成本上升而收益下降的局面，这样，收益减去成本的净收益就会逐渐降低。看来，要想投资房地产赚钱，必须有足够的资金，全款买房，在适当的时候赶紧出售，就很容易赚钱。

近来，中国大城市的房价不断上涨，许多人加入投机和投资买房的行列，在“羊群效应”下，投机和投资者不断增加，导致泡沫产生。一旦泡沫破裂，房价下跌，需求就急剧下降，房价就继续下跌，形成恶性循环。购房者多数高价按揭，房子成了负资产，很多人会抛售房产，银行接收的是贬值的房产，这就会冲击整个金融体系。房地产是个很长的产业链，房地产泡沫破灭，整个产业链生产过剩，经济趋于萧条，因此，房地产泡沫带来的危害不仅仅限于行业本身，而且影响到其他许多行业。

经济发展在国与国之间有不同之处，但是有许多东西是相通的，对于什么是房地产泡沫，尽管如何来界定早已是众说纷纭，但是有几点衡量标准应该是基本的：一是房价收入，二是房地产投资与房价增长速度的关系，三是商品房的空置率等。

根据《楼市》市场研究部和搜狐焦点网联合进行的调查显示，北京房地产中以投资为目的购买的人群占到26%，北京东部的楼盘，投资所占的比例达到了40%以上。这种情况很像当年海南省和广西北海等地的房地产泡沫，在很大程度上是炒作把房价推上了上涨的快速通道。有些人投资并不是全额投资买房，而是相当一部分资金以按揭贷款的方式解决，这样就增加了还贷风险和利息率变动的风险。

一般来说，随着经济的发展，房地产价格的总体趋势是不断上涨的，虽然国外存在房地产泡沫破裂的情况，但总体来说，房地产价格的趋势还是上涨的。所以，对于个人来说，买房不仅是一项长期的消费支出，更是一项长期投资，这种投资具有比较稳定的增值趋势，虽然其价格会有起伏，但总体是上升的，所以，个人有一定的资金积累，把它投入到房子中去是比较稳定，又能增值的，比把钱存银行更划算。

骑自行车、挤公交还是买车

如今，城市骑自行车的主要组成人员是众多的城市打工者、学生以及其他普通收入人群，他们中很多是“穷人”，或者是准穷人。他们选择自行车出行，是出于“出行方便与消费水平”的现实。

相对于乘坐公交车的无奈来说，骑自行车是一些人的一种享受。没有那种等公交车的焦急、心烦，空间也广阔无比，还可以让自己的心灵与自行车一道自由驰骋。这时，不用担心胳膊会碰到旁边的人而遭人白眼，不用担心因为堵车而上班迟到。骑车还可以锻炼身体……当然，骑车也有骑车的烦恼，那就是一路上吃二氧化硫，至于每天有多少二氧化硫分子进入了自己的肺部，可能测不出来。另外，就是一些不那么遵守规矩的司机硬是抢过来占据宝贵的自行车道，就这么一辆或几辆车把其后面一路的自行车给挡住了。

自行车虽是一种绿色交通工具，但也不是一种很好的交通方式，因为自行车宽有 0.5 米，长 1 米多，上路时两侧还要有二三十厘米的安全间距，8 辆自行车分成 3 排上路，就占据了一辆公交车的行车空间，自行车过多对道路资源也是一种浪费。但是，公交是“线”，而自行车是“点到点”，互为补充，自行车能填补公交布线的“盲区”。自行车在运力上确实不如公交，但其方便性、灵活性又是公交车无法比拟的。

在现代社会，时间就是金钱，效率就是生命。如果骑车要讲究效率，可以买辆电动车，骑电动车上班或跑业务比自行车快多了，一般来说要快了 3/4 的时间。根据一些人的检验，骑电动车是城市最有时间效率的出行工具。而且，电动车既省时又经济，花 1 元钱就能跑 40 公里。

挤公交也有挤公交的好处，起码夏天乘坐公交车不用晒太阳，冬天、春天乘坐公交车不用被冷风吹，也不用吃那么多的灰尘和二氧化硫。而且，现在城市公交车的质量也在不断提高，一些公交车坐在上面还是比较舒服的。世界上的大城市特别是特大城市都提倡公交优先，因为公交车的载客量比较多，效率高。私家车太多、自行车和电动车太多都容易造成交通堵塞和不便。对于一些不太在乎时间的人来说，乘坐公交车是更好的选择。尤其是老年人和中小学学生，他们可以享受公交车票价半价的优惠，时间也比较充裕。

对于城市居民中收入比较高的人来说，买辆车也是一种不错的选择。现在，发达国家已经超过了人均一辆轿车的水平，我国以“福田指数”来表示一个地区机动车的拥有水平，也可以用来表示其经济发展水平。私家车是现代都市人身份和地位的象征，没有私家车的人有了一辆私家车就会说：“有车的感觉真好！”一是身份提高了；二是可以更多地分享城市的公共道路资源；三是可以更多地回避汽车尾气的负外部效应，当然他也给别人制造了负外部效应；四是使身心更加舒畅，五是拓宽了出行的圈子或范围，拓展了朋友的圈子。不过有私家车也有私家车的烦恼：一是要出保养费，要洗车，时间久了还要修车；二是城市的停车空位不足，往往为停车而烦恼：就是在小区内，一年的停车费也要1000多块钱；三是汽油涨价的幅度超过了工资增长的幅度，所以，有的人感叹买得起车，养不起车；四是交通堵塞时最让人心烦，一些城市的交通设施相对落后，主要交通干道行车速度不快一直是困扰市民出行的一大问题，有时开车还不如骑车快；五是交通参与者安全意识淡薄，导致交通风险增大。所以，相对来说买私家车不仅花费高，机会成本也不小。当然，收入提高了，生活水平提高了，交往的朋友多了，生意上的往来多了，买辆私家车就可以提高工作效率，节省很多时间。

如果嫌市中心的房价太高，而近郊区的房价比较低，足足可以省下钱来买辆私家车，那么，买私家车，不仅上班更方便、快速，而且更舒服。一般来说，住宅离办公地比较远的人，更愿意买私家车，住宅离办公地近的人，买私家车的需求没有那么强烈。

汽车降价与汽油涨价

近年来，我国国产轿车不断降价，汽车进入寻常百姓家正在快速实现，买私家车的人越来越多。但是，随着国际能源日趋紧张，国际油价也不断攀升，能耗问题成为汽车市场的关注热点。相关资料显示，2006 年国家共计 6 次调整成品油价格，汽油、柴油出厂价格累计每吨分别上调 650 元和 550 元，同比分别上涨了 17.3%和 16.5%。北京最近宣布，从 2007 年 7 月 1 日起，提前实施“欧Ⅲ”排放标准，负责制定新的国家机动车排放标准的国家环保总局机动车排污监控中心主任汤大钢表示，由于新标准的实施将提高对油品含硫量标准的要求，油价上涨肯定是正常的。而据燕山石化的数据，每吨“欧Ⅲ油”的生产成本比“欧Ⅱ油”高出 200 元左右。

虽然一吨油价提高 200 元并不高，但是涨价对人们消费心理的影响却是巨大的，因为从 2003 年以后，油价一直在攀升，累计幅度已经超过了 50%。2004 年先后经历三次油价上调之后，人们已在平静中接受了油价居高不下这一事实。在油价上涨之后，每月的支出约增加 30 ~ 60 元不等。眼下的汽油价格尚能接受，但如果随着有车族的不断增加，僧多粥少，费改税又势在必行，那么油价自然还会增高。而且，由于大城市停车位越来越紧张，汽车的维修费用也在上涨，所以，汽车的维护成本不断升高，人们有买得起车、养不起车的感慨。

我们就以中等消费水平计算，私家车拥有者每月增加 50 元的油价支出，一年就是 600 元，加上停车费、汽车维修费等保养成本的上升，一年需要增加 1000 到 1600 元的支出，十年就要增加 10000 ~ 16000 元的支出。近年来，国产轿车降价大约是几千元到几万元不等。汽油涨价和相关维修费的上涨几乎完全或部分抵消了轿车降价对居民购买力的影响。当然，城市居民这几年来收入水平也在逐步上升，对轿车的需求和购买力还是在增加。

面对油价不断上涨，作为消费者，当然更希望买小排量的车。从2006年开始，国家出台了一系列鼓励厂家生产经济型、实用型的小排量汽车的产业政策，这在某种程度上刺激了小排量车的销售。由于油价上涨，近日北京市汽车市场上排量在1.6升以下的轿车备受推崇，其中尤以经济实用的小型车更受关注。小排量车将会因“排量”小、价格便宜、能耗低、实用、环保而成为更多人的选择。但更关键的是在汽车长期使用中是否能达到低能耗，只有达到低能耗的汽车才能真正达到节约能源的目的。作为消费者还是希望有更多、更好的选择，就如在汽油中加入植物酒精，既可以减少温室气体排放，又可以节约能源。国外近来推出的汽油和电力混合动力车也达到了这两方面的目的。汽车生产厂家只有真正在节约能源上多下功夫，才能降低汽油涨价对消费者购买欲望的抵消作用。

燃油税的开征也是消费者十分关注的问题。一般市场经济国家都是取消道路收费，开征燃油税，因为征收燃油税可以使多开车的人多交费，多使用道路资源、空气资源的人多付费，符合市场经济的权责对称原则。但在目前的中国，轿车刚刚进入百姓家庭，轿车工业被政府列为拉动经济增长的主要工业，开征燃油税也必然降低居民购买轿车的欲望，抵消相当一部分购买力。所以，一部分具有潜在购买力的人还在等候、观望。在城市尤其是大城市，汽车尾气造成严重的空气污染，严重影响着局外人的幸福感。在美国，因为汽车排出的有毒颗粒物质，每年有1.5万人过早地死去。汽车造成的交通堵塞也影响着局外人的幸福感。这些，汽车司机和石油公司都没有负担相应的费用。所以，多使用道路和空气资源就必须多付费，只有开征燃油税才能做到这一点。

第十章

投资中的经济学

股市里的“更大笨蛋”理论

沃伦·巴菲特曾经这样说：千万不要把钱用来储存，钱是用来生钱的，股市只相信钱，即使是傻子，只要他肯投资，也可以赚到钱！

“墨菲定律”中有这样一条：让那些冤大头守住他们的钱财，是不义的举动。从澳门到拉斯维加斯，全世界开赌场的人无不以此为座右铭。1920 年，远在该条“墨菲定律”发明之前，纽约夜总会一位老板娘就有一句响亮一时的口号：“不要劝傻瓜停止花钱。”

在经济学里有个著名的悖论叫“节俭悖论”，就是告诉人们钱是用来花的，不消费而把钱存起来，是不利于经济增长的。只有你不断地花钱，不断地消费，产品卖出去了，利润回收了，员工才有工资发，才能够进一步去消费，这样经济才能不断地增长。花钱是每个人必须的，消费的另一面可以看成是投资，投资与消费是一个事物的两个方面。你去饭店吃饭不妨看成是给自己的身体投资；你去买花送女朋友也不妨看成是给爱情投资；你买回来刀子、钳子等工具也不妨看成是给自己工作节省时间的投资。反正有消费的地方就有投资，每个人都希望消费，每个人也都希望投资。

1908 ~ 1914 年，经济学家凯恩斯拼命赚钱。他什么课都讲，经济学原理、货币理论、证券投资等。当时的凯恩斯获得的评价是“一架按小时出售经济学的机器”。

凯恩斯之所以如此玩命，是为了日后能自由并专心地从事学术研究而免受金钱的困扰。然而，仅靠讲课又能积攒几个钱呢？

终于，凯恩斯开始醒悟了。1919 年 8 月，凯恩斯借了几千英镑进行远期外汇投机。4 个月后，净赚了 1 万多英镑，这相当于他讲 10 年课的收入。

投机生意赚钱容易，赔钱也容易。投机者往往有这样的经历：开始那一跳往往有惊无险，钱就这样莫名其妙进了自己的腰包，然而不久在飘飘然之际又倏忽掉进了万丈深渊。又过了 3 个月，凯恩斯把赚到的利和借来的本金亏了个精光。赌博一样，投机者往往有这样的心理：一定要把输掉的再赢回来。半年之后，凯恩斯又涉足棉花期货交易，狂赌一通大获成功，从此一发不可收拾，几乎把期货品种做了个遍。他还嫌不够刺激，又去炒股票。到 1937 年凯恩斯因病金盆洗手之际，他已经积攒起一生享用不完的巨额财富。与一般赌徒不同，他给后人留下了极富说服力的“赔经”—更大笨蛋理论。

凯恩斯曾举例说：从 100 张照片中选择你认为最漂亮的脸蛋，选中有奖，当然最终是由最高票数来决定哪张脸蛋最漂亮。你应该怎样投票呢？正确的做法不是选自己认为最漂亮的那张脸蛋，而是猜多数人会选谁就投她一票，哪怕她丑得不堪入目。

投机行为建立在对大众心理的猜测之上。炒房地产也是这个道理。比如说，你不知道某套房的真实价值，但为什么你会以 5 万元每平方米的价格去买呢？因为你预期有人会花更高的价钱从你那儿把它买走。

凯恩斯的更大笨蛋理论，又叫博傻理论：你之所以完全不管某个东西的真实价值，即使它一文不值，你也愿意花高价买下它，是因为你预期有一个更大的笨蛋，会花更高的价格，从你那儿把它买走。投机行为关键是判断有无比自己更大的笨蛋，只要自己不是最大的笨蛋，就是赢多赢少的问题。如果再也找不到愿出更高价格的更大笨蛋把它从你那儿买走，那你就是最大的笨蛋。

所以我们只要有钱在手，就要拿它消费，不要害怕风险。在投资时不要有任何顾虑，也许你的钱投进去了，你就赚了，但你要是总在犹豫里徘徊，把钱攥得紧紧的，那你将永远赚不到钱。只有你把钱投进去了，才可能会有更大的笨蛋出现，要是你不投钱的话，那么发财的机会就永远是别人的，你就是最大的傻瓜了。

彩票、赌博与投资

对于股市或者是投资而言，更大笨蛋理论只是告诉人们勇于投资，要有投资的勇气。但是在投资的时候还是不能盲目，需要有聪明、冷静的头脑和过人的技巧，把博弈论的一些理论和方法应用于自己的投资行为过程中。如果盲目投资，一哄而上，你有多少钱都会成为更大的笨蛋。

美国加州一名华裔妇女买彩票中了头奖，赢得8900万美元奖金，创下加州彩票历史上个人得奖金额最高纪录。当消息传开之后，一时之间很多人跃跃欲试，纷纷去买彩票，彩票公司因此大赚了一笔。

然而，从数学的角度来看，在买彩票的路上被汽车撞死的概率远高于中大奖的概率。每年全世界死于车祸的人数以万计，中了上亿美元大奖的却没几个。死于车祸的人中，有多少是死在去买彩票的路上呢？这恐怕难以统计，因而“死于车祸的概率多于中奖”也成了无法从当事人中调查取证的猜想。

既然赚钱的概率这样渺茫，为什么还有这么多人趋之若鹜呢？就是因为人们对渴望中彩票的愿望实在太强烈了，这种愿望甚至超出了理智的范畴。盲目投资，则无论投资什么都不可能达到预期的目标。

但买彩票的人却比参与赌场赌博的人还多，不能不说是因为很多人缺乏理性的思考。通常，赌场的赔率是80%甚至更高，而彩票的赔率还到不了50%，也就是说买彩票还不如去赌博。但很多人却热衷于彩票，渴望一夜暴富，一夜改变命运。精通消费者心理学的商家，不在每件商品上打折，而是推出购物中大奖之类的活动，这和彩票异曲同工，既节约了成本，又满足了顾客的“侥幸”心理。

实际上，彩票中奖的概率远比掷硬币连续出现10个正面的“可能性”小得多。如果你有充裕的空闲时间，不妨试试，拿一个硬币，看你用多长时间能幸运地掷出连续10个正面。实际上，每次抛掷时，你都“幸运”地得到正面的可能性是1/2，连续10次下来都是正面的概率是10个1/2相乘的乘积，也就是（1/2）10=1/1 024。想想吧，千分之一的概率让你碰上了，难道不需要有上千次的辛勤抛掷做后盾？以概率的观点考虑，就不会对赌博里的输输赢赢感兴趣了，因为无论每一次下注是输是赢，都是随机事件，赌场靠一个大的赌客群，从中抽头赚钱，而赌客如果不停地赌下去，构成了一个赌博行为的基数会非常大，每一次随机得到的输赢就没有了任何意义。在赌场电脑设计好的赔率面前，赌客每次下注都没有意义了。

从某种意义上来说，赌博和投资并没有严格的分界线，这两者收益都是不确定的。同样的投资工具，比如期货，你可以按照投资的方式来做，也可以按照赌博的方式来做—不做任何分析，孤注一掷；同样的赌博工具，比如赌马，你可以像通常人们所做的那样去碰运气，也可以像投资高科技产业那样去投资—基于细致的分析，要按恰当的比例下注。

但是赌博和投资也有显著不同的地方：投资要求期望收益一定大于0，而赌博不要求，比如买彩票、赌马、赌大小等的期望收益就小于0；支撑投资的是关于未来收益的分析和预测，而支撑赌博的是侥幸获胜心理；投资要求回避风险，而赌博是寻找风险；一种投资工具可能使每个投资者都获益，而赌博工具却不可能使所有赌客都获益。

投资也是一种博弈—对手是“市场先生”。但是，评价投资和评价通常的博弈比如下围棋是不同的。下围棋赢对手一目和赢一百目结果是相同的，而投资赚钱是越多越好。由于评价标准不同，策略也不同。

对于赌大小或赌红黑那样的赌博，很多人推荐这样一种策略：首先下一块钱（或1%），如果输了，赌注加倍；如果赢了，从头开始再下一块钱。理由是只要有一次赢了，你就可以扳回前面的全部损失，反过来成为赢家——赢 1 元，有人还认为它是一种不错的期货投资策略。实际上，这是一种糟透了的策略。因为这样做虽然胜率很高，但是赢时赢得少，输时输得多——可能倾家荡产，期望收益为 0 不变，而风险无限大。不过，这种策略对于下围棋等博弈倒是很合适，因为下围棋重要的是输赢，而不在于输赢多少目。

许多赌博方式都有庄家占先的特例。比如掷 3 只骰子赌大小，只要庄家掷出 3 个“1”或 3 个一样的，则不管下注者掷出什么，庄家通吃，这使得庄家的期望收益大于 0，而下注者的期望收益小于 0。从统计学的角度来看，赌得越久，庄家胜率越大。

因而，赌场老板赢钱的一个重要原因便是：参赌者没有足够的耐心，或赌注下得太高，使得参赌者很容易输光自己的资金，失去扳本的机会；而赌场老板的“战斗寿命”则要长得多，因为资金实力更雄厚，也因为面对不同的参赌者，老板分散了投资，因而不容易输光。

美国有部电影叫《赌场风云》，其中讲到如果谁赢了大钱，老板就会想方设法缠住他再赌，使用的办法小到让妓女去挽留，大到让飞机晚点，没有耐心的赢家往往很快会变为输家。

上面讲的还是比较规范的赌场，有的赌场在赌具上搞花样（出老千），或者使用暴力挽回损失，那么赌徒就更没有赢钱的希望。想通过赌博赚钱往往是“偷鸡不成，反蚀一把米”。

人并不是都可以理性地去进行决策。比如从心理学的角度来看，大多数情况下，人们对所损失的东西的价值估计高出得到相同东西的价值的两倍。人们的视角不同，其决策与判断是存在“偏差”的。因为，人在不确定条件下的决策，不是取决于结果本身，而是取决于结果与设想的差距。也就是说，人们在决策时，总是会以自己的视角或参考标准来衡量，以此来决定决策的取舍。

一个赌徒去赌场赌博，随身带了 3000 美元，赢了 100 元，这时要求他离开赌场可能没什么问题。但如果是他输了 100 元，这时要求他离开赌场可能就很难，虽然赢 100 元时他身上的现金为 3100 元，输100元时他身上的现金为2900元，3100元和2900元相差并不多，但这两种情况下赌客的感觉和3100元、2900元并没有多大关系，而是和它们与本金3000元之差100、－100，也即赢100还是输100有关，即人们对财富的变化十分敏感。

而且一旦超过某个“参照点”，对同样数量的损失和赢利，人们的感受是相当不同的。在这个“参照点”附近，一定数量的损失所引起的价值损害（负效用）要大于同样数量的赢利所带来的价值满足。简单地说，就是输了100元所带来的不愉快感受要比赢了100元所带来的愉悦感受强烈得多。

当然，由于人的冒险本性和总希望有意外收获的心理，使得赌博可以作为一种娱乐。如果把赌博作为一种事业，嗜赌成瘾，带着一夜暴富的贪心导致赌博过度，那就不是小赌怡情了，而是从娱乐变成痛苦。因为，“贪”字是由“今”和“贝”两个字构成，“今”是现在的意思，“贝”是金钱的意思，指的是急功近利。“婪”字是由“林”与“女”两个字构成，指的是女人如林，欲海无边。

赌博的心态在投资中经常出现，有时候人们觉得投资本身就是赌博，有的人投资就能赚钱，有的人投资却总是赔钱，认为是运气的因素。其实不然，除了运气外，还有一个因素就是理智的分析能力，很多人投资赔钱就是因为被赚钱的欲望冲昏头脑，失去理智造成的。

什么是投资理性

巴菲特和索罗斯的投资哲学解释了投资的现实、市场如何运转、如何判断价值以及价格为什么变化，这是他们的行动纲领。

他们的投资哲学使他们的投资标准明确清晰，允许他们以合理的确定性找出“高概率事件”。

投资在很大程度上是一种理智的行为，如果说投资大师有什么与众不同之处的话，那么这个与众不同之处就是他们的思维与别人一样。

他们的每一次行动都是他们的事前思考的广度和深度的表达。

在他们深刻思考每一项投资策略没有做出行动之前，他们不会投入 1 分钱。

投资大师的投资哲学使他们能保持一种强大的精神优势，能让他们在其身边的每一个人都失去理智的时候继续保持清醒的头脑。

从下面的事例中我们可以看到投资的理性一面，这也就是投资与赌博的区别：投资是经过“审慎计算”的赌博。

美国著名经济学家、麻省理工学院教授萨缪尔森有一次和同事打赌扔硬币，如果出现他希望的一面，他就赢 1000 美元；如果不是他希望的那一面，则他付给同事 2000 美元。

听起来，这是一个对同事有利的打赌安排。因为，如果同事出资 1000 美元，就有 50% 的可能赢得 2000 美元，当然也有 50% 的可能将 1000 美元输掉，但其预期收益是 500 美元，即 50%×2000+50%×（-1000）=500。

但同事拒绝了：“我不会和你打赌，因为我觉得 1000 美元的损失比 2000 美元的收益对我来说重要得多。但是如果说赌 100 次的话，我愿意。”换句话说，他的同事的观点可以更准确地表达为：“1 次不足以出现我所需要的平均定律的结果，但 100 次就可以了。”

在一个标准的扔硬币实验中，扔 10 次、100 次和 1000 次得到正面的比例都是约 50%，但扔 1000 次得到正面的比例比扔 10 次更接近 50%，这就是平均定律。也就是说，重复多次这种相互独立且互不相关（下一次的结果与上一次结果无关）的打赌，同事的风险就被控制住了，他将能稳定地获得这种“制度安排”的好处。

其实，同事更聪明的回答应该是：“让我们赌 1000 次，每次你用 2 美元赌我的 1 美元。”这时他的资产组合风险就被固定了，而且他的初始资金需要不多，最多只要 500 美元（假定他在前 500 次都不走运，显然这是不可能的）。这样，他等于是将 500 美元分散到 1000 个相同且相互独立的赌次中了，这个资产组合的风险将接近于零。

对于风险厌恶型的投资者来说，收益的取得和风险的控制对于自身效用来说是同样重要的。而边际效用递减规律对金钱这一物品似乎并不适用一钱通常是越多越好。

那么，什么是理性投资呢？在经济学中，理性是指人们具有最大化自身效用的特性。在投资领域，投资者通常被分为3种类型，即风险厌恶者、风险中性者和风险爱好者。对第一种人来说，投资理性表现为：如果不存在超额收益和风险溢价，他是不愿意投资于有风险的证券的；第二种人则只是按期望收益率来决定是否进行风险投资，风险的高低与风险中性者无关；而第三种人则把风险的“乐趣”考虑在了自身效用中，即所谓“玩的就是心跳”。

经验数据表明，大部分投资者是风险厌恶者，尽管他们的风险厌恶程度各不相同。因此，对于大部分投资者来说，理性投资就表现为：收益增加自身效用，而风险会减少效用，多承担一分风险，就需要多一分收益来补偿，风险和收益要保持一定的平衡关系。

作为一位投资者，要想在股市上获得真正的成功，其实并不需要将所有的理论和分析技术都弄通弄透，投资股票并不需要那么多繁文缛节的东西。越是简单实用的东西，越能够直截了当实现自己的盈利目标。

因此，在股市上投资，往往只需要一种简单实用的投资原则、一些最简单的常识、一套坚决执行的纪律和属于自己的投资风格就已经足够了。

美国林克斯投资顾问公司总裁彼德·泰纳斯曾经对全美投资基金做过调查，他得出的结论是：大多数投资大师之所以成为大师，并不是因为他们具有过人之处或有什么“独门暗器”，而仅仅是因为他们具有一个相对固定的投资风格、一套简单有效的投资原则。这是绝好的佐证。

实际上也正是如此，中外众多的股票投资成功人士的投资方法各不相同，但有一条是相同的，那就是，他们都具有自己独特的投资风格。这是他们成功的根本保障。天生我材必有用，你为什么不将自己的聪明才智发挥到极致呢？一旦形成自己的投资风格，你便会明白，股票投资其实真的很简单。

投资需要数学头脑

看着自己的钱一点一点增多是一件非常有趣的事情。同样是人，有的人投资很成功，有的人却很糟糕，是哪些个人因素在影响着人的投资行为，并进而决定着人在投资领域的不同表现呢？这是一个人们普遍关心的问题，也是一个令人困惑的问题。

巴菲特和索罗斯的投资智慧中有一种独特的东西，那就是数学头脑。成功的投资者自然少不了命运的眷顾，但是这不足以解释投资领域中众多成功人士取得辉煌业绩的原因。就像不同的人会有不同的人生一样，除了运气的因素之外，人善于把握自己理发分析问题也是很重要的，市场自有它自己的规律，有些人更能够洞悉这种规律，做出最佳的判断。

理性能让人避开直觉的误区，更好地看到事情发展的趋势。数学是人用来理性分析问题的最好工具，将数学思维成功运用于投资的一个重要人物，是美国的数学家兼投资大师詹姆斯·西蒙斯。他的第一个职业是数学教授，在麻省理工学院和哈佛大学任教。他曾和别人一起发现了称之为 Chern-Simons 的几何定律，这条定律成为理论物理学的重要工具。他还管理着 50 亿美元的对冲基金，该基金自 1988 年成立以来年均回报率高达 34%，在业内傲视群雄。这个回报率已经扣除了 5% 的资产管理费以及 44% 的投资收益分成。他聘请的人包括数学、物理等方面的专家，西蒙斯等人正是应用数学和计算机作为数据分析手段来建立他们的交易模型的。当然这也不是特殊现象，很多投资机构和个人投资者都在借助于能够帮助分析市场走向的软件和数学模型。

人们在生活中的很多判断是靠直觉的，但是直觉也常常犯错误，在复杂的事物面前尤其如此。当自己的直觉判断失误用的时候，人们每每还要借助于理性的分析，最后，一个决策的思维过程常常是既有直觉的因素，又有理性的因素。

有些成功的投资者把自己的成功主要归因于一种神奇的直觉，比如被华尔街誉为神童的罗杰斯就坦率地说：“我从不相信金融工程和数学分析，甚至不看研究报告，我凭借的就是自己的直觉。”但是相信自己的第六感的投资大师们，恐怕也不得不常常乞援于账簿或电脑中的数字。我们再来看看他们的这种直觉到底是什么。一个交易商如果较长时间观察、分析市场，在他的大脑中可能就会养成一些思维习惯。在面对具体情况时，眼前的市场走势可能激发了他们大脑中的习惯化的思维，使他们快速做出决策，而这种决策可能是在潜意识中发生的，他自己不一定意识得到。所以他们的决策看似靠直觉产生，实则仍以理性分析为依据。

投资买卖中的数学思维

近年来，投资领域逐渐繁荣起来，很多人将自己手里的闲置资金拿到投资上来。同样进行股票投资，有些人尝到了甜头，有些人则受到了损失，原因是什么？我们不妨用数学思维来分析一下。

对于美国证券业的业内人士来说，1987 年 10 月 19 日是个特殊的日子，这一天结束了美国股市长达 5 年的好光景，一些经验丰富的交易员都难逃劫难，从此离开了股市。一位年轻交易员塔勒波却成功地渡过了那场股灾，他认为他能逃脱很大的原因在于他的运气。塔勒波有数学特长，十几岁就对概率问题产生了浓厚的兴趣。他后来成为纽约大学库朗数学研究所的兼职教授，还创办了一家对冲基金管理公司，成为美国证券业的知名人士。这次股市风暴的经验，启示他对人的运气做更深入的思考，他后来写了一本和数学有关的谈运气的书，在书中他揭示了人在认识上容易产生的“幸存者认识偏差”。

人类在认识上的局限性使人常常不能理解概率现象，或者总是低估随机性的作用，这使人不能很好地适应随机现象。幸存者认识偏差来源于人们对概率事件的不正确认识，有时候能否成功是一种概率事件，成功了则是一种运气，但是生活中的人们往往错把运气当成必然，并因此对成功的原因形成一种歪曲的看法。运气在证券市场中起着重要的作用，但是人们总是过低地估计了运气的随机性的一面，想对运气做出必然性的解释。由于证券市场的复杂性，要想对所有影响市场走势的因素都进行精确的了解，并找出一个万能的公式来精确地估计市场的走势是不可能的。各种各样的分析方法，都是一种在假设基础上的对市场的预测，预测能否变成现实则是随机性的，如果事实符合了人的预测，则带有一定的运气因素，但是人们的看法总是倾向于认为是自己掌握了一种好的预测方法，这就产生了幸存者认识偏差。一种方法不管多频繁地获得成功，但如果失败一次的代价太沉重，它最终就是有害的了，这是由人执着地相信它造成的。这可以解释有些活跃的证券业人士在有连续多年的优异表现以后为什么突然破产。

当事后诸葛亮容易，预测未来就难了。股市的特点是投机性强，利用技术分析手段进行短线操作的人比较多，技术分析主要包括形态分析、K 线理论、趋势理论、道氏理论、波浪理论、江恩理论、指标分析等，其数量之多如过江之鲫。大部分技术分析理论在作为预测方法时都曾经有成功的时候，但对它们过于相信则是一种“幸存者认识偏差”，错把运气当成了理论的力量。当然随着经验的积累，很多股民也对这些技术分析的手段有较客观的认识了，在研究股票时开始较多地关注影响上市公司发展的各种指标，对股票进行基础分析，但是一些人忽略了一个事实：基础分析也存在着不确定性，一样是概率性推论，一样是基于不可靠的假设。所以对任何过去赖以成功的分析方法，都要意识到其风险性，在具体的操作中要理性对待。

巴菲特投资定律

美国投资家巴菲特认为，要投资一个企业，那么这个企业必须简单且易于了解；企业过去的经营状况必须稳定；企业长期前景必须看好。也就是说，只有自己了解的企业才值得投资。

华伦·巴菲特可能是历史上最成功的投资家。他在 11 岁时就以 38 美元开始投资股票，今天他的资产规模已经累积到了 360 亿美元。

你可能会想，巴菲特一定是知道一些我们一般人所不知道的事情，但是华伦·巴菲特的投资哲学却是既简单又传统。他坚定不移地推行自己的投资策略，完全不受华尔街股市的流行观点所干扰。他投资可口可乐、美国运通银行、吉列刮胡刀等股票，投资组合里连一支网络股都没有。他只做长期投资，一旦充分了解了一家公司的本质、远景与真正合理的价值之后，他就会在买进之后长期持有，并且很有耐性地忍受一段时期内股价的涨跌。

华伦·巴菲特以他特有的美国中西部口音娓娓说出他的投资信念："要成为一个成功的长期投资者，并不需要高超的智商、锐利的眼光或是内线消息。投资人真正需要的是一个扎实严谨的投资决策架构，以及有足够的能力不让自己的情绪干扰这个决策架构。"

华伦·巴菲特喜欢实际的东西。他相信："一个十分确定的好结果远胜过一个无穷的希望。"他的这种观点听起来似乎相当的平淡无奇。但是大家不妨参考下面的事实：如果你在 1965 年投资 1 万美元在华伦·巴菲特先生投资的公司股票上的话，35 年后的今天你的财富已经累积到 5 千万美金，正好是美国标准普耳 500 指数同期投资报酬率的 100 倍。

对投资对象不了解的人，不会知道投资对象的价值，即使你侥幸抓住了它，也会很快失去的。

风险投资人如何选择创业者

风险投资是近年来非常走俏的行业，但任何一桩风险投资，都可以看做投资人与投资企业等复杂因素之间的一场多人博弈。

在这场博弈中，对于投资人来讲，掌握确实、充分的投资企业信息是至关重要的，否则，盲目的风投行为只会使你招致惨败。以风投最为青睐的互联网行业为例，不少人投资成功，大量淘金，当然更多的人最终被市场无情地淘汰。那么如何才能趋利避害呢？

我们先看百度融资的一段故事：

1999 年 10 ~ 12 月，本来不爱开车的李彦宏整天开车在旧金山沙山路（美国西部的风险投资集中地）走门串户，寻找合适的投资人。当李彦宏、徐勇把创办中文搜索引擎的想法抛出以后，引来了好几家风投公司追着投钱。在当时的环境下，“中国、网络”无疑是一个强有力的卖点。但在送上门的美元面前，李彦宏明确地要求投资者对搜索引擎的前景持乐观态度，在中国内地，因为投资方不能持续支持而垮掉的项目并不少，其中有些项目的确有着不错的前景，关键就是没坚持到最后。千挑万选之后，李彦宏和徐勇最终和Peninsu La Capltal（半岛基金）和Integrlty Partners两家投资商达成了协议，而据说协议的达成完全是因为李彦宏的一句话。

一位投资人问李彦宏，你多长时间能够把这个搜索引擎做出来？李彦宏想了想，说需要6个月。“多给你钱，你能不能做得更快些？”对一般人来说，只要能拿到投资，对于投资人的要求，往往想都不想就答应，何况是增加投资。但李彦宏却迅速地拒绝了对方的提议，表示自己必须要进行认真的思考。这对于风险投资商而言，无疑是吃了一粒定心丸，使他们相信自己面前的这个中国年轻人是值得信赖的，因为他不会说大话。事实上，李彦宏承诺6个月的工作量，4个月就做出来了。

“李彦宏从来不说大话”，后来百度上市后，员工谈到老板李彦宏时，评价最多的也是他对承诺的极为认真的态度。

同时，投资人在亲耳听到Infoseek的威廉·张证实李彦宏的技术水平的确能够排进世界前三时，一切问题都迎刃而解。

本来李彦宏想融资100万美元，而充满信心的风投商们却又追加了20万美元的投资，执意给了120万，占百度25%的股份。

随着后来百度的盈利与上市的骄人战绩，这一笔风险投资可以说是这两家投资机构有史以来最成功的一次投资。

1999年圣诞节，怀揣着资金签约支票的李彦宏回到北大开始创业，也许是巧合，8年前他动身去美国的时候，也正是圣诞节。

李彦宏的融资经历让我们看到投资者在选择合作伙伴时诚信和技术是最重要的。百度创办于第一代互联网热潮的末期，而与李彦宏一起成功的互联网精英们还有很多，这些财富精英们经历了第一次互联网的热潮，又开始用赚到的钱自己做投资者，准备向第二代互联网进军。在这样一个新兴的投资人群体中，许多都曾是上一轮互联网创业大潮中涌现出的成功创业人士，如携程网的创始人沈南鹏、e龙的创始人唐越、金融界的原CEO宁君、新浪前CEO林欣禾等。

作为创业者，内心涌荡的冲动和热情是无形之手，推动着他们希望立刻去开创自己的事业。然而，渴望创业的你却一贫如洗，缺少一笔可观而丰厚的启动资金。这是一个经典的囚徒困境：在无限的创业欲望和有限的现实条件之间，有一道深深的鸿沟。然而，这却是每一个创业者都要经历的深刻考验。

在如何解决这个囚徒困境的问题上，美国Double Clink（目前全球最大的互联网广告商）创始人所提到的创业融资次序具有很大的参考意义：首先用自己的钱，花光自己的积蓄；第二，用自己老婆的钱；第三，向朋友借钱；第四，动用父母的养老金，当然要说服他们同意；第五，把自己的房子抵押出去；第六，向银行透支。如果你真的相信自己的商业模式，坚信自己能够成功，那么就先别急着找投资，用自己的能力先把它做出个样子来。周磊说，最好的融资建议是“先花自己的钱，把东西做好”。

因为不管创业者如何，投资人如何，金钱从来都是冷静的，狂热的只是人们失去理智的大脑。在Web2.0、Business2.0这些流行名词背后，其实可以把这一轮新技术创业大潮背后的推动力量定义为“投资2.0”。可以这样说，投资2.0时代是在投资1.0时代巨大的资本泡沫破灭之后，经过几年的沉淀和积蓄后，才逐渐发育并缓慢成熟起来的。现在，我们还不能清晰地描述它所推动的技术和产业进步将最终呈现何种样式，但至少可以推断，它将最大限度地吸取投资1.0时代的教训，尽量避免因盲目所导致的恶果。

在创业者们和风险投资家之间，永远存在着一种既相互依存又彼此博弈的微妙关系。而我们强调的领悟“投资2.0时代的金钱运作之道”，是一门需要不断学习并投入实践的艺术。

储蓄定律

储蓄和投资是完全不同的两种理财理念，储蓄仅仅能获得平均的无风险的时间价值的报酬，而投资可以获得超过时间价值的风险报酬，可以获得更多的超过平均收益水平的价值。当然，可能为此要承担风险，但是，从总体上来说，把钱存入银行不如通过投资更能赚钱。

有些人认为理财是富人、高收入家庭的专利，要先有足够的钱，才有资格谈投资理财。事实上，影响未来财富的关键因素，是投资报酬率的高低与时间的长短，而不是资金的多寡。美国人查理斯·卡尔森在调查了美国 170 位百万富翁的发家史后写了一本名叫《成为百万富翁的 8 条真理》的书。卡尔森所总结的、成为百万富翁的 8 个真理是：

（1）现在就开始投资。他在书中说，在美国，六成以上的人连百万富翁的第一步都还未迈出。每个人在迈出第一步时都有一堆理由，但其实这些理由都只是自己在找无关紧要的借口。有人也许会说："没时间投资。"卡尔森说："那你为什么不减少看电视的时间，把精力花在学习投资理财上？"

（2）制定目标。这个目标不论是准备好小孩子的学费、买新房子或 50 岁以前舒服地退休，不论任何目标，一定要订个计划，并且为了这个计划全心全意地去努力。

（3）把钱花在买股票或基金上。"买股票能致富，买政府公债只能保住财富。"百万富翁的共同经验是：别相信那些黄金、珍奇收藏品等玩意儿，把心放在股票上，这是建立财富的开始。

（4）百万富翁并不是因为投资高风险的股票而致富的，他们大多数只投资一般的绩优股，步伐虽慢，但是能低风险地敛财。

（5）每月固定投资。使投资成为自己的习惯。不论投资金额多少，只要做到每月固定投资，就足以使你超越 2/3 以上的人。

（6）坚持就是胜利。调查显示，3/4 的百万富翁买一种股票至少持有 5 年以上，将近四成的百万富翁买一种股票至少持有 8 年以上。

股票买进卖出资本频繁，不仅冒险，还得付高额资本税、交易费、券商佣金等，“交易次数多，不会使你致富，只会使代理商致富”。

（7）把税务局当投资伙伴，善用之。厌恶税务局并不是建设性的思维，而应该把税务局当成自己的投资伙伴，注意新税务规定，善于利用免税的投资理财工具，使税务局成为你致富的助手。

（8）限制财务风险。百万富翁大多过着很乏味的生活，他们不爱换工作，只结一次婚，不生一堆孩子，通常不搬家，生活没有太多意外或新鲜，稳定性是他们的共同特色。

理财致富是“马拉松竞赛”而非“百米冲刺”，比的是耐力而不是爆发力。对于短期无法预测，长期具有高报酬率的投资，最安全的投资策略是：先投资，等待机会再投资。

储蓄是一种以“积少成多”的方式来增加人们的财富的，而复利则是具有“几何级数、加速成长”的效果的投资。人们 90% 的新增加的财富都是依靠投资和复利获得的。当然这并不是说储蓄不重要，只是要提醒你，投资在累积财富的过程中具有举足轻重的地位。

对于多数人而言，要改善自己未来的财务状况，首先不是加强储蓄，而是从现在开始迈出开投资的步伐！

通常穷人认为富人之所以能够致富，较负面的想法是认为他们运气好或从事不正当的行业，较正面的想法是认为他们更努力或克勤克俭。但这些穷人万万没想到，富人致富的真正的原因在于他们的理财习惯不同于常人。

投资致富的先决条件是将资产投资于高报酬率的投资标的上，例如股票或房地产，而存放在银行中无异于虚耗光阴、浪费资源。

如何储蓄

据巴菲特的投资经验来看，储蓄应该注意以下几点：

首先要弄清该不该储蓄，不要让可以增值的资本闲置。但财商开发还有一个观点：银行是最安全的保险箱，那么到底该不该存钱呢？其实这并不矛盾。从资金时间价值即机会成本的角度来看，应该让金钱流动起来，运转起来，最大可能地让你的钱增值。有多少钱都放在家里，但求心中踏实，那肯定是错误的；为求安全完全把钱存入银行保值而不敢把它投入市场盈利，今天看来也不可取。

但是究竟我们还要不要储蓄呢？或者说在什么情况下应该储蓄呢？这完全应根据自身情况来决定该不该储蓄。片面地反对储蓄，同样是不明智的。

其次，储蓄可以增加成功的机会。香港某企业青年雇员陈先生，他从进公司时起，就养成了良好的储蓄习惯，几年下来，已有几万元的存款。随着经济的发展，信息的交流越来越重要。陈先生看准市场，毅然辞去外企工作，租了两间房屋，购置两台电脑，搞起了小型信息服务中心。两年下来，他竟获利几十万元，公司也由当初的两个人增加到十几个人。

储蓄越早开始越好。如果你现在 18 或 20 岁，还住在家里，那么现在就是储蓄的最好时机。只有这个时候，你的支出最少。即使你必须有所“支出”，但这和你搬出去住以后的开销相比，算很少了。这种机会不会再来，所以要尽可能地储蓄。

要养成储蓄的习惯。一个人或一个家庭能坚持养成储蓄的习惯也不是一件容易的事情。这里讲的储蓄方式不是先花钱，再储蓄，而是一种“强迫储蓄”的方式，也就是每个月固定拨出一部分钱存起来。只有这样才能做到真正意义上的储蓄。

为了保证每个月存一定量的钱，就要做个计划支出，强迫储蓄的规划。至于每个月该拨出收入的多少钱来作为储蓄，要根据每个人或家庭情况而定。一个人或家庭每月需要花费多少生活费，可从通过 3 ~ 6 个月记账支出的结果来做出决定，然后用每月的收入扣除这些支出，剩下的就是每月可以先拨出来储蓄的余额。

储蓄的目的是为了积累财富，所以最好不要轻易动用存款，基于这种考虑，以存定期为最好，活期存款是为了家庭应急用的，存上大约 3 ~ 6 个月的生活费用就行了，其余存定期。

另外，到银行去存钱，存得是否得当，这里面也大有学问。例如存定期与买国债每年有一个百分点的存款利率差价，有些人就不太动脑子去考虑这个问题。如果每个月以复利计算之下，10万元的存款，4年后就会相差6000元左右的利息，当然存款金额愈大，差额也就愈大。

当国家存款利息浮动时，如我国自1996年以来，存款利息一直呈现下降的趋势，5年定期存款利息从12%多降到当前的2%多，在这期间如果你办一个5年期零存整取的存折，到现在还可以享受高额利息的存款呢。

养成储蓄的习惯，并不表示将会限制你的赚钱能力。正好相反，当你应用这项法则后，不仅将把你所赚的钱有系统地保存下来并让钱生子，而且还会使你获得自信心，使你步上更大机会之途。

在股市要顺应“马太效应”

“马太效应”在股市中也发挥着神奇的作用，在历次的牛市行情中，个股之间都会出现两极分化现象。其中的强势个股，始终保持着强者恒强，当强势股股价涨高时，投资者越是不敢追涨，强势股越是能继续上涨。而弱势股却常常弱者恒弱，投资者越是认为弱势股调整到位该涨了，弱势股越是没有像样的表现。等到弱势股终于开始补涨，强势股也出现回调时，牛市往往已经告一段落，投资者这时再进入股市，无异于羊入虎口。

很多对股市“马太效应”还不了解的投资者，往往不能清楚地鉴别个股的优劣，他们常常认为：今天，这只股票涨了，明天一定会轮到另一只股票涨；或者看到龙头股上涨了，就简单地认为与它同一板块的个股都会跟风上涨。可是实际上，总是事与愿违。在强势行情中，涨过的个股往往还能继续上涨，而不涨的股票则仍然不涨；在同一板块中，即使领头羊上涨了，也并不表示该板块的所有个股都能联动上涨。个股是否能联动上涨取决于：板块容量的大小、板块热点持续性的强弱、题材的想象空间、同一板块的个股联动性等因素的影响。而且，即使投资者选的跟风股联动上涨了，但是，由于领头羊具有先板块启动而起、后板块回落而落的特性，所以，跟风股的安全系数和收益都远远小于领头羊个股。因此，投资者与其追买跟风股，不如追涨领头羊，这就叫做："擒贼先擒王。"

强势行情中，证券公司为了营造局部热点，并且维护热点的凝聚力，常常会用重磅资金对热点进行反复"轰炸"，使个股之间的比价差距越拉越大，许多投资者贪图冷门股的便宜，于是纷纷在冷门股上抄底，结果，冷门股在大势走好时，不能跟随着上涨，在大势回调时，反而与大势一起下跌。民间有句俗话说："便宜没好货，好货不便宜。"针对市场中的"马太效应"，投资者有必要树立正确的投资理念。在强势市场中投资者要注意克服这种"贪小便宜吃大亏"的操作方法。

顺势而为是股市中成功投资的根本法则，在强势行情中投资者不仅要顺应市场整体的趋势，还要顺应个股的趋势，尽早地转变不合时宜的投资思路，及时参与到对市场主流品种的炒作中来，重点选择强势股、龙头股、热门股；坚决回避弱势股、冷门股、非主流个股。顺应股市中的"马太效应"，踏准市场前进的节拍，才能取得理想的收益。

如何做好投资准备

常见的投资方式包括买股票、基金、债券、房地产、黄金及外汇炒作，等等。它们的回报高低、风险大小各有不同。一般而言，报酬越高的投资工具，其风险也就愈高。

一位著名的银行家，曾经算过这样一笔账：如果每年把 1 万块钱存在银行里，那么几十年后，所积累的数目不过数十万而已，而如果将这些钱投入风险很大的行业中去，通过这样的累加，几十年后就能达到数亿之多。这个浅显的道理告诉人们：风险越大，越容易成功。

首先，认识到风险与利润的关系。一般来说，商业投资者应敢于承担较大的企业风险，这是取得投资成功的重要途径。因此，作为商业投资者，应克服因吝啬财产而缺少经营的勇气的弱点。只有克服这种常人的都拥有的弱点，才有可能获得成功。

假设有两种情况—其一：给你30元钱，然后给你一个机会掷硬币，如果硬币正面朝上，你就赢9元，否则，你就输9元，你掷不掷？其二：你只能得到30元，还用掷硬币来决定，正面朝上你可得39元，反面朝上你可得21元，你掷不掷？

事实上，两种情况的机会都是一样的：或者不掷，拿到30元，或者是赌运气，获得39元与获得21元各有50%的机会。但有关研究发现，第一种情况下，有70%的人愿意赌一赌，而在第二种情况下则只有43%的人愿意。简而言之，当人们认为他们是在用“飞来之财”—资金或补助之类赌博时，他们更愿意冒风险。因此，人们在面对少量财富时往往愿意冒险，而一旦财富过多则趋向于不愿冒险。事实上正是这种冒险的惰性心理阻止了许多人冒险经营更大的事业。

其次，投资风险大，抉择更要谨慎一些。

（1）投资本身是一种商业行为，和其他商业行为一样有可能赚，有可能赔，希望投资的人们要慎重选择，考虑清楚再投资。

（2）一般来说，投资是一种有钱人的经济活动。“有钱找钱容易，无钱找钱太难”这句话形象地说明，在流通领域中，市场经济不可能为每个人提供均等的机会，特别是在商贸活动中，市场经济为人们提供的机会要以人们的资金与财产量为转移，拥有资金与财产多的人，就可能获得更多的机会，赚到更多的金钱与财富。

（3）人们在投资中往往容易犯随大流的错误。例如投资者通常忽视在价值投资领域所存在的潜在机会：一些摆脱了破产命运的公司；一些有吸引力的资产担保的失宠债券；那些股票市场价格并未反映其良好的购并前景的公司股票；投资者经常经营购并套利、通货紧缩时的可转换债券等。这是因为对那些能在其中得心应手运作的人来说，这是最安全又最能稳步盈利的领域。

（4）制定投资计划时，应考虑通货膨胀因素。通货膨胀可以使你的钱贬值，减小其原有的购买力。所以你在做理财规划，计算各种所需要的金额时，最好能针对这个因素，从宽估计。

最后，把握目标，做到准确投资。投资的目标与商人的意图是密切相关的。当投资目标与经营的意图完全一致时，投资的选择基本上就是正确的。举例来说，如果有28元一份的套餐和32元的无限制的自助餐，你认为哪个更划算？在这里花钱吃饭与解决饥饿感的目的是完全一致的，如果这是一种投资，那么它的大方向就没有错。

当然，投资的方式也取决于你饥饿的程度，但总有许多人盲目地选择可以任意吃的自助餐，却不考虑自己的真正需要。他们把饱餐一顿与美食混为一谈。

所以对于投资者来说，一定要保证你买的都是你所想要的，甚至更进一步，要确保你没有买下你不需要的东西。一旦掌握了这一投资理财的原则，那么你的投资就不会白白浪费了。

最安全的投资策略

巴菲特认为最安全的投资策略是：先投资，再等待机会，而不是等待机会再投资。

抱着“船到桥头自然直”、得过且过之心态来投资，是个人投资最普遍的障碍，也是导致大多数人不能致富的主因。许多人对于投资抱着得过且过的态度，总认为船到桥头自然直，随着年纪的增长，眼见别人的财富逐渐快速成长，终于警觉到投资的重要性，此时才开始想投资。但因为时间不够，复利无法发挥功能，为时已晚！

很多年轻人总认为投资是中年人的事，或是有钱人的事，到了中年再来投资还不迟。但投资能否致富，与金钱的多寡关联性很小，而投资和时间长短之关联性却相当大。人到了中年面临退休，手中有点闲钱，才想到要为自己退休后的经济来源作准备，此时却为时已晚。原因是，时间不够长，无法使复利发挥作用。要让小钱变大钱，至少需要二三十年以上的时间，才有显著的效果。

既然知道投资可以致富，需要投资在高报酬率的资产，需要经过漫长时间的复利作用才有效果，那么我们应该知道，除了充实投资知识及技能外，更重要的就是即时的投资行动，投资活动应越早开始越好，并培养持之以恒、长期等待的耐心。

今天大多数人不能致富的原因，是不知如何运用资金，不能达到以钱赚钱、以投资致富的目标。这是我们教育上的缺失，我们的学校教育花大量的时间教导学生学会谋生技能，以便将来能够赚钱，但是从不教导学生在赚钱之后如何管钱。大学生训练理财的途径—投资股票，往往被校方视为投机、贪婪的行为。面对未来财务主导的时代，缺乏以钱赚钱的正确投资知识，不但侵蚀人们致富的梦想，而且对企业的财务运作与国家的经济繁荣亦有所伤害。

不要以未来价格走势不明确为借口，而延后你的投资计划，又有谁能事前知道房地产何时升温、股市何时上涨呢？每次股票价格巨幅上涨，事后总是有许多人悔恨不迭。股票价格上涨前是没有任何征兆的，更没有人会敲锣打鼓来通知你。对于这种短期无法预测，长期具有高预期报酬率的投资，最安全的投资策略是："先投资，再等待机会，而不是等待机会再投资。"

巴菲特投资 10 戒

巴菲特给出了投资的 10 条戒律，它们将有助于你保持清醒的头脑，更多地做出正确的投资判断：

（1）投资不是多人游戏，而是一个人的游戏。你必须自己做出判断。想投资，那就自己好好地研究你将要进行的交易。

（2）不要期望过高。当然，期望你的投资每 5 分钟能翻一倍，作为梦想是无可厚非的。但你要清醒地认识到，这是一个非常不现实的梦想。记住：如果年平均回报率能达到 10%，就非常幸运了。

（3）不要被虚涨的股票所迷惑。记住，公司的股票同公司是有区别的，有时候股票只是一家公司不真实的影子而已，所以应该多向经纪人询问股票的安全性。

（4）不要低估风险。“风险”不仅仅是两个字而已，它值得每一个投资者引起足够的重视。所以，一个重要的原则就是：在购买股票之前，不要先问“我能赚多少”，而要先问“我最多会亏多少”。这就是为什么大家都去购买思科的股票时，华伦·巴菲特却购买 Dairy Queen 的股票。这条小心翼翼的戒律在最近几年好像已经不流行了，但坚信这条戒律的投资者们至少还是保住了自己的钱。

（5）在不知道该买哪一只股票或者为什么要买某只股票的时候，坚决不要买。这一点尤其重要，先把事情搞清楚再说。这印证了投资大师彼德·林奇的一句名言：一个公司如果你不能用一句话把它描述出来的话，它的股票就不要去买。

（6）资金才是硬道理。当你把目光投向一些现在正在衰败的公司的时候，这点尤其重要。

（7）不要轻信债务大于公司资金的公司。一些公司通过发行股票或借贷来支付股东红利，但是他们总有一天会陷入困境。

（8）不要把鸡蛋放在一个篮子里。除非你有亏不完的钱，否则就应该听取一句话：不要把所有的投资都放在一家或两家公司上，也不要相信那种只关注一个行业的投资公司。虽然把宝押在一个地方可能会带来巨大的收入，但也会带来同样巨大的亏损。

（9）不要忘记，除了盈利以外，没有任何一个其他标准可以用来衡量一个公司的好坏。无论分析家和公司怎样吹嘘，记住这条规则，盈利就是盈利，这是唯一的标准。

（10）如果对一只股票产生了怀疑，不要再坚持，及早放弃吧。

投资的回报

无论参加什么类型的投资，投资者最关心的一件事就是投资利润，也就是投资的回报。投资回报的多少要用回报率做评估。但一些对投资还不太了解的人，往往对投资的回报率认识有误区。例如，有人说，他在股市投资赚了 100 万元，听起来是非常令人满意的回报。但关键还要看是以什么为基础来作评价的。如果他投资 100 万元两年内赚回100万元，就比投资200万元在一年内赚回100万元要差得多。因为前者的回报率是两年10%，而后者却已达到一年50%。怎么正确评估投资回报率呢？巴菲特有以下几个原则：

（1）要从百分比表示，而不是绝对金额数。

（2）相同期间来衡量，通常都以年为基础来换算回报率。同样获利20%时，如果甲是6个月投资的回报率，而乙是两年的投资回报率，显然甲要大大好于乙，因为甲的年回报率是40%，而乙方只有10%。

（3）以投资净值来计算，而非投资总值。以房地产投资为例，如果以30%的第一期付款买得一栋20万元的房子，你的投资总值是20万，但净值只是6万。如果房子涨到30万，你实际获利是167%而非50%。

在进行投资时，另一个重要的问题是能够正确看待投资赚赔之间的关系，这样才能将可能发生的亏损所造成的伤害减至最小。

必须指出的是，赔钱后再将亏损赚回，并不如想象的那么容易。你可能会想，如果投资股票赔了20%，只要等股票回涨20%就又打平了。其实不然，由于你的资金赔掉了20%，剩下的只是80%，以本钱的80%想赚钱打平，所要赚回的是剩下的80%的1/4，即25%。因为80%的25%只有16%，因此必须要涨25%才能捞回已损失掉的那20%。

这样的涨跌关系可能很多人都没太注意，总感觉赔掉几个百分比，再赚回几个百分比就行了。你应充分认识这种赔赚上的“玄机”。万一你赔去投资额的一半，要做到回本就要以所剩资金再赚回1倍（而不足50%）方可，如果赔掉了75%，就必须赚回所剩资金的3倍。如果赔钱后再想捞回来，要比想象的难得多。

由于仅靠赔剩的资金捞回来，确实非常困难。但如果再加上手边的资金，就能比较容易一些，这就是“摊平法”。

最后要强调的是，当股价处于高价位时，有必要减量经营，手边留点钱以备不时之需，千万不能倾你之所有再加借贷死命加码，因为，低进高出才是投资获利的不二法门。

让钱生钱

你可以种下一粒种子，不断施肥浇水，培育它长大，这个办法可以套用在金钱上。主动地拿钱去投资，让钱生钱，这也是善于投资的高财商的人更容易创富的原因。

因为他们懂得怎样运用自己的资金进行投资和赚钱。

金钱是包装起来了的能源，这种能源是独一无二的。你可以将它送到遥远的地方，为你办事，同时你可以待在家里做你最喜欢的事。可以说，金钱是一种伸缩性很大的能源，你只要给它插上翅膀，并将它送到该送的地方，它就可能为你带来更多的财富。

詹姆斯和恩里克是关系很好的同学，他们毕业后相偕到同一家公司上班，由于他们所学的专业都是一样的，所以他们在公司里担任的职位也类似。他们领取相同的薪水，两人节俭的程度也差不多，因此每年都能存下一样数额的钱。所不同的是两人的理财方式，詹姆斯将每年存下来的钱存入银行，恩里克把存下来的钱分散投资于股票，两人共通的特色是不太去管钱，钱放到银行或股市就再也不去管它们了。

40 年后，恩里克成为拥有数百万的富翁；詹姆斯却依然只有几万元的存款。数百万元的财富在当今的社会中，可以称得上是富翁，但是几万元的存款，几乎每个人都可以做到。

詹姆斯眼见旧时的同学兼同事，40 年来与自己薪水收入相同，节俭程度也相同，最后竟然成为百万富翁，反观自己，在同样条件下，赚相同的钱，省相同的钱，最后与恩里克竟然有天壤之别。他直接的反应是：“恩里克一定贪污过！”“他一定是中过什么奖！”否则一样赚钱、一样省钱，最后的财富怎可能差那么多！差到一个变成富人，一个变成穷人。

穷人万万没想到，真正造成他们贫穷的原因，是他们的投资领域不同。因为穷人和富人的投资领域不同，富人多数的财产是投资在房地产和股票上，而穷人多数的财产是存放在银行，这主要由一个因素所决定的，那就是——财商。

同时，要想跻身于富人之列，便要在思维模式上跳出传统思维的框框。例如有一个成年人不会骑自行车，他看到一位小孩子正在骑，就羡慕地对小孩抱怨说："小孩子身手敏捷，所以才会骑车。"于是小孩子教这位成年人骑车，而成年人也很快就学会了。当成年人愉快地与小孩道别回家时，却又习惯性地推着车走路回家，他仍然无法跳出惯性的框框。

所以我们应跳出习惯性思维的条框，及早地进行投资，用钱来帮你赚钱，因为多一分投资就多一分收入。

是"过山车"还是"随机游走"

"股票是国民经济的晴雨表"是经济学中的一个基本命题，其含义是指股市与国民经济或实体经济之间存在着对称性，即实体经济向好的时期，或实体经济预期向好的时期，往往有一个持续上升的股市；实体经济萧条的时期，或实体经济预期向坏的时期，往往有一个下跌的股市。美国的道·琼斯指数不仅是美国经济的晴雨表，也是世界经济的晴雨表。但是，我国的上证指数和深证指数并没有成为我国经济的晴雨表。

在美国的纳斯达克和我国股票市场，股票指数的上涨和下跌比国民经济的繁荣与萧条的循环剧烈多了，就像是过山车一样，高时像个山顶，低时好像跌到了谷底。1997年亚马逊开始公开发行股票时，每股价格才18美元，1999年这个股票上升到100美元以上，但在2000年又迅速跌回到每股18美元，2001年夏天，亚马逊股价在8美元左右，但此后又迅速恢复到40美元。为什么股市就像过山车一样呢？我们到股票市场去看看就知道，股市投资者的行为越是理性，股市本身的行为就越是古怪。其原因在于：作为理性的投资者，如果明天股票显然会涨，那么投资者就会买进；如果明天股票显然会跌，那么投资者就会抛售。但这就意味着，任何有关股票明天会涨跌的预测都是错误的。实际上，理性的投资者，能够预测到股市或某个股票价格的走向，如果股市或股价可以预测，而且关系到投资者的钱，他们就会愿意去预测。但是，这也意味着如果投资者真是理性的，那么就不会有任何可预测的股市变化。所有的可预测性都将很快被股市吸干，因为所有的趋势都被预料到了，剩下的只有无法预测的消息。因此，只剩下随机的消息在左右着股价，而那些股价、测评股市的指数将会完全随机地波动，这种随机游走就是差不多相对于每天都可能上涨或下跌。

换句话说，股市展现出一种“有趋势的随机游走”，意思就是股市在几个月时间里的平均水平是缓慢上升，只有这样，相对于其他房地产或储蓄之类的投资方式，股市才有竞争力。如果人们预期股市的表现会高于那个趋势，那么它早已做到了。同样的道理，如果人们预期股市表现会比较差一些或下跌，那么它也早已表现疲软了。这就是人们之所以持股的原因，不过，这种随机游走的趋势不会改变基本的分析，在任意一天里，趋势相对于随机游走是相形见绌。也就是说，股市上升的趋势是一个长期的趋势，而在短期内，股市的随机游走更多些。

即使并非每位股票投资者都是理性的，股市中的随机游走依然站得住脚。那些理性投资者已足以迫使股市进入随机游走的状态，因为他们会一直将大量的资金抽出差的股票，而投入好的股票。把钱挪来挪去不是太困难的事情，毕竟大家都会认为，更聪明的投资者能够赚取更多的钱。我们应该相信“随机游走”理论吗？当然不能指望它是绝对的正确。因为如果这种理论是正确的，那就会出现悖论，即信息完备的投资者造就了一个随机的市场，但随机的市场不会奖赏任何掌握了完备信息的人。大家都在分析市场或发掘新信息，那么任何人都不值得为此投入时间和精力。另一方面，当一个市场充满未经发掘的机会时，它能够为愿意做研究的投资者提供巨大的利润，而这种过程又会使可发掘的机会所剩无几。在中间的某个地方肯定有一个平衡点，在这个平衡点上，一个随机的市场有足够多的突发情况，正是这些突发情况，奖励那些信息灵通、使市场保持随机状态的投资者，也就是说，在股市中真正的赢家是那些信息灵通、反应敏捷、有经验的投资者，而不是那些仅从理论上分析股票走势头头是道的人。

股市的这种现象类似于在超市的收银台前排队的现象。在超市结账时，哪个队是最短的呢？最简单的回答就是不必为此费心。如果有一个队明显更短，那么，马上人们就会排到那个队去了。最明显的例外就是其中一个收银台原来暂时停机不结账，突然收银员过来了，这个队在几秒钟内迅速与别的队平衡了。所以，我们到收银台前排队时随便排到某个队伍里，没有必要左顾右盼。但是，如果人们真的是随意排队，那么就有了可预测的模式，购物高手就有机可乘。例如，如果人们都从入口处开始逛，一路穿过整个超市，那么最短的队伍就是在入口处。但是，如果足够多的高手了解这一点，也就不会有这么短的队伍了。其真相就是聪明的、动作敏捷的、有经验的购物者更善于找到最短的队伍。

股票之所以被称为股票的理由就是，股票赋予了投资者一种权力，使投资者拥有一股利润，从长期来看，股价必须反映股票的基本面，必须反映公司的基本利润。在极端的情况下，即使“绩优股”一直被低估，投资者也应当持有这种股票，通过分红来赚钱。短期内，股价也应当反映公司的基本前景。所以，约翰·梅纳德·凯恩斯曾将股市比做愚蠢的报纸选美活动，在选美活动中，读者从100张照片中，挑选出最美的几张面孔，那么，谁选中的女孩最接近大众的观点，谁就是获胜者。

为什么大多数散户没有赚

虽然在成熟的市场经济国家，股票是经济的晴雨表，但我国从1991年股票诞生以来，股票指数尤其是深证指数高低悬殊，完全像过山车一样的走势，并没有真正反映国民经济的走势。为什么会这样呢？其实，股市要真正成为国民经济的晴雨表必须满足一些基本前提条件：一是股市的规模必须足够大，股市规模太小不足以反映国民经济的全貌，1993 年我国股市市值与 GDP 的比是 10.2%，到 2002 年上升到 37.43%，而发达国家这一比值都接近或超过 100%；二是股市的结构必须与国民经济结构相对称，而我国国有股占市值的 70%以上，实际上 60%以上的 GDP 增加值来源于非国有企业；三是必须是价值型投资成为投资的主体，但我国股市从诞生以来就是投机性投资占主导地位，表现在换手率高、概念炒作多；四是股票市场的运行受股票内在机制影响，少有外在影响，而我国股票在市场准入、定价、市场调控和推出机制上都带有强烈的行政色彩；五是股市的资本流动少受壁垒的限制，但我国资本市场并没有开放。

2002 年，我国沪深股市的市盈率达到了 40 倍以上，而同期韩国的市盈率为 7.5 倍，香港为 15 倍，新加坡 24 倍，法国 18 倍。显然，我国的市盈率明显偏高，但这种市盈率高并不是因为上市公司的业绩高而推动的，实际上很多上市公司是亏损的，但市盈率却完全背离了实体经济的发展。从中可以看出，我国股市作为一个新兴的市场，完全是一个很不规范的市场，股市基本上是炒作，并且是重概念、轻业绩的炒作，即使是机构投资，也往往不是崇尚价值投资，而是庄家和上市公司利用资本集中、信息灵通、融资渠道多样、抗风险能力强等方面的优势，制造着一个个的“庄家神话”，或是投资陷阱，以获取高额的投资回报。而一般的散户只是热衷于利用技术分析手段，来追踪庄家，通过“与庄共舞”、“搭便车”来获得投资收益，无论是庄家还是散户都高估了上市公司的发展潜力和增值空间，造成股价大起大落，像过山车。

在这里，庄家和散户就像是“智猪博弈”。我们假定，猪圈里有两只猪，一只大猪，一只小猪，猪吃食物（共 10 个单位）需要按按钮，按按钮的猪后到食槽。如果大猪先到食槽，大猪迅速吃到 9 个单位，小猪只能吃到 1 个单位；如果同时到达，大猪吃 7 个单位，小猪吃 3 个单位；如果小猪先到，小猪可以吃到 4 个单位，而大猪只能吃到 6 个单位。但按按钮的猪要消耗 2 个单位，见下图。

大猪 \ 小猪	按	等
按	5, 1	4, 4
等	9, -1	0, 0

从图中可以看出，如果同时按按钮，大猪可以吃7个单位，消耗2个单位，得5个单位，小猪只能得1个单位；如果大猪不按按钮，小猪按按钮，大猪可以吃到9个单位，小猪吃1个单位，还要消耗2个单位，得－1个单位；如果小猪等待，大猪按按钮，大猪吃6个单位，消耗2个单位，得4个单位，小猪得4个单位；如果双方都等待，双方都得0。很显然，等待是小猪的优势策略。

不管是买进还是卖出，都是庄家先动，散户跟进。实际上，庄家在股市的力量对比散户的力量，完全是控制和被控制的关系，庄家比大猪占尽更多的优势。即庄家完全控制着稀缺性的资源，包括庞大的资本、灵通的信息、融资渠道的多样性、抗风险能力强等，而且庄家即机构投资者，往往有很多背景，能够通过各种渠道获得散户得不到的信息资源，庄家还可以操纵股市，使股市行情与其真实的收益状况完全背离，甚至于庄家和公司联手制造虚假信息。实际上庄家炒股完全是与大多数散户选择趋势相反。庄家进货秘诀：人气悲观到了极点；股价在低位盘旋；大势急跌；突发性的“大利空”；配合上市公司炒作；上市公司中长期看好；觊觎上市公司主权。庄家出货的秘诀是：人气“乐观畅旺”到极点；高于庄家成本30%以上的价；在散户认为差不多该出货的前夕；公布利好前夕或当时；与上市公司条件谈不拢时；配合政府的要求“作空”；政策面发生变化前夕。在这种情况下，大部分股市的收益流进了庄家的腰包，极少部分嗅觉敏感、反应极快的散户跟进庄家也能赚些钱，而大部分散户还没有明白股市的波动是怎么回事，其买进的股票就被套牢了。一些金融投机家更善于买卖股票期权，从中牟取暴利。

不过，经过前几年的洗礼，加上1998年的煎熬，散户逐渐走向两极分化。一方面，小部分股民向投资方向转化，调整投资的结构，向中长线投资。另一方面，部分股民无能力投资，又不愿在股市“下岗”，只有搏投机，跟随庄家转战于大盘上下。所以，在股民中有句谚语说：“顺势者昌，逆势者亡。”而这些年，是庄家的市道，不是共同投资基金的天下，散户不跟庄家跟谁呢。

很多人说，股票基本是零和游戏。其实不然，赌场才基本是零和的游戏，而股市与赌场的区别正在于其真实的投资价值的一面。在赌场中，赚钱和亏损之和基本上为零，而股市中，赚钱和亏损之和最终是上市公司增长的价值。因此，很像“赌市”的股市在其新兴阶段，尤其在没有赌业的中国，必然被投资者肆意利用，从而导致一阵阵的骚动和阵痛。但是，历史的规律不可抗拒，随着时间，随着自身的逐渐成熟，股市必然会踏上价值回归之路。特别是由于这几年来，我国基金投资发展迅速，购买基金者看重投资的长期收益。股票市场也一定会有大部分股民向长期投资者转变，而不是像赌徒那样碰运气。当然，上市公司也必将走向规范，当大多数上市公司不再把圈钱作为上市的唯一目的，而是把股民的监督作为改善经营机制的手段时，大多数散户没有赚，公司就会成为历史。

投资股市不是赌博，不应当靠炒作，前些年以炒作为主的股市是我国股市发展不规范的暂时现象，随着股市的逐渐规范化发展，作为个人投资者，应当是价值投资，也就是看公司的长远发展前景，找出那些最具发展潜力的顶尖级上市公司，并购买其股票，而不是只看暂时的上涨幅度，跟风炒作。从一些发达国家的长期股市行情来看，只要个人投资者长期持有那些最具发展潜力的公司股票，时间越长，其增值的幅度越大。就如我国的茅台集团，才上市十多年，到现在，其股价上涨了十几倍。这种投资的增值潜力是十分大的。

怎样做一个精明的投资家

一个人可以把赚的钱存起来，也可以花掉。因此，在人的一生中，赚到的钱应该等于储蓄的钱加上花掉的钱。人之所以储蓄，其动机有二：一是为了防老、防意外、防失业；二是为了盈利，使原有的钱不断增值，或至少不会贬值。由于通货膨胀和人们收入上升的因素，人们赚到的钱，如果不使其增值，就会无形中贬值，所以，要想让自己的钱不至于贬值，就需要进行投资。其实，在现实的经济生活中，存钱生利和存钱防老、防范风险并不矛盾，最理想的方法是存钱既能增值，又能防老和防范未来的风险。

在实际经济生活中，获利最大、风险也比较大的投资活动就是金融投资或投机活动。由于金融领域的投资风险比较大，很多人会靠存钱于金融投机事业来防老。金融投机包括买卖黄金、外汇、股票、债券，金融投机家买卖金融工具的目的就是为了赚取买卖之间的差价。金融投机需要高超的技巧、灵活的信息、正确和果断的判断，它并不是一般人能够胜任的，但具有这方面特长的人又不一定具备投机所需要的资本。于是，金融代理商应运而生，如美国的老虎基金等机构投资者就是利用他人的钱进行金融投机的。

那么，作为个人如何做一个精明的投资家呢？我们先来测试一下自己的投资能力。如果我们要投资于不同的证券（或债券），我们的目的是：A，增加投资回报，在每支证券高位时卖出；B，“跑赢”大市；C，降低投资亏损的机会；D，跟风，人做我做。作为理智的个人投资者，正确的答案是C，即投资要尽量降低投资风险，这就需要分散投资，“不要把所有的鸡蛋都放在同一个篮子里”是个人投资的至理名言，这个现代投资的组合理论是1957年诞生的，它要求投资者按部就班、有系统地设计投资的组合，把风险降到最低，它还要求我们掌握分散投资的秘诀。

如果我们有10万元资金，假定投资者只有甲乙两种产品可以选择，那么，如何分配资金呢？A，全部投资于甲产品；B，全部投资在乙产品；C，大部分投资在甲产品，另外的小部分投资在乙产品；

D，小部分投资在甲产品，大部分投资在乙产品。对于冒险、进取性的投资者来说，选择A或B，孤注一掷，虽然波动比较大，但其回报也大。作为一个比较保守的投资者，又如何分配资金呢？如果甲产品与乙产品是不同的投资产品，其价格的波动并不是同步，甲上升时，乙不一定上升，甲下跌时，乙可能上升。如果刚好甲乙两种产品的价格方向相反，那就需要搭配好两种产品的投资组合。从这里可以看出，要有效地分散投资，降低投资风险，选择投资产品时，最好是选择价格波动完全相反的产品。这样，一种投资产品的亏损可以由另一种投资产品的盈利来补偿。

如果我们有多种科技基金同时选择，那么，是不是选择不同的科技基金就可以分散投资风险呢？并非如此。其实每支科技基金都已足够分散了风险，但科技行业本身的风险是投资科技基金必须承担的，这种行业风险，不会因为多买几支科技基金就可以减少的，也就是说，买一支科技基金与买多支科技基金的风险是一样的。所以，要分散投资风险，必须使所投资的产品尽量互不关联。有的人可能会认为，投资于一个低风险的产品，又投资于一个高风险的产品，这样相互抵消就可以实现中等风险了。这其实也是错误的，因为存在一个高风险产品就不会降低另一个低风险产品。但是反过来，如果一个比较保守的投资者买了很多低风险的政府债券（国债），那么，他加进一些高风险的投资，不但不会增加整体的投资风险，反而更可以适度减少投资风险，增加整体的投资回报，因为少量的高风险投资也意味着其潜在的高收益，如果这支投资收益高，可以迅速抽调部分资金获取更高的收益，而如果其收益亏损，可以迅速出手，不会被“套牢”。

总之，分散投资的目的，就是在不影响投资的预期回报的情况下，通过分散投资来降低风险，其秘诀就是所选择的投资产品必须是相互关系不大、互不影响的产品。但并不是说只买绩优股，不买垃圾股。分散投资的第一步就是决定股票／债券（国债）的比重，这两种投资产品在关键的时刻，表现互异。例如，当大家预期中央银行将提高利率时，股市会受此影响而下跌，资金转入债券市场。在经济复苏时期，股票和债券都上升；在经济从峰顶回落时，二者都会下跌。分散投资的第二步就是把资金分散在不同的市场、地区，比如香港、深圳、上海三个不同的地方，股价的上涨和下跌是不同步的，分散投资可以降低风险。另一种分散投资的方法就是把资金分散在不同的行业，工业、运输业、公用事业、金融业、高科技产业等不同的行业，其股价的上涨和下跌是不同步的，分散投资也有利于降低风险。在投资中，分散公司风险尤其重要，比如，我们知道，一些高科技行业，前景十分好，但淘汰率也很高，如果我们将自己的资金分散在 10 多家很有前途的公司，即使只有几家公司成功，这几家公司带来的利润也足以补偿投资失败。

降低投资风险的另一个方法就是分散资产投资，除了股票外，还可以加入国债、艺术品、收藏品、贵金属、房产等。但这些资产投资也有一个缺点就是不能“套现”，其流动性比较差。此外，还可以通过增减现金来调节投资风险，即在股票或债券市场上涨时，大量投入现金，当市场逆转时，增加现金持有量。当损失来临时，还可以通过股票期货或股票期权等金融衍生产品，把投资组合部分或全部“锁定”，这样有利于把风险降到最低。

买彩票与赌博有何类似

美国的拉斯维加斯、我国的澳门都是世界著名的赌城，在那里，赌场的老板靠精确地计算胜负的概率来赚钱，即通过计算赔率来赚钱，换言之，赌客赢钱的机会略低于输钱的机会，这个差数的平均值就成为赌场的收入，用以支付赌场的各种开支并赚得利润。这两个世界著名的赌城每年都要吸引上千万的人，由于来来往往的人很多，经济也跟着兴旺发达起来。到赌场来玩的人中，大多数人不是来“赢”钱的，相反他们是来输钱的。怀里揣上一些钱，到宽敞舒适的赌场大厅里换换环境，再经历一下“赢”钱时的兴奋和输钱时的沮丧，等钱输光了，娱乐的目的也达到了，高高兴兴地回家去。

虽然如此，还是有一小部分走向极端的人，而赌博正是他们走向罪恶的大道，所以，美国的拉斯维加斯和我国的澳门都是犯罪率比较高的地方。赌博引起人们道德的变化没有任何统计数字能够说明，而这些变化默默地影响着周围人的行为规范。因为赌博鼓励不劳而获的非分幻想，怂恿侥幸心理，默许对别人利益的侵犯，从而降低了家庭和社会的稳定性。赌博从总体上看会降低社会的总效用值，赢了钱就大手大脚地花掉，而输了则需要省吃俭用才能还债。

我国政府禁止赌博，但政府允许合法的博彩业的发展，足球彩票和福利彩票就是政府允许的博彩业。我国的彩票与国外和澳门、香港赌博有很大的差别，就是政府允许发行彩票主要是为了筹集社会福利基金和体育发展基金，筹集的资金有一部分用于颁发不同数额的奖项。不可否认，一些人买彩票，对赢钱的希望不是很大，认为没有中奖也等于对社会做点贡献。有的人把买彩票当成是自己的一项业余爱好，是一种心理的寄托，可以调节身心，每周买一两次彩票，每次买几十元，或者每次就买十元。

对于另外一些彩票购买者来说，他们也把购买彩票看成是一种类似购买股票的投资行为，有相当一部分人认为只要自己像购买股票一样坚持不懈，就会得大奖，至少可以得个小奖。特别是当媒体大肆吹捧个别得奖的人如何如何从贫穷的打工者摇身一变成为百万富翁时，得奖的人对买彩票者起到了极大的示范效应。有的人以买彩票为副业，买彩票成瘾，有点类似于赌徒，甚至于买了几万元没有中奖依然乐此不疲。还有的人不断买彩票，不断做着一夜暴富的美梦。对于普通民众来说，有梦想总比没有梦想好，起码，有梦想就有希望。在美国，赌博的穷人总是说："一个美元，一个梦想。"从这点来说，买彩票的人，也有相当一部分带有赌博的心理，希望一旦自己好运来临，能够赢得一个天文数字。其实，买彩票根本不是投资，应当把它当做一种娱乐形式，特别是在我国不允许赌博合法存在的情况下，彩票是一些人的心理寄托。

不管是嗜赌成性的赌徒还是偶尔以赌为乐的人，没有几个人会以赌为荣，最多以"小赌怡情，大赌伤身"辩解。购买彩票的人也总是自嘲说：“某一次，我的双色球就差一个号码，我有预感，继续买下去肯定能够中奖。”很多人，特别是年轻人多数都带有一种赌徒的心理。

为什么很多人会带有一种赌徒的心理呢？经济学总是把理性作为分析的出发点，而赌徒的心理就不是经济学倡导的理性。本来，理性的人应该是风险厌恶者。但是，对于赌徒和一部分购买彩票的人来说，他们更看重的是以最小的成本获得最大的收益，或者以最小的付出一夜暴富。那些赢钱的赌徒和那些获奖的彩票购买者，就对那些众多的趋之若鹜的观众起到了示范效应。人人都追求自己利益的最大化，但达到最大化的途径各不相同，有的人善于理性分析，理智地行动，有的人就会想到走捷径。事实上，很多赌徒和彩票购买者总是对自己的幸运做出过高的估计，对得到的机会做出过高的评价，对自己损失的机会做出过低的估计，认为自己就是那1/100的幸运儿。这是人们追求自己利益最大化和自身人性的弱点的双重作用所造成的。亚当·斯密对此早就做出了论述，他说：“大多数人对于自己的才能总是过于自负，这是历代哲学家和道德家所说的一种由来已久的人类通病。但世人对于自己幸运的不合理猜测，却不大为人所注意。要是这样的话，对于自己的幸运妄加猜测，比对自己的才能过于自负更加普遍一些。”

基金与债券投资

对于大多数风险厌恶者来说，买股票要承受心理上的巨大压力，“股市有风险，投资要谨慎”的警告语让很多人对股市望而却步。特别是由于我国股市还很不规范，投机性的炒作占据主流，股市还不容易成为大多数人的投资天堂。但是否这样就意味着自己的钱不能增值了呢？其实，对于一般人来说，投资的渠道还是很多的，基金和国债就很值得风险厌恶者投资，因为基金和国债基本上没有任何风险。即使在美国等发达国家，居民投资于基金和债券的比例还是比较高的，美国有很多种基金，像老虎基金、长寿基金等都是有名的基金，居民把钱存入基金组织，就等于把自己的钱交给那些金融投机家去打理，金融投机家瞄准世界各国的股票市场、期货市场、外汇市场，买空卖空，在世界市场上进行套利。而居民只是稳定地获得固定的投资回报。

如今，我国由于股市很像赌场，散户大多数亏损。于是，普通的投资者将目光转向基金投资。较高的投资回报和大量资金的持续入场使得投资基金的赚钱效应在不断放大。越来越多的个人投资者逐步接触到基金，并通过报纸、广播、电视中的介绍了解其中一二，还有的投资者已经从投资基金中尝到了甜头。

投资基金首先面临的一个问题是如何选择基金。面对当前市场上的基金热，由于缺乏专业知识，普通大众往往容易随大流，“别人都买，我也要买”的这种“羊群效应”心理非常普遍，越是限购的基金产品越容易遭到抢购。在这种情况下，投资者在购买基金前，应该保持清醒的头脑，对准备购买的基金以及管理该基金的基金公司进行谨慎和全面的了解，切忌盲目冲动或者一窝蜂似的抢购基金。在国外成熟市场上，对选择基金和基金公司有个通行而有效的“4P”标准。第一个P指理念，就是投资理念，这是指导一家基金公司投资管理的纲领性因素，投资者首先要看其理念是否成熟而有效，其次看自己是否认可这一理念，进而认可该基金公司的投资管理模式；第二个P是团队，任何投资理念和投资管理的执行都靠人，团队专业能力的强弱是基金业绩一项重要的决定因素，通常来说，投资能力一般的团队难以做出中长期优异的投资业绩；第三个P是流程，是指单纯靠人做投资难免会产生因主观因素造成的失误，这时严密科学的投资流程就显得十分必要，投资依靠流程的约束和执行可以规范基金管理人的投资行为，使基金管理人具备复制优秀基金的能力，其业绩具备持续性；第四个P是绩效，即所投资公司的绩效，这也是最简单、最直观的一个评价指标。用4P标准来考察基金，投资者就可以基本把握住优质的基金公司和基金产品。

投资者需要认识到，基金投资是一项长期的投资活动，投资的本质实际上是对市场中那些中长期的战略投资品种的布局把握，借助专业优势，挖掘优质上市公司，坚定、持久、持续的跟踪，并根据行业或者公司实际情况的变化，对所持有的证券品种进行调整优化，这样才能实现比较稳健的投资业绩，不会太大的波动。频繁的买入卖出基金，即使是一个专业投资者，也难以成功把握住每一个波段，更不要说普通的个人投资者。

要注意的是，基金投资同样存在一定的风险，越高的预期收益也意味着越高的投资风险。尽管，基金作为证券的组合，已经有分散投资风险的作用，但投资者必须意识到的是，基金仍然包含着投资风险。基金提供给大众的是理财服务，可以说，投资基金是一种生活方式而绝不是一夜暴富的捷径。收益和风险是形影不离的兄弟，投资者万万不能在获取高回报时，就把风险全然抛在脑后。对投资的生搬硬套，对预期投资收益进行不切实际的高估，或者用投机股票的思维来进行基金投资，这些行为是非常不可取的。

基金投资者要获取理想回报，拥有一个中长期的投资规划才是上策。投资者在投资基金前，一定要对自己的资金状况、投资期限、收益要求和风险承受能力做一个客观合理的评估，之后再购买与自身状况匹配的基金产品。人云亦云、盲目跟风的投资行为是不可能在长期中取得较好回报的。目前中国证券市场上涨较快，投资者往往有急于获利的急躁情绪，这种情绪也体现在投资基金中。实际上，基金作为一种理财手段，投资者首先要学会的是如何有效地规避风险，而不是如何去赚大钱，急功近利将是基金理财的天敌。

购买国债也就是国库券是最稳定、没有任何风险的投资。10 年或 15 年期国库券的年投资回报率大约有 5%，如果能够长期购买，就有持久的升值效应。下表是以投资 10000 元为本，年回报率 5% 计算，表中，时间单位是指投资的年数，经过若干年后的总投资回报情况。可以看出，随着时间的延长，本金增值还是比较明显的。

时间	1	2	3	4	9	14
本利合计	10000	10500	11025	11576	14775	18856
时间	19	24	29	34	39	49
本利合计	24066	30715	39201	50032	63855	104013

收藏也是经营财富

在 2005 年的瀚海秋拍中，徐悲鸿的一张《巴山汲水》拍出了 1650 万元的天价，而它在 1999 年只拍到 120 万元，5 年之间增值十几倍，什么股票、房地产都没有这么高的利润和升值潜力。所以，收藏艺术品也将等于让自己的财富迅速增值。不仅艺术品可以收藏，人民币、邮票、名酒、名表、玉器、钻石等都很有收藏的价值，例如第一套人民币仅存 30 余套，其收藏价值一路狂升，从 1975 年的 6000 多元升值到现在的 300 万元的天价。

一般来说，随着经济的发展和社会的进步，人们对艺术品和收藏品的需求会加速增长，根据马斯洛的欲望和需求理论，人们在满足了比较低的需求后，会逐渐转向更高的需求。在经济发展后，一部分富人吃穿住用等生活需求不用愁，他们就要转向精神方面的需求了，因此，随着经济的发展和富人阶层的增加，富人对艺术品和收藏品的需求快速增加。

不过，搞收藏需要更高的文化修养和艺术鉴赏水平，以及充分了解相关的信息。不懂艺术品、收藏品的价值，导致投资赔本的事情也时有发生。据说，有位富人花了 3000 万买了一堆文物，专家看过后，发现没有一件是真品，3 万元给他都不要。

搞收藏，关键的不仅是辨别真伪，还需要眼光，不同的艺术品和收藏品，其增值的空间也不一样，而培养这种眼光就需要学习，需要学习许多相关的知识。收藏艺术品需要分析供给和需求，一般来说，物以稀为贵，发行的纪念币、邮票、纪念册、艺术品等，越是发行量少，越具有纪念意义，也就越有收藏价值。如果某位知名的画家或书法家，其作品价值比较大，社会上对其书画的认可程度比较高，而且他年纪比较大了，那么，购买这样一位画家或书法家的字画就很有收藏价值，一旦这位画家或书法家逝世后，画家的画或书法家的字就十分值钱了，因为供给减少了，而对其作品的需求并没有降低，甚至于很多人都知道画家或书法家已经不在了，对其作品的需求会迅速增加，从而导致其作品价格迅速上升。要使自己的收藏品大幅度增值，必须长期收藏，即使暂时跌价也不为所动，或暂时升值也不出手，坚持长期持有，收藏的时间越长久，收藏品的价值就越大。

现在很多年纪比较大的人，大概都使用过第二套、第三套、第四套、第五套人民币，当时我们使用那些人民币的时候，绝大多数人都没有想到，一些以前根本不值钱的人民币竟然会身价狂涨。例如，1962 年版的一角纸币“水印蝴蝶版”，最新的市场价已经达到了 1.8 万元；第二套人民币的五分纸币也已卖到了 400 元，第二套全套人民币的市场价大约在 6.8 万元左右；第三套人民币的“大全套”价格暴涨到 2.9 万元；第四套人民币在 2006 年还只卖到 150 元左右，如今涨到了 400 元。人民币并不是所有的品种都有收藏的价值，主要是那些退出或即将退出流通领域，而且发行量很少的品种，才具有巨大的增值空间，即物以稀为贵。

2006 年以来，邮票市场也逐渐复苏。一般来说，邮票价值的高低受到题材、发行量、存世量、群众的喜爱程度等多种因素的影响，因此，邮票的价格更是一种随机游走的态势，和亚洲小姐、世界小姐、香港小姐的选美大赛一样，可能某一时间的价格并不代表其真实的价值，其中的泡沫成分也不少，但最终的价值是其得到社会认可的价值。在投资时，挑选好的邮票品种是一门学问，一般来说，1991 年以前的老纪特邮票存量少，基本上都沉淀在社会，所以，其保值增值的价值比较高，是收藏的首选。1992 年至 2003 年的编年邮票，由于发行量大，国家历次销毁的品种不少，现在有不少正处于打折的行列，而邮票商则热衷于炒作新邮票，所以，其收藏也具有一定的潜在升值空间。金银邮票则是邮票市场中最优秀、最具潜力的板块之一。收藏邮票一样具有风险，可以将资金分配在不同风险水平上的邮票，可以分散投资风险。

在局势动荡时期，名贵钻石的保值避险功能比黄金还高得多。目前，价值 100 万的黄金有 10 公斤重，而名贵钻石每克钻石的价值在 9 ~ 16 万元人民币，钻石是否具有保值、增值的功能主要取决于 4C。第 1 个 C 是色泽，以无色和略带黄色最常见，最高组的是纯白色；

第 2 个 C 是净度，大部分钻石都内含细小的“胎记”，称为内含物，一颗钻石的内含物数目越少，体积越细微，它的形态就越完美，其收藏价值越高，完全没有内含物的钻石，其价值相当高；第 3 个 C 是车工，切割好的钻石光芒闪烁、美丽无比，切割太浅和太厚都会降低钻石的美丽度，降低其价值；第 4 个 C 是指克拉，即钻石的重量，一般地，钻石价值的大小与克拉成正比。

此外，很多工艺品、玉器等都有收藏的价值，主要还是要看它的稀少程度，越是稀少的艺术品、工艺品、玉器、名贵手表、名贵酒等，就越有收藏的价值，但从事收藏关键的还是要有一种眼光，看到一般人没有看到的潜在升值能力。而培养这种眼光既需要学习相关的知识，更需要有这方面的天赋，善于捉摸和理性的分析，而不是盲目炒作。

想做生意开什么店

这世上到底有多少人为钱而笑，又有多少人为钱而哭，钱少了，可能“愁断肠”，似乎“百事哀”了。对于一般人来说，干什么赚钱呢？又不能去倒买倒卖，又没有光环效应可用，还是筹集点资金，在本地踏踏实实开个店铺吧。开店铺说不上是小本生意，也说不上是大生意，资金多，可以开大一点的店铺，资金少，可以开小一点的店铺。小店铺一般一两个人经营就可以了，是个体经济，大些的店铺一般会雇佣几个到几十个人，属于私营经济。

开店铺最重要的一点就是要定位清晰，要明白是租店铺好还是买店铺好，开店铺适合于什么样的品牌，会有什么人来消费，店铺能不能赢利。如果是租别人的店铺，又适合于什么样的租金水平。对于这些都要有独到的眼光，不能跟风。需要用商家的眼光来看这些问题，比如，看到一个店铺，就必须考虑和调查清楚，这么大面积的店铺适合于什么样的商业类型，是餐饮、中介公司、票务、干洗店、专卖店、电脑公司、软件研发公司、理发店还是小型超市？店铺所在地的消费水平怎么样？该地的人口密度有多大？然后还要分析在保守估计店铺营业额的基础上，预期的租金水平能不能在除去成本之后还有盈利？只有先把这些前期的工作做好，得出自己最理性的投资分析，才能确保投资成功。

在城市尤其是大城市，大街两边什么店铺都有，什么小吃店、烟酒店、美容美发店、服装专卖店、鞋店、箱包店、干洗店、茶叶店等。开什么样的店铺好呢？开店也要做到人无我有，人有我优。别人没有开过的店铺更有市场潜力，别人开过的店铺，我们也开这种店，就需要我们的店铺经营得有特色，即在品种、品质、服务、经营方法等方面有自己的独到之处，与众不同。或者我们的店铺经营得比别人更好，质量更好、品质更好、品种更好、服务更好，让消费者来了一次会想到其优点，有一种还想再来的感觉。

开一个店铺，一般都希望以尽可能少的成本取得最大的收益，而在市场上，越是竞争激烈、产品、服务雷同的店铺，其利润空间就越小，因为在竞争激烈的情况下，店铺的利润会逐渐向下滑，最终利润为零。而经营别人没有的产品和服务，即人无我有、人有我优的产品，竞争没有这么激烈，利润空间更大。在经济生活中，人们常常发现，如果有人先做一种比较独特的生意，赚了一大把钱，很多人就会跟风，也赶着做这样的买卖，这就是“羊群效应”，但跟风的人不一定能够赚钱，甚至会亏本。因为，领头的人所做的买卖是稀少的，任何情况下，稀少的东西就值钱，等到大家都做这种买卖时，就不再稀少了，大家都有的东西，当然就不值钱了。所以，把握市场的盲点是开店能赚大钱的关键。

怎么才能把握市场的盲点呢？这就需要有一种企业家精神。所谓企业家精神就是指能够创新的精神，熊彼特把这种创新概括为引入一种新的生产经营方法，或进行新的投入组合，或创造和运用一种新技术，或发明一种新产品，或开拓全新的市场，总之，是一种全新的、与众不同的店铺。熊彼特把这种创新称为“创造性的破坏”，也就是破坏原来的思路，产生一种全新的思路，这种才能就是企业家才能。

很多人可能会说，我们普通人可没有企业家的才能，其实，现实中大量的创新产生于普通的民众之中，因为普通人没有那么多制度的约束，没有既得利益的享受，没有精神的枷锁，最容易产生创新性的思维，很多人只要善于利用自己的大脑，反复思考，就可能产生创新的想法，同时，需要有一种甘冒风险的精神。因为创新型的店铺也容易失败，风险比较大，但一旦成功，利润就会相当高。但只要持续进行创新，就一定会有成功的机会。

就开店而言，有许许多多创新的机会。例如，开餐馆，如果你的开店思路与别人不同，就很容易吸引顾客，大幅度提高利润率。比如，在北京做生意的浙江人很多，有的浙江生意人就通过朋友把浙江沿海产出的最新鲜的海产品运到北京，不仅价格可以定高些，需求量也很大。再比如，如果你住在教学集中区，附近的中学生很多，如果附近没有任何学生工艺材料店，但很多中学生需要一些有利于帮助学习的工艺品，而劳动工艺材料如模型、小机械、电动玩具、叶脉书签、昆虫标本等，恰好满足他们这方面的需求。那么，你在这样的地方开一个学生工艺材料店就有很大的市场需求量，可以要按照不同年龄段对产品的需求，在技术含量、操作难易程度、复杂程度等方面分成初、中、高级三大类别分别销售。同时，自己要懂得一些材料组装的技术，学生不懂时还可以教他们。

总之，开什么店铺，需要对市场进行调查，发现市场的盲点，或者创造市场需求和盲点，即通过自己与众不同的产品或服务去适应消费者新的、更高的需求，使自己的店铺起码在某一方面比较独特。我们到街上多去逛逛，就会发现，那些顾客盈门的店铺都有自己的特色，或者是品位独特，或者花色品种不同，或者服务比较周到。这就需要经营者有一种比较独特的、前瞻性的眼光，也只有这样，才能获得比较高的利润。

开店的投入

开店的投入包括人、财、物的投入，主要就是人力和资金的投入，这些投入就是开店的生产要素。其实，从投入上讲，开店和开公司是一样的，其投入的不外是四种要素：资金、劳动力、店铺租金和企业家才能。经营企业有其投入和产出，开店也是如此。企业经营有生产函数，如著名的柯布—道格拉斯生产函数，当然开店没有什么生产函数，但其道理是一样的。具体来说，开店的投入就是开一个店铺需要投入多少资金，需要请多少个帮工，需要多大的店铺面积，而企业家才能是指经营者自己的经营才能，这也可以说是开店的生产函数。

开店投入主要还是资金的投入，投入资金太多会造成投资的收益偏低，投资太少又容易使店铺不能吸引顾客，或者店铺外观不能吸引行人的眼球，或者店铺装饰的档次比较低，使一些有钱的顾客不愿进入。在资金运作上，最重要的一点就是必须具有风险意识，要知道，凡是投资都有风险，为了规避风险，不能把鸡蛋全部放进一个篮子里。做事情必须留有余地，进可攻，退可守，不可贸然全力出击。即使有100万元资金，也不能全部投入到店铺中去。比较理想的是拿出50万做店铺的固定资金支出，包括购买或租用店铺、店铺装修、桌椅板凳、货架、厨具、税务登记、工商管理登记等首期固定资金支出。再拿出20万做流动资金支出。另外的30万最好投资别的比较稳定的项目。这样，就比较主动，即使店铺经营困难，也可以及时掉转船头，不会被市场“套牢”。如果我们只有15万元资金，那就最好拿出10万进行店铺固定资金的投入，1万～2万作为流动资金的投入，剩下的钱可以投资于其他比较稳定的项目。

店铺投入中，固定资金和流动资金的搭配相当重要。如果过多地投入固定资金，把店铺装修得富丽堂皇、很吸引眼球，但由于总资金有限，流动资金就很可能不足，甚至于在关键的时候造成资金周转困难，严重影响店铺的经营效率。但如果店铺的装修和设置不够档次，又容易影响店铺的整体形象，使一些人不愿光顾。所以，店铺的固定资金支出要适度，需要量力而行、量体裁衣，在资金不太充裕、经验不够丰富的情况下，最好租店铺，虽然被别人赚了一笔租金，但自己的流动性大，发挥的余地也就大。不同的资金拥有情况、不同的店铺、不同的产品、服务档次需要的固定资金和流动资金的比例是不一样的。薄利多销的产品和服务需要的流动资金比较多，但由于周转比较快，实际的流动资金可能还要少些；档次高的产品和服务由于资金周转慢些，流动资金可能要多些。但一般来说，档次低的产品、服务需要的资金更少，档次高的产品需要更多的资金。

开店铺，人的投入是最重要的因素。因为人是活的、潜力最大的生产要素，开店能不能赢利、赢多大利主要还是取决于人。首先是经营者个人的经营能力，这种经营能力被称为企业家才能。这点我们前面已经谈到了。

人的投入关键的就是雇用多少员工、雇用什么样的员工。这就需要进行成本收益分析，一般来说，在某一个地方，员工的工资有一个相对固定的标准，不可能对员工支付太低的工资。那么，雇用一定数量的员工就需要付出一定的成本，老板雇用这些员工起码要有一定的利润可赚，按马克思的说法，就是能够赚取一定的剩余价值。比如，开一般的餐饮店，如果要实行薄利多销的经营，就需要比较多的员工，如果提供高品质、高档次的产品或服务，就需要雇用素质高的厨师和服务员，雇工就比较少些。雇工多少应有一个比较合适的比例，太多则成本高，利润低，太少又影响店铺的生意。一些经验丰富的老板在这方面比较灵活，雇用一些固定的雇工，在忙的时候再雇用一些临时工，这有利于降低成本。

雇用效率高的员工是所有店铺经营者的共同心愿，但能不能雇用到效率高的员工就要看经营者自己的眼光和才能。人力资本是最具活力，也是最难捉摸的东西，因为人力资本的产权天然属于个人，雇用了这么一个人，他会不会出力，出多大的力，经营者的控制力度需要多大，都是一个很值得深思的问题。利己之心是所有人做事情的出发点，如何将员工的利己之心引导到店铺的经营上，值得经营者反复考虑。一般来说，要使员工的人力资本发挥最大的潜力，必须以激励机制和约束机制为主。即出力大，会为店铺利益思考的员工需要给予其一定的物质和精神的激励，让其产生干好工作的动力，同时，对其进行有效的约束。这个原则说起来容易做起来难。关键是需要把握一个度，比如奖励多少才能激发员工的工作热情，奖励太多不能提高效率，奖励不足又起不到激励的作用。约束也需要有一个度，比如扣员工的工资作为抵押，以免其不打招呼或不到时间就离职，虽然有这个必要，但也会引起员工的反感，扣得太多更是如此。在这里，正确使用激励机制和约束机制才是提高员工工作效率的唯一途径。

开店的场所

店铺经营中，选择地段是最重要、最费神，又是最一劳永逸的事情。选择得好，就有比较多的客流量、比较大的市场，店铺经营的收益自然就高。选择不好，客流量少，或者顾客的消费水平低，消费不起。如何选择店铺的位置，既需要经验，也需要进行详细的调查和分析。一般来说，最好选择在商业区域内，因为这种地方，在满足购买力方面有互补作用，在对外宣传上有规模效应，其获利能力远远超过独立的店铺。

居民的分布状况是选择店铺位置的重要因素，这时理性地选择店铺的位置是必然的，即一般人会选择位于小区或街道中心的位置。但是在一个小区或街道，不可能只存在一个店铺，而是有许多店铺，尽管这些店铺经营的产品可能不一样，但在选择位置上都会从自己的利益最大化来考虑，这样，各个店铺就会为选择位置而展开算计。我们设想在一条主要街道，两旁均匀地分布着小区的居民，先假定有两个人——甲和乙在这条街道上选择店铺的位置，其产品和价格都一样。那么这两个店铺开在什么地方最好呢？进行简单的数学分析，就会认为，甲和乙均匀分布最好，即甲在街道的1/4的位置，乙在街道的3/4的位置，这样，二人拥有的居民数量是一样的，即平均分配居民，如下图。

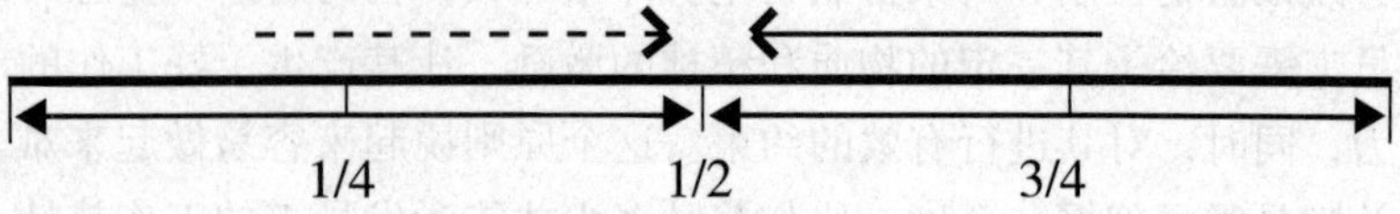

事实上，二人都会从利益最大化的原则出发，尽量往中间移动，即都往街道1/2的地方移动。因为二人都会认为，把店铺位置定在1/4或别的位置会损失一部分居民，并认为自己把店铺设在中心位置利益最大，顾客最多。由于二人都会这么想，所以，相互算计的最后结果是都将其店铺位置定在1/2的地方。其实，即使各个店铺经营的产品不一样也是如此，有10家或20家店铺也会尽量将店铺位置设在1/2或靠近1/2的地方。我们常常看到很多街道的店铺都挤在一起，就是这个道理。不同的店铺或相同的店铺设在一起，一方面对消费者有利，去消费时往那个地方走就是了，先不用思考买什么，另一方面，店铺经营者也可以省去了许多广告和宣传。如果某一个店铺设在一个角落里，肯定不会引起顾客的注意。

一般来说，在住宅、学校、医院、超市集中的区域都有很大的购买力，目标顾客群大。对于大多数中小投资者而言，都值得投资，虽然这种地方的店铺比较密集，但只要善于分析市场，经营得有特色，还是有较多的赚钱机会。当然，随着购买力的逐渐饱和，任何黄金地段都会践行土地报酬递减规律。位于交通运输站的店铺，以外地人为主要服务对象，可以经营日常用品以及价格较低且便于携带的消费品为主；位于住宅附近的商铺，以居民为主要服务对象，应以经营综合性消费品为主；位于办公楼附近的商铺，应以经营文化办公用品为主，且商品档次应较高；位于学校附近的商铺，应以文具、饮食、日常用品为主，由于学生购买能力有限，应以中、低档用品为主。

什么地方的店铺最赚钱呢？无疑，是那些人口流动最多的地方，比如像地铁口、车站附近，以及宾馆集中的地方，这些地方来来往往的人很多，流动人口多，他们对城市的具体物价情况不太了解，匆匆忙忙过往时，需要购买一些食品、饮料、礼品等商品，由于这些人或者时间紧迫，或者不太了解当地的情况，往往对商品的价格缺乏敏感性，店铺把商品的价格定得高些，很多人照样会购买。因此，把店铺开在这种地方，利润空间很大，可以赚取高额利润。在写字楼附近，一些购物者会就近购买所需要的商品，如办公用品、礼品等，而且，这些顾客可以开发票，对价格的敏感性很低，店铺可以把价格定高些。娱乐中心、健身中心等集中的地方，一些年轻人会带朋友、情人去光顾，在朋友和情人面前，顾客更要面子，价格高些也会购买，所以，店铺也可以将价格定高些，赚取高额利润。像上述这些地方，即使租金比较昂贵也很值得，因为经常赚取高额利润完全可以弥补昂贵的租金支出。

店铺位置的好坏不是一成不变的，随着经济的发展、社区开发力度的强弱和城市功能的演变，位置不好的地区往往容易变成位置好的地区，位置好的地区也可能变成位置不好的地区。这就需要投资者对地区未来的发展趋势进行比较准确的、前瞻性的判断。例如，有的刚刚开发的居民区，暂时居住的居民可能不算多，收入水平也比较低，但随着地产开发商开发力度的加大，或政府支持力度的加大，这种正处于开发阶段的居民区经过一段时间后很可能逐渐升值。把店铺开在这样的地方可能暂时不怎么赚钱，但经过一段时间后，其周边的人流量会大幅度增加，店铺的客流量也会迅速增加，而且，最先开的店铺更容易把这样的新市场占领，以后稳住这个市场就可以了。像这类具备在未来快速升值潜力的地区，资金雄厚的人完全可以买店铺。

开店市场分析

开店要成功，准确的市场分析是相当重要的一环。一般需要先对宏观经济走势有一定的把握。市场是坚挺还是疲软往往取决于宏观经济形势，宏观经济趋热，物价轻微上涨，人们就会觉得手中的钱比较烫手，存钱不如买东西，这时开店经商最容易赚钱。如果通货紧缩，失业率上升，人们的收入水平上升缓慢，就宁愿把钱存起来，而不愿意多消费。这时，市场就比较疲软，开店铺赚钱的机会也比较少。

很多人对宏观经济不愿关注，或没有兴趣，但可以从生活中的一些现象来判断宏观经济的情况。比如，可以看旧货市场的情况。如果人们买旧货比较多，旧货热销，说明宏观经济处于低潮，人均收入增长缓慢，人们的购买欲望比较低，不愿意多花钱，这时开店赚钱的机会比较少；如果人们普遍更换家具、家用电器等耐用消费品，旧货堆积，旧货不值钱，说明宏观经济趋热，存在轻微的通货膨胀，人们更愿意花钱买新东西，这时，赚钱的机会多多，开店铺的利润就很可观。

要准确把握市场可不容易，需要不断进行市场调查，包括城市的基本市场情况、行业的基本市场情况、店铺周围的市场情况等。要对目标店铺周边的商业类型、数量及分布、各行业的平均租金水平、客流量、消费人群的分布、消费者的偏好、消费者的大致收入情况等都进行仔细调研，做到胸有成竹。还要对不同行业的品牌企业、企业的基本情况、那些企业对店铺面积的要求等了如指掌。这就需要下一番比较大的力气进行明察暗访，需要从各种媒体和各种关系渠道了解相关的信息。作为商家，只有在各种信息尽可能完全的情况下，才能提高开店的成功率。

对店铺周围的市场情况判断需要有耐心。一是要看看周围有一些什么样的大型商场，有多少学校、小商店，店铺的结构分布、竞争程度怎么样，这些商场和店铺的经营方法、手段有什么区别和相似之处，看看周围有多少医院、写字楼、娱乐中心、健身中心等。二是要看看周围居民的年龄结构状况、收入水平。可到街上或商场进行观察，居民人口的年龄结构如何，是老年人多，青少年多，还是忙于工作的青壮年多。三是要看周围的收入水平。商场和店铺生意红火的地区，说明居民的收入水平比较高，购买力比较大，市场潜力也比较大，店铺的竞争也比较激烈。四是要看消费者的偏好和消费习惯。在老年人多的地区，自己做饭的多，到外面吃的少，开餐饮店的市场机会不大，干洗店的市场机会也不大，一般的日用品店还可以。在上班族多的地区，餐饮店、偶像专卖店、车迷俱乐部、工艺品配饰店的赢利机会都很多。在学生较多的地区，偶像专卖店、学生工艺材料店的赚钱机会都比较多。在外地人比较多的地区，往往会带有外地的偏好和消费习惯。

为了实现有效的销售，店铺经营者需要经常研究市场需求，弄清楚谁是潜在的顾客，他们需要什么样的商品？为什么需要？需要多少？何时何地需要？研究本店铺在满足顾客需要方面的合适性，研究可能存在的销售困难和困难来源，并且对应顾客的需求情况制定满足每一个顾客需要的市场营销策略。对于店铺来说，仅仅向消费者销售那些他们当前打算购买的商品是不够的。消费者普遍存在着“潜在需求”，即由于某些原因，消费者在短期内可能没有对现有商品或服务的需求。对于目前市场上某种商品的质量水平不满意的消费者，即使存在需要，也可能不去购买这种商品；对于目前市场上价格相对较高、人们认为多消费就有些奢侈的非生活必需品，消费者即使存在需要，也可能不去购买，或者很少购买。有些消费者因为某种后顾之忧，把一部分钱储蓄起来，不用于目前的生活消费，会形成“潜在需求”；另外一些消费者虽然有一定的生活收入来源，但由于目前手持货币数量的限制，不能购买某种他所需要的商品，也形成了“潜在需求”。

店铺既要满足已经出现的现实性顾客需求，也要争取那些有潜在需求的顾客，提供他们所需要的商品和服务，创造某些可以让他们买得起、可放心的条件，解除他们的后顾之忧，这就是“创造市场需求”。通过适当降价，可以让那些过去买不起这种商品的消费者能够购买和消费这种商品，可以让那些过去觉得多消费不合算的消费者愿意多购买、多消费；通过宣传，让那些对某种商品不了解因而没有购买的消费者了解这种商品，产生购买和消费的欲望；通过推出新品种，可以让那些难以从过去的商品获得需要满足的消费者有机会购买到适合其需要、让其满意的商品；通过提供更好的服务，可以让那些觉得消费某种商品不方便、不如意、不安全而少买的消费者，也能尽可能地多购买这种商品。

经营店铺的策略

经营店铺首先需要有一个良好的店铺规划和形象设计，高水平的规划和形象设计，可以使店铺显得品种繁多又井然有序，从而吸引顾客的眼球。卖产品就是卖形象，店铺销售的场所、销售人员都应该表现出一种气质。为节约电费而不开灯、为防止灰尘而不拆包陈列、员工上班不化妆没有精神、收银台杂乱无章、店铺自制和手绘的粗劣促销海报等，一切违背销售原则的行为都会使“产品形象”大打折扣。

我们前面提到了创新，在经营店铺的过程中也要创新，也就是独具一格的经营思路。比如，有一位餐饮店老板突发奇想，训练了一只猴子，一有顾客进店门，猴子就马上跑去鼓掌欢迎，等顾客落座后，猴子又殷勤地递上菜单，结账时，顾客将钱交给猴子，猴子会赶紧把钱交给服务台，再把所找的零钱交给顾客，等顾客离开店铺时，猴子又在店铺门口挥手表示再见。顾客被猴子滑稽、殷勤的动作吸引，胃口大增，吃得开开心心，越来越多带着小孩的夫妇慕名而来，店铺的生意十分火暴。

合理定价是店铺经营成功的关键因素，怎样的定价才是合理的呢？这需要进行市场分析，发现什么样的顾客对价格比较敏感，什么样的顾客对商品和服务的价格缺乏敏感性，对价格缺乏敏感性的顾客又可以接受什么样的高价商品和服务。比如，开个餐饮店，对于一些对价格比较敏感的顾客，可以采用一些比较熟悉的家常菜名称，或俗气一点的名称，同时提供十分一般化的服务。对于一些对价格缺乏敏感性的顾客，可以采用高雅的菜谱名称，在菜的搭配上特殊一些，同时提供高档的、贵族化的服务，让顾客充分享受到有钱人的感觉。这样，即使价格比较高，顾客也愿意多花钱。又比如，如果开的是工艺品配饰店，对那些一般的、普通工薪阶层，工艺品的档次可以低一些，价格相应地也比较低，所使用的材料一般，服务也是提供一般服务。对那些对价格缺乏敏感性的有钱人，可以使用高档的材料、提供高档的工艺品，同时提供特殊的服务，如上门服务、电话订购、售后维修等服务。只有让商品和服务的价格拉开档次，分成高、中、低多种档次，实行不同的价格和服务标准，才能既使消费者愿意光顾，吸引更多顾客，又能够赚到对价格缺乏敏感性的顾客的钱，提高店铺的效益。

在一个市场容量既定的地区，如果店铺的产品和服务与其他店铺雷同，其风险就比较大，因为同类的产品和服务往往容易产生价格上的恶性竞争，相互争夺市场。产品雷同的店铺经营，最主要的竞争手段还是价格。我们假定在一个地区有10家店铺，经营同样的产品和服务。如果其中七八家店铺采取比较低的价格，各得20万元的利润，另外两三家店铺采取比较高的价格，其利润为10万元。显然，采取高价格的店铺利润低很多，高价格是一个劣势策略。于是，所有的店铺都会采取比较低的价格，这样一来，其市场份额就要重新分配，最后，采取低价格店铺的利润也减少，最后会趋向于平均利润。

在能够买到心仪的商品或服务的情况下，买主都喜欢低价格；在能够出售确定的商品的情况下，卖主都喜欢高的价格。买卖的均衡价格就是买卖双方不断调整供给和需求量而形成的。但是，我们却在一些顾客盈门的店铺看到，尽管商品或服务供不应求，但老板却一再降低价格，为什么老板竟然有钱不赚呢？其实，这是信息不对称在起作用，有些很有实力的老板很精于此道，在生意十分红火的时候更是降低价格，向消费者传达一种品牌意识，让顾客感觉到物超所值，从而暗地里为自已的店铺做了广告，使比较远的顾客都愿意光顾店铺，他所谋求的是店铺的市场占有量，是店铺的长远目标。所以，巧妙地运用价格策略对于店铺经营十分重要。

店铺经营最终是其产品或服务的经营。选择产品和服务需要注意细节，在产品和服务的细节上，需要仔细捉摸，在分析当地小区居民的消费习惯和偏好的基础上，找准消费者需求的细节。收入水平一般的消费者可能对产品的耐用性、实惠性比较在意，对产品和服务的价格比较敏感；上班族多的地区，可能消费者对上门服务、产品和服务的质量比较在意，对价格缺乏敏感性；年轻人多的地方，可能对产品和服务的花色、品种更在意一些，比较新潮的东西更容易吸引顾客。如果能够在细节上摸准消费者的需求点，就很容易吸引顾客光顾。

还有一个竞争策略就是善于“借光”。借光是一种相互利用，共同扩大市场，减少成本的一种经营策略。俗话说：“远亲不如近邻。”邻里之间相互照应、相互帮助都被称为是传统美德。店铺之间也可以相互照顾，“邻舍好，无价宝”。特别是产品相互补充、相互影响的店铺，在一起可以相互为对方招揽生意。比如，把餐饮店开在超市里面、旁边或超市的楼上，购物的人可能顺便吃点东西，吃东西的人可能顺便购物。

店铺经营还需要协调平衡各种公共关系。店铺与顾客和社会其他各个方面都存在着客观的联系，改善和发展这些联系既可改善店铺的形象，也能够为其经营带来不少好处，商品销售只是店铺与顾客之间营销关系的一部分。店铺与顾客之间还可以发展经济的、技术的和社会的联系和交往，通过这些非商品交换型的联系，双方可以增进信任和了解，可以发展为相互依赖、相互帮助、同甘共苦的伙伴关系，让店铺获得一个忠实的顾客群，从而节省交易费用。

经营店铺，特别是有一定雇工的店铺，需要形成一种日常的经营和管理制度，用制度来约束经营者和员工的行为，制定日常经营制度规则，让外人和顾客一看就看出了店铺良好的形象，这样的店铺自然会聚集人气。具体的日常经营制度要求可见下面的图示。

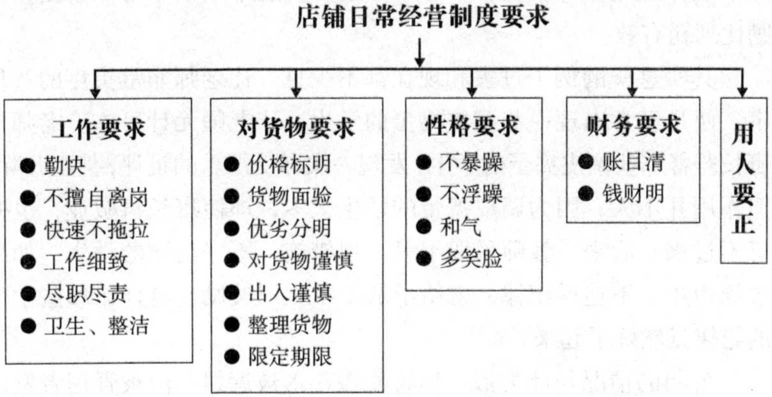

第十一章

管理中的经济学

激励更能有效地管理

我们经常看到绿地、花园边上树立着牌子：“践踏花草罚款”。但依然不时有人践踏和偷盗花木。曾经有一个研究机构调查表明：在一个植物园写着“凡举报偷盗花木者，奖励若干”，令所有规则制定者和研究者诧异的是，这个植物园艺花木却保护得很好。

爱美之心人皆有之，顺手牵羊地偷几束公园的花就难以避免。挂上“爱护花草，人人有责”或者“请君勿折花木”之类的警示牌几乎没什么用。一个罚款，一个激励。从这个例子中可以看出，激励比惩罚有效。

其实这样的例子过去和现在都不少见。让老师非常头疼的一件事，便是经常出现一些调皮捣蛋的学生，让老师无计可施。老师拿班长监督那些调皮捣蛋的学生，发现一次即受严重的批评，甚至开除。但作用并不大，因为调皮捣蛋的学生太多，即使班长再敬业，也监督不过来。后来，教师采取了另一项措施，不守纪律的学生，如果规规矩矩，不违反纪律，就给予那个学生以奖励，这样，那些学生的纪律竟然好了起来。

公园的情况与此类似。尽管偷盗花木被惩罚，但被管理者发现的风险并不大，毕竟不是公园的每个地方都站着管理者。当对举报者进行奖励时，公园的游人受此激励都成了管理者，偷盗花木被发现的可能性变大了，成了一件风险极大的事，居心不良者当然不敢有所作为了。在这种情况下，对公众监督的激励当然比对偷盗花木者的惩罚要有效得多。

激励与惩罚要达到的目的是相同的，比如上面说到的保护花木或消除违反纪律，或者说它们的收益是相同的。但这两种机制发生作用的方式不同，成本也不同。采用激励机制时，其作用是自发的，行为者按激励所要达到的目的去行事，简单而有效。给举报者奖励，就自发地把千百万游人变成了不领工资的管理者，实行激励措施，就无须用管理者来监督。采用惩罚机制时，其作用是消极的，还需要更多支出，例如，用专门监督人员及必要的设施等。这又引出了两个问题。一是监督者也是人，他们也有个人利益，可能收取被监督者的贿赂，实现鼠猫联盟，共同作案，这类事情现实中也不少见。即使用机器监督，操纵者还是人。二是只要收益大于成本，被监督者就会用各种方式来逃避监督，被监督者的智慧往往令监督者防不胜防。

激励优于惩罚的道理并不复杂，在众多企业管理方式中应用也比较普遍。但实施起来并不那么容易。直至现在，一些民营企业（尤其是中小企业）的老板仍然改变不了对惩罚的崇拜，他们制定制度，设立专门岗位，对员工规定各种惩罚条款，但却舍不得给员工增加工资。

就整个社会的制度而言，激励优于惩罚却是重要的。当前社会关注的热点之一是腐败问题，每年都要抓捕、甚至枪毙一批腐败干部，惩罚是相当严重的。但为什么腐败仍有加剧的趋势—由个人腐败变为集体腐败，由几十万变为若干亿呢？其实惩罚对制止腐败的作用往往是暂时的、有限的，秘密就在于此。

谨防破窗的诱导作用

在日常生活和工作中，我们经常会发现这样一些类似的情况：

一个人带头摘取商店门口摆放的鲜花，其他人就群起而效仿，将数个花篮中的鲜花一抢而空。

桌上的财物，敞开的大门，可能使本无贪念的人心生贪念。

有些人犯了错误，通常都是这样为自己辩解：“××都是这样干的！”或者“上次就是这样做的！”

这些生活中常见的情况向我们道出了一个著名的理论：破窗理论。而破窗理论的产生基于一项有趣的实验。

美国斯坦福大学心理学家詹巴斗曾做过这样一项实验：他找来两辆一模一样的汽车，一辆停在比较杂乱的街区，一辆停在中产阶级社区。他把停在杂乱街区的那辆车的车牌摘掉，顶棚打开，结果一天之内就被人偷走了，而停在中产阶级社区的那一辆过了一个星期仍安然无恙。后来，詹巴斗用锤子把这辆车的玻璃敲了个大洞，结果，仅仅过了几个小时，它就不见了。

以这项试验为基础，政治学家威尔逊和犯罪学家凯瑟琳提出了破窗理论：如果有人打破了一个建筑物的窗户玻璃，而这扇窗户又得不到及时的维修，别人就可能受到某些暗示性的纵容去打烂更多的窗户玻璃。久而久之，这些破窗户就给人造成一种无序的感觉。结果在这种公众麻木不仁的氛围中，犯罪就会滋生、增长。破窗理论给我们的启示是：必须及时修好“第一个被打碎的窗户玻璃”。防微杜渐，说的就是这个道理。

中国有句古话：“人无远虑，必有近忧”，作为企业的管理者更应如此。既然有些“破窗”不可避免，管理者就应时时绷紧“破窗”这根弦。只有防范“破窗”于未雨绸缪，才能修补“破窗”于旦夕之间。平时多一些“破窗”意识，多制定几套对付各种可能出现的“破窗”的策略，“破窗”来临时就会镇定从容得多，相对于没有“破窗”意识和未制定“破窗”策略的企业而言，本身就已经赢得了时间差。

随着市场竞争的加剧，管理中的每一个漏洞都可能会成为别人攻击的目标，也会成为自己前进的“瓶颈”，这意味着企业一旦遇到“破窗”，就必须争取在第一时间进行修补，不然连锁反应带来的危害可以令企业元气大伤。

别以为企业的规模大、实力强平时就可以不进行“破窗”预防了，从某种意义上说大企业和著名企业更易遭受“破窗”风险。美国管理学家 Jffrey R.Caponigro 在其最新的企业管理著作中指出，处于市场“第一品牌”的企业、迅速成长的企业和连锁企业等 10 类企业，是当今社会最容易发生意外的企业。可见，越是知名度高的企业越要有“破窗”意识，“破窗”出现时能够掌握主动，抓住机遇，及时修补。

在企业管理过程中，一旦出现“破窗”，如不及时处理，不但会引发“砸窗”的连锁反应，对企业的经营产生危害，还会引起公众和社会舆论的各种评论，一些言过其词的评论对企业的声誉可能造成极大的威胁。因此出现“破窗”后，最好以快刀斩乱麻的凌厉手段尽快将矛盾解决，别让公众热辣的目光聚焦在你的痛处，再把手中的石头扔过来，砸得你遍体鳞伤，甚至达到无法修补的地步。

特别是对于那些资产数以亿计的大企业，宁可“蚀小财”也不能耽误处理“破窗”的时间，因为“破窗”带来的损失远远不是几个小钱所能弥补的。而且“破窗”久拖不决，无形中也给竞争者提供了乘虚而入的机会。

即便“破窗”的危害不是很大，遭遇“破窗”的企业也会频频成为媒体热炒的目标，不管是客观评论还是歪批反说，终归是揭短者居多，企业信誉受损在所难免，市场份额失不再来。

所以，一旦“破窗”出现了，最明智的管理者就是做一个第一时间赶到“破窗”现场的修理工，然后再在第一时间将“破窗”修理好！

有所选择，挑出轻重

80/20 法则是一项关于选择性的法则。借由专注于你最擅长的 1/5，你能达到最大效能。这项原则不仅适用于个人，也适用于公司。

最成功的专业公司或企业，只留下自己的主力技能自己做，其他的事全部外包。如果精于行销，那么就不制造；如果长于研发，那么不但找别人制造产品，也把行销与销售发包出去做；如果擅长大量生产标准化的商品，就不制造特殊规格或市场顶层的商品；如果在高边际利润的特殊商品上最强，就不进入大众市场。

总之，你的公司应尽可能简化，全神贯注在强过对手数倍的领域。

这时候杠杆原理就有了用武之地。所谓以杠杆原理善用资本，是用钱来获取剩余价值。在最基本的层面上，若是机器比人有效益，便购买机器以取代人力。今日最有效的方法之一，乃是用钱“大量生产”，这已有在特定环境中成功的例子—事实上，这是用钱来复制某些诀窍，例如电脑软件的行销，速食店如麦当劳，以及清凉饮料的全球行销。

再举一个例子，说明如何运用80/20法则转变公司的财富，而且改变了整个公司。

乔治亚装饰公司是一家年营业额数百万美元的地毯供应商。这家公司过去只卖地毯，现在它也出租地毯，是一块块接合在一起的地毯，而非整块地毯。装饰公司意识到，在一块地毯上，80%的磨损出现在20%的地方。通常，地毯到了要替换时，大部分地方仍然完好。在装饰公司的出租计划中，地毯只要一检查出有任何的磨损或毁坏就更换。

这种做法同时降低了装饰公司顾客的成本。一个小小的80/20法则，改变了一家公司，并且可能导致这个产业广泛的改变。

根据80/20法则来看，如果你所赚的钱中，大部分来自于一小部分活动，你就应该完全转变你的公司，并且集中精力来增加这一小部分的活动，然而这只是解答的一小部分，在企业需求的背后，还潜藏着更有力的真相，接着我们将探讨这个主题。

找出最有潜力能降低成本的地方（也许是整个公司全部业务的20%），然后把你80%的力气放在这里。

80/20法则认为，在一些高产值的部分之外，总有许多低产值的部分。这样的情况，在过去30年里，出现在所有能成功降低成本的方法中（通常也用到了80/20法则），来比较各产品或服务的表现。这些方法都力求改进大多数无甚进展的表现，追求能达到最好的部分（有的追求90%，有的75%，而通常在90%～70%之间），若做不到，就去掉。

我们被训练成以因果、以正常关系、以一般水准的收益、以完美竞争方式和可预期的结果等角度去思考事情，但真实世界不是这样的。真实世界里有许多影响力，因果关系不明确，复杂的反馈扭曲了投入；有昙花一现的平衡，而且通常相当迷惑人；某些表现在重复但不规则的模式；各公司从来没有在公平的基础上竞争，也不可能全都业务兴隆，在真实的世界里，只有少数蒙老天厚爱的人，可以占领市场得到利润。

以此观点看来，大公司复杂的程度难以想象，并且经常是以不同的力量来行事；有的力量顺势而行，获利甚丰；有的却逆势而为，损失颇重。这都是因为不能拨开纠结复杂的现实见到真相，也因为会计系统有着安慰作用，它以平均（且大大扭曲）的方式解释一切事情。

80/20 法则早已盛行，只是还未受注意。我们经常只能看到公司的“净”结果，但这绝非全貌！在表象之下，正面与负面的产出力量互相拉扯，加起来共同产生了我们在表面所见的效果。一旦我们辨识出台面下所有的力量时，80/20 法则最能发挥效力，我们就能去除负面的影响，将所有精力花在最有效的生产力上。

如何让企业成本最小化

在市场经济中，利润最大化与成本最小化是企业永恒的主题。一个企业要达到利润最大化，就必须对投入要素进行最优组成以使成本最小。因此，我们要想取得最大利润，就要遵循成本最小化原则。

守株待兔的故事对我们每个人来说都是耳熟能详的，这在经济学家的眼里可以用来阐述成本最小化原则—即付出最小的成本来获取更多的“兔子”。

其实，这个故事最初是用来讽刺那些懒惰的人，自己不付出劳动，却希望不劳而获。不过我们可以从经济学的角度来考虑寓意。故事里的农夫其实并不傻，他知道比较自己的收益和成本，而且知道在树下等撞死的兔子，比一年年地种地要来得轻松，付出的成本也小很多，他觉得这是他成本最小化的一个途径。不过，他混淆了成本最小化与不付出成本的界线了，成本最小化不是不付出成本。

这里谈的成本，其实是会计学中的一个概念，在经济学的分析中也广泛应用。成本是指为了得到一定的预期结果所付出的代价。成本有不同的分类，包括生产成本、管理成本、交易成本等。企业是市场中的微观主体，是以盈利为目的的，所以，在研究企业问题时，考虑最多的就是成本问题。

企业如何控制成本，使之达到成本最小化呢？

第一，加强控制措施，减少无效消耗。

从获得产品而发生消耗的关系来看，在企业的全部消耗上，有一部分是有效消耗，它是获得社会产品（即合格品）的必要消耗；另一部分是无效消耗，是获得产品不应发生的消耗，如废品消耗、管理不善造成的浪费等。

对于获得一定产品而发生的有效消耗，在一定生产条件下是一定的，是相对固定不变的；对于获得一定产品而发生的无效消耗，是相对变化的，是普遍存在的。后者是控制的对象，要通过一系列措施对这一消耗进行控制，使其降低到最低点。

第二，加强企业管理，促进经济技术统一。

企业需要的不是单纯的技术而是经济技术，从技术与经济相互影响、相互制约的关系出发，重视技术进步，对降低成本有着重要作用。一方面，技术上的新成果只有在经济上需要且有采用它的条件时，才能在生产中得到广泛地应用；另一方面技术的进步也推动着经济的发展。

成本控制工程在很多方面是从企业经济方面对技术工作提出的要求，如新产品开发、质量的提高等，因而能够促进科学技术转化为生产力。同时又通过技术进步对经营管理水平提出更高的要求，从而达到了经济和技术的统一。

第三，加强内涵控制，推动外延控制。

一般来讲，企业的成本控制工作，是按由低到高、循序渐进的步骤展开的。归纳起来可以分为两大阶段：

第一阶段，内涵成本控制阶段。这是初步成本控制阶段，主要是打好基础。第二阶段，外延成本控制阶段。这一阶段是完善发展阶段，主要是系统控制。这一阶段的控制措施由经济管理型转向了技术管理型，发生了质的飞跃。这是因为随着企业外部原材料价格的大幅度上涨、企业增支减利因素不断增加，单纯靠内涵控制已不能适应经济形势发展的要求。

因此，企业必须由以内涵控制为主转向以外延控制为主，并逐步形成外延控制体系，从而极大地提高企业的应变能力、消化能力和发展能力，逐步使成本达到最小化。

分槽喂马的用人方略

战国野史记载：当时北方有两种马特别有名，一种是蒙古马，力大无穷，能负重千余斤；另一种是大宛马，驰骋如飞，一日千里。

邯郸有一商人家里同时豢养了一匹蒙古马和一匹大宛马，用蒙古马来运输货物，用大宛马来传递信息。两匹马圈在一个马厩里，在一个槽里吃料，经常因为争夺草料而相互踢咬，每每两败俱伤，要请兽医调治，使得主人不胜其烦，当时恰巧伯乐来到邯郸，商人于是请他来帮助解决这个难题。伯乐来到马厩看了看，微微一笑，说了两个字：分槽。主人依计而行，从此轻松驾驭二马，生意越来越红火。能者要想才尽其用，不但要分而治之，还必须善用之。因为不同的贤能，各有其能，有的适合彼工作，有的适合此工作，把各种能力放在适合它们的土壤里才能生存成长。养可分、用必合方能各自协调，发挥合力的效果。

去过庙里的人都知道，一进庙门首先是弥勒佛，笑脸相迎，而在他的北面，则是黑口黑脸的韦陀。但相传在很久以前，他们并不在同一个庙里，而是分别掌管不同的庙。

弥勒佛热情快乐，所以来的人非常多，但他什么都不在乎，丢三落四，没有好好管理账务，所以依然入不敷出。而韦陀管账是一把好手，但成天阴着个脸，太过严肃，搞得人越来越少，最后香火断绝。

佛祖在查看香火的时候发现了这个问题，就将他们俩放在同一个庙里，由弥勒佛负责公关，笑迎八方客，于是香火大旺。而韦陀铁面无私、锱铢必较，则让他负责财务，严格把关。在两人的分工合作下，庙里呈现出一派欣欣向荣的景象。

分槽喂马和佛祖派工说的都是一个问题，就是如何把最合适的人放到最合适的岗位上去。

而这个问题也是一个曾经长期困扰中国企业的难题，特别在同时崛起两个候选人的情况下。

法国著名企业家皮尔·卡丹曾经说："用人上一加一不等于二，搞不好等于零。"如果在用人中组合失当，常会失去整体优势；安排得宜，才成最佳配置。在这方面，李嘉诚与柳传志以其洞明世事的眼光，成功地用"分槽喂马"的策略，不仅化解了这个难题，而且将企业的发展推向一个新的高度。

凡是做大的企业都有"分槽喂马"的用人方略。2001 年 3 月，联想集团宣布"联想电脑"、"神州数码"分拆进入资本市场，同年6月，神州数码在香港上市。分拆之后，联想电脑由杨元庆接过帅旗，继承自有品牌，主攻 PC、硬件生产销售；神州数码则由郭为领军，另创品牌，主营系统集成、代理产品分销、网络产品制造。

至此，联想接班人问题以喜剧方式尘埃落定，不孚众望的"双少帅"一个握有联想现在，一个开创联想未来。

但是在实行"分槽喂马"的过程中，还有一个如何进行搭配，使每个人才相得益彰而不是相互妨碍的问题。这就需要管理者对你的"千里马"有深刻的洞察力，最好使他们彼此所负责的事务具有互补性。

老板与经理的良性互动

在企业领域，老板自然希望少出钱，少操心，多拿利润，而职业经理人则希望多拿年薪少干活。老板与经理人之间是一个博弈关系，那么两者如何博弈？也就是说，如何建立一个良好的老板与经理人合作机制对于企业来讲是必要的。

一般情况下，在研究老板与经理人合作机制时，理论上比较偏重于关注如何保护老板的利益，但如果从我国的现实来看，就存在着经理人利益得不到保证的情况。对于一个市场经济发展初期的国家来说，相对于老板，经理人是弱势群体。由于这个群体还没有形成统一的社会机制，所以其集团利益经常难以得到保证。

由于市场机制是一种均衡机制，所以只有双方的利益达到均衡点，才能实现交易。因此，在一个经理人处于弱势的市场环境中，合作机制的取向应当偏重于经理人。

从以上的结论可以看出，老板与经理人博弈问题的核心，实际上是一种经济利益的规范，即老板与经理的权责分担和利益分配的规范。

在老板与经理人的利益分配规范下，当主要面临 3 个问题。

合约的规则问题是所面临的第一个核心问题。由于交易容易产生纠纷，所以交易的双方要事先签订合约，合约是交易的法律基础。但是合同是对将来可能发生的事情的规定，它无法防止意外。因此在老板与经理人的交易中既要有合约，又不能完全依赖合约。交易的双方要有合作精神。但是在现实中，由于合同的不完善与合作精神的缺乏，经理人往往会吃亏。

比如说一个大型私营企业的老板，他和总经理之间有了矛盾，他对总经理产生了不信任感。而合约中规定的是将总经理的业绩与收益挂钩，于是老板采取明升暗降的办法想使总经理达不到业绩而无法拿到报酬，总经理一怒之下愤然辞职并带走了企业的关键岗位员工。另一个企业登广告以年薪 100 万元聘请一个经理，但是试用期一满，就立即辞退了他。由这两个案例得出，经理人在签订合约时，不仅要规定合约的结果，还要规定执行的过程。只有通过合约建立一个公平、合理的机制，最终才会达到所要的目的。

企业核心资源的垄断性与替代性是第二个核心问题。企业发展的关键是企业的核心资源，谁掌握了它，谁就把握了企业发展的命脉。

经理人的普遍想法是努力做大自己的一块，使自己所掌握的部门成为企业的核心资源。这样就具有与老板谈判的资本，从而获得企业决策权。所以营销经理成为总经理以后，往往会加大对营销部门的投入，而研发部门的经理上台后，也会加强对研发部门的投入。老板要想消除经理人对企业核心资源的垄断，就必须寻找一个替代品。比如说在每个关键部门安插几个副手，以便降低经理人讨价还价的能力。

短期与长期的问题是第三个核心问题。对于一个注重长期行为的企业来说，股权的激励是不重要的，更重要的是以人际关系为代表的非正式制度规则对个人所带来的意义。例如，日本的企业一般是不流动的，经理人轻易不会退出，因为成本是很高的，如果一个经理离职后，不可能很快就去另一个公司做经理，而且经理与工人之间的工资比是很低的。之所以有这种情况出现，因为有着高额的退休金，这样短期行为就不容易发生，因为长期行为的收益是很大的，足以制约短期行为。而与此相反的是，在一个注重短期行为的企业中，更多正式的契约，更少非正式的规则。所以美国企业中，经理人频繁的跳槽不但不会降低他们的身价，反而会被视为具有丰富经验的表现。因为美国更注重的是短期的契约。

从以上两种企业的对比来看，短期博弈的关键是合约，而长期博弈的关键是非合约的非正式制度规则。

企业与员工的共赢之道

现今，许多员工对企业的“人身依附”心理已经大大减弱。在联想公司，许多员工喊出“公司不是我的家”，其实这已经深入人心，为广大的打工一族所普遍接受。付出就要求回报，并不过分。而从公司的角度出发，付出薪酬的前提，是要求员工为公司做出相应的贡献。在公司和员工既“相互依赖”又“相互争斗”的博弈中，最直接的表现形式就是薪酬。

其实，薪酬是员工与企业之间博弈的对象，这一博弈的过程与

“囚徒困境”很相似。由于员工和企业很难有真正的相互认同，双方始终在考察对方而后决定自己的行为。员工考虑：拿这样的薪酬，是否值得付出额外的努力？企业又不是自己的，老板会了解、认同自己的努力吗？公司会用回报来承认自己的努力付出吗？公司方面考虑：员工的能力，是否能胜任现在的工作？给员工的薪酬待遇，是否物有所值？员工是否会对公司保持持续的忠诚？

有一个这样的管理故事：一个企业经营者某次跟朋友闲聊时抱怨说：“我的秘书李丽来两个月了，什么活都不干，还整天跟我抱怨工资太低，吵着要走，烦死人了。我得给她点颜色瞧瞧。”朋友说：“那就如她所愿—炒了她呗！”企业经营者说：“好，那我明天就让她走。”“不！”朋友说，“那太便宜她了，应该明天就给她涨工资，翻倍，过一个月之后再炒了她。”企业经营者问：“既然要她走，为什么还要多给她一个月的薪水，而且是双倍的薪水？”朋友解释说：“如果现在让她走，她只不过是失去了一份普通的工作，她马上可以在就业市场上再找一份同样薪水的工作。一个月之后让她走，她丢掉的可是一份她这辈子也找不到的高薪工作。你不是想报复她吗？那就先给她加薪吧。”

一个月之后，该企业经营者开始欣赏李丽的工作，尽管她拿了双倍的工资，因为她的工作态度和工作效果和一个月之前已是天壤之别。但这个经营者并没有像当初说的那样炒掉她，而是开始重用她。

从这个企业经营者角度看，他可以说是运用博弈的理论，通过增加薪酬使员工发挥出实力。如果当初他就把李丽炒掉，这势必给双方都带来一定的不利，而经过这样的博弈，双方都实现了共赢。

但如果从公司的管理角度看，这个故事说明了一个现象：许多员工在工作中，经常不断地在衡量自己的得失，如果认为企业能够提供满足或超过他个人付出的收益，他才会安心、努力地工作，充分发挥个人的主观能动性，把自己当做企业的主人。但是，很难判断、衡量一个人是否有能力完成工作，是否能够在得到高薪酬之后，实现老板期待的工作成绩。老板经常会面临决策的风险。

由于员工和企业都无法完全地信任对方，因此就出现了“囚徒困境”一样的博弈过程。企业只有制定一个合理、完善、相对科学的管理机制，使员工能够获取应得报酬，或让员工相信他能够获得应得报酬，这样员工就能心甘情愿地努力工作，从而实现企业和员工的双赢结局。

在博弈的过程中，员工在衡量个人的收益与付出是否相符合时，会有3个衡量标准：个人公平、内部公平和外部公平。

所谓的个人公平就是员工个人对自己能力发挥和对公司所作贡献的评价。是否满足于自己的收入标准，取决于自己对个人能力的评价。如果他认为自己是高级工程师的水平，承担着高级工程师的工作任务和责任，而公司给予的却是普通工程师的薪酬待遇，员工自然就会产生怨气，就会出现两种结果：或是消极怠工，或是选择离开。

企业要想保证个人公平，最重要的就是量才而用，并为有才能者创造脱颖而出的机会。一味地说教强调奉献不但无济于事，更是对员工的欺骗和不尊重。海尔的人才观是“赛马不相马”，说的并不是不需要量才而用，而是说不应以领导对个人的评价作为竞争评价标准，而应以一套公正透明的人才选拔机制，用个人在工作中的实际绩效作为评价机制和评价标准。要保证个人公平，还应该事先说明规则，保证让双方明白相互间的权利和义务。

员工相互之间的比较衡量就是所谓的内部公平。对于企业的分工来说，一个人无法完成工作的各个工序，需要团队间的相互协调、配合完成。很难判断一个员工对企业做出的贡献，也很难在岗位相近的员工之间，进行横向比较。而过多人工干预、领导主观对员工的评价，进而反应在薪酬待遇上，常起不到激励员工的积极作用，而多是消极作用。公司只有统一的薪酬体系、科学的岗位评价和公正的考核体系，才能保障内部公平。

外部公平主要是员工个人的收入相对于劳动力市场的水平。科学管理之父泰勒对此有深刻的认识，他认为，企业必须在能够招到适合岗位要求的员工的薪酬水平上增加一份激励薪酬，以保证这份工作是该员工所能找到的最好工作，这样，一旦员工失去这份工作，将很难在社会上找到相似收入的工作。因此，一旦员工失去工作，就承担了很大的机会成本。只有这样，员工才会珍惜这份工作，努力完成工作要求。

很多公司在招聘人才时，都强调公司实行的是同行业有竞争力的薪酬标准。什么叫有竞争力的薪酬待遇？就是在同业之间的薪酬比较。比如说，一个软件架构设计师，在外企的薪酬是每月 3 万元人民币，而同一行业、同一产品的国内公司，要想聘请到同档次的软件架构师，你的薪酬水平就不能低于外企的薪酬水平。

以上 3 方面也是员工对企业不满的主要原因，其中薪酬设计的关键考虑因素是内部公平与外部公平，个人公平虽然难以从外部表现来衡量，但对于员工积极性的影响也是实实在在的，企业需要通过与员工的沟通，缩小双方的认识差距。让员工认识到自己劳动的价值、自己在市场上的真正价值，珍惜自己的工作岗位，满意于企业给予自己的待遇。只有双方实现互信，才能保障共赢。

在员工与企业的博弈中，员工要满足于企业给予的薪酬水平，企业也要对优秀的员工给以薪酬上的回报。这样，双方的博弈就能达到阶段性的力量均衡，从而实现共赢。

这样考核最公正

细心的人不难发现，在一个团队中，有的人能力突出而且工作积极努力，相反，有的人工作消极从不尽心尽力，或者因能力差即使尽力了也未能把工作效率提高，这在无形中便建立起了“智猪博弈”的模型：一方面，大猪在为团队的总体绩效也包括自己的个体利益来回奔波拼命工作，另一方面，小猪守株待兔、坐享其成。长此以往，大猪的积极性必定会慢慢消退，逐渐被同化成“小猪”，届时，团队业务处于瘫痪状态，受害的不仅是其单个团队，而且会伤及整个公司的总体利益。

那么，如何使用好绩效考核这把钥匙，恰当地避免考核误区，既能做到按绩分配，又能做到奖罚分明？从“智猪博弈”中可以得到以下几种改善方案。

方案一：减量。仅投原来的一半分量的食物，就会出现小猪、大猪都不去踩踏板的结果。因为小猪去踩，大猪将会把食物吃完；同样，大猪去踩，小猪也将会把食物吃完。谁去踩踏板，就意味着替对方贡献食物，所以谁也不会有踩踏板的动力。其效果就相当于对整个团队不采取任何考核措施，因此，团队成员也不会有工作的动力。

方案二：增量。投比原来多一倍的食物。就会出现小猪、大猪谁想吃，谁就会去踩踏板的结果。因为无论哪一方去踩，对方都不会把食物吃完。小猪和大猪相当于生活在物质相对丰富的高福利社会里，所以竞争意识不会很强。就像在营销团队建设中，每个人无论工作努力与否都有很好的报酬，大家都没有竞争意识了，而且这个规则的成本相当高，因此也不会有一个好效果。

方案三：移位。如果投食口移到踏板附近，那么就会有小猪和大猪都拼命地抢着踩踏板的结果。等待者不得食，而多劳者多得。每次踩踏板的收获刚好消费完。相对来说，这是一个最佳方案，成本不高，但能得到最大的收获。

当然，这种考核方法也存在它的缺陷性，但没有哪一种考核方法能真正让人人都觉得公平。

在绩效考核运作中，实际是对员工考核时期内工作内容及绩效的衡量与测度，即博弈方为参与考核的决策方；博弈对象为员工的工作绩效；博弈方收益为考核结果的实施效果，如薪酬调整、培训调整等。

由于考核方与被考核方都希望自己的决策收益最大化，因此双方最终选择合作决策。对于每个企业来说，这将有利于员工、主管及公司的发展。

但是从长期角度看，只能是双方中有一方离职后博弈才结束，因此理论上考核为有限次重复博弈。但实际工作中，由于考核次数较多，员工平均从业时间较长，而且离职的不可完全预知性，因此可将考核近似看做无限次重复博弈。

随着考核博弈的不断重复及在一起工作时间的增长，主管与员工双方都有一定程度的了解。在实际工作中，由于主管在考核结果中通常占有较高的比重，所以主管个人倾向往往对考核结果有较强的影响力。而且考核为无限次重复博弈，因此员工为了追求效益最大化有可能根据主管的个性倾向调整自己的对策。因此，从长期角度分析，要求人力资源部做出相应判断与调整，如采用强制分布法、个人倾向测试等加以修正。

总而言之，在公司内部形成合理的工作及权力分工。一方面可以通过降低主管的绩效考核压力，使部门主管有更多精力投入到部门日常管理及专业发展；一方面通过员工能对自己的工作绩效考核拥有一定的权力，从而调动其工作积极性，协调劳资关系，从而激发员工的工作积极性，因此将极大程度地推动公司人力资源管理状况及企业文化建设。

考核与被考核存在着一种博弈关系，无论对于哪一方来说，建立一个合理的、公平的考核制度是非常重要的，尤其是分工制度，可以避免出现评估中的“智猪模型”，提高员工的工作积极性，把企业做大、做强。

管理中的利益关系

管理场是生意场，在管理当中人和人之间最终只有一种关系：生意伙伴关系，以利益交换为基础的生意伙伴关系。

组织内部、外部的人际关系状态经常会发生变化，唯一不变的是生意伙伴关系，永恒的生意伙伴。搞不清这一点，你就难免会有这样那样的心理落差或行为不当。

小红觉得自己是天下最冤的人，比窦娥还冤。

小红曾经是某电视台的美女加才女，她被一位著名媒体投资人看中，请去筹备办一份都市期刊。小红非常投入，把自己的很多朋友也拉来一起做。期刊上市了，经营慢慢步入正轨，然而小红有一天突然发现，她的一位好朋友—被她请来做编辑部主任的小T，竟然背着她和老板（投资人）密切接触，而且说了很多她的坏话。老板则表示出一副公平竞争的态度：小红很能干，小T也很能干，至于小T能否替代小红，要看她们各自的表现。

小红非常郁闷，找朋友聊天。朋友问她："小T和你是什么关系？"

小红："朋友啊。"

朋友："现在呢？"

小红："同事啊。"

朋友："如果以前不是朋友，是单纯的同事，她想往上爬以取代你，正常吗？"

小红："呃……正常。"

朋友："同事关系，即工作关系，更准确地讲，就是为了利益在一起做事的关系。并且，每个人其实都希望通过工作获得更多利益，对吧？"

小红："我明白了。"

道理其实非常简单，职场是生意场，在职场这个大"game"当中，人和人之间最终只有一种关系：生意伙伴关系，以利益交换为基础的生意伙伴关系。

另外一个例子是创维集团的老板黄宏生。黄宏生给人的感觉相当厚道，听他讲述创业的故事，就是带着一帮弟兄打江山的感觉。结果，黄宏生第一次遭遇的重大挫折，是他非常倚重的陆强华带领整个销售团队集体跳槽；第二次，也是因为身边人举报，在香港惹上官司。其实，如果黄宏生不是用对待家里人的方式对待这些人，利益、规则都讲得清清楚楚，大家有什么期望的变化和问题随时摆到桌面上来谈，可能也就不会遭遇这些突然性的"背叛"。

职场人际关系，也是按照价值链的方式串联起来的，包括供应商、客户、合作者、竞争者、可能的替代者、潜在的对手和同盟者，等等，这些人都是你的职场生意伙伴。因为期望和人际关系会发生变化，你今天的平级同事可能是你明天的上司，今天的竞争对手可能是明天的客户。所以，在职场人际经营中，对各种人都要保持平和、理性的心态。

管理者需要建立预期

把博弈论应用于企业管理当中，那么，作为企业的“领头羊”，领导者应该注意些什么呢？管理学家孔兹对领导的界定是：“领导可定义为影响力。它是影响他人，并使他们愿意为达到群体目标而努力的一种艺术或方法。这种观念可以扩大到不仅是使他们愿意工作，同时也愿意热诚而有自信地工作。”

其中最关键的理念是“影响他人使他们愿意为达到群体目标而努力”。这就需要一定的管理艺术，其中最重要的一条就是在企业内部“建立预期”。

管理者应该能够帮助员工建立对未来的预期。对未来的预期，是影响员工行为的重要因素。预期分为预期收益和风险，也就是员工这样做将来会有什么好处，同时这样做又可能会面临什么样的问题。这些将影响员工个人的策略，如员工是否会将精力真正地投入到企业的成长中。

来看这样一个有趣的故事：

一只绰号叫“天下无敌”的猫把老鼠打得溃不成军，最后老鼠几乎销声匿迹。残存下来的几只老鼠躲在洞里不敢出来，几乎快要饿死。“天下无敌”在这帮悲惨的老鼠看来，根本不是猫，而是一个恶魔。但是这位猫先生有个爱好：喜欢向异性献殷勤。

有一天，这只猫爬得又高又远去寻找相好。就在它和相好癫狂时，那些残存的老鼠来到了一个角落里，就当前的迫切问题召开了一个紧急会议。

一只十分小心谨慎的老鼠担任会议主席，一开始它就建议必须尽快在这只猫的脖子上系上一只铃铛。这样，当这只猫进攻时，铃声一响，大伙儿就可以逃到地下躲藏起来。会议主席只有这么一个主意，大伙儿也就同意了它的建议，因为它们都觉得再没有比这个更好的建议。

但问题是怎样把铃铛系上去，没有哪只老鼠愿意去拴这个铃铛。到了最后，大伙儿就散了，什么也没做。看来，给猫系上铃铛无疑是一个绝妙的主意，但对于一群已经被吓破胆的老鼠来说，这个主意只是无法实施的美好梦想而已。

在企业中，也是同样的道理。

对于一个管理者来说，应该本着务实的精神，制定切实可行的计划，让他的团队有一个可以实现的目标，而不是做出一个不可能实现的决定，同时管理者要对这个目标做出承诺。在承诺的同时，上下级之间要能够相互沟通，建立一个交流网络来寻求共同的价值观与信念。必不可少的，管理者能够以身作则，以自己的个人行为作为员工学习的典范。

许多公司现在也开始在一些社会议题上彼此互相合作，同时也透过一些公有与私有合伙关系的重组，以及制作各种保护环境、改善教育水准、发展提升医疗保健等计划来回馈社会。在这里，就有许多机会，可以吸引各行各业以及各层面的优秀分子的注意。

通过领导者自己与下属之间的“互动过程”，有效地协调系统之间的竞争与合作关系，从而树立了领导权威，促进了系统的有序化。现代领导的本质正在于此。显然，这种领导权威不仅仅是领导者个人素质的结果，而是领导者与下属双方相互作用的结果。

在中国企业发展的进程中，管理者更应该从博弈论中学习到发挥更大作用的方法与技巧。当然，由于职业化管理的条件不成熟，领导者唯我独尊的传统管理还将持续相当长的时间。

第十二章

贫富背后的经济学

坚信，财富接踵而来

杜伽尔说：“我力量的真正源泉，是一种暗中的、永不变更的对未来的信心。甚至不只是信心，而是一种确信。”

确信是一种肯定，坚信是一种信念。坚信定律是指当你对某件事情抱着百分之百的信念时，它最后就会变成事实。一个人要想成功，首先要有坚定的信念，坚定信念是走向成功的保障。信念一旦建立，就要坚持下去，并且能够经得起失败的考验。在现实生活当中，很多人因为失败而降低成功的标准，不是抱怨这个世界的不公平，就是怀疑自己的能力，他们的潜意识里的信念已经动摇了，成功也就变得不可能了。

坚定的信念是一种重要的心理“营养素”。在人生的旅途中，人们常常会遭遇各种挫折和失败，会陷入某些意想不到的困境。这时，信念便犹如心理的平衡器，它能帮助人们保持平稳的心态，并能防止人们因坎坷与挫折而偏离了正确的轨道，误入心理的盲区。

有坚定信念的人相信自己无论决定做什么事，都会实现。人如果有了信念，就有了奔赴成功的动力。美国《信念的魔力》一书中提到：“信念是原动力，能够产生把你引向成功的无穷力量，它往往驱使一个人创造出难以想象的奇迹。”也因此有人说：信念是人生成功的第一要素。

财富，是人人都渴望的，但是坚持不达目标决不罢休的信念，以及为到达成功彼岸而付出一系列的努力，却不是人人都能做到的。要想获得财富就要有创富的信念，即使遇到挫折，也要坚持不懈。

实业家路德维希·蒙德学生时代曾在海德堡大学发现了一种从废碱中提炼硫黄的方法。后来他移居英国，将这一方法带到英国，几经周折，才找到一家愿意同他合作开发的公司。结果证明他的这个专利是有经济价值的，蒙德由此萌发了自己开办化工企业的念头。

随后他买下了一种利用氨水的作用使盐转化为碳酸氢钠的方法，这种方法是他参与发明的，当时还不很成熟。蒙德在柴郡的温宁顿买下一块地，建造厂房。同时，他继续实验，以完善这种方法。实验失败之后，蒙德干脆住进了实验室，昼夜不停地工作。经过反复的实验，他终于解决了技术上的难题。

1874年厂房建成，起初生产情况并不理想，成本居高不下，连续几年企业完全亏损。

然而蒙德毫不气馁，面对逆境他没有退缩，而是继续前进，终于在建厂6年后的1880年取得了重大突破，产量增加了3倍，成本也降了下来，产品由原先每吨亏损5英镑，转为获利1英镑。

后来，蒙德建立的这家企业成了全世界最大的生产纯碱的化工企业。

没有在逆境中坚持不懈、默默奋斗的信念，蒙德也就不会取得后来的非凡成就。

日本水泥大王、浅野水泥公司的创建者浅野宗一郎，23岁时穿着破旧不堪的衣服，从故乡富士山来到东京。因身无分文，又找不到工作，有一段时间他每天都处在半饥饿状态之中。正当他走投无路时，东京的炎热天气启发了他。“干脆卖水算了。”他灵机一动，便在路旁摆起了卖水的摊子，生财工具大部分都是捡来的。“来，来，来，清凉的甜水，每杯1分钱。”浅野大声叫喊。水里加一点糖就变成钱了。头一天所卖的钱共有6角7分。简单的卖水生意使这位吃尽千辛万苦的青年不必再挨饿了。

杰出的人物之所以能创富，一个重要的原因就是他们均能自强不息，并且具有必胜的信念。即使面对种种逆境、重重困难时，他们也从未放弃过信念。生活中总有许多人抱怨自己没本事，从而消极处世，但实际上每个人都有成功的潜质。正如拿破仑所言：“世上没有废物，只是放错了地方。”只要选准一条适合自己的路，坚持下去，自强不息，积极进取，就一定能成功。

一个人不怕不能创富，就怕不相信自己，只要坚信，一切皆有可能。正如《圣经》上所说：“坚定不移的信心能够移山。”一个人光有希望是不够的，还必须把希望和信心结合起来。谁都希望享受成功果实，但如果不具备信心，永远无法成功。如果每个人都能高呼：“我是最棒的，我一定会成功。”那么他就一定会成功。一个人一旦有成功的强烈欲望，就一定能找到成功的方法。在很多时候，失败者不是因为能力不够，而是因为他不相信自己的能力，一遇到困难，就选择了放弃。

相信自己，坚定自己的信念，每个人都会发现，那个叫“成功”的终点站，已离自己越来越近了。

情绪是创富的力量

情绪如同载船的水，它能带来财富，也能将到手的财富吓跑。

大学毕业后，李明应聘到一家公司做助理。刚开始他很难受，特别是老张、小李什么的动不动就唤他去打杂时，他就会发无名火，觉得很没尊严。他觉得他们在把他当奴才使唤。不过，事后他冷静一想，又觉得他们并没有错，他的工作就是这些。刚进来时，王经理也这么事先对他说过，可一旦涉及具体事情，他的情绪就有点失控。有时咬牙切齿地干完某事，又要笑容可掬地向有关人员汇报说：“已经做好了！”如此违心的两面派角色，他自己都感到恶心。有几次，他还与同事争吵起来。此后，他的日子更不好过了，同事们都不理他，李明在公司里感到空前的孤独。

一天，女秘书小吴不在，王经理便点名叫李明到他办公室去整理一下办公桌并为他煮一杯咖啡。他硬着头皮去了。王经理一眼就看出了李明的不满，便一针见血地指出："你觉得委屈是不是？你有才华，这点我信，但你必须从这个做起。"

他叫李明先坐下来，聊聊近况。可李明身旁没有椅子，他不知道自己该坐到哪里，总不能与王经理并排在长条双人沙发上坐下吧？

这时，王经理意有所指地说："心怀不满的人，永远找不到一把舒适的椅子。"难得见到他如此亲切和慈祥的面孔，李明放松了很多。

管理好自己的情绪，才能管理好自己。李明这样任意放纵情绪对个人发展是没有任何好处的，因为王经理实质上是在考察他，而且准备委以重任。

关乎职业发展，情绪的重要在于此，谈判宴上更是如此。意气用事，被别人一激就上套的人，只能看着合同上白花花的银子流到别人腰包里。

人百分之百都是情绪化的，任何时候的行为都是情绪化的结果。即使有人说某人很理性，其实当这个人很有"理性"地思考问题的时候，也受到了他当时情绪状态的影响，"理性地思考"本身也是一种情绪状态。成功创富的人士有一个共同的优点，就是无论遇到什么情况，都能很好地调节自己的情绪。

情绪是人对事物的一种最浮浅、最直观、最不理性的情感反应。它往往只从维护情感主体的自尊和利益出发，不对事物做复杂、深远和有智谋的考虑，这样的结果，常使自己处在很不利的位置上或为他人所利用。本来，情感离智谋就已距离很远了（人常常以情害事，为情役使，情令智昏），情绪更是情感的最表面、最浮躁的部分，以情绪做事，焉有理智？不理智，能有胜算吗？

但是我们在工作、学习、待人接物中，却常常依从情绪的摆布，头脑一发热，情绪就上来了，做出令人难以置信的事情，造成无法换回的后果。比如，因一句无甚利害的话，我们便可能与人打斗，甚至拼命——诗人莱蒙托夫、诗人普希金与人决斗死亡，便是此类情绪所为；又如，我们因别人给我们的一点假仁假义，而心肠顿软，大犯根本性的错误——西楚霸王项羽在鸿门宴上耳软、心软，以致放走死敌刘邦，最终痛失天下，便是这种柔弱心肠的情绪所为。还有很多因情绪的浮躁、简单、不理智等而犯的过错，大则失国失天下，小则误人误己误事。事后冷静下来，自己也会感到其实可以不必那样。这都是因为情绪的躁动和亢奋蒙蔽了人的心智所为。

关于如何控制不良情绪，成功人士总结出了一些法则。首先要学会情绪转移。当自己的火气上涌时，要有意识地通过其他事情分散自己的注意力，例如看电影、听音乐、下棋、散步等有意义的轻松活动，能使紧张的情绪松弛下来。其次，要学会自我安慰。当自己面临失败时，可以为自己找一个恰当的理由安慰自己，从而可以减少内心的失望情绪，使自己的内心得到平衡。再次，要学会宣泄。在某些时候，当人产生不良情绪时，要以恰当的方式加以宣泄，这样可以释放积于内心的郁闷，有利于人的身心健康。

每个人都要充分利用积极情绪的正面作用，做自己情绪的主人，让自己的心理世界更多地呈现出一片晴空。

期望富裕，才能创富

在生活中，我们常常可以听到这样的一句话："说你行，你就行；说你不行，你就不行。"这样简单的一句话体现了心理学研究的一个现象—皮格马利翁效应。

皮格马利翁效应又称期望效应，关于它，有一段美丽的故事。古时候，有一位很出名的雕塑家皮格马利翁，花了很长时间，费了很多心血，精心雕塑了一尊少女石像。由于他倾注了太多的心血，在不知不觉中，他发现自己爱上了这个石像少女，并且期望她能够复活。为了使少女早一天复活，雕塑家每天都要亲吻石像少女，向她倾诉自己的全部爱恋。雕塑家真挚的期望感动了上苍，若干天后，少女真的复活了，并成了他的妻子，两个人过上了幸福的生活。

心理学家罗森塔尔曾做过一个这样的实验：他们提供给实验学

校一些学生名单，并告诉校方，他们通过一项测试发现，这几名学生是天才，只不过尚未在学习中表现出来。事实上，这些学生只不过是从学生的名单中随意抽取出来的几个人。有趣的是，在学年末的测试中，这些学生的学习成绩真的比其他学生高出了很多。研究者认为，这是教师的期望发生作用的结果。由于有了心理学家的“鉴定”，教师就真的认为这几个学生是天才，因而寄予他们更大的期望，在上课时给予他们更多的关注，通过各种方式向他们传达“你很优秀”的信息。学生感受到教师的关注，受到激励，学习时就加倍地努力，因而取得了好成绩。这便是所谓的皮格马利翁效应。

与上面的实验相反，心理学家对少年犯罪也进行了研究。结果发现：许多沦为少年犯的孩子都曾受过不良期望的影响。他们因为小时候偶尔犯过的错误而被贴上了“不良少年”的标签，这使得家长和老师们往往用一种异样的眼光来看孩子，认为孩子是“无可救药”的，于是慢慢地就对他们失去了信心。同时，孩子们也会因为这种消极的期望，越来越相信自己就是“不良少年”，于是破罐子破摔，最终走向犯罪的深渊。

由此可见，期望会对人的行为产生影响。积极的期望对人的行为产生正面的影响，消极的期望能对人的行为产生负面的影响。

期望定律告诉人们，只要对某件事情怀着非常强烈的期望，所期望的事物就会出现。

期望，是人类一种普遍的心理现象。按照普遍意义的心理学规律，在人们走向成功的过程中，“期望效应”常常可以发挥强大而神奇的威力。

美国人约翰·富勒的故事流传深远，富勒家中有7个兄弟姐妹，他从5岁开始工作，9岁时学会赶骡子。他有一位了不起的母亲，她经常和儿子谈到自己的梦想：“我们不应该这么穷，不要说贫穷是上帝的旨意，我们很穷，但不能怨天尤人，那是因为你爸爸从未有过改变贫穷的期望，家中每一个人都胸无大志。”这句话深植富勒的心，他一心想跻身富人之列，开始努力追求财富。12年后，富勒接手一家被拍卖的公司，并陆续收购了7家公司。他谈及成功的秘诀，还是用多年前母亲的话回答："我们很穷，但不能怨天尤人，那是因为爸爸从未有过改变贫穷的期望，家中每一个人都胸无大志。"富勒在多次受邀演讲中说道："虽然我不能成为富人的后代，但我可以成为富人的祖先。"

富勒的话使人们产生了强烈的共鸣和震撼，鼓舞了想创富的每一个人。我们每个人都曾有美好的愿望，但为什么很多的愿望像肥皂泡一样一个个地破灭了？举个例子你即会明白，如果你是家具公司的营销员，有一把椅子市场价100元，如果让你600元卖掉它，那么你闪跃脑际的想法是什么？肯定是"不可能"。但如果现在有一伙绑匪，将你生命中最珍爱的人，将你看得比自己生命还重要的人绑架了，让你在两小时之内把椅子以600元卖掉，如果卖不掉，这些绑匪就要撕票，你会怎么想？相信你的心头会滋生出一种强烈的期望，去卖掉椅子。往往在我们的学习、生活和工作中，事情并没有卖椅子那样困难，为什么离成功总是那么的遥远？这取决于你是否有火一样的激情投身于你最热望的事业中去，是否有强烈的期望填充你的心灵深处；你的期望有多么强烈，就能爆发出多大的力量；当你有足够强烈的期望去改变自己命运的时候，所有的困难、挫折、阻挠都会为你让路。你完全可以挖掘生命中巨大的能量，激发成功的期望，因为期望即力量。

所以说，期望对人的行为有巨大的影响，只要对成功满怀期望，带着期望去奋斗，成功就会如期到来。

每个人都期望自己能够成功，苏霍姆林斯基说过："在人的心灵深处，都有一种根深蒂固的需要，这就是期望自己是一个发现者、研究者、探索者、成功者。"这种心理品质虽然很可贵，却埋藏得很深，有些人一遇到挫折就会畏缩，期望成功的心理之门就会被锁上，所以，一定要培养自己"期望成功"的心理品质。

首先，要增强"期望成功"的自我意识。要唤醒自己的求胜心理，当自己取得暂时的成功时，不要满足于现实，而要向新的目标迈进，从而使自己的求胜心理不断增强，取得更大的成功。

其次，要增强自信心。在走向成功的道路上，你肯定会遇到磨难，一定要树立起自信心，“期望成功”的欲望才会持久。

一个人的心中一旦有了期望，就会产生动力。期望越高，动力也越大。

专注，创富的资本

专注是指一个人的注意力高度集中于某一事物的能力。注意力的集中与否直接关系到一个人的某项工作或事业是否能够取得成功。专注做事是所有成功者的共同特征。

牛顿一生中的绝大部分时间是在实验室里度过的。每次做实验时，牛顿总是通宵达旦，注意力非常集中，有时一连几个星期都在实验室工作，不分白天和黑夜，直到把实验做完为止。

有一天，他请一个朋友吃饭。朋友来了，牛顿还在实验室里工作。朋友等了很长时间，肚子很饿，还不见牛顿从实验室里出来，于是就自己到餐厅里把煮好的鸡吃了。

过了一会儿，牛顿出来了，他看到碗里有很多鸡骨头，不觉惊奇地说：“原来我已经吃过饭了。”于是，牛顿又回到了实验室里工作。牛顿注意力高度集中到了做实验上，竟然忘记自己有没有吃过饭。正是这种高度集中的注意力，使牛顿在科学领域取得了丰硕的成果。

一个人只有专注于目标，才能取得成功。

法国著名作家巴尔扎克年轻的时候，曾经营出版、印刷业，但由于经营不善，他的企业破产了，并欠下了巨额债务。债权人经常半夜来敲他的家门，警察局发出通缉令，要立即拘禁他。那时的巴尔扎克居无定所，后来实在没有办法，在一个晚上，他偷偷地搬进了巴黎贫民区卜西尼亚街的一间小屋里。

他隐姓埋名，躲进这间不为外人所知的小屋子里。周围的难民根本没有注意到这位有些落魄却踌躇满志的年轻人，他终于从原先浮躁不安的心境中平静下来。他坐在书桌前，认真地反思着，多年以来，自己一直游移不定，今天想做做这个，明天又想改行做别的，始终没有集中精力来从事自己最喜欢的文学创作。想着想着他顿悟了，蓦地站起来，从储物柜里找出拿破仑的小雕像，放在书架上，并贴了一张纸条："彼以剑锋创其始者，我将以笔锋竟其业。"果然，巴尔扎克在文学上取得了巨大的成就。

因此，一个人做事一定要专注。今天想当银行家，明天又想做贸易家，后天又想成为艺术家的人，注定是一生无所适从，一事无成。

只有专注在一个领域，才能在这个领域有所成就。从心理学上讲，专心是指把意识集中在某个特定的欲望上的行为，自始至终都把心思保持在那儿。无论做什么事情，都需要专心，它是善始善终之父，是尽善尽美之母。

做到专心致志，其实并不是一件很难的事，只要遵循一个原则：脚踏实地去做。为了能够做好一件事情，你必须一直坚持下去，直到完成为止。

要做到专心致志，就不要在意别人的看法，生活中的很多人都做不到这一点。很多人常常以为自己是被注意的中心，其实，事实并非如此，这只不过是自己的一种主观感受。如果你十分专心于一件事，你就会全神贯注地投入，别人并不能使你感到不安，你甚至不会觉察到别人在你身边。假如你会因为别人看你而不安，说明你的事情还没有做好，解决的办法就是更加专心致志地去做，而不是如何克制自己的不安。

不能做到专注，除了有自身认识上的原因，也有环境的原因。从心理学上来说，整洁紧凑的室内环境，有助于集中精力，专心做事。从中国传统哲学来讲，什么样的环境，相对应就有什么样的员工、什么样的做事效率。

创富源于专注，一个人即使能力平平，一旦把全部精力集中到一个目标上也会有所成就，而一个能力很强的人如果把精力分散开来，最后也将一事无成。专注，是创富成功的资本，每个想创富的人都必须培养自己专注的能力。

自制，创富的腰带

据外国心理学家研究，不少犯罪人物（尤其是青少年）最显著的心理特征就表现在自制力的缺乏。相反，一个人如果有高度的自制力，就很容易取得一定的成就。

心理学家们曾经做过这样一个实验，让一群儿童分别独自走进一间屋子，在屋子的最显著的位置放了一块糖。心理学家对每一个将要走进去的孩子说："如果你能坚持到我来叫你出去的时候还没有把这块糖吃掉，我将再奖励你一块糖。如果你等不到我来就把糖吃掉，那么你只能得到这一块。"实验开始，所有的儿童依次进入大厅。结果发现，有些儿童不能控制自己，受不了糖的诱惑，就把糖吃掉了。还有一些儿童牢记心理学家的话，尽量控制自己，为了不受糖的诱惑，转移注意力，一直等到老师到来，结果得到两块糖。

后来，心理学家将得到两块糖的儿童和得到一块糖的儿童分为两组，对他们进行了长期的跟踪调查。调查结果发现，在他们以后的人生道路上，得到两块糖的孩子社会适应能力较佳，人际关系较好，在面对挫折和困难时，从不轻言放弃。他们要比得到一块糖的孩子更成功。

自制力是指能够抑制住妨碍达到目标的心理因素和生理因素的个性意志。这是一种积极的心态，是一种难得的美德。这种积极心态的关键就是一种控制的感觉，它让你觉得能掌控所有发生在你身上的事情。培养自制力，对你取得成功是非常重要的。

罗伊·L. 史密斯说过："自制力宛若受到控制的火焰，正是它造就了天才。"14 世纪，有个名叫罗纳德三世的贵族，是祖传封地的正统公爵，他弟弟反对他，把他推翻了。弟弟需要摆脱这位公爵，但又不想杀死他，便想了个办法。罗纳德三世被关进牢房后，弟弟命人把牢房的门改得比以前窄一些。罗纳德三世身高体胖，胖得出不了牢门。弟弟许诺，只要罗纳德能减肥并自己走出牢门，就不仅能获得自由，连爵位也能恢复。可惜罗纳德不是那种有自制力的人，他无法抵挡弟弟每天派人送来的美食的诱惑，结果不但没有减肥，反而更胖了。

任何一个想创富的人都应该明白：创富道路上要遭受精神上和肉体上的磨炼，如果没有自制力，就永远不可能成功。自制力决定了人们在关键时候的所作所为。传记作家兼教育家托马斯·赫克斯利说：“教育最有价值的成果，就是培养了自制力，不管是否喜欢，只要需要就去做。”

自制力是指引行动方向的平衡轮，能帮助你始终行走在正确的道路上。当面对引诱的时候，自制就像一个腰带，勒紧一下以提醒你，给你增添坚持下去的强大力量。倘若你想征服财富，你就得先征服你自己。

心态决定创富

凡事都有积极的一面和消极的一面。成功的关键不在于事物本身的积极和消极，而在于人们心态的积极和消极。积极的心态看到的永远是事物好的一面，而消极的心态只是看到事物不好的一面。积极的心态能把坏的事情变好，消极的态能把好的事情变坏。

在推销员中广泛流传着这样一个故事：美国的一家皮鞋工厂派一名推销员到非洲去推销皮鞋，他刚下飞机，发现所有的非洲人都光着脚，立刻失望起来：“非洲这么热，这些人都不穿鞋，怎么会要我的鞋呢？”于是放弃努力，沮丧而回。后来，公司又派了另一名推销员到非洲，他看到非洲人没有一个穿鞋的，心里非常高兴，他想道：“这些人都没有皮鞋穿，市场肯定很大，我将驻在此地大力推销。”于是他留了下来，想方设法引导非洲人购买皮鞋，最后发大财而回。

这就是积极心态所产生的力量，积极心态是迈向成功不可缺少的要素，人一旦用积极心态做事情，就会出现意想不到的结果。一个具有积极心态的人并不否认消极因素的存在，他只是学会了不让自己沉溺其中；一个积极心态者常能心存光明远景，即使身陷困境，也能以愉悦和创造性的态度走出困境，走向光明。积极心态能使一个懦夫成为英雄，由意志柔弱者变成意志坚强者。

1883 年，拿破仑·希尔出生在一个贫寒之家，他的父母从小就教育他去做好每一件事情，并激励他去获得成功的方法。他在 18 岁上大学时，为一家杂志社工作，有幸采访了钢铁大王、人际关系学家卡内基，从此，他应卡内基之邀，配合这位可敬的导师从事对美国成功人士的研究工作。希尔访问了包括福特、罗斯福、洛克菲勒、爱迪生在内的 500 多位成功者，并对他们进行了深入研究。20 年间，他获得了博士学位，并完成了具有划时代意义的 8 卷本的《成功规律》一书。

希尔经过数十年研究，归纳出了相当有价值的17条黄金定律，该定律涵盖了人类取得成功的所有主观因素，使成功学这门看似神秘的学问变成了具体的、可操作的法则。轮船大亨罗伯特·达拉认为："我如果50年前就学到这17条黄金定律，可能只需要一半的时间就能取得目前的成就。"

希尔 17 条黄金定律中最关键的一条就是积极的心态。

人与人之间只有很小的差别，但这种很小的差别却往往造成巨大的差异，很小的差别就是所具备的心态是积极的还是消极的，巨大的差异就是成功与失败。也就是说，心态是命运的控制闸，心态决定我们人生的成败。我们生存的外部环境也许不能选择，但另一个环境，即心理的、感情的、精神的内在环境，是可以由自己去改造的。成功，是指方方面面取得的成功，积极的心态也是成功中的重要一环。一个人如果不具有积极的心态，一生就可能深陷泥淖，不能醒悟，不能自拔。当你发现身处困境时，机会已经失去。这种败局，不仅限于创富的失败，还包括人生中为人处世的失败、心理情绪的失败、婚恋家庭的失败、人的感受的失败等。总之，凡人生感受不如意、不幸福，都可视为你人生的失败，这些失败多半源于我们与生俱来的弱者的消极心态。如果我们能够调整心态，改变处事方法，就可以避免或扭转败局，甚至可以成为推动事业成功的伟人和把握幸福人生的智者。

积极的心态是成功的催化剂，它使人格变得开朗活泼、富有弹性，使人充满进取精神，充满闯劲和抱负，即使遭遇困难，也能从容应对。相反，消极的心态则会使人格变得消沉、阴郁、懒惰，使人觉得周围处处都是障碍，都是不友好的眼光，最终使自己遭遇失败。

生活在这个杂乱纷扰的世界上，每个人都会遇到事业上和生活上的困境，有时只需你转变一下心态，换一个角度看问题，就会有不同的收获。就如同上非洲考察鞋子市场，非洲人从未穿过鞋子，悲观的人觉得那里没有市场，乐观的人却发现那里应该是一个大市场。

心态积极的人绝不会看低自己，心态消极的人经常否定自我。如果你总认为自己弱小、无能、会失败、低人一等，那么你注定要成为平庸之辈。

心态是创富态度的具体化，是人生态度的现实反映。积极乐观的人生态度注定会拥有一个成功的创富经历。

懂得需求定律，创富的加速器

需求定律是指任何人做任何事情都带有一种需求。尊重并满足对方的需求，别人才会尊重你的需求。成功的人往往善于经营人际关系，善于体察别人的真正需要，捕捉对方的观点，能设身处地为他人着想，了解对方心里想些什么。英国前首相劳埃德·乔治说过："要想钓到鱼，得问鱼儿想吃什么。"人际交往实际上是需求的互补，应该常常想到"给予"而不是"索取"。相反，如果取而不予，交往关系是很难维持的。

无论在生活中，还是在工作中、创富过程中，人是离不开社会的，是与社会紧密联系着的。一个人要想在这个复杂的社会中更好地生活，必须加强人际交往。一个人的成功，只有15%是由于他的专业技术，而85%则要靠人际关系和他的做人处世能力。在各方面都很成功的人士，总是先考虑到他人的需求，练就经营融洽人际关系的能力，为自己创富之路加速。

有一家报社，调来一位新总编，他从来没有担任过报社的职务，甚至没从事过一天最基层的采访工作。他通过侧面了解，知道大家不服气。上任第一天，他在会上做的自我介绍中说："我来到报社，有一种小材大用的感觉，别说是做总编，就是当资料室的职员恐怕也不够格。我来这儿的目的之一是体验一下做记者的艰辛，顺便坐一下新闻记者的大车，同时也希望得到各位外勤同事的帮助，将来去某银行请求他们合作时，替本报同事们办一下郊区购房分期付款。"他的话未讲完，席上已是掌声一片，大家都开始支持他了。

新来的总编能够设身处地为同事们着想，并且愿意和他们一同体验生活，这在无形中拉近了他与同事们之间的距离，更重要的是他降低了自己的地位，满足了同事们的私心，让同事们的心理得到了心理平衡。

心理学家研究表明，每个人在人际反应方面都有其特质。这些特质归纳起来有 5 种类型：A 类，帮助的需求，每个人都希望得到别人的帮助；B 类，倾听的需求，每个人都希望别人倾听自己讲话；C 类，兴趣的需求，希望别人迎合自己的兴趣；D 类，赞赏的需求，希望随时能得到别人的赞赏；E 类，尊重的需求，每个人都有受到别人尊重的需求。

所以，在与他人交往时，不但要了解对方的个性品质，而且要了解对方人际反应的特质。不要只想别人对你如何，只想影响别人，让别人适应你的需要，而要善于站在别人的立场上，多替别人着想。在你想让他人为你做什么的时候，先问问自己为他人做了什么。了解别人的需求，恰当地给予满足，在满足别人需求的过程中，自己也能得到回报。

现实生活中有些人之所以会出现交际的障碍，就是因为他们不懂得或者忘记了一个重要原则—满足别人的需求。人们常说："欲取之，必先予之。"你要与别人结为好朋友，就要主动满足别人的心理需求，让别人满意。有些人做事往往单方面强调自己的要求，而忽略或不顾及他人的需求，这样到头来反而无法满足自己的需求。

掌握并运用需求定律，经营良好的人际关系网，会加快你的创富过程，早日实现财富目标。

穷人的教育投资没有方向

穷人想赚钱，而且为赚钱增加很多投资，但是他们往往陷入盲目投资的境地。

穷人爱学习，是盲目地爱，也是盲目地学。他好像不知道自己应该学什么，学这些东西干什么用。比如实现自己目标所需要的知识、本领和技能。

富人学东西，都是为自己学，都是主动地学，哪怕是学的东西当时看起来可有可无。无论所学的东西如何的难以掌握，他都把这件事当成快乐，还能发现掌握知识与技能的窍门。

富人无论选择学什么，都是用心来学，能掌握所学知识与技能的精髓，达到学以致用，而且能举一反三，活学活用。他能把所学的东西变成改变自己命运的力量，变成自己真正的财富。

有的穷人是不爱学习的，他们只能掌握生存必要的技能，或者接受祖宗遗传下来的、落后的生存哲学和生存理念。他们不知道那些东西对自己有害还是有益，只知道继承而不知道发展。

穷人把学习当成苦差事。当然，穷人是最能吃苦的，但他们只能吃透支体力之苦，绝受不了由学习而带来的枯燥之苦。他们能吃得被别人盘剥欺诈之苦，但吃不了为夺回别人手中的皮鞭而进行修炼之苦。

有的穷人也爱学习，他们愿意学习对自己没用的东西。他们之所以学，是因为别人在学，或者是大家都在学。他永远不知道自己为什么要学这些东西，学这东西自己做什么用。他们甚至爱学有害的东西，比如吃喝嫖赌。他们只学富人的生活方式，但不学富人的生存和发展的方法。

穷人学的东西很多是百无一用的，因为穷人的习惯是见到佛才准备供品，也就是说，他们真正想学的时候，那是因为他们看见所学的东西能给自己带来眼前利益，所以就盲目地学，学其皮毛而不学其精髓，学其形式而不学其根本。

穷人学的东西往往是用不上的，因为不是有准备有目的地学，而是不切合实际地学。学习上的投资，只能给穷人带来时间、金钱和精力的浪费，甚至是伤害。

穷人以有钱为成功的标准

前面说过，经济学研究的是人的动机的学问。穷人之所以为穷人，是因为他的动机不纯，那么在实现目标的过程中也会时时有问题产生。一个人一旦做事的方向错了，也即目标错误，那赚钱的过程和目的都没有多大的意义。穷人就是这样，他们有很强的小农意识，认为一个人的成功就是有钱，有钱就可以炫耀。

但是，成功不是以金钱来衡量的。面对金钱，穷人，包括其他一些渴望成功的人们都在狂热梦想中等待成功，但他们却不懂得一个基本的原理，那就是金钱不是衡量成功的唯一标准。有钱人虽然看重金钱，但是更看重做人的成就感。一位著名的富豪曾经这样说："工人的工资是按工作能力或工作效果支付的，然而，人们的成就绝不是以银行存款来衡量的。"多少伟大的成功者并不是富豪，相反，他们穷得可怜。印度伟大的政治家甘地，死后留下的遗产只是两只饭碗、两双拖鞋、一副眼镜和一块老式怀表而已。海伦·凯勒，这位成功者的典范，她克服了先天的障碍，以实际行动证明了盲聋之人并非毫无前途，从而给了千千万万如她一般的人以生活的勇气，使他们得到启发，不再消沉，但她自己却并不富有。圣方济各会的创始人圣弗兰西斯曾影响过多少王族统治者、高僧圣人、艺术家，以至凡夫俗子，就连今天，其影响力仍然深植人心，他可算是最有成就的穷人了。

那么，怎样成为一个成功的有钱人呢？学者威廉詹姆斯给出3条经常被人引用的箴言。

第一条箴言：在形成一种新习惯或摈弃一种旧习惯的过程中，我们都必须使自己在开始时具有尽可能强烈的和坚定的积极主动精神。利用所有那些能强化新的行为方式的因素，创设与旧的行为方式不相容的约束办法；如果情况允许，公开做出保证。简而言之，要利用你所知道的一切手段，维护你的决定。

第二条箴言：永远不容许一次倒退发生，直到新的习惯牢牢地扎根在你的生活中。每一次失误就像让一团仔细缠绕起来的线脱落一样，而一次脱落往往需要再次缠绕很多圈才能恢复原样。

在一开始就确保成功是绝对必要的。一开始的失败往往会消极地影响到今后所做的一切努力，反之，过去的成功经历能激发今后的努力。

第三个箴言：要抓住每一个可能的机会去实践你的每一个决心，并使自己得到鼓舞（这种鼓舞是你在获得你所渴望获得的习惯的过程中可以感受到的）。只有在决心和渴望产生动力效果的时候—而不是在它们形成的时候—它们才会向大脑传递一种新的“定向”。

无论一个人掌握的箴言怎样丰富，也不管他的见解有多么好，如果不利用每一个具体的时机去行动的话，他的性格恐怕永远也不会向更好的方面转变。仅有好的愿望是不能改变旧习惯的。

这一大段话已把道理说得十分透彻，我们可从中找到足够的依据来支持自己的决定。

一个人成功的标准不在于他得到多少，而在于他付出多少。而根据有钱人的观点，要使自己的事业取得成功，必须具备以下几个要素：

（1）发掘自己独到的才智。人的才智各不相同，正如我们生来就有不同的指纹，每个人从事的职业可以相同，然而，他的才能却是他一个人所独具的。

爱默生曾说过：“每个人都有他自己的使命，他的才能就是上天给他的召唤……做某些事情娴熟自如，也容易把某些事情做好，说不定这事是别人做不好的……一个人的抱负也会与自己的能力相当，而巅峰的高度，正和基础的深度成正比。”

发掘出你独具的才能，这是必需的第一步，如果一味地人云亦云、鹦鹉学舌，没有主见和自我判断能力，那么即使表面上的成功也掩饰不了那极大的失败。

（2）诚实。莎士比亚说：“你若对自己诚实，日积月累，就无法对人不忠了。”斯科特说：“我一开始撒谎，就陷入了紊乱的罗网里！”诚实，能让你赢得所有人的信赖，从而也赢得更多的机遇。

（3）热忱，以饱满的热情去迎接新的一天。

（4）不要让你所拥有的东西占据了你的思想情感。

（5）不要过于忧虑。

（6）不要留恋过去。

（7）尊重别人，而不要轻视任何人。

（8）承担起对世界的责任。

掌握了这 8 点要素，就掌握了成功的艺术与真谛。

穷人缺少比较优势

但凡成功之人，都有自己的独特之处，是自己成功区别于别人的地方，也即拥有比较优势。天下的穷人似乎都有一个共同的特点，那就是无比较优势，相反他们拥有许多妨碍比较优势产生的致命缺点。

1. 爱做白日梦

人穷本不是错，穷是力量的源泉，无价的宝藏，内涵丰富而又有无限生机，势弱但有强大的后发优势，穷是一种可变的状态，但是天下的穷人往往使人不能正确地认识自己，不能正确地估价自己的才能，天天做着“白日梦”，梦想丰盛的晚餐、美丽的娇妻、高贵的服饰……而不能脚踏实地去做每一件事，哪怕是一件小事，也不会去做透、做好。把自己穷的处境寄托在“白日梦”上，以此来得到升华，成为“贵人”。

“白日梦”让穷人感到梦幻的解脱，虚无的快感，也让穷人忘却了“穷”的处境，故而众多穷人对此“乐此不疲。”

2. 盲目杂乱

穷人无钱无势，做事盲目。他们看不清花花世界的真相，做事没有方向，没有目的，一年到头在外盲目地奔波，但收获甚微，徒劳无功。盲目则忙乱，忙乱则无途，无途而无钱。

3. 缺乏自信

自信是一种品格，它是坚强意志的孪生兄弟。

拿破仑有坚强的意志，更有坚强的自信，据说他一上战场，士兵的力量就可以增加一倍。正因为他的自信，才造就了他无限辉煌的军事业绩及军事战略，甚至创造了具有神秘色彩的“百日政权”。当时他无一兵一卒，靠自信，靠精神，把复辟王朝的军队逼得步步退缩，创造了第二次荣获皇位的奇迹。

穷人在这方面似乎差之甚远，他们对生活失去了信心，缺乏拼搏争取的勇气。他们认为财富与自己无缘，对创业更是退避三舍，所选择的只有退缩。

自信，让你变得充满激情，富有活力，让你战胜贫穷，让你走出无钱地带，昂首迈进富人天堂。

4. 一意孤行

穷是一种不利的处境，可以给人巨大的压力。若把压力变化成动力，你有可能成功，可能成为富人。

但在这转化的过程中，也有两种选择，一是稳打稳扎，步步为营，由小到大，由不熟悉到熟悉，如此循序渐进的做法可以让你摆脱穷困，成为富人，成为强人；二是一意孤行，在这条道里充斥着更迷人的光环，也布满了更大的陷阱与危险，它可以让你死无葬身之地，也可使你铸就大业，但穷人多半没有那么好的命运。穷人做事孤注一掷，想一夜暴富，做事缺乏深刻的考虑和精心的计划，结果只能以失败告终。

5. 优柔寡断

穷人没有资本，对到来的机会举棋不定，对面临的困难消极应付，采取行动畏首畏尾，患得患失，没有富人的果断、豁达与风度。他们羡慕富人，但不敢积极地效仿富人，只是望洋兴叹。因为他们有太多的顾虑，怕自己的辛苦钱付诸东流，怕自己的家业付之一炬，不敢把小事做大，把大事做好。

在人生中，思前想后、犹豫不决固然可以免去一些做错事的可能，但可能会失去更多成功的机遇。

正是身上这么多的致命弱点，使穷人难以形成自己的比较优势，也就难以与别人平等竞争，更难以在竞争中取胜。在市场经济的激烈竞争中，没有自己的竞争优势，是很难立足的。没有一项别人无法替代的优势，怎么可能取得比别人更多的机会与财富？

穷人害怕担当风险

要想做成任何一件事，都有成功和失败两种可能，当失败的可能性大时，却偏要去做，那自然就成了冒险。问题是，许多事很难分清成败可能性的大小，那么这时候也是冒险。而商战的法则是风险越大，赚钱越多。穷人不敢冒险，所以他们发不了财，永远是平庸之人。而有钱人大多具有乐观的风险意识，并常能发大财。

有钱人相信“风险越大，回报越大”，“财富是风险的尾巴”，敢于冒险，才能把握机遇，创造财富。

确实，有钱人不仅做生意，而且也善于“管理风险”。所以在每次“山雨欲来风满楼”时，有钱人都能准确把握“山雨”的来势和大小。这种事关生存的大技巧一旦形成，用到生意场上去就游刃有余了。有不少时候，有钱人正是靠准确地把握这种“风险”之机而得以发迹。

公元1600年前后，摩根家族的祖先从英国迁移到美洲来，到约瑟夫·摩根的时候，他卖掉了在马萨诸塞州的农场，到哈特福定居下来。

约瑟夫最初以经营一家小咖啡店为生，同时还卖旅行用的篮子。这样苦心经营了一些时日，约瑟夫逐渐赚了些钱，就盖了一座很气派的大旅馆，还买了运河的股票，成为汽船业和地方铁路的股东。

风险总是如影随形，与机遇、利益相伴。如果一个商人整天只是想着要发财，要成功，要赚大钱，但又怕担风险，对未来心存胆怯而裹足不前，那么他就很可能与成功失之交臂，只有事后叹息、后悔的分了。

成功的企业家邱德根曾经这样说过：“我不信命运，我从风浪中挨出来，建立了自己的斗志，即使到最后一刻也不会放弃，我的许多生意都是在风险中度过的。”

中国人喜欢求同的思维方式源远流长，可上溯至孔夫子的“中庸思想”。具体而言，就是表现为不敢为天下先，正如俗语说的“枪打出头鸟”，“出头的椽子先烂”，所以一般来讲，中国少有变革，“第一个吃螃蟹的人”往往不得善终。

其实很多事在未真正完成之前，都是具有风险性的，常常会有一波未平一波又起的时候，也常常会有看似平静但内部汹涌澎湃隐藏危机的时候。商场上更是如此，一旦你勇于去开始，敢于去克服那些困难，那么在最后你将会有意想不到的收获。在那些看似难以捉摸的风险背后，往往隐藏着巨大的财富！

1835 年，约瑟夫投资参加了一家叫做“伊特纳火灾”的小型保险公司。所谓投资，也不要现金，出资者的信用就是一种资本，只要在股东名册上签上姓名即可。投资者在期票上署名后，就能收取投保者交纳的手续费。只要不发生火灾，这无本生意就稳赚不赔。

然而不久之后，纽约发生了一场大火灾。投资者聚集在约瑟夫的旅馆里，一个个面色苍白，急得像热锅上的蚂蚁。很显然，不少投资者没有经历过这样的事件。他们惊慌失措，愿意自动放弃自己的股份。

约瑟夫便把他们的股份统统买下。他说：“为了付清保险费用，我愿意把这旅馆卖了，不过得有个条件，以后必须大幅度提高手续费。”

这真是一场赌博，成败与否，全在此一举。

另有一位朋友也想和约瑟夫一起冒这个险。于是，两人凑了 10 万美元，派代理人去纽约处理赔偿事项，结果，代理人从纽约回来的时候带回了大笔的现款。这些现款来自新投保的客户，他们出了比原先高 1 倍的手续费。与此同时，“信用可靠的伊特纳火灾保险”

已经在纽约名声大振。这次火灾后，约瑟夫净赚了 15 万美元。

这个事例告诉人们，能够把握住关键时刻，通常可以把危机转化为赚大钱的机会。冒险是上帝对勇士的最高嘉奖，不敢冒险的人就没有福气接受上帝恩赐给人的财富。

任何一个企业要想做大，所面临的风险是长期的、巨大的和复杂的。企业由小到大的过程，是斗智斗勇的过程，是风险与机会共存的过程，随时都有可能触礁沉船。在企业的发展过程中常常会遇到许多的困难和风险，如财务风险、人事风险、决策风险、政策风险、创新风险等。要想成功，就要有“与风险亲密接触”的勇气。不冒风险，则与成功永远无缘，但更重要的是冒风险的同时，一定要稳重行事，只有这样的成功，才是我们想要的成功。

穷人挥霍金钱

对于金钱不仅要取之有道，更要用之有度。科学而合理地使用金钱，才能够让它发挥出更大的价值。穷人则不是这样，他们以挥霍金钱为荣耀。

事实上，金钱本身并没有力量，但是只要控制、使用得当，它就会带来力量。

歌德曾经说过：唯有懂得金钱真正意义的人，才应该致富。他的主要意思是说，许多人虽然能够很快致富，却不能关怀、体谅别人。如果他们不具备，而且不培养自己的成功意识，就会同样很快地失去财富，或者因此而付出昂贵的代价。

如果想要获得大量的金钱，就应该首先学会处理金钱的方法。最近一项以加拿大百万彩券得奖人为对象的追踪研究结果告诉我们，在毫无心理准备的情况下，巨大财富带来什么样的下场。其中绝大多数的中奖者，而且多数是暴发户，在 5 年之内便把所获奖金挥霍一空。原因就在于他们没有培养成功意识，不懂得怎样去处理这意外之财。

如果不做金钱的主人，便会成为金钱的奴隶。其间的差别，完全取决于能否认清金钱的力量，以及是否掌握了处理金钱的方法。把钱用于正道，才会使你清廉做人，并受益终生。这完全是一念之间的事。

我们必须深入体会金钱的力量，并因此而把握在钱的问题上的施予与接受、储蓄与花销的分寸。为此，我们要掌握好用钱的“成功法则”，这样才能有效地引导和运用这股力量。

囤积并不会使金钱增多，靠这种方法发财是绝对不可能的。那些想靠囤积致富的人，最终会弄巧成拙，招来相反的效果。我们都听到过穷死的守财奴的故事，钱对这样的人来说真是一无是处。

俗话说，“一分耕耘，一分收获”，这个道理对金钱来说也是同样的适用。一切花费都是周而复始的付出，只要出发点正当。你不妨体验一下，在花钱时，就把它当做是在造福自己和别人，这和付出爱是一个道理。付出爱，你可以得到同样的回报，感受、体验一次新鲜的经历。抱着这种精神去付出的人，得到的回报将数倍于所付出的。

对穷人来说，花钱根本不成问题。他们花起钱来如流水，终因挥霍无度而债台高筑，很快就尝到了挥霍后的苦果。

有了钱之后，首先就要负起有钱的责任。其中之一就是要学会储蓄和有目的地投资。例如，美国哲学家兼诗人爱默生就把如何使用金钱看成是一项“管理”工作，或是对人的挑战。他认为，每一位有钱的人都有责任，用他所有的金钱为他人创造工作机会。

穷人如何运用自己的钱？穷人对花钱有什么打算和计划？花钱有什么原则？穷人打算用钱投资吗？这就像农夫种田一样，如果他们种田毫无计划，随处播种，那么，他们就不只浪费了宝贵的资源，也会面临欠收的命运。无计划地播种，当然不可能有较为满意的收获。所以穷人就应该为自己制订计划，合理投资。首先穷人应该花一些时间来思考自己的金钱观，问问自己：我愿意因赚钱发财而放弃自己终身的理想吗？我认为“贫穷”是什么？“贫穷”的滋味如何？我对有钱人的看法如何？我对赚“大”钱有什么看法？我希望用什么方法去赚钱？我希望怎样用钱去帮助别人？临终的时候，我打算怎样处理你身后的钱财？

有许许多多的穷人没有静下心来仔细考虑这些问题。但是，为了追求真正的成功，首先搞清楚自己对金钱的看法是十分重要的。花钱的滋味如何？下回在你掏腰包或填支票时，不妨留意一下，花钱的时候，你是有失落感还是有施与感？掏钱的时候，不妨注意一下你的心理状态。

如果有施与感，那是为什么呢？如果有失落感，那又是为什么呢？你觉得什么时候付出对你来说容易？什么时候付出又最困难？注意一下在用金钱交易的时候，你的态度如何？我们对金钱的态度，往往也就是我们对生活的态度。你是否能大大方方、爽快地付出？在接受别人的施与时，你感觉有困难吗？

总之，金钱本身并不会使我们快乐，只有在我们对其合理安排、正确使用后，才能使自己和他人尽情享用，快乐无比，穷人也才会得到真正的成功。

穷人的教育观念落后

穷人的教育思想主要关注智力教育，传授阅读、写作、算术等技巧，它们当然都非常重要，但并不是使孩子最终走向成功的主要因素。

传统教育的弊端，在于它夸大了人们的畏惧情绪。具体说来，就是对出错的畏惧，这直接导致了孩子对失败的畏惧。传统学校的老师不是激发学生们的学习热情，而是利用他们对失败的畏惧，对他们说出诸如此类的话：“如果你在学校没有取得好成绩，将来就不会找到一份高薪的工作。”穷人也像传统学校的老师那样不断地叮嘱自己的孩子，要努力学习，考上大学拿个文凭，毕业后才能找到好工作。

另外，人们在校期间，常常由于出错而受到惩罚，因而从情感上变得害怕出错。问题是，在现实世界中，出类拔萃的人往往就是那些犯了很多错误，并且从中吸取到很多教训的人。

穷人总是与学校里的老师站在同一立场上，认为犯错是人生的败笔。与之相反，有钱人则认为：“犯错是我们进步的必由之路，正是因为我们反反复复地摔倒，反反复复地爬起来，我们才学会了骑自行车。当然，犯错而没有从中吸取教训是一件非常糟糕的事情。”

许多人之所以犯错后撒谎，就是因为他们从情感上害怕承认自己犯错，结果他们白白浪费了一个很好地使自己提高的机会。犯错之后，勇于承认错误，而不是把错误推到别人身上，不去证明自己有理或者寻找各种借口，这才是我们获得进步的正确途径。

在传统商业领域，讳疾忌医、不愿意承认错误的态度非常盛行。如果你犯错，常常就会被解雇，或者受到惩罚。刚刚开始在公司学习销售的时候，业绩不佳的销售员也常常会被公司解雇。也就是说，我们生活在一个畏惧失败的世界里，而不是一个积极学习、接受教训的世界中。因此，无数供职于各类公司的职员依然是一只“蛹”，永远等不到化蛹成蝶的那一天。是的，一个人如果终日生活在被畏惧、失败紧紧包裹的“茧”里面，怎么可能去翩然飞翔？

在直销领域，领导者关注的是与那些业绩欠佳的人一起合作，鼓励他们进步，而不是轻率地解雇他们。事实上，如果因为摔倒而受到惩罚，你可能永远学不会骑自行车。

有钱人在财务上比很多人成功，并不是因为他们比别人聪明，而是因为他们比别人经历了更多的失败。也就是说，他们之所以能够领先，是因为曾经犯过更多错误。打消自己对于犯错的畏难情绪，才有可能迈出成功的第一步。

直销领域成功的领导者往往都具有激发他人斗志的能力，激发他们奋勇向前，超越人性弱点，超越内心的怀疑和恐惧。这就是改变人生的教育的巨大力量。

“教育”一词的本意是“教导、引导”，传统教育存在的问题之一，就是教导人们尽量不要犯错误，而不是教导人们勇于承认错误，接受错误，从错误中吸取教训。

改变人生的教育与传统教育之间的不同价值，表现在两个方面，一是前者强调从错误中吸取教训，而不是单纯惩罚犯错的人；二是前者强调人类精神力量，而这种精神力量足以帮助人们克服智力、情感和行为能力的任何缺陷。

穷人不明白人际关系是资产

人际关系是无形资产。有人说："看一个人的人际关系，就知道他是怎样的人，以及将会有何作为。大多数富人的成功，都源于良好的人际关系。"的确，如果没有与他人建立关系，我们在这世上就算活着也无异于死去。人脉网，包括个人人际关系与职场人际关系，比如和朋友、情人、同事、上级、客户以及其他我们珍视的人的关系。

人是群居动物，人的成功来自于他所处的人群、所在的社会。人脉对于每个人来说都是非常重要的。良好的人际关系是人身心健康的需要；良好的人际关系是人生事业成功的需要；良好的人际关系是人生幸福的需要。

可以说，人脉网是人生中最大的财富之一，因为它能为你开启成功之门，让你不断地成长，不断地取得成功。对于事业的创立而言，良好的人际关系尤其重要，人脉可以说就是创立事业者的钱脉。世界一流人脉专家哈维·麦凯说得更加形象："建立人脉关系就是一个挖井的过程，付出的是一点点的汗水，得到的是源源不断的财富。"

美国著名杂志《人际》在2002年发刊词中有这样一段话："如果不信，你可以回忆以往的一些经验，你会发现原本以为是自己独立完成的事，事实上背后都有别人在协助。因此，在社交场合你应该尽量表露真正的自己与真正的才华，他们将会给你许多有用的建议。绝不可低估人际交往的力量，否则将白白失去有利的帮助。"

穷人很难掌握自己，唯一的办法只有拿自己与周围的人比较，或者从与人的交往中逐渐看清楚别人眼中的自己，有时候必须在多次受到长辈的斥责和朋友的规劝之后，才能恍然大悟，看清到真实的自我。

从生活体验中了解到的社会毕竟太狭窄了，就如“井蛙窥天”一样，穷人不能做出准确的判断。报纸和其他媒体所提供的也只不过是一张“地图”，光靠这张地图，当然更看不清活生生的现实。像这样经由褊狭的个人经验塑造出来的世界观，都可能随着人际关系的扩大，慢慢得到修正。外面的世界和我们理想中的世界不一样，只有与人交往才有可能了解真正的现实社会，进而扩大自己的世界观。

所以说，一个人的交际范围广阔，创富的机会便会相应增加。如果你希望早日成为富人中的一员，就必须有良好的人际关系网。实际上，所谓的“走运”多半是由良好的人际关系网带来的。能认同你的做法、想法和你的才华的人，一定会在将来的某一天为你带来好运。

总之，任何一个人，不管他本身有无实力，在他的人生道路上，有了周围人的帮助会更容易取得成功。

我们应设法与那些成功者交往，同他们建立起和谐融洽的人际关系，吸收他们的经验和智慧，用以指导自己的人生。

精明的富人总是非常注重人际关系对自己的影响，他们会营造有利于自身发展的人际关系，利用有利的人际关系提高自己、升华自己，从而有利于自己的生存和成长。这一点，是非常值得穷人借鉴的。

第十三章

博弈论中的经济学应用

斗鸡博弈的应用

某一天，在斗鸡场上有两只好战的公鸡发生遭遇战。这时，公鸡有两个行动选择：一是退下来，一是进攻。

如果一方退下来，而对方没有退下来，对方获得胜利，这只公鸡则很丢面子；如果对方也退下来，双方则打个平手；如果自己没退下来，而对方退下来，自己则胜利，对方则失败；如果两只公鸡都前进，则两败俱伤。

不妨假设两只公鸡如果均选择“前进”，结果是两败俱伤，两者的收益是 –2 个单位，也就是损失为 2 个单位；如果一方“前进”，另外一方“后退”，前进的公鸡获得 1 个单位的收益，赢得了面子，而后退的公鸡获得 –1 收益或损失 1 个单位，输掉了面子，但没有两者均“前进”受到的损失大；两者均“后退”，两者均输掉了面子，获得 –1 的收益或 1 个单位的损失。当然这些数字只是相对的值。

如果博弈有唯一的纳什均衡点，那么这个博弈是可预测的，即这个纳什均衡点就是事先知道的唯一的博弈结果。但是如果博弈有两个或两个以上的纳什均衡点，则无法预测出一个结果来。斗鸡博弈则有两个纳什均衡：一方进另一方退。因此，我们无法预测斗鸡博弈的结果，即不能知道谁进谁退，谁输谁赢。

由此看来，斗鸡博弈描述的是两个强者在对抗冲突的时候，如何能让自己占据优势，力争得到最大收益，确保损失降到最小。斗鸡博弈中的参与者都是处于势均力敌、剑拔弩张的紧张局势。这就像武侠小说中描写的一样，两个武林顶尖高手在华山之上比拼内力，斗得难分难解，一旦一方稍有分心，内力衰竭，就要被对方一举击溃。

夫妻吵架中常见的就是，吵架吵得厉害了，不是妻子回娘家，就是丈夫去外面抽支烟，反正就是走不到一块儿。那怎么办呢？

斗鸡博弈的一个关键问题是，究竟哪一方退下来，因为退下来虽然比两败俱伤要好，但总是一件丢面子的事情。总是寄希望于对方先做出让步，谁都不愿意首先做出让步，最后也可能出现两败俱伤的悲剧。事实上在混合策略的斗鸡博弈中，两败俱伤的结局甚至可能还会是一个纳什均衡。所谓混合策略就是要估计对方进攻或者退守的各种概率，然后自己估算出一个综合效用收益的比较，如果自己选择进攻的效用收益高于退守，那么就会进攻，反之亦然。

事实上，很多情人之间怄气也是这样的，各自都是估计对方可能先做出让步的可能性有多大，然后判断自己是做出让步呢，还是继续保持强硬姿态，最后不凑巧，擦枪走火，大家都选择了保持强硬姿态而两败俱伤。

家务问题也是一个典型的斗鸡博弈，如果夫妻双方对于干净卫生的容忍度都一样的话，那么只要一方去做了家务，另一方就不会去做。所以双方都在心里盘算着对方会去做家务的概率，概率要是算得准，倒也没什么，怕就怕没算准，要么弄得大家都不做家务，要么都去做家务；一个看到了另一个去做家务了自己就不做，自己刚打算做了突然又不做了，另一方看到了，就觉得自己做了家务亏大了，于是就要对方来做。

其实，做家务也不是一次的事情，是一种连续重复博弈，要做很多次的，大家协商着也好办。当然，如果双方对于干净卫生的忍耐程度不一样的话，就回到“智猪博弈”中了，作为“大猪”的一方可能需要多做些事情了，但是在连续博弈中，作为“小猪”的你也可以适当地承担些家务劳动以抚慰对方受伤的心灵。毕竟在不同的事情上，“大猪”“小猪”的角色可是轮流转的哦，真正聪明的人眼光是要放得远点的！

斗鸡博弈在生活中比比皆是，比如一幢大楼里的某些公共设施，一家出钱装了，另一家可能就不会去装，反之亦然。总之，大家都认为这个公共设施是重要的，但大家都不愿意自己掏钱，斗鸡叼斗鸡！

在冷战时期，美苏两个超级大国之间的军事斗争也是一种斗鸡博弈，一个强硬了，另一个就要退缩，反之亦然，因为谁都不想两败俱伤。为了能精确地知道对方是真的强硬还是外强中干、虚张声势，相互间就要大量派出间谍，为的就是能精确估算对方强硬立场的尽可能准确的概率，以免擦枪走火，大打出手，两败俱伤。在没有足够的情报作基础时，双方都会选择纯策略的斗鸡博弈，就是对方强硬，咱就让步，你让步了，我就强硬。

这个博弈告诉我们一个道理，面子有时是很要命的，从纯策略的斗鸡博弈中是不会出现两败俱伤的最差结果的。但很多人就是死要面子，非要带着侥幸心理，自己心里瞎算对方会做出让步的可能性，最后没有算准，弄巧成拙，结果两败俱伤。这种估算必须要有足够的信息依据，一个人拍脑袋出来的估算是不可信的。而事实上，很多博弈的双方所知道的信息是不完备的、不对称的，所以这种估算的风险是很大的。而且搜集这些信息也是需要成本的—机会成本和财务成本，而且往往十分高昂。所以，为了朋友、恋人、夫妻、同学间的怄气吵架而去花费如此高昂的信息搜集费用是不值得的。博弈的信息是一个十分诡异的东西，在你没有完全真正地掌握它前，万万不可胡乱猜想，匆忙决断，否则结果是难以控制的，这可是聪明人行为选择的大忌啊！

旅途中的困境选择

经济学的博弈论告诉人们怎样变得更“聪明”，如何判断人与人之间的利益关系和做出对自己最有利的选择，但恰恰是这个教人“聪明”的学问却告诫大家，做人不能太“精明”了，否则得不偿失，聪明反被聪明误，弄巧成拙。

经常乘飞机的朋友会发现，由于托运的行李会不翼而飞或者里面有些易损的物品遭到损坏，就要向航空公司进行索赔，这是一个很麻烦的事情，航空公司一般是根据实际价格给予赔付的，但有时某些物品的价值不容易估算，但物件又不大，一个小东西，那怎么办呢?

比如，有两个出去旅行的女孩，A 和 B，她们互不认识，各自在景德镇同一个瓷器店购买了一个一模一样的瓷器，当她们在上海浦东国际机场下来后，发现她们托运的行李中的瓷器可能由于运输途中的意外而遭到损坏，于是她们随即向航空公司提出索赔。因为物品没有发票等证明价格的凭证，于是航空公司内部评估人员约莫估算了价值应该在 1000 元以内。但是航空公司并无法确切地知道该瓷器的价格，于是，航空公司分别告诉这两位漂亮的小姐，让她们把该瓷器当时购买的价格分别写下来，然后告诉航空公司。

航空公司认为，如果这两个小姐都是诚实可信的话，那么她们写下来的价格应该是一样，如果不一样的话，则必然有人说谎。而说谎的人总是为了能获得更多的赔偿，所以可以认为申报的瓷器价格较低的那个小姐应该相对更加可信，并会采用两个中较低的那个价格作为赔偿金额，同时会给予那个给出更低价格的诚实小姐以价值 200 元的奖励。

这时，两个小姐各自心里就要打起小算盘了，航空公司认为这个瓷器价值在 1000 元以内，而且如果自己给出的损失价格比另一个人低的话，就可以额外再得到 200 元，而自己的实际损失是 888 元。

A 想，航空公司不知道具体价格，那么 B 肯定会认为多报损失多得益，只要不超过 1000 元即可，那么那个最有可能报的价格是 900 元到 1000 元之间的某一个价格。A 心想就报 890 元，这样航空公司肯定认为我是诚实的好姑娘，奖励我 200 元，这样我实际上就可以获得 1090 元。

而 B 也想了，有句话说得好，“人不犯我，我不犯人；人若犯我，我必犯人”，她既然算计我，要写890元，我也要报复，所以，我就填888元原价。

而A也会估计B会算到自己要写890元，她可能就填真实价格了，我要来个更绝的，我来个以退为攻的战略，我填880元，低于真实价格，这下她肯定想不到了吧！

我们都知道，下棋取胜的关键是要能算得比对手更准、更远。于是这两个极其精明的人相互算计，最后，她们可能都会填689元，她们都认为，原价是888元，而自己填689元肯定是最低了，加上奖励的200元，就是889元，还能赚1元。

这两个人算计别人的本事是旗鼓相当的，她们都暗自为自己最终填了689元而感到兴奋不已。最后，航空公司收到她们的申报损失，发现两个人都填了689元，料想这两个人都是诚实守信的好姑娘，航空公司本来预算的2198元的赔偿金现在只要赔偿1378元了。

A、B两个人各自只能拿到689元，还不足以弥补瓷器本来的损失呢！本来她们俩可以商量好都填1000元，这样她们各自都可以拿到1000元的赔偿金，而就是因为互相都要算计对方，要拿的比对方多，最后搞得大家都得不到好处。这就是著名的“旅行者困境”博弈模型。

这个模型告诉我们一个博弈思想，做人不能够过于“精明”，太精明的人未必是真的聪明，有时精明过头了往往会变得更糟糕。

人有时候需要一种合作的大度，尽管人都是“自利”的，但一个真正聪明的人的“自利”是应该具有前瞻性的、远见的，能看到事物发展趋势后果的。在这个“旅行者困境”中，尽管各自自利的选择都是去算计对方，但一个聪明的人应该能够预计到互相算计的后果只能使她们共同的博弈对象—航空公司渔翁得利。所以这种无谓的内耗是不值得的，一个聪明的人应该懂得去寻求合作，尽管合作总是要让自己预期的利益受到一部分的损失。但博弈论告诉我们，合作的最终结果往往比完全各自自利的结果能使各自都获得更好的收益。如果我们能从更高的角度去看待这种合作的行为，那么，它往往可以实现更大的“自利”收益。

当今经济学之所以可以在整个社会科学中处于统治地位，就是凭借了这种客观的分析方法，而不是主观地拍脑袋去感觉。但是，我们所说的客观理性并不是说就不要伦理道德了，恰恰相反，我们认为伦理道德的形成本身就是一种演进博弈的过程，它的存在本身就是一个博弈的均衡解，它是一种惯例、习惯、规范，它本身就是制度的一种形式，它的重要性在于可以降低交易成本。

就像在“旅行者困境”博弈中，如果双方都遵循“诚信”这个道德规范的制度，那么A、B双方都会选择888元，这样也就不至于导致她们都落到拿689元的更大损失的境地。所以从这个角度看，诚信合作很重要，也就不会有主观的意识形态之争了，因为它的形成是一种必然，是一种规律，是不以人的意志改变而改变的。

男怕入错行，女怕嫁错郎

生活中不乏博弈思维的警语。“男怕入错行，女怕嫁错郎”便是这样的警语。它告诫人们在人生的关键点选择上要慎之又慎，避免做出错误的决策。择业、婚姻便是人生的关键点。

对于男士来说，选择职业对于一生的发展至关重要。对于“男主外，女主内”的传统社会来说确实如此；而到了今天，女人和男人以同样的身份进入社会、选择职业，因此，无论是男人，还是女人，在步入社会、选择从事工作时，要谨慎选择行业。因为，抛弃原有职业的成本太高。

抛弃原来的职业重新选择职业的成本来自于多方面。一方面，一旦你从事了某种职业，如果半途而废，重新择业，以前所花的时间等于白费。当然如果你所做的工作具有继承性，能够对新的选择有所帮助，抛弃旧的职业，并不是一个完全的浪费。但人们从事新的职业，毕竟有一个适应过程，尤其是分工高度专业化的今天，竞争异常激烈，任何时间上的浪费都将使你处于不利的境况。

另外一方面，成本来自于他人对你的判断。你的经历构成了别人对你的判断，尤其在中国更是如此。你从事过某种行业，“意味着”你可以做某种工作，同时也“意味着”你不适合从事其他工作。对于你要从事的新的行业，除非你花了时间和精力去学习证明了自己的资格，否则其他人对你在新的行业的能力就不会认同。

这是人们的常规思维。我们不能责怪这种常规思维，我们自己也是这么思维的。

“女怕嫁错郎”反映了传统社会中的婚嫁对女人一生的重要性。女人嫁给某个男人，她的命运就与他连在一起，所谓“夫贵妻荣”也说明了一点。离婚对于女人来说成本很高，再结婚的难度也较大。其实，离婚对于男人也一样，成本也很高。离婚无论对男人还是对女人，不仅要承受舆论的压力，同时要耗费大量的精力。人们常说，结婚前眼睛睁大些，结婚后则睁一只眼、闭一只眼，均说明婚嫁时选择的重要性。

我们这里对行业与婚姻的思考，不是说人们不应当换行业，也不是说人们不应当离婚。如果人们选择的某个行业没有出路，或者他不适合该行业，在某个新的行业里发展可能更有前途，那么他应当选择改行；如果某人感觉婚姻不幸福，离婚是比较好的出路，那就应该选择离婚。我们要表达的是，在人生的关键时刻—择业、择偶，我们要谨慎为之，因为此时的选择，虽然不会构成“一失足成千古恨”，但覆水难收—如果所做的选择是错的，要消除这种选择的成本往往比较高。

大学生爱情——一场情感的博弈

爱情是一场博弈，一般对局者往往多于两人，这场博弈的结果很少没有失败者的。爱情博弈除非只有两个对局者才有可能实现纳什均衡，更多情况下爱情博弈往往是两败俱伤或是多方损失，几乎不能出现共赢局面，大学生的爱情在这方面表现得更为突出。

一个大学生一旦决定谈恋爱，就意味选择的开始。一项关于大学生为什么谈恋爱的非官方正式调查结果显示，大多数谈恋爱者并非真正是对神圣爱情的向往，而是包含了各种各样的既现实又复杂的因素，其中两个最重要的影响因素是大学生活的空虚和对生理性欲的需求，或许这也可以解释为什么同居现象在当今社会如此流行。供求双方的对等地位又因为供方资源的稀缺，这就存在需求方和供需方之间的共同博弈局面。男女比例失调是一个潜在的市场前提，预示着“再优秀的男性也有可能单身，再龌龊的女子也能嫁得出去”，所以男女对局一般是男生处于相对劣势地位，男男对局结果往往相当残酷（这里不考虑部分男生因诸如球打得好等因而引起诸小女生一齐爱慕的情形，不过这种事情正变得越来越少，因为人们的行为越来越趋于理性）。尽管供方是稀缺资源，但由于个人偏好的不同，女生仍有可能变为需求方。“男追女如追花，女追男如钓虾”，女生在局中仍然有一定的优势。

爱情博弈原来往往具有先行者优势，即先入为主，现在情形正随着人们观念的改变慢慢改变，先入者虽具有一定优势但优势不再那么明显，也起不到任何决定性作用。我们假定Y、X为一对男女恋人，正在准备或已经开始谈恋爱，此时他们两个之间并不存在任何强行约束条件，恋爱遵循自由自愿原则。X、Y两人构成一个市场，双方互为供需方，市场博弈是一比一对局。Y与X同时面对的不止一个博弈局，不过他们首先要做的是阻止市场进入者（假设二人真心相恋），这就需要二人的相互的承诺和对市场潜在进入者进行威胁阻止。接着二人博弈一般会呈现纳什均衡局面，由于有市场潜在进入者的威胁，纳什均衡在一定程度下很不稳定。

爱情博弈有可能永远达不到一个均衡状态，大多数学生只是出于现实的需要，也不打算拼得一个均衡点，无任何经济基础的他们只是在进行着一场爱情游戏，除了打发无聊的时光和消除所谓的空虚郁闷，并不能有任何显著或潜在收益，只能是更大的空虚或将来的后悔，理性人假设还不如经济人假设在此适用。

对于研究生而言，他们的年龄已经不再是“豆蔻年华”，一个似乎不太公平但却客观的事实是，对于女研究生而言，她们的人生曲线是向下降的。因为随着年龄在上升，而漂亮程度却在下降，所以每接近下一个时点，她们的选择成本都要更高一点，她们比男研究生需要更为现实的选择。

而对于男研究生而言，他们面临的人生曲线是上升的，因为年龄、容貌对于男生相对不如女生那么重要，而伴随学历的上升和能力的增强，每接近下一个时点，他们的前途都更为锦绣，他们的选择成本相对要低。

所以女研究生嫁给人生贴现率比自己低的男研究生的概率不是很大，而嫁给社会上有经济实力的男人的概率则相对要大。

男研究生们岂非要失望透顶？不。根据迭代模型，理性的结果是男研究生只好追求女本科生，正是利用时间差和代际成本转移，爱情在两个阶段的学生之间成为现实。

猎人博弈的帕累托优势

从前，有个村庄里有两个猎户，他们为了生存不得不去打猎，但在他们附近的森林里，猎物只有两种：鹿和兔子。在那个时候，人类的狩猎水平都是比较低的，弓箭的力量也不是很强。在这样的情况下，我们可以这样认为，如果两个人一起去打鹿，可以打到1只鹿。如果一个猎人自己去打，他只能打到4只兔子。从填饱肚子的角度来说，4只兔子可以吃上4天，1只鹿却差不多能够解决一个月的问题。这样，两个人的行为决策就可以写成以下的博弈形式：要么分别打兔子，每人得4；要么合作，每人得10（平分鹿之后的所得）。

两个纳什均衡，就是两个可能的结局。那么，究竟哪一个会发生呢？是一起去猎鹿，还是各自去打兔子呢？这就和情侣博弈一样，不能完全由纳什均衡本身来确定。

比较（10，10）和（4，4）两个纳什均衡，明显的事实是，两人一起去猎鹿的赢利比各自去打兔子的赢利要大得多。按照长期合作研究的两位博弈论大师—美国的哈萨尼教授和德国的泽尔腾教授的说法，甲乙一起去猎鹿得（10，10）的纳什均衡，比两人各自去打兔子得（4，4）的纳什均衡，具有帕累托优势。猎人博弈的结局，最大可能是具有帕累托优势的那个纳什均衡：甲乙一起去猎鹿，得（10，10）。

比起（4，4）来，（10，10）不仅是总额的改善，而且每个人都得到很大改善，这就是（10，10）对于（4，4）具有帕累托优势的意思。关键是每个人都得到改善。

这里要解释一下帕累托效率和帕累托优势。帕累托效率是意大利经济学家帕累托提出来的，其内容是：社会资源如何配置才能改变人们的境况，只有当资源配置已经达到这样一种状态，也就是在不使其中一个变得更坏的情况下，另一个也不能变得更好的时候。这个定义读起来有点艰涩，其实主要是看资源是否已经被充分利用。如果资源已经被充分利用，达到这样一种程度：要想再改善我，就必须损害你自己或别的什么人，或要想再改善你，就必须损害另外某个人。一句话，要想再改善任何人，都必须损害别的人了，这时候就说一个经济已经实现了帕累托效率。相反，如果还可以在不损害别人的情况下改善任何人，就认为经济资源尚未充分利用，就不能说已经达到帕累托效率。

在“猎人博弈”中，两人合作猎鹿的收益（10，10），对于分别猎兔（4，4）具有帕累托优势。这是因为如果比较原来的境况（4，4），现在的（10，10）可以说两个猎人的境况得到了帕累托改善。作为定义，帕累托改善是各方的境况都不受损害的改善。

可是上面的情况是假设双方平均分配猎物，也就是说，两个猎人的能力和贡献差不多，但是实际上并不一定如此。

如果一个猎人各方面都非常优秀，他就会要求得到较大的一份，这样分配的结果就可能是（14，6）或（15，5），但有一点是确定的，如果合作的话就要保证一点，那就是能力较差的猎人的所得，至少要多于他独自打猎的收益，否则他就没有合作的动机。如果合作的结果是（17，3），相对于分别猎兔（4，4）就没有帕累托优势，这是因为 3 比 4 小，乙受到损害。这样，我们就不能说两人的境况得到了帕累托改善。虽然 17 比 4 多，改善了很多，17 + 3 也比 4 + 4

大很多，改善了很多，但是3比4小，乙的处境没有改善反而恶化，所以站在乙的立场，（17，3）没有原来的（4，4）那么好（第一个数代表甲的满意程度或者得益，第二个数代表乙的满意程度或者得益）。如果合作的结果变成这样，那么，乙一定不愿合作。可见，帕累托改善是一种各方都认同的改善，不是要求任何一方做出牺牲的改善。

邻里之间的争执

零和游戏，就是零和博弈，是博弈论的一个基本概念，意思是双方博弈，一方得益必然意味着另一方吃亏，一方得益多少，另一方就吃亏多少。之所以称为“零和”，是因为将胜负双方的“得”与“失”相加，总数为零。

一个游戏无论几个人来玩，总会有输家和赢家，赢家所赢的都是输家所输的，所以无论输赢多少，正负相抵，最后游戏的总和都为零，这就是零和游戏。

零和博弈属于非合作博弈。在零和博弈中，双方是没有合作机会的。各博弈方决策时都以自己的最大利益为目标，结果是既无法实现集体的最大利益，也无法实现个体的最大利益。零和博弈是利益对抗程度最高的博弈，甚至可以说是你死我活的博弈。

在社会生活的各个方面都能发现与“零和游戏”类似的局面，胜利者的光荣后面往往隐藏着失败者的辛酸和苦涩。从个人到国家，从政治到经济，到处都有“零和游戏”的影子。

一群年轻人在一家火锅城为朋友过生日，其中有一个年轻人拿着自己已吃过了的蛋饺要求更换。由于火锅城有规定，吃过的东西是不能换的,所以年轻人的要求遭到拒绝,双方因此发生冲突,打了起来。

最后，火锅城以人多势众的优势打败了那几个青年人，可以说博弈的结果是火锅城的一方赢了，而实质上，他们真的赢了吗？从长远来看，他们并没有赢。这就是人际博弈中的“零和博弈”，这种赢方的所得与输方的所失相同，两者相加正负相抵，和数刚好为零。也就是说，他们的胜利是建立在失败方的辛酸和苦涩上的，那么，他们也将为此付出代价。还以此事为例，虽然火锅城一方的人赢了，但从实际角度去分析，从实际情况出发，我们不难发现，火锅城的生意也会因此造成影响，传出去就会变成“这家店的服务真是太差劲了，店员竟敢打顾客，以后再也不来这里了”，“听说没有，这家店的人把顾客打得可不轻啊，以后还是少来这里”，“什么店，竟然动手打人，做得肯定不怎么样”，等等。

其实，邻里之间也是一种博弈，而博弈的结果，往往让人难以接受，因为它也是一种一方吃掉另一方的零和博弈。

在一个院里住着四五家人，由于平时太忙，邻里之间就如同陌生人一样，各家都关着门过着平静的生活。但不久前，这个院子变得热闹了，原因是有一家的大人为家里的女儿买了一把小提琴，由于小女孩没有学过小提琴，但又喜欢每天去拉，而且拉得难听极了，更要命的是小女孩还总挑人们午休的时候拉，弄得整个院子的人都有意见。于是矛盾便产生了，有性格直率的人直接找上门去提意见，结果闹了个不欢而散，小女孩依然我行我素。大家私下里议论纷纷，有年轻人发了狠说，干脆一家买一个铜锣，到午休的时候一齐敲，看谁更厉害。几家人一合计，还真那样做了，结果终于让那个小女孩不再拉小提琴了。而后的几天，小女孩见了邻居，更是如同见了仇敌一样。小女孩一直认为，是这些人使她不能再拉小提琴的。邻里关系更是极度恶化。

可以说，这个典型的一方吃掉另一方的零和博弈是完全可以避免的。对于这件事，其实双方都有好几种选择。对于小女孩这一家来说，其一，他们可以让女儿去培训班参加培训；其二，在被邻居告知后，完全可以改变女儿拉提琴的时间；其三，也就是在被邻居告知后，不去理会。而其邻居也有如下选择：其一，建议这家的家长让小女孩学习一些有关音乐方面的知识；其二，建议他们让小女孩不要午间休息拉琴；其三，以其人之道，还治其人之身。

但结果双方的选择很令人遗憾，因为他们选择了最糟糕的方案。

很多事实证明，在很多时候，参与者在人际博弈的过程中，往往都是在不知不觉中做出最不理智的选择，而这些选择都是由于人们为一己之利所得出的结果，要么是零和博弈，要么是负和博弈，都是非合作性的对抗博弈。

何必两败俱伤

负和博弈是博弈时局中人都得不到好处，彼此受到损害的博弈。可以说，负和博弈是当事人最不明智的选择。

比如在生活中，兄弟姐妹之间相互争东西，其结果就很容易形成这种两败俱伤的负和博弈。一对双胞胎姐妹，妈妈给她们两人买了两个玩具，一个是金发碧眼、穿着民族服装的捷克娃娃，一个是会自动跑的玩具越野车。看到那个捷克娃娃，姐妹俩同时都喜欢上了，而都讨厌那个越野车玩具，她们一致认为，越野车这类玩具是男孩子玩的，所以，她们两个人都想独自占有那个可爱的娃娃，于是矛盾便出现了。姐姐想要这个娃娃，妹妹偏不让，妹妹也想独占，姐姐偏不同意，于是，干脆把玩具扔掉，谁都别想要。

姐妹俩互不让步，最后，干脆扔掉玩具，谁都别想得到，这样造成的后果是：其中一方的心理不能得到满足，另一方的感情也有疙瘩，可以说，对双方而言都受到了损失，双方的愿望都没有实现，剩下的也只能是姐妹关系的不和或冷战，从而对姐妹间的感情造成不良的影响。

由此我们不难看出，交际中的“负和博弈”使双方交锋的结果都没有所得，或者所得到的小于所失去的，其结果还是两败俱伤。双方受挫交际中的“负和博弈”，只能加大双方的矛盾和抵触，使双方失和。如果交际中发生“负和博弈”，那么，一般情况下都会因为两败俱伤而不再交往或反目成仇。

有这样两个人，一个人很有钱，却不善于交际，而另一个人缺少资金，但在人际关系方面很善于疏通，是个交际家。有一天，这两个人碰到了一起，并聊得相当投机，有一种相见恨晚的感觉。于是，两人决定合伙做生意。有钱的人出资金，善于交际的人疏通关系。经过两人的共同努力，他们的生意很是红火，事业也越做越大。此时，那个善于交际的人起了歹心，想自己独吞生意。于是，他便向那个出资金的人提出，还了合伙时的那些资金，这份生意算他一个人的了。当然，那个出资金的人肯定不会愿意，因此，双方开始了长时间的僵持，矛盾也越来越尖锐，最后，这件事也只有让法院来解决。不过，那个善于交际的人在两人开始做生意的时候，便已经给对方下了套，在登记注册姓名时，他只注册了他一个人的名字。虽然那个出资金的人是原告，但却因为那个善于交际的人早就下好了套，使得出资金的人最终输了官司，眼睁睁地让那个善于交际的人独吞了生意而无能为力。那个不善于交际的人一怒之下把善于交际的人的货物全烧了，结果两个人谁也没捞到好处。

事实上，由于人类所过的是一种群体生活，人只要生活在这个社会里，就离不开与他人的交往，而这就形成了一种特定的关系—人际关系。其实，它也是一种利益关系，因为人要追求物质和精神两方面的满足，也因此，在追逐利益满足的时候，就会产生相互间的矛盾和冲突，而冲突的结果就是一种博弈关系，“负和博弈”就是其中的一种。

从总体上来看，所谓的负和博弈，就是指双方冲突和斗争的结果，是所得小于所失，就是我们通常所说的其结果的总和为负数，也是一种两败俱伤的博弈，结果双方都有不同程度的损失。

上面的事例是典型的“负和博弈”，因此，对于人际关系，我们一定要本着为人利就是为己利的态度去做，不能见利忘义。

苏泊尔与金龙鱼的正和博弈

正和博弈，与负和博弈不同，顾名思义，是一种双方都得到好处的博弈。正和博弈通俗地说，就是指双赢的结果，比如我们的贸易谈判基本上都是正和博弈，也就是要达到双赢。双赢的结果是通过合作来达到的，必须是建立在彼此信任基础上的一种合作，是一种非对抗性博弈。双赢的博弈可以体现在各个方面，商场上双赢的合作博弈是用得最充分的一种。

合作并不是不要竞争，正相反，合作正是为了更好地竞争。世界范围内的激烈竞争，使企业逐步从纯粹竞争走向合作竞争，竞争的结果由“零和博弈”演变为“正和博弈”，实现各方“双赢”。在大多数情况下，合作可以为企业带来真正意义上的竞争优势。传统竞争强调的是战胜对手，随着经济的融合度增强，现代竞争更强调竞争对手之间的合作。

在当今的市场条件下，企业能否取得成功，取决于其拥有资源的多少，或者说整合资源的能力。任何一个企业都不可能具备其发展所需要的所有资源，但是可以通过联盟、合作、参与等方式使他人的资源变为自己的资源，增加竞争实力。

金龙鱼是嘉里粮油旗下的著名食用油品牌，最先将小包装食用油引入中国市场。多年来，金龙鱼一直致力于改变中国人的食用油健康条件，并进一步研发了更健康、营养的二代调和油和色拉油。

苏泊尔是中国炊具第一品牌，金龙鱼是中国食用油第一品牌，两者都倡导新的健康烹调观念。如果两者结合在一起，岂不是能将“健康”做得更大?

就这样，两家企业策划了苏泊尔和金龙鱼两个行业领导品牌“好油好锅，引领健康食尚”的联合推广活动，在全国800家卖场掀起了一场红色风暴……

我们首先对两大品牌做了详细的分析，发现彼此品牌的内涵有着惊人的相似。

“健康与烹饪的乐趣”是双方共同的主张，也是双方合作的基础，围绕着这个主题，双方共同推出联合品牌，在同一品牌下各自进行投入，这样双方既可避免行业差异，更好地为消费者所接受，又可以在合作时透过该品牌进行关联。由于双方都是行业领袖，强强联合使得品牌的冲击力更加强大，双方都能从投入联合品牌中获益。经过磋商双方决定将联合品牌合作分为两个阶段：第一阶段通过春节档的促销活动将双方联合的信息告之消费者；第二阶段为品牌升华期，在第一阶段的基础上共同操作联合品牌。

“好油好锅，引领健康食尚”活动在全国36个城市同步举行。活动期间（2003年12月25日～2004年1月25日），顾客凡是购买一瓶金龙鱼二代调和油或色拉油，即可领取红运双联刮卡一张，刮开即有机会赢得新年大奖，包括丰富多样的苏泊尔高档套锅（价值600元）、小巧动人的苏泊尔14厘米奶锅、一见倾心的苏泊尔“一口煎”。同时，凭红运双联刮卡购买108元以下苏泊尔炊具，可折抵现金5元；购买108元以上苏泊尔炊具，还可获赠900ml金龙鱼第二代调和油一瓶。同时，苏泊尔和金龙鱼还联合开发了“新健康食谱”，编纂成册送给顾客，并举办健康烹调讲座，告诉顾客怎样选择健康的油和锅。

推销活动正值春节前后，人们买油买锅的欲望高涨。此次活动，不仅给消费者更多让利，让购物更开心，更重要的是，教给了消费者健康知识，帮助消费者明确选择标准，提升了国人的健康生活素质。所以这一活动一经推出，立刻获得了广大消费者的欢迎，不仅苏泊尔锅、金龙鱼油的销售大幅上涨，而且其健康品牌的形象也深入人心。

在这次合作中，苏泊尔、金龙鱼两大品牌在成本降低的同时，品牌和市场占有率得到了又一次提升：金龙鱼扩大了自己的市场份额，品牌美誉度得到进一步加强；而苏泊尔则进一步强化了中国厨具第一品牌的市场地位。这正是正和博弈带来的双赢局面。

从以上的案例可以看出，合作营销，更多的是一种策略的思考，强调双方的优势互补，强强联合。通过大家的共同推动，获得更大的品牌效益。

从合作到共赢

如果博弈的结果是“零和”或“负和”，那么，对方得益就意味着自己受损或双方都受损，这样做的结果也只能是两败俱伤。因此，为了生存，人与人之间必须学会与对方共赢，把人际关系变成是一场双方得益的“正和博弈”，与对方共赢，而这样也是使人际关系向着更健康方向发展的唯一做法。

如何才能做到这一点呢？要借助合作的力量。

有这样一个关于人与人之间合作的例子。有一个人跟着一个魔法师来到了一间二层楼的屋子里，在进第一层楼的时候，他发现一张长长的大桌子，并且桌子旁都坐着人，而桌子上摆满了丰盛的佳肴，虽然，他们不停地试着让自己的嘴巴能够吃到食物但每次都失败了，没有一个人能吃得到。因为大家的手臂都受到魔法师诅咒，全都变成直的，手肘不能弯曲，而桌上的美食，夹不到口中，所以个个愁苦满面。但是，他听到楼上却充满了愉快的笑声，他好奇地上了楼，想看个究竟。但结果让他大吃一惊，同样的也有一群人，手肘也是不能弯曲，但是，大家却吃得兴高采烈，原来他们每个人的手臂虽然不能弯曲，但是因为对面人的彼此协助，互相帮助夹菜喂食，结果每个人都吃得很尽兴。

从上面博弈的结果来看，同样是一群人，却存在着天壤之别。在这场博弈中，他们都有如下的选择，其一，双方之间互相合作、达到各自利益；其二，互相不合作，各顾各的，自己努力来获得利益。我们可以看出，在这场博弈中，只有那些互相合作、相互帮助的人，才能够真正达到双赢，走向正和博弈。事实上，正和博弈正是一种相互合作、非对抗性博弈。而对于人际交往来说，要想取得良好的效果，就应该采取这种非对抗性的博弈。

可以说，在这个世界上，没有一个人可以不依靠他人而独立生活的，这本来就是一个需要互相扶持的社会，先主动伸出友谊的手，你会发现原来四周有这么多的朋友，在人生的道路上，我们更需要和其他人互相扶持，共同成长。

因此，在发生矛盾和冲突时，如果能从对方的利益出发，能从良好的愿望出发，便能使人际交往达到互利互惠的“正和博弈”状态。就是说，在人际交往中，要达到效益最大化，就不能以自己的意志作为和别人交往的准则，而应该在取长补短、相互谅解中达成统一，达到双赢的效果。

例如，夫妻之间的互利互惠，可以使彼此间的感情更亲密。有这样一对夫妻，妻子是个瘫子，丈夫是聋哑人，外人看来他们应该很不幸，但他们却生活得很幸福。譬如他们要去镇上买一些日用品，由于丈夫不会说话，当然不好交际，所以，在去镇上卖东西的时候，这个聋哑丈夫一定会骑着三轮车，让妻子坐上，到了要买东西的地方，妻子便坐在三轮车上谈价钱购货物。更可贵的是，他们从来没有因为某件事情而发生过争吵，为什么呢？这倒不是因为他们有多大本领，而是因为他们能互相补充彼此之间的缺陷：妻子走路不方便，丈夫却有强健的身体；丈夫不会说话，妻子却有很好的口才。由于他们能取长补短，所以他们在一起仍生活得十分美满。这种在交际中能互利互惠的情况，便是"正和博弈"。

再比如，有这样一对夫妇，他们一生都没激烈地争论过，更不用说吵架了，在生活中他们更是默契、和谐。他们有一个共同的习惯，就是每天都要煮鸡蛋吃。不过，奇怪的是妻子在煮鸡蛋时，每次都是自己先吃了蛋白，而把蛋黄留给丈夫；而其丈夫每次煮鸡蛋时，便吃了蛋黄，把蛋白留给妻子。这似乎成了习惯，直到丈夫去世前，说自己想吃鸡蛋时，妻子便煮好了鸡蛋，首先剥掉了蛋白，将蛋黄给了丈夫。丈夫说，他想吃一次蛋白。妻子说，你不是喜欢吃蛋黄吗？丈夫摇摇头说，其实他并不喜欢吃蛋黄，只是看妻子爱吃蛋白，所以才每次都吃蛋黄的。这时，妻子也告诉了丈夫，其实，她本来爱吃的是蛋黄，只是因为见丈夫每次都愿意吃蛋黄，所以她每次才吃蛋白的。这个故事的确很美丽，读后让人为夫妻间的相敬如宾动容。其实，在交际中，如果遇到与交际对象发生冲突的时候，互相之间若能为对方着想，采取一种双方合作的态度，那么，就一定能避免交际中的对抗性博弈发生。

所以，为了短期胜利，建立共同利益，为了长远成功，建立良好关系，也就是拥有博弈中的双赢思维，拥有平等、互惠的思想，采取合作的态度，这样才能使人际关系呈现"正和"状态，并向着健康的方向发展，从而收到良好的交际效果。

超市里的面包为何难找

超市，作为一种外来的销售模式，正以舒适的购物环境，琳琅满目的商品，低廉的价格而赢得顾客的青睐，成为市民购物的首选之地，而且正在从大城市向中小城市席卷，从城市向周边地区渗透。逛超市，已经成为众多小资休闲生活中的一项重要内容。有商界人士预测，不远的将来，超市和类似超市的便利店将占据国家零售业的绝对“主力”。

真正的大型超市，不同于一般的商店，它基本上已经从过去纯销售物资的百货商店演变为包括衣食住行、购物和精神娱乐在内的一切围绕人服务的一个综合性的场所，超市，似乎已经成为一种形象，一种品牌，成为人们日常生活不可缺少的一部分。但围绕超市发生的光怪陆离的故事，又赋予了超市更多的内涵。

故事一

小吴夫妻都是城市的高级白领，丈夫在一家保险公司工作，业务做得顺手，事业红红火火，月薪上万元。小吴在一家专门为城市中产阶级妇女服务的杂志社工作，月薪也有5000多元。两人组合在一起，买房买车后，开始月月向银行“纳税”，感觉没有以前那么“潇洒”了。

夫妻俩在单身贵族时，都是典型的“月光族”，身边都没有什么积蓄，组合成家庭后，认为家里没有一笔积蓄难以承担风险，而且要为日后要小孩做一些准备。于是夫妻达成了储蓄协议。可惜夫妻都会挣钱，也更会花钱，两人在繁华地段买了住房，周围超市林立，一有空闲，小吴就拉着丈夫，夫妻双双逛超市，看见时尚、新潮的东西，追求标新立异的夫妇总要欣赏半天，在伶牙俐齿的助销小姐的花言巧语下，往往就毫不吝啬地刷卡买下。当夫妻发现买的东西并不是紧要东西，白白打乱了自己的“储蓄计划”，于是相互反复叮嘱，不能再被人唆使而轻易掏腰包。为了说到做到，夫妻决定，以后购物，只有家里缺少什么东西，写上清单，然后才去购物，不是清单“计划内”

的物品坚决不买。

但每当夫妻去购买自己“最需要”的食品时，总要穿过各种服装、装饰、化妆品、家居用品等长廊。日常生活需要的食品、瓜果总放在比较偏僻、不起眼的地方。在经过琳琅满目的各类货物长廊的时候，夫妻总是不自觉地停留下来，对那些时尚物品把玩半天，不时“慷慨”地刷卡，成为自己的囊中之物。而列入清单的必需品却成为购物高潮之后的搭头，匆匆捎上，几乎次次如此。

一年下来，夫妻工资涨了不少，但家庭里面堆积了一大堆看似时尚而一时又用不上的东西以外，存折上并没有多添一位数。夫妻很郁闷，为什么就忍不住上了超市的当呢？为什么就存不上钱呢？

故事二

2006 年 2 月，武汉中百仓储珞狮路购物广场的商家为了招揽顾客，别出心裁，特地请来“猪乐队”表演歌舞让观众欣赏。“猪乐队”由 9 只木偶猪组成，两只唱歌，两只跳舞，两只弹电吉他，一只吹萨克斯，一只打鼓，还有一只弹电子琴。“猪乐队”着装优雅，表情各异，有穿牛仔裤的，有穿裙子的；有的戴着墨镜，有的戴着耳环。有一只皮肤深褐色的快乐猪，爆炸式长发上别着漂亮的发卡，随着音乐娴熟地扭着身体。

商家将猪乐队放在不同商品区域“巡回演出”，无论到哪，都吸引了众多的男女老少，大家看得笑逐颜开。围着“猪乐队”迟迟不肯离开超市，超市人气激增。

据悉，木偶猪个个身价不菲，差不多“一只万金”，其中，外形设计由木偶厂完成，机械设计由武汉大学相关专家负责，化妆另请专业人士，耗时 3 个月，才有了现在的精彩表演。

两则看似毫不相干的故事却反映了超市的匠心独具，反映了一种经营策略的成功。我们说，故事一中，小吴夫妇收入不低，为什么却存不上钱，而大部分收入都送给超市了。这其中夫妻俩做惯了“月光族”固然是一个因素，超市经营所用的经营策略也未尝不是一个重要的原因。

我们知道，超市的目标就是要让顾客尽可能地多花钱，只有钱从“上帝”口袋里转入超市的账户上，超市才有利润，才能盈利。而一般来说，顾客进入超市就存在花钱的动机，所以，我们可以说超市和进入超市的顾客存在“合作性博弈”的基础，可谓是一个愿打，一个愿挨。然而，超市对顾客消费的需求是无限的，而很多顾客，都是缺少物品时才会进入超市，可见顾客自身的消费却是有限和有针对性的，所以，这里就存在无限需求和计划有限消费的矛盾，按照人和集体都是理性和自私的，作为超市，它自然就想着如何让顾客在自己的“地盘”尽可能地多消费，所以它就必须采取措施使博弈的天平向自己倾斜。

对众多顾客来说，生活消费品，特别是食品是消费的一项重要内容，很多消费者进入超市的主要内容就是直接购买自己需要的物品。对于超市来说，如果把顾客消费频率最高，需求量最大的物品摆在超市最前面、最抢眼、最容易找到的地方，那么大部分消费者买上自己需要的东西就会直接离去，对那些可买可不买，甚至根本没有购买欲望的消费品可能看都没有看，更加谈不上买的可能。如果这样的话，显然对超市是不利的，因为让顾客看到、欣赏、产生购买的欲望和动机是买卖得以成功的前提条件。如果对超市试图推销的众多商品都没有让潜在的顾客看到，超市就成为买卖消费博弈的“弱者”。因此，精明的超市总是把众多中高档商品，消费者并不急需的商品摆在显眼的地方，让顾客有更多发现、欣赏的机会。而把普通人家日日需要的食品和生活小用品放在超市里面，甚至让顾客历经艰辛，让他们在找到自己必须购买的物品之前，把超市琳琅满目的物品都“检阅”一遍。这样，超市众多的商品就得到更多的销售机会。

故事一中的小吴夫妇显然陷入超市和顾客的这场博弈陷阱。由于夫妻俩都有“月光族”的经历，都对新奇、时髦的中高档消费品有渴望拥有的欲望。因此，他们在为了购买自己的“必需品”时，就必须经过超市设立的“陷阱”，必须与各种高档时髦商品进行一场没有硝烟的战斗，可惜在这种欲望与诱惑的博弈中，夫妻失败了，他们的钱被掏空了。他们的钱变成了一大堆耗费大量钱财却正在迅速落伍的时髦物品，而这正是超市所希望的，所以说，他们在与超市的博弈中失败了，他们一次次挨上超市的“温柔一刀”，可这“一刀”的起因却往往是因为要买填饱肚皮的一块难以“搜寻”的面包。

至于故事二中，超市为什么要“一猪万金”来让顾客产生“快感”，让顾客在超市看免费的娱乐节目。所谓再精明，精明不过商家，世界上没有免费的午餐，超市不会无缘无故让顾客在超市娱乐的，这同样是一种手段。我们知道，很多人逛超市，逛商场，本来是没有购物欲望的，但在超市待了一段时间，走走看看，总忍不住买点东西，而有人统计过，在超市待的时间越长，购买的东西也就越多，购买的欲望也就越大。商家之所以请“猪乐队”来给顾客助兴，其目的就是让顾客在超市多走走，多看看，让顾客忘记自己是来买“面包”的，让更多的商品进入顾客的“法眼”，让顾客不知不觉产生购物欲望，让顾客不知不觉掏空了自己的腰包，让超市赢得金银满钵。所以说，故事二中的“猪乐队”同样是商家的“陷阱”，同样是商家的博弈策略，只是众多的顾客自觉自愿地掉入了这个陷阱而不自察。

超市和顾客之间的关系既是合作的，但在某种意义上又是对抗的。对于超市来说，它采取种种措施让顾客在自己的“地盘”上留下“买路钱”，本身是无可厚非的。只要它出售的商品在出售那一刹那价格和价值“相符”，就可以放心大胆的实行它的策略。对于顾客来说，超市如果将自己最需要的物品放在最不起眼的地方，超市如果营造尽善尽美的购物环境，消费者就要警惕，这些都是超市的“温柔陷阱”，都是超市的博弈策略。

在这样的博弈中，如果消费者您有足够的钱，安心享受超市的一切，大把大把地消费，也无可厚非，毕竟“牡丹花下死，做鬼也风流”，会花钱才会挣钱。如果你钱不够多，甚至需要一分钱掰成两分钱用，那就单刀直入，直奔主题，买上自己的必需品，然后“非急需之物勿视，非急需之物勿听，非急需之物勿闻，非急需之物勿言”，发扬雷锋似的高尚觉悟，把花钱的机会“慷慨”地让给别人吧，或许这样才能保住你那只可怜的老母鸡。当然，这是个人隐私，不要轻易外传，要不超市会关门的，那大家想合作都没戏了。

会员卡，蜜糖还是毒药

会员制度、会员卡，当前在中国可谓也算是一种新事物。在各大商场，经常可以看见穿着时髦，举止优雅的红男绿女买了一大堆商品，潇洒地甩出会员卡和银行卡结账走人；也可以看见颤巍巍地老两口出示会员卡，用现金结算以后，一项一项地盘算着又省了几块钱。用会员卡能节省钱，似乎成为消费者的共识；用会员卡能吸引顾客，似乎让众多的商家恍然大悟，哦，还有这种营销手段。会员卡似乎成为商场、酒店、美容等一切服务行业吸引回头客的亮点；用会员卡消费，似乎成为一种时尚；您办了会员卡了吗？成为一种时尚的问候语。

然而，是不是所有的人都从会员卡受益了呢？会员卡到底是商家一项长期的战略性营销策略，还是暂时获取利益的手段，是不是所有的人都赞成或者使用会员卡呢？会员卡仅仅是一种盈利和省钱的博弈策略吗？

故事一

钱先生一家住在北京某城乡超市附近。超市物品丰富，种类齐全，基本上能够满足一家老小的基本需要，于是在超市办了张会员卡。虽然说每一件商品优惠不了多少。但算笔细账，一年下来，不仅少了奔波购物的劳累，也节省了近千元的开支，而且商场每到一定时期都推出打折或者积分赠送物品，虽然东西价值不大，但感觉很亲切。钱先生一家都认为会员制度很好。

故事二

上海浦东金茂大厦的某知名酒店小有名气。张先生久慕其名，2004 年 8 月花了 2888 元购买了一张该酒店美食会的会员卡，根据有关规定，凭该卡可以免费入住酒店标准间一天。自购卡以来，张先生曾多次去电话预订房间，酒店方面都称客满。2005年4月，张先生再次去电话预订3天后的客房，起初未说自己是会员时，该酒店称有客房，当张先生提及自己持有会员卡时，酒店就声称没房间了。张先生忍不住责问，会员何时才能免费入住一天客房时，一位王小姐说2个月后才能有客房，而另一位胡小姐则称1个月后会有客房，给人一种上了贼船的感觉，张先生郁闷得不行。

故事三

超市实行会员制度，已经在众多城市遍地开花。家住北京丰台某小区的董洁女士看到居住区附近新开了一家超市，实行会员制，声称消费20元积累一分，积累到一定分数就能够换取电饭煲、洗衣机、冰箱等不同物品。董洁女士盘算一下，自己家里一年的消费少说也有几万，半年就可以积累到一台冰箱的分数。于是家中大到家用电器，小到一袋味精都在该超市买。一年下来，积累了上万分，等董洁女士带着家人兴冲冲去换冰箱却只拿到了一袋420克洗衣粉。原来，按照超市的解释，积累的分数3个月结算一次，不主动结算，自动作废。董女士发现像自己一样情况的人员不少，一起提出抗议。超市经理拿出会员规章制度，指出商场具有最终解释权，会员询问，商场具有告知的义务，会员不询问，商场不会主动解释。董洁女士顿时傻了眼，她觉得会员制简直就是“骗子制度”。

从理论上讲，会员制度是商家和消费者的一种合作性博弈。商家通过会员卡制度培养一批稳定的消费者，使自己有了固定的客源，尽管各种物品价格降低，利润减少，但薄利多销，仍然可以增大利润总额，获得理想的经济效益。对于会员来说，在这个商店是消费，在那个商店也是消费，成为一家有较高品位、价格合理的商家的会员，每件商品都比非会员减少那么一点点价钱，则不仅仅是直接经济上的节省，还省去了货比三家，来回奔波的购物成本，同样是间接上的节省。因此，对商家和消费者来说，会员制理论上是一种双赢的博弈。

但从上述各个会员的遭遇来看，现实生活中的会员卡制度并不是事先设想的那么美好。故事一中的钱先生显然成为一家比较规范的商家的忠实消费者，的确，商家和消费者双双盈利，这可能是当前最好的一种会员制度。故事二中的张先生显然就没有这么好的遭遇了，花了2888元成为会员，就是为了享受一下高级酒店的贵族享受，但为了这“免费的一天”，等了大半年还没有看见希望，尤其让人郁闷的是，会员不仅没有享受到承诺的权利，反而受到了歧视——以非会员的名义可以轻而易举地订上房间，而以会员的名义却被人家踢了皮球。无怪乎张先生感觉上了贼船，郁闷得很。与故事三中董洁女士一家的境遇相比，钱先生显然又幸运多了。董女士不仔细考察，让一家老小成为超市最忠实的客户，但一年的忠诚换来的却是一袋洗衣粉，不让董女士气破肚皮才怪。

如果说故事一中钱先生是一种比较理想的结局，那么故事二、三就暗示着会员制度存在着危机，从表面上看，酒店和超市是赢家，因为他们一点雕虫小技就让消费者大掏腰包，而自己却以种种理由“义正词严”地拒绝了应该返还给消费者的利益，可以说商家和消费者实行了一场一边倒的“零和博弈”。但从长远观点来看，商家显然是输了。在竞争日益激烈的今天，面对琳琅满目的商品和多如过江之鲫的商家，供求关系的主动权已经转到顾客手中，顾客成为真正的上帝，保持一批忠诚的顾客比发展一批新顾客要困难得多，而张先生和董女士慕名而来，成为回头客，显然是潜在的长期顾客，但商家为了眼前的九牛一毛之利，就把顾客推出了自己的服务队伍，这是一种短视的做法。

其实，故事二、三中的商家不是推走了一位顾客，而是一个顾客团队。中国有句俗语：好事不出门，坏事传千里。美国最伟大的推销员曾经说过一句话：让一位顾客满意，他可以带来8位顾客。这句话反过了也是一样。我们可以想象，张先生和董女士必然会反复告诫自己的亲戚朋友，不要到那些“黑店”消费，因为这样的会员制度，可以说像裹着毒药的蜜糖，起初尝试感觉很好，最终是坑了消费者，不过反过来也坑了商家自己，从长期来看，最终的受害者还是商家自己，所以这种短视博弈是不可取的。

其实，即使是像案例一中钱先生和商家的双赢博弈，很多顾客也不以为然。因为从心理学上来说，会员习惯了享受优惠，长此以往，对价格牌上的两个数字，会员们就不再有拣到便宜的感觉，而人都有猎奇求新的心理，在商品、商家、消费策略和方式不断推陈出新的今天，任何商家都不可能真正使顾客保持长期的忠诚。事实上，很多商家除了购物优惠外，还对会员卡都作出不少返利承诺，如有的商家规定会员购满 1 000 元则可得到 10 元返利，还有一些专门针对会员推出的特价商品，还有的商家将会员购物进行积点排行，每年对排行前几名的消费者馈赠大礼、以及定期举行抽奖等。这些使会员卡“看起来很美”。但实际上可以在规定期限内享受到返利的会员是极少数的，随着时间的推移，会员的热情只会降低。而非会员们的“委屈”却会依然存在：我一样是商场的消费者，可是却要受到不平等的待遇，难道超市也要搞“身份歧视”？也就是说，会员制度在稳定一批客户的同时，很可能又会丧失一批客户，一进一出，是否让商家真正盈利，也的确难以说了。至于像故事二、三中那种借会员卡而剥削顾客的事件，不但会损害自己的利益，而且会使受害者对整个会员卡制度产生怀疑，从而使这种制度最终难以实施。

当前的会员制度是一种“进口”商品，尽管中国古代商业界有过类似的方式，但现在的会员卡制度的确是从西方的营销方式中学来的，只是照猫画虎，形似而非神似。美国的普尔斯马特号称“会员店”的鼻祖，其创始人菲利普·科特勒曾指出：对未来的市场来说，首要的问题是通过帮助顾客解决实际问题，了解顾客的心理，降低管理费用并做好销售服务等措施赢得他们的信任，建立起本店的信誉。可见会员制的内涵应是服务关系、感情链接，而不是价格优势。商家仅仅依靠价格培养不了客户的真正忠诚，而应该是建立一套完整的顾客档案资料，其中包括他的全部历史资料、简历，甚至个人爱好，随时加强与客户的联系，为客户提供全方位的服务，使商家与消费者建立一种情感关系而不是简单的货币商品的消费关系。从这点来看，中国的会员制度还有很长的路要走。

会员制度本身是一种值得尝试和推广的制度，但如果鼠目寸光，只注重短期利益的话，很可能让会员制成为裹着毒药的蜜糖，他很可能会掏空顾客的腰包，也很可能会让商家风光一时之后一蹶不振。所以，把握会员制的精髓，扎扎实实地与顾客合作，也许路才会越走越宽。

购房买车两不易

安居乐业是中国人的理想追求，有一寒舍就足以让古人感到欣慰。杜甫《茅屋为秋风所破歌》中由己及人，渴望“得广厦千万间，大庇天下寒士俱欢颜”；刘禹锡则高声吟诵“山不在高，有仙则名，水不在深，有龙则灵，斯是陋室，惟吾德馨”，可见古人对蜗居的重视，对华屋的憧憬。然而残酷的现实，显示出一舍难求。可见，拥有自己的寒舍，一直是国人挥之不去的情结。

在计划经济时期，村里的人有钱就盖房，为的是早早备下儿女的洞房，建房子成为农村家庭的一件大事，能够建房子，也是一件很风光的事，所以农民兄弟最大的愿望是挣钱建房子，因为有了房子才能有媳妇，有媳妇才会有孩子，才能使家族得以延续；而城里的人最大的渴望就是“十年媳妇熬成婆”，依靠资历和地位熬出房子。然而，无论城里乡下，房子仍然不是一件容易的事情，家家户户，老老小小，四世同堂的局面仍然司空见惯。

改革开放后，道路宽了，市场活了，挣钱的途径也多了，农村人从土里扒，从城里挣，发现在自家一亩三分地上建房不那么困难了，高高兴兴地营造自己的安居。而城里人发现，尽管工资涨了，路子宽了，但过去的福利分房没有了，市场经济掀起了商品房的红盖头，房子仍然是一个大的问题。于是，攒钱买房成为城市人一项重要议题。当城里人为钱而辗转奔波的时候，出门却发觉，过去的“三里之城，七里之郭”已经在不知不觉中长大，街道变得越来越长，从城市的这一边到另一边，徒步不行了，自行车也力不从心了，“机动车”成为人们重要的交通工具，于是，买车也成为城市“小资”们一个重要的话题。

到底是买房还是买车，是先买房还是先买车，成为城市人一个重要的博弈难题。对于这一困境，不同人采取了不同的行动，给予了不同的答案。

故事一

陈先生是媒体从业人员，年龄29岁，目前存款6万元，月收入为4000元，是坚定的买房一族。在他看来，人在异乡为异客，如果居无定所，你总会感觉自己是异乡人，融入不到这个城市中来。况且，买车也不划算，油价在涨，车位要收费，这些开支还不如省下来买房实在。

故事二

孟小姐是广告公司业务经理，芳龄25岁，目前存款仅有3万元，月收入也不过3000元。但却是主张买车一族。她认为，车子虽然是消费品，但它可以方便自己拜访更多的客户，也就可以带来更丰厚的收入，买房压力太大，很容易把自己束缚在“月供”绳索下，而且自己还年轻，也不希望一所房子就把自己的将来拴在某个城市。

故事三

小李本科毕业后在一家广告公司工作，女朋友也在一家房地产公司当会计，两人的薪水都是3000元出头。经过几年的考验和磨砺，小李和女友决定结婚。他们俩既渴望自由的二人世界，又讲究舒适的生活质量。于是选中了一套两室一厅靠近市中心地区的新房，又意气风发地买上了私家车，成为有房有车一族。

但住进新房，驾上新车后，小李夫妇发现，他们只能过节衣缩食的苦日子，每个月三四千元的房贷占掉了他们工资的一半，而私车对两个打工族来说，根本上用不上，成为一个月月花钱的摆设。小两口愁眉不展，有苦难言。

拥有自己的房子是普通人最大的心愿，正如故事一中的陈先生所说的一样，有了自己的房子，才能找到安全感和归属感。所以，对大部分国人来说，买房是自己的首选。但故事二中孟小姐选择买车子，显然在房车之间做了个理智的博弈，因为按照她的个人收入，即使是在城市稍微好一点的地段买上一套小户住房，也基本上把她套牢了，她的收入基本上就是从手上过一下又送给了银行。而选择买车，显然对于跑业务的孟小姐来说，不但方便，而且提高了自己的品位，能够为自己带来更多的收入。而作为都是打工族的小李夫妇来说，一时意气，又是买房，又是买车，结果车根本上用不上，夫妻陷入了困境，不知何时才能熬出头，显然是不理智的做法。

到底是买房，还是买车，或是先买房，还是先买车。关键还是要善于理财，要根据自己的经济实力来进行一场投资博弈。

首先我们看看房子和车子的使用效能。房子和车子都是消费品，购买之后都会慢慢变旧，都会贬值，所以，买房买车都必须慎重，不能随意投资。相比较而言，房子属于生活必需品，不可或缺；车子属奢侈品，可有可无。但从心理上来说，房子这个必需品在心理满足指数上远远低于车子这个消费品。你买个别墅或者豪房，总不可能三天两头请朋友来家里玩吧！有房而无人来赏，如衣锦夜行。而有车则不同了，驾驶自己的车跑业务，开拓市场，很容易给人财大气粗的感觉；驾驶自己的车拜会朋友，参加派对，也给人以成就感。所以有房子是自个儿享受，就像娶了媳妇放在家里，即使不漂亮但贤惠，有个归属感，如果又漂亮又贤惠，那是前世修来的福气；而有车是有面子，宛如带着个漂亮的情人，可以带着到处炫耀，至于怎样供养自己的情人，贤不贤惠，那就只有自己知道了。

其次，从价值属性来看。房子和车子都是个人资产，某种意义上房子属于固定资产，车子属于流动资产，房子和车子既可以当做生产资料，也可以当做生活资料。如果当做生产资料，必须利用它们创造剩余价值，牟取更多的收益，使它们成为会下蛋的“鸡”。但要转换为生产资料是需要一定成本的，至少需要有两套房，或者将自己的房子高价租出去，自己再租低价房住，赚取价差。但对于大部分国人来说，都属于工薪阶层，能支付首付，按时“月供”，让自己和家人住进寒舍就不错了，让房子成为生产资料暂时是一个可望不可即的梦想。但像故事二中的孟小姐，不买房而买车，使车成为自己的生产资料，挣取更大的利润，显然是正确的。如果房车都作为生活资料，显然根据经济实力，还是先娶了媳妇再说，情人嘛，等有了资本再谈，不然很容易陷入故事三中小李夫妇的困境。

另外，从特定的消费趋向看。一个城市的黄金地段毕竟有限，即便是城市不断发展，新的小区宛如雨后春笋不断涌现，但各项条件配套，有利生产、生活、学习的区域相对较少。这就是很多人买房子，用了一段时间后，还能够比原来更高的价格卖出去的原因，因为一个城市综合条件好的地方有限，因此，一套好的房子它潜在的效益在正常情况下是大于它的折旧费的。而车子则不同，人们买车子，用了一年半载，必然大幅度贬值，年岁越久，价值越低。从这个角度来说，车子还真是一个名副其实的情人，最初花大价钱买来，年复一年，只能是人老珠黄，急剧贬值。所以，如果房车暂时只能作为生活用品，就还是买房吧，毕竟娶来的媳妇受到法律保障，更有安全感和归属感，而且“筑巢引凤”后，小夫妻俩能举案齐眉，同甘共苦的话，生活资料转变为生产资料的机会还是有的；而买来的情人尽管好看，但在经济实力有限的情况下，生活资料不能迅速转换为生产资料创造剩余价值的话，只见支出，不见收入，开销大了，让自己捉襟见肘。

所以，买房还是买车，关键在于根据自己的经济实力、家庭情况、个人发展展开正确的博弈。如果你月薪2000元左右，有存款5万元，但是职业经理人，经常在外“跑江湖”，建议不妨像故事二中的孟小姐一样先买车，带着“情人”谈业务，提高身价，让“情人”帮自己拉业务。而故事一中的陈先生作为“京飘”一族，必须得“筑巢引凤”，成家立业，所以还是先买房。如果你月薪5000元，有存款15万元，或是办公室人员，或者公司有车，或者根本无须经常外出，还是寻找好的地段买一套房子，希望早日让生活资料成为生产资料。如果你月薪万元以上，存款30万元，女朋友收入也差不多，两人感情稳定，贷款买车子和房子都不是大问题，不仅可以有房有车，甚至还可以多买套房子做投资用。

拥有自己的房子，是历来国人的梦想，是安居乐业的“首付”；而如今私家车不只是代步工具，进而成为时尚的选择、个性的标志、移动的办公室、化妆间、更衣室时，以至于“先买房还是先买车”成了年轻的城市白领们的烦恼。其实解开这个结也是很简单的问题，一是看经济实力，二是看现在或者未来的职业走向，如果你是上班族，还是别花心，买房，好先娶上媳妇再说；如果自己创业或者准备自己创业，那还是买车，把其作为生产资料，在“情人”风华正茂的时候创造更多的利润，为娶上漂亮媳妇做“嫁衣裳”。只要善于投资，正确博弈，短期内娶上媳妇，带上“情人”也不是梦想。

为什么工资上涨，消费下降

在世界很多人看来，中国将会成为新世纪经济年代之星。美国《商业周刊》指出，假如经济成就卓越也有奥斯卡颁奖典礼，整个20世纪90年代美国必定问鼎冠军，80年代的赢家是奉行终身就职制的日本，70年代则属于德国。但是，步入世界经济行列的中国以超乎寻常的经济增长使其成为90年代最佳发展中国家。在世界经济普遍不景气的环境下，我国的经济发展一枝独秀，经济增长速度始终保持在8%左右，2005年，国民生产总值已跃居世界第六，有人预测15年后，到2020年中国的国民生产总值将跃居世界第二位。中国外汇储备总体规模在2006年2月底首次超过日本，位居全球第一。所有的数据似乎显示，中国的一切似乎都在欣欣向荣，中国似乎成为世界经济发展的火车头，成为世界经济增长的发动机，中国人似乎可以欣欣然以经济强国自居，历史上少有的所谓“盛世”似乎再次降临中国，然而，事实果真如此吗？

数据一

数据显示，我国人均年收入是芝麻开花节节高。1996 年到 2000 年中国城镇居民可支配收入分别是 4839 元、5160 元、5425 元、5854 元、6280 元，中国农村居民人均纯收入是 1926 元、2090 元、2162 元、2210 元、2253 元。到 2005 年，我国城镇居民人均可支配收入达到 7902 元，扣除价格因素，同比实际增长 9.8%；农民人均现金收入 2450 元，扣除价格因素，同比实际增长 11.5%。

数据二

2005 年 10 月末，人民币各项存款余额为 28.15 万亿元，同比增长 19%，其中人民币居民储蓄存款余额为 13.68 万亿元，同比增长 18%，当月人民币各项存款增加 1583 亿元，同比多增加 130 亿元。2005 年 8 月中下旬，中国人民银行在全国 50 个大、中、小城市进行了城镇储户问卷调查，结果显示城镇居民储蓄意愿增强，消费意愿下降，认为“更多储蓄”最合算的居民人数占比为 37.9%，较上季提高 1.6 个百分点，较上年同期提高 4.5 个百分点。

数据三

国家统计局资料显示，从 2000 年至 2004 年，我国消费率分别为 61.1%、59.8%、58.2%、55.5%、53.9%，呈现持续走低趋势，2005 年降至改革开放 25 年来最低点。

从各种数据来看，我国的经济是在一直不断地发展，中国经济“一枝独秀”不是夸大之词，但是，从 2000 年起，我国就出现了工资增长，收入增加，银行存款节节攀升，而消费水平却不断下降的奇怪现象，这是极不正常的。原因到底出在什么地方呢?

一些数据和现象似乎可以找到蛛丝马迹。同样的调查显示，目前我国 80%以上的劳动者没有基本养老保险，85%以上的城乡居民没有医疗保险。对于大多数城镇家庭来说，住房、子女教育、医疗是家庭负担中最主要的部分，号称压在人们头上的新“三座大山”。我们以教育为例，来看我国普通家庭的沉重负担，这实际上也是人民收入与政府改革之间的一场博弈：

长期以来，高等教育似乎是一项福利政策，不仅不交学费，而且还可以享受各种补贴。但从 1996 年开始，中国高等教育试行并轨招生，学费一下子涨过了 2000 元，这在当时引起了轩然大波，然而，这仅仅是一个开端。1997 年全面并轨后学费徘徊在 3000 元左右。但 2000 年的收费标准猛涨，教育部门发出的通知规定："从 2000 年 9 月新学年起，对北京地区高校年度学费标准进行上调，最高上限上浮 20%，一般专业一般高校为每年 4200 元，重点院校为 5000 元；理工科专业一般高校为 4600 元，重点院校为 5500 元；外语、医科类专业一般高校为 5000 元，重点院校为 6000 元。"但事实上，教育行政部门规定的收费标准只是一个指导性标准，很多学校的收费到 2005 年已经达甚至突破到了万元大关，即便是这样，大学学费就像一句名言所说的那样——没有句号，只有逗号！而与此同时，我国人均收入并没有如此"积极向上"。从数据一显示的数据可以看出，大学生的教育支出占家庭收入的比重是越来越大，1996 年学费涨到 2000 元，已经占城镇居民一年收入的一半，而农村家庭的纯收入已经不足以供养孩子的大学消费，此时，百姓在巨大期望值的支持下还可以忍受，但教育似乎成了一个"无底洞"，节节加码。2004 年，我国城镇居民年平均纯收入和农民年平均纯收入 9422 元和 2936 元，而此时学费已经突破万元大关，这时，供养一个读四年本科的大学生，需要一个城镇居民 4.2 年纯收入，需要一个农民 13.6 年纯收入。就西部地区而言，虽然消费较低，但一个大学生每年平均支出也达到 7000 元，这相当于贫困地区 9 个农民一年的纯收入；一个本科生 4 年最少花费 2.8 万元，相当于贫困县一个农民 35 年的纯收入。

仅此一项，就让有孩子上大学的家庭背上了沉重的经济压力，这还没有考虑吃饭、穿衣、医疗、养老等费用。

与教改几乎同时进行的是住房改革、社会保险改革、医疗改革，其变动幅度之大，影响之深，与教育改革相比有过而无不及。从改革本身来看，住房、教育、社保、医疗等改革本身就是改革深化的表现。但国家行政职能部门往往只从本部门利益出发，把步子迈得过快、过猛，急于求成，其结果是让普通百姓的支付成本急剧上升。各个部门蜂拥而至，则让人们捉襟见肘，难以为继，只能把自己仅有的钱存入银行以应付随时可能出现的风险，以至于银行存款增加，社会消费总量持续低迷，反过来又造成生产能力的过剩，拥有资产的部门和高收入者也缺乏投资途径和领域，也只能把大量资金存入银行，这实际上就造成了一种恶性循环，造成国家、集体、个人的零和博弈。

事实上，普通百姓在应付房改、教改、社改、医改之后，还有多少钱可以消费，还有多少钱存入银行呢？因此，我国消费率节节下跌就很正常了，而且银行的巨额存款，人均万元的存款，是否真正属于百姓也就很值得怀疑了。

在普通百姓捂紧口袋的同时，我国却同时出现了巨大的高消费市场，以至于让各国跨国公司，让世界经济界人士喜不自胜。美国《商业周刊》2006年2月报道：5年前，中国大陆箱包、鞋、珠宝、香水等奢侈品的销量只占全球销量的1%。但目前，这一比例已达到12%，中国已成为全球第三大奢侈品消费国。该公司分析师预言，不出10年，中国可能将超过日本和美国，成为世界最大的奢侈品市场而且是“全球最赚钱的奢侈品市场”。的确，在国内为一顿饭、一件文胸而一掷千金的大有人在；1000万元一辆的跑车、50万元一块的手表、10多万元一套的套装、豪华私人游艇、私人飞机……一个个“顶级”产品，发达国家尚且需求有限，而国内却似乎成为“无底洞”。

到底是什么人支撑起中国广大的高消费市场。一类群体是掌握了巨大行政资源的强势群体，一方面，我们可以看见，众多的歌舞厅、高档酒楼、宾馆，有数目庞大的“公车”在“保驾护航”，他们利用权势进行消费；另外我们也可以看见一些政府官员好大喜功，为出政绩而消费。在很多地方，我们常对这种场面毫不陌生：官员大吃大喝，竞相建设豪华办公楼，互相攀比座下小汽车，大肆修建形象工程，铺张浪费大搞庆典……另外一类就是利用改革过程中制度、体制方面的漏洞，通过官商勾结而培养出一批暴发户，这些“暴发户”用鱼翅席、黄金宴、养小秘、包二奶来大肆挥霍通过不正当手段获得的财富。此外，就是国家长期形成的垄断行业攫取垄断利益，培养了一个高收入阶层。我国的垄断行业主要在基础设施和公共服务领域，如电力、石油、金融、通信、铁路、港口、民航系统，等等，这些行业的一个突出特征是收入奇高，统计表明，“十五”期间，中国的电力、铁路等行业职工平均工资高于“九五”期间平均增长率 3 ~ 5 个百分点，而金融和保险业则较“九五”期间提高 7 个百分点以上，而一般行业员工工资的却没有显著增长。与此同时，反映贫富差距的基尼系数已经超过国际公认的警戒水平，甚至达到危险水平。

一个国家在收入不断增长的同时，储蓄不断增长，消费却不断下降，而且支撑偌大消费市场的不是普通社会成员，而是社会的特定阶层。这一变化本身就意味着社会分化严重，不同阶层之间的收入、福利、消费差异巨大。而中国社会历来讲究“不患寡而患不均，不患贫而患不公”，差距的增大容易加重不同社会阶层之间的矛盾，引发社会动荡，而一个动荡的社会，只会使整个社会发展水平大幅度后退，只会使所有社会成员都受到损失，形成一种零和博弈。所以，工资上涨，消费下降，这无疑是一种征兆，告诫我们，社会生病了，我们的社会、我们的改革，是该好好反思了。

鸡鸭鱼肉与乌龟王八

中国的饮食文化风靡世界，无论过去还是现在，开设中餐饭馆成为无数奔赴异国他乡谋生的华人的首选。中国饮食以色、香、味俱佳而征服世界，但围绕饮食文化而发生在国内外的事件形成的巨大差异，却值得每一个国人深思，我们是否在“吃”上下的工夫太多。

镜头一

2005 年 7 月，几位中国扶贫基金会从北京派来寻访当地贫困大学生的志愿者走家串户，深入调查，撰写报告以便基金会有针对性地进行资助。调查期间，志愿者们看到是家庭年收入不到2000元，姐弟3人都面临着辍学的危险，房子年久失修只能用硬纸壳遮风挡雨，5毛钱的鸡蛋在学校还舍不得买来吃等一幕幕惨境，志愿者震惊了。但更让他们感到震惊的是临别前当地教育行政部门给他们准备的“盛宴”。寥寥6个人，却是鸡鸭鱼肉一应俱全，当得知喝的是进口的“人头马”时，志愿者们实在喝不下去，想到当地的贫困现状，不禁黯然泪下，弄得宾主双方都很不“愉快”。

镜头二

2006年4月18～21日，中国国家主席胡锦涛访问美国，与过去两国领导人直接见面相反，胡锦涛首站抵达的却是到西雅图参观访问微软总部。微软总裁比尔·盖茨不仅亲自率员热烈欢迎，还盛情在自家豪宅备晚宴为胡锦涛一行接风。然而这位全球首富用来招待人口最多、饮食文化最丰富的国家的主席却仅仅三道菜，前菜：烟熏珍珠鸡沙拉；主菜：选择有华盛顿州黄洋葱配制的牛柳排或阿拉斯加大比目鱼配大虾；最后的甜品是牛油杏仁蛋糕。简单而实惠，如此而已。

中外在吃上的态度和消费实在是让人震惊。一个贫困县，一个素称是清水衙门的教育部门，几个无权无势的志愿者，居然能够得到满桌鸡鸭鱼肉，满口“人头马”的待遇。与此相比，国家主席胡锦涛一行受到的招待就显得普通得多，仅仅是三道菜。这难道仅仅是两种偶然的现象，这实际上是两种文化、两种民族习惯的较量与冲突，到底哪种吃文化更科学、更进步，哪个民族更有发展的潜力，这是不言而喻的。

镜头一中的事件，要不是没有见过“大世面”的志愿者的责难，要不是志愿者的自我曝光，估计这样的事情也就过去了。但这样的事情在中国每天会发生多少，每年又会发生多少，在尚有两千多万人口还没脱贫，还有几千万人口生活在温饱线上的国人每天又在浪费了多少，众多的“人民公仆”每年又吃掉了多少，国人心里有数。

镜头二中，作为世界的首富比尔·盖茨，他难道“大吃大喝”不起吗？他难道“高消费”不起吗？他是真正“富可敌国”的富翁，为什么在“吃”上还是如此的“寒碜”？两者对照，我们必须思考，国人为什么如此热衷于“吃”？热衷于“吃”是不是仅仅一小撮？中国的“吃”文化会对我们的国家，对我们的民族，对我们的未来造成怎样的后果。

其实，我国从普通百姓到上流社会对于“吃”都是很讲究、很注重。君不见，平时小康之家，也要做上三五个菜，团团圆圆聚在一起吃上一顿，逢年过节，饮食更为丰富；来了亲朋好友，更是“倾囊而出”，一桌子饭菜，琳琅满目，应有尽有，尽管谁都知道吃不完，会造成巨大浪费，但要的就是这种气势，这种热情，当然，事后全家吃剩饭剩菜，那也是常有的事情。

普通人家的“吃”，以“吃饱”为最低要求，以“吃好”为最高追求，能够每隔几年上一个台阶，估计也就心满意足了。目前，小康之家能够吃上“鸡鸭鱼肉”，估计一般都“欣欣然”，偶尔能够“超标”，吃点“乌龟王八”的话，也能够让全家回味好一阵子。相对于百姓的“小吃”，我国社会还存在一种“大吃”。“大吃”的主体主要集中在两类人身上，一种是腰缠万贯的私人老板，再一种便是有权吃“阿公”的官员，这一类型的“吃”，吃的是气势，吃的是排场，吃的是新奇，吃的是刺激，按照他们通俗的说法是：鸡鸭鱼肉赶下台，乌龟王八爬上来，燕窝鱼翅摆上台，冬虫夏草才够味，虎鞭熊掌最气派。最初吃的是大家常见的鸡鸭鱼肉；鸡鸭鱼肉吃腻了，于是乌龟王八、燕窝鱼翅登上了舞台；但当乌龟王八能够大量人工繁殖的时候，能够显示豪华与气派的就只能是珍禽异兽，于是濒危动物又成为宴会上的“亮点”和“特色”；当这些也吃腻了的时候，就开始吃“人”了，最开始是长沙出现的“人乳宴”，不久昆明又现“人体宴”，接着哈尔滨又爆“胎盘宴”，不知道能够“大吃”之辈下一步还能吃出什么“品牌”和“特色”来。

由于自上而下对吃的热衷，据统计，中国人在“吃”上是惊人的，浪费也是惊人的。2005年“十一”黄金周，仅武汉市每日剩饭菜量500吨、泔水200吨，以全年计，全国每天在餐桌上的浪费竟达13万吨。当然，在这巨大的消费和浪费中，最大的一笔就是公款吃喝。这笔庞大公款“吃”的主体当然是国家的政府官员，其次可能就是和政府官员沾上各种关系的各类人员，在镜头一中的志愿者大约是没有享受过这种公款消费的架势，以至于大惊失色，让习惯于大吃大喝的“人民公仆”无意中曝光于社会公众之下，估计被曝光者心里好不懊悔与郁闷——一帮不识抬举的家伙，吃点人家的还嘴硬，懂不懂吃人嘴软，拿人手短的规矩。

中国人为何如此热衷于“吃”，这既有历史原因，也有现实原因。

中国人的饮食文化一直在匮乏与丰富、节俭与浪费、粗犷与精心之间徘徊，存在两种饮食文化之间的博弈。一方面，由于我国东面临海，西面是戈壁沙滩、高原山地，北面是苦寒不毛之地，南面是炎热的赤道，因此，中华民族长期只能在黄河流域繁衍生存，几千年来过着脸朝黄土背朝天的生活，农耕经济、小农经济是中国最大的特色，这种经济的一个最大的特点就是靠天吃饭，气候的变化，直接决定了年成的好坏，也就决定了普通社会群体能否“吃饱”进而“吃好”的问题。另一方面，由于我国地域辽阔，地理环境多样，气候条件丰富，动植物品类繁多，这又为我国的饮食提供了坚实的物质基础。我们的祖先们在漫长的生活实践中，不断选育和创造了丰富多样的食物资源，使得我国的食物来源异常广博。如此一来，我国就存在两种差异较大的吃文化，一方面，对于普通百姓来说，一年辛苦到头，交税纳粮之后，如果能够保证一家老小“丰衣足食”，也就谢天谢地，而事实上，由于天灾人祸，老百姓这种最低生活标准也难以达到要求，因此孟夫子得出“民以食为天”的结论，在中国民间，“吃”文化是简单、俭朴、单调，甚至还要借助五谷杂粮之外的土豆、红薯、野菜等维持温饱，这就在民间形成了一种“吃饱吃好”的渴望和期盼。与百姓常年处于饥饿半饥饿状态相比，掌握了国家经济资源和政治资源的社会上层，则创造了一种丰富多彩、洋洋大观的饮食文化。历代统治者凭借自己的权利和财富，不断地在饮食文化上“创新、创新、再创新”，注重“食不厌精，脍不厌细”，通过千百年的积累和摸索，终于形成了一套时尚典雅丰富的中华贵族饮食文化。我们知道，不管哪种饮食文化更文明、更进步，居于统治地位的意识形态、生活习俗在博弈中总是占上风的，这就意味着，百姓的饮食文化总是向上层看齐的，而最上层的饮食文化、习俗又是一层一层向下层渗透的，被自己集团内部下层人士羡慕和效仿。

在近现代历史长河中，中国屡经动荡，社会下层一直在生死饥饿线上挣扎，“吃饱”成为奢望，“吃好”更加成为幻想。但对社会上层人士来说，传统的丰富典雅的饮食文化仍然一代代继承下来，即使是在战火纷飞的年代，也是“前线吃紧，后线紧吃”，也就是说，中华饮食文化中奢侈的一面一直被完好地继承并发扬光大。

改革开放后，国人的口袋逐渐的鼓胀，“人民群众日益增长的物质文化同落后的社会生产的矛盾”正在逐步解决，精神文化没有得到飞跃，但国人的物质匮乏现象的确得到极大的改善。在物质丰富后，长期压抑在国人内心中“吃饱吃好”的思想终于得到释放，于是就出现了举国上下注重“吃”的壮观场景，中华传统饮食文化中奢侈的一面正在发扬光大，普通百姓正在向这面旗帜靠拢。

第十四章

成语、传统文化及寓言中的经济学

三个臭皮匠，赛过诸葛亮

“三个臭皮匠，赛过诸葛亮”，是说三个智力水平普通的人只要肯合作，他们的总体智力水平就可以高于一个智力超常的人。

三个臭皮匠要想赛过诸葛亮，并不是无条件的，而是有制度约束的。这里至少有三个必要条件：①三人是实质性合作的；②三人的智力结构是互补的，而不是完全同构的；③存在着一个隐性的合作动机，即他们一定要超过诸葛亮。正是有这三点的存在，才有了“赛过诸葛亮”的可能性。

在白蚁社会中，虽然没有交易费用，但是其社会结构的复杂程度一点也不比人类差。蚁后、工蚁、兵蚁、繁殖蚁和蚁卵在时间与空间上形成一个复杂的系统结构，它们建造的蚁窝有柱子、拱壁和带有散热片的通风室，这使人类不得不感叹它们的智慧。白蚁的智慧不是来自于单个的白蚁，个体白蚁脑子极小而且十分迟钝，白蚁复杂的社会行为来自于其合作的努力。例如一群工蚁建造一道墙时，没有任何关于这道墙的蓝图，但它们不断释放化学讯号以协同建造这道墙，协同使它们创造了很多让人不可思议的事情。这真是使三个臭皮匠的作用发挥到了极致。

剑桥产业培训研究部前主任贝尔宾博士和他的同事们经过多年在澳洲和英国的研究与实践，提出了著名的“贝尔宾团队角色”理论，即一支结构合理的团队应该由8种团队角色分别为：①务实者。其积极特征是有组织能力、注重实践经验，工作勤奋、有自我约束能力；缺点是：一般缺乏灵活性，表现为对没有把握的事情不太感兴趣。②协调者。这一类人比较客观、宽容、公正，能不带偏见地兼容各种比较有价值的意见；但缺点也很明显：一般在智力和创造力方面不是十分突出。③推进者。其积极特征是工作热情较高、干劲十足，并随时准备向传统、向效率、向自我满足挑战；他们的缺点是：易急躁、爱冲动，好激起争端。④创新者。这类人大都知识渊博、才华横溢、富有想象力且智慧超群；但弱势也很明显：不重细，不拘礼仪，高高在上。⑤信息者。其积极特征是有广泛联系人的能力，能主动地不断探索新事物，勇于迎接挑战；唯一不足的是：一旦时过境迁，兴趣马上转移。⑥监督者。其积极特征是比较讲求实际，分辨力、判断力都很强；但一般缺乏鼓励和激发他人的能力。⑦凝聚者。积极特征是有适应周围环境及人的能力，能促进团队合作；可在危急时刻容易优柔寡断。⑧完美主义者。他们对工作能够持之以恒，且追求十全十美；但容易拘泥于细节，不洒脱。

对于企业而言，就是要运用这一思想培养企业的团队意识，形成团队型企业，从而使企业产生“九个臭皮匠，赛过三个诸葛亮”的局面。

二桃杀三士与激励机制

《晏子春秋》有一则故事，说的是：春秋时期，齐景公手下有三员猛将：公孙接、田开疆、古冶子。这三个人自恃勇猛，就连齐国大夫晏子也不放在眼里。于是晏子对齐景公说：“此三人实为君之大患，宜早翦除。”景公也说：“此事我早有思量，可三人力大无比，没有好办法呀。”晏子说：“应当巧斗。”他向景公建议：赏赐给三人两只桃子，让他们分吃。拿到桃子后，三个大臣开始争夺，竞相陈述自己对国家的功劳。最后一个大臣夺得桃子，另外两人羞愧自杀。夺得桃子的大臣，得知另外两位因他而自杀，心想：我为了桃子逼死两位重臣，我还算是人吗？不如一死了之！于是他也自杀了。齐王用晏婴的妙计，以两个桃子除掉心头上三个大患。

二桃杀三士的原意并不是用于激励，而是杀人的一种阴谋。经济学讲的激励机制当然和故事本身所阐述的意义是不一样的，它不是要害人的，而是要激励人的。但许多激励机制由于设计本身不合理，以至于在客观上起了“二桃杀三士”的作用，不仅没有提高效率，反而起到了副作用，影响了组织自身的发展。

可见，激励和激励机制十分重要。所谓激励，通俗地讲就是指“调动积极性”，这种积极性的发挥，不仅可以使参与者得到追求个人利益的实现，同时也能达到社会目标或机制设计者所要达到的目标。

在组织中，要使激励制度起到激励作用，就要体现出公开性与公平性。所谓公开性就是员工都知道做出什么贡献应该得到什么报酬，如何激励应该是明文规定的，而不是老板一人在背后操作的。所谓公平性就是做出同样贡献的员工应该得到同样的报酬，不能以老板本人的好恶为转移，不能存在歧视。如果违背了这两个原则，激励机制就会起到“二桃杀三士”的作用，不仅与己无益，而且还会影响员工的心态。

想一想，两个桃子就把三个勇士给毁了，这其中一定还有另外的原因，那就是分配制度还缺乏一种客观评价功劳的标准。每个人都认为自己功劳大，又没有什么标准来评判，三士有的为自己功劳大但没有得到桃子而羞愧自杀，有的为自己的功劳没有别人大反而得到桃子而羞愧自杀。要知道，激励机制是根据贡献或业绩来支付报酬的，如果没有一种客观标准来衡量，也会起到“二桃杀三士”的负面效果。这是我们组织内部极需注意的问题。

因此，要让激励机制起到积极的作用，就一定要有一种衡量业绩的客观标准。有了这个客观标准，以此评价三士的功劳，排出名次：第一、第二名吃桃子，第三名就没的吃了，自然也就不会出现上述情况了，自杀之事也就不会发生了。人与人之间受到这种客观标准的限定，就会积极干好本职工作，为下次能争得“桃子”而努力了。这在组织内才能真正起到激励作用。

“二桃杀三士”还有一种作用，那就是反向激励，就是通过对员工的某些行为给予威胁、否定、制止和惩罚等，使之弱化或者消失，从而使企业的目标得到实现。反向激励的表现形式之一就是末位淘汰制度。实践中成功的例子有海尔的“三工并存，动态转换”制度。“三工”即优秀、合格、试用员工，工作干好了，合格和试用员工可以成为优秀员工，干不好，优秀员工也可以随时转为合格甚至是试用员工。这样一来就可以发挥每一个人的积极性，生存的威胁不断地把压力转变为竞争的动力。

企业实行激励机制的根本目的是正确地引导员工的工作动机，使他们在实现组织目标的同时实现自身的满足与需要，增加自身的满意度，从而使他们的积极性和创造性能够持续下去。由此也可以说激励机制运用的好坏在一定程度上是决定企业兴衰的重要因素。

从上述情况我们也可以看出，激励机制是存在两面性的。合理的制度化激励机制能提高效率，不合理的激励机制则会降低效率。

滥竽充数与制度设计

战国时期，有一个南郭先生，虽然饱读诗书多年，但由于没有什么实际的本领，依旧是贫寒交加。无奈中，他铤而走险，面见齐宣王，声称要为齐宣王吹竽奏乐，发挥才能，为国效力。齐宣王一高兴，手一挥，南郭先生便成了 300 人乐队中的一员。刚开始，他还心虚，没多久，他便放心了，300 人的乐队，谁会注意一个人呀！就这样，南郭先生在乐队中混了几年。几年后，宣王归天，湣王虽然也喜欢听吹竽，但他喜欢听独奏。看着其他乐手一一上殿演奏，南郭先生便待不下去了，于是在一天深夜偷偷溜走了。

这一成语故事有深刻的经济学含义。“滥竽”为什么能够“充数”？首先是因为齐宣王的听竽制度造成的。齐宣王的个人爱好决定了乐队是一个庞大的集体，在这样一个集体中出现南郭先生是必然的。一是因为这样一个集体存在着管理的漏洞，而管理漏洞恰恰是很多喜欢钻空子的人的“套利机会”；二是在这样一个集体中总是会存在“搭便车”的机会，南郭先生便有效地享用着这一机会。应该看到，这一制度从效率的角度讲，是失败的，但是这一制度有另外一个功效，那就是提供了充分就业的机会。而到了齐湣王，集体演奏制度变成了个人演奏制度。于是“套利机会”和“搭便车”的机会没有了，效率提高了，但就业机会却少了。南郭先生跑了，没准儿会到某一个地方成立反对派。因此，制度的设计既要考虑经济效益，也要考虑社会公平。

相比较而言，齐湣王设计的制度则是很合理的，有一根“竽”成了一个必要条件而不是充分条件，最终还要看个体能把“竽”“吹”得怎么样，这就把齐宣王原本“物化”的标准“人化”了，从而使钻空子的人失去了套利空间。

我们要使南郭先生这样的懒人变得勤劳，就一定要改变制度。当齐湣王改变了制度，要一个人一个人地吹竽时，南郭先生只有两条路，或者努力学吹竽，或者被淘汰。南郭没有吹竽的天才，只好逃之夭夭。淘汰了南郭先生这样的人，就激励了其他人，效率也一定会提高。要使懒人变得勤劳，具体方法应该是这样的：

方法之一，实行效率工资。“效率工资”一词来源于发展经济学。发展经济学家发现，在发展中国家，较高的工资待遇可以提高劳动生产率。他们认为，由于发展中国家人们营养普遍不良，因而较高的工资可以改善工人的营养，增强身体素质，这样也大大提高了劳动效率。

但是很快经济学家们发现“效率工资”现象在发达国家也同样存在，原来的解释显然不合理。最后经济学家们统一解释为：较高的工资是企业为防止工人偷懒而采取的激励办法。在这里，工资构成了工人偷懒被发现进而被解雇的机会成本：工资越高，解雇的机会成本越高。为了避免过高的机会成本，就必须努力工作，以免因偷懒而被解雇。所以，较高的工资有利于减少工人偷懒的机会主义倾向。

方法之二，实行团体激励或惩罚。在团体合作的过程中，要测定或监督每个成员的业绩是不容易的，因而监督成本就会变高。替代的办法就是对整个团体的最终业绩进行评估，达到一个给定的目标时给以团体奖金，达不到则给以团体罚金。因为每个人都渴望得到奖金，谁也不愿意受罚，于是每个人就会努力工作。当然在团体活动中很难避免偷懒行为，如果奖金足够高，罚金也足够高，每个人在进行利弊权衡后都会减少这种偷懒倾向。

我们从上面可以看出，在故事中，南郭先生不学无术，只靠蒙骗来混饭吃的日子是不会长久的，最终他会失去饭碗；同时，我们究其根本原因，是由于齐宣王本身制度的不完善才导致了滥竽充数的现象的发生。

人的懒惰或勤奋不是天生的，而是制度引导的结果。一种平均主义大锅饭制度可以把勤劳者变为懒人，一种有效率的激励制度也可以把懒人变为勤劳者。正如经济学家常说的：好的制度使坏人也会做好事。因此，政府要开发制定一套更完善的制度体系，以杜绝这种“滥竽充数”现象的再次发生。

走出东施效颦的陷阱

“东施效颦”的故事大家耳熟能详。西施手捂胸口而皱眉的样子无疑给东施带来了负面的示范效应。因为，西施抚胸而皱眉的前提条件是她本来就天生丽质，像东施那样不具备这样的前提条件，再皱眉头也不会美。从西施的角度可以归纳出示范效应，但从东施角度来看就是照搬模式了。

示范效应这个名词最早是心理学家对人类行为研究所做的总结，现在已广泛地被经济学家用于研究人的经济行为，尤其是人类的消费行为。

所谓的示范效应就是指某个人（或群体）的行为被作为榜样，其他人向他学习而产生的影响。当然故事中西施抚胸皱眉给东施带来了负面的示范效应。

一个群体中，某些有影响的个人的思维和行为方式尽管在起初被视为有违传统，但逐渐有可能使其成为人们仿效的模式，从而成为未来的主流。

示范效应往往是双向的，这就是所谓“坏”榜样和“好”榜样所起的影响。从动态上看，示范效应最终会使少数成为主流。

那么人们最终为什么会形成这种主流趋势呢？从诺贝尔经济学奖获得者加利·伯克尔的著作《口味的经济学分析》中的理论可以得到解释。

说来有意思的是，伯氏理论的获得竟和他经常陪太太去餐馆有密切关系。当时，在加利福尼亚有两家海鲜餐馆，伯克尔发现他太太总有一个很奇怪的行为，就是在两家餐馆中，她总选座位被占满的那家。而在伯克尔看来，两家餐馆质量完全一样，差别在于，其中一家餐馆人多，而另一家人少得可怜。为什么会出现这种情况呢？

经过细心观察研究，伯克尔得出了后来获诺贝尔奖的基础理论之一：理性的人们支持他们自己的生活方式，也就是说，是否理性取决于生活的方式……因此，不可能存在一个其行动对于每个人都是理性的行动集。也就是说，消费者对某些商品的需求，取决于其他消费者对这些商品的需求，简称消费的示范效应。

毋庸置疑，消费者在认识和处理自己的收入与消费及其相互关系时，会和其他消费者相比较。例如，单位组织向灾区捐款，这对捐款的人来说当然是消费支出。有些人在这时不一定是看自己收入的高低，他们会先看看周围的人捐了多少，他们会根据自己的判断，觉得自己应该跟哪些人捐一样多。如果他收入高点，他也不会多捐，他担心有出风头的嫌疑；如果他收入较低，他也要向某一部分人看齐，甚至“打肿脸充胖子”都可以，他不愿意人家认为他小气。从理论上讲，这里所表现的就是消费的示范效应。这就使我们看到消费者分成了许多群体，有许多消费者自觉不自觉地把自己算在一定的群体内，他们的消费向这个群体内的其他人看齐。

在市场环境下，特别是在商品供应比较丰富的情况下，消费的示范效应表现得越来越明显，对市场供求关系起着比较大的作用。“名牌效应”也是示范效应的典型现象，这完全可以解释为什么各种广告商要不惜重金聘请“明星”做商品广告了。

《论语》中的经济学智慧

最近一段时间,《论语》被现代人重新解读,并引发了不小的热度。其实论语中也有经济学智慧。

《论语》里面记载了哀公与有若的一段有趣的对话，大意如下：

哀公问：“今年是个荒年，收成不大好，国库又不足，该怎么办呢？”

有若：“能否将老百姓的赋税从20%减到10%呢？”

哀公：“收20%的税务，国库里的钱都不够，如果减到10%，岂不是更糟吗？”

有若：“如果百姓手中没有钱，国库里又怎么能有钱呢？如果老百姓手中有了足够的钱，你又何必为国库里没有钱发愁呢？”

这则对话无非反映了儒家思想主张对百姓施加仁政，实现轻徭薄役，坚持藏富于民。其实若从公共经济学看，这则对话隐含着一个十分重要的关于税收的理论—“拉弗曲线”。

“拉弗曲线”，是由20世纪70年代中后期活跃于经济学界的“供给学派”提出的一个关于税收的理论，其代表人物是阿瑟·拉弗，这一理论就以其名字命名。

一般人认为，税率越高，对于相同数量的税基来说，能征收到的税收越多。比如对100元的收入征税，100元是税基，如果税率是5%，那么国家可以从中收取5元税收；而如果将税率提高到10%，国家可以从中收取10元的税收，与原来相比，国库中多了5元钱。上述对话录中的哀公就是持这种看法的人，因为从他的话语中看出，他显然认为当税率为20%时，将比税率为10%时多收到钱。

但“拉弗曲线”理论却认为:税率越高,不一定意味着税收会越多;相反，还将使可能征取的税收数量下降。具体地说，他认为，在一定范围内对征税对象多赚到的收入提高税率，国家的确可以多征到税；但税率提高一旦突破某个限度后，人们工作的积极性下降，加之主动纳税的热情不高，相反，偷税漏税动机增强，由此导致积极性下降，国家能征到的税反而下降；如果国家将税率提高到更高的程度时，企业将因为利润下降而出现投资积极性下降，甚至可能因为不堪重负而倒闭，税基进一步下降，从而国家可能征到的税也进一步下降。而“拉弗曲线”就是表明税率与国家总税收收入之间关系的平面坐标曲线，其横轴是税率，纵轴是国家总税收收入。当税率从零开始上升时，国家总税收收入也随之上升；当税率上升到某一个值时，国家总税收收入达到最高点，这一点也被视为最优税率点；但如果税率继续提高，超过最优税率点，国家总税收收入开始下降；当税率达到100%，即将经济人所得全部征为税收后，国家总税收收入将降为零，此时人都活不下去，还交得起税吗？这种先升后降的峰形曲线，就是“拉弗曲线”。

再看《论语》中劝哀公减税的有若，他的想法是：荒年农民收入本来就不好，如果国家想通过提高税率的办法充实国库，无异于杀鸡取卵，最后的结果只会使农民更加贫困，而且农民想着一年到头干得那么辛苦，却都在给国家干，谁还愿意干活呢？这样下去，会使国库将因无税可征而更加空虚；而如果此时减税，表面上看，国家能征到的税少了，但农民却因此而休养生息了；一旦农民重新缓过气，整个国家重新富裕起来，税基扩大了，即使税率低一点，国家照样能征到更多的税，还会发愁国库里没有钱吗？

由此看来，有若的想法其实与“拉弗曲线”理论不谋而合。而不同的是，有若是在两千多年前的古代中国就提出了这样的想法，而拉弗是在晚于有若近两千年后的美国才提出这样的理论。因此，中国古人体现出的经济学智慧的确值得我们骄傲。

“拉弗曲线”理论在美国里根政府时期特别流行，“供给学派”也由此在经济学界名噪一时。这又有一件轶事：1980年1月，里根刚竞选上总统，其竞选班子特别安排了一些经济学家来为里根“上上课”，让他学习一些治理国家必备的经济学知识。第一位给他上课的就是拉弗。拉弗正好利用这个机会好好地向里根推销了一通他的关于税收的“拉弗曲线”理论。当拉弗说到“税率高于某一峰值时，人们就不愿意工作”时，里根兴奋地站起来说：“对！就是这样。

二次大战期间，我正在‘大钱币’公司当电影演员，当时的战时收入附加税曾高达90%。我们只要拍4部电影就达到了这一税率范围。如果我们再拍第五部，那么第五部电影赚来的钱将有90%给国家交税了，我们几乎赚不到钱。于是，拍完了4部电影后我们就不工作了，到国外旅游去。”正因为里根本人的经历与“供给学派”提供给他的理论如此契合，所以，他一主政，就大力推行减税政策，从而也使得一开始并没有引起人们注意，而且两千多年前在古代中国就存在类似思想的“拉弗曲线”理论登上了经济学主流的大雅之堂。

从众，但不能盲目

“从众”是人们普遍存在的心理。人们选择“从众”行为是因为人们往往这么认为，与多数人“站”在一起是安全的。人们这样想：多数人选择的行为往往不会错，即使错了，我只是许多人中的一分子，遭受的损失也不会很大。个矮的人这样想：“天塌下来，有高个子的人顶着。”从众的人这样想：“天塌下来，有很多人一起顶着。”“从众”是人们出于安全的需要而不知不觉地产生的。

从众心理反映在行为上，即是采取与多数人的行为相同的行为。“非典”时期众人的行为充分说明了这一点，2003年上半年非典型性肺炎（SARS）肆虐全国，也横行世界许多地方，在此期间，各地的老百姓发生抢购板蓝根冲剂和白醋的行为。人们普遍认为，板蓝根冲剂和白醋可以预防病毒的侵袭。人们的这种抢购行为便是从众行为。人们在市场上对某种品牌商品的选择也存在着从众现象，某人看到许多人选择某一个品牌时，他也会选择某一个品牌的商品。

从众者似乎也不无道理。每个人的行为均是有道理的，许多人均采取相同的行为表明这种行为更有道理。比如，人们抢购板蓝根冲剂和白醋时这样想：他人购买这些物品，表明他们的行为有一定的根据；我不买的话，如果真的发生病毒流行，后果不堪设想；如果不发生病毒流行，花少量的钱购买这些物品并没有太大的损失。当人们均这样思考时，抢购行为便发生了。选择商品时人们相信他人选择某个品牌的商品是有道理的，我选择同样品牌的商品是安全的，一般来说，该商品不会发生质量问题或价格过高的现象。

从众的影响是巨大的。人们的从众行为会“放大”某些现象，有时也“缩小”某些现象。如紧靠在一起的两个饭店，一个饭店生意异常红火，而另外一个无人光顾，尽管它们的饭菜质量差不多。发生这些现象有些时候并没有什么特殊的理由，只是由于人们的从众行为造成的。这也是为什么饭店或商店开张的时候总要大大宣传一番以聚集人气的原因。

在很多情形下，跟随他人的行为往往比较安全，我们需要运用从众行为。但有时，我们也会被他人故意做出的从众行为所欺骗。比如，商人们利用人们的从众心理进行商业活动，如销售物品的店铺老板往往找一些人为他们的店铺做“托”，显得他们的店铺红红火火，那些顾客便以为该商店销售的物品质量好、价格便宜而光顾该店。

有些时候，我们希望“从众”，但我们很难做到“从众”。原因在于，我们无法准确地知道“众人”偏好下的行为。春节联欢晚会结束后，我们希望能够选出“最喜爱”的节目，其实“最喜爱的”节目，不是我最喜爱的，而是大家最喜爱的，我希望我选出的也正是大家选出的。但我们怎么知道其他人选哪个节目呢？我们难以知道上亿电视观众的想法。

作为理性经济人，我们要分析从众现象背后的道理，明辨一些从众现象的真实与假象，做到可以从众，但不能盲目。

孝的经济学分析

什么是孝？《尔雅·释训》对孝的解释是“善事父母为孝”；《说文》的解释是“善事父母者，从老省、从子，子承老也”。

孝是中华文明区别于古希腊文明和印度文明的重大文化现象之一。黑格尔说：“中国纯粹建筑在这样一种道德结合上，国家的特征便是客观的‘家庭孝敬’。”（黑格尔：《历史哲学》，王造时译，三联书店版第165页。）孙中山先生在其《三民主义·民主主义》中指出："《孝经》所言的孝字，几乎无所不包，无所不至，现在世界上最文明的国家，讲到孝字，还没有像中国讲得这么完全。"

从经济学角度看，孝的本质是经济，可以将其看成是一种经济产品，它主要提供一种养老保障功能。从孝的起源看，经济因素起着主要作用。孝产生于周初，在周代至春秋，孝的主要内涵是尊祖敬宗、生儿育女、传宗接代。在春秋至战国之际，孝的含义向善事父母转变。产生上述转变的根本原因是经济结构的改变。从战国以后，中国的社会经济结构转向主要是以小农经济为主的社会经济结构，小农经济本质上是一种家庭经济。由于以小农经济为主的生产力水平不可能为国家提供太多的剩余产品，所以国家将无力为社会提供好的养老保障。这时，养老的责任很自然地就转移到家庭方面。由于老人与儿女有一种天然的血亲联系，所以当父母由于年迈或病残等原因丧失了劳动能力时，赡养他们的责任自然也就落到了子嗣身上。所以，孝的含义的转变，实质是经济的转变，是经济发展对家庭成员提出的客观要求。另外，由于提倡孝也有利于减轻统治者的经济负担，同时也有利于社会的稳定，所以历代统治者都大力提倡孝道。在汉代，提倡孝道，褒奖孝悌，是汉代统治者治理天下最明显的标志之一。宋以后，统治者对孝的重视有过之而无不及，孝甚至发展成为一种愚孝。朱元璋在其统治期间，对其属下的臣民、附邦臣民、敌对营垒里的成员以及他的子孙们，他都用孝的观念去教育、感召。孝成了历代统治者维持社会秩序和加强统治的一种重要和有效的手段。

生活在现实世界的人，有两种类型的产品可供选择。一类是物质产品；一类是精神产品。相应人生的收益和效用也来自两个方面：一是来自物质产品所产生的效用；一是来自精神产品所产生的效用。来自物质产品的效用除了可满足人的生理需求外，也能满足人的一些心理需求。财富本身既能为财富所有者提供衣食住行的安全和保证条件，也能使财富所有者感到自尊和富有成就感。来自精神产品的效用则更多体现在满足人的心理需求方面。

孝作为一种经济产品，它也包括两个方面：一是物质方面；一是精神方面。从物质方面看，孝必须有物质上的支出，这是养老的基本前提。从精神方面看，孝体现为老者提供一种精神方面的享受。不仅在老人生前要和颜悦色，而且死后也要痛哭流涕，为其“继志述事”。《礼记·中庸》：“夫孝者，善继人之志，善述人之事者也。”所以，孝为老人提供了两种保障产品：一种是物质保障产品；一种是精神保障产品。

孝作为一种保障产品，具有如下一些特点：一是供给的自觉性。孝的生产和维持主要靠自觉。所以孝本身具有不稳定性，就需要统治者进行不断维持。这种孝产品生产的自觉性，导致孝本身将是一种监督成本高的产品。二是交换的代际性。孝类似一种“国债”，是父亲欠儿子的债，但还债的人是孙子。这种债通过代际之间的交换可无限延续下去。如果孝产品的生产能具有稳定性，那么这种以代际为基础的交换也是有一定公平性的。事实是，由于孝供给本身不具有稳定性，所以，这种公平性就只能是一种假设。三是单位的家庭性。孝的供给主要是以分散的家庭为基本单位。四是水平的低下性。由于孝的生产与供给是建立在落后的小农经济生产力水平基础之上的，所以其保障水平必然也是较低的。五是合同的隐含性。孝是一种隐性合同。合同有两种形式，一种是显形合同；一种是隐性合同。而孝是父子之间的一种无形约定，所以它是一种隐性合同。它的维持主要是靠血缘关系，这是一种割舍不断的天然联系；另一方面，就是靠统治者不断地提倡和教育来维持。六是权利的不对称性。孝产品的生产具有不对称性，它过多强调下对上的义务和上对下的权利，而较少强调下对上的权利与上对下的义务。这种不对称性的主要根源是封建的等级制度。

久病床前无孝子，这是孝产品边际效用递减规律的具体表现。一般来说，精神产品和物质产品都满足边际效用递减规律。孝作为一种精神产品与物质产品的综合，也必然满足边际效用递减规律。

不孝有三，无后为大，产生这种观念的根本原因是经济因素。在农业经济时代，人口是主要的生产要素，所以，人也是生产孝产品最主要的生产要素。所以，没有人，孝也就成为一句空话。

客观而言，孝既有其积极意义，也有其消极意义。孝的积极意义是：一是在社会保障还不健全的情况下，可以提供一定的保障功能，有利于社会的稳定和经济的发展；二是有利于仁爱之心的培养，这种仁爱之心进而可发展为爱国爱民之心。孝的消极意义是：一是固化了血缘意识，而血缘意识本质上是不利于现代化建设的；二是靠自觉维持的孝有可能只有形式，而无实质，最终导致孝成为一种“面子工程”。

唇亡齿寒—虞公损人利己的代价

成语是中国文化的一大瑰宝。“唇亡齿寒”这一成语出自《左传·僖公五年》，原文如下：“谚所谓‘辅车相依，唇亡齿寒’者，其虞、虢之谓也。”

想想看，如果我们的嘴唇都没有了，牙齿怎么能好端端地生长呢？嘴唇和牙齿生来本是互相依存、休戚相关的。故事中的虞公因为没有听信大夫宫之奇的话，做出损人利己的行为，最终导致国破被俘的结果。

从经济学角度看，人的自私自利行为可以分为两种：第一种是只利己而不妨碍他人，也就是说，自食其力，无须别人帮助或者不占别人的“便宜”，也不会无偿帮助别人。这类行为在经济学上称为“行为内部化”，也就是说，自利行为并不影响到他人。第二种是自私自利，且妨碍了他人。经济学上称之为“行为外部化”或经济行为的“外部性问题”。

外部性问题又可分为两类：一是外部经济性行为，也就是说你在追求自利的同时也为别人带来了利益；二是外部不经济性行为，如企业生产时排放废气、卖假冒伪劣产品等。可见外部不经济行为就是我们日常生活中所说的“损人利己”行为。

市场经济承认人的一切行为的目标都是为了实现个人利益最大

化，但是这种承认利己的合理性与上述的“损人利己”行为是有本质区别的。

从利己的目的出发从事经济活动与为社会谋福利是同一枚硬币的正反两面。当个人或企业为个人收入最大化劳动或为企业利润最大化生产时，整个社会的财富都增加了。当一国为国家繁荣而实现经济增长时，其他国家也会通过国际贸易或资本流动而获益。但自私自利则会让人以邻为壑，损人利己，其结果正像成语故事中讲的那样，虞公因一己之利给晋国让路去攻打虢国，却落得一个国破家亡的结局。

市场经济环境下，人与人之间应该是保持“唇齿相依”的，既要保持相互作用又要保持利己又利人的原则。从根本上说，利己与利人并不存在不可逾越的鸿沟。把这两者对立起来，认为利己与利人势不两立，其实是一种形而上学的思维方式。损人利己最终还是损害自己，而为别人考虑则往往也会给自己带来好处。如果虞公不为晋国让路，虢国不仅不会被灭掉，反而还会因此感激虞国呢，没准大家还能联合在一起，即使灭不了晋国，但最起码晋国也不敢太肆无忌惮。

在市场经济的大潮下，企业与企业之间因为要得到市场中的更多利润，彼此间存在着激烈的竞争，但事实上，竞争也并不是绝对的，企业之间实际上存在既有竞争又有合作的关系。经济中各种产品之间存在相关性。一个产业的上游企业与下游企业，不同行业生产互补品的企业，都是一损俱损、一荣俱荣的合作关系。

“损人利己”之所以为人痛恨，是因为它会增加交易费用，导致社会损失。例如，由于有了偷盗的行为，所以防盗者为了保护自己的财物，就会去买财产保险，或者是加固房门，把自己的住所装修得牢不可破，这些都是为了对付盗贼的花费。若没有盗窃行为，这些费用就不会支出，私人和政府所节约的这笔钱可用于更有收益的投资。正是因为损人利己的有害无益（准确地讲是害大于益），所以人们就要制止这种行为的发生。

不可否认，利己是人的本性，但互助才能使每个人都实现最大化的利己。我们要在经济活动中按照这一原则行事，必须明白只有互助才能互利。“唇亡齿寒”这个故事应该给现代人敲响警钟。

从季布一诺看收益

中国自古以来就是一个讲诚信的大国，一诺千金就是证明。一诺千金出自《史记·季布栾布列传》，原文为：“得黄金百，不如得季布一诺。”

季布一诺值千金，他因此也深得人心，以致刘邦始终捉不到他。看来，信用对于一个人甚至一个国家来说是何等重要啊。

假如你是一个零售商，你想说服潜在的购买者相信你的商品确实是好的，你可能对那些买主说，这个商品绝对是优质的。但购买者凭什么相信你呢？有这样一条原则：行动胜于雄辩。你能采取什么样的行动来使购买者相信你商品的质量呢？

在美国有一家名叫贝恩的邮购公司奉行一项长期的政策：在任何时候，该公司都接受它售出的任何商品的退货，不论退货的原因是什么。结果引来更多的消费者登门购买。信用，无疑是贝恩公司获得成功的重要原因之一。

可见，信用在提供激励方面起着极为重要的作用，信用是一种保证的形式，信用也是一种有效的激励机制。

如果信用是一种有效的激励机制，那么，当厂商在信用上出问题时，它必定会有利润损失。

在市场经济的今天，一些人面对金钱的诱惑，诚信也不断出现危机了。因此，恢复诚信，建立人与人之间的信任关系，已成为市场经济成功的关键。市场经济归根结底是以诚信为基础的。季布一诺值千金，这是值得我们学习的。

市场经济是一种交换经济，交换的基础是双方信任。如果伪劣产品横行，连交换媒介货币也是假的，谁还敢去交换？而没有交换就没有分工，这样社会岂不要退回到自给自足的状态了吗？市场经济也是一种货币经济，货币是资源流动的媒介，没有信用，社会的资金如何流动到最有效的地方？

可见，信用的建立需要借助外界的约束进而在此压力下进行自省，也就是说，市场与道德并不是完全对立的，市场经济与信用关系密切。因为交易离不开信任，同时也在不断推动信用关系的建设。在市场经济条件下，要得到他人的信任，自己就要讲信誉，这是最重要的。

信用作为一种经济行为，也有成本与收益之分。如果讲信用的收益远远大于成本，只有讲信用才能实现利润最大化，人们就会讲信用。如果不讲信用的收益远远大于成本，背信弃义才能实现利润最大化，人们就会不讲信用。

保护信用的收益大于成本的是制度，而制度保证信用的收益大于成本的方法就是惩罚。严厉的惩罚加大了不讲信用的成本，或者说增加了讲信用的收益。所以，必须有严惩不讲信用的立法，才会有社会诚信。

产权明晰是对利益的保护，立法使背信成本加大，是信用的基石。季布不是天生守信，当守信利益显著、背信成本巨大时，他能不守信吗？

有专家指出，在信用还不能完全法律化时，必须促使信用道德化。也就是说，借用社会舆论力量和道德评判标准来督促信用的履行。信用是一张与别人交往的通行证，是取得个人信誉的保证书。讲求信用的市场环境，能使交易正常进行，并降低交易成本，使每个人获得实质上的利益。在这一点上，“一诺千金”的故事表明，信用在维护社会经济活动秩序上的效果很大。

买椟还珠与“经济人”理性

奥斯卡·王尔德说过：“什么是‘精明人’？他通晓世间万物的价码，对其价值却一无所知。”到底什么是精明人呢，应从经济学的假设谈起。经济学研究的前提是由许多假设构成的，其中最基本的一个假设就是“经济人”假设。所谓的“经济人”是指理性的经济人，也称为“实利人”。这是古典管理理论对人的看法，把人看成是经济的动物，认为人的一切行为都是为了最大限度满足自己的私利，工作的目的也只是获得报酬，而没有其他的需求，它把每个人都想象成唯利是图、尽量追求效用最大化的完全自私自利的“经济人”。确实，人们总是以一种合乎理性的、精打细算的方式行事，但是，人的感情是非理性的，它会干扰人们对经济利益的合理追求。

《汉书·朱买臣传》中有这样一个故事：

春秋时代，楚国有一个商人，是专门从事珠宝生意的。但是他的珠宝一直价格低廉，利润菲薄，所以，他苦思冥想，希望通过一定的手段抬高自己珠宝的价格。后来，当他看到别人卖丝绸的时候总是有个漂亮的包装袋，便有了主意：如果我把我的珠宝好好地包装一下，有了高贵的包装，再加上珠宝惊人的成色，那么珠宝的身价一定会上涨。

有一次，他到齐国去兜售珠宝，为了卖个好价钱，他便想：这次一定要把珠宝好好包装一下。于是，这个楚国人找到了名贵的木兰材料，又请来手艺高超的匠人，为珠宝做包装的盒子（即椟）。匠人费尽心思把盒子雕刻装饰得异常精致美观，并用桂椒香料把盒子熏得香气扑鼻。而且还在盒子的外面精雕细刻了许多好看的玫瑰花纹，在盒子周围镶上了漂亮的翡翠花边。完工之后，整个盒子看上去闪闪发亮，实在是一件精致美观的工艺品。而后，楚人将珠宝小心翼翼地放进盒子里，拿到市场上去卖。

到了市场以后，果然有很多人围上来，大家都被这个盒子吸引住了，驻足欣赏起来。一会儿，过来一个郑国的商人，他看见装珠宝的盒子既精致又美观，将盒子拿在手里看了半天，爱不释手，问明价钱后，决定出高价将楚人的盒子买下来。郑人交过钱后，便拿着盒子往回走。可是没走几步他又回来了。楚人以为郑人后悔了，要退货，却见郑人打开盒子，将珠宝取出来交给楚人说：“先生，您将一颗珠宝忘记在盒子里了，我是特意回来还珠宝的。”

于是郑人将珠宝交给了楚人，然后低着头一边欣赏着木盒子，一边往回走去。

楚人拿着被退回的珠宝，十分尴尬地站在那里。他原本以为别人会欣赏他的珠宝，可是没想到精美的外包装超过了盒内珠宝的价值，以至于“喧宾夺主”，令楚人哭笑不得。

从“买椟还珠”的故事中我们可以看出，卖珠宝的楚人非常精明，为了能更好地卖掉珠宝，便制作了非常漂亮的包装盒来吸引购买者的眼球，借以抬高珠宝的身价。这一点既符合“经济人”唯利是图、追求利益最大化的假设，又是一种理性的经济行为。而那个郑人则受到事物表面的影响，或者说是受到他喜欢的那个精美包装盒的感情影响，以至于忽略了盒内的珠宝，做出了非理性的行为，这一行为使他做出了舍本求末的不当选择。

但从楚人的角度看，楚人做的包装盒的确有点过分了，以至于消费者只被表面包装吸引，而不管实质内容。包装是为了推销产品的，楚人并不是木盒生产商，而是珠宝商，只卖出盒子而卖不出珠宝，岂不是本末倒置吗?

值得注意的是，在我们现实生活中，这种“楚人”越来越多了。现在，越来越多的企业随着产品的更新及市场的变化，相应地改革包装设计，尤其在现代市场经营中，包装的创新和产品创新已经具有同等重要的意义。包装上的新意，即使在产品质量不变的情况下，也往往会产生意想不到的作用。许多保健营养品，包装成本占了1/3，甚至更多，一个印刷精美的大盒子中并没有多少实用的东西。每年中秋节的月饼，大概包装成本是月饼成本的几十倍，甚至更多。毫不重视包装或过分包装，消费者同样不喜欢。毕竟对大多数人而言，包装是要扔的，花这么多钱去买一个包装盒子，消费者会认为不值。谁都知道，包装成本是要计入产品总价格的。因此，现代企业切不可做“楚人”，舍本求末，毁了自己。

可见，注重商品的包装是强调包装在产品特色创造和市场销售中的作用。但是，包装要适度，如果过分也会产生副作用。

韩信用兵与刘邦用人

《史记·淮阴侯列传》："上问曰：'如我能将几何？'信曰：'陛下不过能将十万。'上笑曰：'于君何如？'曰：'臣多多而益善耳。'"

稍懂历史的人都知道，韩信极其善于带兵，但最后他却输在了不善于带兵的刘邦手里。正如刘邦所说，"你既然如此善于带兵，怎么被我捉住了呢？"而韩信的回答"陛下虽不擅长率兵但却善于驾驭将领，这就是原因所在"，也正是文章的主旨—如何运用好人力资本。

许多在美国的朋友都知道，在美国想要找一份好工作，在很大程度上会受到你教育水平与经历的影响。受教育的程度越高，个人经历与阅历越丰富，在其他条件相同的情况下，你就会比别人更容易获得一份好工作。同样，普通职员没有职业律师收入高，主要是因为两者在人力资本投资上的极大差别所致。培养一名律师需要5～10年的专业学习时间，而培养一名普通员工最多只要一两个月就够了。用于学习手艺或受培训的时间及货币财富共同构成了人们为进行人力资本投资而支付的全部机会成本。正是由于这种投资，人们在单位时间的生产率才会得到提高，而正是这种生产率的提高使雇主愿意起用他，并为他付出较高的报酬。

从上述分析中，我们可以给人力资本下一个定义：那就是指通过教育、培训等方式和手段，在人身上积淀的具有稀缺性的、能够投入生产中并能产生价值增值的知识、技能、经验和健康等质量因素之和。也有人建议把它解释为就业者的素质和能力，它是未来收入增长的一个源泉。这里必须指出的是，人力资源与人力资本是两个不同的概念。

人力资源是被开发、待开发的对象。在一个社会组织中，凡具有劳动能力的人都可称为人力资源，而人力资本是能够直接创造效益的知识、技能、经验等资本存量。我们可以说，人力资本是从人力资源中开发出来的，投入经济活动中并创造效益的那一部分。

对于一个企业来说，作为一个经营者一定要在人力资源（一切员工）中发现并合理运用人力资本（技术创新者和职业经理人）。而它的意义就在于：资源是需要加工以后才能成为产品的，而对资本所要关注的是如何开发管理以提高效益问题，两者是不能等同对待的。

与其他资本一样，人力资本是能够为企业带来经济回报的投资。当回报的效益超过了成本，资本就创造出了真正的价值。调换员工的工作岗位、投资培训、重新制订工资和激励措施等手段，都能够提高企业创造价值的潜力。

作为一个单独的个体，韩信只是刘邦手下人力资源中的一部分；但作为一个整体来看，韩信手中握有兵权，本身又有带兵打仗的经验，他又有着十分雄厚的人力资本。刘邦的高明之处，就在于他能驾驭韩信以及其他所有的人力资本。

水中捞月

《摩诃僧只律》中有一个寓言故事，那就是猴子捞月的故事。故事说，树上的猴子们一只只都拉着前面一只猴子的尾巴，形成一条链子，把最后一只猴子送到井底水面，让它在水中捞月。这个故事让人觉得好笑，但现在看来，这些猴子的探索精神还是很不错的，通过实践，它们自会明白，那水中的月亮不过是天上的月亮的影子，并非实体，从而增长知识。倒是我们人类，往往把投影当做实体，而把实体抛在脑后。例如，大学问家朱熹创造的理学，主张“存天理，灭人欲”，而不知道当时的人的贪欲是商品经济发展的折射，是社会不公正的投影。这无异于企图从水面上抹去月亮，又比捞月的猴子高明多少呢?

猴子认为，月亮在水中，可等它们真正去打捞时，月亮却破了、碎了。水中的月亮永远只是一个美丽的影像而已。在经济学里，我们可以这样理解，如今的泡沫经济就如水中的月亮一样，它寓于投机活动之中，从而造成社会经济的虚假繁荣，最后必定泡沫破灭，导致社会动荡，甚至是经济崩溃。

所谓的“泡沫经济”是指经济过热，虚假膨胀，最后像肥皂泡沫一样破灭的形象化说法。其主要表现是不动产和股票的市价超常规急剧上涨，价格严重背离价值，破坏了市场正常的供求关系，信用混乱，资产骤然收缩，经济陷入危机。

最早出现的“泡沫”事件，是以郁金香这种观赏植物为投机对象，而不是以房地产和证券为投机对象。

郁金香从土耳其传入西欧，是在16世纪中叶，传入后不久即在荷兰获得较高的评价。特别是变种郁金香栽培成功之后，稀有品种的郁金香球茎的价格开始异常上升，进而发展成投机对象。郁金香交易市场除在阿姆斯特丹证券交易市场内诞生外，在鹿特丹和莱登等地也先后出现。随着价格的上涨，与郁金香栽培无直接关系的人也参与了交易，于是许多人一夜之间成为富翁。富翁们的出现又促使更多的人倒购，球茎的价格则扶摇直上。随着买卖的日趋活跃，现货交易已不敷需要，期货交易开始产生。期货交易又使郁金香球茎买卖中的投机性迅速加大。

好景不长，泡沫的破裂，终于在1637年2月4日这一天到来。这天，希望出手的人挤满了各地的交易所，价格急剧下落，市场迅速崩溃。许多靠借款进行买卖的人，突然间变得身无分文甚至负债累累。没有预料到的事态使城市陷入混乱，直至发生国家经济危机，演变也成为一次著名的“泡沫事件”。

“泡沫”破灭，经济显现出后遗症，其主要特征是：股价、地价大幅下落，不动产业萧条，股市长期低迷，证券公司收益剧减；欠息欠账等不良债权膨胀，偿款负担增大，企业对价格风险大的产业投资热情下降，资金转向短期投资和债券；股价下落损害一般中小企业和家庭消费，资金需求不旺，迫使中央银行贴现率下降。概括地说，“泡沫经济”造成的后果：一是社会分配不公，有的土地所有者个人资产骤然升值，而另一些高价买入股票、地产者则损失惨重，贫富差距拉大；二是金融信用危机，不动产抵押贬值，债务拖欠破产案件增多。

另外，“泡沫”破灭后，经济恢复滞缓，经济调整难度增大，“泡沫”高潮时企业借贷增多，“泡沫”破灭后企业收益恶化，负债加重。因此，各个国家都应该积极防止“泡沫经济”产生。

饿死的驴子

有个著名的寓言故事，说的是一头驴子外出觅食，发现两堆相距不远的草料。东边是一大堆干草料，西边是一小堆新鲜的嫩草。驴子很高兴，跑到大堆的干草料处刚要吃，突然想，西边那堆草料那么新鲜，肯定好吃，此时不去可能会被别的驴子吃掉，于是它就跑到嫩草堆前。刚要吃，它又想，这堆草虽然很嫩，可别的驴子把那一大堆干草料吃光的话自己就要饿肚子了，还是回去吃干草吧！就这样，一会儿考虑数量，一会儿考虑质量，一会儿分析颜色，一会儿分析新鲜度，犹犹豫豫，来来回回。这只可怜的驴子最后饿死在草堆旁。

人们将这种选择上的困惑称为“布里丹效应”。故事中的驴子愚蠢之极，它可以选择任何一堆开始吃，反正这两堆草都是它的。但是，在现实情况中，由于种种原因，确实不乏这种让人左右为难的事情发生。

事实上，有些国家的货币政策所面临的选择驴子吃草还要艰难些。因为除了促进经济增长、防范金融风险外，货币政策还要考虑物价的稳定，以及币值的对外稳定。

货币政策是指中央银行为实现既定的目标，运用各种方式调节货币供应量，进而影响宏观经济运行的各种方针措施。货币政策的作用主要是：通过调控货币供应总量保持社会总供求的平衡；通过调控利率和货币总量控制通货膨胀，保持物价总水平的稳定；调节国民收入中消费与储蓄的比重；引导储蓄向投资转化并实现资源的合理配置；促进国际收支平衡，保持汇率相对稳定。各国货币政策最终目标一般可概括为：稳定币值（物价）；充分就业；经济增长；国际收支平衡。

对于货币政策，经济学上有一巧妙的比喻：你可以把马牵到河边，却不能强迫马儿喝水。言外之意，货币政策或许可以做到扩张货币，但绝不能保证投资和消费的扩张，马到河边不喝水，可以说是世界上任何国家扩张型货币政策永远的心痛。

为了防止经济大滑坡，美国在“9·11”事件后数小时，紧急用飞机将美国当代经济之神格林斯潘从瑞士请回美国，随后便有了格氏一系列令人眼花缭乱的货币政策调控。其结果，美国经济居然在第四季度达到了奇迹般的1.4%的增长，让大家几乎都相信美国经济即将出现复苏。但是，货币政策显然并不具有神效，格氏自己也坦言，他从来不相信“完美的货币及财政政策将消除企业景气循环”。

中国在目前的体制框架和多重目标的束缚下，货币政策仍将艰难而行。退一步讲，就算货币政策总闸大开，但水管严重堵塞，或者马儿跑向他处，马依然喝不到水。因此，中国货币政策绝不能只做放水的文章，除了大力推动商业银行的微观改革外，必须大做结构调整的文章，特别是增加对非国有企业的贷款，这包括大力发展消费信贷、放宽对非国有企业的贷款限制、加强对中小企业的融资，等等。

龟兔赛跑续篇

有个耳熟能详的寓言故事：龟兔赛跑，它揭示了“双赢”的道理。

龟兔赛跑的故事连幼儿园的小朋友都知道：兔子骄傲，半路上睡着了，于是乌龟跑第一了。可是，龟兔赛跑不只赛一次啊。第一次乌龟赢了，兔子不服气，要求再赛第二次。第二次赛跑兔子吸取经验了，一口气跑到了终点，兔子赢了。乌龟又不服了，对兔子说，咱们跑第三次吧，前两次都是按你指定的路线跑，第三次该按我指定的路线跑。兔子想，反正我跑得比你快，你怎么指定路线我都同意，于是就按照乌龟指定的路线跑，又是一兔当先。快到终点时，一条河挡住去路，兔子过不去了。乌龟慢慢爬到河边，一游就游过去了，这次是乌龟得了第一。当龟兔商量再赛一次的时候，它们突然改变了主意，何必这么竞争呢，咱们合作吧！陆地上兔子背着乌龟跑，很快跑到河边；到了河里，乌龟驮着兔子游，结果是双赢的结局。

实际上，4次龟兔赛跑给人们4个重要的启示。第一次赛跑的启示是：当你在竞争中处在劣势时，不要气馁，不要松懈，要坚持下去，等待对手犯错误。果然，在赛跑中乌龟坚持下去了，兔子犯了错误，中途睡觉，乌龟取得胜利。第二次赛跑的启示是：要善于把潜在的优势变成现实的优势。兔子善跑，这是潜在的优势，第一次赛跑，兔子睡觉了，潜在的优势没有化为现实的优势，兔子输了。第二次赛跑，兔子一口气跑完全程，潜在优势变成现实优势，兔子赢了。第三次赛跑的启示是：如果发现原来的策略不管用了，要及时调整策略，改变策略。乌龟提出换一条路线跑，中间有条河挡着，兔子过不去，输了。第四次赛跑的启示是：协作和优势互补是建立在相互信任的基础上的。如果缺乏互信，不以诚相待，陆地上兔子背乌龟跑时，兔子要坏，一扭身，把乌龟摔伤了怎么办？乌龟驮着兔子过河时，乌龟要坏，往下一沉，岂不把兔子淹死了？缺乏诚信，怎么会有双赢的结局？

今天我们发展经济，搞企业，不一定什么事情都非要我吃掉你，你吃掉我。企业兼并、企业重组都是双赢。商场上，今天他是你的竞争对手，说不定同时或者今后会是你的合作伙伴。商场上不一定要把问题搞得那么僵，各自后退一步，也许就海阔天空。这跟战场一样，不战而胜为上。商场上不要什么弦都绷得太紧，人要留有余地，要站得高、看得远。在很多情况下，你说是“让利”，实际不是，而是共同取得更大的利益，是双赢。

但从“零和”走向“双赢”，需要各方要有真诚合作的精神和勇气，在合作中不要耍小聪明，不要总想占别人的小便宜，要遵守游戏规则，否则“双赢”的局面就不可能出现，最终吃亏的还是合作者自己。举个简单的零和规则的例子，比如大家平时打扑克牌、打麻将，不管多少人参与，赢钱的总数加起来正好等于输钱的总数，胜负相抵等于零，这就是零和规则的最直观表现，过去的市场竞争中也多有这样的情况。但现在这种零和现象正逐步被“双赢”现象所代替。

媒企双赢也是一个很好的实例。作为一个品牌，需要一个好的媒体作为长期支持，这是一个品牌公司在成长过程中通行的做法。用古井集团董事长王效金先生的话说："品牌的塑造，贵在持之以恒，它是一个时间和质量双重积累的过程，这个时间的积累，主要是依赖于媒体的广泛传播，也就是人家常说的那样以我媒介，传您美名"。而且，从市场发展的趋势来说，优秀的企业品牌，更需要优秀的媒体，媒企需要建立战略合作伙伴关系，构建一种双赢的格局，谁也离不开谁，做到共同发展，共同提高。

古井贡品牌，是安徽生产的中国名酒，也是安徽酒类行业的中国驰名商标。常言道，"南有黄山松，北有古井贡"，"安徽有三宝，徽茶宣纸古井贡"（徽州的茶、宣州的纸、亳州的古井贡）。古井贡之所以有这么高的美誉度，之所以能够走出亳州、走出安徽、走向全国，是与安徽电视台对古井贡品牌的长期支持、有效宣传分不开的，这也是双方十几年来结成战略伙伴关系的必然结果。

媒体凭借着独具的注意力资源，为古井贡带来了丰硕的"注意力经济"。好的栏目策划，能够紧紧抓住人的眼球，对观众形成好的视觉冲击，对品牌形成好的感情定式，使品牌与栏目相得益彰。

比方说《古井贡与您相约花戏楼》、《古井贡请您法眼看天下》就是安徽台与古井贡合作的双赢经典。长期冠名出色、出彩、出位的栏目，对古井贡品牌而言，是个极好的形象提升，不仅加大了品牌亲和力，而且激增了品牌的活跃度。10多年来，安徽电视台就像保护自己的眼睛一样，关心古井贡品牌、宣传古井贡品牌、支持古井贡品牌。

双赢能为双方带来利益的同时，也优化了双方的合作关系，这是一个值得推崇的合作理念。

5个指头论长短

有一则寓言故事，说的是5个指头伸出来，比谁是老大，谁就排第一。老大说，我最粗，我应该排第一；老二说，我最灵活，我应该排第一；老三说，我最长，我应该排第一；老四说，我最珍贵，戒指戴在我上面，我应该排第一。老五有什么理由能排第一呢？老五说，当我们去朝圣拜佛的时候，我领队，在最前面，自然是第一。大家一合掌，果然老五在最前面。看来，5 个手指头各有各的长处。所以说，用人就得用人之所长。如果看人只看见毛病，就一个都挑不上。人怎么会没有毛病呢？懂得这个道理，管理者就既能吸引人才前来，又能调动每一个人的积极性。

5 个指头是分散的，倘若合成拳头，形成团队，必定会增加它们的竞争优势。

谈到团队，我们便会想起吴承恩笔下去西天取经的“师徒四人”。如果我们从现代管理学的角度观察，《西游记》就是一部古典团队理论的经典教科书。众所周知，师徒四人的价值观、性格、经历、心理状态截然不同。悟空火眼金睛，身怀七十二绝技，显然是一员开拓型猛将，但他性急，遇事不请示领导；八戒虽性格憨厚、本性单纯，但贪色、偷懒、馋嘴，喜好溜须奉承；沙僧可谓人品忠厚、任劳任怨，但能力一般，缺乏开拓精神。而作为领导的唐僧信仰执着，作风正派，威信极高，但判断能力时常遭人质疑。按照单个人的标准去衡量，这并非是一个由一流队员组成的团队。但是，恰恰就是这个团队，在历经了九九八十一难之后取得真经，修得正果。

所谓团队精神就是大局意识、协作精神和服务精神的集中体现。具体来说就是：一群人同心协力，集合大家的脑力，共同创造一项智能财产，其产生的群体智慧将远远高于个人智慧；个人的创造力是一种神奇的东西，源自于潜在的人类心智潜能，它被情感所激发，而被技术束缚；一群人全心全意地贡献自己的创造力，将结合成巨大的力量，结合的创造力由于这一群人的互动关系，彼此激荡，而更加复杂；在这种复杂的情况之下，领导变成人际互动的交响乐指挥，辅助并疏导各种微妙的人际沟通；当团体中的沟通和互动正确而健康时，能够使这一群人的力量完全结合，产生乘数效应，抵消互斥。

那么，是不是说由一流的聪明人组成的团队就一定能成功呢？不是。95%的聪明型企业都失败了，成功的只是少数的 5%。这种现象被戏称为“阿波罗现象”，“阿波罗”意为最聪明的人组成的团队，聪明人最大的特点是有自己的主见，但也正是主见惹的祸，每个人的观点中的弱点最能吸引对方的眼球，而恰恰这又是对方攻击的火力点。这种团队的组合是乌合之众，不堪一击，就像病毒一样侵袭着企业的肢体，对企业是致命的。而由唐僧师徒四人组成的这种优势互补型团队却能够整合系统资源，故能攻无不克，战无不胜。

古罗马统帅恺撒相信：任何一个先进的社会有3个特征，其一由很多的人构成，其二不同的人有不同的才华，其三人尽其材。这既是一种海纳百川、多元化发展思路，同时又是一种包容的观点，更是一种“瑕不掩瑜、人尽其才”系统整合的策略，借此挖掘团队的最大潜能，并努力做到人的边际使用价值最大化。故而，一个优秀的团队必然是一个多元文化共同发展的团队、一个集思广益的团队、一个善于整合所有资源并谋求效益最大化的团队。

从鼠盟看价格联盟

拉封丹的寓言“鼠盟”，说的是一群怕猫的老鼠，在一只自称“既不怕公猫也不怕母猫，既不怕牙咬也不怕爪挠”的鼠爷带领下组成联盟对抗老猫，去救一只小耗子。结果面对老猫，“首鼠两端不敢再大吵大闹，个个望风而逃，躲进洞里把小命保，谁要不知趣，当心老雄猫”。鼠盟就这样瓦解了，协议只是一纸空文。

关于价格联盟，早在几年前就有了，当时有些行业的寡头厂商和销售商运用“价格自律联盟”的手段，以此弱化竞争，维持稳定利润。比如，2000年彩电厂商在深圳推出“彩电厂商价格自律联盟”，试图联合起来将彩电的价格维持在高价位获取稳定利润，结果不攻自破。因为这在经济学上是站不住脚的。

有一天，一位富翁在家中被杀，财物被盗。警方在此案的侦破过程中，抓到两个犯罪嫌疑人斯卡尔菲丝和那库尔斯，并从他们的住处搜出被害人家中丢失的财物。但是，他们矢口否认曾杀过人，辩称是先发现富翁被杀，然后只是顺手牵羊偷了点儿东西。于是警方将两人隔离，分别关在不同的房间进行审讯，由地方检察官分别和每个人单独谈话。检察官说："由于你们的偷盗罪已有确凿的证据，所以可以判你们一年刑期。但是，我可以和你做个交易。如果你单独坦白杀人的罪行，我只判你 3 个月的监禁，但你的同伙要被判 10 年刑。如果你拒不坦白，而被同伙检举，那么你就将被判 10 年刑，他只判 3 个月的监禁。但是，如果你们两人都坦白交代，那么，你们都要被判 5 年刑。"斯卡尔菲丝和那库尔斯该怎么办呢？他们面临着两难的选择—坦白或抵赖。显然最好的策略是双方都抵赖，结果是大家都只被判 1 年。但是由于两人处于隔离的情况下无法串供，所以，假设每一个人都是从利己的目的出发，他们选择坦白交代是最佳策略。因为坦白交代可以期望得到很短的监禁—3 个月，但前提是同伙抵赖，显然要比自己抵赖而坐 10 年牢好。这种策略是损人利己的策略。不仅如此，坦白还有更多的好处。如果对方坦白了而自己抵赖了，那自己就得坐 10 年牢。太不划算了！因此，在这种情况下还是应该选择坦白交代，即使两人同时坦白，至多也只判 5 年，总比被判 10 年好吧。所以，两人合理的选择是坦白，原本对双方都有利的策略（抵赖）和结局（被判 1 年刑）就不会出现。

假如他们在接受审问之前有机会见面好好谈清楚，那该有多好，他们一定会同意拒不认罪。不过，接下来他们很快就会意识到，无论如何，那样一个协定也不见得管用。一旦他们被分开，审问开始，每个人内心深处那种企图通过出卖别人而换取一个更好判决的想法就会变得非常强烈。这么一来，他们还是逃脱不了最终被判刑的命运，这就是博弈论里经典的囚徒困境的例子，又称之为囚犯的两难选择。

其实加入鼠盟的各个小耗子们就如同两个囚犯。一个耗子会想：如果其他耗子都不跑，它有两种选择：它不跑，有可能被猫吃掉；它跑，肯定能活命。结论是，其他耗子不跑时，它先跑是有利的。如果其他耗子都跑，它不跑，肯定被吃掉，它跑还有可能活下来，结论是其他耗子都跑时，它更应该跑。每个耗子都这样做出选择，结果它们本来团结起来也许能把猫打败，最后却全都逃走，以致一个个被猫吃掉了。

价格同盟，无论是采取行业自律价的形式，还是禁折令的形式，最后也都和这个鼠盟一样。当鼠爷确定了行业自律价时，每个企业都会想，别人都遵守自律价或禁折令不降价时，我降价，会占领更大市场，我不降价，市场份额仍不变，两者相比还是降价有利。别人都不遵守自律价或禁折令而降价时，我降价，市场份额仍可保持，我不降价市场就被别人占了，两者相比还是降价有利。每家企业都按同样的推理做出选择降价的决策，自律价或禁折令就成一纸空文了。在汽车行业实行自律价和民航实行禁折令之后，每家企业如何做出选择不得而知，但结果与这种分析却完全一致，鼠盟式的价格同盟破产了。后来的取消自律价和民航放松价格管制（仍然未取消）就证明了这一点。

使鼠盟难以形成的原因是雄猫的存在，它强大无比；使价格同盟难以实现的原因是市场供求力量，它也强大无比，不可抗拒。在市场经济中，决定价格的最基本因素是供求关系。供小于求，价格上升；供大于求，价格下降，这是什么力量也抗拒不了的。在不完全竞争的市场（垄断竞争、寡头、垄断）上，企业只能通过控制供给来影响价格，而不能把自己硬性决定的价格强加给市场。在汽车、民航这类寡头市场上，每个企业所考虑的不可能是整个行业的长期利益，而只能是自己的短期利益。当整个行业供大于求时，希望每个企业减少产量维持一定的价格是不现实的。博弈论的分析正是要证明这一点。

知道了这个道理，鼠爷们完全不必去组织什么价格联盟，不如教小耗子们如何提高自己的生存能力更有现实意义。

现代版揠苗助长

揠苗助长的寓意在于揭示了人性中“自作聪明”的弱点。现代行为经济学也用大量实验证明了，人总是过分自信。自信是人成功的起点，但过分自信，登泰山而小天下，就成为失败的种子了。如果像那位宋国人一样，过分自信再加上善良的动机，亲自辛苦去拔苗，那结果就很可能不妙。可惜现在这种过分自信、动机善良而又不怕劳苦的人真是太多了，他们带来的损失也不仅仅是自己的苗死掉。

在市场经济中，政府不应该去“搞企业”，而应该为经济和企业的发展创造一个正常合理的秩序。无论国有企业还是民营企业都应该是独立的企业，自己决定生产经营。宋国人拔的尚且是自己的苗，现代人则去拔别人的苗。

今天不仅有拔别人苗的人，也有拔自己苗的人。这种人就是企业家了。一些企业家总想尽快地把自己的企业做大，甚至提出短短几年中进入世界500强的宏图大志，结果违背了禾苗生长的客观规律，还是同样失败。

随便举个例子。20世纪80年代末，天津产的可耐冰箱曾经红极一时。本来冰箱厂应该在保证质量的基础上增加数量—让苗正常长大，但他们等不及了，在技术与管理都不稳定的情况下，下达了年产30万台的任务—拔苗快长。结果，达不到质量标准，许多冰箱根本不制冷，发往外地的冰箱中还有旧皮鞋等垃圾。“可耐”在天津话中是“可爱”的意思，名字起得不错，可惜质量太差，成了“可憎”。市场失去了，可耐冰箱厂也破产了—苗死了。要说下达这个指标的人，动机绝对纯正，为发展天津经济的确没错，但他不懂企业经营规律而又把自己当成专家，亲自下达命令并实地督战。这种人和那个为主人打蚊子，把主人打死的熊有什么本质区别？

如果这种人多了，你搞坏一个“可耐”，我搞坏另一个“可敬”，这国家怎么得了？你看，今天拍板在边远小城建一个机场，明天拍板投资一个药厂，结果个个都失败。或者，今天下令某些企业强强合并，明天又强迫搞个新开发区。个个都觉得自己发展经济的理想崇高，而又样样精通，结果却遍地是死苗。苗死了只有纳税人承担这个损失。这些人常挂在嘴上的是“搞好国有企业”，“搞好地方经济”。他们都以高手自居，自以为能搞定一切，也不知孟夫子知宋人如此之多会作何感慨！

古代的宋国人仅仅是“今日病矣”，但今天的人却是“今日死矣”。像宋国人这样的企业家也不止一个、两个，国有企业有，民营企业也有。企业家是拔自己的苗，他作为企业的所有者或CEO也有这个权力。但拔自己的苗，损失的也不仅是拔苗者本人。一个很有前途的企业垮了，无论是私人的，还是股份制的，结果是GDP减少，工人失业。苗死了，没有粮食，挨饿的可不是宋国人自己啊！

宋国人的根本错误在于违背了不以人的意志为转移的客观规律。从小苗长成稻谷必须经过数月，无论你如何努力也无法改变这个规律。同样，一个地区的经济发展，或者一个企业的成长也有一个过程，有时这个过程还是相当长的。你去看看那些发达地区和成功企业，哪一个是一夜成名的？这让人想起一句西谚：“罗马城不是一天建成的。”翻译成中国话也可以是：“一口吃不成胖子。”

揠苗助长说明了人性中那种过分自信和好大喜功的弱点。能制止这种弱点的是制度，政府和企业实行科学民主的决策制度，宋人的行为要受到监督和制止。这是走出宋人困境的必由之路。

买卖中的零和游戏

先来说一则寓言，人物有甲、乙、丙三人。甲、乙、丙住在一个村里，甲养有很多羊，长得肥壮。乙养了几头牛，但效果不佳，挺瘦的。而丙呢，什么也不养。有一天，丙对甲说，我用一头牛换你5只羊，可以吗？甲当然高兴，欣然同意后，丙又对乙说，我以3头肥羊换你1头瘦牛，行吗？乙也欣然应允。再后来，甲养牛，乙养的是羊，而丙则既有牛又有羊。再到后来，甲没有了羊，乙没有了牛，丙有牛也有羊。

商业活动的一个基本原则是公平的等价交换。这是对于两个交易伙伴来说的，丙充分发挥了这个原则，并利用信息充分的条件使自己获得了丰厚的回报，其获得了交易的真谛。

零和游戏注定了游戏中有输有赢，一方所赢正是另一方所输，游戏的总成绩永远为零。因此，胜利者的光荣后面往往隐藏着失败者的辛酸和苦涩。

美国人喜欢把简单的道理总结成定律，“华盛顿定律”的内容是：一个人敷衍了事，两个人互相推诿，三个人则永无成事之日。它实际上是中国的“三个和尚”的翻版。

与此类似的是“邦尼人力定律”：“1个人1分钟可以挖1个洞，60个人1秒钟挖不了1个洞。”

在人与人的合作中，如果每个人的能量都为1，那么10个人的能量可能比10大得多，也可能比1还小。因为人的合作更像方向各异的能量，互相推动时自然事半功倍，相互抵触时则一事无成，所以人与人的合作不是力气的简单相加，其中的关系要微妙和复杂得多。

合作与如何合作是两个不同的问题。企业里常会有一些嫉妒别人的成就与杰出表现的人，他们天天想尽办法进行破坏与打压。如果企业不把这种人除去，长此以往，组织里就只剩下一群互相牵制、毫无生产力的“螃蟹”。

每当秋天，当你见到雁群为过冬而朝着南方沿途以“V”字队形飞行时，你也许想到某种科学论点已经可以说明它们为什么如此飞。当每一只鸟展翅拍打时，造成其他的鸟立刻跟进，整个鸟群抬升。借着“V”字队形，整个鸟群比每只鸟单飞时，至少增加了71%的飞升能力。

当一只大雁脱队时，它立刻会感到独自飞行时的迟缓、拖拉与吃力，所以它很快又回到队形中，继续利用前一只鸟所造成的浮力飞行。

当领队的雁疲倦了，它会退到侧翼，另一只大雁则接替飞在队形的最前端。这些雁定期变换领导者，因为为首的雁在前头开路，能帮助它左右两边的雁造成局部的真空。科学家曾在风洞试验中发现，成群的雁以“V”字形飞行，比一只雁单独飞行时能多飞12%的距离。

布莱克说过：“没有一只鸟会升得太高，如果它只用自己的翅膀飞升。”人类也是一样，如果懂得跟同伴合作而不是彼此争斗的话，往往能飞得更高、更远，而且更快。

一位没有双腿的男子，遇见了一位瞎子，就向这位瞎子提议，两人联合起来，可以给双方带来莫大的好处。他对瞎子说："你让我趴到你的背上去，这样我可以利用你的腿，而你可以利用我的眼睛。我们两人合作，做起事来可以更快一点。"

不幸的是，许多年轻人没有这位缺腿男子的远见，他们被灌输了垃圾式的思想，那就是必须践踏别人、糟蹋别人、利用别人才能达到高峰。这些问题值得每个人、每个企业深思。

老猎狗的一生

有时候一个小故事往往给人很大的启迪，很多人能从一个小故事中体味出其中蕴涵的人生大道理。人生的过程是一个不断与人合作和分裂的过程，所谓合久必分、分久必合，也适用于个人，但有一点是不变的，无论分合，每个人都想让自己的利益最大化。让我们看看一个猎狗捕食公司的发展历程，相信能给你的人生带来不少的启迪。

一条猎狗追逐一只兔子，追了好久也没有追到。

牧羊看到此种情景，讥笑猎狗说："你们两个之间小的反而跑得快得多。"

猎狗回答说："你不知道我们两个跑的目的是完全不同的！我仅仅为了一顿饭而跑，它却是为了性命而奔跑呀！"

这话被猎人听到了，猎人想：猎狗说得对啊，那我要想得到更多的猎物，得想个好法子。

所以，猎人又买来几条猎狗，凡是能够在打猎中捉到兔子的，就可以得到几根骨头，捉不到的就没有饭吃。这一招果然有用，猎狗们纷纷去追兔子，因为谁都想自己吃到猎物。就这样过了一段时间，问题又出现了。大兔子非常难捉到，小兔子好捉。但捉到大兔子的和捉到小兔子的得到的骨头差不多，猎狗们善于观察，发现了这个窍门，专门去捉小兔子，逐渐大家都知道了这个方法。猎人对猎狗说：最近你们捉的兔子越来越小了，为什么？猎狗们说：反正没有什么区别，为什么费那么大的劲去捉那些大的呢？这里猎狗所说的就是人力资源里的平均主义是不可取的，激励机制要体现出差别来，猎狗与猎人的博弈为我们的管理提供了参考。

猎人经过思考后，决定不将分得骨头的数量与是否捉到兔子挂钩，而是采用每过一段时间，就统计一次猎狗捉到的兔子的总重量的方法，按照重量来评价猎狗，决定其在一段时间内的待遇。

于是猎狗们捉到兔子的数量和重量都增加了。

猎人很开心。但在这以后，新问题又出现了，猎狗抓的兔子又少了很多，而且越有经验的猎狗，捉兔子的数量下降得就越厉害。于是猎人又去问猎狗。

猎狗说：“我们把最好的时间都奉献给了您，主人，但是我们随着时间的推移会变老，当我们捉不到兔子的时候，您还会给我们骨头吃吗？”猎狗的担心不无道理，每个人都要为自己的长远发展考虑，一旦丧失工作能力，如果再得不到养老的保障，那么我们的青春和精力也就浪费了，我们不得不为自己考虑，一旦发现唯利是图的老板，我们只有跳槽了。

于是猎人经过一番思考之后，分析与汇总了所有猎狗捉到兔子的数量与重量，规定如果捉到的兔子超过了一定的数量后，即使捉不到兔子，每顿饭也可以得到一定数量的骨头。猎狗们都很高兴，大家都努力去达到猎人规定的数量。一段时间过后，终于有一些猎狗达到了猎人规定的数量。这时，其中有一只猎狗说：“我们这么努力，只得到几根骨头，而我们捉的猎物远远超过了这几根骨头，我们为什么不能给自己捉兔子呢？”于是，有些猎狗离开了猎人，自己捉兔子去了。猎人意识到猎狗正在流失，并且那些流失的猎狗像野狗一般和自己的猎狗抢兔子。情况变得越来越糟，猎人不得已引诱了一条野狗，问他到底当野狗比猎狗强在哪里。野狗说：“猎狗吃的是骨头，吐出来的是肉啊！”接着又道：“也不是所有的野狗都顿顿有肉吃，大部分最后连骨头都没得舔！不然也不至于被你诱惑。”于是猎人进行了改革，使得每条猎狗除基本骨头外，可获得其所猎兔肉总量的 n%，而且随着服务时间加长，贡献变大，该比例还可递增，并有权分享猎人总兔肉的 m%。就这样，猎狗们与猎人一起努力，将野狗们逼得叫苦连天，纷纷强烈要求重归猎狗队伍。

这样，时间越长，兔子开始越来越少，猎人的收成也一天不如一天。而那些服务时间长的老猎狗们老得不能捉到兔子，但仍然无忧无虑地享受着那些他们自以为是应得的大份食物。终于有一天，猎人再也不能忍受，把它们赶出了家门，因为猎人更需要身强力壮的猎狗……

被赶走的老猎狗们得到了一笔不菲的赔偿金，于是它们成立了猎狗捕食公司。它们采用连锁加盟的方式招募野狗，向野狗们传授猎兔的技巧，它们从猎得的兔子中抽取一部分作为管理费。当赔偿金几乎全部用于广告后，它们终于有了足够多的野狗加盟，公司开始赢利。一年后，它们收购了猎人的家当。

猎狗捕食公司许诺给加盟的野狗能得到公司 n% 的股份，这实在是太有诱惑力了。这些自认为是怀才不遇的野狗们都以为找到了知音：终于做公司的主人了，不用再忍受猎人们呼来唤去的不快，不用再为捉到足够多的兔子而累死累活，也不用眼巴巴地乞求猎人多给两根骨头而扮得楚楚可怜。这一切对这些野狗来说，比多吃两根骨头更加受用。于是野狗们拖家带口地加入了猎狗捕食公司，一些在猎人门下的年轻猎狗也开始蠢蠢欲动，甚至很多自以为聪明实际愚蠢的猎人也想加入。好多同一类型的公司雨后春笋般地成立了，一时间，森林里热闹起来。

猎人凭借出售公司的钱走上了老猎狗走过的路，最后千辛万苦地要与猎狗捕食公司谈判的时候，老猎狗出人意料地答应了猎人，把猎狗捕食公司卖给了他。老猎狗们从此不再经营公司，转而开始写自传《老猎狗的一生》，又写了《如何成为出色的猎狗》、《如何从一只普通猎狗成为一只管理层的猎狗》、《猎狗成功秘诀》、《成功猎狗 500 条》、《穷猎狗，富猎狗》，并将老猎狗的故事搬上屏幕，取名《猎狗花园》，3 只老猎狗成了家喻户晓的明星。收版权费，没有风险，利润更高。

其实为什么自己的奖赏、回报要取决于别人呢？在现实生活中，大多数的人总要等到危机来到时，才开始重新思考许多问题的价值和意义，就像故事中的老猎狗一样。

当自己对于大环境还有利用价值时，沉浸在公司和市场的礼遇中，等到某天发现自己竞争力已然风光不再才惊觉，届时经济、保障甚至信心常常都已受到严重的挑战。员工的未来由老板掌握，未来由公司的营运掌握，公司成长得看市场，但是谁能掌握市场？想得远，才走得远。

有一位企业管理者曾经说过，他这一辈子最自豪的就是从没有让别人把自己放在市场或职场的磅秤上，让别人去评断自己一小时该值多少钱，一天值多少钱，一个月值多少钱。他告诉自己该值多少钱。

初入职场也好，老江湖也好，要想在职场乃至社会中顺风顺水，最重要就是先要有个自我定位。职场上风水轮流转，三十年河东三十年河西的情况屡见不鲜。如果自己不知道自己是什么、要什么，几个转转下来东南西北都分不清，世界不抛弃你，自己会也沉沦。

为什么自我定位重要呢？最简单的道理就是，自己都不知道自己的终点是什么，如何知道该上哪一班车呢？你看那些神庙，总能看见不少年轻人在磕头许愿，听到他们喃喃祷告：菩萨保佑我得到财富，得到权力，得到幸福，得到好爱人……什么是财富？什么是权力？什么才叫幸福？什么样的人称得上好爱人？就算是真有神仙，如果你不能明确地说出自己想要什么，神仙也不知道该给你什么啊！

同样的道理，如果你不给自己定位，别人就会按其理解给你定位。

井底之蛙与信息收集

有一只青蛙生活在井里，这里有充足的水源。它对自己的生活很满意，每天都在欢快地歌唱。

有一天，一只鸟儿飞到这里，便停下来在井边歇歇脚。

青蛙主动打招呼说："喂，你好，你从哪里来啊？"

鸟儿回答说："我从很远很远的地方来，而且还要到很远很远的地方去，所以感觉很劳累。"

青蛙很吃惊地问："天空不就是那么大点吗？你怎么说是很遥远呢？"

鸟儿说："你一生都在井里，看到的只是井口大的一片天空，怎么能够知道外面的世界呢！"

青蛙听完这番话后，不以为然，它想："世界就是这么大呀！"

后来，井水干涸，青蛙渴死了。

这是一个人们早已熟悉的寓言故事。故事中的青蛙由于不了解外面的信息，便以为世界只有"井口那么大"，从而不愿跳出井口，寻找另外的生活，最终落得个被渴死的下场。

在现实生活中，仍然可以看到许许多多的"井底之蛙"，他们陶醉在自我的狭小领域中洋洋自得。随着经济全球化的来临，企业将面临世界性的竞争与挑战，企业的管理者要用更客观的视角来面对这一事实，必须重视对外界信息的收集和利用。只有这样，才能更好地应对激烈的市场竞争。

一个企业经营者如果注重收集社会信息情报，就能及时预测到新的社会需求，从而能在激烈的市场竞争中"领先一步"，挫败竞争对手。

日本昭和市丸交通公司总经理市丸良一就是因注重收集信息情报而取得成功的。

市丸良一的公司起源于鹿儿岛市丸家的酱油铺。由于小本经营，难以同大企业竞争，市丸家的酱油铺只好改做淀粉生意，取名"市丸产业公司"。后来公司取得了关于淀粉供求信息的情报。当时日本处于战后恢复时期，对淀粉的需求量很大，而做淀粉的原料甘薯主要出产在气候温暖的南方鹿儿岛县。市丸产业公司占有"地利"之便，公司经营得很顺利。由于得到了准确的市场供求信息，"市丸产业"在短短的几年后发展成为一家庞大的企业，在日本淀粉公司中位居第三位。

后来，在日本进入经济高速发展时期以后，日本农林省决定减少淀粉公司的数目。在提前获得此准确情报后，已经当上“市丸产业”公司总经理的市丸良一当机立断，于1976年买进3辆小汽车，改营出租汽车业。市丸良一全力以赴地经营，只用两年时间就正式办起了市丸交通公司。到1984年发展为九州最大的出租汽车公司，共拥有出租汽车369辆。

在经营出租汽车事业的同时，又是市丸良一及早发现不动产业有利可图，便设立“市丸商事公司”，办起了修建和出租公寓事业。他又利用西乡隆盛（日本明治维新时著名人物，出生于鹿儿岛加治屋）逝世100周年，以及他在鹿儿岛人心目中崇高的威望大做广告，宣传他建筑的“加治屋公寓”，使其公寓销路十分顺畅。

市丸良一就是这样一个善于捕捉信息和分析形势、经营得法的企业管理者。现在，市丸商事公司已成为鹿儿岛最大的公寓开发商。

毫无疑问，市丸良一之所以在商业上取得了巨大的成功，与他注意信息情报的收集是分不开的。

在现代这个竞争激烈的商场上，拥有广泛的信息网络，是一个企业成功的关键。一个人的信息量是很有限的，要通过群体拓展思路，打开局面，才能在残酷的市场竞争中站稳脚跟。

附录

要掌握的 17 个经济学定律

定律 1：80/20 法则

80/20 效率法则（the 80/20 Principle），又称为帕累托法则、帕累托定律、最省力法则或不平衡原则。

早在 19 世纪末，帕累托在研究英国人的收入分配问题时发现，大部分财富流向小部分人一边。同时还发现某一部分人口占总人口的比例与这一部分人所拥有的财富的份额，具有比较确定的不平衡的数量关系。而且，进一步研究证实，这种不平衡模式会重复出现，具有可预测性。经济学家把这一发现称为“帕累托收入分配定律”，认为是“帕累托最引人注目的贡献之一”。

管理学家从帕累托的研究中归纳出了一个简单的结果：如果 20%的人占有 80%的社会财富，由此可以预测 10%的人所拥有的财富为 65%，5%的人享有的财富为 50%。管理学家看重的是这一结果体现的思想，即不平衡关系存在的确定性和可预测性。正如里查德·科克有一个精彩的描述：“在因和果、努力和收获之间，普遍存在着不平衡关系。典型的情况是：80%的收获来自 20%的努力；其他 80%的力气只带来 20%的结果。”

总之，“80/20 效率法则”告诉人们一个道理，即在投入与产出、努力与收获、原因和结果之间，普遍存在着不平衡关系。少的投入，可以得到多的产出；小的努力，可以获得大的成绩；关键的少数，往往是决定整个组织的效率、产出、盈亏和成败的主要因素。

定律 2：路径依赖

道格拉斯·诺思是第一个使“路径依赖”理论声名远播的人，由于用“路径依赖”理论成功地阐释了经济制度的演进，道格拉斯·诺思于 1993 年获得诺贝尔经济学奖。

他认为，事物一旦进入某一路径，就可能对这种路径产生依赖。这是因为，经济生活与物理世界一样，存在着报酬递增和自我强化的机制。这种机制导致的结果是：人们一旦选择某一路径，就会在以后的发展中不断自我强化。

“路径依赖”理论被总结出来之后，得到了广泛的应用。在一定程度上，人们的选择都会受到路径依赖的影响，人们过去的选择决定了他们现在可能的选择，现在的选择决定了将来可能的选择。“路径依赖”可以解释人们一切关于习惯的问题。

沿着既定的路径都可能进入良性循环的轨道迅速优化，也可能顺着原来错误的路径往下滑，甚至被“锁定”在某种无效率的状态下停滞不前。而这些选择一旦进入锁定状态，想要脱身就会变得十分困难。

优化也好，锁定也罢，在“路径依赖”的背后，隐藏的都是人们对利益的考虑。对组织来说，一种制度形成以后，会形成某种既得利益的压力集团。他们对现存路径有着强烈的要求，他们力求巩固现有制度，阻碍选择新的路径，哪怕新的体制更有效率。

对个人来说，人们一旦做出某种选择后，就会在原有的道路上不断投入各种资源，直到哪天他们发现自己选择的道路对自己来说没有价值时，才做出新的选择。也就是这时，他们才发现前期的巨大投入可能会因为重新选择而变得不值一文。对任何人来说，这都是一笔很大的损失（经济学上称为“沉没成本”）。

定律 3：马太效应

20 世纪 60 年代，知名社会学家罗伯特·莫顿首次将“贫者越贫、富者越富”的现象归纳为“马太效应”。

“马太效应”无处不在，无时不有。一个突出的现象就是，人类在资源的分配上，《马太福音》所预言的“贫者越贫，富者越富”的现象十分明显：富人享有更多的资源—金钱、荣誉以及地位，穷人却变得一无所有。

日常生活中，这样的例子不胜枚举：朋友多的人，会借助频繁的交往结交更多的朋友，而缺少朋友的人则往往一直孤独；名声在外的人，会有更多抛头露面的机会，因此更加出名；容貌漂亮的人，更引人注目，更有魅力，也更容易讨人喜欢，因而，他们的机会比一般人多，有时，一些机会的大门甚至是专门为他们敞开的，比如：演员、模特；一个人受的教育程度越高，就越可能在高学历的环境里工作和生活。

金钱方面也是如此：即使投资回报率相同，一个本钱比别人多10倍的人，收益也多10倍；股市里的大庄家可以兴风作浪，而小额投资者往往血本无归；资本雄厚的企业可以尽情使用各种营销手段推广自己的产品，而小企业只能在夹缝中生存。

可以说，无论是在生物演化、个人发展，还是在国家、企业间的竞争中，“马太效应”都普遍存在。

定律4：凡勃伦效应

款式、皮质差不多的一双皮鞋，在普通的鞋店卖80元，进入大商场的柜台，就要卖到几百元，却总有人愿意买。1.66万元的眼镜架、6.88万元的纪念表、168万元的顶级钢琴，这些近乎“天价”的商品流通，往往也能在市场上走俏。

其实，消费者购买这类商品的目的并不仅仅是为了获得直接的物质满足和享受，更大程度上是为了获得心理上的满足。这就出现了一种奇特的经济现象，即一些商品价格定得越高，就越能受到消费者的青睐。

凡勃伦是美国著名经济学者，他在《有闲阶级论》中便探讨研究过这个问题。因此这一现象—价格越高越好卖，被称为凡勃伦效应。

在书中，凡勃伦把商品分为两类，一类是非炫耀性商品，一类是炫耀性商品。非炫耀性商品仅仅发挥了其物质效用，满足了人们的物质需求；而炫耀性商品不仅具有物质效用，而且能给消费者带来虚荣效用，使消费者通过拥有该商品而获得受人尊敬、让人羡慕的满足感。鉴于此，消费者都会不遗余力、毫不犹豫地购买那些能够引起别人尊敬和羡慕的昂贵商品。

这是一种很正常的经济现象，因为随着社会经济的发展，人们的消费会随着收入的增加而逐步由追求数量和质量过渡到追求品位和格调。既然如此，经营者完全可以瞄准这个消费心态，不遗余力地推动高档消费品和奢侈品市场的发展，以使自己从中牟利。比如凭借媒体的宣传，将自己的形象转化为商品或服务上的声誉，使商品附带上一种高层次的形象，给人以“名贵”和“超凡脱俗”的印象，从而加强消费者对商品的好感；比如玉器店老板只是动了那么一点脑筋，就把一副价值 200 元的玉镯以 500 元的高价卖出……实际上，在东南沿海的一些发达地区，感性消费已经逐渐成为一种时尚，而只要当消费者有能力进行这种感性购买时，“凡勃伦效应”就可以被有效地转化为提高市场份额的营销策略。

随着社会经济的发展，人们的消费会随着收入的增加，而逐步由追求数量和质量过渡到追求品位格调。只有当消费者有能力进行这种感性的购买时，“凡勃伦效应”就会出现。了解了“凡勃伦效应”，我们也可以利用它来探索开展新的经营活动。

定律 5：搭便车效应

搭便车效应是奥尔森教授（1995 年）在《集体行动的逻辑》一书中提出的，是指在集体行动中，个人支付成本获得的收益被集体中的其他成员免费分享的现象。由于个人支付全部成本而只享受较少的收益份额，因而集体中的理性个人没有动力去提供公共物品。而且组织规模越大，公共物品越是供给不足。组织或社会规则及其所维持的秩序显然是一种公共物品，因为对它的消费具有非排他性和非竞争性的特点，而且是免费的。面对机会主义者的违规，理性的公众个体可能盘算自己惩罚机会的收益和成本。无疑，挑战机会主义可能受到反击或报复，而受到伤害的成本只能自己承担，但秩序收益却为大家共享。正是因为每个公众都出于此种考虑，所以我们常见到违规者获得宽恕的情况。违规者受到惩罚的可能性受公众的人数的影响。他所面对的公众的人数越多，受到惩罚的可能越小；面对的公众越少，受到宽恕的可能性越大，这完全符合行动的逻辑。这样在人数相对较少的组织中机会主义者受到惩罚的可能性较大，所以组织在克服搭便车上较整个社会成功，他更可能设计可实施的激励机制。但完全克服搭便车现象是不可能的，只要组织中的人数 n 大于 2，就存在搭便车的可能。当然，如果违规者贿赂个别的意欲惩罚他的积极的守规者，即对社会公众采取分化策略，那么更会提高机会主义行为逃避惩罚的概率。搭便车现象说明在惩罚机会主义行为中存在整体的协调困难，也许防止人们逃避责任的相关制度的设计对克服搭便车现象很有必要。

定律 6：酒与污水定律

酒与污水定律是指：如果把一匙酒倒进一桶污水中，你得到的是一桶污水；如果把一匙污水倒进一桶酒中，你得到的还是一桶污水。几乎在任何组织里，都存在几个“污水”式的人物，他们存在的目的似乎就是为了把事情搞糟。他们到处搬弄是非，传播流言、破坏组织内部的和谐。最糟糕的是，他们像果箱里的烂苹果，如果你不及时处理，它会迅速传染，把果箱里其他苹果也弄烂，“烂苹果”的可怕之处在于它那惊人的破坏力。一个正直能干的人进入一个混乱的部门可能会被吞没，而一个无德无才者能很快将一个高效的部门变成一盘散沙。组织系统往往是脆弱的，是建立在相互理解、妥协和容忍的基础上的，它很容易被侵害、被毒化。破坏者能力非凡的另一个重要原因在于，破坏总比建设容易。一个能工巧匠花费时日精心制作的陶瓷器，一头驴子一秒钟就能将其毁坏掉。如果拥有再多的能工巧匠，也不会有多少像样的工作成果。如果你的组织里有这样的一头驴子，你应该马上把它清除掉；如果你无力这样做，你就应该把它拴起来。

定律7：木桶定律

一只木桶是由众多木板箍在一起的，它能盛多少水，并不取决于桶壁上最长的那块木板，相反却取决于桶壁上最短的那块木板。人们把这一规律总结为“木桶定律”或“木桶理论”。

此一理论的创始人已不可考，它是一个典型的来自现实生活的经验总结，简单明了，直观形象，却寓意深刻，让人回味。

木桶定律告诉我们：要想多盛水—提高水桶的整体效应，不是去增加最长的那块木板长度，而是要下功夫依次加长木桶上较短的那些木板。推而广之，在一个系统单位中，整体的效益往往取决于单位的薄弱环节—即最短的木板，短木板会将长木板创造的效益流失掉，将整个单位的效益定位在自己的水平线上。换言之，如果你的企业中存在着庸才，那么人才所创造的财富将会被庸才的工作流失掉，企业最终的效益将由庸才来决定。

木桶定律还可做进一步的引申。从经济学中的资源配置角度来讲，把长木板和短木板放在一起做成一只木桶，也会造成资源的极大浪费，在这里，长木板起到的作用等同于那只最短的木板，长木板比短木板长出的那部分资源没有发挥任何效益。相反，如果把长木板放在一起，再把短木板放在一起，做成两只木桶，那么资源将得到最大限度的利用。这一点也就是著名的“鞋底鞋帮同时坏”的道理：假设鞋底是用“短木板”做的，穿不了多久就坏了，那么用“长木板”做的鞋帮也同时失去了作用，就造成了资源的浪费和不经济。如果鞋底和鞋帮都用长木板，那么经久耐用，可以卖出一个好的价钱；如果二者都用短木板做，那么就卖一个低一些的价钱。从整体上来看，社会资源则得到了最优的配置。

一个人在不同方面的能力有强有弱，不同的人能力更不相同—在任何系统中，长木板和短木板都会存在，这是很正常的现象，所以说，我们要注意的是，不能把长、短木板混合在一起做一只木桶！它们各有各的最佳用途，各自都有自己的最佳位置！

定律 8：奥卡姆剃刀定律

14 世纪时一位智者名字叫威廉，是一位很有学问的天主教教士，他出生于英国的奥卡姆，人们叫他"奥卡姆的威廉"。他曾在巴黎大学和牛津大学学习，知识渊博，能言善辩。由于他发表的言论有许多与当时的罗马教廷不合，因此被囚禁在法国的监狱。

在狱中过了四五年，他找到机会逃了出来，跑到巴伐利亚并投靠了教皇的死敌—德国的路易皇帝。他对路易皇帝说："你用剑来保卫我，我用笔来保卫你。"于是正在和教廷闹别扭的路易皇帝立刻收留了他。

随后威廉著书立说，但影响都不大。他对当时无休无止的关于"共相"、"本质"之类的争吵感到厌倦，主张唯名论，只承认确实存在的东西，认为那些空洞无物的普遍性概念都是无用的累赘，应当被无情地"剃除"。

这也就是威廉提出的所谓的"思维经济原则"，概括起来就是"如无必要，勿增实体"。这句格言为他带来巨大的声誉，因为他是英国奥卡姆人，人们就把这句话称为"奥卡姆剃刀"。它表达了这样一种意思：把事情变复杂很简单，把事情变简单很复杂。人们在处理事情时，要把握事情的主要实质，把握主流，解决最根本的问题。尤其要顺应自然，不要把事情人为地复杂化，这样才能把事情处理好。

奥卡姆剃刀定律自从诞生以来，历经岁月洗礼，被广泛地应用于各个领域。

奥卡姆剃刀的英文表达为：Entities should not be multi-plied unnecessarily。有时为了显示其权威性，人们也使用它原始的拉丁文形式：Pluralitas non est ponenda sine necessitate。

许多科学家接受或者独立地提出了奥卡姆剃刀原理，例如牛顿提出的一个原则：如果某一原因既真又足以解释自然事物的特性，则我们不应当接受比这更多的原因。

对于科学家，这一原理最常见的形式是：

当你有两个处于竞争地位的理论能得出同样的结论，那么简单的那个更好。

如果你有两个原理，它们都能解释观测到的事实，那么你应该使用简单的那个，直到发现更多的证据。

对于同一个现象，最简单的解释往往比较复杂的解释更正确。

如果你有两个类似的解决方案，选择最简单的。

需要最少假设的解释最有可能是正确的。

或者以这种自我肯定的形式出现：让事情保持简单！

也许，这个原理源头可以追溯到亚里士多德那里，这位大哲学家的表述是："自然界选择最短的道路。"

定律 9：华盛顿合作定律

华盛顿合作定律最早的出处是劳伦斯丁·彼得的畅销书《彼得原理》，后被管理学界广泛引用和流传。其实，其内容就是中国"三个和尚"故事的翻版，其表述是：一个人敷衍了事，两个人互相推诿，三个人则永无成事之日。

为什么人多反而影响工作积极性，出现所谓华盛顿合作定律的现象？早在 1920 年，德国心理学黎格曼就曾经进行过一项实验，专门探讨团体行为对个人活动效率的影响。他要求工人尽力拉绳子，并测量拉力。参与者都参加 3 种形式的测量：个人单独拉、3 人同时拉和 8 人同时拉。结果是：个体平均拉力为 63 公斤；3 入团体总拉力为 160 公斤，人均为 53 公斤；8 人团体总拉力为 248 公斤，人均只有 31 公斤，只是个人独自拉时力量的一半。黎格曼把这种个体在团体中较不卖力的现象称为"社会懈怠"。

之所以产生这种"社会懈怠"现象，专家们的解释是：每个人可能觉得团体中的其他人没有尽力工作，为求公平，于是自己也就减少努力；也可能认为个人的努力对团体微不足道，或是团体成绩只有很少一部分能归于个人，个人的努力难以衡量，与团体绩效之间没有明确的关系，故而降低个人努力，或不能全力以赴地努力。当然，也有人认为应细分发生这种现象的社会环境。不管发生这种现象的具体原因是什么，在团体中确实会存在着“社会懈怠”现象。

“社会懈怠”现象阐明了华盛顿合作定律产生的原因，同时也让我们看到了隐藏在华盛顿合作定律背后的问题，那就是：人与人的合作，不是人力的简单相加，要远比这复杂和微妙得多。在这种合作中，假定每个人的能力都为 1，那么 10 个人的合作结果有时比 10 大得多，有时甚至比 1 还要小。因为人不是静止物，而更像方向各异的能量，相互合作时，自然事半功倍；相互抵触时，则一事无成。

定律 10：帕金森定律

帕金森（1755 ~ 1824 年），英国历史学博士，曾在哈佛大学担任教授。1957 年，他在马来西亚一个海滨度假时，悟出了一个定律，后来他将自己思考的结果发表在伦敦的《经济学家》期刊上，一举成名。

历史学界一向有史学、史才、史识之说，但作为历史学家的帕金森先生，与自己的同行相比，更具有面对真实的勇气和对历史、社会的责任感。

帕金森教授是典型的英国人，富有幽默感而又孤高自傲，《帕金森定律》一书出名以后，他的演讲更是座无虚席。

《帕金森定律》一书出版以后，被翻译成多国语言，在美国更是长踞畅销书排行榜榜首。

什么是帕金定律呢？帕金森经过多年调查研究，发现一个人做一件事所耗费的时间差别如此之大：他可以在 10 分钟内看完一份报纸，也可以看半天；一个忙人 20 分钟可以寄出一叠明信片，但一个无所事事的老太太为了给远方的外甥女寄张明信片，可以足足花一整天：找明信片一个钟头，寻眼镜一个钟头，查地址半个钟头，写问候的话一个钟头零一刻钟……特别是在工作中，工作会自动地膨胀，占满一个人所有可用的时间，如果时间充裕，他就会放慢工作节奏或是增添其他项目以便用掉所有的时间。

由此得出结论：在行政管理中，行政机构会像金字塔一样不断增多，行政人员会不断膨胀，每个人都很忙，但组织效率越来越低下。这条定律又被称为“金字塔上升”现象。

直到今天，现代公私机构仍然没有完全解决人员膨胀、效率低下的问题。帕金森教授对机构病症的独到观察与尖锐批评，仍然值得任何机构的高级人员进行参考与反省。

此外，帕金森还发现了另一个为人熟知的定律（通常称为第二定律）：“增加开支以配合收入”。第二定律成功地解释了人何以贪得无厌—越有钱的人越想得到更多的钱—的问题，同样引起了思想界的关注，奠定了其作为20世纪最伟大的政治学家的理论基础。

定律11：蘑菇定律

“蘑菇定律”是组织对待初出茅庐者的一种非常适用的管理方法，初学者被置于阴暗的角落（不受重视的部门，或打杂跑腿的工作），浇上一头大粪（无端的批评、指责、代人受过），任其自生自灭（得不到必要的指导和提携）。

据说，“蘑菇定律”是20世纪70年代由一批年轻的电脑程序员“编写”的，这些天马行空、独来独往的人早已习惯了人们的误解和漠视，所以在这条“定律”中，自嘲和自豪兼而有之。

相信很多人都有一段“蘑菇”的经历，但不一定是什么坏事，尤其是当一切都刚刚开始的时候，当上几天“蘑菇”，能够消除很多不切实际的幻想，让我们更加接近现实。对一个组织来说，新进的员工都是一张白纸，能力和经验没有太大的区别，所以给员工的起薪和工作都不会有太大的差别。

无论多么优秀的人才，初次工作都只能从最简单的事情做起，“蘑菇”的经历对成长的年轻人来说，就像蚕茧，是羽化前必须经历的一步。

所以，如何高效率地走过生命中的这一段历程，尽可能地从中汲取经验教训，是每个刚踏入社会的年轻人必须面对的问题。

定律 12：彼得原理

彼得原理由美国著名管理学家劳伦斯·彼得（1917～）提出的。彼得原理是：在一个等级制度中，每个人都趋向于上升到他所不能胜任的地位。原因是每个人由于在原来职位胜任，就将被提升到更高一级职位，如果继续胜任则将进一步被提升，直到他所不能胜任的职位为止。

由此可以得出以下结论：

（1）每一个职位最终都将被不能胜任其工作的人所占据；

（2）层级组织的工作任务多半是由不能胜任阶层的员工完成的；

（3）它总是趋向于把自己引向不胜任的位置，从而导致组织效率的下降。

彼得原理是心理学家彼得博士在研究了千百个有关组织中不能胜任的失败实例后，分析归纳出来的。

在现实生活中，人们往往因为某人的本职工作做得出色，就想当然地认为他能胜任上一级的工作，从而将他提拔到更高一级。这样一来，那些原本在低一级岗位算得上人才的人，或是可以施展才华的人，在较高的职位上却变得不胜任了。最可怕的是，他们还要在这个不胜任的职位上耗到退休。这是彼得原理的核心内涵，所以彼得原理又被通俗地称为“向上爬原理”。

定律 13：破窗理论

巴斯夏曾提出过一个破窗理论：

一顽童将一户人家的窗户砸破了。为了修复窗户，该户人家请来木匠，买了玻璃，玻璃商店又购入新的玻璃，等等。如此一系列连带的经济活动，为区内经济带来了新需求，从而带动区内经济的增长。

这个“破窗理论”就是典型的“破坏创造财富”。我们不知道是否能找到这么一扇窗子，打破它可以创造需求，进而拉动经济。因为砸破玻璃带动的经济效用是以另外一部分负效应为代价的，整个社会上的资源并没有增加，所以孩童砸烂玻璃是破坏而不是建设，是破坏就有可能造成浪费。

既然这个破窗理论实际上是一个谬误，我们也就不用在它身上大费笔墨了。这里我们所要阐释的是美国政治学家威尔逊和犯罪学家凯瑟林提出的破窗理论：

如果有人打坏了一栋建筑上的一块玻璃，这块破玻璃没有得到及时修复，别人就可能受到某些暗示性的纵容，去打碎更多的玻璃。

这个破窗理论源于美国心理学家詹巴斗做过的一项试验：

他把两辆同一车牌、同一型号的汽车停放在中产阶级社区，其中一辆完好无损，一星期后安然无恙；而另一辆，他摘掉车牌，打开顶棚，结果不到一天就被人偷走了。后来，他又把那辆完好无损的汽车敲碎了一块玻璃，结果，仅仅过了几个小时车就不见了。

由这项试验引申开来，美国政治学家威尔逊和犯罪学家凯瑟林提出了“破窗理论”。破窗理论体现的是细节对人的暗示作用，以及细节对事件结果不容小视的影响。

破窗理论至少揭示了这样一个道理，即任何一种不良现象的存在，都在传递着一种信息，这个信息必然会导致这种不良现象的无限扩展。

定律 14：鲇鱼效应

古时候日本渔民出海捕鲇鱼，因为船小，回到岸边时鲇鱼几乎都死光了。但是，有一个渔民却非常幸运，他捕捞到的鲇鱼都能够活着到岸。人们都感到纳闷，他的船、船上的装备以及装鱼的船舱，也没什么不同啊，为什么他的鲇鱼能一直活蹦乱跳呢？自然，他的鱼就能卖上高价，可是别人也只能干瞪眼看着。

这种状态一直持续着，那个渔夫都成百万富翁了，人们还是百思不得其解。直到几年以后，这个渔民身染重病不能出海捕鱼了，他才把秘密告诉了他的儿子。原来，他在盛鲇鱼的船舱里，放进了一些狗鱼。鲇鱼和狗鱼天生就是死对头，为了对付狗鱼，鲇鱼就要竭力反击。敌对双方都处于紧张的状态中，自然生的本能就被充分调动起来了。

聪明的渔民还通过这种现象悟出了人生的道理：要勇于接受挑战，只有在挑战中，生命才会充满生机和希望。

两个故事其实蕴含的是一个道理：引入竞争可以激活组织或集体的内部活力。后来人们还把这个哲理命名为“鲇鱼效应”（“狗鱼效应”），并且广泛地应用到日常生活中。

定律 15：羊群效应

一群羊在草原上寻觅着青草。它们非常盲目，左冲右撞，杂乱无章。这时，头羊发现了一片肥沃的草地，并在那里吃到了新鲜青草。群羊就紧随其后，一哄而上，一会儿就把那里的青草吃了个干净。于是，人们就把这种基于从众心理而产生的盲从现象称为“羊群效应”。

“羊群效应”最早是股票投资中的一个术语，主要是说市场中的投资者像羊群一样，所谓的“主力”是消息灵通者，处于领头羊的地位，他们闻风调头时，其他投资者的行为就会与他们有趋同性，从而导致他们在某段时间内买卖相同的股票。“羊群效应”在实盘操作上也有表现，特别是在大盘出现暴涨暴跌时，这种现象更为突出。此时的投资者，因为丧失理智而变得不管不顾，平时念叨在嘴边的风险意识也都丢在了脑后，结果往往被牢牢套住，后悔不迭。

后来，人们发现在社会经济生活的方方面面都能看到“羊群效应”的影子。俗话说“排队买肉香，人多饭好吃”，或许大众要的就是“羊群效应”的感觉和氛围。比如说，在楼市，如果哪个楼盘“门前冷落车马稀”，那么这个楼盘可能根本就卖不动；但如果哪个楼盘有人排队守候，那么就会引起连锁反应，人越排越多，队越排越长。

定律 16：心理账户理论

1980 年，芝加哥大学著名心理学家萨勒在一篇题为《Using Mental_ Accounting In Theory Of Consumer Behavior》的文章里，针对消费者行为首次提出“心理账户”理论。所谓心理账户就是人们在心里无意识地把财富划归不同的账户进行管理，不同的心理账户有不同的记账方式和心理运算规则。而这种心理记账的方式和运算规则恰恰与经济学和数学的运算方式都不相同，因此经常会以非预期的方式影响着决策，使个体的决策违背最简单的理性经济法则。

人们在做什么事情之前，一般都会根据自己的“心理账户”来决定事情的重要性，进而决定取舍。说得专业一些就是，在决策过程中，决策者的心理与行为，如情感情绪、成就动机、价值权衡、才智品德、心理偏好等都是影响做出决策的重要因素，因而使得决策过程呈现出种种非理性的特征。

可见，心理账户对于理财，应该是一个很不错的帮手，因为如果一个人在心理上事先把这些钱归入了不同的账户，他一般就不会产生挪用的念头。比如一个现代女性，主要收入有：用银行卡发放的工资、用现金发放的奖金、偶尔炒个股票赚的外快，那么她就可以这样进行理财：把银行卡中的工资转入零存整取账户作为固定储蓄，奖金用于日常开销，季度奖购买保险，剩余部分用于支付人情往来，外快则用来旅游休闲。

可是如果把心理账户和决策联系起来，恐怕谁都会清楚它的危害，因为非理性状态下做出的决策往往是有失偏颇的。

定律 17：倒金字塔效应

20 世纪 70 年代末，石油危机造成大量的航空公司巨额亏损，瑞典的北欧航空公司亦未能幸免，年亏损2000万美元。在这危难时刻，公司董事长任命年轻的卡尔松为总裁。3个月后，卡尔松向所有员工宣布他要实行一个与传统管理模式相悖的管理方法，即采用“倒金字塔”式的构架来进行现场管理。在卡尔松采用新的管理方法一年后，北欧航空公司盈利5000万美元。这一奇迹般的效果顿时在世界管理领域引起轰动，并被冠名为“倒金字塔效应”。

“倒金字塔效应”之所以在北欧航空公司取得巨大成功，正如美国前IBM总裁罗杰斯指出，将传统金字塔组织图形倒过去，使最基层的员工处于至高无上的地位，以此来激发他们的积极性，这是管理层尊重员工最简单的方法，也是企业获得最大利益卓有成效的方法。

“倒金字塔”构架与传统管理模式的区别在于：

传统管理模式：最上层：决策者，总经理；中间层：部门经理、车间主任；最下层：一线员工，也叫政策的执行者。

“倒金字塔”构架是：最上层：一线工作人员，也叫现场的决策者；中间层：部门经理、车间主任；最下层：总裁，也叫政策的监督者。

以科学的体例囊括经济学的全貌

以通俗的文字诠释深奥的经济学理论

让你一本书读懂经济学